# 성격장애의 정신역동치료

John F. Clarkin, Ph.D. · Peter Fonagy, Ph.D., F.B.A. · Glen O. Gabbard, M.D. 편저

유성경 · 이문희 · 이은진 공역

학지사

**Psychodynamic Psychotherapy for Personality Disorders:**
**A Clinical Handbook, First Edition**
Edited by John F. Clarkin, Ph.D., Peter Fonagy, Ph.D., F.B.A., and Glen O. Gabbard, M.D.

# 역자 서문

임상 현장에서 상담자들은 다양한 뉘앙스로 성격장애라는 용어를 사용한다. 새로 만나게 된 내담자들의 사례 개념화가 선명하지 않거나 상담에서 우물쭈물 어떠한 성과도 내지 못하고 있을 때 우리는 그 내담자가 혹시 성격장애자가 아닐까 하는 의구심을 갖게 된다. 또한 내담자를 있는 그대로 존중하고 격려하고 스스로 할 수 있다는 확신을 갖도록 돕는 든든한 상담자가 되어야겠다는 초심과는 달리 어떤 내담자에게는 화가 나고, 어떤 내담자에게는 잘난 척을 하고 싶고, 어떤 내담자에게는 그와 공모하고 있다는 느낌이 들기도 하고, 어떤 내담자에게는 박수만 쳐야 하는 청중이 된 기분이 들기도 한다. 이렇게 역전이를 강하게 경험하게 되는 내담자를 향해서도 혹시 그들을 성격장애자로 진단해야 하는 것은 아닌지 지도감독자에게 달려가고 싶어 한다.

성격장애가 상담자에게 부담을 주는 이유 중 첫 번째는 우리가 성격장애의 발달 과정, 패턴 그리고 치료에 대해 구체적으로 잘 모르기 때문이다. 우리는 초보 상담자로서 훈련 기간을 거쳐 전문가가 되지만 성격장애를 별도로 언급하는 과목이나 강의를 충분히 듣지 못하고 전문가로 성장하게 된다. 일반적인 심리치료의 원리와 공통적인 치료 기제를 기본적인 무기로 가지고 있는 것만으로는 다양한 성격적 문제를 호소하는 내담자들에게 효과적으로 개입하는 데 한계가 있다. 먼저, 성격장애는 DSM-5에서 세 가지 군으로 나누어 소개되고 있지만 성격장애자들은 매우 다른 특성과 양상을 보인다. 이들은 전통적인 치료에 상대적으로 잘 반응하지 못하는 집단으로, 성격 문제가 오랜 기간 고질화되어 있는 상태이다. 세밀한 이해가 부족한 가운데 이루어지는 성격장애자와의 상담은 험난할 수밖에 없다. 두 번째 이유는 아마도 다른 정신장애가 그러하듯이 성격장애의 차원적 특성 때문일 것이다. 기능에는 손상이 적으면서 성격장애를 보이는 경우부터 사회적 기능과 자기 및 타인에 대한 개념이 극심히 혼란스러운 상태에 있는 경우까지 다양하다. 같은 호소 문제를 보인다고 해서 같은 접근이 효과적인 것은 아니다. 고통의 깊이, 만연함의 정도 그리고 그것이 삶을 파괴시키는 정도에서 나타나는 편차가 놀라울 지경이다. 세 번째 이유는 성격장애 간의 공병진단이 빈번하다는 것이다. 존재하는 장애들은 서로 배타적이지 않다. 다른 정신장애에 대해서도 공병에 대한 언급을 종종 듣게 된다. 성격장애 역시 공병의 문제가 존재하는데, 같은 경계선 성격장애이지만 기능을 어느 정도 해내는 자기애적인 특성을 보이는 경우와 공감 결여와 냉정함이 주 특성인 반사회적 성격장애가 공존하는 경우는 그 양상이 매우 다르고 예후도 다를 수밖에 없다. 양상과 예후가 다르다는 것은 개입의 차별성을 고려해야 함을 뜻한다.

이 책은 정신역동치료의 관점에서 성격장애의 치료에 대해 기술하였다. 제1부에서는 대상관계이론과 애착이론의 관점에서 성격병리를 이해할 수 있는 이론적 근간을 설명한다. 또한 성격장애에 신경생물학을 언급하고 DSM 체계를 넘어서서 임상적으로 풍부한 도움을 제공하는 평가 과정을 제안한다. 신경생물학에 근거한 최신 연구 결과를 담고 있어 성격장애 이면에 있는 뇌과학적인 기제를 이해할 수 있다. 제2부에서는 구체적 성격장애별로 최신 연구 결과를 기반으로 하여 특성, 핵심 개념, 치료적 제안과 사례를 제시한다. DSM 체계에 근거해서 A군, B군, C군 중 대표적인 장애들을 중심으로 기술하고 있다. 제2부에서는 성격장애에 대한 효과성이 입증된 구체적 치료 기법을 소개하고 있는데, 정신화 기반 치료와 전이초점치료가 대표적이다. 제3부는 성격장애 치료에서 그 효과가 입증된 정신역동치료에 관한 경험적 연구 결과들을 중심으로 기술하고 있다.

이 책은 성격장애 치료에 있어 정신역동적 이해에 깊게 근간을 두고 있다. 오랜 시간에 걸쳐 누적된 상호작용으로 인해 형성된 성격장애를 감안할 때 어린 시절 중요한 타자와의 관계에서 형성된 감정, 가치, 태도, 바람, 충동, 소망을 가정하는 정신역동치료는 성격장애를 이해하는 훌륭한 틀이다. 감정공포치료, 전이초점치료 그리고 정신화 기반 치료는 증거 기반을 통해 발전되고 있는 중요한 치료법이다. 감정공포치료는 C군 성격장애에 집중하고 있고 나머지 치료는 경계선 성격장애에 초점을 맞추고 있다.

저자들은 복잡하고, 만성적이고, 차원적 특성을 가지고 있는 성격장애 치료를 위해 임상과 이론을 가능한 한 가까이 두고 이들을 통합하려는 시도를 이 책에서 소개하고 싶었던 것으로 보인다. 치료자들의 보석 같은 경험이 막연하고 검증될 수 없다는 이유로 연구자들에게 무시되어 온 부분을 간과하지 않았고, 임상과 동떨어진 연구라는, 임상가들이 연구에 대해 가진 오해를 최대한 해소하려고 애쓰고 있다. 연구와 실제 사이에 일어나고 있는 분립과 갈등에서 통합과 협력으로 가려는 노력을 통해 성격장애의 치료에 좀 더 구체적으로 다가가려는 노력을 엿볼 수 있다. 이 책의 이러한 기본 가정을 염두에 두면서 일독을 권한다. 초보 상담자들의 경우 대상관계와 애착이론에 대한 기초를 탄탄히 설명하고 있는 제1부를 충분히 이해한 후 나머지를 소화하는 것이 필요할 것이다. 경력이 있는 상담자들에게는 제2부에서 다루고 있는 구체적 치료 개입을 세밀히 살펴볼 것을 권한다.

상담이 효과적으로 진행되지 못한다고 느끼는 것은 아마도 우리 앞에 있는 한 명의 내담자에 대한 이해와 공감이 충분치 않다는 것을 의미할 수 있다. 그에 대한 모든 것을 알아야 하는 것이 아니라 알아 가는 과정에서 상담자와 내담자 사이에 경험되는 연결감이 중요할 것이다. 성격장애로 인해 어려움을 갖고 있는 내담자를 좀 더 알고자 하고 그들에게 좀 더 집중하고자 하는 동기를 높이는 데 이 책이 큰 도움이 될 것이다.

2020. 3.

역자 일동

# 편저자 서문

임상가들은 독특한 성격 패턴을 가지고 있는 개인 안에 증상이 존재한다고 이해한다(Westen et al., 2006). 약물 처방을 포함해 모든 치료 개입은 독특한 성격을 가진 내담자와 임상가 사이에 일어나는 복잡한 관계와 관련이 있다. 이 책은 가볍게 혼란스러운 성격부터 심각하게 혼란스러운 성격까지 연속선상에 있는 역기능적인 개별적 환자들에 관한 책으로 정신역동적 관점에서 성격장애의 평가와 치료에 관한 최신 자료에 초점을 두었다.

성격장애의 유병률은 높은 편이다. 미국 전체집단에서 살펴보면, B군 성격장애가 1.5%이고 A군 장애는 5.7%, C군 장애는 6.0% 그리고 달리 분류되지 않는 성격장애는 9.1%까지의 범위를 보인다(Lenzenweger et al., 2007). 이 시기의 정신역동치료에 대한 재검토는 시기적절하다. 최근 경험적 증거들은 혼재된 성격장애 그리고 경계선 성격장애와 같은 심각한 성격장애를 가진 환자들이 정신역동치료에 긍정적으로 반응한다고 설명하고 있다. 이에 대해서는 제15장에서 Leichsenring이 잘 기술하고 있다.

이 책은 성격병리를 가진 환자의 평가 그리고/또는 치료에서 정신역동적 접근을 사용하는 다양한 전문성을 가지고 있는 임상가를 위해 마련되었다. 각 장은 심리치료를 배우는 학생(심리학 대학원생, 정신과 레지던트, 정신분석가가 되려는 치료자)과 숙련된 임상가에게 영향을 주기 위해 집필되었다. 개입 원칙들의 분명한 기술(핵심적 임상 개념)과 각 장의 마지막에 제공된 읽을거리는 학생들에게 특별히 관심거리가 될 것이다. 숙련된 임상가라면 대상관계이론과 애착이론 그리고 신경인지과학 정보를 담은 최신 연구 자료를 업데이트할 수 있을 것이다. 각각 다른 장에서 다양한 성격장애를 다루었는데, 임상가들은 치료 작업을 분명하게 이해할 수 있는 자료를 만날 수 있다. 치료를 다룬 장에서는 개입의 원칙과 임상 예를 모두 포함하고 있다. 비록 각 장이 하나의 특별한 장애(예: 경계선 성격장애) 혹은 성격장애의 세 가지 군 중 하나를 다루었다고 해도 포괄적인 공병을 간과하지 않았고 성격병리의 범주적 견해를 넘어서 차원적 견해의 중요함을 놓치지 않았다(제1장 참조).

제1부에서는 성격병리의 특성에 초점을 맞췄다. 성격과 성격병리모델은 환자가 축 I 장애와 공병으로 성격병리를 가지고 있든, 아니면 성격장애가 주된 어려움이든 간에 평가와 치료의 모든 단계에서 많은 정보를 전달한다. Caligor와 Clarkin(제1장)은 성격 조직의 유형, 평가의 함의와 함께 정상적인 그리고 혼란스러운 성격 기능에 대한 대상관계모델을 기술했다. 차별적 치료계획을 위한 성격병리의 평가에서는 성격 패턴의 기술적 특징뿐만 아니라 자기 그리고 타인 표상, 방어 기능, 정서 조절 그리고 윤리적 기능과 같은 개인의 핵심 기능에 있어 성격병리의 심각성을 고려해야 한다. 제2장에서 Fonagy와 동료들은 성격 발달과 기능에 관한 애착이론의 관점을 제시한다. 애착이론은 자기와 타인 그리고 관련된 대인관계 행동의 작업모델에 대한 경험적 평가방법을 통해 발달적 관점으로부터 성격을 이해하는 강력한 틀을 제공한다. Roth와 Buchheim(제3장)은 성격 기능의 신경생물학에 대한 최신 이해를 전달한다. 그들은 유전적 다형성, 뇌 발달의 결핍 그리고 역경을 가지고 있는 발달적 경험의 조합으로 성격장애를 바라본다. 많은 뇌 영역이 정서적 · 인지적 과정 사이에 강렬한 상호작용이 일어나는 장소라고 강조한다. 신경생물학 자료들은 뇌 네트워크 그리고 신경 단위의 대사 작용에서 역기능을 제시하면서, 특히 경계선 성격장애와 반사회성 성격장애에 대한 자료를 축적하고 있다. 이 부분을 완성하기 위해 Shedler와 Westen(제4장)은 성격장애를 이해하는 데 있어 과학과 임상 실제 사이의 분열을 다루었다. 이러한 분열은 성격병리의 평가에서 분명하다. 연구에서는 가장 보편적인 반구조화된 면접을 사용하는 반면, 임상가는 환자가 임상가와 어떻게 관계를 맺는지를 포함해서 대인관계 세계를 검토하기 위해 임상적 면접을 활용한다. 이 장의 저자들은 경험적으로 타당한 임상면접을 기반으로 한 진단방법이나 DSM-IV-TR(American Psychiatric Association, 2000)의 축 II에서 나온 것보다 훨씬 더 풍부한 성격장애 유형을 기술한다.

제1부에서 성격과 병리 모델의 배경을 다루었다면, 제2부는 구체적 성격장애의 치

료로 이루어져 있다. 치료를 담당하는 각 장은 관련된 경험적 연구, 환자의 현상학과 정신역동 그리고 치료 전략과 기법으로 이루어져 있으며, 모두 임상적 예와 삽화로 구성되어 있다.

DSM-IV-TR의 축 II 장애 중 A군 성격장애(분열성, 분열형 그리고 편집성 성격장애)와 그것의 치료에 대해서는 Williams가 맡아 집필하였다(제5장). 치료자는 치료에 저항하는 이러한 장애를 가진 환자로 인해 큰 도전에 직면한다. 특히 환자를 통해서만 알 수 있는 전이 어려움이 있다. 이러한 성격장애의 병리는 치료자가 인내력, 참을성, 상호작용에 대한 세심한 주의를 가지고 신뢰할 수 있는 치료관계를 세우는 데 특별히 관심을 집중할 것을 요구한다.

아마도 현상학적 · 치료적으로 가장 포괄적인 연구는 B군 성격장애에서 이루어져 왔을 것이다. Bateman과 Fonagy(제6장)는 사고, 정서 그리고 동기에 의해 자기와 타인을 이해하는 환자의 능력, 즉 정신화 기술을 개선하는 데 초점을 맞춘 경계선 성격장애를 위한 치료를 기술하였다. 이 치료는 주간병원과 외래치료 세팅에서 의미 있게 증상을 감소시키는 것으로 알려져 있다. 또한 추후 조사 자료는 정신화 기반 치료를 받은 환자가 치료 성과를 유지한다고 보고하고 있다. 이러한 결과로 자기와 타인을 이해하는 것이 정신화 능력의 증가와 관련이 있다는 것을 알 수 있다. Yeomans와 Diamond(제7장)는 경계선 환자를 위한 대안적인 정신역동치료로 전이초점치료를 기술하였다. 경계선 환자를 위한 이 강력한 개인치료는 치료자와의 상호작용에서 나타나는 자기와 타인의 표상이 표적이다. 전이초점치료는 증상을 감소시켜 주고 구체적 지지치료 그리고 변증법적 행동치료와 긍정적으로 비교되고 있다. 또한 전이초점치료는 깊은 이해를 가지고 자기와 타인을 개념적으로 기술하는 능력인 성찰 기능을 의미 있게 높이는 것으로 알려져 있다. 제8장에서 Gabbard는 현재 심리치료 연구에 있어 중요한 질문을 제기한다. 치료가 효과(즉, 증상의 감소)가 있다면 그 치료가 어떻게 효과적인가? 변화의 기제는 무엇인가? 그는 변화의 기제들에 대한 임상적 접근과 연구가 모두 한계를 가지고 있지만 변화의 다양한 기제가 작용하고 있다고 주장한다. 변화의 다양한 기제에 대한 이러한 초점은 치료를 기술하는 모든 장에서 제시되어 있다.

제9장에서 Kernberg는 자기존중감과 자기관심의 병리적 조절로 자기애를 본다. 자기존중감, 기분 그리고 내면화된 대상관계의 우여곡절 간에 일어나는 복잡한 관계를 탐색한다. 정상적 자기애, 유아기적 자기애 그리고 병리적 자기애를 구분하고 병리적 자기애의 서로 다른 수준에 따른 치료를 검토하였다. 특히 Kohut의 자기심리학,

Rosenfeld의 Klein 학파 접근 그리고 Kernberg의 대상관계 접근을 기술하고 서로 비교한다. Horowitz와 Lerner(제10장)는 연극성 성격장애를 가진 환자의 치료를 위해 마음 상태의 이해와 형태분석을 사용한다. 연극성 성격장애를 가진 환자는 정서적으로 충동적 대인관계 행동을 초래하는 강렬한 부정적 상태를 조절하지 못하는 개인들이다. 이 장에서는 세 개의 치료 단계를 기술하는데, 위기의 감소, 타인과의 연결을 높이면서 안정성을 증가시키는 것 그리고 마침내 높아진 자기응집력과 타인과의 친밀함의 증가이다. Meloy와 Yakeley(제11장)는 병리의 차원성을 강조하면서 애착이론의 관점에서 반사회성 성격장애를 검토한다. 구체적 인지행동 기법이 문헌에서 강조되어 왔지만, 내적 경험에서 결핍의 문제가 두드러지기에 하위 유형에 따라 자기성찰과 정신화를 높이는 역동적 접근을 고려하게 되었다. Svartberg와 McCullough(제12장)는 C군 성격장애를 가진 환자(회피성, 의존성 강박성)와의 경험적 작업을 활용하여 환자의 감정 관리를 돕기 위해 인지행동 기법과 정신역동 기법을 통합하는 치료를 기술하였다.

성격장애를 가진 환자를 위한 치료환경은 일반적으로 외래 환자를 위한 세팅이다. 그러나 기능이 위태롭고 증상이 심각할 때, 입원과 주간병원 세팅이 심각한 성격장애를 가진 환자에게 유일한 치료 기회를 제공한다. 이러한 치료환경에서 포괄적인 임상적 그리고 연구 경험을 가지고 있는 Piper와 Steinberg(제13장)는 선택된 환자를 위한 주간병원과 입원치료의 필요성을 기술한다. 많은 성격장애의 치료적 진보에도 불구하고, 치료 가능성의 한계를 드러내는 진단적 그리고 비진단적 특성을 가진 환자들이 있다. Stone(제14장)은 문헌과 자신의 임상 경험에 근거해서 구체적 요인을 기술한다.

제3부에서는 이제까지 출판된 치료 효과에 관한 연구를 요약하고 가까운 미래의 진단 과정에 대해 간단히 언급한다. DSM-III에서 축 II의 소개(American Psychiatric Association, 1980)는 성격장애를 가진 개인의 병리와 치료에 대한 많은 경험적 연구를 이끌었다. 성격병리를 위한 정신역동치료의 증가하는 경험적 연구는 제15장에서 Leichsenring이 정리한다. 이 연구들은 경험적으로 입증된 치료를 강조하는 현재 치료환경에서 성격장애를 가진 환자를 위한 정신역동치료를 단단한 발판 위에 올려놓았다.

성격장애의 현상학에 관해 1980년 이후 이루어진 경험적 연구는 새로운 정보들을 제시하고 있다. 이러한 결과들이 DSM-5의 개정에서 성격병리의 개선된 기술을 위해 사용될 것이다. DSM-5의 축 II 개정 위원으로 있는 Oldham(제16장)은 성격병리의 진단에 관한 자신의 현재 견해를 기술했다.

관심이 있는 독자는 당연히 다음과 같이 질문할 것이다. 이 책의 어떤 점이 독자를 정신역동적 치료자로 만들 수 있는가? 장애에 대한 정신역동치료를 정의할 수 있는 특징은 무엇인가? 더 구체적으로, 성격장애를 가진 환자를 위한 정신역동치료는 무엇인가? 마지막 질문은 특히 구체적 치료 전략과 기법을 가진 매뉴얼화된 치료로, 이 시대의 치료환경과 특히 관련이 있는 질문이다. 매뉴얼화된 치료는 정신역동치료, 인지행동치료 혹은 정서초점치료라는 모호하고 추상적인 수준보다는 더 명료한 치료 기술을 제공한다.

성격장애를 가진 환자를 위한 정신역동치료가 무엇인지에 대한 질문은 두 가지로 답할 수 있다. 우선, 우리는 인지행동치료와 같은 다른 치료들과 대조적으로 구별되는 정신역동치료의 명확한 특성에 대해 정의할 수 있다. 둘째, 우리는 정신역동 접근이라고 주장되는, 이 책에서 기술된 치료를 검토하면서 치료들 간의 공통성을 일반화할 수 있다. 공통성을 확인하면서 우리는 일반적 수준에서 정신역동치료들이 공통적인 특징을 가지고 있다는 것을 쉽게 알 수 있다. 정신역동치료는 환자와 치료자 사이에 현재 일어나는 관계에 상당히 집중한다. 정신역동치료자는 환자의 관계 패턴을 이해하기 위해 많은 정보의 근원을 사용한다. 환자가 치료자와 관계하는 방식에 대한 치료자 자신의 인지적 · 정서적 반응뿐만 아니라 치료자 자신의 상호작용 스타일 그리고 관계에 대한 그의 기술을 포함한다. 현재 일어나는 이 관계를 이해하기 위해, 정신역동치료자는 마음의 모델을 가지고 있다. 마음의 모델은 겉으로 보이는 환자의 행동과 의식적 · 인지적 진술을 넘어서서 환자의 자각의 범위를 넘어서는 동기나 마음에 관심을 갖는다. 치료자는 환자가 내적 그리고 외적 경험의 이해뿐만 아니라 자신의 사고, 정서적 상태 그리고 행동에 기여한다는 점에서 매우 관심을 갖는다. 치료자는 과거 경험에 관한 가설(현재 태도와 행동에 미치는 과거의 영향)을 세우면서 환자의 경험과 행동을 이해하는 데 관심을 갖고 전이의 신호에 깨어 있는다. 전이는 과거에 중요한 타인과의 관계 패턴을 고집스럽게 지속하는 것 혹은 그것에 반하는 반응을 말하는, 현재 치료자와의 관계에서 나타나는 패턴이다.

성격장애를 가진 환자와의 관계에서 정신분석적 모델은 어떤 특징을 갖고 있는가? 정의에 따르면 성격장애를 가진 환자는 타인과의 관계에서 어느 정도 어려움이 있다. 성격장애는 직업, 전문성, 사회적 삶 그리고 친밀한 관계와 같은 삶의 적응에서 중요한 영역을 방해한다. 정신역동 접근을 취한다고 스스로 생각하는 치료자는 환자가 초기 치료시간에서 현재 관계를 어떻게 구성하는지에 상당히 깨어 있어야 한다. 환자의 현재 상호작용 스타일에 집중하는 것은 진단적이면서 동시에 치료 반응과도 관련이 있다. 치료 반응은 특히 치료를 지속할지 혹은 조기에 이 치료관계를 그만둘 것인지를 결정하는 데 중요하다. 역동치료자는 성격장애를 가진 환자를 괴롭히는 증상(예: 우울, 불안)에 집중하는 한편, 대부분의 초점은 타인과의 관계(치료자를 포함하되 이에 국한되지 않음)에서 비정상성, 왜곡, 갈등 그리고 결핍에 초점을 맞춘다. 이것들은 환자의 증상에 중요한 역할을 하고 있는 것이다.

성격장애를 가진 환자와 작업하는 역동치료자는 성격병리의 모델(제1장과 제2장)을 활용한다. 이 모델은 자기와 타인의 이해에서 인지적 그리고 정서적 과정의 발달적 왜곡과 비정상성을 강조한다. 평가와 변화의 대상은 이렇게 빈약하게 연결된, 덜 발달된 혹은 왜곡되어 내면화된 표상들이다. 성격병리의 진단에서 유형적으로(Shedler와 Westen, 제4장) 그리고 차원적으로(제1장) 도달해야 하는 것은 서로 다른 환자의 특성에 맞게 역동치료를 구성하는 것이다.

다양한 성격장애 진단을 위해 이 책에서 다룬 정신역동치료의 신중한 검토를 통해 최신 정신역동 연구자와 임상가는 구체적 성격병리에 따라 다양한 치료를 실시해야 한다는 것을 알 수 있다. 이 책에서는 하나의 정신역동치료가 모든 성격병리에 다 적합하다고 말하지 않는다(과거에는 그러한 경우가 있었다). 정신역동치료든 인지행동치료든 간에, 일반적 치료를 넘어서서 구체적 성격장애를 가진 바로 그 환자에게 적합한 치료를 적용해야 한다. 성격장애는 환자의 자아 강도나 구체적인 사회적 맥락에 따라 변경되기 때문에 병리의 범주로는 적절하게 포착되지 않는다. 이 책의 모든 장은 구체적 범주에 적합한 두드러진(배타적이지 않은) 성격 특성을 가진 환자에게 접근하기 위한 정신역동적 틀을 제공한다. 이러한 치료 틀은 환자가 영향을 미쳤던 특별한 환경에서 작용하는 병리와 자아 강도의 독특한 결합을 보이는 환자의 구체적 상황에 맞게 적용될 수 있다. 환자의 과거에 초점을 맞춘다는 역동적 치료의 편견과는 다르게, 여기에 기술된 성격장애를 위한 치료는 우선적으로 현재에 초점을 둔다.

성격장애를 가진 환자를 위한 정신역동치료와 인지행동치료 간에는 중복이 뚜렷하다. 이것은 두 접근에서 각각 역사적 변화가 있었음을 의미하고, 성격장애가 치료적 관계 속에 놓여 있다는 공통적 제약이 있다는 것을 뜻한다. 구조(structure), 지지, 공감적 관계 그리고 치료적 동맹이라는 소위 말해 공통 요인이 대부분의 치료에서 효과적으로 작용한다. 공통적 전략과 기법에 덧붙여, 어떤 정신역동치료(예: 제12장 참조)는 정신역동적 그리고 인지행동적 기법이라고 부르는 것을 분명하게 결합하여 기술하고 있다. 이 책을 집필하면서 치료적 접근의 두드러진 접점에 주목했고, 정신역동치료와 다른 치료들 사이의 엄격하고 분명한 경계의 시대는 이미 끝났다는 것을 알았다. 정신역동치료 안에 인지행동 기법이 포함되어 있으며, 역으로 인지행동적 저자들은 치료관계와 환자의 저항을 강조하기도 한다(Leahy, 2001 참조).

이 책의 편집자로서 우리는 뛰어난 저자들의 동료애로 즐거웠다. 성격장애를 가진 환자들의 모델, 평가 그리고 치료에 대한 현재 정신역동적 사고를 함께할 수 있었던 것은 이들의 열정적인 반응을 통해 가능했다.

John F. Clarkin, Ph.D.
Peter Fonagy, Ph.D., F.B.A.
Glen O. Gabbard, M.D.

## 참고문헌

American Psychiatric Association: Diagnostic and Statistical Manual of Mental Disorders, 3rd Edition. Washington, DC, American Psychiatric Association, 1980

American Psychiatric Association: Diagnostic and Statistical Manual of Mental Disorders, 4th Edition, Text Revision. Washington, DC, American Psychiatric Association, 2000

Leahy R: Overcoming Resistance in Cognitive Therapy. New York, Guilford, 2001

Lenzenweger MF, Lane MC, Loranger AW, et al: DSM-IV personality disorders in the National Comorbidity Survey Replication. Biol Psychiatry 62:553-564, 2007

Westen D, Gabbard GO, Blagov P: Back to the future: personality structure as a context for psychopathology, in Personality and Psychopathology. Edited by Krueger RF, Tackett JL. New York, Guilford, 2006, pp 335-384

# 차례

제1부

# 성격병리: 개입의 초점

제1장

# 성격과 성격병리의 대상관계모델

Eve Caligor, M.D.
John F. Clarkin, Ph.D.

성격장애를 가진 환자를 치료하는 임상가는 공통적으로 다음과 같은 여러 가지 핵심 질문을 해결하고자 한다.

- 정상적인 성격 기능과 성격병리 사이의 관계는 어떠한가?
- 많은 혹은 대부분의 성격장애에서 공통적으로 작용하는 성격의 병리적 측면은 무엇인가?
- 성격장애에서 기능의 높은 수준과 심각한 수준 간에 어떤 관계가 존재하는가?
- 서로 다른 성격장애 사이에 병리의 심각성을 어떻게 평가하고 규명할 것인가?
- 구체적 진단을 받은 집단 내에서 개인 병리의 심각성을 어떻게 평가하고 규명할 것인가?

성격병리의 대상관계이론 모델은 이러한 질문에 대한 답을 위해 임상적으로 기초가 되는 접근을 제공한다.

성격장애의 대상관계이론 모델에 대한 임상적 기반을 소개하기 위해 성격장애를 보이는 4명의 환자 이야기를 제시하였다.

N양은 '남성들과의 문제'와 '직면하지 못하는 어려움'이라는 호소 문제를 가지고 찾아온 28세의 미혼 직장인이다. N양은 멋지고 매력적이며 꽤 유혹적이다. 하지만 그녀는 사회적 상황에서 관심이 집중되는 것이 당황스럽다. 동료나 친구들 앞에서는 스스로 부적절하고 매력이 없다고 느끼고, 남자들과 있을 때는 매우 부끄럽고 성적으로 위축된다고 한다. 이런 특성 때문에 그녀는 대학을 졸업한 이후 누군가와 지속적인 관계를 맺지 못하고 있다. 갈등을 피하는 이런 경향 때문에 N양은 '직면'하지 못하는 어려움을 호소했다. 결과적으로 자신이 사람들에게 지나치게 맞추고 만족시키려 한다는 것을 알고 있었다. 남자친구는 없지만 가깝게 지내는 친구들은 있었다. N양은 도전적이며 성취적인 초등학교 교사로 자신의 일을 설명했다. 자신에 대해서는 전체적으로 낙관적이며 신중한 사람이라고 느꼈지만 남성과 지속적인 만남을 유지하지 못한다는 점과 자기 자신에 대해 좋은 느낌을 가질 수 없다는 점에 대해 낙심해 있었다. 오랜 면담 끝에 치료자는 N양에게 따뜻한 기분을 느낄 수 있었다. 치료자는 그녀가 호소한 어려움이나 그녀의 삶에서 중요한 사람들에 대해 생생한 인상을 가질 수 있었다.

B양은 '남성들과의 문제'와 '직면하지 못하는 어려움'이라는 호소 문제를 가지고 치료자를 찾아온 28세의 미혼 직장 여성이다. B양은 매력적이고 호감이 가는 인상이었다. 그녀는 짧은 치마와 목이 많이 파인 블라우스를 입고 있었다. 그녀의 태도는 치료자를 뭔가 불편하게 만들면서 성적으로 도발적이었다. 자신이 관심의 중심이 되지 않는 상황이 불편하다고 했다. 그녀는 남자친구와 갈등이 있을 때 분노를 조절하지 못하고 그 상황에서 분노를 폭발하는 경향이 있다. 대학을 졸업한 후에 B양은 여러 직업을 가졌고, 최근에는 접수원으로 일하고 있다. 다른 어떤 일이 좋은지는 잘 모르지만 지금 하는 일은 따분하고 지겹다고 한다. 혼자 살고 있고 지속적으로 만나는 사람은 없다. 항상 안 좋게 끝나는 남자들과의 관계가 반복된다고 한다. 친구들은 흩어져 있고 여동생만이 그녀가 진실로 믿고 애착을 가지고 있는 유일한 사람이다. 자신의 인생에 대해 '눈앞이 캄캄한 상황'으로 느끼고 있으며 종종 공허감과 자기혐오감으로 괴롭다. 치료자는 면담에서 보이는 B양의 평온함과 남자친구에게 분개하고 비난하며 그를 조종했던 모습 속에 존재하는 분명한 모순으로 혼란스러웠다.

N씨는 두 아이를 둔 28세의 기혼 변호사이다. '직업에서의 문제'와 '자존감 문제'를 가지고 상담에 왔다. N씨는 도전적이고 지적으로 성취감을 얻을 수 있는 만큼 성공적인 법률 사무소의 말단 직원으로 자신의 일을 설명했다. 하지만 그는 일터에서의 부적

절감을 호소했고 자신이 주변 사람들만큼 할 수 없다는 기분을 느낀다고 하였다. 그리고 일을 '너무 꼼꼼히' 해서 마감시간까지 일을 미루는 성향 때문에 힘들다고 했다. N씨는 정서적으로 뭔가 압박감을 느꼈고, 극단적으로 내성적인 모습을 보였지만 부인과 아이들과는 깊은 애착을 느꼈다. 가장 사랑하는 사람들이 그를 정서적으로 활용할 수 없다는 걸 알고 있지만 그의 행동을 변화시킬 수 없다고 느꼈다. 고등학교 시절로 거슬러 올라가면 몇몇 친밀한 친구가 있었다. 하지만 그에 따르면 특별히 사교적인 사람은 아니다. N씨의 이야기를 듣고 난 후, 치료자는 N씨가 보여 준 성실함과 치료에 대한 동기가 인상적이었다.

B씨는 실직한 38세의 기혼 변호사이다. 그는 '직업에서의 문제'와 '자존감 문제'를 가지고 상담에 왔다. 스스로를 '꾸물거리는 사람'이라고 묘사했고 너무 꼼꼼한 것이 문제라고 했다. 그는 관련도 없는 정보를 찾느라 시간을 허비한다. 인터뷰가 진행되면서 그가 로스쿨을 10년 일찍 졸업한 후 직장에서 계속해서 해고를 당한 것이 드러났다. 프로젝트를 완수하는 것이 어려웠고 마감 날짜를 종종 놓쳤기 때문이다. 근무 시간표를 조작하고 빈번하게 전화로 병결을 알리고, 상사와의 기싸움에 놓인 적이 있다. 최근 그는 준법률가—모욕적이라고 생각하는 직업—로 일을 해 오고 있었는데 6개월 전에 해고되었다. B씨는 스스로 모든 사람보다 더 똑똑하다는 느낌과 '형편없는 패배자'라는 느낌 사이를 오가고 있다고 설명했다. 정서적으로는 거리감이 있고 위축되었고, 아내는 그가 경제적 · 정서적 지지를 전혀 제공하지 않는다고 불만을 드러냈다. 결혼 초기의 성적인 관심은 사라졌고, 주기적으로 매춘부를 찾아간다. B씨는 공허감과 초조감을 호소하였다. 어떻게 하면 이러한 불쾌감과 불안을 덜 느낄 수 있는지, 특히 어떻게 하면 스스로에 대해 안정감을 가질 수 있는지를 알고 싶어 치료자를 찾아왔다. 한 시간가량의 인터뷰 끝에 치료자는 B씨에게서 모호하고 피상적인 느낌을 가질 수 있었고 심지어 그늘진 이미지를 가진 그의 아내가 떠올랐다. 치료자는 B씨가 가지고 있는 문제의 심각함에 압도되는 기분을 느꼈고 B씨가 진실로 치료에 대한 동기가 있을지 의문스러웠다.

이상의 모든 환자는 성격장애를 가지고 있다. 하지만 그들 사이에 존재하는 차이점은 놀라울 정도이며, 이것은 임상 상황에서는 대단히 중요한 문제이다. 이 장의 끝에서 독자들은 이러한 환자들 사이의 유사점과 차이점 둘 다를 고려할 수 있는 틀을 갖게 될 것이다. 성격장애에 대한 대상관계이론 모델은 심각성의 스펙트럼에 따른 성격병리의 평가, 분류 그리고 치료에 대한 체계적이고 일관성 있는 접근을 제공한다.

## 대상관계이론이란 무엇인가

정신역동적 정신의학에서 대상(object)이라는 용어는 역사적 이유로 그리고 다소 유감스럽게도 주체가 관계를 맺는 누군가를 언급하기 위해 사용되었다. 유사하게, 대상관계(object relations)는 주체가 다른 사람과 맺는 관계의 특성을 언급하는 용어이다. 외적인 대인관계 세계에서 주체의 내적 세계로 이동하면서, 우리는 그 주체의 마음 안에 있는 타인의 표상 혹은 존재를 언급하기 위해 내적 대상(internal object)이라는 용어를 사용한다. 대상관계이론(object relations theory)은 심리적 동기와 기능에 대해 서로 느슨하게 관련이 있는 정신역동적 그리고 정신분석적 모델들로 구성되어 있다. 이 모델들에서는 초기 관계 패턴의 내면화를 심리적 발달과 심리적 기능의 핵심 특성으로 본다.

우리가 제시한 특정 대상관계이론에 기반한 성격장애모델은 웨일 코넬 의과대학교의 성격장애 연구소의 Otto Kernberg와 동료들에 의해 발전되었다(Kernberg & Caligor, 2005). 이 접근은 Klein 학파와 영국의 정신분석 학파로부터 나온 주요한 기여점과 미국의 자아심리학자 내의 발전을 통합하였다. 특히 Edith Jacobson, Margaret Mahler와 Erik Erikson의 업적을 통합하였다. 대상관계이론의 분파로 애착이론(Shaver & Mikulincer, 2005)은 제2장('애착과 성격병리')에서 논의될 것이다. 이 장에서는 임상 실제와 가장 관련이 깊은 Kernberg의 모델에 집중할 것이다. Kernberg 모델의 핵심에서 성격병리를 구분하는 체계와 함께 성격장애에 대한 대상관계이론에 기저하고 있는 기본적인 개념들을 다룬다. 다만 '추동'이라는 정신분석적 구성 개념에 대한 그의 탐색이나 가장 논쟁이 많은 그의 발달이론에 대한 논의는 생략할 것이다. 우리가 제시하는 모델이 성격장애를 가진 환자의 정신역동치료 경험에서 나온 임상에 기반을 두고 있기 때문에 성격장애의 세부적 병인론에는 집착하지 않을 것이다.

# 심리 구조

성격장애에 대한 대상관계 접근의 기본 관점은 특정 성격장애의 성격병리가 바로 기저하고 있는 심리 구조와 조직을 반영한다는 것이다. 심리 구조의 변화를 이끄는 정신역동치료는 동시에 성격병리에서 변화를 이끌어 내고 심리 기능을 개선할 것이다. 치료와 변화에 대한 이러한 상향식 접근은 부적응 행동과 사고 패턴에 직접적으로 초점을 두는 인지행동치료의 하향식 접근과 비교될 수 있다(또한 유리하게 통합될 수도 있다).

먼저, 정신역동적 정신의학에서 사용되며 종종 혼란을 일으키는 구조(structure)라는 용어에 대해 설명하려고 한다. 정신역동적 참조 틀에서 구조는 특정 맥락에서 반복적으로 예측할 수 있도록 활성화되는 심리 기능의 안정적 패턴이다.[1] 심리 구조는 구체적 의미로 구조라기보다는 예상할 수 있는 방식으로 주관적 경험과 행동을 조직하는 성향으로 개념화될 수 있는 심리 과정이다. 인지신경과학의 수준에서 우리가 심리 구조라고 생각하는 신경 관련 부위는 음악 콘서트에서 활성화되는 신경회로들 간의 연합 혹은 연합망으로 정의될 수 있다(Westen & Gabbard, 2002). 동기 시스템, 대처 기제, 관계 패턴 그리고 기분과 충동을 조절하기 위해 기능하는 과정들은 모두 심리 구조의 좋은 예이다. 비록 발달적 성숙이나 삶의 경험 그리고 성공적 치료에 의해 수정될 수 있지만 심리 구조의 특성과 조직은 개인에 따라 독특하며 시간에 걸쳐 안정적이다.

성격의 기술적 특성과 달리 정신역동적 참조 틀 내에서 개념화할 때, 심리 구조는 임상가에 의해 직접 관찰될 수 없으며 환자에 의해서 보고될 수 없다는 점을 이해하는 것이 중요하다. 그보다 심리 구조는 임상적 관찰에서 추론되고 체계적으로 평가될 수 있다. 이러한 추론과 평가는 성격 기능의 기술적 측면, 특히 개인의 행동, 대인관계, 주관적 경험에 근거해서 이루어진다. 예를 들어, 양심은 도덕 기능과 관계가 있는 심리 과정으로 익숙한 심리 구조이다. 윤리적(그리고 비윤리적) 행동, 죄책감 그리고 도덕적 가치나 사상에 대한 헌신은 양심이라는 심리 구조를 구성하는 성격 기능의 기술적 특

1) 구조(structure)라는 용어와 심리측정의 개념으로 구조(structure)라는 개념을 구별한다. 특질이론에서 성격 구조(personality structure)는 기존의 자료에 딱 맞는 요인 구조를 말한다. 이 통계적 방법은 특질 사이에서 공변을 확인하면서 차별적인 성격 특질에 기저하는 잠재 변인을 탐색하기 위해 사용된다. 특질이론은 전집을 통해 구조를 확인한다. 반대로 정신역동은 심리 기능이 특정한 개인 내에서 어떻게 조직되는지를 언급하기 위해 구조라는 용어를 사용한다.

성이다. 유사하게, 부인이라는 방어 작용은 고통스러운 경험의 정서적 영향을 최소화하기 위해 예측 가능한 방식으로 드러나는 뚜렷한 심리 과정이다.

관찰 가능한 행동 그리고 내적이며 관찰할 수 없는 인지적-감정적 구조 사이의 관계에 대한 강조는 최근에 많은 성격이론에 의해 공유되고 있다. 많은 이론이 유사하고 중복되는 구성 개념을 사용하고 있다. 이들 모두는 정상 성격 기능과 성격병리 둘 다에 관여하는 기본적인 인지적 · 정서적 과정의 역할을 지적한다(Lenzenweger & Clarkin, 2005). 특히 Mischel과 Shoda(2008)는 관여하는 단위 체계(예: 부호화, 기대, 동기 그리고 목표)로 정상 성격을 개념화했다. 즉, 이러한 체계는 의식의 다양한 수준에서 개인이 성공적으로 환경과 상호작용할 수 있도록 작용한다. 인지적-감정적 성격 체계(Cognitive-Affective Personality System: CAPS)에 따르면, 구체적인 인지적-감정적 정신 표상은 대인관계 맥락에서 출현하며 환경적 유관에 따른 반응으로 활성화된다. 이러한 영향력 있는 이론에 따르면, 성격 기능에서 기본적인 요소는 인지적-감정적 표상이다. 이것은 패턴화되며 행동표현과 관계가 있고, 상황에 걸쳐 자기의 인식으로 축적되고, 개인이 선호하고 활발하게 추구하는 특정 환경을 선택하도록 동기화한다.

## 내적 대상관계

대상관계이론에서는 구체적 감정 상태와 연결된 상호작용에서 타인의 이미지와 상호작용하는 자기의 이미지로 구성된 '인지-감정 단위'가 가장 기본적인 심리 구조라고 본다. 이 내면화된 관계 패턴을 내적 대상관계라고 한다. 대상관계이론 모델에서 내적 대상관계는 고차 구조를 가진 건물 모양의 블록이며 주관적 경험을 조직한다. 예를 들어, 정체성이라는 구조는 자기와 타인에 대한 경험을 포함하는 내적 대상관계의 조직으로 볼 수 있다. 양심은 금지와 가치를 포함하는 대상관계를 구성한다. 다른 맥락은 다른 내적 대상관계를 활성화한다. 활성화된 특정한 내적 대상은 그 상황에서 개인의 행동과 경험을 조직할 것이며, 그 개인의 대인관계에서 펼쳐지게 된다.

내적 대상관계와 그것의 심리 기능과 주관성에서의 역할을 어떻게 개념화하는지에 대한 예로서, 공포심과 연결된 강력하고 위협적인 권위 인물의 이미지와 상호작용하는 작고 어린아이 같은 자기—혹은 만족과 안전감의 느낌과 연관된 돌보고 보호하는 인물과 관계하는 작고 어린아이 같은 자기—로 이루어진 대상관계를 고려해 보자. 이

예에서 기술된 내적 대상관계는 의존적인 관계에서 개인의 기대와 경험을 구성하면서, 기능하는 정도에 따라 성인기에 나타날 것이다. 즉, 자기가 의존하는 사람과의 경험을 채색하면서, 첫 번째 경우에는 불안과 두려움의 경험이 활성화되는 반면 두 번째 경우에는 만족과 안전감이 활성화될 것이다.

Kernberg(Kernberg & Caligor, 2005)는 내적 대상관계가 타고난 감정 소인과 애착관계의 상호작용으로부터 출현한다고 제안한다. 삶의 초기부터 기질적으로 결정된 감정 상태가 양육자와의 관계에서 활성화되고, 조절되고, 양육자와의 상호작용에 인지적으로 연결된다. 시간이 지나면서 이러한 상호작용은 관계 패턴으로 내면화되고 점차 우리가 내적 대상관계라고 언급하는 지속적이고 정서가 부여된 심리 구조로 형성된다.

심리 기능의 핵심을 구성하는 특성으로서 내면화된 관계 패턴에 대한 강조는 다른 많은 접근—인지행동이론, 대인관계이론, 애착이론—에서도 공유되고 있다. 모델들 간에 상당 부분 중복되지만, 대상관계이론은 초기 애착관계와 성인 경험을 구성하는 심리 구조 사이의 복잡한 역동적 관계성을 언급한다는 점에서 차별된다. 대상관계이론 모델에서 우리는 내적 대상관계의 특성에 영향을 미치는 것으로서 초기 경험—인지 발달적 수준에 따라 채색됨—뿐만 아니라 개인의 심리적 갈등, 방어, 환상을 포함하는 심리역동적 요인을 강조한다.

내적 대상관계의 본질을 결정하는 데 있어 갈등과 방어기제의 잠재적 역할을 소개하기 위해, 작고 어린아이 같은 자기와 공포감과 연결된 강력하고 위협하는 권위적 인물로 구성된 내적 대상관계의 예로 잠깐 돌아가 보자. 의존적 관계에서 힘이 없고 두려운 자기 경험을 하는 누군가는 위협하는 부모와의 실제 경험뿐만 아니라 방어적인 욕구나 환상이 있다. 예를 들어, 앞서 제시한 사례에서의 N양과 같은 누군가에게 대상관계는 부모상에게 상처를 주려는 갈등적 소망과 관련된 방어 양식이 있을 수 있다. 이제 우리는 마치 다음과 같이 말하는 투사 기제를 고려할 수 있다. "어머니는 공격적이고 가학적이에요. 나는 그렇지 않아요. 나는 약하고 두려워요. 그래서 나는 가학적인 느낌을 갖는 것에 대해서 죄책감을 가질 필요가 없어요." 또는 B양과 같은 누군가에게 극단적이고 정서적으로 강렬한 대상관계는 완벽하게 만족시켜 주는, 바라던 부모상에 대한 환상을 보호하려는 방어적인 노력으로 기능할 수 있다. 이것은 분열의 예이다. "끔찍한 기분입니다. 하지만 나는 여전히 완벽한 부모를 찾을 수 있다는 희망이 있어요." 요약하면, 특정 상황에서 주관적 경험을 형성하는 내적 대상관계는 동시에 방어적 기능을 제공한다. 자기와 타인에게 더 위협적이거나 고통스럽거나 갈등적인 경험을 인식하는 것으로부터 개인을 보호하게 된다. 따라서, 대상관계이론 모델에서 내적 대상관계의 특성과 질은 기질적인 요인(예: 타고난 감정 기질), 발달 경험 그리고 갈등과 방어를 반영한다고 이해할 수 있다.

## 성격병리에 대한 대상관계이론에 근거한 접근

### 성격과 성격병리에 대한 정신역동적 기술

정신역동적 접근에서 성격병리의 포괄적인 기술은, ① 장애의 기술적 특성, ② 기술적 특성에 기저하는 구조에 대한 기술, ③ 환자의 정신역동에 대한 이론을 포함한다.

기술적인 특성의 평가는 호소 문제, 부적응적 성격 특성 그리고 중요한 타자와의 관계에 대한 정보를 제공한다. 그러한 평가는 기술적 진단을 하는 데 사용될 수 있다. 이는 DSM-IV-TR이 취한 접근이다(American Psychiatric Association, 2000). 구조적 형식은 개인의 경험, 중요한 타자, 대상관계, 방어 작용 그리고 현실 검증이라는 렌즈를 통해 성격병리의 심각성에 대한 정보를 제공한다(Kernberg, 1984). 기술적이고 구조적 평가는 모두 임상가들에게 환자의 객관적·주관적 어려움에 대한 분명한 이해를 제공하고 진단을 내릴 때나 치료계획을 수립할 때 필요한 정보를 제공한다.

정신병리에 대한 포괄적인 정신역동적 기술은 또한 그 장애에 기저하는 심리적 갈등에 대한 이해를 포함한다. 부적응적 행동과 주관적 상태에 기저하는 갈등을 탐색하면서 정신역동적 임상가는 성격장애를 가진 환자를 치료에 오게 한, 겉으로 보기에는 합리적이지 않은 어려움에 의미를 부여한다. 기저한 의미와 동기에 대한 탐색 및 훈습 과정을 통해서 정신역동적 임상가는 환자가 더 큰 유연성과 적응을 발달시키도록 돕는다. 성격 기능에 대한 기술적, 구조적 그리고 역동적 차원의 평가(이 책의 제4장에 기술된 Shedler-Westen 평가 과정 참조)는 다른 치료계획을 안내할 수 있고 치료자가 치료의 진전을 예측할 수 있도록 안내할 것이다.

평가, 분류, 차별적 개입을 계획할 때 성격장애에 대한 대상관계이론 모델은 **구조적 병리의 심각성**에 따른 성격장애의 차원적 분류와 **기술적 특성**에 근거한(즉, DSM-IV-TR이 제공하는 진단 유형) 범주적 혹은 원형적 분류(prototypical classification)를 부차적으로 결합한다. 그래서 임상적·개념적으로 대상관계이론 접근은 심리 구조의 특성, 조직 그리고 통합의 정도를 평가함으로써 성격병리의 심각성을 묘사한 후에 성격의 '유형' 혹은 '형태'라는 진단을 내리기 위해 성격병리의 기술적 특성을 묘사한다.

이러한 두 가지 축의 접근은 유사한 성격 유형 혹은 부적응적 특성이 현저하게 다른 예후를 시사하면서 병리를 넓은 스펙트럼을 통해 볼 수 있다는 임상 현실을 반영한다. 임상적 관점에서 구조적 병리의 특성과 심각성은 전형적으로 성격 '유형'보다 예후와 다른 치료계획에 있어 더 중요하다. 예를 들어, 임상적 상황에서 N양과 N씨가 보이는 구조적 병리의 유사성은 호소 문제와 성격 유형에서 나타나는 분명한 유사성보다 더욱 중요하다. 호소 문제와 성격 유형으로 보면 N양과 B양 그리고 N씨와 B씨를 기술적 축에서 연결시킬 수 있다. 이 장에서 우리는 모델의 구조적 축에 초점을 맞춘다. 대상관계이론은 이러한 측면에서 독특하고 성격병리에 관한 중요한 포괄적인 접근을 제공한다.

## 성격장애의 기술적 특성

누군가의 성격을 언급할 때 우리는 그 개인을 특징짓는 지속적인 습관적 행동, 인지, 정서, 동기 그리고 타인과 관계 맺는 패턴을 언급한다. 직접적으로 관찰할 수 있는 성격 기능의 요소는 개인의 성격이나 성격병리에 대한 기술적 특성을 구성한다. 기술적 관점에서 개인의 성격은 특별한 **성격 유형**으로 표현된다. 예를 들어, 강박성 유형을 보이는 N씨와 같은 개인은 세부적인 것에 집착하고 완벽주의이고 위험을 피하고 정서 표현에 제한적이다. 이러한 단어 각각은 '성격 특질'로 볼 수 있다.

성격 특질이 더 완고하고 더 극단적이 되면서 정상적 '성격 유형'에서 병리적 성격 기능으로 이동한다. 성격 특질이 '완고하다'고 말하는 것은 개인이 자신의 행동을 변화시킬 수 없다는 것을 뜻한다. 심지어 그들이 변화하고 싶어 할 때조차, 그리고 변화하지 않는 것이 부적응적일지라도 그러하다. N씨는 지연시키는 행동을 멈출 수 없다. 심지어 이러한 행동이 불필요한 고통을 일으키고 자신을 뛰어나기 어렵게 만든다는 것을 스스로 알고 있더라도 그러하다. 이러한 행동은 경험으로부터 학습되는데, 부적응적 패턴을 수정하기보다는 상황에 적절한지 아닌지에 관계없이 반복해서 나타나며 다양한 상황에서 같은 행동, 같은 정서 그리고 같은 관계 방식을 활성화한다. 성격 특성이 '극단적'이라는 것은 문화적으로 정상적인 행동과 기능하는 방식에서 지속적으로 넓은 편차를 보인다는 것을 말한다. 그래서 일상적으로 보이는 B씨의 지연 행동은 마감 기일을 놓치는 것이다. 반면, N씨는 그렇지 않다. N양의 유혹은 사회적으로 이해할 만하고 적절한 편이다. 반면, B양은 지나치고 다소 거친 편이다. 성격병리는 스펙트럼 내에 존재한다. 특질은 더 심각해지고 완고해지는데, 성격병리가 더욱 심각해지면서 전반적으로 더 심오하게 개인의 기능을 간섭하게 된다. 가장 심각한 스펙트럼의 끝에는 극단적이지만 상호 모순적인 특성이 있다. 예를 들어, B씨는 과도하게 세부적인 것에 집착하지만 동시에 일할 때 분명한 철자 오류를 간과한다. 성격의 완고함이 일관적이고 만성적으로 매일의 삶의 기능을 방해하고 개인에게 그리고 주변 사람들에게 심각한 고통을 일으키는 지점에 이를 때, 우리는 이를 성격장애라고 부른다.

## 성격장애에 대한 구조적 접근의 개관

성격장애에 대한 구조적 접근에서는 성격병리를 핵심적 심리 과정 혹은 구조의 특성에 근거해서 분류한다(이 분류를 종종 **구조적 진단**이라고 부른다). 특별히 구조적 접근은 다음의 주제를 검토한다.

- 정체성(자기와 타인에 대한 인식)
- 방어 작용의 우세한 수준(외적 스트레스와 내적 갈등을 대처하는 습관적 방식)
- 현실 검증(현실에 대한 관습적 사고의 이해)
- 대상관계의 질(대인관계의 특성에 대한 이해)
- 윤리적 기능(윤리적 행동, 사고, 가치)

이러한 견해는 성격장애 연구자들이 언급한 접근과 일관적이다(Livesley, 2001; Parker et al., 2004; Verheul et al., 2008). 이들은 성격병리의 심각성을 묘사하기 위해 적응적·부적응적 성격의 측면에 초점을 맞춰 왔다. 특히 연구자들은 성격병리의 심각성을 평가하는 핵심 요소로 안정된 자기이미지, 성찰 기능, 공격성의 조절, 목적성, 친밀한 관계를 맺는 능력을 확인하였다.

개념적 수준에서 살펴보면, 성격병리의 구조적 접근은 자기감, 정체감 그리고 만성적 대인관계의 역기능에 대한 어려움이 바로 성격장애의 핵심 요소라고 보는 성격장애 연구자들 간의 합의와 일관적이다(Livesley, 2001; Pincus, 2005). 대상관계이론

모델 내에서 작업하는 사람들뿐만 아니라 인지적(Pretzer & Beck, 2005), 대인관계적(Benjamin, 2005) 그리고 애착이론(Levy, 2005; Meyer & Pilkonis, 2005; 제2장 참조)의 관점을 대표하는 이론가와 임상가들은 성격병리에서 기능하는 이와 같은 핵심 영역의 중요성을 강조하고 있다.

## 성격 조직의 수준과 성격병리의 분류

성격장애의 구조적 접근은 Otto Kernberg에 의해 처음 발전되었고 성격장애를 가진 환자의 정신역동치료를 통한 포괄적인 임상 경험으로부터 시작되었다. Kernberg(1984)는 성격병리의 세계를 구조적 병리의 심각성에 근거해서 두 가지 주요 장애 집단 혹은 성격 조직 수준으로 구분했는데, 바로 성격 조직의 신경증 수준(neurotic level of personality organization: NPO)과 성격 조직의 경계선 수준(borderline level of personality organization: BPO)이다.

덜 심각한 상태인 성격 조직의 신경증 수준에서 우리는, ① 정상적인 정체성, ② 억압을 기반으로 하는 더 높은 수준의 방어 작용의 우세, ③ 온전한 현실 검증을 보이는 상황에서 부적응적인 성격의 경직성을 본다. '더 높은' 수준의 성격장애는 강박성 장애 그리고 우울성 성격장애, 더 높은 수준의 히스테리성 성격장애(DSM－IV－TR에는 빠져 있음), 회피성 성격장애를 가진 상대적으로 더 건강한 환자의 하위 집단을 포함한다. 또한 성격병리를 가지고 있지만 DSM 성격장애를 위한 진단 기준을 충분히 만족시키는 정도의 심각성을 가지고 있지 않은, 임상 현장에서 흔히 볼 수 있는 많은 환자를 포함한다(Westen & Arkowitz-Westen, 1998). 신경증 수준에서 조직된 개인은 부적응적 성격 특성이 특정 영역에서 강하게 개입해서 주관적인 고통을 일으키지만 일반적으로 많은 영역에서 잘 기능한다. N양과 N씨는 둘 다 신경증 수준으로 조직되어 있다. N양의 성격 경직성은 전반적으로 연애관계에 영향을 미친다. 그녀는 직업적으로는 잘 기능하며 사회적으로도 잘 지낸다. 그리고 친밀한 관계도 유지할 수 있다. N씨의 성격 경직성은 정서 표현에서 억제적이지만 깊은 애착관계를 방해하지는 않는다. 상세한 것을 놓치고 일을 지연시키는 경향은 그에게 어느 정도 고통과 어려움을 일으킨다. 그럼에도 불구하고 그는 직업 면에서 매우 성공적이다.

경계선 수준[2)]에서 조직된 성격장애에서, 환자는 ① 임상적으로 중요한 정체성 병리, ② 분열을 기반으로 하는 더 낮은 수준의 방어 작용의 우세, ③ 일반적으로 현실 검증은 대체로 유지되나 사회적 관습을 이해하고 정확하게 타인의 내적 상태를 인식하는 미묘한 능력이 손상되어 있는 가변적 현실 검증의 맥락에서 심각한 부적응적 경직성을 보인다. 더 심각한 이러한 성격장애 집단은 의존성, 연극성, 자기애성, 경계선, 편집성, 분열성 그리고 반사회성 성격장애를 포함하는데, 이는 DSM—IV—TR에서 기술된 대부분의 성격장애이다. 경계선 수준에서 조직된 개인은 모든 영역은 아니지만 많은 영역에서 기능을 위태롭게 하는 만연된 어려움과 NPO 집단보다 더 극단적으로 경직된 부적응적인 특성을 보인다. B양과 B씨는 둘 다 BPO 집단에서 나타나는 어려움을 보여 준다. 그들의 성격병리는 실제로 모든 영역의 기능에 영향을 준다고 볼 수 있다. [그림 1-1]에서 우리는 심각성의 차원을 강조하고 성격장애의 구조적 접근과 우리에게 좀 더 익숙한 DSM-IV-TR 성격장애 사이의 관계를 제시하면서 이러한 체계에 익숙하지 않은 독자들의 이해를 도왔다.

제시한 틀은 분명하게 범주적 특성을 가지고 있지만 실제적으로 성격병리의 차원적 입장을 취한다. 스펙트럼의 가장 건강한 극단에는 정상적인 정체성, 주로 더 높은 수준의 방어를 사용하고 안정된 현실 검증력을 보이는 개인이 있다. 반면, 가장 병리적 극단에는 심각한 정체성 병리, 더 낮은 수준의 방어기제를 우세하게 보이고 불안한 현실 검증력을 보이는 개인이 있다. 이를 통해 우리는 정신병리의 범위를 알 수 있다. 이 장에서 제시하고 있는 성격병리의 분류는 성격병리를 연속적인 스펙트럼으로 기술하면서 가장 정확하게 개념화할 수 있다. 결과적으로 성격 조직의 신경증 수준과 경계선 수준 사이의 구분은 범주적인 것이 아니며 거기에는 혼합된 특성을 보이는, 가볍게 정체성 병리를 가진 환자들이 있다.

신경증 수준과 경계선 수준으로 성격장애를 구분할 때, 성격병리의 구조적 분류는 ① 대상관계의 특성과 ② 윤리적 기능(Kernberg & Caligor, 2005)의 특성에 근거해서 더욱 명백해진다. 또한 BPO 집단 내 차원에 대한 평가는 높은 수준의 경계선 조직(즉, 대상관계에서 덜 병리적이고 손상되지 않은 윤리적 기능을 보임, 더 좋은 예후를 보이고 더 건강함)

2) 우리는 DSM-IV-TR의 경계선 성격장애(BPD)와 성격 조직의 경계선 수준(BPO)을 분명하게 구분하고자 한다. BPD는 기술적 특징들의 군집에 근거하는 구체적인 성격장애이다. BPO는 구조적 특징—특히 정체성 형성에 관한 병리—을 기반으로 하는 훨씬 더 광범위한 범주이다. BPO 진단은 모든 심각한 성격장애뿐만 아니라 DSM-IV-TR의 BPD를 포괄한다. 독자들이 DSM-IV-TR의 축 II 진단 항목과 성격 조직 수준 사이의 관계를 좀 더 명확히 이해할 수 있도록 [그림 1-1]을 제시한다.

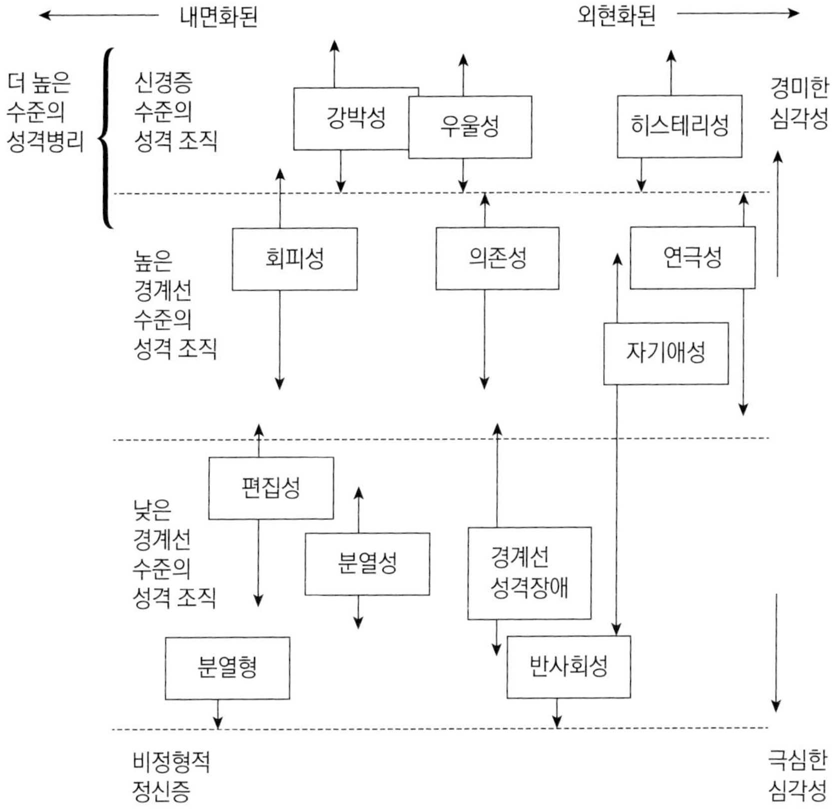


**[그림 1-1] 성격 조직과 DSM-IV-TR 축 II 진단 간의 관계**

* 그림의 위쪽은 가장 경미한 수준이며 그림의 아래쪽은 가장 극심한 수준이다. 수직 화살표는 DSM-IV-TR이 포함하고 있는 성격장애 각각에 대한 심각성의 범위를 뜻한다.

과 낮은 수준의 경계선 조직(즉, 극도로 손상된 대상관계, 윤리적 기능의 심각한 병리 그리고 더 부정적 예후를 보이는 심각한 성격병리를 보임)으로 구분한다([그림 1-1], 〈표 1-1〉 참조). 높은 경계선 집단과 낮은 경계선 집단 사이의 중요한 차이는 심리적 기능과 병리에서 공격성의 역할이다. 낮은 수준의 경계선 집단에서 정신병리는 빈약하게 통합된 공격성의 표현인데 이것이 내부 그리고/또는 외부로 향할 수 있다. 높은 수준의 경계선 병리에서 공격성은 덜 중심적인 특성을 보인다. 높은 수준의 BPO 집단은 의존성, 연극성, 더 혼란스러운 회피성 성격을 보이고 자기애성 스펙트럼의 더 건강한 극단에 위치한다. B양은 높은 경계선 수준으로 조직되어 있다. 그녀는 상호 의존적인 관계와 전체적으로 손상되지 않은 윤리적 기능을 보이면서 (배경으로) 정체성 병리를 보인다. B씨는 낮은 경계선 수준에 조직되어 있다. 그는 착취와 윤리적 기능에서 손상에 바탕을 둔 대

〈표 1-1〉 성격병리의 분류에서 구조적 접근

| 구조적 영역 | 정상 성격 조직 | 신경증 성격 조직 | 높은 수준의 경계선 성격 조직 | 낮은 수준의 경계선 성격 조직 |
|---|---|---|---|---|
| 성격의 완고함 | 없음 | 경미한 수준과 중간 정도 사이 | 극심함 | 매우 극심함 |
| 정체성 | 통합된 | 통합된 | 경미한 병리 | 심각한 병리 |
| 우세한 방어 기능 | 성숙한 | 억압 기반 | 분열 기반, 억압 기반 | 분열 기반 |
| 현실 검증 | 손상되지 않음, 안정적 | 손상되지 않음, 안정적 | 손상되지 않음, 약간 사회적 결함이 있음 | 손상되지 않음, 사회적 결함 (일시적으로 정신증 상태) |
| 대상관계 | 깊은, 상호적 | 깊은, 상호적 | 종종 상호적 | 욕구 충족적 |
| 윤리적 기능 | 내면화된, 유동적 | 내면화된, 완고한 | 일관적이지 않은 | 병적 상태 |

인관계의 배경을 가지고 더 심각한 정체성 병리를 보인다.

NPO와 BPO 사이의 차이 그리고 높은 경계선 성격 조직의 수준과 낮은 경계선 성격 조직의 수준 사이의 차이는 예후와 차별적 치료계획에 대한 중요한 시사점을 가지고 있다. 이러한 세 가지 환자 집단(NPO, 높은 수준 BPO, 낮은 수준 BPO)은 다른 임상적 욕구를 가지고 있으며 각 집단에 있는 환자들은 그들의 병리에 맞게 구체적으로 맞춰진 치료에서 이득을 얻을 수 있다. 우리는 이 장의 끝에서 이 문제를 다룰 것이며 이 책의 다른 장이나 우리가 제안한 다른 읽을거리에서 더 깊게 발전시킬 수 있다.

〈표 1-1〉은 성격병리 분류에 대한 구조적 접근의 개요이다. 이 장의 나머지 부분에서 〈표 1-1〉에서 제시한 자료에 관해 상세히 기술한다. 우리는 성격 조직의 세 가지 수준 사이의 차별적 증후에 집중하면서 정체성, 방어기제, 현실 검증, 대상관계의 특성, 윤리적 기능에 대해 다룰 것이다. 그리고 정신역동적 고려사항을 소개하고 치료를 위한 함의점을 기술하며 이 장을 마칠 것이다.

## 정체성

정체성 개념은 성격장애의 대상관계이론 모델에 단단히 기반을 두고 있다. 정상 정체성은 정상 성격 그리고 신경증 수준 성격장애와 경계선 수준 성격장애를 구분한다

(〈표 1-1〉 참조). 정체성은 주관적인 자기감과 중요한 타인에 대한 경험의 구조적 관계이다. 이 모델에서는 이 두 가지가 서로 복잡하게 연결된 것으로 보고 있다. [자기 경험과 타인에 대한 경험 사이의 밀접한 관계는 Andersen이 수행한 일련의 연구에서 경험적으로 입증되고 지지되었다(Andersen & Chen, 2002).] 앞서 언급했듯이, 대상관계이론 모델에서 내적 대상관계는 고차 구조의 구성요소로 개념화될 수 있다. Kernberg(Kernberg & Caligor, 2005)는 정상 정체성 형성에서 자기와 타인의 경험과 연관된 내적 대상관계는 서로의 관계에서 안정적이지만 유동적인 형태로 조직되어 있다고 제안한다. 이 조직은 통합된 자기감과 일치한다. 복잡하고, 잘 분화되어 있고, 미묘하며 깊은 특징을 보이고, 시간과 상황에 따라 지속적이며 유동적이고 현실적인 자기와 중요한 타인 둘 다의 경험에서 주관적으로 드러난다. 덧붙여, 정상 정체성은 타인의 내적 경험을 정확하게 이해하는 능력, 전문적, 지적 그리고 유희에 대한 관심을 시간을 두고 투자하는 것, 가치, 의견, 선호 그리고 신념에 관해 '자기 자신의 마음을 아는 것'과 관련이 있다.

Kernberg는 정상적 정체성 형성을 병리적 정체성 형성과 대비시켰다. 그는 Erikson (1956)을 따라 병리적 정체성을 정체성 혼란의 증후로 언급했다. 정체성 혼란에서 자기감을 형성하는 내적 대상관계는 극적인데, 강하게 긍정적인 혹은 강하게 부정적인 감정 상태와 연관된 '모두 좋은' 혹은 '모두 나쁜' 극단적인 상태를 의미한다. 이렇게 강한 감정이 부과된 내적 대상관계는 다른 사람과의 관계에서 빈약하게 그리고 불안정하게 조직된다. 기술적 수준에서 이러한 구조적 조직의 결과는 자기와 의미 있는 타인에 대한 중요하고 일관적인 느낌의 부재이다. 대신, 자기와 타인에 대한 주관적 경험은 조각나 있고, 연속적이지 않으며, 극단적이고, 안정적이지 못하다.[3] 예를 들어, 자기 자신과 기분 상태에 대한 B양의 입장은 삶에서 남자가 있는지 없는지에 따라 극적으로 변화한다. 새로운 연애에 대한 관심은 불쾌감과 자기증오로부터 그녀를 들뜨게 했고 '새로운 사람이 된 것 같은' 기분을 느끼게 했다. 아내가 있는 B씨는 철수되어 있고 수동적이다. 하지만 그가 헬스 센터에서 사람들과 어울릴 때는 완전히 다른 사람처럼 행동했다. 즉, 그는 굉장히 사교적이고 상냥하고 익살스러웠다. 정체성 병리라는 점에서 타인에 대한 개인의 주관적 경험은 빈약하게 분화되어 있다(미묘함과 깊이에서 부족함). 정서적으로 극단적이고(흑과 백), 극적이며 그리고/혹은 피상적이다. B씨는 부인을 '지루하고' '단정치 못하고' '잔소리가 많고' '재미라곤 없는' 사람이라고 묘사했다. 아내의

3) Kernberg가 설명한 심각한 성격병리에서 드러나는 일시적이고 분열적이고 빈약하게 통합되어 있고, 자기표상의 '흑과 백'의 특성에 대한 경험적 지지는 Westen과 Cohen(1993)의 연구에서 알 수 있다.

이미지를 살펴보면 타인에 대해 가질 수 있는 복잡하고 현실적인 것보다는 모호하고 깊이가 없고 과장된 묘사를 하고 있었다. 치료자가 이 부분을 언급했을 때, B씨는 비록 아내가 '많은 돈'을 벌고는 있지만 그녀에 대해서는 어떤 긍정적인 모습도 떠오르지 않는다고 했다.

전형적으로 성체성 병리를 가진 개인은 다른 사람을 정확하게 '읽는' 능력이 부족하며(Donegan et al., 2003; Wagner & Linehan, 1999) 미묘한 사회적 단서에 세련되게 반응할 수 없다. 빈약하게 통합된 정체성은 전문적 · 지적 · 유희적 추구에서 의미 있게 자신을 투자하지 못하며 공허감과 만성적인 불쾌감을 보인다. 선호나 의견, 가치에서 일관적이지 않고 대개 환경에서 다른 사람으로부터 취해진 것이다. 그들은 환경의 변화에 따라 쉽게 그리고 극적으로 변화한다. 예를 들어, B양은 최근 남자친구를 기쁘게 하기 위해 옷 입는 스타일, 음악 선호, 말하는 패턴도 변화시켰다. DSM-IV-TR의 경계선 성격장애에서 대부분 분명하지만, 어느 정도의 정체성 병리는 모든 심각한 성격장애의 특징이다(〈표 1-1〉 참조).

정체성 병리는 서로 다른 수준이 있으며 서로 다른 방식으로 드러난다. 경계선 성격장애는 여러 가지 방식에서 정체성 혼란의 특징을 보이는 성격장애의 원형이다. 자기감과 타인에 대한 인식 둘 다는 극단적이고 모호하고 비현실적이고 불안정하다. 특히 일시적 불연속성은 정체성 병리의 두드러진 주관적 증후이다. 반면, 왜곡되고 종종 깨지기 쉽지만 더 안정된 자기감을 보이는 자기애성 성격장애는 타인에 대해 심각하게 피상적이고 명확하지 않고 혹은 희화화하는 특성이 함께 나타난다. 심지어 그 개인이 지적으로 꽤 높고 성취적이라고 해도 그러하다. 진정성 없는 느낌은 자기애적 집단에서 특별히 두드러진 정체성 병리의 주관적 증후이다. 반면, 분열성 성격장애에서는 두드러지는 공허감과 함께 통합되고 안정된 자기감이 부족한 채 타인을 이해하는 것을 볼 수 있다. 높은 수준의 BPO 범위에 있는 성격장애에서 정체성 혼란은 중요한 타인과의 관계를 현실적으로 경험하고 유지하는 더 발전된 능력을 보이면서, 상대적으로 미약하며 낮은 경계선 수준에서 조직된 개인보다 덜 불안정한 자기감을 보이는 것이 특징이다.

### 정체성 병리의 임상 예시

B양은 대학을 졸업한 후에 여러 직업을 가졌다. 하지만 그녀는 어떤 직업에도 특별히 관심을 보인 적이 없었고 하고 싶은 무언가를 발견하지 못했다. 치료자가 질문을

했을 때, 그녀는 전형적으로 남자들과 연애를 할 때 처음에는 대단해 보였지만 그들이 빠르게 통제적이고 학대적으로 변한다고 했다. 많은 친구가 있다고 하지만 삶에서 사람들에 대한 묘사는 모호하고 일반적이었다. 예를 들어, 그녀는 누군가를 '좋은' '예쁜' '웃긴' '자기밖에 모르는'으로 설명했다. 치료자가 B양에게 자신을 설명해 달라고 했을 때는 할 말을 찾지 못했지만 공허하고 목적이 없는 것 같다고 했다.

**논평** 사람들에 대한 피상적 · 극단적이고 분화되지 않은 경험, 종종 불안정한 것과 함께하며 빈약하게 발달된 자기감, 직업에 몰두하지 못함 그리고 공허함과 목적 없음은 정체성 병리의 상징적인 모습이다. 임상 현장에서 이러한 특성들은 환자에게 한 사람으로서의 자기 자신이나 중요한 타인에 대해 묘사해 보라고 요청함으로써 평가할 수 있다. 정체성 병리를 가지고 있는 환자는 일반적으로 자신에 대해 복잡하고 현실적인 묘사를 하는 것이 대체로 어렵다는 것을 알게 된다. 전형적으로 중요한 타인에 대해 명확하지 않거나 혹은 만화처럼 전달한다. 자기와 타인에 대한 기술은 대개 모호하고 피상적인 반면, 극단적이고 모순적인 것이 혼합되어 있다. 반대로 N양과 N씨와 같이 정상 정체성을 보이는 개인은 생생하고 복잡하게 자기와 타인에 대한 이해를 임상가에게 표현할 수 있다.

### 방어 작용

방어는 스트레스 요인 혹은 정서적 갈등에 대한 개인의 자동적 심리 반응이다. 성격병리의 서로 다른 수준은 다른 우세한 방어 작용과 관련된다. 정체성이 공고화되지 않은 개인과 공고화된 정체성을 가진 개인의 방어는 서로 다르게 작용한다. 스펙트럼의 가장 건강한 극단에서 방어는 유연하고 적응적이며 내적 혹은 외적 현실의 왜곡과 거의 혹은 전혀 관련이 없다. 스펙트럼의 병리적 극단에서 방어는 유연하지 않으며, 부적응적이고 현실의 왜곡이 크다(Vaillant, 1993). 성격병리의 스펙트럼에 걸쳐 방어 작용은 갈등적 대상관계와 연결된 불안과 고통으로부터 개인을 보호한다. 하지만 방어 작용은 동시에 부적응적인 완고함(단단함)과 기저에 있는 구조적 병리가 성격 기능 안으로 들어오게 한다.

Kernberg(1976)는 세 가지 집단으로 방어를 구분하는 접근을 소개한다. ① 성숙한 방어, ② 억압 기반의 혹은 '신경증적' 방어, ③ 분열 기반의 혹은 낮은 수준의(혹은 '원시적'이라고도 언급했던) 방어이다. 이러한 분류는 방어 작용 기저의 심리적 기제에 커다란 강조점을 두는 최근 연구 집단에서 이루어진 합의(Perry & Bond, 2005)와도 여러 가지 면에서 일관적이다.

성숙한 방어[4]는 정상 성격에서 우세한 방어이며 유연하고 적응적인 기능과 관련이 있다. 성숙한 방어는 갈등을 의식으로부터 금지시키지 않으며 갈등 속에 있는 정서적 삶으로부터 거리를 유지하지 않는다. 오히려 성숙한 방어는 왜곡을 거의 혹은 전혀 하지 않으면서 불안을 일으키는 모든 측면을 주관적인 자각 안으로 허용한다. 하지만 적응을 최적화하면서 심리적 고통을 최소화하는 방식으로 움직인다(Vaillant, 1993).

억압 기반의 방어 혹은 신경증 방어[5]는 정서적 불편감의 갈등적 혹은 잠재적 근원이 되는 심리적 경험을 의식으로부터 억압하고 몰아냄으로써 고통을 피한다. 신경증 수준에서 조직된 개인은 주로 억압의 방어와 성숙한 방어의 조합에 의존한다(Kernberg & Caligor, 2005). 다르게 작용하는 다양한 신경증 방어가 있지만 그것 모두 억압을 보인다. 억압 기반의 방어는 비교적 잘 통합된 자기감을 보이며 경험의 갈등적 측면을 지배적인 자기감에서 분리해 거의 영원히 의식적 자각 밖에 유지하려 한다. 이러한 과정은 자기와 타인에 대한 갈등적 경험을 자각하지 못하도록 보호하지만 동시에 성격 기능에 경직성을 가져온다(예: "나는 한 번도 화를 내지 않습니다."). N양은 그녀에게 갈등을 일으키는 경쟁적이거나 공격적인 동기가 있다는 것을 자각하지 못한다. 또한 억압하는 방어로 인해 생긴 경직성은 직면을 피하는 대신 적절히 자신을 주장하는 것에 어려움을 갖게 한다. 억압 기반의 방어는 주체의 내적 현실을 변화시키지만 그 주체의 외적 현실에 대한 인식을 크게 왜곡하지 않으면서 작용한다. 비록 억압 기반의 방어가 인격의 경직성을 초래하고, 인지적 과정에 영향을 미치고, 경험의 미묘한 왜곡을 불러오고, 불편감 혹은 고통을 느끼도록 하지만 대체로 비정상적 혹은 파괴적인 행동을 크게 일으키지는 않는다.

신경증 방어가 억압을 이용하는 반면, 분열 기반의 혹은 낮은 수준의 방어는[6] 심리적 갈등과 정서적 고통을 회피하기 위해 해리[7] 혹은 분열을 사용한다. 해리와 분열은 갈등 상태에 있는 두 가지 경험이 같은 대상관계에 동시에 혹은 함께 의식으로 완전하

---

4) 성숙한 방어는 예견, 억제, 이타주의, 유머 그리고 승화를 포함한다.

5) 억압 기반의 혹은 신경증적 방어는 억압, 반동형성, 신경증적 투사, 전치, 감정의 고립 그리고 이지화를 포함한다.

6) 분열 기반의 혹은 더 낮은 수준의 방어는 분열, 원시적 이상화, 평가절하, 투사적 동일시, 전능 통제감 그리고 원시적인 부인을 포함한다(이러한 방어는 때때로 정신역동적 문헌에서 원시적 방어라고 언급된다).

7) 우리는 방어 작용으로 해리와 해리적 상태를 구분한다. 해리적 상태는 해리라는 방어 작용을 수반한다. 하지만 그것은 변경된 의식 상태를 수반한다. 방어기제로서 해리는 의식의 변경된 상태를 보이지 않는다.

게 나타나는 것을 허락하지 않는 심리 과정을 말한다(Kernberg, 1976). 그래서 분열 기반의 방어는 억압 기반의 방어와 달리 의식 그 자체로부터 마음을 몰아내지 않지만 대신 갈등 상태에 있는 혹은 접근하는 것에 불편감을 일으키는 경험의 의식적 측면을 구획화해서 거리를 둔다.

Kernberg(1984)는 분열 기반의 방어는 정체성 병리와 관련이 깊고 심각한 성격장애를 가진 환자에게 나타나는 전형적인 방어라고 제안했다. 경계선 수준에서 조직된 환자에게 분열은 공통적으로 자기와 타인에 대한 이상화된 표상과 함께 긍정적 감정과 연관된 경험과 부정적인 감정 그리고 평가절하된 혹은 편집적인(또한 '박해하는'으로 언급된) 대상관계와 연관된 부분을 분리시키는 것으로 나타난다. 정체성 병리의 배경에서 분열 기반의 방어는 극단적으로 나뉜(흑 혹은 백), '모두 좋은'(즉, 이상화된) 혹은 '모두 나쁜'(즉, 편집적인 혹은 평가절하된)—한편에서는 사랑스럽고, 만족스럽고, 안전한, 그리고 다른 한편으로는 좌절시키고, 두렵고, 무가치한—타인과의 경험에 책임이 있다. 자기와 타인에 대한 이러한 극단적 경험은 피상적이고 비현실적이다. 예를 들어, 완벽하게 만족스러운 양육자 혹은 참기 힘들 정도로 좌절을 주는 양육자, 완벽한 보호자 혹은 자기를 파괴하겠다고 위협하는 보호자, 전능한 자기 혹은 어떤 힘도 없는 유약한 자기로 분열된다. 정체성 병리의 형성에서 이러한 대상관계는 중요한 타인 혹은 자기를 통합된 견해로 이해할 수 없기에 극단적 자기와 타인에 대한 이미지가 종종 구체적(concrete) 수준으로 경험된다. 마치 "내가 경험한 것이 전부입니다. 다른 관점에 대해서는 생각해 볼 여지도 없습니다. 당신이 지금 나를 좌절시킨 것은 아닙니다. 그보다 당신은 좌절시키는 사람입니다."라고 반응하는 것과 같다.

정체성 병리의 형성에서 분열 기반의 방어는 전형적으로 안정적이지 못하며 이상화된 그리고 박해하는 자기와 타인 사이에서 갑작스럽고 다소 혼란스러운 변화를 초래한다(Kernberg, 1984). BPO에서 조직된 개인의 경우, 분열 기반의 방어는 심각한 성격의 완고함을 초래하고 실제 대인관계에서 명백한 왜곡에 관여한다. 이러한 방어는 전형적으로 행동적 증후를 가지고 있으며 빈번하게 파괴적인 행동을 이끈다.

높은 수준의 경계선 범위에 있는 개인은 억압 기반과 분열 기반이 결합된 방어기제에 의존한다. 이러한 방어 조직은 전형적으로 많은 영역에서 안정적으로 기능하고 많은 시간 동안 상대적으로 잘 통합된 경험을 보인다. 그러나 스트레스 상황 혹은 심리적 갈등 상황에서 분열 방어가 억압 방어를 부수면서 상당히 감정적으로 격한 '분열'된 내적 대상관계가 의식으로 갑작스럽게 침투하는 것에 지배를 받는다.

또한 NPO에서 조직된 개인도 분열이나 해리를 사용한다. 그러나 심각한 성격장애의 상황과는 대조적으로, 공고화된 정체성과 상대적으로 잘 통합된 자기감을 가진 개인의 심리적 경험에 분열과 해리가 영향을 미치게 된다. 이런 맥락에서 분열과 해리는 심각한 성격병리보다는 덜 극단적이고 더 안정적이다. 그리고 크게 양극화되거나 빠르게 변화하지 않고, 심각한 성격장애에서 보이는 내적·외적 현실에 대해 정서적으로 압도되는 특유의 경험도 일어나지 않는다. 그래서 신경증 수준에서 조직된 개인의 경우, 분열과 해리는 전형적으로 '원시적' 정신 상태와 연관되어 있다기보다 갈등 내에 있는 심리적 경험을 분리시켜 우세한 자기 경험으로부터 갈등적인 동기를 미묘하게 분리시키는 것과 연관되어 있다(Caligor et al., 2007).

예를 들어, 성에 대한 갈등을 겪고 있는 여성은 정서적으로 특별한 감정을 느끼고 있는 남성에게 정서적·성적으로 극단적으로 억제한다. 그녀는 가끔 자신이 애착을 느꼈던 남자들과 짧게 성적 외도를 가졌다. 이러한 상황에서 그녀는 열정적이면서 성적으로 모험을 하는 사람이다. 이때 의식적으로 갈등적 동기가 경험되고 재연되는 동시에 갈등에 놓여 있는 다른 동기는 분리된다. 심각한 성격장애와 같이, 분열과 해리는 부인에 의해 지지된다. 신경증 수준에서 조직된 개인은 두드러진 자기감과 양립할 수 없는, 의식으로부터 해리된 측면의 중요성을 부인한다. 그래서 앞의 예에서 여성은 스스로 억제된, 특히 성에는 관심이 없는 것으로 자신을 보면서 자신의 성적인 과감함에 대한 의미는 부인하려 한다. "그건 딱히 별 의미가 없습니다."

### 심각한 성격병리에서 분열 기반 방어의 임상적 예

B씨는 역동치료를 위해 의뢰되었다. 그는 치료자가 상당히 똑똑하고 결국은 자신의 문제를 '해결'해 줄 단 한 사람이라고 반복해서 말한다. 그는 치료자와 매우 행복하게 작업을 하면서 치료 첫 달을 보냈다. 이 과정에서 B씨의 기분이 개선되었고 불안함도 줄었다. 4주경, 치료자가 위기 상황을 처리해야 해서 B씨의 치료가 5분 늦게 시작되었다. B씨는 치료실에 들어오자마자 치료자를 맹렬하게 공격하기 시작했다. 그에게 치료자는 매정하고 무능력한 사람이었다. B씨는 환자의 복지에는 전혀 관심이 없고 단지 치료를 돈벌이 수단으로 이용하는 누군가에게 치료를 받고 있는 자신이 얼간이라고 했다. 치료자는 화가 났지만 방어하고 싶은 충동을 잘 견디었다. B씨에게 집중하고 그의 경험에 대해 이해한 바를 말로 표현했다. B씨가 지금 현재 겪고 있는 경험과 이제까지 치료자와의 상호작용에 대해 묘사한 그의 긍정적인 태도 그리고 치료자가 관심

을 갖고 그를 도왔던 이전 회기에서 B씨가 보였던 치료에 대한 신뢰 사이에 모순이 있다고 언급했다.

**논평** B씨가 치료자에 대해 보이는 불안정하고, 강하게 극단적이고, 피상적이고, 비현실적인 견해는 중요한 타인에 대한 이상화된 입장인 '모두 좋은' 것이 편집적이고 증오로 가득한 대상관계인 '모두 나쁜'의 자각을 막는 전형적인 분열의 징후이다. 초기에 B씨는 치료자와 이상적인 관계를 보였다. 치료자가 B씨를 기다리게 했을 때, 치료자와 치료관계에 대한 그의 견해는 매우 극적인 변화를 보였으며 부정적으로 격한, 편집적인 대상관계가 B씨의 경험을 침수시켰다는 것을 알 수 있다. 치료에 대한 이상화된 이미지와 편집적인 이미지 둘 다가 비록 시간이 다르더라도 의식적으로 경험된다는 것을 주의하라. 이러한 예는 또한 분열이 부인(denial)에 의해서 어떻게 유지되는지를 보여 준다. 치료자에게 가진 환자의 견해가 빠르게 변화한다는 것에 주의를 집중시켰을 때, B씨는 이전의 이상화된 치료관계에서 경험했던 중요한 정서를 부인했다. 부인의 기제는 B씨가 경험의 이상화된 측면과 편집적인 측면을 분리하는 것을 지속하게 한다.

### 현실 검증

인식할 수 있는 현실 검증의 지속적 상실이 성격장애의 특성은 아니다. 그러나 현실 검증의 일시적 손실은 심각한 성격장애의 일부에서 나타나는데, 특히 스트레스가 높거나 감정적으로 격한 상황 혹은 알코올이나 약물 남용의 상황에서 그러하다. 환자가 현실 검증이 분명하게 부족한 경우 정신증에 대한 평가와 치료가 우선적으로 고려되어야 한다. 성격병리의 문제는 정신증 증상이 해결될 때까지 연기된다.

적절한 현실 검증에서 사회적 현실 검증으로 눈을 돌려 보면, 우리는 BPO에서 조직된 개인이 빈번하게 이 영역에서 결핍을 보인다는 것을 알 수 있다. 사회적 현실 검증은 사회적 단서를 읽고 사회적 관습을 이해하고 대인관계 상황에서 요령 있게 반응하는 능력이다. 이것은 모두 정상적 인격의 특징이며 NPO에서 나타난다. 사회적 현실 검증에서 결핍은 경계선 수준에 있는 개인이 사회적 상황에서 자신의 행동을 자각하지 못하면서 나타나는 부적절한 행동을 통해 드러난다. 사회적 단서에 대한 잘못된 해석은 일시적으로 편집적인 느낌 혹은 버려질 것이라는 두려움으로 이어진다.

### 사회적 현실 검증에서 결핍의 임상적 예

사회적 상황에서 B씨는 종종 열띤 정치적 논쟁을 했고, 논쟁이 이어지는 동안 그의 행동은 부적절하게 공격적이었다. B양은 자주 직장에 늦었고 종종 부적절한 옷차림으로 직장에 출근했는데 지나치게 편하게 입거나 노출이 많았다.

**논평** B씨는 자신의 행동의 부적절함과 그가 다른 사람에게 유발하는 불편함을 자각하지 못했다. 둘 다 사회적 현실 검증이 부족하다는 점이 공통적이다. B양은 사회적 관습에 대한 이해가 부족해 보였다. 그녀는 직장에 정시에 도착하는 것이 왜 중요한지 이해하지 못했다(그녀는 그것을 '크게 중요한 것이 아니다.'라고 느꼈다). 그리고 어떤 옷이 직장에 적합한지 구분하지 못했다.

### 대상관계의 질적 특성

대상관계의 질적 특성은 관계에 대한 개인의 이해 그리고 상호적이고 친밀한 애착을 확립하고 유지하는 능력을 말한다. 정상 성격은 자신의 욕구와 구분되는 다른 사람의 욕구에 대해 이해하고 배려하는 능력을 갖고 있다. 주고받는 것을 이해하면서 상호의존적 관계를 유지하는 능력을 갖고 있다. 또한 NPO는 상호의존성 그리고 배려에 대한 능력이 있다. 하지만 종종 친밀한 상호 의존적 관계와 성을 통합하는 것에 실패한다. 그래서 N양은 친구들과는 깊고 성숙한 관계를 맺지만 성적으로 친밀한 상황에서 이러한 관계를 유지하지 못한다.

반대로 BPO는 대상관계에서 병리적 특성을 보인다. 낮은 수준의 BPO에서 대상관계 병리는 심각하고 대인관계에서 욕구 충족적인(need-fulfilling) 특성이 우세하다. 이로 인해 모든 관계가 대가를 기반으로 하고 있음을 짐작할 수 있다. 즉, "만약 내가 당신을 위해 무언가를 해 주면, 나는 다시 어떤 것을 받을 것을 기대해요."이다. 그리고 특별한 관계는 그것이 욕구를 만족시키는 정도에 따라 가치 있게 생각된다. 대상관계의 질적인 병리는 반사회성 성격에서 가장 극단적인데, 모든 상호작용이 다른 사람을 이용하고 착취하는 것에 기반을 두고 있다. 경계선 성격 조직이 높은 수준에 있는 개인은 적어도 상호 의존을 할 수 있고 자기 잇속만 챙기는 것을 넘어서서 관계를 유지할 수 있는 능력을 가지고 있다는 점에서 낮은 수준의 경계선 집단과 구별된다. 기능의 전반적 수준이 상대적으로 심각한 대상관계 병리는 자기애적 병리의 특징을 보인다.

### 대상관계 병리의 임상적 예

B씨는 아내에게 더 이상 긍정적 혹은 성적인 감정을 가지고 있지 않지만 그녀가 경제적으로 그를 지원하고 있어서 함께 살고 있다고 말했다. 그는 누군가에게 빚을 지고 싶지 않기에 친밀한 관계를 피했다.

**논평** 솔직히 B씨와 아내의 관계는 착취적이다. 우정이 위험하다는 염려는 관계에는 대가가 따른다는 그의 입장을 잘 보여 준다. 주고받는 것이 편안하다는 인식은 없다. 다시 되돌려 받기 위해 주는 것만이 존재한다. 반대로 N씨는 사교적이지 않더라도 아이들과 깊은 애착관계를 가지고 있고 아이와 아내를 잘 보살피기 위해 최선을 다한다.

### 윤리적 가치

정상 성격은 가치와 사상 그리고 윤리적 기준이 일관적이고 유연하며 자기감과 완전하게 통합되어 있다. NPO의 경우 가치와 사상에 대한 내면화되고 통합된 인식을 온전히 성찰하면서 자신의 가치와 사상에 헌신하며 반사회적인 행동이 없다. 그러나 합리적이지 않게 높은 기준으로 자기를 유지하려는 경향성인 윤리적 경직성—과도하게 자기비판적이거나 혹은 탈선하려는 유혹에 대해 고통스러워하거나—은 신경증 수준에서 조직된 성격장애의 공통적 특징이다. 반대로, BPO는 윤리적 기능에서 병리의 다양한 정도를 보인다. 스펙트럼의 한쪽 끝에서는 심각한 불안과 주관적 고통을 보이면서 상대적으로 잘 발달된, 하지만 경직되고 과도하게 엄격한 수준의 도덕적 기능을 볼 수 있다. 이들은 내적 기준을 지키지 않는 것에 대해 자기를 비판하거나 다른 사람으로부터 비판을 받을 것이라고 예상한다. 스펙트럼의 다른 쪽 끝에는 낮은 경계선 수준에서 조직된 환자의 특징을 볼 수 있다. 특히 반사회성 성격장애 혹은 심각한 자기애성 병리를 가진 개인에게서 나타나는 내적 도덕 기준의 부재와 죄책감의 결여를 확인할 수 있다.

### 윤리적 기능에서 병리의 임상적 예

B씨는 극단적으로 높은 윤리적 기준을 가지고 있는 자신에 대해 자부심을 가지고 있었고 규칙을 악용하는 누군가를 경멸했다. 동시에 그는 일상적으로 자신의 매춘 행위를 부인하였고 치료자에게 거짓말을 했다. 거짓말을 하는 것을 별로 불편해하지 않

왔고 자신의 행동에 대해 숙고하지도 않았다.

**논평** 경계선 수준에서 조직된 개인은 과도하게 가혹한 도덕적 기준과 도덕적 기능에서 확연한 '틈'이 공존하는 것에 대해 불편해하지 않는 공통점이 있다. 도덕적 기능에서 분명한 모순적인 태도 기저에는 분열과 부인이 있다.

## 성격장애의 특징 그리고 동기 시스템의 통합 정도

대상관계모델에서 심리적 갈등은 갈등적 동기 주변에 조직된 것으로 본다. 즉, 그것의 직접적인 표현이 개인을 위협하고 고통스럽게 한다. Kernberg(Kernberg & Caligor, 2005)는 갈등적 동기를 통합하고 의식에 접근할 수 있는 정도를 신경증 성격 조직과 경계선 성격 조직 사이의 중요한 차이점으로 제안했다. 그는 성격장애의 심리적 기능에서 공격적 동기의 역할을 특별히 강조했다. 잘 통합된 동기는 감정적 경험을 미묘하고 깊게 경험하면서 상대적으로 복잡하고 잘 조율된 감정과 관련된다. 반대로 빈약하게 통합된 동기는 강렬하고, 극단적이고, 피상적이고, 빈약하게 조율된 감정과 연관된다.

정상 성격과 NPO에서 의식적 경험을 물들이는 동기 체계는 상대적으로 잘 통합되어 있다. 빈약하게 통합된 갈등 동기는 대부분 억압된다. 반대로 낮은 수준의 BPO에서 심리적 기능은 빈약하게 통합된, 공격적이고 파괴적인 동기 시스템이 우세하다. 더 나아가, 분열 기반의 방어가 우세하다는 것은 빈약하게 통합된 공격성과 관련된 격렬한 대상관계가 억압되지 않고 의식으로 충분하게 접근 가능하다는 것을 의미한다. 분열과 이상화가 실패할 때, 공격성으로 물든 내적 대상관계는 압도하는 부정적 감정이 주관적 경험을 침수시키게 한다. 예를 들어, 더 이상 치료자를 이상화할 수 없을 때 치료자와의 관계에서 B씨가 경험한 증오와 편집의 특성을 살펴보라. N씨였다면 예상되는 적개심의 특성과 비교해 보라. 높은 수준의 BPO에서 나타나는 공격성의 특성은 NPO와 낮은 수준의 BPO의 중간쯤이다. 높은 수준의 BPO가 보이는 억압적인 분열 기반의 방어는 상당히 더 격하고 잘 통합되지 못한 공격적 동기 그리고 관련된 대상관계가 대부분 억압되어 있다는 것을 뜻한다. 그러나 갈등의 영역이나 고통의 시간에는 더 빈약하게 통합된, 편집적인 내적 대상관계가 불현듯 의식 안으로 출현한다.

NPO에서 심리적 갈등은 공통적으로 성적인, 의존적인, 공격적인 그리고 가학적인 동기들의 표현과 관련이 있다. N씨가 보이는 공격성의 표현에 대한 갈등을 말로 표현하면 다음과 같을 것이다. "만약 내가 불편한 사람에게 적대적이거나 경쟁적인 느낌을 표현한다면, 나는 나쁘거나 사랑받을 수 없는 사람이 될 것입니다. 이러한 갈등에 대해서 나는 자동적으로 그것을 억압하거나 투사하여 적대적인 느낌을 인식하는 것을 방어합니다. 결과적으로 나는 의식적으로는 적대적인 혹은 경쟁적인 것을 표현하지 않습니다." 상대적으로 복잡하고 현실적이지만 공격성이 제거된 자기감이 우세하다.

BPO에서 갈등은 전형적으로 다르게 조직된다. 이미 설명하였듯이, Kernberg(1984)는 낮은 수준의 BPO의 중심적 역동은 분열 기반의 방어 맥락에서 빈약하게 통합된 공격성이라고 제안했다. 강력한 부정적 감정 상태와 편집적 대상관계와 연관된 빈약하게 통합된 공격성이 긍정적인 경험을 압도하게 된다. 이것이 낮은 수준의 BPO에서 나타나는 우세한 불안이다. 이러한 상황에서 긍정적인 대상관계를 보호하기 위해 같은 사람에 대한 긍정적 느낌과 부정적 느낌은 분리된다. 이것은 분열 기반의 방어기제를 수반하는데, 이상적인 대상관계로부터 부정적 · 공격적으로 침투된 대상관계를 분리하는 것이다. 이 과정의 결과로서 긍정적으로 채색된 대상관계는 보호되겠지만 심리적 통합의 과정은 간섭받게 되는 대가를 치르게 된다. 심리적 통합은 장기적으로 긍정적 대상관계의 감정 상태가 동시에 경험되면서 공격성이 완화되며 결국 정체성이 공고해지는 상태이다. 이러한 상황에서 '전적으로 나쁜' 대상관계를 투사하려는 성향은 불안과 두려움에 압도되는 강렬한 편집 경향에 이르게 되고, 자신의 감정 상태나 행동에 대해 책임지지 못하는 무능력에 이르게 된다. 이는 전형적으로 인식되는(종종 잘못 인식되는) 도발[8]로 인해 정당하다고 느껴진다. 예를 들어, 치료자가 늦게 치료를 시작한 것 때문에 좌절했을 때, B씨는 치료자를 공격하고 비하하는 기분을 강하게 느꼈다.

낮은 수준의 BPO에서 편집적 염려가 현저한 반면, 높은 수준의 BPO로 구성된 개인에게 불안은 전형적으로 친밀함과 의존에 대한 두려움과 많은 관련이 있으며, 편집적 관심은 부차적이다. 억압 기반의 방어와 분열 기반의 방어가 결합된 상황에서, 공격성 주변의 갈등과 함께 의존성, 성 그리고 자존감 유지에 관한 압축된 갈등을 전형적으로 볼 수 있다. 덜 갈등적인 상황에서 억압 방어는 일반적으로 불안을 관리하고 빈약하게 통합된 동기가 의식으로 등장하지 못하도록 개인을 보호할 수 있다. 그러나 핵심 갈등이 활성화되거나 중요한 불안을 자극하는 상황(종종 개인에 따라 이 상황은 의존적 관계, 성적 친밀감, 권위나 힘을 향한 치열한 분투 그리고/혹은 자존감에 대한 극단적인 위협과 관련

8) 경계선 성격장애를 가진 개인에게 악의적인 관계 표상이 우세하다는 경험적 지지가 있다(Bell et al., 1998; Nigg et al., 1992; Westen et al., 1990).

이 있다)에서 억압 방어들이 실패하면 종종 그 개인의 전반적인 심리 기능의 수준과는 일관적이지 않아 보이는 격노, 폭발적인 화 그리고 편집증의 에피소드가 나타난다. 예를 들어, B양은 종종 친구들과 안정적이고 주고받는 관계를 유지할 수 있고, 남자친구와 한동안 잘 지내기도 한다. 하지만 그녀는 점점 의존적으로 되면서 불안정하고 변덕스러워진다. 만약 남자친구가 그녀가 원하는 대로 돌봐 주지 않는다고 느껴지면 즉시 공격적으로 달려들었다. 이러한 상황에서 의존성 주변의 핵심 갈등의 활성화는 그렇지 않았으면 안정적인 억압 방어를 압도한다.

## 치료적 함의

성격 조직의 수준에 대한 평가에 따라 서로 다른 치료적 개입을 설정할 수 있으며 임상가들은 평가를 통해 일어날 가능성이 있는 전이와 역전이의 특성과 함께 치료에서 일어날 수 있는 문제들을 예측할 수 있다. NPO 범위에 있는 성격병리는 뛰어난 예후를 가지고 있다. 그리고 NPO 수준의 성격장애는 전형적으로 관습적인 정신역동치료에 효과적이다. 임상 상황에서 통합된 정체성을 가진 환자는 전형적으로 장기치료에 참여하며 거기에 자신을 투자할 능력이 있다. 그들은 자기관찰과 자기성찰 능력이 상당히 잘 발달되어 있고, 비교적 쉽게 치료관계를 확립하고 유지할 수 있는 능력이 있으며, 사고의 상징적 특성을 이해하고, 적절한 충동 조절을 한다(Caligor et al., 2007). 심리치료에서 일반적으로 전이는 느리게 발전하고 점진적으로 치료 과정에 걸쳐 진화한다. 그들은 현실적이며, 상대적으로 미묘하며, 잘 조율된 감정 상태와 관련된다. 신경증 수준에서 조직된 개인은 일어나는 전이 왜곡에도 불구하고 치료자-환자 관계의 현실적인 측면에 기반을 두어 치료자에 대한 견해를 유지할 수 있다. 임상가는 일반적으로 NPO 집단에 있는 개인과 함께 작업하는 것이 만족스러우며 상대적으로 이해하고 공감하기가 쉽다는 것을 알게 된다. 역전이 반응은 온건하고, 만성적이며, 치료자와 환자의 갈등에 따라 구체적이다(우리가 언급한 추천도서에서, 다른 성격장애에서 특징적인 전이-역전이 양식을 기술한 McWilliams, 1994를 보라).

대조적으로 BPO 범위의 성격병리는 더 다양한 예후를 가지고 있다. 경계선 수준에서 조직된 환자는 일반적으로 수정되지 않은 정신역동치료에서 빈약하게 반응한다. 그들은 구조화, 한계 설정, 환자의 어려움 중 분열의 기능에 집중하고 환자와 치료자의 관계를 세심하게 관리하는 수정된 정신역동치료를 통해 더 좋아진다. 임상 상황에서 낮은 수준의 경계선 병리는 높은 치료 중단율, 손상된 자기성찰 능력, 치료적 동맹을 유지하는 데 어려움, 현실 검증의 일시적 위험으로 나타나는 구체적 사고 경향성, 파괴적이고 자기파괴적인 행동화 경향성과 관련이 있다(Clarkin et al., 2006). 낮은 수준의 BPO에서 조직된 환자들의 치료에서 전이와 역전이 반응은 임상 상황에서 분열 기반의 방어기제 그리고 특히 투사적 동일시의 영향을 반영한다. 전이는 빠르고 종종 혼란스럽게 발전하는데, 그들은 상당히 감정적이고, 극단적이고, 극적이며, 비현실적이고, 안정적이지 않으며, 종종 망상적이다. 이러한 전이의 구체적인 특성은 쉽게 치료자-환자 관계에 대한 현실적 감을 유지하는 능력을 위태롭게 한다(Carigor et al., 2009). 역전이 반응에서 치료자는 상당히 감정적으로 될 뿐만 아니라 혼란스럽고, 불편하고, 담아내기가 어려운데, 이러한 반응으로 인해 치료자는 행동으로 옮기고 싶은 강력한 압박감을 느낀다. 일반적으로 임상가들은 낮은 수준의 BPO에서 조직된 개인이 도전적이며 감정적인 환자라는 것을 알게 되고 이러한 집단에 있는 환자에 대한 공감을 유지한다는 것이 어려울 수 있음을 알게 된다.

낮은 수준의 BPO 집단과 대조적으로, 높은 경계선 수준에서 조직된 환자는 상대적으로 수정된 정신역동치료에 호의적인 예후를 가지고 있다. 이 환자들은 겉으로 보기에는 NPO에서 조직된 환자와 유사한 호소 문제를 보일 수 있다. 그러나 치료가 진행되면서 이들에게 더 심각한 정체성 병리를 가진 환자와의 치료에서 나타나는 특징적인 문제가 좀 더 온건한 형태로 나타난다는 것을 알 수 있다. 특히 종종 (일어나는) 강렬한 감정이 활성화되는 치료자와의 감정적 상호작용에서 환자의 자기성찰 능력이 위태로워진다. 분열 기반의 방어기제에 집중하면서 이러한 어려움을 예상하는 것은 치료에서 예기치 않은 위기를 방지할 수 있다. 역전이 반응은 낮은 수준의 BPO 집단 환자와의 경험보다 덜 압도적이고 덜 혼란스럽지만, 신경증 범위에서 일어나는 환자의 치료에서 전형적으로 나타나는 역전이보다 더 감정이 부과되고 더 행동화를 보이는 경향이 크다.

성격장애에 대한 대상관계이론 모델은 치료계획을 안내할 뿐만 아니라 자연적으로 치료에 대한 구체적 접근을 이끈다. 우리는 이에 근거해서 장기간 혹은 주 2회 실시하는 정신역동치료를 발전시켰다. 이 책에서 기술된 전이초점치료(TFP; 제7장 '전이초점치료와 경계선 성격장애' 참조)는 BPO를 가지고 있는 환자의 임상적 욕구에 맞춰 조직되었다. 또한 이 책은 자기애적인 병리를 가진 환자의 치료를 위해 수정된 형태의 TFP를 기술하였다(제9장 '자기애성 성격장애의 치료' 참조). 더 높은 수준의 성격병리를 위한 정신역동치료(Caligor et al., 2007)는 이들이 가지고 있는 심리적 자산을 이용하면서 신경증과 높은 수준의 BPO 사이에 있는 사람들과 신경증 수준에서 조직된 개인의 어려운 특성에 목표를 둔다.

임상적으로 중요한 정체성 병리를 보이는 경계선 수준에서 조직된 환자를 위한 치료는 해리된, 이상화된 그리고 편집적인 내적 대상관계와 더 응집적인, 안정적인, 더 잘 분화된 그리고 복잡한 자기와 타인에 대한 경험의 통합을 촉진시키기 위해 마련된다(Kernberg & Caligor, 2005). 정상 정체성 형성을 보이나 성격의 완고함을 보이는 신경증적 수준에서 조직된 환자를 위한 치료는 성격의 완고함을 줄이는 목표를 가지면서 억압된 혹은 해리된 내적 대상관계를 이미 공고화된, 안정된 그리고 상대적으로 복잡한 자기감으로 통합시키는 것이다(Caligor et al., 2007). 성격병리의 심각성의 모든 수준에 걸쳐, 심리치료는 그들이 치료자와의 관계를 포함하여 현재 대인관계를 유발하는 환자의 내적 대상관계를 탐색한다. 치료적 질문은 환자의 현재 상황과 치료시간에 즉각적인 그리고 감정적으로 우세한 경험에 가까이 다가가면서 지금 여기에 초점을 둔다.

## 핵심적 임상 개념

- 대상관계이론은 임상적 관찰과 실제로부터 나왔으며 성격장애에 대한 정신역동치료의 발전을 이끌었다.
- 성격장애의 대상관계이론 모델은 성격장애의 기술적 · 구조적 · 역동적 측면에 집중한다.
- 구조적 평가는 정체성, 방어, 현실 검증, 대상관계 그리고 윤리적 기능에 집중한다.
- 성격병리의 기술적 · 구조적 특성에 대한 평가는 임상가가 심각한 성격병리를 묘사할 수 있도록 하며 치료계획을 안내하도록 돕는다.
- 성격장애에 대한 대상관계이론 모델은 성격장애 연구에서 이루어진 최근의 많은 발전과 일관적이다.

## 추천 도서

Akhtar S: Broken Structures: Severe Personality Disorders and Their Treatment. Northvale, NJ, Jason Aronson, 1992

Caligor E, Kernberg OF, Clarkin JF: Handbook of Dynamic Psychotherapy for Higher Level Personality Pathology. Washington, DC, American Psychiatric Publishing, 2007

Clarkin JF, Yeomans FE, Kernberg OF: Psychotherapy for Borderline Personality: Focusing on Object Relations. Washington, DC, American Psychiatric Publishing, 2006

McWilliams N: Psychoanalytic Diagnosis. New York, Guilford, 1994

PDM Task Force: Psychodynamic Diagnostic Manual: Personality Patterns and Disorders. Silver Spring, MD, Alliance of Psychoanalytic Organizations, 2006

성격 조직에 대한 구조화된 인터뷰(The Structured Interview for Personality Organization: STIPO)는 이 장에서 기술된 구조화된 임상 인터뷰에 근거한 반구조화된 인터뷰이다. STIPO는 웹사이트(http://www.borderlineddisorders.com)에서 이용할 수 있다.

치료 비디오 세트: 대가들의 임상 실제. 성격의 구조적 특징에 초점을 맞춰 진단을 위한 인터뷰를 수행한 Otto Kernberg의 비디오 영상을 볼 수 있다. DVD로 되어 있는데 Henk-Jan Dalewijk 박사와 Bert van Luyn 박사가 제작한 시리즈의 일부이다. 이 DVD는 같은 환자에 대해서 Marsha Linehan, Michael Stone, Larry Rockland, Solomon Aktar 그리고 Lorna Benjamin이 수행한 인터뷰를 포함하고 있다. 이 비디오 세트는 임상적 인터뷰 기술을 알려 주는 것뿐만 아니라 심각한 성격장애를 이해하기 위해 서로 다른 이론적 접근의 인터뷰 방식의 예를 알려 주기 위한 교육도구이다. 이 DVD를 주문하기 위한 정보는 http://bpdresourcecenter.org에서 확인할 수 있다.

## 참고문헌

American Psychiatric Association: Diagnostic and Statistical Manual of Mental Disorders, 4th Edition, Text Revision. Washington, DC, American Psychiatric Association, 2000

Andersen SM, Chen S: The relational self: an interpersonal social-cognitive theory. Psychol Rev 109:619-645, 2002

Bell M, Billington R, Cicchetti D, et al: Do object relations deficits distinguish BPD from other diagnostic groups? J Clin Psychol 44:511-516, 1988

Benjamin LS: Interpersonal theory of personality disorders: the structural analysis of social behavior and interpersonal reconstructive therapy, in Major Theories of Personality

Disorder, 2nd Edition. Edited by Lenzenweger MF, Clarkin JF. New York, Guilford, 2005, pp 157-230

Caligor E, Kernberg OF, Clarkin JF: Handbook of Dynamic Psychotherapy for Higher Level Personality Pathology. Washington, DC, American Psychiatric Publishing, 2007

Caligor E, Yeomans F, Diamond F, et al: The interpretive process in the psychodynamic psychotherapy of borderline personality. J Am Psychoanal Assoc 57: 271-301, 2009

Clarkin JF, Yeomans FE, Kernberg OF: Psychotherapy for Borderline Personality: Focusing on Object Relations. Washington, DC, American Psychiatric Publishing, 2006

Donegan NH, Sanislow CA, Blumberg HP, et al: Amygdala hyperactivity in borderline personality disorder: implications for emotional dysregulation. Biol Psychiatry 54:1284-1293, 2003

Erikson EH: The problem of ego identity, in Identity and the Life Cycle. New York, International Universities Press, 1956, pp 101-164

Kernberg OF: Object Relations Theory and Clinical Psychoanalysis. New York, Jason Aronson, 1976

Kernberg OF: Severe Personality Disorders: Psychotherapeutic Strategies. New Haven, CT, Yale University Press, 1984

Kernberg OF, Caligor E: A psychoanalytic theory of personality disorders, in Major Theories of Personality Disorder, 2nd Edition. Edited by Lenzenweger M, Clarkin JF. New York, Guilford, 2005, pp 114-156

Lenzenweger MF, Clarkin JF (eds): Major Theories of Personality Disorder, 2nd Edition. New York, Guilford, 2005

Levy KN: The implications of attachment theory and research for understanding borderline personality disorder. Dev Psychopathol 17:959-986, 2005

Livesley WJ: Conceptual and taxonomic issues, in Handbook of Personality Disorders: Theory, Research, and Treatment. Edited by Livesley WJ. New York, Guilford, 2001, pp 3-38

Meyer B, Pilkonis PA: An attachment model of personality disorders, in Major Theories of Personality Disorder, 2nd Edition. Edited by Lenzenweger MF, Clarkin JF. New York, Guilford, 2005, pp 231-281

Mischel W, Shoda Y: Toward a unified theory of personality: integrating dispositions and processing dynamics within the cognitive-affective processing system, in Handbook of Personality: Theory and Research, 3rd Edition. Edited by John OP, Robins RW, Pervin LA. New York, Guilford, 2008, pp 208-241

Nigg J, Lohr W, Westen D, et al: Malevolvent object representations in borderline personality disorder and major depression. J Abnorm Psychol 101:61-67, 1992

Parker G, Hadzi-Pavlovic D, Both L, et al: Measuring disordered personality functioning: to love and to work reprised. Acta Psychiatr Scand 110:230-239, 2004

Perry JC, Bond M: Defensive functioning, in The American Psychiatric Publishing Textbook of Personality Disorders. Edited by Oldham JM, Skodol AE, Bender DS. Washington, DC, American Psychiatric Publishing, 2005, pp 523-540

Pincus AL: A contemporary interpersonal theory of personality disorders, in Major Theories of Personality Disorder, 2nd Edition. Edited by Lenzenweger MF, Clarkin JF. New York, Guilford, 2005, pp 282-333

Pretzer JL, Beck AT: A cognitive theory of personality disorders, in Major Theories of Personality Disorder, 2nd Edition. Edited by Lenzenweger MF, Clarkin JF. New York, Guilford, 2005, pp 43-113

Shaver PR, Mikulincer M: Attachment theory and research: resurrection of the psychodynamic approach to personality. J Res Pers 39:22-45, 2005

Vaillant G: The Wisdom of the Ego. Cambridge, MA, Harvard University Press, 1993

Verheul R, Andrea H, Berghout CC, et al: Severity Indices of Personality Problems (SIPP-118): development, factor structure, reliability, and validity. Psychol Assess 20:23-34, 2008

Wagner AW, Linehan MM: Facial expression recognition ability among women with borderline personality disorder: implications for emotion regulation? J Pers Disord 12:329-344, 1999

Westen D, Arkowitz-Westen: Limitations of Axis II in diagnosing personality pathology in clinical practice. Am J Psychiatry 155:1767-1771, 1998

Westen D, Cohen RP: The self in borderline personality disorder: a psychodynamic perspective, in The Self in Emotional Distress: Cognitive and Psychodynamic Perspectives. Edited by Segal ZV, Blatt SJ. New York, Guilford, 1993, pp 334-368

Westen D, Gabbard G: Developments in cognitive neuroscience, II: implications for theories of transference. J Am Psychoanal Assoc 50:99-134, 2002

Westen D, Lohr N, Silk K, et al: Object relations and social cognition in borderlines, major depressives, and normals: a TAT analysis. Psychol Assess 2:355-364, 1990

# 제2장
# 애착과 성격병리

Peter Fonagy, Ph.D., F.B.A
Patrick Luyten, Ph.D.
Anthony Bateman, M. A., F.R.C.Psych.
György Gergely, Ph.D.
Lane Strathearn, M.B.B.S., F.R.A.C.P., Ph.D.
Mary Target, Ph.D.
Elizabeth Allison, D.Phil.

이 장에서는 애착이론의 타당성과 성격병리의 이해와 치료에 관한 연구에 대해 논의할 것이다. 우리는 유아가 정서 조절, 주의 조절을 확립하고 자기감을 발달시키는 데 있어 부모가 유아의 내적 세계를 이해하는 것이 중요하다는 점을 조명하는 최근의 발전에 집중할 것이다. 민감한 양육자에 의해 이 같은 방식으로 이해되고 고려될 수 있는 기회로부터 도움을 받지 못하는 아이에게 이러한 능력의 발달이 저해될 수 있음을 논의할 것이다. 그러한 개인에게 초기 방임과 외상이 결합된다면 성격병리로 발전하는 데 더 큰 위험에 놓이게 된다.

우선 우리의 모델은 커다란 경험 연구의 맥락에서 기술되었는데, 부모에 대해 갖는 유아의 애착 안정성은 임신 기간 동안 부모의 애착 안정성(Fonagy et al., 1991b)뿐만 아니라 부모 자신의 부모와의 아동기 관계를 마음으로 이해하는 능력에 의해 강하게 예측될 수 있다(Fonagy et al., 1991a). 우리는 애착 과정과 마음의 상태로 대인 간 행동을 이해할 수 있는 아이의 능력의 발달 간에 중요한 공동 상승 효과가 있다는 것을 제안했다(Fonagy & Target, 1997; Fonagy et al., 2002). 이러한 능력을 정신화(mentalization)[1]라고 부른다. 우리는 정신의 주체로서 자신과 타인을 이해하는 것이 대인관계 경험 그리고 특히 아이-양육자 관계에서 어떻게 발전하는지에 대해 기술하려고 노력해 왔다. 우리는 정신화 능력이 자기조직과 정서 조절에 중요하다는 것을 알게 되었다.

우리의 모델은 마음이 그 자체로 투명하고 자신의 마음을 성찰하는 능력이 타고난다는 Descartes의 가정에 도전한다. 우리는 정신화 능력의 최적의 발전은 더 성숙하고 민감한 마음과의 상호작용에 의존하며 이러한 발달에서 애착이라는 중요한 역할을 고려하는 것이 필수불가결하다고 본다. 이 장에서 우리는 정신화와 애착관계의 특성을 연결시키는 증거를 검토할 것이며 성격병리에 대한 정신역동모델에 영향을 받은 애착이론을 기술할 것이다.

우리는 정신화 능력이 다양한 차원을 가진 구성 개념으로 이해될 수 있으며 그것의 중요한 과정적 차원은 분명한 신경계 시스템에 의존한다고 제안한다. 정신화는 자기성찰적 요소와 대인관계적 요소 둘 다에 관련된다. 타인을 관찰하는 것과 그들 자신의 정신 상태를 성찰하는 것 둘 다에 기반을 갖고 있다. 그것은 암묵적이고 명시적이며 느낌과 인지에 대한 관심이다(Fonagy & Luyten 2009; Lieberman, 2007; P. Luyten, P. Fonagy, L. Mayes, & B. Van Houdenhove, "Mentalization as a Multidimensional Concept," 2009; Saxe, 2006). 이것들이 최상의 결합으로 움직일 때 이러한 요소를 뒷받침하는 신경계는 아동이 인과적인 정신 상태를 표현하고, 내부와 외부의 현실을 구별하고, 미묘한 행동적 · 맥락적 단서를 통해 다른 사람의 정신 상태를 추론하고, 행동과 정서적 경험을 조절하고, 인식 가능한 단서(각성, 행동, 맥락)로부터 자신의 정신 상태에 관한 표상을 구성하도록 한다. 우리는 이 시스템의 섬세한 균형이 방임과 외상에 의해 어떻게 붕괴되는지 그리고 성격병리를 이해하고 치료하기 위해 이러한 요소가 갖고 있는 의미가 무엇인지를 논의할 것이다.

## 애착이론의 소개

초기 양육자와의 관계는 인간을 포함한 모든 포유동물의 정상적 발달에 핵심적이다

1) 연구 목적을 위해 우리는 이 구성 개념을 성찰 기능(reflective function)으로 정의해 왔다(Fonagy et al., 1997).

(Hofer, 1995). 애착이론의 창시자인 John Bowlby는 모든 인간이 친밀한 유대를 형성하는 것이 필요하다고 했다. Bowlby는 우선 애착 본능이라는 기본적인 진화론적 기능이 포식자로부터 유아가 자신을 보호할 수 있도록 한다고 확신했다(Bowlby, 1969). 인간 유아의 애착 행동(예: 근접성의 추구, 웃음, 매달리기)은 성인의 애착 행동(접촉하기, 잡기, 달래기)과 상호 호혜적이다. 그리고 이러한 반응은 특정 성인을 향한 유아의 애착 행동을 강화한다.

그러나 애착관계의 진화론적인 역할은 유아에게 신체적 보호를 제공하는 것 그 이상이다. 애착 행동은 환경에서 어떤 것이 유아를 불안하게 만들 때 활성화된다. 애착 체계의 목표는 안전의 경험이다. 그래서 애착 체계는 우선적으로 가장 중요한 감정 경험의 조절자이다(Sroufe, 1996).

어느 누구도 자신의 정서적 반응을 조절할 능력을 가지고 태어나지 않는다. 양육자는 순간순간의 상태에서 유아의 신호를 이해하고 반응한다. 그리고 이 두 사람의 조절 체계가 점진적으로 발전한다. 양육자가 존재하는 동안 유아는 자신의 정서적 각성에 압도되지 않는 것을 배우는데, 유아가 평형 상태를 재확립하도록 양육자가 도와주기 때문이다. 그래서 유아가 압도된 기분을 느끼기 시작할 때 항상성을 회복하고 달래 주었으면 하는 희망으로 양육자를 찾고 신호를 보낸다. 태어나서 1년이 지날 무렵, 유아의 행동은 구체적인 기대에 근거해 일어난다. 양육자와의 과거 경험은 Bowlby(1973)가 말하는 **내적 작동모델(internal working model)**인 표상 체계로 형성된다.

행동을 통해 유아의 내적 작동모델을 관찰하기 위해, 애착이론의 두 번째 개척자인 Mary Ainsworth는 실험실 기반의 절차로 '낯선 상황'을 고안했다(Ainsworth, 1978; Ainsworth et al., 1985). 양육자와 짧게 분리될 때 그리고 익숙하지 않은 낯선 상황에서 낯선 사람과 남겨졌을 때, 유아는 네 가지 행동 패턴 중 하나를 보인다(〈표 2-1〉 참조). **안정형(secure)**으로 분류된 유아는 양육자 앞에서는 쉽게 탐색하고, 낯선 사람 앞에서는 불안해하고 그녀를 피한다. 양육자의 짧은 부재에 고통스러워하며 잠시 후 양육자와 빠르게 접촉하려고 한다. 이 접촉을 통해 안심하고 다시 탐색에 나선다. 분리에 대해 덜 불안해 보이는 다른 유아들은 분리 후 양육자와의 근접성을 구하지 않고 낯선 사람보다 양육자를 더 선호하지도 않는다. 이러한 유아는 **불안/회피형(anxious/avoidant)** 유아로 기술할 수 있다. 세 번째 **불안/저항형(anxious/resistant)** 유아는 제한된 탐색과 놀이를 할 수 있지만 분리에 대해 극심하게 고통스러워하고 이후에 안정되는 데까지 큰 어려움을 보인다. 양육자의 존재나 편안하게 해 주려는 시도를 통해 안심시키는 것이 어

〈표 2-1〉 낯선 상황에서 애착의 패턴

| 애착 분류 | 특성 |
|---|---|
| 안정형 | • 일차 양육자 앞에서 기꺼이 탐색함<br>• 낯선 사람의 출현에 불안해하고 피함<br>• 양육자의 짧은 부재에 고통스러워함<br>• 양육자와 다시 만났을 때 빠르게 접촉을 구함<br>• 다시 재개된 접촉에 안심하고 다시 탐색을 시작함 |
| 불안/회피형 | • 분리에 덜 불안해 보임<br>• 분리 이후에 양육자와 접촉하려 하지 않음<br>• 양육자를 낯선 사람보다 더 좋아하지 않음 |
| 불안/저항형 | • 제한된 탐색과 놀이를 보임<br>• 분리에 상당히 고통스러워함<br>• 양육자를 다시 만났을 때 안정되지 않음<br>• 불안과 분노로 인해 접촉을 통해 위안을 얻지 못함 |
| 와해/혼란형 | • 방향이 없는/기이한 행동(얼어붙기, 손뼉치기, 머리 돌리기)<br>• 양육자가 옆에 있어도 그 상황을 피하려고 함 |

렵다. 또한 유아의 불안과 분노 때문에 친밀함을 통해 위로를 얻는 것이 더 어렵다.

안정형 유아의 행동 이면에는 양육자가 지나치게 각성되지 않고 아이의 혼란스러운 정서적 반응을 재안정화하는, 잘 조율된 민감한 상호작용의 반복된 경험이 기저에 있다. 때문에 안정된 유아는 고통스러운 상황에서 상대적으로 잘 조직되어 있다. 불안/회피형으로 애착된 아이는 정서적 각성이 양육자에 의해 재안정화되지 않고 침입적인 양육을 통해 지나치게 각성되는 경험을 가지고 있다고 추측된다. 그들은 자신의 감정을 지나치게 조절하고 고통스러워 보이는 상황을 피하려고 한다. 불안/저항형으로 애착된 아이는 양육자로부터 반응을 얻으려고 고통의 표현을 높이면서 조절에 실패한다. 위협적이라고 느끼기 시작되는 역치가 낮으며 양육자와의 접촉에 몰두한다. 하지만 양육자와의 접촉이 가능할 때조차 좌절감을 보인다(Sroufe, 1996).

네 번째 유아 집단은 얼어붙기, 손뼉치기, 머리 돌리기와 같이 목적이 없어 보이는 행동을 한다. 심지어 양육자가 존재하더라도 유아는 그 상황을 벗어나고 싶어 한다. 이러한 유아를 와해/혼란형(disorganized/disoriented)으로 정의한다(Main & Solomon, 1990). 그러한 유아에게 양육자는 두려움과 안심의 근원으로 동시에 작용한다. 그래서 애착 체계의 각성은 강하게 갈등하는 동기를 불러일으킨다. 놀랍지 않게, 지속되거나 반복되었던 분리의 역사(Chisolm, 1998)와 강렬한 부부 갈등(Owen & Cox, 1997) 그리고/혹은 심각한 방임이나 신체적 혹은 성적 학대가 이러한 패턴과 연관된다(Carlson et al., 1989).

이러한 유아의 애착은 학대적인 혹은 나쁜 성인에 의해 두려움이 촉발되고 결국 이 두려움이 애착 체계와 친밀해지고 싶은 욕구를 촉발시킨다는 점에서 '와해된' 것으로 고려될 수 있다. 하지만 이러한 상황에서 친밀함을 원하는 것은 두려움의 근원(애착 인물 혹은 애착 인물과 같은 성인)에 노출이 커지는 것이다. 이것이 교대로 두려움을 높이면서 유아는 애착 인물에 대해 지속적으로 증가하는 욕구를 경험하게 될 것이다. 두려움은 양육자에 대한 신체적 · 심리적 친밀감으로 완화되기보다는 오히려 커진다. 그래서 어떤 상황에서 학대는 애착 체계의 과활성화를 이끌고, 혼란은 이것이 발생했다는 신호이다([그림 2-1] 참조). 이러한 개인에게 애착 체계는 꽤 쉽게 촉발되며 이들은 지속적으로 애착관계에 몰두하는 것으로 보인다.

Bowlby는 유아기에 확립된 자기와 타인에 대한 내적 작동모델이 이후 모든 관계의 원형을 제공한다고 제안하였다. 내적 작동모델은 자각 밖에서 기능하기에 변화에 저항적이다(Crittenden, 1990). 애착의 이러한 지속성은 낯선 상황에서 평가된 유아와 이후 그 유아가 청소년 혹은 청년이 되었을 때 성인 애착 인터뷰(Adult Attachment Interview: AAI)를 실시한 종단 연구에서 확인되었다(C. George, N. Kaplan, & H. Main: "The Adult Attachment Interview," Department of Psychology, University of California at Berkeley, 1985). 이러한 구조화된 임상 도구는 아동기 애착 관계에 대한 역사를 이야

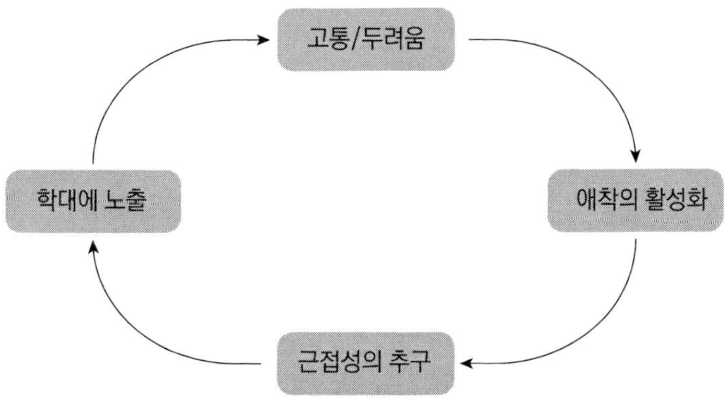


**[그림 2-1] 해로운 학대의 순환**

기식으로 끌어낸다. AAI 점수 체계(M. Main & R. Goldwyn, "Adult Attachment Rating and Classification System," University of California at Berkeley, 1994)는 개인을 '안정/자율형' '불안정/무시형' '불안정/집착형' 혹은 '상실 혹은 외상에 대해 해결되지 않은/혼란형'으로 분류한다. 이 분류는 초기 경험의 내용보다는 제시되는 이야기의 형태에 근거한다(〈표 2-2〉 참조). **안정/자율형**의 개인은 애착관계를 소중하게 여기고 일관적으로 그들의 발달에 중요하다고 여기는 의미 있는 이야기로 기억을 통합한다. 반면, **불안정형** 개인은 경험의 기억과 그 경험의 의미를 통합하는 것이 빈약하다. **무시형** 개인은 기억을 부정하고 초기 관계를 이상화하거나 평가절하한다. **집착형** 개인은 혼란되어 있고 화를 내거나 애착 인물과의 관계를 두려워한다. 저항하는 유아의 항변을 메아리로 들으면서 아동기에 겪은 모욕에 대해 여전히 불평한다. **해결되지 않은/혼란형** 개인은 불행이나 아동기 외상에 대한 자신의 이야기에서 의미상 혹은 구문상의 혼란을 보이면서 애착관계 표상에서 상당한 혼란을 보인다.

종단 연구는 유아와 성인기 사이의 애착 분류에서 68~75% 정도의 일치율을 제시하고 있다(예: Main, 1997). 생후 첫해에 정해진 패턴뿐만 아니라 일관적인 환경에 의해 행동이 유지될 수 있다는 것을 기억하는 것이 중요하더라도, 유아기에 관찰된 행동과 성인기의 결과 사이에 나타난 일관성은 대단한 수준이다. 더 나아가 애착관계는 박탈의 세대 전수에서 중요한 역할을 한다. 안정형 성인은 3~4배 정도 더 안정적으로 애

**〈표 2-2〉 성인 애착 인터뷰(AAI) 애착 분류 특징**

| 애착 분류 | 특성 |
|---|---|
| 안정/자율형 | • 일관적으로 의미 있는 이야기로 기억을 통합함<br>• 분명히 애착관계를 가치 있게 여김 |
| 불안정/무시형 | • 이야기에서 일관성이 부족함<br>• 전반적인 주장을 지지할 수 있는 구체적인 기억을 회고하지 못함<br>• 초기 관계를 이상화하거나 평가절하함 |
| 불안정/집착형 | • 이야기에 일관성이 부족함<br>• 애착 인물에 대해 혼란, 분노 혹은 공포를 보임<br>• 종종 여전히 아동기 모욕에 대해 불만을 토로함 |
| 해결되지 않은/혼란형 | • 사별 혹은 아동기 외상에 관한 이야기에서 의미적인 그리고/혹은 구문적인 혼란이 있음<br>• '해결되지 않은/혼란형'으로 분류된 개인은 앞선 세 가지 항목 중 하나에 분류됨 |

착된 유아를 갖게 된다(van IJzendoorn, 1995). 누군가는 그러한 강력한 세대 간 영향이 유전에 의해 매개되는 것은 아닌지 궁금할 것이다. 하지만 행동 유전 연구의 결과들은 유전의 세대 간 전수에 대한 어떠한 지지도 제공하지 않고 있다(예: Fearon et al., 2006). 또한 부모 애착 패턴은 생애 사건, 사회적 지지 그리고 정신병리와 같은 기질적 혹은 맥락적 요인이 기여하는 것 이외의 고유한 변량을 예측하였다(Steele et al., 1996). 그러나 안정적으로 애착된 부모가 아이와 안정적인 관계를 발전시킨다는 것을 보장하는 기제를 분명하게 확인하는 것은 어려웠다(van IJzendoorn, 1995).

불안정, 특히 혼란된 유아 애착은 적절하지 못한 정서적·사회적 발달에 이르는 데 위험요인이다(Lyons-Ruth & Jacobvitz, 2008). 하지만 축적되는 증거는 혼란스러운 유아 애착에서 나타나는 심리장애의 발달 경로가 매우 복잡하고 때때로 우회적이고 간접적이라고 제안한다. 애착 개념을 사용해 성격장애의 모델을 세우는 데 있어 유아에서 성인으로 바로 이동하는 발달적 환원주의자에게 희망을 기대할 수 없다. 그보다 우리는 관여하는 위험요인과 탄력성이 각각 과거와 미래의 발달적 측면과 상호작용하면서 일련의 복잡한 단계를 거친다고 예상해야 한다. 하지만 유아 애착은 한 개인을 유전적 취약성을 가진 아동기 경험을 거쳐 결국 성인기 혼란으로 이끄는 전체 발달 과정을 조명할 수 있는 취약성 요인이 될 수 있다. 성격장애의 출현에서 애착의 역할을 고려하는 것은 이질적인 전집 내에서 각각의 경로를 명확히 하고 하위 집단을 확인하는 방법을 안내할 수 있다. 비록 성격장애가 부모-유아 애착에서 기원한다고 말하는 것이 너무 단순하게 보일지라도, 역기능적인 사회관계가 발달적 정신병리의 틀 내에서 적어도 성격장애의 정의의 핵심이라는 것을 고려하면 다양한 발달 지점에서 애착을 고려하는 것은 성격장애의 출현을 이해하는 데 적절하다(Gunderson, 2007, 2008).

## 애착의 신경생물학 그리고 정신화와의 관련성

우리의 견해에서 보면 인간에게서 애착의 주된 진화적 장점은 애착이 유아의 사회지능을 발달시키는 기회를 제공한다는 것이다. Alan Sroufe(1996)와 Myron Hofer (2004)는 상호 사회적 기대의 발달적 출현에 대한 설명에서 생리적 조절과 뇌 조절의 조직자로서 애착을 더 넓게 인식하면서 애착이론의 범위를 확장시키는 데 중대한 역할을 했다. 애착은 사회 인지를 제공하는 뇌의 처리가 우리가 다른 사람들과 함께 살아가고 일할 수 있도록 적절하게 조직되고 준비되도록 한다. 뇌의 발달은 '경험'을 예상하는 것으로(Siegel, 1991), 유전자의 표현 혹은 수용체 밀도에서의 변화만큼이나 뇌 발달의 근본적인 과정은 유아의 환경에 의해 영향을 받는다(예: Meaney & Szyf, 2005).

약물 중독에 대한 고려는 우리가 애착의 신경생물학을 이해하는 데 중요한 단서를 제공할 수 있다. 중뇌 도파민 보상 체계는 약물 중독 과정과 관련이 있다. 이 체계에서 도파민 방출을 이끄는 약물들은 중독성을 갖고 있다(예: 심리 각성제). 뇌 체계가 마약과 알코올 남용을 위해 존재하는 것이 아니듯이, 아마도 중독은 중요한 진화적 역할을 하는 생리 체계에 기생하는 것 같다. Jaak Panksepp(1998)은 처음으로 같은 중뇌피변연계 도파민 보상 회로와 관련이 있는 모-유아, 유아-모 그리고 연인 간 애착관계의 공통적인 신경생물학을 기술하였다. MacLean(1990)은 물질 남용과 약물 중독이 사회적 애착에서 정상적으로 제공되는 아편제 혹은 내인성 인자를 대체하는 시도로 이해될 수 있다고 했다. Thomas Insel(2003)은 중독과 사회적 애착이 같은 신경생물학을 공유한다고 제안하는 증거를 확인했다.

도파민 활성화 보상 체계와 옥시토신 활성화 체계는 모성 행동을 촉진하고 유지하는 데 핵심적인 역할을 하는 것으로 밝혀져 왔다(자세한 검토를 위해서는 Fonagy & Luyten, 2009 참조). 옥시토신은 시상하부에서 생산되는 신경 조절 호르몬이다. 옥시토신은 분만 과정과 젖을 먹일 때 유즙이 분비되는 동안 자궁 수축을 자극하는 말초적 작용뿐만 아니라 모성 행동의 시작과 관련된 핵심 작용을 한다. 아기가 젖을 빨거나, 만지거나, 심지어 어머니가 유아를 돌볼 때 눈빛 혹은 소리와 같은 자극에 대한 반응으로 방출된다. 옥시토신과 바소프레신은 사회성적인 경험에서 방출된다. 옥시토신 수용체는 핵심적인 도파민 활성화의 뇌 영역인 복측 선조체(ventral striatum)에 위치하고 있다. 어떤 연구 증거는 옥시토신 방출이 도파민 방출을 촉진할 수 있다고 제안한다. 이런 방식으로 사회적 단서와 모성과 관련된 단서는 도파민과 관련된 강화 경로와 관련이 있을 수 있다.

중뇌피변연계(mesocorticolimbic)의 도파민은 보상의 조정, 지연된 만족을 위한 능력 그리고 중독에서 중요한 역할을 한다. 또한 쥐의 모성적 행동과 암수 들쥐 쌍의 결합에서 결정적 역할을 한다. 전시상하부(내측 전 광학 영역, medial preoptic area) 내에 있는 바소프레신-민감성 기제를 복측 피개 영역(ventral tegmental area)과 중격 의지핵 외피(nucleus accumben shell)와 연결시키는 회로는 특히 사회적 상호작용의 보상적 속성을 매개하는 데 중요하다. 중뇌피변연계 경로가 설치류에서 쌍 결합을 중재한다는 타당한 증거가 있다(Insel & Young, 2000). 대초원과 소나무 들쥐는 짝짓기 후에 파트너 선호와 쌍 결합을 했지만 산간지대나 목초지 들쥐는 선택적 애착을 보이지 않았다. 이러한 현상이 나타난 것은 대초원 들쥐였기 때문인 것 같고, 산간지대 들쥐에게는 아닌 것 같다. 짝짓기는 중격 의지핵의 도파민 방출과 관련이 있다. 중격 의지핵으로 주입된 도파민 수용체 길항제는 파트너 선호가 형성되지 못하게 하도록 한다(Wang et al., 1999). 들쥐 연구는 또한 중격 의지핵에서 도파민 신호를 중폭시키면서 짝짓기가 옥시토신과 바소프레신을 방출한다는 가설을 제안하였다(Insel, 2003).

동물모델로부터 나온 이러한 제안은 애착과 관련이 있는 기능적 뇌활동과 신경 호르몬인 옥시토신과 바소프레신의 높은 농도를 보이는 인간 뇌의 피질과 피질하부 영역 사이의 연관성을 증명하는 기능적 자기공명영상법(functional magnetic resonance imaging: FMRI) 연구에 의해 넓게 확인되어 왔다(Swain et al., 2007). 이 영상법은 중뇌피변연계 도파민 활성화 경로가 애착과 관련된 자극이 이루어지는 동안 활성화된다는 것을 제시했다(예: Nitschke et al., 2004). 이러한 패러다임을 사용한 가장 주목되는 연구는 연령과 친숙함을 통제하면서 자신의 아이와 다른 아이를 비교한 Bartels와 Zeki(2004)의 연구이다. 이들은 인간의 뇌에서 애착을 매개하는 신경 펩티드가 활성화되는 중요한 뇌 영역의 대부분을 확인할 수 있었다. 이 연구자들은 이미 유사한 대비 연구방법을 사용하여 낭만적 사랑에 대해 fMRI 연구를 보고한 바 있는데(Bartels & Zeki, 2000), 모성적 사랑에 의해 활성화된 영역[2]의 대부분이 낭만적 사랑과 연관된다는 것을 확인할 수 있었다.

이러한 생물학적 체계가 어머니와 유아 사이에 형성되는 인간 애착의 질적인 면에서의 차이를 어느 정도 설명할 수 있는가? 몇몇 연구는 애착 역사와 애착 형태가 다른 개인의 뇌 반응의 차이를 제시한 바 있다(예: Buchheim et al., 2008; Gillath et al., 2005). 예로, 불안정/무시형 애착을 보이는 경우 웃고 있는 성인의 얼굴과 긍정적 과제 피드백에 대한 반응에서 배측 선조체 활성화가 감소한다는 증거가 있다(Vrticka et al., 2008). Strathearn 등(2009)은 어머니의 성인 애착 분류에 따라 유아의 단서에 대한 반응에서 모성적 뇌 보상 활성화(maternal brain reward activation)와 말초적 옥시토신 방출(peripheral oxytocin release)에서의 차이를 측정하였다. 그 결과, 불안정/무시형 애착 유형을 보이는 어머니와 비교해서 안정 성인 애착을 보이는 초보 어머니는 웃고 있는

2) 이러한 영역들은 선조체 내에 있다. 조가비핵(putamen), 담창구(globus pallidus), 미상핵(caudate nucleus), 중뇌도(the middle insula) 그리고 대상피질(cingulate cortex)의 후측 부분이다.

자신의 유아의 얼굴을 보면서 중뇌피변연계 보상 뇌 영역의 증가된 활성화를 보고하였다. 이것은 행복한 그리고 슬픈 유아의 표정 단서 둘 다를 보는 경우에서도 마찬가지였다. 이러한 결과는 유아의 단서가 안정형 어머니에게 돌보는 반응을 동기화하고 강화하는 데 있어 더 신뢰롭고 강력한 효과를 가지고 있다는 것을 제안한다.

또한 Strathearn 등(2009)의 연구에서 안정형 어머니는 유아가 놀고 있는 동안 높아진 말초부 옥시토신 반응을 보였다. 그리고 이것은 fMRI 검사시간에 뇌의 옥시토신 활성화 그리고 도파민 관련된 보상 처리 영역(시상하부/뇌하수체, 복측 선조체)의 활성화와 정적인 상관을 보였다. fMRI 검사시간보다 여러 달 전에 이루어진 상호작용 놀이시간에서 어머니가 유아에게 다가갈 때 방출된 옥시토신의 수준은 특질(상태보다)의 영향이라는 것이 강하게 주장되었다. 다시 말해, (무시형 애착보다) 안정형 애착 역사를 가지고 이러한 새로운 관계에 진입하는 어머니는 더 많은 옥시토신이 방출되면서 유아에게 더 일관적으로 반응하는 경향이 있었다. 옥시토신이 사회적 민감성을 강화시키는 신경 펩티드이기 때문에(예: Domes et al., 2007을 통해 이후에 더 논의할 것임), 안정형 어머니는 옥시토신의 급증으로 상대적으로 유아의 사회적 단서에 더 반응하는 경향이 있고, 유아로부터 더 긍정적인 반응을 불러일으켰다. 마찬가지로 어머니는 아이에게 보상받는 기분을 느낄 수 있다. 상호 보상적인 상호작용 경험이 선순환을 강하게 일으키면서 유아와의 상호작용으로부터 기쁨을 얻을 가능성이 더 커진다.

마침내 Strathearn 등(2009)의 연구를 통해 유아의 슬픈 표정 정서에 대한 반응에서 안정형 그리고 불안정형 어머니들 간에 뇌 활성화의 중요한 차이가 드러났다. 이것은 애착 안정의 세대 간 전수를 이해하는 데 중요한 역할을 한다. 안정형 애착을 보이는 어머니는 보상 처리 영역에서 계속해서 더 큰 활성화를 보이는 반면, 불안정/무시형 어머니는 불공정함, 고통 그리고 혐오감과 연관이 있는 영역인 전방 뇌섬(anterior insula)의 더 높은 활성화를 보였다(Montague & Lohrenz, 2007). 전방 뇌섬의 활성화는 '규준을 위반(norm violations)했다'고 알리는 역할을 한다(Montague & Lohrenz, 2007). 불안정/무시형 어머니는 인지적으로 자신의 유아의 슬픔에 대해 '기대하는' 중립적 혹은 긍정적인 감정 상태에서 위반된 것으로서 평가한다. 이들은 안정형인 어머니가 보이는 '접근'하는 반응을 하지 않고 부정적 유아 단서를 회피하고 거절한다(Sanfey et al., 2003). 이러한 결과는 애착 체계의 피질 조직에 관해 앞서 출간된 많은 연구와도 일관적이다. 예를 들어, 많은 저자(Crittenden, 2008; Leckman et al., 2004; Strathearn, 2006)는 불안정/무시형 애착을 가진 개인은 인지적 정보 처리에 편견을 보였고 부정적 정서 반응을 억제한다고 보고하고 있다. 유사하게, 이러한 발견은 불안정형 어머니가 유아의 얼굴에서 보이는 슬픔을 반영하기보다는 그것을 경험해 두드러지는 거울 반응(이후 절에서 기술) 과정이 손상될 수 있다는 가정(Fonagy et al., 2002)과도 일관적이다. 거울 반응은 아이가 정서의 확실한 이해와 감정 조절 능력 둘 다를 발달시키는 데 결정적이라고 지속적으로 제안되어 온 것이다.

2003년도와 그 이후에 출간된 연구들은 사회 인지를 촉진하는 데 옥시토신의 역할을 강조해 왔다. 무선 할당된 위약 통제 실험에서 비강(intranasal) 내 옥시토신은 광범위한 사회적 효과를 보였다. 이는 사회적 기억을 강화하고, 얼굴을 바라볼 때 눈 응시를 개선하고, 얼굴 표정과 누군지를 알아보는 데 있어 재인과 기억을 높이고, 신뢰에 대한 표현을 높이는 것을 포함한다(예: Domes et al., 2007; Guastella et al., 2008). 연구에서는 얼굴 표정에서 추론된 의도에 대한 민감성이 위약 집단과 비교하여 옥시토신의 영향하에서 더 증가하였다고 보고하였다(Domes et al., 2007). 우리가 보았듯이, 옥시토신은 애착 인물과의 만남을 통해 자발적으로 방출된다. 애착과 사회 인지를 연결하는 확실한 신경생물학적인 기본 물질이 있는 것이다. 또한 사회 인지가 한계가 있다고 관찰되는 전집에서 옥시토신 수준이 감소되는 것이 관찰되었다. 이러한 특징은 틀림없이 사회적 역경과 관련이 있다(Heim et al., 2008). 어머니가 기른 원숭이보다 보모가 키운 원숭이에게서 보고된 뇌척수액(cerebrospinal fluid: CSF) 내 옥시토신의 더 낮은 수준을 보였는데, 이는 부정적 초기 돌봄의 경험은 원숭이와 인간의 옥시토신 체계에 영향을 미친다는 것이다(Winslow et al., 2003). 뇌척수액 내 더 낮은 수준의 옥시토신은 정서적 학대 그리고/혹은 방임의 역사를 가지고 있는 여성들의 연구에서도 마찬가지로 보고된 바 있다(Heim et al., 2008). 더 나아가 감소된 말초성 옥시토신 수준은 초기 방임의 역사를 가지고 있는 고아원에서 입양된 아이들에게서 나타났다. 이들은 사회적 상보성에서 심각한 손상을 보였다(Fries et al., 2005).

우리는 애착관계의 형성이 적어도 다음 두 개의 신경생물학적 체계에 의해서 지지된다는 것을 이해할 수 있다. ① 근접성을 추구하는 양육자(당연히 모든 유아)를 동기화하면서 애착 경험과 보상 및 기쁨을 연결시키는 신경생물학적 체계 그리고 ② 더 긴밀한 유대가 사회적 단서에 대한 민감성을 높이는 생물학적 체계를 촉발시키면서 높은 사회적 이해와 애착 맥락을 연결시키는 체계이다. 신경생물학적 경로의 유용함을 고려하면, 심리학적 · 발달적 문헌이 애착과 사회 인지 간 관련성에 대해 무엇을 말할 수 있는가? 이러한 문제를 고려하기 전에 우리는 검토하는 사회 인지의 범위를 특정한 능력으로 제한함으로써 문제를 단순화할 것이다.

## 애착과 정신화의 관계에 대한 이해

여기부터 우리의 초점은 정신화가 될 것이다. 우리는 의도적 정신 상태(예: 욕구, 욕망 느낌, 신념, 목표, 목적, 이유)를 가지고 인간 행동을 인식하고 해석하면서 대부분 전의식적 상상적 정신활동의 형태로 정신화를 정의한다(Allen et al., 2008). 타인의 정신 상태를 추론하고 표상하는 능력은 아마도 인간이 유일하게 가지고 있는 능력일 것이다. 정신화의 중요한 기능은 경쟁적이고 협력적인 다양한 상황에서 인간이 빠르게 그리고 효과적으로 다른 사람의 행동을 예측하고 해석하는 것이다.

다른 사람이 생각하거나 느낄 수 있는 것을 상상해야만 하기 때문에 정신화는 상상적이어야 한다. 높은 정신화 수준에 대한 중요한 지표는 누군가의 마음이 무엇인지 결코 알 수 없는 것에 관한 자각이라는 것이다(Fonagy et al., 1997). 더 나아가 우리는 이와 같은 상상적 도약이 자기 자신의 정신 경험, 특히 정서가 관여된 문제를 이해하는 데 필요하다고 제안한다. 자신과 타인의 마음을 이해하기 위해 우리는 정신 상태에 대한 상징적 표상 체계가 필요하다. 우리는 또한 특정 의도에 따른 마음의 상태를 선택적으로 활성화할 수 있는데, 이것은 주의 조절을 요하는 능력이다. 정신화 능력은 대인관계 경험, 특히 중요한 대상관계로부터 나온다고 주장한다(Fonagy, 2003). 만약 애착이 정신화의 출현을 지지한다면, 안정형 아이는 이 영역에서 불안정형 아이를 능가할 것이라고 예상할 수 있다(예전 연구에서 '마음이론' 과제를 통과하는 것으로 측정된 바 있다). 많은 연구는 이 가설(이에 대한 검토를 위해서는 Fonagy & Luyten, 2009 참조)을 지지한다. 일반적으로 안정 애착과 정신화는 유사한 사회적 영향하에 있는 것 같다. 우리는 다음에서 이러한 영향들을 간략하게 검토할 것이다.

### 정신화와 양육

20년 동안 연구는 양육이 애착 안정성의 핵심 결정요인이라는 것을 입증해 왔다. 부모 양육이 정신화와 애착 안정성 사이의 공통 부분을 설명할 수 있는가? 특별히 아동에 대한 부모 정신화가 영향력을 가지고 있는가? 아동의 마음에 대해 생각하는 어머니의 능력은 마음에 대한 마음(mind-mindedness), 통찰력 그리고 성찰 능력으로 불리고 있다. 이러한 중복되는 속성이 아동의 안정 애착 및 정신화와 연관되는 것 같다(Sharp et al., 2006 참조).

Elizabeth Meins(Meins et al., 2001), David Oppenheim(Oppenheim & Koren-Karie, 2002) 그리고 Arietta Slade(Slade et al., 2005)는 부모와 자녀가 상호작용하는 대화를 분석해서 자녀의 정서 조절과 안정 애착 발달 그리고 유아에 대한 부모 정신화를 연결지었다. 비록 Meins가 실제 시간(즉, 부모가 자녀들과 놀고 있는 시간) 동안 이루어진 부모-자녀 대화의 특성을 평가하였고 Oppenheim 팀은 '오프라인' 방식(비디오로 녹화된 부모와의 상호작용 대화)으로 했다고 해도, 둘 다 어머니의 정신화가 어머니의 전반적인 민감성보다 더 안정 애착의 중요한 예측인자였다고 결론지었다. 또한 Slade와 동료들(2005)은 유아 애착과 유아에 대한 부모 정신화의 특성 사이에 강한 연관성이 있음을 관찰하였다. 낮은 수준의 정신화를 보이는 어머니들은 비전형적 모성 행동의 평가와 분류체계[Atypical Maternal Behavior Instrument for Assessment and Classification: AMBIANCE; E. Bronfman, E. Parsons, K. Lyons-Ruth: "Atypical Maternal Behavior Instrument for Assessment and Classification, (AMBIANCE): Manual for Coding Disrupted Affective Communication, Verson 2", Cambridge, MA, Harvard Medical School, 1999]에서 비전형적인 모성 행동을 더 많이 보이는 것으로 나타났다. 이것은 유아의 애착 혼란뿐만 아니라 어머니의 성인 애착 인터뷰에서 확인된 어머니의 해결되지 않은/혼란형 애착 상태와 관련이 있다는 결과이다(Grienenberger et al., 2005).

종합해 보면, 이러한 결과는 정신화를 잘하는 부모가 자녀의 정신화 발달을 잘 촉진할 수 있다는 것을 제안한다. 마음에 집중하는 양육은 애착 안정성과 정신화 둘 다를 강화하는 것 같다. 그러나 우리는 이러한 관련성을 통해 아동에게 미치는 부모의 영향만큼 부모에게 미치는 아동의 영향을 설명할 수 있다는 것을 명심해야 한다. 예로, 힘을 덜 주장하는 양육이 아동의 정신화와 관련이 있는데(Pears & Moses, 2003), 이것은 이러한 양육이 독립적인 사고를 촉진하기 때문이 아니라 정신화 수준이 낮은 아동이 통제하는 양육 행동을 유발할 가능성을 더 높이기 때문일 수 있다. 어쨌든 안정 애착을 촉진하는 가족의 이와 같은 기능이 정신화의 출현을 촉진시킬 수 있다.

정신화 획득의 과정은 일반적이고 평범해서 적극적이고 직접적인 촉진을 하기보다는 그것의 발달을 위한 장애물이 제거된 환경을 제공함으로써 안정 애착을 생각하는 것이 더 적절할 것이다. 애착과 정신화 발달의 상호작용을 이해하는 데 핵심은 일반적으로 정신화 발달을 위해 이용 가능한 촉매제가 부재한 상황을 확인하는 것이다.

## 가족 대화

일상적인 가족 대화에 노출하는 것이 정신화의 전제 조건이다(Siegal & Peterson, 2008). 신념 형성에 필요한 청각 자료가 없이 성장한 청각장애 니카라과인 성인은 거짓 신념 테스트(다른 사람의 신념이 틀린 것이라고 인식할 수 있는 능력을 검사)를 통과할 수 없었다(Pyers, 2001: Siegal & Peterson, 2008에서 재인용). 정상 환경에서 성인과 아이가 서로의 타당한 말에 함축된 의도를 이야기하고 그것을 각자 적절하게 해석된 행동과 연결시키는 대화는 마음을 이해하기 위한 왕도이다. Mary Main(Main & Hesse, 2000)의 획기적인 연구는 애착과 이러한 형태의 언어적 의사소통을 연결시켰다. 안정 애착의 특징을 보이는 일관적인 가족 대화(Hill et al., 2003)는 다른 사람의 행동을 이해하고 예측하는 수단인 설명적 도식을 형성하도록 한다.

## 놀이

놀이는 안정 애착 맥락의 또 다른 특징이다. 놀이는 또한 정신화를 획득하는 데 중요하다. 극단적인 사례에서 놀이의 부족이 뚜렷하다. 시각장애를 보이는 아동들은 활발한 가장놀이를 하는 데 상당한 한계가 있다(Fraiberg, 1977). 그들은 가장놀이를 잘 이해하는 데도 어려움이 있다(Lewis et al., 2000). 그들은 거짓 신념 검사를 통과하는 능력에서 지연을 보이는데, 정상 아이들이 5세에 통과하는 것과 달리 그들은 11세가 되어서야 언어 정신 연령에 도달한다(McAlpine & Moore, 1985). 시각장애 유아의 대화에서는 내적 상태에 대한 비언어적 정보에 접근하는 것이 빠져 있다. 그들은 얼굴 표정과 같은 내적 상태에 대한 단서가 박탈되면서 이후 정신화 문제와 관련이 있는 정체성 문제를 경험하게 된다(Hobson & Bishop, 2003).

## 학대

앞서 우리가 논의하였듯이, 학대는 애착 체계를 혼란스럽게 한다(포괄적인 검토를 위해서는 Cicchett & Valentino, 2006 참조). 이것이 정신화를 붕괴시키는가? 학대받은 아동이 정서를 이해하는 데 두드러진 발달적 지연이 나타나는 것은 일관적이다. 지능과 사회경제적 수준이 통제되었을 때 약간 줄어든다고 해도 결과는 마찬가지이다(예: Frodi & Smetana, 1984; Smith & Walden, 1999). 또한 정서 이해의 문제뿐만 아니라 사회적 인지 손상 그리고 마음이론 이해의 지연이 학대받은 아동에게서 보고되어 왔다(예: Cicchetti et al., 2003; Pears & Fisher, 2005).

학대에 대한 보고가 성격장애의 진단에 공통적으로 관련되어 있기에 학대의 역사를 가진 개인에게 나타나는 분명한 정신화의 손상을 잠시 고려할 필요가 있다. 아동기 학대와 정신화 손상의 관련성은 정신화로부터의 분리나 억제 혹은 심지어 정신화에 대한 공포 반응의 형태로 나타난다. 학대는 부모와 아이 사이에 개방적인 성찰적 의사소통을 위태롭게 하면서 부분적으로는 '심맹(mindblindness)'에 이르는 데 기여할 수 있다. 애착관계에서 내적 상태와 행동 사이를 연결하면서 배우는 많은 것을 손상시킬 수 있다(예를 들어, 아이는 '학대를 당할 만하고' '학대를 원하고' 혹은 심지어 '학대를 즐긴다'는 말을 들을 수도 있다). 학대가 가족 구성원에 의해 자행되는 경우라면 분명히 더 파괴적일 것이다. 이런 경우가 아니더라도, 자녀에 대한 학대가 집 밖에서 일어나고 있는 것을 부모가 자각하지 못하는 경우, 아이가 어떻게 느끼는지에 대해 부모와 의사소통하는 것은 불가능하다. 아동은 성찰적인 대화가 자신이 느끼는 느낌과 부합되지 않는다는 것을 알게 된다. 이러한 지속적인 오해는 다른 사람의 행동에 대한 언어적 설명을 이해하고 정신화하는 아동의 능력을 감소시킨다. 그러한 환경에서 아동은 행동 뒤의 정신 상태를 정확하게 탐지하는 것이 더 어렵고 행동을 의도된 것보다는 불가피한 것으로 보려 한다.

긍정적인 애착 경험이 정신화 발달에 미치는 영향에서 유일한 관련성을 가진다고 제안하는 것은 (과학적 혹은 상식적인 견해를 고려하면) 옳지 않다. 부정적 경험(예: 정서가 담긴 갈등)은 안정 애착과 연관된 긍정적 정서만큼 정신화의 빠른 발달을 쉽게 촉진시킬 수 있을 것이다(Newton et al., 2000). 정신화의 출현은 관계의 다양한 측면과 관련되어 있는데, 그중 하나가 안정 애착이다. 하지만 정신화에 미치는 사회적 영향에 관한 연구들은 지금까지 실수로 이러한 사회적 인지 능력(정신화)을 단일한 것으로 잘못 주장해 왔다.

정신화는 아마도 복잡하고 다양한 요소를 가진 능력으로 더 잘 이해될 수 있을 것이다. 그것은 다양한 결정인자, 유전인자, 사회적 간섭과 촉진에 의해 영향을 받는 서로 다른 요소를 가지고 있을 것이다. 각각의 요소와 안정 애착의 관계는 신경심리학적으로 정의된 정신화 요소들의 하나 혹은 그 이상과 연결된다. 따라서 정신화 발달에 미치는 관계의 영향은 넓고 전체적이라기보다는 제한이 있고 구체적이라고 고려되어야 한다(Hughes & Leekham, 2004). 우리는 나중에 이 문제를 다시 살펴볼 것이다.

## 주체적 자기의 발달: 사회 인지의 사회적 획득

이제까지 우리는 사회적 존재로서 아동의 발달에 양육환경이 핵심이라고 주장해 왔다. 이러한 환경적 영향이 어떻게 효과를 발휘하는가? 우리의 모델은 아동의 행동에 유관해서 반응하는 세상의 속성을 탐지해 내는 아동의 내적 능력에 의존한다. 생후 첫 달에 아기는 자신의 행동이 즉각적인 육체적 접촉으로 신체에 변화를 일으킬 수 있다는 점에서 자신이 신체적 주체(physical agent)라는 것을 이해하기 시작한다(Leslie, 1994). 동시에 자신의 행동이 양육자의 행동과 정서에 영향을 미친다는 것을 알게 되면서 사회적 주체(social agent)라는 것을 이해하기 시작한다(Neisser, 1988). 이러한 초기 형태의 자기자각은 유아가 자신의 행동과 자극 사건 사이에 인과적 연결의 가능성을 분석할 수 있는 '타고난 수반성 탐지 기제(innate contingency detection mechanism)'의 작동을 진화시키도록 돕는다(Watson, 1994). 완벽한 반응-수반 자극(자신의 행동에 의해 생기는 자기 고유의 감각적 피드백으로 제공된)에 대한 초기 몰두는 그들이 환경과 자신을 분리하도록 하고 신체적 자기에 대한 중요한 표상을 구성하도록 한다.

3~4개월경에 유아의 선호는 변화하는 것으로 보인다. 그들은 완벽한 수반성이라기보다는 높지만 완벽하지 않은 수반성에 이끌리기 시작한다(Bahrick & Watson, 1985). 수반성은 아기의 정서 표현에 조율된 양육자의 공감적 거울 반응이 특징이다. 이러한 반응의 반복적인 경험은 자신의 내적 자기 상태를 구별하기 시작하도록 돕는데, 우리는 이 과정을 사회적 바이오피드백(social biofeedback)이라고 부른다(Gergely & Watson, 1996). 잘 맞는 관계나 안정 애착은 사회적 세계에서 유아가 심리적 자기를 '발견하고' '찾도록' 함으로써 초기 정신화 능력의 출현에 필연적으로 기여한다(Gergely, 2001).

처음에 유아는 다른 정서 상태를 내성적으로(introspectively) 자각하지 못한다. 그보다 정서에 대한 표상은 외부 세계로부터 받은 자극에 근거한다. 아기는 양육자가 자신에게 보여 주는 얼굴 표정 혹은 음성적 반영 반응을 관찰함으로써 서로 다른 정서를 수반하는 생리적·본능적 자극의 내적 패턴을 구별하는 것을 배운다(예: Legerstee &

Varghese, 2001; Mitchell, 1993). 아기는 반영하는 부모의 표현에 대한 통제와 결과적으로 자신의 정서 상태가 개선되는 것을 연결시키게 된다. 이것이 정서적 자기조절 능력의 궁극적 발달의 기초이다. 감정 상태에 대한 이러한 이차적 표상의 확립은 감정 조절과 충동 통제를 위한 기초를 형성한다. 감정은 행동을 통해서뿐만 아니라 내적으로 조종되고 방출될 수 있으며 인식될 수 있는 어떤 것, 그래서 공유될 수 있는 것으로 경험될 수 있다.

정서를 이해하고 조절하는 능력이 발전되기 위해서는 두 가지 조건이 충족될 필요가 있다. 첫째는 거울 반응을 통한 타당한 일치(congruency)인데, 양육자는 정확하게 유아의 정신 상태에 맞출 수 있다. 둘째는 두드러진 거울 반응으로, 양육자는 자신의 느낌을 표현하지 않는다는 것을 비추면서 아이의 감정을 표현할 수 있다(Gergely & Watson, 1999). 양육자의 거울 반응이 아이와 일치하지 않는다면, 유아의 결과적인 내적 상태의 표상은 기질적인 자기 상태와 상응하지 않을 것이다. 이것은 유아가 자기애적 성격 구조를 발전시키는 경향을 갖도록 한다[Winnicott의 '거짓 자기' 개념(Winnicott, 1965)과 유사하다]. 거울 반응이 두드러지지 않을 때, 양육자의 표현은 유아의 경험을 외현화하게 되고 이것이 유아를 압도하게 된다. 경험은 전염되며 유아의 상태를 조절하지 못하고 오히려 상승시킨다. 다른 사람을 통해 정서를 경험하는 성향(경계선 성격 구조에서처럼)이 형성될 수 있다(Fonagy et al., 2002).

## 정서 조절, 주의 조절 그리고 정신화

아이는 안정 애착 유대와 내적 작동모델의 기초를 형성하는 데 있어 유아-부모 관계에서 경험된 잘 조절된 정서를 내면화한다(Sroufe, 1996). 이러한 설명에 따르면 정서 조절은 정신화의 서곡이다. 일단 정신화가 일어나면 정서 조절의 특성은 변형된다. 정서의 조절이 가능할 뿐 아니라 더 근본적으로 그것이 자기를 조절하는 데 사용된다. 정신화 기능의 출현(〈표 2-3〉 참조)은 '고착 지점'을 확인할 수 있는 잘 연구된 발달적 궤도를 따른다.

〈표 2-3〉 정신화 능력의 발달 단계

| 단계 | 특징 |
|---|---|
| 목적론적 주체<br>(6~12개월) | • 목적을 가진 주체로서 자기와 타인을 이해<br>- 행동, 행동의 주체자 그리고 환경 사이의 인과관계를 이해<br>- 신체적 행동과 제약에 의해서만 오직 주체를 이해 |
| 의도적 주체<br>(12~24개월) | • 의도적 주체로서 자기와 타인을 이해<br>- 행동이 마음의 이전 상태(예: 바람)에 기인하고 신체뿐만 아니라 마음의 변화를 야기할 수 있다는 것을 이해<br>- 내적 상태 언어 획득 그리고 타인의 느낌과 바람을 자기중심적이지 않게 판단하는 능력을 획득<br>- 아직 신체적 현실과 독립적으로 정신 상태를 표상할 수 없음<br>- 종종 내적 현실을 신체적 세계 이상으로 훨씬 더 어쩔 수 없다고 경험 또 다른 경우에는 그것을 하찮은 것으로 경험(심리적 등가와 가장하기 양식) |
| 표상적 주체<br>(3~4세) | • 표상적 주체로 자기와 타인을 이해<br>- 사람들의 행동을 그들의 신념에 의해 일어난 것으로 이해<br>- 거짓-신념 과제를 통과할 수 있는 가능성이 커심<br>- 사람들은 그들이 느끼는 것 같아 보이는 것이 항상 느끼는 것은 아니고 정서 반응이 현재 기분 그리고 이전 정서 경험에 의해 영향을 받는다는 것을 알게 됨 |
| 시간적으로 확장된<br>자기표상(6세경) | • 의도적 행동과 경험에 대한 기억을 일관적인 인과적-시간적 구성과 연결짓는 능력<br>• 시간적으로 확장된 자기의 확립 |

① 생후 첫해 6~12개월 동안, 아기는 행동, 행동의 주체 그리고 환경 사이의 인과적 관계를 이해하기 시작한다. 9개월경, 유아는 기저에 있는 의도를 통해 행동을 바라보기 시작한다(Baldwin et al., 2001). 유아는 다양한 대안을 통해 목표를 이룰 수 있는 가장 효과적인 방식을 선택할 수 있는, 목적을 가진 주체로서 자신을 이해하기 시작한다(Csibra & Gergely, 1998). 그러나 이 단계에서 주체는 순전히 신체적 행동과 한계점 안에서 이해된다. 유아는 물리적으로 분명한 목표 상태와 특정 상황에서 물리적 한계를 통해 행동하는 사람이 그에 맞게 행동할 것이라고 기대한다(Gergely & Csibra, 2003). 유아는 아직 주체자의 정신 상태에 대해서는 이해하지 못한다. 우리는 이렇게 정신적 결과가 아닌 신체를 통해 행동을 이해하는 데 초점을 두는 것(목적적 입장)과 경계선 성격장애(BPD)에서 나타나는 성인의 자기 파괴적인 행동에서 볼 수 있는 주체의 경험 양식 사이에 관련이 있다고 제안한다. 이

러한 개인은 신체적 세계에서의 경미한 변화를 통해 마음의 상태에 대한 구체적 결론을 내리고 단지 신체적으로 변화를 해야지만 상대방의 의도가 달라진 것이라고 인식한다.

② 생후 두 번째 해에 유아는 자신과 타인의 행동이 소망과 같은 이전의 마음 상태에 의해 일어나는 의도적인 주체라는 것을 이해하기 시작한다(Wellman & Phillips, 2000). 그리고 그들의 행동이 신체뿐만 아니라 마음의 변화를 야기할 수 있다는 것을 이해하기 시작한다(예: Corkum & Moore, 1995). 이 단계에서 정서 조절 능력은 중요한 양육자와의 이전 관계와 현재 관계를 반영한다(Calkins & Johnson, 1998). 가장 중요하게, 유아는 내적 상태 언어를 획득하기 시작하고 타인의 느낌과 바람에 대해 자기중심적으로 판단하지 않는 능력을 얻게 된다(Repacholi & Gopnik, 1997). 역설적으로 이 능력은 공동으로 이루는 목표 지향적인 활동이 증가하는 것뿐만 아니라 더 어린 형제들을 괴롭히고 도발하는 것을 통해서도 그 증거를 확인할 수 있다(Dunn, 1988). 그러나 유아는 아직 신체적 현실과 독립적으로 정신 상태를 표상할 수 없다. 그렇기에 아직은 내적과 외적, 외형과 실제 사이의 구별이 충분히 이루어지지 않는다(Flavell & Miller, 1998). 내적 현실이 종종 훨씬 더 어쩔 수 없는 것으로 경험되기도 하고 물리적 세상에 대한 아동의 자각에 비해 상대적으로 보잘것없는 것처럼 보이기도 한다. 우리는 내적 세계의 이러한 경험 양식을 각각 심리적 등가와 가장하기 양식이라고 언급해 왔다.

③ 3~4세경, 유아는 타인의 행동이 그 사람의 신념에 의해 일어난다는 것을 이해하기 시작한다. 500개 이상의 검사결과를 메타분석으로 검토한 결과, 대략 3세 이전의 유아는 거짓 신념 과제를 통과하지 못하지만 아동이 커 가면서 점점 더 통과할 가능성이 높아진다(Wellman et al., 2001). 이것은 정신화 능력이 4세경에 비약적으로 발전한다는 것을 뜻한다. 이 시점부터 아동은 자신과 타인을 표상적 주체로 이해할 수 있다. 그들은 사람들이 느끼는 것처럼 보이는 대로 항상 느끼는 것은 아니라는 것을 알게 된다. 그리고 사건에 대한 감정 반응이 그들의 현재 기분이나 심지어 유사한 사건과 연결되었던 이전의 감정 경험에 의해서도 영향을 받는다는 것을 알게 된다(Falvell & Miller, 1998). 이러한 이해의 중요한 단계에 이른다는 것은 사회적 상호작용의 변화를 의미한다. 정서에 대한 이해는 공감적 행동(Zahn-Waxler et al., 1992)과 더 긍정적인 또래관계(Dunn & Cutting, 1999)와 관련된다. 인간 행동이 안정적 특성(성격 혹은 능력과 같은)뿐만 아니라 일시적인 정신

상태(사고와 느낌과 같은)에 의해 영향을 받을 수 있다는 이해는 출현하는 자기개념을 뒷받침하는 구조의 기초를 형성한다(Flavell, 1999). 잘못된 신념을 자기 자신과 다른 사람에게 귀인할 수 있는, 새로 발견된 이러한 능력은 사회적 상호작용 중 속임수, 농담 그리고 기만을 통해 더 풍부하게 표현된다(Sodian & Frith, 1992; Sodian et al., 1992). 뚜렷하게, 이 시기에 아이들은 성인과 노는 것보다 또래와 노는 것을 더 좋아한다(Dunn, 1994). 이러한 변화는 성인이 되어 마음이라는 주체를 통해 정신화가 획득될 때 끝이 난다. 그리고 이러한 변화가 일어나면서 흥미와 유머를 공유하는 개인들과 유대를 가지며 정신 상태에 의해 자기와 타인을 이해하는 능력을 높이려는 평생의 단계가 시작된다.

④ 6세경, 유아는 시간적으로 확장된 자기의 확립이 일어나면서 의도적 활동과 경험의 기억을 일관성 있게 인과적-시간적으로 구성하는 능력에서 진전을 보인다(Provinelli & Eddy, 1995). 사회적 상호작용에서 주체로서의 온전한 경험은 정서, 바람 그리고 이것에 대한 믿음에 관한 가정에 의해 안내되고 주도되면서 자기와 타인의 행동이 이해될 수 있을 때만이 나타날 수 있다. 더 나아가 이 단계에서 아동이 할 수 있는 능력 중 하나인 마음이론 기술은 마음의 이차이론(신념에 관한 잘못된 믿음을 이해하는 능력), 혼합된 정서의 이해(예: 갈등에서 일어나는 것 이해), 기대와 편견이 모호한 사건을 해석하는 데 영향을 줄 수 있다는 것을 이해하는 능력 그리고 사회적 기만의 미묘한 형태에 대한 이해 능력(예: 하얀 거짓말)을 포함한다. 이러한 기술이 획득되면서 신체적 폭력에 대한 필요가 감소되기 시작하고(Tremblay, 2000), 관계에서는 공격성이 증가한다(Cote et al., 2002).

## 정신화 이전의 주관성

경계선 성격장애(BPD) 개인의 주관적 경험을 이해하는 데 정신화 기능의 출현모델을 활용하기 위해, 내적 상태가 단지 현실에 대한 표상이라는 것을 아동이 온전히 인식하기 전 상태가 바로 비정신화와 유사하다는 것을 분명히 인식할 필요가 있다. 처음에 어린 아동은 자신이 아는 것이 다른 사람이 아는 것이고 그 역도 마찬가지라고 가정한다. 자신의 관점의 독특성에 대한 인식은 매우 천천히 발달한다. 유아는 이미 3개월경 혹은 적어도 그 정도쯤 신체적 통합성이라는 구별된 느낌을 소유하게 된다. 한편, 이 시기에는 알고 있는 것이 타인의 것과 같은 것이고 자신의 사고 혹은 느낌이 타인에 의해서 공유된다는 가정을 가지고 출발한다. 즉, 어린 아동은 자신이 방금 배운 사실을 다른 사람이 알고 있다고 가정한다(Taylor et al., 1994). 걸음마를 배우는 유아가 분노와 좌절을 분출하려고 하는 이유는 아마도 세상과 그 유아의 마음이 아직은 경계가 분명하지 않기 때문이다. 다른 사람들이 그들이 생각하고 느끼는 것을 안다고 기대하고 그들이 보는 방식과 같은 방식으로 그 상황을 본다고 기대한다. 그래서 그들의 소망이 좌절될 때 타인이 다른 관점을 갖거나 다른 대안이 우선해서 일어난 것이라기보다는 타인이 해를 끼치려고 하는 것이거나 고의로 둔감한 것이라고 이해한다.

2~5세 사이의 정상적인 정신화 발달을 기술할 때(Fonagy & Target, 1996; Target & Fonagy, 1996), 우리는 경험의 분열 양식에서 정신화로의 이행이 있다는 것을 제안해 왔다. 아주 어린 아동은 내적 세상과 외적 세상을 동등하게 생각한다는 가설을 세웠다. 마음에 존재하는 것은 바로 밖에 있는 것이다. 그리고 밖에 존재하는 것은 반드시 마음 안에 존재하는 것이다. 이 단계에서 아직은 대안적인 관점에 대한 여지가 없다. '내가 그것을 보는 방식이 바로 그것이다.'인 것이다. 걸음마를 배우는 유아 혹은 초등 이전 아동이 보이는 고집("침대 아래에 호랑이가 있어요.")은 부모가 안심시키는 것만으로 진정되지 않는다. 이렇게 내적 세계의 경험 양식으로서의 '심리적 등가'는 내적 고통을 일으킬 수 있는데 잠재적으로 실제로서 환상 경험이 너무나 두렵기 때문이다. 그렇기에 정신 상태와 관련하여 가장하는 느낌(sense of pretend)을 획득하는 것은 매우 중요하다. 놀이를 하면서 아이는 내적 경험이 외적 현실을 반영하지 않을 수도 있다고 생각한다. 내적 상태는 외적 세상에 대해 어떠한 의미도 없다고 생각한다('가장하기 양식').

정상적으로 4세경에 아동은 정신화에 이르기 위해 이러한 양식들을 통합한다. 정신 상태는 표상으로 경험될 수 있다. 그래서 내적 현실과 외적 현실은 관련된 것으로 볼 수 있다. 하지만 중요한 방식으로 다른데, 더 이상 같은 것이거나 각각으로부터 해리된 것도 아니다(Gopnik, 1993). 그러나 어떤 환경에서는 주관성이라는 정신화 이전 형태가 정신화 획득이 일어난 이후의 나이에도 여전히 사회적 인지를 지배하기 위해 재출현한다.

우리는 다음 절에서 이러한 환경에 대해 논의할 것이다. 앞서 강조한 발달이론의 견지에서 BPD의 현상학을 고려할 것이다.

## 경계선 성격장애와 애착

BPD는 정서 조절, 충동 통제의 만연된 어려움과 자기와 관계 이미지 모두에서 불안정성을 보이는 것이 특징이다. BPD는 역기능적인 자기조절, 특히 사회적 관계 맥락에서 역기능적이라는 것이 넓게 합의되고 있다(예: Koenigsberg et al., 2002; Posner et al., 2002). 정서 조절의 어려움과 정서적 유대의 상실에 대한 특유의 강렬한 반응은 BPD를 애착 문제에 놓이게 한다. 많은 이론가는 경계선 병리를 설명하는 데 Bowlby의 사상을 가져온다. 구체적으로 Gunderson(1984, 1996)은 혼자됨을 견디지 못하는 것이 경계선 병리의 핵심이며 '진정시키는 내사(soothing introject)'를 불러일으키지 못하는 것이 초기 애착의 실패 때문이라고 설명하였다. 그는 경계선적 역기능의 전형적인 패턴을 매달리기, 의존 욕구에 대한 두려움, 버려짐에 대한 공포 그리고 양육자의 근접성에 대한 지속적인 감시를 보이는 불안정 애착 유아의 과장된 반응과 연결시켰다. Lyons-Ruth는 유아의 애착 체계의 혼란은 이후 성격병리에 취약한 상태로 이끈다고 설명했다(Lyons-Ruth, 1991; Lyons-Ruth & Jacobvitz, 1999). 더 최근에 Gunderson과 Lyons-Ruth는 대인관계에서의 과민성이 BPD의 핵심 특징이라는 매우 흥미로운 생각을 진전시킨 바 있다(Gunderson & Lyons-Ruth, 2008).

정서 조절, 정신화 그리고 자기의 발달에 대한 우리의 모델 또한 애착이론의 틀을 사용한다. 하지만 우리는 상징적 기능의 발달에서 애착의 역할과 불안정한 혼란스러운 애착이 개인을 더 깊은 혼란에 이르게 하고 도전에 취약한 상태로 만드는 방식을 강조한다(Fonagy et al., 2000). 우리는 또한 심각한 성격장애를 가진 개인의 혼란스러운 애착 체계의 과잉행동과 애착 체계의 강렬한 활동이 정신화를 파괴하는 방식에 대해 고려한다. 이런 맥락에서 학대의 영향이 우리 모델에서 특히 중요하다. 앞서 우리는 애착관계의 맥락에서 경험된 학대가 어떻게 두려운 애착의 해로운 순환을 만들어 내는지에 대해 설명한 바 있다. 두려움이 근접성 추구를 촉발하고, 일단 얻어진 근접성은 다시 더 깊은 불안을 야기하게 된다(예: Bartholomew et al., 2001 참조). 상호 주관적 자기 발달에 대한 우리의 모델에서, 우리는 (Winnicott에 따라) 방임이나 유아의 기질적 어려움으로 인해 아이들이 양육자의 성찰적인 입장을 통해 의도적인 존재로서 그 자신을 발견하지 못할 때 양육자를 자기표상으로 내면화하는 선택권을 얻지 못함을 강조한다. 결국 필연적으로 분열이 형성되며 자기 구조를 혼란시킨다. 그리고 유아기에 혼란된 애착을 가진 개인의 유년기 특징 중 조종하기와 같이 혼란 애착과 연관되어 잘 알려진 현상들이 발생한다(George & Solomon, 1999). 조종(그리고 혼란 애착의 결과로 저항하는 행동)은 아이가 내면화하였지만 기이한 것으로 경험하는 분노 혹은 불안한 상태를 양육자가 경험하도록 (부드럽게 그리고 종종 부드럽지 않게) 하면서 자기의 기이한 부분을 외현화하는 방식이다(Fonagy, 2002). 원치 않는 정신 상태를 어떤 다른 사람이 느끼게 하는 상황을 만들어 내는 것으로 혼란스러운 애착 역사를 가진 개인들은 이를 통해 자기응집력을 경험할 수 있다.

아이들이 자기의 분열된 측면을 학대자에 대한 환상적인 통제를 위해 사용할 때, 이러한 기제 안에서 학대는 더 심오하고 복잡한 문제를 만들어 낸다. 이는 정신분석적 문헌에서 '공격자와의 동일시'로 풍부하게 기술된 과정이다(Freud, 1936/1966). 아동은 희생시키는 자의 정신 상태를 이질적인 자기의 부분으로 내면화할 때 자신의 마음을 괴롭히는 부분으로 경험하며 자아의 파괴에 몰두하게 된다. 견딜 수 없고 고통스러운 상태에 이르게 하며 자기는 사악하고 증오스러운 것으로 경험된다. 이러한 환경에서는 자해를 통해 마음 안에서의 공격을 자신의 몸으로 향하게 하는 것이 유일한 해결책이라고 느낄 수 있다. 다른 방식으로 학대의 역사를 가진 개인은 지속적으로 이질적인 것을 외면하고, 자기 구조의 괴롭히는 부분을 다른 사람 가까이에 두는 것에 의지한다. 투사적 동일시를 통해(Rosenfeld, 1971에서 가장 잘 설명됨), 자기의 박해적 부분은 다른 사람에게 자리를 잡게 한다. 타인이 소유하도록 하는 이런 이질적인 경험에 대한 욕구는 결국 더 깊은 학대적 관계의 지속적 상황에 놓이게 된다.

외상적 자기 구조를 가진 사람에게 투사적 동일시에 대한 욕구는 삶과 죽음의 문제이다. 이러한 욕구는 중독적 특징을 가지고 있는 대상에 대한 의존을 형성하게 된다. 강렬한 애착과 중독을 연결하는 데 관여하고 있는 신경 구조가 동일하다는 것을 고려하면 놀랄 일도 아니다(Insel, 2003). 수용할 수 없는 자기의 측면을 담아 주는 것에 대한 시급한 바람은 BPD에서 애착 체계가 과민한(즉, 너무 쉽게 촉발되는) 이유가 될 수 있을 것이다. 애착의 과잉 활성화 징후는 BPD의 핵심 증상 중 하나이다. 그들은 만남에서 빠르게 강렬한 친밀함으로 나아가면서 빠른 관계의 속도를 보이며, 불안정하고 강렬한 대인관계를 통해 유기를 피하기 위해 미친 듯이 노력한다(Hill & Stein, 2002). 우리는 애착 체계를 촉발하는 것이 정신화를 억압하면서 개인을 더 혼란시킨다고 본다. 결과적으로 수용할 수 있는 대안적인 해결책이나 발견할 수 있는 비목적적인(비신체적) 해결책(뒤의 '정신화 실패의 결과' 절 참조)이 줄어든다.

심리치료는 언제나 애착관계의 발달을 수반한다(Holmes, 1996). BPD 내에서 비정상적인(혼란스러운) 애착 과정에 대한 설명을 고려하면 치료적 변화는 대인관계를 강화하는 신경심리학적 체계의 개선된 조절을 통해 매개된다고 제안할 수 있다(Bateman & Fonagy, 2004). 이것은 BPD 환자와의 심리치료에서 치료적 관여의 역설이다. 즉, 그들에게 관여하면서 우리는 (해로움을 일으키는) 평형 상태를 약화시킨다. 관여하지 않는다면, 우리는 그들이 매일 고투하는 발달적 손상을 설명하도록 돕는 치료 개입의 양식을 없애 버리는 것이다.

## 경계선 성격장애에서 애착과 관련된 정신화의 손상

1989년경 우리는 BPD 내담자가 자신과 다른 사람의 마음 상태를 이해하고 그것을 잘 활용하는 능력에 한계가 있다는 것을 고려한다면 그들의 특성을 더 잘 이해할 수 있을 것이라고 제안한 바 있다. 처음에 우리는 애착 맥락에서 정신 상태를 이해하는 데 그들이 보이는 분명한 어려움이 정신화 능력을 분리시키는 신체적 혹은 성적 학대에 대한 방어적 반응이라는 가설을 세웠다(Fonagy, 1991). 이후 우리는 그러한 극적인 방어 반응들은 이미 초기 방임에 의해 정서 조절에 대한 능력이 약화되어 왔거나 기질적으로 약하거나 혹은 둘 다인 개인에게 더 가능성이 크다고 결론지었다(Fonagy & Target, 1997).

하나의 범주로 BPD가 이질적이고(Krischer et al., 2006; Mervielde et al., 2005; Trull & Durrett, 2005), 시간에 걸쳐 상당히 불안정하고(Gunderson, 2008), 아마도 상황에 따라 그리고 성격 기능의 많은 차원에서 다양하다는 점(Hill et al., 2008; Tyrer et al., 2007)은 일반적으로 동의되고 있다. 최근 정신병리의 구체적 특징으로 정신화를 고려할 때 정신화의 개념이 너무 광범위하고 다차원적이어서 조작적으로 정의 내리기가 어렵다는 점에서 타당한 비난을 받아 왔다(Choi-Kain & Gunderson, 2008; Holmes, 2005; Semerari et al., 2005). 우리는 정신화의 많은 요소나 차원을 확인하면서 개념을 더 깊게 구체화하려고 노력했다. 각각은 상대적으로 구별되는 신경 체계에 의해 뒷받침되고 있다(Luyten et al., 2009). 성격장애에서 정신화의 상실을 말하는 것은 더 복잡하고 다면적인 모습을 요약하는 것이다. 다음으로, 우리는 정신화의 여러 가지 요소를 구별할 것이다. 서로 다른 정신화 요소의 역기능이 이 진단을 받지 않은 사람과 비교해 볼 때 다른 특징을 보일 것이라고 예상할 수 있다. 서로 다른 역기능의 패턴을 통해 환자들의 하위 집단을 확인할 수 있다.

## 정신화의 요소

축적되는 임상 경험과 함께 신경과학 그리고 사회 및 인지 발달 연구에서의 진전은 네 가지 극성에 근거하여([그림 2-2]) 정신화의 세분화된 그림을 구성하도록 했다. 정신화가 '목적에 맞게'(대인관계와 자기조직 기능을 위해) 형성된다면, 이 네 가지 극성은 주어진 상황에서 적절하게 균형이 맞춰진다. 네 가지 극성은 ① 암묵적 혹은 자동적 vs 명시적 혹은 통제된 정신화, ② 외적 혹은 감각적으로 이용 가능한 단서에 근거한 정신화 vs 내적 혹은 자기와 타인의 내적 상태에 대해 대개는 추론된 단서에 근거한 정신화, ③ 주로 인지적 vs 주로 정서적 정신화 그리고 ④ 두 개의 구별된 신경망 사이의 균형이다. 마지막에서 두 개의 신경망은 모두 자기를 아는 것과 타인을 아는 것과 관련된 과정이라는 점에서는 공통적이다. 즉, 전두두정골(frontoparietal)의 거울 뉴런 체계(mirror neuron system; Rizzolatti et al., 2006) 그리고 내측 전전두엽(medial prefrontal cortex), 전방의 대상 피질 및 설전부(楔前部, precuneus)에 위치한 성찰 체계(reflective system; Frith, 2007; Frith & Frith, 2006)이다.

명시적 정신화(explicit mentalization)는 의식적 · 언어적 · 성찰적 과정인데 집중, 의도

| | | |
|---|---|---|
| 암묵적-자동적 | BPD ←——+——→ | 명시적-통제된 |
| 정신 내부에 초점이 맞춰진 | ←——+——→ BPD | 정신 외부에 초점이 맞춰진 |
| 인지적 주체: 태도 진술 | ←——+——→ BPD | 정서적 자기:<br>감정 상태 진술 |
| 모방적<br>전두두정골의<br>거울 뉴런 시스템 | BPD ←——+——→ | 신념-바람<br>MPFC/ACC<br>억제 시스템 |

**[그림 2-2] 전형적인 경계선 성격장애 환자의 정신화 프로파일**

* BPD=경계선 성격장애; MPFC/ACC=내측 전전두엽(medial prefrontal cortex)/전방 대상회 피질(anterior cingulate cortex)

그리고 노력이 필요하고 상대적으로 느리다. 암묵적 정신화(implicit mentalization)는 무의식적 · 비언어적 · 비성찰적인 자동적 과정이다. 노력이나 초점화된 주의가 거의 필요하지 않다. 암묵적 정신화의 예는 담화의 자동적 분석인데, 청자는 화자의 말을 이해하기 위해서 동시에 입력되는 수많은 것을 처리하면서 화자의 관점을 빠르게 처리하는 것이 필요하다. 자동적인 사회 인지와 관련된 신경망에는 감각적 정보에 강하게 의존하는 뇌 회로가 관여하는데 계통 발생적으로 오래전부터 존재해 왔다.[3] 반면에, 통제된 정신화는 계통 발생적으로 보면 언어적 · 상징적 자료의 처리에 관여하는 것으로 더 새로운 뇌와 관계가 있다.[4] 억제하는 신경 체계가 통제된 정신화와 관련이 있는 반면 강한 각성이 자동적 정신화를 촉진시킬 수 있다는 점에서 명시적 정신화와 암묵적 정신화 사이의 구별은 우리가 성격장애를 이해하도록 도울 수 있다(Mayes, 2006; 뒤의 '스트레스, 애착 그리고 정신화의 복잡한 관계' 절 참조). 성격장애 환자에게 정서적 각성은 관계에 대한 고정관념에서 형성된 완고한, 자동적인 가정과 기대를 촉발시킨다. 그리고 이러한 가정을 성찰하는 능력은 명시적 정신화의 손실로 인해서 상당히 한계가 있다. 정서적으로 각성되지 않을 때, 이들 환자는 주제를 잘 통제할 수 있을 뿐만 아니라 실험에서 이루어진 정신화 과제를 잘 수행할 수 있었다. 하지만 높은 각성하에서는 정신 상태에 대한 설명을 이해할 수도 없고 반응할 수도 없다. 정신 상태에 대한 혼란을 설명하려고 하는 치료자의 시도를 복잡하게 만든다. 자기와 타인에 대한 뿌리 깊은 암묵적 선입견과 기대를 수정하는 데 있어 정신화 능력을 가져올 수 없을 때 환자는 정서적 격동의 시간을 보낼 것이다.

정신화는 감각 체계에 접근할 수 있는 정신 상태와 관련된 외부 단서들에 근거해서 일어난다. 혹은 그것은 내적인, 대개는 추론된 단서에 기초한다. 자기와 타인의 정신 내부에 초점을 맞추는 것은 내측 전두두정골 네트워크를 동원하는 반면, 정신화를 하는 동안 신체적 행동과 겉으로 보이는 특징을 통해 외부에 초점을 맞추는 것은 측면 전측두엽 네트워크를 동원한다. 그래서 당황스러운 자의식은 대개 내적인 자기관찰에 근거한 사회 인지를 수반하게 되는데, 내측 전두두정골 신경망의 포괄적 손상을 보이는 환자에게는 이것이 분명하지 않다. 그러나 그들의 행동을 비디오테이프를 통해 제

3) 이것들은 편도체(amygdala), 기저핵(basal ganglia), 복내측 전두엽 피질(ventromedial prefrontal cortex), 측면 측두 피질(lateral temporal cortex) 그리고 배측 전방 대상 피질(dorsal anterior cingulate cortex)을 포함한다.

4) 이것들은 측면 전두엽 피질(lateral prefrontal cortex), 내측 전두엽 피질(medial prefrontal cortex), 측면 두정 피질(lateral parietal cortex), 내측 두정 피질(medial parietal cortex), 내측 중앙 측두엽(medial temporal lobe) 그리고 앞쪽 전방 대상 피질(rostral anterior cingulate cortex)을 포함한다.

시했을 때 자신들이 부적절하게 행동했다는 것을 자각하게 된다(Beer et al., 2006). 비디오를 시청하는 것은 외적으로 초점을 맞춘 자기성찰을 가능하게 하기 때문이다. 이것은 뇌의 다른 체계에 기초한다. 이러한 두 개 체계의 분리는 예민한 대인관계 상황에서 마음의 맹점이 쉽게 공존할 수 있다는 것을 의미한다. BPD 환자는 정신 내부를 추론하는 것이 극히 어렵다. 그들은 종종 얼굴 표정에 극도로 예민하다. 반면, 반사회성 성격장애는 정신화 실패의 반대 패턴을 보인다. 연구 결과는 이러한 진단을 받은 개인, 특히 정신병질자의 경우 타인의 정신 상태를 추론하는 과제에 잘 적응할 수 있다고 제안한다. 하지만 그들은 내부의 상태를 외적으로 드러내는 신호에는 정상적으로 반응하지 못한다(Blair, 2008).

인지적 정신화와 정서적 정신화를 구별하기 위해 우리는 Simon Baron-Cohen (예: Baron-Cohen et al., 2008)의 생각과 발견을 인용할 것이다. Baron-Cohen은 상대적으로 다른 수준의 두 개의 정신화 체계를 구별했다. 마음이론 기제(theory-of-mind mechanism: TOMM)는 '신념-바람 추론하기'에 대한 책임이 있고, 공감 체계(empathizing system: TESS)는 자기 내부의 감정을 이해하는 것에 작용한다. 정신 상태에 대한 마음이론 기제의 표상이 "어머니는 John이 과자를 먹었다고 생각해요."와 같이 주체-태도(agent-attitude)에 대한 가정의 형태를 보이는 반면, 공감 체계는 "네가 고통 속에 있는 것이 마음이 아파."와 같이 자기정서적(self-affective) 상태에 대한 가정을 만든다. 주체-태도 가정에서, 신념에 대한 진술은 심지어 그 신념이 정확하지 않다고 해도 진실이다. 설사 John이 과자를 먹지 않았다고 해도 어머니는 John이 과자를 먹었다고 믿을 수 있다. 현실과 내적 상태를 구분하는 능력의 중요성은 제3자 관점의 획득이라는 발달적 핵심의 개념화에서 정신분석적 저자들에 의해 이해된 바 있다 (예: Britton, 2004; Ogden, 1994). Baron-Cohen에 따르면 정서와 관련이 있는 가정은 결코 1인칭 관점으로부터 분리될 수 없다. 정서는 항상 자기와 관련지어 이해된다. "네가 고통 속에 있는 것이 나는 기뻐."라고 말하는 것이 문법적으로 틀린 것은 아니지만 사회적으로는 수용되기 어렵고 대부분의 상황에서 심각한 심리적 혼란이 있음을 의미한다. 타인의 정서를 경험하고 이해하는 것은 자기 체계와 관련이 있고 자신의 정서 상태와 일관적이어야 한다. 이러한 이유로 인해 정서는 추론되는 것보다는 자신에게 느껴지는 것이다.

마음이론 기제와 공감 체계의 가정은 아마도 뇌의 서로 다른 부위에서 처리될 것이다. 마음이론 기제(TOMM)는 전두엽 피질과 관련이 있는 반면 공감 체계(TESS)는 하전전두회(inferior prefrontal gyrus)와 연결된 측면에 위치한 부위이다. 정상적인 상황에서 정신화는 다른 구조뿐만 아니라 두 체계 모두에 관여한다. 이러한 경우에 하나의 체계에서 조절장애는 다른 쪽의 과잉 보상을 초래할 것이라고 예상할 수 있다. BPD에서 보이는 영향력이 지나치게 큰 공감 체계는 마음이론 체계의 조절장애를 과잉 보상한다고 가설을 세울 수 있다. 이것은 BPD 환자가 정서적 전염에 극도로 민감한 것, 어떤 정서 단서에 극도로 예민한 것, 감정에 의해 지나치게 압도되는 경향 그리고 정서적 지식과 성찰적이고 인지적인 지식을 자기와 타인에 대해 통합하지 못하는 면으로 설명할 수 있다(Blatt, 2008). 주체-태도 가정을 형성하지 못하는 것은 정서 이해에서 작용하는 것과 유사한 방식으로 신념-바람 추론하기를 제한하게 된다. 이를 통해 왜 BPD 환자의 정신화가 1인칭 관점에 의해 강하게 지배되고 3인칭, 대안적 관점의 순수한 수용이 어려운지를 이해할 수 있다. BPD 환자는 타인의 마음 상태가 참이라고 믿기 위해서는 자신이 그것을 참이라고 느껴야 한다고 강하게 느낀다.

뇌의 구별된 두 개의 네트워크가 자기를 아는 것과 타인을 아는 것 모두에 관계하는 것 같다. 이 네트워크 각각에서 중복되는 뇌 체계는 다른 사람의 마음을 이해하고 자신의 생각과 느낌을 확인하는 것 둘 다에 책임이 있는 것 같다. 하지만 두 개의 네트워크는 다소 다른 방식으로 관련된 과제를 성취한다(Dimaggio et al., 2008; Lombardo et al., 2007).

첫 번째 체계는 훨씬 널리 알려진 전두두정골 거울 뉴런의 '모방적' 체계(Gallese et al., 2004; Rizzolatti & Craighero, 2004)로, 이를 통해 타인의 경험을 이해할 수 있다. 타인의 행동을 관찰할 때 대응되는 운동 피질이 활성화된다. 타인의 정서를 인식할 때 이것은 뇌의 시상하부 내 내장운동 중추(visceromotor center)를 활성화한다. 거울 뉴런에 의해 타인의 경험을 이해하는 것은 즉각적이고 직관적인 특성을 가지고 있다. 그리고 이런 방식으로 발생한 타인의 경험에 대한 표상은 자기표상과 상당히 밀접하게 결합된다. 거울 뉴런 체계는 불수의적으로 모방하는 반응으로 대개 카멜레온 효과(다른 사람이 웃을 때 웃는 것, 다른 사람이 하품할 때 하품하는 것; Chartrand & Bargh, 1999 참조)를 피하기 위해 억제되어야 한다.

두 번째 체계는 내측 전전두 피질(medial prefrontal cortex), 전방 대상회(anterior cingulate), 측두 두정 접합(temporoparietal junction) 그리고 설전부(precuneus)로 구성된다. 이는 자신과 타인의 사고와 느낌을 판단할 때 활성화된다. 이 체계는 전통적으로 정신화의 고전적 '신념-바람 추론하기'의 기저에 있는 핵심 체계이다(Frith & Frith,

2006). 최근 증거는 이 체계의 한 가지 기능으로 거울 뉴런 체계와 상호작용하면서 '(상대방의 것은) 내가 아닌, 그래서 (구별되는) 나'의 경험을 만드는 모방 반응을 억제하는 것을 설명해 준다(Brass & Haggard, 2008; Brass et al., 2005, 2007). 우리는 다른 사람의 의도를 인식할 때 다른 사람의 의도를 이해하기 위해 같은 행동을 수행하게 된다. 하지만 대부분의 경우 그러한 자동적 모방은 피해야 한다. 그렇기에 모방의 억제는 자기다움의 경험을 형성하는 데 핵심적 역할을 한다. 모방 행동의 억제는 정신화, 자기참조적 과정(self-referential processing) 그리고 자기주체(self-agency)의 확고함과 관련된 피질 영역과 관계가 있다.[5] 신념-바람 추론하기와 관점 취하기에서 BPD 환자의 한계와 일관되게, 우리는 이러한 억제 능력의 한계는 자기/타인을 구별할 수 없는 것(정체성 혼란), '나다움'의 빈번한 부재, '카멜레온 효과'에 대한 강한 민감성 그리고 아마 상호작용하는 상대방에게 자신의 마음 상태를 강요함으로 정체감을 과도하게 주장하려는 욕구(임상가들이 종종 지나친 투사적 동일시로 주목함)를 설명할 수 있다. BPD 환자가 정신화를 할 수 없을 때는 대인관계 상호작용에서 자기감을 잃을지도 모른다는 점에서 취약함을 느낀다. 사회적 전염이 그들에게 부과하는 마음의 상태를 억제할 수 없기 때문이다. BPD 환자의 특징으로 타인의 마음을 조종하고 통제하려는 분명한 의지는 애착 맥락에서 자기의 통합을 방어하는 반응으로 더 잘 이해될 수 있을 것이다.

## 정신화 실패의 결과

우리가 보아 왔듯이, 거울 반응의 부재와 활발한 정신화 환경의 부족 그리고 극단적 상황인 학대는 모두 정신화 능력을 약화시킨다. 또한 명시적 · 내적으로 초점을 맞춘 인지적 정신화 능력을 잃거나 전략적으로 감소시킴으로서 대인관계 스트레스에 더욱 취약해지는 데 중요한 역할을 한다. 학대를 가하는 가해자의 마음 상태를 생각하는 것은 무력한 아이를 쉽게 압도하기 때문에 우리는 이것을 적응적인 분리(adaptive decoupling)라고 생각할 수 있다. 또한 초기 외상은 각성의 신경 기제를 변경할 수 있는데, 상대적으로 강도가 약한 정서 자극에도 후부 피질 활성화 기저의 각성 체계를 촉

---

5) 정신화, 자기참조적 과정, 자기-주체 그리고 관점 취하기(예: Aichhorn et al., 2006; Decety & Grèzes, 2006; Frith & Frith, 2006; Northoff et al., 2006; Roby & Decety, 2003)와 관련이 있는 피질 영역은 모방-억제 과제에서 강하게 활성화된다고 알려져 있다(Brass et al., 2007).

발할 수 있다. 반면, 정신화 부위인 뇌의 전두엽은 '꺼지는' 상태가 된다(Arnsten, 1998; Mayes, 2000).

이러한 분리의 직접적인 원인이 무엇이든 간에 그것의 결과는 성인의 온전한 정신화 능력에 선행하는 심리적 등가, 가장하기 양식 그리고 내적 상태에 대한 사고의 목적적 양식의 재출현이다. 이 세 가지 모두 BPD를 가진 개인의 사고 패턴에서 비교적 쉽게 전형적으로 관찰할 수 있다.

BPD 환자가 **심리적 등가 양식**에서 움직일 때, 공포스럽게도 마음의 경험은 현실(예: 플래시백)이고 대안적 관점을 생각할 수 없다["만약 (내가 생각하기에) 당신이 나를 거절하기 때문에 방문을 닫은 것이라고 내가 생각한다면, 당신은 진짜 나를 거절하고 싶은 겁니다."].

공허감, 의미 없음 그리고 외상 후 이어지는 해리의 경험은 내적 상태의 이차 표상과 현실과 관련된 실제 경험 사이의 연결을 어렵게 한다. 이것은 **가장하기 양식(pretend mode)**의 특성이다. BPD를 가진 개인과의 치료는 사고와 느낌에 대한 끊임없고 의미 없는 대화를 이어 가면서 환자 자신과 치료자를 위험에 빠트린다. 그들의 말은 실제의 참조가 부족하기에 의미가 없다. 즉, 모순적인 신념이 동시에 일어나고, 감정은 적절하게 행동을 수반하지 못한다.

정신화를 분리함으로써 전면에 드러나는 세 번째 기제는 바로 **목적론적 자세(teleological stance)**이다. 우리는 BPD 환자가 공통적으로 정신적 결과와 반대되는 그들의 신체적 결과로 행동을 이해하는 데 초점을 맞추는 것을 강조한다. 환자는 타인의 의도의 진실한 지표로 물리적인 변화 이외에 그 이상의 것을 수용할 수 없다. 전화 통화가 항상 가능한 것, 주말에 추가 회기를 가져야 하는 것, 혹은 치료 경계를 쉽게 심각하게 위반하는 것을 초래하는 신체적 접촉과 같은 용감한 행동을 통해서 치료자의 친절한 성향이 확인되어야 한다.

우리가 참고하는 이론적 틀 내에서, BPD를 가진 개인은 역기능적인 애착관계로 인해 마음 안에서 타인과 자기의 안정되고 일관적인 표상을 갖는 데 결과적으로 어려움을 보인다(Liotti, 2002). 뿐만 아니라 이들은 또한 자기의 혼란과 관계가 있다. 앞서 제안했듯이, 양육자의 거울 반응이 조화롭지 못할 때 유아는 양육자의 거울 반응보다는 양육자를 내면화함으로써 자신의 내적 경험을 조직한다. 그러한 내적 상태의 이차 표상은 '이상한' 것으로 정의된다. 그들은 자기의 기질적인 상태를 연결시키지 못한다. 그리고 결과적으로 자기조직은 결함 있는 방식으로 진행된다. 정상 발달에서 정신화 능력은 우리가 어느 정도 모두 가지고 있는 자기 구조에서 비일관성을 '임시로 메우는'

이야기를 만들어 낸다. 만약 정신화가 불가능하면 일관적인 이야기를 구성하는 것은 불가능하다(Dimaggio & Semerari, 2004). 그리하여 자기의 소외된 부분은 더 크게 두드러진다. 정신화를 강화하고 내적 현실을 경험하는 비정신화 양식이 두드러지는 것을 줄이는 것이 치료 작업이 된다.

## 스트레스, 애착 그리고 정신화의 복잡한 관계

정서적 각성과 애착 체계의 활성화 사이에는 긴밀한 관계가 있다. 그리고 차례로 이러한 활성화는 정신화 능력에 영향을 미친다. 앞선 개념화(Fonagy & Bateman, 2006a)에서, 우리는 극단적인 수준에서 애착 체계의 활성화는 정신화 체계를 비활성화시킨다고 제안했다. Mayes(2000, 2006)가 강조한 모델에 이어서, 우리는 정서적 각성이 어떤 지점 이상으로 증가할 때 피질에서 피질하부로 변환이 일어나며 이것은 통제된 상태에서 자동적 정신화로 그리고 결과적으로 비정신화 양식으로 변환한다고 설명한 바 있다([그림 2-3] 참조). 우리는 외상적 경험과 연결된 애착 체계의 과잉 활성화 경향은 BPD 환자에게 정신화 손상이 일어나는 경로들 중 하나일 것이라고 제안한다.

축적되는 자료는 이러한 복잡한 관계에 대한 더 깊은 설명이 필요하다고 제안한다. 비임상 집단에서조차, 애착 체계의 활성화 반응에서 개인 차이는 정신화, 애착 그리고 스트레스 사이의 관계에 영향을 미치는 것으로 보인다(Luyten et al., 2009; P. Luyten, L.

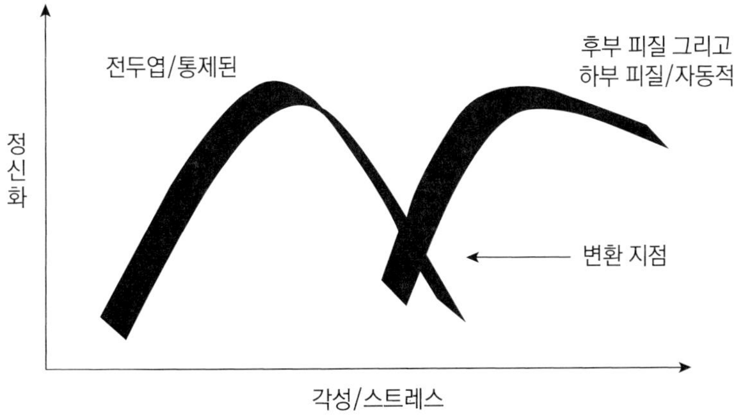


**[그림 2-3] 스트레스와 정신화(통제된 대 자동적) 간 관계에서의 생리행동적 변환모델**

Mayes, P. Fonagy, & B. Van Houdenhove, "The Interpersonal Relation of Stress," University of Leuven, 2009, 미출간).

예상대로 안정형 애착의 맥락에서 애착 체계의 활성화는 대인관계 경계 상황에서 일어나는 일반적인 전략이 완화되어 나타난다. 안정 애착에서 애착 체계의 활성화는 대인관계적인 의심을 일으키는 신경인지 체계가 비활성화할 뿐만 아니라 각성과 감정 조절 체계도 비활성화된다는 타당한 증거가 있다(Luyten et al., 2009, 미출간). 즉, 사회인지 혹은 정신화와 관련이 있다.

무시형 개인은 애착의 필요를 거부한다. 스트레스에 직면하면 그들은 애착의 비활성화 전략을 사용하면서 자신의 자율성, 독립 그리고 힘을 주장한다. 반면에, 집착 혹은 불안 애착 유형은 애착이 과잉행동 전략과 연결된다. 과잉행동 전략을 보이는 애착은 일관적으로 위협의 존재와 심각성을 과장하려는 경향과 지지와 위안을 얻으려고 미친 듯이 날뛰는 모습과 관련이 있으며, 종종 요구적이고 매달리는 행동으로 표현된다. AAI와 자기보고 연구들은 BPD 환자에게서 불안하고 집착하는 애착 전략이 두드러짐을 발견했다(예: Agrawal et al. 2004). BPD를 가진 개인에게 공통적으로 관찰되는 외상의 역사는 정신화 체계의 '변환'에 영향을 미친다는 가설을 지지한다. 정신화 체계가 계획된, 통제된 그리고 조직화된 인지에서 편협하고 빈약하게 유지되는 주의 그리고 거절과 유기와 같은 애착 붕괴에 높은 경계를 보이는 자동적인 처리 과정으로 변하게 된다.

구체적 맥락에서 더 통제된 성찰로부터 자동적인 정신화로의 전환은 몇몇 특성의 조합에 의해 결정될 수 있다(〈표 2-4〉와 [그림 2-4] 참조; 더 상세한 논의를 위해서는 Luyten et al., 2009 참조). 많은 BPD 환자의 특징인 불안-집착형 애착 전략은 애착 체계의 활성화에 대한 더 낮은 역치와 관련이 있다. 그리고 동시에 통제된 정신화의 비활성화에 대한 더 낮은 역치와 관계가 있다. 그래서 BPD 환자들의 편도체를 포함하여 더 자동적인 피질하부 시스템은 스트레스에 반응하는 데 낮은 역치를 보인다. 이 가설은 BPD 환자들의 역동적 핵심 특성 중 하나(쉽고 빠르게 애착을 형성하려는 경향은 종종 실망으로 이어진다.)에 대한 포괄적인 설명을 제공할 수 있다. 이러한 패턴은 애착 체계의 활성화에 대한 낮은 역치 그리고 다른 사람에 대한 신뢰를 판단하는 데 관여하는 신경 체계를 포함하여 통제된 사회적 인지와 연관된 신경 체계의 비활성화에 대한 낮은 역치 때문이다. 많은 BPD 환자의 특징인 해로운 대인관계 순환은 흥분하는 피드백 회로(excitatory feedback loop)를 통해 이해될 수 있다. 이 피드백 회로는 불안한 애착, 특

〈표 2-4〉 애착 전략들, 각성 그리고 통제된 vs 자동적 정신화

| 애착 유형 | 전환에 대한 역치 | 자동적 반응의 강도 | 통제된 정신화의 회복 |
|---|---|---|---|
| 안정 | 높음 | 중간 정도 | 빠름 |
| 과잉 활성화 | 낮음: 스트레스에 대한 과반응 | 강함 | 느림 |
| 비활성화 | 상대적으로 높음: 스트레스에 대한 낮은 반응. 하지만 높은 스트레스에서는 실패 | 약하지만 커지는 스트레스에서는 중간 정도로 강함 | 상대적으로 빠름 |
| 혼란 | 비일관적: 스트레스에 대한 과반응. 하지만 종종 둔감하려는 과도한 노력 | 강함 | 느림 |

히 높은 불안과 높은 회피의 특징을 보이는 애착에서 스트레스와 관련된 단서들에 대한 경계심을 높인다(Mikulincer & Shaver, 2007).

반대로, 애착의 비활성화 전략을 사용하는 개인은 타인을 신뢰할 수 있는지를 판단하는 데 관여하는 신경 체계를 포함하여 통제된 정신화(controlled mentalization)가 관여하는 신경 체계가 더 긴 기간 동안 유지될 수 있다. 그러나 이 집단은 분명하게 안정적으로 애착된 개인과는 구별된다. 안정적 개인은 애착 체계가 활성화될 때조차 통제된 정신화 체계를 '켜진' 상태로 유지할 수 있다. 비록 가벼운 스트레스가 개인의 무시형 애착 체계를 촉발시키지는 못하더라도, 스트레스가 심각해질 때 그들의 비활성화 전략은 실패할 가능성이 커진다. 결국 불안정한 느낌이 강하게 재활성화되고 부정적 자기표상의 재활성화가 커지고 스트레스가 높아지는 상황에 이른다(Mikulincer et al., 2002). 도파민 중변연계 경로(애착과 보상 시스템)가 활성화될 때조차 상대적으로 전두엽 영역의 높은 활성화를 유지할 수 있는 사람이 안정적으로 애착된 개인이라는 점을 고려하면, 안정형 애착과 회피/무시형 애착을 보이는 개인들 간 정신화에서의 차이는 증가하는 스트레스 하에서만 나타날 수 있다. 이것은 실험실 연구와도 일관적이다(Mikulincer & Shaver, 2007).

이러한 발견은 치료가 애착 활성화와 정신화 사이의 최적의 균형을 발견하는 것이 목적이어야 한다는 것을 의미한다(Fonagy & Bateman, 2006a). 더 나아가 과거, 특히 전형적으로 높은 수준의 스트레스와 관련이 있는 자신의 외상적 과거에 대한 통찰을 얻는 것에 초점을 두는 치료는 정신화에서 심각한 손상을 보이는 환자들에게 금해야 할

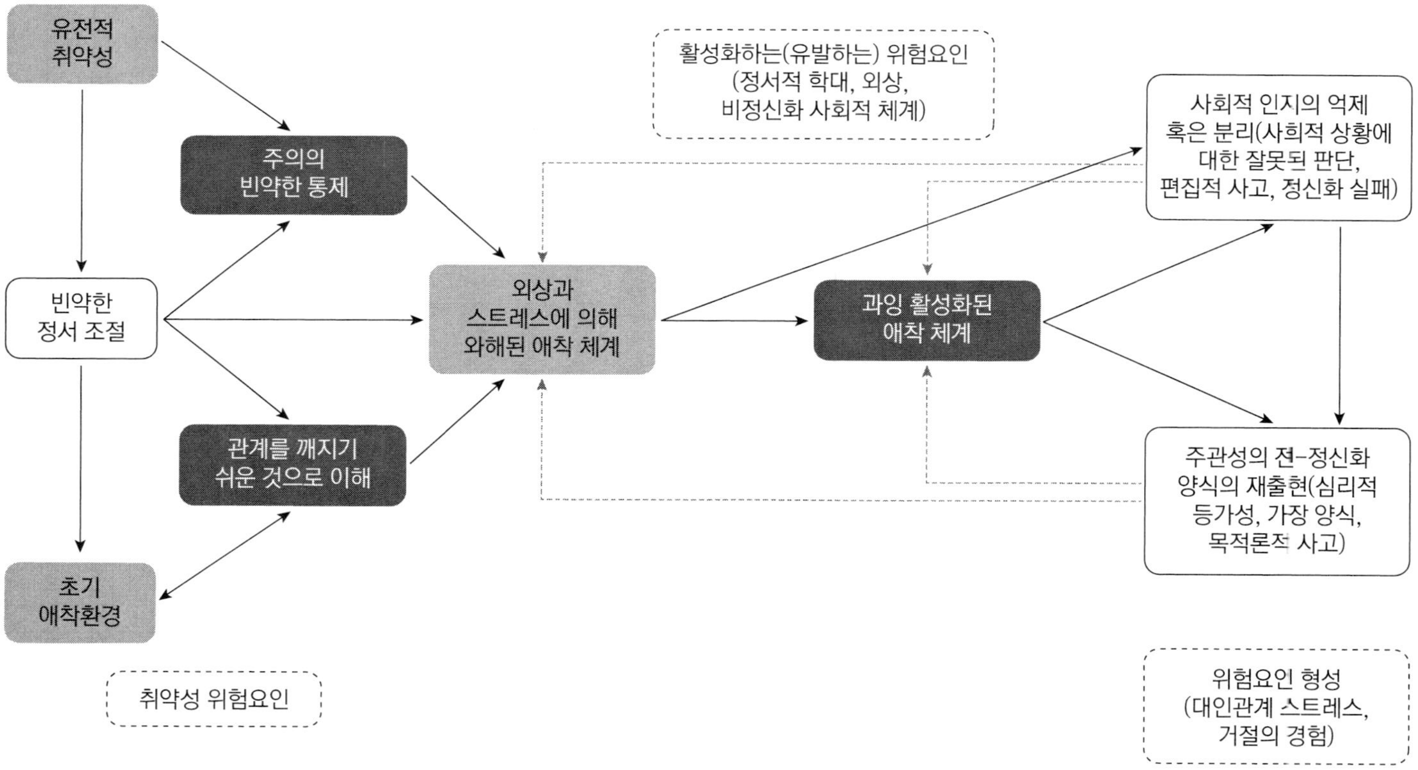


[그림 2-4] 경계선 성격장애에서 애착의 과잉 활성화

수도 있다. 외상은 전형적으로 애착 불안정, 특히 불안한 그리고 와해된 애착과 관련이 있기에, 통찰 지향적인 치료는 특히 외상을 경험한 BPD 내담자들의 하위 집단에게 해로울 수 있다(Fonagy & Bateman, 2006b).

## 관계 구체적 정신화: 맥락에서 정신화

앞의 진전된 논의는 정신화의 결핍이 BPD의 단순한 지표가 아니라는 것을 뜻한다. 앞 절에서 검토한 정신화, 스트레스 그리고 애착 사이에 연관된 결과는 그것이 관찰되는 관계의 구체적 특성에 따라 정신화의 질에서의 차이를 예상해야 한다는 것을 제안하고 있다(Allen et al., 2008; Luyten et al., 2009, 심사 중).

따라서 앞서 언급한 가정에 대해 약간의 수정이 필요하다. 애착 이론과 연구는 대개 관계의 인지-정서적 모델(내적 작동모델)이 상대적으로 시간에 따라 안정적이고 부모, 상대 배우자 그리고 친구와의 관계를 포함하여 대인관계의 넓은 범위 내에서 활성화된다는 가정에 기반을 두고 있다. 유사하게, 정신화는 다른 관계에 따라 변하지 않는 것으로 종종 가정되어 왔다. 그러나 연구 결과는 작업모델이 특질과 같은 것(traitlike)[6]이라는 가정에 의문을 제기해 왔다. 애착 체계와 정신화 사이의 연결을 고려하면, 정신화에서 개인차가 근본적으로 특질로 가장 잘 이해할 수 있다고 생각하는 것은 의문스럽다. 정신화는 스트레스뿐만 아니라 구체적 관계 특성과 함수관계를 보이며 시간과 관계 맥락에 따라 상당한 변화를 보이는 것 같다. 많은 경험적 관찰이 이 가정과 관련이 있다. 첫째, 중복이 되지만 일반적 정신화와 관계 구체적 정신화는 분명히 구별되는 것 같다(Humfress et al., 2002; O'Connor & Hirsch, 1999). 둘째, 몇몇 독립적 연구는 자신의 아이에 관한 정신화가 관계 구체적 형태이며 이 특별한 아이에게 그러한 것이다(이에 대한 검토를 위해서는 Sharp et al., 2006 참조). 셋째, 현재 맥락과 가장 관련이 있는 관계로, 치료자의 정신화 특성이 특정 환자에게 구체적일 수 있으며 이것이 한계가 있지만, 심리치료의 회기 사이에 따라 변화할 수 있다는 것을 제안하는 일련의 증거가

6) 타인(예: 아버지 대 어머니)에 대한 내적 작동모델에서 개인 내에 상당한 정도의 변이가 있다(예: Fraley, 2007; Pierce & Lydon, 2001). 이러한 결과는 내적 작동모델을 전반적 그리고 구체적 관계에 따른 표상 둘 다를 포함하는 위계적으로 조직된 네트워크(Fonagy, 2001; Overall et al., 2003)로 보는 견해나 관계로 연결된 네트워크 안의 광범위한 과정(Fraley, 2007)으로 보는 견해를 지지한다.

있다(예: Diamond & Yeomans, 2008; Vermote et al., 2009).

정신화가 관찰되는 관계가 이러한 영역의 활성화를 일으키지 않는다면, BPD 환자에게서 정신화 능력의 이상(anomalies)은 뚜렷하지 않을 수 있다고 가정한다. 구체적 관계에서 특정 순간에 애착이 강렬할수록 정신화의 이상이 일어날 가능성은 더 크다. 임상적 증거는 치료자와 환자 사이의 애착 유대가 강렬하면 BPD 환자의 정신화 특성이 악화되는 경우가 있다고 분명히 제안한다. 그래서 이들과의 치료의 초기 평가에서 치료자는 통찰 지향적인 심리치료에 상당히 적합한, 상대적으로 높은 심리적 마음가짐을 가진 개인과 작업하고 있다는 인상을 가질 수 있다. 하지만 치료가 진행되고 전이가 강화되면—환자의 부모-자녀 관계 그리고 일반적인 애착 체계의 내적 작동모델이 활성화되면—심리적 마음가짐의 특성은 현저히 악화된다. 그리고 환자 자신의 정신 상태와 치료자의 마음을 인식하는 환자의 능력은 종종 한계를 보인다.

## 치료적 함의

BPD에 대한 정신화 기반 접근의 치료적 함의는 광범위한데, 제6장 '정신화 기반 치료와 경계선 성격장애'에서 좀 더 깊게 논의할 것이다(또한 Allen et al., 2008; Bateman & Fonagy, 2004, 2006 참조). 우리의 치료 공식은 이론적 접근을 가로지르는 포괄적인 치료적 자세를 지지하며 특정 기법을 과대평가하지 않아야 함을 뜻한다. 정신 기능으로서 정신화의 포괄적 특징을 고려하면, BPD를 위한 대부분의 치료에서 정신화가 '마음챙김' '타당화' 혹은 '자기 상태'와 같이 다양한 용어로 기술되더라도 정신화를 촉진시키는 중요한 요소를 포함한다면 모두 효과적일 것이라고 본다.

이 장에서 발전된 관점에서 치료의 전반적인 목표는 환자의 애착을 자극하고 환자가 정신화를 유지하도록 도우면서 치료에 참여하도록 하는 것이다. 환자들이 현실이라고 주관적으로 느껴지는 것과 연결할 수 없는 정신 상태에 대해 이야기하도록 하는 상황은 피해야 한다. 그래서 역동적 치료와 관련해 이것은 ① 의식적 혹은 의식적 내용 대신 '깊은' 무의식적 해석을 덜 강조하고, ② 치료 목표를 수정해야 하는데, 특히 심각하게 혼란스러운 환자의 경우 통찰에서 정신화를 회복하는 것으로 변경해야 하며(즉, 표상의 일관성과 통합을 성취하는 것), ③ 정신화가 취약한 개인이 이해할 수 없는 복잡한 정신 상태(갈등, 양가감정, 무의식)에 대한 기술은 신중하고 조심해야 하고, ④ 학대하는 인물의 정신 상태에 대한 현재 인식을 반영하고 과거 대 현재 경험에서 희생자 관점에서 정신 상태의 변화를 반영하는 맥락을 제외하고는 과거 외상에 대한 포괄적인 논의를 피해야 한다는 것을 뜻한다.

치료의 핵심 과제는 정신 상태가 자기와 타인의 행동을 어떻게 자극하고 설명하는지에 대해 호기심을 촉진하는 것이다. 치료자는 행동 기저의 정신 상태에 대한 흥미를 강조하고 이해와 추론을 전하며(정신 상태는 불투명하다는 점을 보이면서), 이러한 정보가 환자가 자신의 경험을 이해하는 것을 어떻게 도울 수 있는지를 보여 주면서 호기심 어린 자세로 신중하게 이를 성취한다. 치료자가 환자들에게 그들이 어떻게 느끼는지, 무엇을 생각하는지, 그들이 어떻게 행동해야 하는지, 혹은 그들의 어려움에 기저하는 의식적 혹은 무의식적 이유가 무엇인지를 말하는 것이 아니다. 그들이 '어떠한지', 그들이 '어떻게 행동하고 생각해야 하는지' 그리고 '왜 그들이 그런 방식이 되었는지'에 대해 '알도록' 요구하는 방향으로 움직이는 치료 접근은 정신화가 취약한 환자에게는 해로울 수 있다.

정신화를 하는 치료자의 치료적 자세는 ① '알지 못한다'는 느낌에서 나온 겸손함을 가지고, ② 가능하다면 관점의 차이를 확인하기 위해 시간을 가지며, ③ 다른 입장을 정당화하고 수용하고, ④ 환자에게 활발하게 그들의 경험에 관해 질문하고—설명('왜'라는 질문)보다는 경험의 상세한 기술('무엇'이라는 질문)을 요구하며, ⑤ 이해가 되지 않는 부분에 대해 이해하려는 것을 피하는 것(즉, 어떤 것이 분명하지 않다고 명백하게 말하는 것을 삼가는 것)을 포함한다. 실수를 인정하는 것은 정직함과 용기에 대한 모델이 되며 치료자가 책임을 지는 것이기 때문에 각성을 낮춘다. 이러한 순간은 또한 모호한 정신 상태에 대한 잘못된 가정에서 실수가 어떻게 나타날 수 있는지 그리고 오해가 어떻게 곤란한 상황을 초래하는지 탐색할 수 있는 매우 가치 있는 기회를 제공한다. 이 맥락에서 치료자는 지속적으로 비정신화 환자와 마주하면서 치료자 또한 정신화하는 능력을 잃게 되는 위험에 놓일 수 있다는 것을 자각하는 것이 중요하다. 결과적으로 우리는 치료적 동맹의 수용할 만한 부산물로 종종 일어나는 치료자의 재연(enactments)을 고려할 수 있다. 이것은 치료자가 간단히 인정할 수 있는 부분일 것이다. 정신화가 단절되는 다른 많은 예와 함께, 그러한 상황의 과정이 점검되고 탐색되어야 한다. 그래서 협력적인 환자-치료자 관계에서 관여된 두 사람은 재연을 이해하는 데 공동의 책임감을 가져야 한다.

## 핵심적 임상 개념

- 정신화는 상상적인 정신활동의 형태를 띠며, 이름 하여 의도적인 정신 상태(예: 욕구, 바람, 느낌, 신념, 목적, 목표, 이유)를 통해 인간 행동을 인식하고 이해하는 것이나.
- 정신화는 다차원적 구성 개념으로 이해될 수 있으며 핵심적인 처리는 독특한 신경 체계에 기반을 두고 있다.
  - **명시적 정신화**는 주의력, 의도 그리고 노력이 요구되는 상대적으로 느린 의식적 · 언어적 · 성찰적 과정이다. 암묵적 정신화는 무의식적 · 비언어적 · 비성찰적인 자동적 과정이다.
  - 정신화는 감각 체계가 접근할 수 있는 정신 상태에 대한 외적 단서에 기초해서 일어날 수 있다. 아니면 내적 혹은 대개는 추론된 단서에 기초한다.
  - **인지적 정신화**는 "어머니는 John이 쿠키를 먹었다고 믿어요."와 같은 주체의 태도에 대한 가정의 형태를 띤다. 반면, **정서적 정신화**에서는 "나는 당신이 고통스러워 마음이 안 좋아요."와 같이 공감적인 체계가 자기-정서적 상태에 대한 진술을 만든다.
  - 뇌에서 두 개의 구별된 신경 네트워크는 자기를 알고 타인을 아는 것 둘 다에 관여하는 것으로 보인다.
- 세 가지 발달적으로 더 이른 주관성의 양식이 정신화에 선행한다. 그것은 정신화가 실패했을 때의 특징이다.
  - **목적론적 입장**에서, 타인이 주체가 된다는 기대는 존재한다. 하지만 이것은 물리적 세계로 제한되어 구성된다. 환자가 이 양식으로 복귀한다면 그들은 타인의 의도의 진실한 지표로서 신체적 영역에서의 변화 그 이상의 어떤 것을 수용할 수 없다.
  - **심리적 등가**에서, 아주 어린 아이는 내적 세계와 외적 세계를 동일하게 본다. 잠재적으로 현실인 환상의 경험이 너무 두렵기 때문에 이것은 강렬한 고통을 야기한다. 플래시백과 다른 사람의 의도가 무엇인지에 대한 대안적 관점에 대해 인내할 수 없음은 이러한 양식이 재출현했을 때의 특징이다.
  - **가장하기 양식**에서, 아이는 내적 경험이 외적 현실을 반영하지 못할 수 있고, 정신 세계가 현실로부터 분리된다는 것을 안다. 좀 더 후기 발달에서 이러한 양식의 재출현은 ① 공허감, 의미 없음, 외상에 뒤따르는 해리 그리고 ② 사고나 느낌에 대한 끝도 없는 중요하지 않는 이야기로 나타난다.
- 정신화 능력은 애착 체계의 과잉 활성화에 의해 손상될 수 있다.
  - 양육자와의 고통스러운 정서 경험은 고통과 공포를 초래하는데 이로 인해 달램을 원하고 근접성을 추구한다. 하지만 근접성은 해로운 고리에서 더 깊게 고통스러운 정서로 이어진다.

- 개인은 정신화 능력의 실패로 취약해진 상태로 남게 되고, 주관적 경험의 더 초기 양식이 재출현하게 된다.

## 추천 도서

Bateman AW, Fonagy P: Psychotherapy for Borderline Personality Disorder: Mentalization-Based Treatment. Oxford, UK, Oxford University Press, 2004

Bateman A, Fonagy P: 8-year follow-up of patients treated for borderline personality disorder: mentalization-based treatment versus treatment as usual. Am J Psychiatry 165:631-638, 2008

Fonagy P, Gergely G, Target M: The parent-infant dyad and the construction of the subjective self. J Child Psychol Psychiatry 48:288-328, 2007

Strathearn L, Fonagy P, Amico J, et al: Adult attachment predicts maternal brain and oxytocin response to infant cues. Neuropsychopharmacology 34: 2655-2666, 2009

## 참고문헌

Agrawal HR, Gunderson J, Holmes BM, et al: Attachment studies with borderline patients: a review. Harv Rev Psychiatry 12:94-104, 2004

Aichhorn M, Perner J, Kronbichler M, et al: Do visual perspective tasks need theory of mind? Neuroimage 30:1059-1068, 2006

Ainsworth MD: Attachments across the lifespan. Bull N Y Acad Med 61:792-812, 1985

Ainsworth MD, Blehar MC, Waters E, et al: Patterns of Attachment: A Psychological Study of the Strange Situation. Hillsdale, NJ, Erlbaum, 1978

Allen JG, Fonagy PF, Bateman AW: Mentalizing in Clinical Practice. Washington, DC, American Psychiatric Publishing, 2008

Arnsten AF: The biology of being frazzled. Science 280:1711-1712, 1998

Bahrick LR, Watson JS: Detection of intermodal proprioceptive-visual contingency as a potential basis of self-perception in infancy. Dev Psychol 21:963-973, 1985

Baldwin DA, Baird JA, Saylor MM, et al: Infants parse dynamic action. Child Dev 72:708-

717, 2001

Baron-Cohen S, Golan O, Chakrabarti B, et al: Social cognition and autism spectrum conditions, in Social Cognition and Developmental Psychopathology.

Edited by Sharp C, Fonagy P, Goodyer I. Oxford, UK, Oxford University Press, 2008, pp 29-56

Bartels A, Zeki S: The neural basis of romantic love. Neuroreport 11:3829-3834, 2000

Bartels A, Zeki S: The neural correlates of maternal and romantic love. Neuroimage 21:1155-1166, 2004

Bartholomew K, Kwong MJ, Hart SD: Attachment, in Handbook of Personality Disorders: Theory, Research, and Treatment. Edited by Livesley WJ. New York, Guilford, 2001, pp 196-230

Bateman A, Fonagy P: Psychotherapy for Borderline Personality Disorder: Mentalization Based Treatment. Oxford, UK, Oxford University Press, 2004

Bateman A, Fonagy P: Mentalization-Based Treatment for Borderline Personality Disorder: A Practical Guide. Oxford, UK, Oxford University Press, 2006

Beer JS, John OP, Scabini D, et al: Orbitofrontal cortex and social behavior: integrating self-monitoring and emotion-cognition interactions. J Cogn Neurosci 18:871-879, 2006

Blair J: Empathic dysfunction in psychopathy, in Social Cognition and Developmental Psychopathology. Edited by Sharp C, Fonagy P, Goodyer I. Oxford, UK, Oxford University Press, 2008, pp 175-198

Blatt SJ: Polarities of Experience: Relatedness and Self-Definition in Personality Development, Psychopathology, and the Therapeutic Process. Washington, DC, American Psychological Association, 2008

Bowlby J: Attachment and Loss, Vol 1: Attachment. London, Hogarth Press and Institute of Psycho-Analysis, 1969

Bowlby J: Attachment and Loss, Vol 2: Separation: Anxiety and Anger. London, Hogarth Press and Institute of Psycho-Analysis, 1973

Brass M, Haggard P: The what, when, whether model of intentional action. Neuroscientist 14:319-325, 2008

Brass M, Derrfuss J, Forstmann B, et al: The role of the inferior frontal junction area in cognitive control. Trends Cogn Sci 9:314-316, 2005

Brass M, Schmitt RM, Spengler S, et al: Investigating action understanding: inferential processes versus action simulation. Curr Biol 17:2117-2121, 2007

Britton R: Subjectivity, objectivity, and triangular space. Psychoanal Q 73:47-61, 2004

Buchheim A, Erk S, George C, et al: Neural correlates of attachment trauma in borderline personality disorder: a functional magnetic resonance imaging study. Psychiatry Res

163:223-235, 2008

Calkins S, Johnson M: Toddler regulation of distress to frustrating events: temperamental and maternal correlates. Infant Behav Dev 21:379-395, 1998

Carlson V, Cicchetti D, Barnett D, et al: Disorganized/disoriented attachment relationships in maltreated infants. Dev Psychol 25:525-531, 1989

Chartrand TL, Bargh JA: The chameleon effect: the perception-behavior link and social interaction. J Pers Soc Psychol 76:893-910, 1999

Chisolm K: A three year follow-up of attachment and indiscriminate friendliness in children adopted from Russian orphanages. Child Dev 69:1092-1106, 1998

Choi-Kain LW, Gunderson JG: Mentalization: ontogeny, assessment, and application in the treatment of borderline personality disorder. Am J Psychiatry 165:1127-1135, 2008

Cicchetti D, Valentino K: An ecological-transactional perspective on child maltreatment: failure of the average expectable environment and its influence on child development, in Developmental Psychopathology, 2nd Edition, Vol 3. Edited by Cicchetti D, Cohen DJ. New York, Wiley, 2006, pp 129-201

Cicchetti D, Rogosch FA, Maughan A, et al: False belief understanding in maltreated children. Dev Psychopathol 15:1067-1091, 2003

Corkum V, Moore C: Development of joint visual attention in infants, in Joint Attention: Its Origins and Role in Development. Edited by Moore C, Dunham P. New York, Erlbaum, 1995, pp 61-83

Cote S, Tremblay RE, Nagin D, et al: The development of impulsivity, fearfulness, and helpfulness during childhood: patterns of consistency and change in the trajectories of boys and girls. J Child Psychol Psychiatry 43:609-618, 2002

Crittenden PM: Internal representational models of attachment relationships. Infant Ment Health J 11:259-277, 1990

Crittenden PM: Raising Parents: Attachment, Parenting and Child Safety. Devon, UK, Willan Publishing, 2008

Csibra G, Gergely G: The teleological origins of mentalistic action explanations: a developmental hypothesis. Dev Sci 1:255-259, 1998

Decety J, Grèzes J: The power of simulation: imagining one's own and other's behavior. Brain Res 1079:4-14, 2006

Diamond D, Yeomans F: The patient-therapist relationship: implications of attachment theory, reflective functioning, and research. Sante Ment Que 33:61-87, 2008

Dimaggio G, Semerari A: Disorganized narratives: the psychological condition and its treatment, in The Handbook of Narrative and Psychotherapy: Practice, Theory, and Research. Edited by Angus L, McLeod J. Thousand Oaks, CA, Sage, 2004, pp 263-282

Dimaggio G, Lysaker PH, Carcione A, et al: Know yourself and you shall know the other··· to a certain extent: multiple paths of influence of self-reflection on mindreading. Conscious Cogn 17:778-789, 2008

Domes G, Heinrichs M, Michel A, et al: Oxytocin improves "mind-reading" in humans. Biol Psychiatry 61:731-733, 2007

Dunn J: The Beginnings of Social Understanding. Cambridge, MA, Harvard University Press, 1988

Dunn J: Changing minds and changing relationships, in Children's Early Understanding of Mind: Origins and Development. Edited by Lewis C, Mitchell P. Hove, UK, Lawrence Erlbaum, 1994, pp 297-310

Dunn J, Cutting AL: Understanding others, and individual differences in friendship interactions in young children. Soc Dev 8:202-219, 1999

Fearon P, van IJzendoorn MH, Fonagy P, et al: In search of shared and nonshared environmental factors in security of attachment: a behavior-genetic study of the association between sensitivity and attachment security. Dev Psychol 42:1026-1040, 2006

Flavell JH: Cognitive development: children's knowledge about the mind. Annu Rev Psychol 50:21-45, 1999

Flavell JH, Miller PH: Social cognition, in Handbook of Child Psychology, 5th Edition. Edited by Damon W, Kuhn D, Siegler RS. New York, Wiley, 1998, pp 851-898

Fonagy P: On tolerating mental states: theory of mind in borderline patients. Bulletin of the Anna Freud Centre 12:91-115, 1989

Fonagy P: Thinking about thinking: some clinical and theoretical considerations in the treatment of a borderline patient. Int J Psychoanal 72:1-18, 1991

Fonagy P: The human genome and the representational world: the role of early mother-infant interaction in creating an interpersonal interpretive mechanism. Bull Menninger Clin 65:427-448, 2001

Fonagy P: The development of psychopathology from infancy to adulthood: the mysterious unfolding of disturbance in time. Infant Ment Health J 24:212-239, 2003

Fonagy P, Bateman AW: Mechanisms of change in mentalization-based treatment of BPD. J Clin Psychol 62:411-430, 2006a

Fonagy P, Bateman A: Progress in the treatment of borderline personality disorder. Br J Psychiatry 188:1-3, 2006b

Fonagy P, Luyten P: A developmental, mentalization-based approach to the understanding and treatment of borderline personality disorder. Dev Psychopathol 21:1355-1381, 2009

Fonagy P, Target M: Playing with reality, I: theory of mind and the normal development of psychic reality. Int J Psychoanal 77:217–233, 1996

Fonagy P, Target M: Attachment and reflective function: their role in self-organization. Dev Psychopathol 9:679–700, 1997

Fonagy P, Steele M, Moran GS, et al: Measuring the ghost in the nursery: a summary of the main findings of the Anna Freud Centre/University College London parent-child study. Bulletin of the Anna Freud Centre 14:115–131, 1991a

Fonagy P, Steele H, Steele M: Maternal representations of attachment during pregnancy predict the organization of infant-mother attachment at one year of age. Child Dev 62:891–905, 1991b

Fonagy P, Steele M, Steele H, et al: Reflective-Functioning Manual, Version 4.1, for Application to Adult Attachment Interviews. London, University College London, 1997

Fonagy P, Target M, Gergely G: Attachment and borderline personality disorder: a theory and some evidence. Psychiatr Clin North Am 23:103–122, 2000

Fonagy P, Gergely G, Jurist E, et al: Affect Regulation, Mentalization and the Development of the Self. New York, Other Press, 2002

Fraiberg S: Insights From the Blind. London, Souvenir Press, 1977

Fraley RC: A connectionist approach to the organization and continuity of working models of attachment. J Pers 75:1157–1180, 2007

Freud A: The ego and the mechanisms of defense (1936), Vol 2 in The Writings of Anna Freud, International Universities Press, 1966

Fries AB, Ziegler TE, Kurian JR, et al: Early experience in humans is associated with changes in neuropeptides critical for regulating social behavior. Proc Natl Acad Sci U S A 102:17237–17240, 2005

Frith CD: The social brain? Philos Trans R Soc Lond B Biol Sci 362:671–678, 2007

Frith CD, Frith U: The neural basis of mentalizing. Neuron 50:531–534, 2006

Frodi A, Smetana J: Abused, neglected, and nonmaltreated preschoolers' ability to discriminate emotions in others: the effects of IQ. Child Abuse Negl 8:459–465, 1984

Gallese V, Keysers C, Rizzolatti G: A unifying view of the basis of social cognition. Trends Cogn Sci 8:396–403, 2004

George C, Solomon J: A comparison of attachment theory and psychoanalytic approaches to mothering. Psychoanalytic Inquiry 19:618–646, 1999

Gergely G: The obscure object of desire: "nearly, but clearly not, like me": contingency preference in normal children versus children with autism. Bull Menninger Clin 65:411–426, 2001

Gergely G, Csibra G: Teleological reasoning in infancy: the naive theory of rational action.

Trends Cogn Sci 7:287–292, 2003
Gergely G, Watson J: The social biofeedback model of parental affect-mirroring. Int J Psychoanal 77:1181–1212, 1996
Gergely G, Watson J: Early social-emotional development: contingency perception and the social biofeedback model, in Early Social Cognition: Understanding Others in the First Months of Life. Edited by Rochat P. Hillsdale, NJ, Erlbaum, 1999, pp 101–137
Gillath O, Bunge SA, Shaver PR, et al: Attachment-style differences in the ability to suppress negative thoughts: exploring the neural correlates. Neuroimage 28:835–847, 2005
Gopnik A: How we know our minds: the illusion of first-person knowledge of intentionality. Behav Brain Sci 16:1–14, 29–113, 1993
Grienenberger JF, Kelly K, Slade A: Maternal reflective functioning, motherinfant affective communication, and infant attachment: exploring the link between mental states and observed caregiving behavior in the intergenerational transmission of attachment. Attach Hum Dev 7:299–311, 2005
Guastella AJ, Mitchell PB, Mathews F: Oxytocin enhances the encoding of positive social memories in humans. Biol Psychiatry 64:256–258, 2008
Gunderson JG: Borderline Personality Disorder: A Clinical Guide. Washington, DC, American Psychiatric Press, 1984
Gunderson JG: The borderline patient's intolerance of aloneness: insecure attachments and therapist availability. Am J Psychiatry 153:752–758, 1996
Gunderson JG: Disturbed relationships as a phenotype for borderline personality disorder. Am J Psychiatry 164:1637–1640, 2007
Gunderson JG: Borderline personality disorder: an overview. Soc Work Ment Health 6:2008–2012, 2008
Gunderson JG, Lyons-Ruth K: BPD's interpersonal hypersensitivity phenotype: a gene-environment-developmental model. J Pers Disord 22:22–41, 2008
Heim C, Young LJ, Newport DJ, et al: Lower CSF oxytocin concentrations in women with a history of childhood abuse. Mol Psychiatry 14:954–958, 2008
Hill J, Stein H: Revised Adult Personality Functioning Assessment (RAPFA) (Technical Report No 02-0052). Topeka, KS, The Menninger Clinic, Research Department, 2002
Hill J, Fonagy P, Safier E, et al: The ecology of attachment in the family. Fam Process 42:205–221, 2003
Hill J, Pilkonis P, Morse J, et al: Social domain dysfunction and disorganization in borderline personality disorder. Psychol Med 38:135–146, 2008
Hobson RP, Bishop M: The pathogenesis of autism: insights from congenital blindness. Philos Trans R Soc Lond B Biol Sci 358:335–344, 2003

Hofer MA: Hidden regulators: implications for a new understanding of attachment, separation and loss, in Attachment Theory: Social, Developmental, and Clinical Perspectives. Edited by Goldberg S, Muir R, Kerr J. Hillsdale, NJ, Analytic Press, 1995, pp 203-230

Hofer MA: The emerging neurobiology of attachment and separation: how parents shape their infant's brain and behavior, in September 11: Trauma and Human Bonds. Edited by Coates SW, Rosenthal JL, Schechter DS. Hillsdale, NJ, Analytic Press, 2003, pp 191-209

Holmes J: Attachment, Intimacy, Autonomy: Using Attachment Theory in Adult Psychotherapy. Northville, NJ, Jason Aronson, 1996

Holmes J: Notes on mentalization: old hat or new wine? British Journal of Psychotherapy 19:690-710, 2005

Hughes C, Leekham S: What are the links between theory of mind and social relations? Review, reflections and new directions for studies of typical and atypical development. Soc Behav 13:590-619, 2004

Humfress H, O'Connor TG, Slaughter J, et al: General and relationship-specific models of social cognition: explaining the overlap and discrepancies. J Child Psychol Psychiatry 43:873-883, 2002

Insel TR: Is social attachment an addictive disorder? Physiol Behav 79:351-357, 2003

Insel TR, Young LJ: Neuropeptides and the evolution of social behavior. Curr Opin Neurobiol 10:784-789, 2000

Koenigsberg HW, Harvey PD, Mitropoulou V, et al: Characterizing affective instability in borderline personality disorder. Am J Psychiatry 159:784-788, 2002

Krischer M, Sevecke K, Dopfner M, et al: [Personality disorder traits in childhood and adolescence: concepts, methodological approaches and empirical results] (in German). Z Kinder Jugendpsychiatr Psychother 34:87-99, 2006

Leckman JF, Feldman R, Swain JE, et al: Primary parental preoccupation: circuits, genes, and the crucial role of the environment. J Neural Transm 111:753-771, 2004

Legerstee M, Varghese J: The role of maternal affect mirroring on social expectancies in three-month-old infants. Child Dev 72:1301-1313, 2001

Leslie AM: TOMM, ToBy, and agency: core architecture and domain specificity, in Mapping the Mind: Domain Specificity in Cognition and Culture. Edited by Hirschfeld L, Gelman S. New York, Cambridge University Press, 1994, pp 119-148

Lewis V, Norgate S, Collis G, et al: The consequences of visual impairment for children's symbolic and functional play. Br J Dev Psychol 18:449-464, 2000

Lieberman MD: Social cognitive neuroscience: a review of core processes. Annu Rev Psychol 58:259-289, 2007

Liotti G: The inner schema of borderline states and its correction during psychotherapy: a cognitive-evolutionary approach. Journal of Cognitive Psychotherapy 16:349-366, 2002

Lombardo MV, Barnes JL, Wheelwright SJ, et al: Self-referential cognition and empathy in autism. PLoS One 2:E883, 2007

Lyons-Ruth K: Rapprochement or approchement: Mahler's theory reconsidered from the vantage point of recent research in early attachment relationships. Psychoanal Psychol 8:1-23, 1991

Lyons-Ruth K, Jacobvitz D: Attachment disorganization: unresolved loss, relational violence and lapses in behavioral and attentional strategies, in Handbook of Attachment: Theory, Research, and Clinical Applications. Edited by Cassidy J, Shaver PR. New York, Guilford, 1999, pp 520-554

Lyons-Ruth K, Jacobvitz D: Attachment disorganization: genetic factors, parenting contexts, and developmental transformation from infancy to adulthood, in Handbook of Attachment: Theory, Research, and Clinical Applications, 2nd Edition. Edited by Cassidy J, Shaver PR. New York, Guilford, 2008, pp 666-697

MacLean P: The Triune Brain in Evolution: Role in Paleocerebral Functions. New York, Plenum, 1990

Main M: Attachment narratives and attachment across the lifespan. Paper presented at the fall meeting of the American Psychoanalytic Association, New York, 1997

Main M, Hesse E: The organized categories of infant, child, and adult attachment: flexible vs. inflexible attention under attachment-related stress. J Am Psychoanal Assoc 48:1055-1096, 2000

Main M, Solomon J: Procedures for identifying infants as disorganized/disoriented during the Ainsworth Strange Situation, in Attachment During the Preschool Years: Theory, Research and Intervention. Edited by Greenberg M, Cicchetti D, Cummings EM. Chicago, IL, University of Chicago Press, 1990, pp 121-160

Mayes LC: A developmental perspective on the regulation of arousal states. Semin Perinatol 24:267-279, 2000

Mayes LC: Arousal regulation, emotional flexibility, medial amygdala function, and the impact of early experience: comments on the paper of Lewis et al. Ann N Y Acad Sci 1094:178-192, 2006

McAlpine LM, Moore CL: The development of social understanding in children with visual impairments. J Vis Impair Blind 89:349-358, 1985

Meaney MJ, Szyf M: Environmental programming of stress responses through DNA methylation: life at the interface between a dynamic environment and a fixed genome.

Dialogues Clin Neurosci 7:103-123, 2005

Meins E, Fernyhough C, Fradley E, et al: Rethinking maternal sensitivity: mothers' comments on infants' mental processes predict security of attachment at 12 months. J Child Psychol Psychiatry 42:637-648, 2001

Mervielde I, De Clercq B, De Fruyt F, et al: Temperament, personality, and developmental psychopathology as childhood antecedents of personality disorders. J Pers Disord 19:171-201, 2005

Mikulincer M, Shaver PR: Attachment in Adulthood: Structure, Dynamics and Change. New York, Guilford, 2007

Mikulincer M, Gillath O, Shaver PR: Activation of the attachment system in adulthood: threat-related primes increase the accessibility of mental representations of attachment figures. J Pers Soc Psychol 83:881-895, 2002

Mitchell RW: Mental models of mirror self-recognition: two theories. New Ideas Psychol 11:295-325, 1993

Montague PR, Lohrenz T: To detect and correct: norm violations and their enforcement. Neuron 56:14-18, 2007

Neisser U: Five kinds of self-knowledge. Philos Psychol 1:35-59, 1988

Newton P, Reddy V, Bull R: Children's everyday deception and performance on false-belief tasks. Br J Dev Psychol 18:297-317, 2000

Nitschke JB, Nelson EE, Rusch BD, et al: Orbitofrontal cortex tracks positive mood in mothers viewing pictures of their newborn infants. Neuroimage 21:583-592, 2004

Northoff G, Heinzel A, de Greck M, et al: Self-referential processing in our brain: a meta-analysis of imaging studies on the self. Neuroimage 31:440-457, 2006

O'Connor TG, Hirsch N: Intra-individual differences and relationship-specificity of social understanding and mentalising in early adolescence. Soc Dev 8:256-274, 1999

Ogden TH: Subjects of Analysis. Northvale, NJ, Jason Aronson, 1994

Oppenheim D, Koren-Karie N: Mothers' insightfulness regarding their children's internal worlds: the capacity underlying secure child-mother relationships. Infant Ment Health J 23:593-605, 2002

Overall NC, Fletcher GJ, Friesen MD: Mapping the intimate relationship mind: comparisons between three models of attachment representations. Pers Soc Psychol Bull 29:1479-1493, 2003

Owen MT, Cox MJ: Marital conflict and the development of infant-parent attachment relationships. J Fam Psychol 11:152-164, 1997

Panksepp J: Affective Neuroscience: The Foundations of Human and Animal Emotions. Oxford, UK, Oxford University Press, 1998

Pears KC, Fisher PA: Emotion understanding and theory of mind among maltreated children in foster care. Dev Psychopathol 17:47-65, 2005

Pears KC, Moses LJ: Demographics, parenting, and theory of mind in preschool children. Soc Dev 12:1-20, 2003

Pierce T, Lydon JE: Global and specific relational models in the experience of social interactions. J Pers Soc Psychol 80:613-631, 2001

Posner MI, Rothbart MK, Vizueta N, et al: Attentional mechanisms of borderline personality disorder. Proc Natl Acad Sci U S A 99:16366-16370, 2002

Povinelli DJ, Eddy TJ: The unduplicated self, in The Self in Infancy: Theory and Research. Edited by Rochat P. Amsterdam, Elsevier, 1995, pp 161-192

Pyers J: Three stages in the understanding of false belief in Nicaraguan signers: the interaction of social experience, language emergence, and conceptual development. Presented at the annual meeting of the Jean Piaget Society, Berkeley, CA, May 31-June 2, 2001

Repacholi BM, Gopnik A: Early reasoning about desires: evidence from 14- and 18-month-olds. Dev Psychol 33:12-21, 1997

Rizzolatti G, Craighero L: The mirror-neuron system. Annu Rev Neurosci 27:169-192, 2004

Rizzolatti G, Ferrari PF, Rozzi S, et al: The inferior parietal lobule: where action becomes perception. Novartis Found Symp 270:129-140 [discussion, 140-145, 164-169], 2006

Rosenfeld H: Contribution to the psychopathology of psychotic states: the importance of projective identification in the ego structure and object relations of the psychotic patient, in Problems of Psychosis. Edited by Doucet P, Laurin C, Amsterdam, Excerpta Medica, 1971, pp 115-128

Ruby P, Decety J: What you believe versus what you think they believe: a neuroimaging study of conceptual perspective-taking. Eur J Neurosci 17:2475-2480, 2003

Sanfey AG, Rilling JK, Aronson JA, et al: The neural basis of economic decisionmaking in the Ultimatum Game. Science 300:1755-1758, 2003

Saxe R: Uniquely human social cognition. Curr Opin Neurobiol 16:235-239, 2006

Semerari A, Carcione A, Dimaggio G, et al: Metarepresentative functions in borderline personality disorder. J Pers Disord 19:690-710, 2005

Sharp C, Fonagy P, Goodyer I: Imagining your child's mind: psychosocial adjustment and mothers' ability to predict their children's attributional response styles. Br J Dev Psychol 24:197-214, 2006

Siegal M, Peterson CC: Language and theory of mind in atypically developing children: evidence from studies of deafness, blindness, and autism, in Social Cognition and Developmental Psychopathology. Edited by Sharp C, Fonagy P, Goodyer I. Oxford,

UK, Oxford University Press, 2008, pp 81-112

Siegel DJ: The Developing Mind: Toward a Neurobiology of Interpersonal Experience. New York, Guilford, 1999

Slade A, Grienenberger J, Bernbach E, et al: Maternal reflective functioning, attachment and the transmission gap: a preliminary study. Attach Hum Dev 7:283-298, 2005

Smith M, Walden T: Understanding feelings and coping with emotional situations: a comparison of maltreated and nonmaltreated preschoolers. Soc Dev 8:93-116, 1999

Sodian B, Frith U: Deception and sabotage in autistic, retarded and normal children. J Child Psychol Psychiatry 33:591-605, 1992

Sodian B, Taylor C, Harris PL, et al: Early deception and the child's theory of mind: false trails and genuine markers. Child Dev 62:468-483, 1992

Sroufe LA: Emotional Development: The Organization of Emotional Life in the Early Years. New York, Cambridge University Press, 1996

Steele H, Steele M, Fonagy P: Associations among attachment classifications of mothers, fathers, and their infants: evidence for a relationship-specific perspective. Child Dev 67:541-555, 1996

Strathearn L: Exploring the neurobiology of attachment, in Developmental Science and Psychoanalysis: Integration and Innovation. Edited by Mayes LC, Fonagy P, Target M. London, Karnac, 2006, pp 117-130

Strathearn L, Fonagy P, Amico J, et al: Adult attachment predicts maternal brain and oxytocin response to infant cues. Neuropsychopharmacology 34:2655-2666, 2009

Swain JE, Lorberbaum JP, Kose S, et al: Brain basis of early parent-infant interactions: psychology, physiology, and in vivo functional neuroimaging studies. J Child Psychol Psychiatry 48:262-287, 2007

Target M, Fonagy P: Playing with reality, II: the development of psychic reality from a theoretical perspective. Int J Psychoanal 77:459-479, 1996

Taylor M, Esbensen BM, Bennett RT: Children's understanding of knowledge acquisition: the tendency for children to report that they have always known what they have just learned. Child Dev 65:1581-1604, 1994

Tremblay RE: The origins of violence. ISUMA Canadian Journal of Policy and Research 1:19-24, 2000

Trull TJ, Durrett CA: Categorical and dimensional models of personality disorder. Annu Rev Clin Psychol 1:355-380, 2005

Tyrer P, Coombs N, Ibrahimi F, et al: Critical developments in the assessment of personality disorder. Br J Psychiatry Suppl 49:S51-S59, 2007

van IJzendoorn MH: Adult attachment representations, parental responsiveness, and infant attachment: a meta-analysis on the predictive validity of the Adult Attachment Interview. Psychol Bull 117:387-403, 1995

Vermote R, Fonagy P, Vertommen H, et al: Outcome and outcome trajectories of personality disordered patients during and after a psychoanalytic hospitalization-based treatment. J Pers Disord 23:293-306, 2009

Vrticka P, Andersson F, Grandjean D, et al: Individual attachment style modulates human amygdala and striatum activation during social appraisal. PLoS One 3:e2868, 2008

Wang Z, Yu G, Cascio C, et al: Dopamine D2 receptor-mediated regulation of partner preferences in female prairie voles (Microtus ochrogaster): a mechanism for pair bonding? Behav Neurosci 113:602-611, 1999

Watson JS: Detection of self: the perfect algorithm, in Self-Awareness in Animals and Humans: Developmental Perspectives. Edited by Parker S, Mitchell R, Boccia M. Cambridge, UK, Cambridge University Press, 1994, pp 131-149

Wellman HM, Phillips AT: Developing intentional understandings, in Intentions and Intentionality: Foundations of Social Cognition. Edited by Malle BF, Moses LJ, Baldwin DA. Cambridge, MA, MIT Press, 2001, pp 125-148

Wellman HM, Cross D, Watson J: Meta-analysis of theory-of-mind development: the truth about false belief. Child Dev 72:655-684, 2001

Winnicott DW: Ego distortion in terms of true and false self, in The Maturational Process and the Facilitating Environment. New York, International Universities Press, 1965, pp 140-152

Winslow JT, Noble PL, Lyons CK, et al: Rearing effects on cerebrospinal fluid oxytocin concentration and social buffering in rhesus monkeys. Neuropsychopharmacology 28:910-918, 2003

Zahn-Waxler C, Radke-Yarrow M, Wagner E, et al: Development of concern for others. Dev Psychol 28:126-136, 1992

# 제3장
# 성격장애의 신경학

Gerhard Roth, Ph.D.(철학), Ph.D.(동물학)
Anna Buchheim, Ph.D.

심리-신경과학의 관점에서, 정서장애와 성격장애는 변연계 및 변연계 주위 뇌중추의 구조적 기능 손상, 그들 간의 상호작용 그리고 인지적-실행적(executive) 뇌중추와 관련이 있다. 일반적으로 이러한 장애는, ① 주로 세로토닌 체계와 시상하부-뇌하수체-부신(hypothalamic-pituitary-adrenal: HPA; 즉, 스트레스) 축에 영향을 미치는 유전적 다형성(polymorphism), ② 뇌 발달 손상, ③ 초기 부정적(외상적) 아동기 경험, ④ 후기(청소년기) 부정적 경험의 결합으로부터 생긴다.

이러한 일반적 가정에 기초해 우리는 성격장애, 특히 경계선 성격장애(borderline personality disorder: BPD)와 반사회적 성격장애(antisocial personality disorder: APD)의 가능한 신경생물학적 기초에 관해 실험적 · 경험적 자료를 평가적으로 논의하려고 한다.

# 경계선 성격장애

## 정신생리학 연구

### 자율신경계의 측정

BPD와 APD를 포함하여 정신의학적 장애의 진단 과정에서 자율신경계의 반응은 일반적으로, ① 놀람 반응(startle response)의 증가, ② 피부전도반응[(skin conductance response: SCR) 혹은 피부전기반응(electrodermal response: EDR)이라고 부른다.]에서의 변화, ③ 근전도검사에 의해 알 수 있는 눈둘레근(orbicularis oculi muscle)의 눈 깜박임 정도, ④ 눈썹 주름근(corrugator supercilii muscle)의 활동(찌푸리기) 그리고 ⑤ 심장 박동률에서의 변화를 측정한다. 이러한 측정은 국제 정서사진 시리즈(International Affective Picture Series: IAPS; Lang et al., 1998)를 제시하는 중이나 그 후에 이루어진다. IAPS는 '기분 좋은' '중립적인' 그리고 '불쾌한'으로 정서 값이 서로 다르게 구성되어 있다. 놀람 반응은 IAPS가 제시되기 전에 일반적으로 갑작스러운 시끄러운 소리 혹은 잡음(거의 100데시벨)으로 유도되고 이후 IAPS의 사진을 제시한 후에 사진을 보면서 일어나는 놀람 반응의 변화('증가')가 측정된다.

Rosenthal 등(2008)은 BPD와 정서 반응에 관한 문헌들의 탁월한 검토에서 심장 박동률을 검토한 연구 자료를 가지고 어떠한 결론을 내리기가 어렵다고 했다. BPD 환자에서 나타난 정서적 과잉반응성에 관한 연구들 간의 다른 결과들은 서로 다른 방법을 사용했기 때문이다. 예를 들어, Ebner-Priemer 등(2005)은 정서를 불러일으키는 자극을 제시하지 않고 정서 슬라이드를 보며 상상하는 상황에서 심혈관 지표들이 전형적으로 다르게 나타났다는 증거를 제시했다(Herpertz et al., 1999, 2000).

유사하게, 피부전도반응(SCR)의 패턴은 연구마다 다양하게 나타났다. Herpertz 등(1999, 2000)은 건강한 통제 집단의 참여자들과 비교해서 BPD를 가진 개인들은 정서적 사진과 중립적 사진 둘 다에 대한 반응에서 더 낮은 피부전도반응이 특징적이었다. 그러나 다른 연구들(예: Ebner-Priemer et al., 2005; Herpertz et al., 2001a)은 실험실 자극에 대한 반응에서 BPD 참여자들의 피부전도반응과 과각성이 관련되었다는 증거를 제공하지 못했다.

Rosenthal 등(2008)은 BPD의 정서 반응에 관한 문헌을 검토하고 다음과 같은 결론을 내렸다.

① 이론적 모델 그리고 자기보고 측정을 사용하는 연구들은 모두 높은 정서 강도/반응이 BPD의 핵심 특징이라고 제안한다. 반면, BPD를 가진 개인들에서 정서를 불러일으키는 자극에 대해 높아지는 생리학적 반응에 대해서는 일관적인 지지가 없다(Koenigsberg et al., 2002). 둘 다 높은 정서 강도/반응이 BPD의 핵심 특징이라고 제안하고 있다.

② 대부분의 연구는 BPD를 가진 개인들 사이의 혼란된 혹은 일치하지 않는 정서 반응을 제안하면서, 어떤 정서 반응 지표에서는 더 큰 정서적 반응을 보이지만 다른 지표에서는 그렇지 않다는 증거를 제시한다. 예를 들어, BPD 참여자들은 어떤 심리생리적 측정치에서는 높은 각성을 보였지만 다른 것에서는 그렇지 않았다. 그리고 다른 연구 결과를 살펴보면, 통제 집단과 비교해서 같거나 낮은 생리적 각성 수치를 보인 반면 자기보고에서는 높은 각성을 보고했다.

③ BPD를 가진 개인들은 정서를 일으키는 실험실 기반의 상황 동안 부정적 정서 경험의 영향을 약화시키기 위해 더 많이 해리를 일으킬 수 있다. 스트레스하에서 해리가 BPD의 진단적 준거라는 사실과 외상적 스트레스의 역사, 해리 그리고 BPD 간의 상관이 높은 것(Watson et al., 2006)을 고려하면 이러한 결과는 BPD를 보이는 참여자들 간에 나타나는 해리의 개인차가 연구들 간에 나타난 결과의 뚜렷한 차이를 설명하는 데 도움이 된다.

④ BPD가 상당히 이질적인 증상을 가진 장애이기 때문에 연구들 사이에 나타나는 결과의 차이는 표본에 따른 BPD 증상 프로파일에서의 차이를 반영할 수 있다. 예를 들어, 모든 연구에서 BPD 참여자가 정서적 불안정성 혹은 정서적 반응성 준거를 충족시켜야 한다고 요구하지 않았다.

**뇌파기록 연구**

BPD의 주된 특징은 고통 인식을 줄이기 위한 자기파괴적 행동이다. 뇌파기록(EEG)을 통한 세타파 활동과 자기파괴적인 경계선 환자의 고통 둔감성에 관한 첫 번째 연구 중 하나는 Russ 등(1999)에 의해 이루어졌다. 이들은 10도 한냉 압박 검사를 4개의 집단에 실시한 후 결과를 비교하였다. BPD 여성 입원 환자 중 자해 시 고통을 보고한 집단(BPD-P 집단) 혹은 보고하지 않은 집단(BPD-NP 집단), 주요우울장애 여성 입원 환자 그리고 건강한 여성 참여자가 대상이었다. 그 결과, BPD-NP 집단은 다른 집단의 여성과 비교해 검사 동안 적은 고통의 강도를 보고했다. 우울한 집단, 건강한 집단과 순수한(absolute) 세타파의 세기를 비교했을 때 기대와 다르게 BPD-NP 집단에서 유의미하게 가장 높았다. 또한 BPD-P와 비교했을 때 유의미하게 높은 쪽으로 패턴을 보였다. 연구자들은 경계선 환자들이 보이는 이같이 높아진 세타파 활동은 BPD-NP 집단의 특징일 수 있고 분산된 뇌기능장애의 지표일 수 있다고 결론을 내렸다.

Schmahl 등(2004)은 BPD와 자해 행동을 보이는 환자들에게 레이저로 일으키는 전위(laser-evoked potentials: LEPs), 유해 자극에 대한 공간 변별 그리고 고통 평가를 사용하여서 서로 다른 아픈 자극에 대한 반응에서 손상 여부를 검사했다. BPD 환자들은 통제 집단과 비교해서 더 높은 온도의 고통 역치(23%)를 보였고 고통 평가(67%)에서는 더 낮았다. 그럼에도 불구하고 BPD 환자들에서 LEP 진폭은 정상이거나(N1, P2, P3) 혹은 적당히 높았다(N2). LEP 잠재기나 과제 수행 동안 환자들과 통제 집단 사이에 차이가 없었다. 2차 체성감각 피질(secondary somatosensory cortex) 주변에서 발생하는 P3 진폭, 정점 전위(N2-P2) 그리고 N1 진폭은 두 집단 모두에서 암산으로 주의 분산이 일어나는 동안 유의미하게 감소하였다. P3 진폭은 과제의 어려움을 반영한다. 이 연구는 BPD 환자들이 고통 인식이 약화되어 있다는 앞선 발견들을 확인하였다. 정상적 고통 구별 과제 수행, 정상적 LEPs 그리고 정상적 P3 전위는 이러한 약화가 고통을 감각적으로 구별하는 요소의 일반적 손상과도 관련이 없으며 과잉 활성화를 감소시키는 억제나 주의 집중 결핍과도 관련이 없다는 것을 뜻한다. 이러한 발견은 BPD 내에서 통각 저하가 우선적으로 어떤 명상 상태와 유사한, 변경된 피질 내 처리 과정에 기인하는 것일지도 모른다고 제안한다.

사건관련전위(event-related potentials: ERPs)를 사용한 다른 두 연구는 BPD의 실행 통제 능력에 초점을 맞추었다. Ruchsow 등(2006)은 BPD 환자들이 보이는 실수 처리와 전기생리학적 관계에 초점을 맞췄다. BPD와 건강한 통제 집단 모두 Barratt 충동성 척도 10판(Barratt Impulsiveness Scale, Version 10: BIS-10)을 실시하였다. 참여자들은 다채널 뇌전도가 기록되는 동안 '간다/가지 않는다' 과제를 수행하였다. 흥미로운 사건관련 전위(ERP) 부분은 실수와 관련된 부정성(error-related negativity: ERN)인데, 이것은 시간 압력하의 선택 반응에서 실수를 처리하는 뇌 반응을 반영한다. 중앙의 전극 위치에서, BPD 환자들은 통제 집단과 비교했을 때 유의미하게 더 적은 ERN 진폭을 보였다. 또한 높은 충동성(무계획)은 BPD 환자들에서 ERN을 보이는 진폭과 정적으로 상관이 있었다. 이러한 결과는 BPD 환자들이 전략적으로 추론하기나 의도성에서 손상을 반영하는 역기능적 체계를 가지고 있다고 해석될 수 있다. 하지만 BPD 환자들의 ERN 신호가 성공적인 억제를 보이는 건강한 통제 집단과 어떻게 다른지에 대해서는 여전히 의문이 있다.

BPD의 반응 억제에 관한 두 번째 연구에서, Ruchsow 등(2008)은 ERP를 사용해서 축 I 혹은 축 II 정신병리의 내력을 가지고 있지 않은 연령, 성, 교육 배경이 같은 통제 집단의 참여자들과 BPD 환자들을 비교하였다. 참여자들은 뇌파기록(EEG)이 기록되는 동안 하이브리드 플랭커(hybrid flanker)—'간다/가지 않는다' 과제—를 수행하였다. 이 연구는 두 가지 ERP 요소에 집중하였다. '가지 않는다-N2'와 '가지 않는다-P3'의 이 요소들은 반응 억제 그리고 반응 갈등 맥락에서 논의되어 왔다. ERP가 정확히 '간다' 시도(버튼 누름)와 '가지 않는다' 시도(버튼 누르지 않음)를 구별해서 계산하였다. 집단들은 '가지 않는다-N2'에서는 차이가 없었다. 반대로 BPD 환자들은 '가지 않는다-P3' 증폭에서 감소를 보였다. 환자 집단과 통제 집단을 포함한 전체 집단에서, 연구자는 '가지 않는다-P3' 증폭과 Barratt 충동성 척도 10판(BIS-10) 그리고 Beck 우울증 척도(Beck Depression Inventory)와 부적 상관을 제시하였다. 연구는 BPD 환자 집단에서 손상된 반응 억제에 대한 추가적인 증거를 제시했다.

Philipsen 등(2005)은 BPD 환자가 건강한 통제 집단 참여자들과 비교하였을 때 비렘수면(non-rapid eye movement: non-REM) 동안 수면 뇌전도에서 높은 수준의 델타파 세기를 보인다는 것을 발견했다. 객관적 수면 측정과 주관적 수면 측정 사이에 눈에 띄는 불일치가 있었다. 이는 BPD가 수면에 대해 다르게 인식함을 뜻한다.

Hegerl 등(2008)은 BPD 환자, 강박장애(OCD) 그리고 건강한 통제 집단 간의 EEG-경계(즉, 각성, 깨어 있음) 차이에 대해 연구하였다. 오래된 연구는 낮은 EEG-경계 상태는 정서 불안정성과 관련성이 있음을 제시한다. 하지만 EEG-경계는 BPD 환자들에 대해 체계적으로 연구되지 못했다. BPD 환자는 약물을 처방받지 않는 OCD 환자뿐만 아니라 건강한 통제 집단과 5분 간격으로 EEG-경계 조절이 비교되었다. BPD 환자들은 OCD 환자들과 비교했을 때 EEG-경계, 깨어 있음에서 유의미하게 더 낮은 속도를 보였다. Hegerl 등은 이것이 OCD 환자들과 비교했을 때 BPD 환자들이 보이는 EEG-경계의 불안정한 조절에 대한 증거라고 해석했다. 이러한 해석은 중추신경계의 활성화를 안정시키기 위해 BPD 환자가 보이는 감각 추구와 충동적 행동 패턴은 보상적 그리고 자기조절적 역할을 한다는 입장과도 일관적이다.

## 신경 영상법 연구

신경 영상법 연구는 개인의 외상과 BPD 사이의 관계에 있는 근본적인 신경적 기저를 이해하는 데 도움이 될 수 있다. 연구들은 어떤 영역의 네트워크가 정서 조절과 관련이 있다는 것을 보여 준다. 이 영역은 편도체, 해마 그리고 전두엽 피질을 포함한다. 인간을 포함한 동물에서 정서, 충동성의 표현, 통제 그리고 조율에서 이러한 뇌 영역의 중요한 기능은 이 영역에서의 기능장애가 BPD의 정신병리 증상에 기반하고 있다는 가설에 이르게 한다.

### 구조적 영상: 부피 연구

MRI(magnetic resonance imaging) 스캔을 사용하는 연구는 BPD가 있는 개인과 없는 개인 간에 뇌의 구조적 차이를 발견해 왔다. Lyoo 등(1998)은 연령과 성별을 동일하게 맞춘 통제 집단과 비교해서 BPD 이외에 다른 공병을 가지고 있지 않은 BPD 개인들 사이에서 유의미하게 부피가 더 작은 전두엽을 발견했다. 비록 연구자들이 전두엽 내 하위 영역의 부피 자료는 보고하지 않았지만, 구조적 MRI를 사용한 다른 연구들은 기능장애의 구체적 영역을 확인했다.

Irle 등(2007)은 건강한 통제 집단 피험자와 비교했을 때 BPD를 가진 젊은 여성들에게서 상두정엽(superior parietal cortex)의 비정상적 크기를 연구했다. 상두정엽[설전부(precuneus), 중심후회(postcentral gyrus)]과 하두정엽의 부피를 평가하기 위해 구조적 자기공명영상(3D-MRI)을 사용하였다. BPD 피험자는 정상 집단 피험자와 비교했을 때 우측 설전부 부피가 유의미하게 더 작았다(-9%). 해리성 기억상실 혹은 해리 정체성 장애와 같은 공병을 가지고 있는 BPD 피험자의 좌측 중심후회는 통제 집단(+13%) 및 이러한 장애를 가지고 있지 않은 BPD 피험자들(+11%)과 비교해서 상대적으로 유의미하게 더 컸다. BPD 피험자가 보이는 더 강한 이인화(depersonalization)는 더 큰 우측 설전부 크기와 유의미하게 관련이 있다. 아마도 BPD에서 더 큰 설전부 크기는 이인화 증상과 관련이 있는 것 같다. 또한 BPD 환자가 보이는 더 큰 중심후회 크기는 심각한 아동기 학대를 가지고 있는 해리성 기억상실 혹은 해리성 정체성 장애의 발전과 관련이 있는 것 같다.

신피질 구조 부피의 변화에 초점을 둔 앞서 기술한 부피 연구에 덧붙여서, 부피 연구들은 변연계에 초점을 두고 있다. Driessen 등(2000)은 아동기의 신체적 혹은 성적 학대의 역사를 가지고 있는 BPD 환자들의 표본에서 해마와 편도체 부피를 측정한 결과, BPD 참여자들 사이에 해마의 감소된 부피를 확인하였고 편도체의 감소된 부피에서는 유의미한 결과가 나타나지 않았다.

비슷하게, Brambilla 등(2004)은 BPD 피험자들은 우측과 좌측 해마 부피가 유의미하게 더 작았는데 이것은 아동기 학대를 경험한 피험자들에게 더 뚜렷했다는 것을 발견했다. 그리고 우측과 좌측 피각[(putamen, 중요한 실행 센터인 선상체(corpus striatum])] 에서 부피가 유의미하게 더 컸는데, 특히 물질사용장애를 함께 가지고 있는 피험자들에게서 그러했다. 미상핵(caudate nucleus, 선상체의 다른 부분), 편도체(amygdala), 측두엽(temporal lobes), 배(背)외측 전두엽 피질(dorsolateral prefrontal cortex) 그리고 전체 뇌 부피에서는 집단 간에 유의미한 차이가 나타나지 않았다. 또한 피각의 부피가 BPD 참여자들에게서 더 컸다. 이것은 이전에 언급되지 않았던 결과이다. 초기 외상 경험이 해마 위축에 중요한 역할을 하는 반면 물질사용장애는 피각의 확대에 기여하는 듯하다.

Tebartz van Elst 등(2003)은 현재 약물 남용 혹은 주요우울증을 보이지 않고 약물 처방을 받지 않는 BPD 여성과 건강한 여성 간에 안와전두 피질(orbitofrontal cortex: OFC), 전방대상(帶狀) 피질(anterior cingulate cortex: ACC), 배외측 전두엽 피질, 편도체, 해마의 크기를 연구하였다. 다른 연구들과 일관되게, 이 연구에서는 정상 피험자들과 비교해서 BPD 피험자 집단에서 유의미한 해마와 편도체 부피의 감소가 나타났고 또한 좌측 OFC와 우측 ACC 에서 유의미한 감소를 보였다. 해마와 같은 단일한 뇌 구조의 부피 감소가 신경정신의학에서 대단히 특이한 발견은 아니지만, 전체적으로 정상적 뇌 크기에서 편도체, 해마, 우측 OFC와 좌측 ACC에서의 부피가 작은 것은 BPD를 다른 신경정신의학 조건에 있는 사람들과 구별할 수 있는 패턴이라고 연구자들은 주장한다.

마침내, Rusch 등(2003)은 통제 집단 피험자와 비교해서 BPD 여성들 사이에 좌측 편도체에서 유의미하게 더 작은 회백질(gray matter)을 보고했다.

Minzenberg 등(2008)은 BPD 환자의 구조적 변화를 확인하였다. 이를 통해 환자가 편도체 활성화의 증가와 입 쪽 슬하(rostral)/하부(subgenual) ACC 활성화의 손상을 보이면서 전체적으로 구조적 변화를 보인다는 가설을 검증하였다. BPD 집단은 통제 집단과 비교해서 편도체에서 회백질 농도(gray matter concentration: GMC)가 유의미하게 더 높았다. 반대로 BPD 집단은 좌측 입 쪽 슬하/하부 ACC에서 유의미하게 더 낮은 GMC를 보였다. 이 표본의 BPD 환자는 피질 및 하부 피질 변연계 영역의 회백질에서 상당한 구조적 변화를 보였다. 이것은 같은 표본에서 정서 자극에 대한 변화된 기능적 활성화가 일어나는 영역 분포와 유사하다. 연구자들은 BPD 환자들이 두려운 자극의 처리에서 전두변연계(frontolimbic) 활성화의 특징적인 변화를 보였다고 결론지었다. 그들은 과장된 편도체 반응 그리고 ACC 활성화로 인한 손상된 정서 조율을 보였다.

BPD가 처음 나타난 10대 청소년들을 통제 집단과 비교한 연구에서, Chanen 등(2008)은 초기 BPD 형성 과정에서 해마나 편도체가 아닌 OFC의 부피 차이를 확인하였다. OFC는 학습과 사회적으로 적절한 행동의 통제뿐만 아니라 정서의 의식적 인식, 행동에 대한 정서적 준비와 동기, 자신의 행동의 결과에 대한 평가, 개인적 · 사회적 위험의 결과에 대한 평가, 정서적 표현을 확인하고 타인의 행동에서 의미를 확인(공감)하는 것과 관련이 있다. 종단 연구들을 통해 이 가능성을 좀 더 확인해 봐야 하겠지만 성인 BPD 표본에서 관찰된 해마와 편도체의 부피 감소는 그 장애의 발전 과정에서 일어나는 것 같다.

Jovev 등(2008)은 BPD가 처음 나타나고 최소한만 치료에 노출된 청소년 표본에서 뇌하수체(hypophysis)의 부피와 유사 자살 행위의 빈도 간의 관련성을 연구하였다. 위계적 회귀분석 결과는 유사 자살 행위의 연령과 빈도는 뇌하수체의 부피의 중요한 예측변인이었다고 보고하였다. 이러한 발견은 BPD를 가진 개인들의 유사 자살 행위는 시상하부-뇌하수체-부신(HPA) 축의 더 큰 활성화와 관련이 있다는 것을 뜻한다. 향후 직접적인 신경내분비 측정치를 활용하여 죽으려는 의도나 의학적 위협(medical threat) 등과 같은 최근 일어난 자해 행동의 다른 측정치를 탐색하는 더 많은 연구가 필요하다.

앞서 제시한 연구들은 BPD가 변연계 구조에서 비정상성과 관련이 있고 이러한 비정상성이 BPD 증상 중 정서적 기능장애에 강하게 기반한다고 설명하고 있다.

유전적 그리고 뇌영상 방법을 통합하는 연구에서, Zetzsche 등(2008)은 BPD를 가진 오른손잡이 여성에서 5-HT1A 수용체 유전자인 C-1019 G의 다형성과 편도체 부피를 확인하였다. 환자 집단과 통제 집단 사이에 대립 유전자 분포는 차이가 없는 반면, 편도체 부피에 영향을 미치는 5-HTR(1A) 유전자형의 기술된 효과는 전체 환자 집단에서뿐만 아니라 주요우울증을 공병으로 가지고 있는 하위 집단에서도 나타났다. 하지만 통제 집단에서는 일어나지 않았다. BPD 환자의 하위 집단에서 편도체 부피의 차이가 유의미한 반면 전체 BPD 환자 집단의 평균 편도체 부피는 통제 집단의 그것과 유의미하게 다르지 않았다. 요약하면, 이 연구는 5-HTR(1A) 유전자 C-1019 G 다형성이

BPD 환자의 변연계에서의 구조적 변화와 관련이 있다는 첫 번째 증거를 제공했다. 이러한 결과는 이러한 유전자 다형성이 장애와 관련이 있으며 이것이 BPD 환자에서 편도체 부피 변화에 관한 일치하지 않는 이전 결과를 부분적으로 설명할 수 있다는 것을 발견했다.

### 뇌기능 영상: 기저선/휴지기 연구

대뇌 포도당 대사 작용을 평가하기 위해 휴지기 상태에서 플루오로데옥시글루코스 양전자 방사 단층촬영($^{18}$F-labeled fluorodeoxyglucose positron emission tomography: $^{18}$F FDG-PET)을 사용하는 뇌기능 영상 연구는 건강한 통제 집단 피험자와 BPD 환자 집단의 전전두엽 피질에서 대사 작용의 차이를 발견하였다(이를 검토하기 위해서는 Rosenthal et al., 2008 참조).

De la Fuente 등(1994)은 건강한 통제 집단 피험자와 BPD 환자 집단을 비교했을 때 배외측 전전두엽 피질, 전방내상 피질(ACC) 그리고 기저핵 영역에서 감소된 대사 작용을 확인하였다. Soloff 등(2000)은 건강한 통제 집단과 BPD를 가진 환자들의 전전두엽 피질에서 세로토닌 작용의 기능을 비교하기 위해 FDG-PET 영상을 사용하였다. 통제 집단과 비교했을 때, BPD 환자들은 전전두엽 피질의 안와부 그리고 중앙에 포도당 흡수가 감소했다. 이러한 발견은 BPD 참여자들이 우울하지 않았다는 점에서 특히 중요한데, BPD와 우울증이 공병으로 일어나는 경우에만 세로토닌의 흡수가 나타나는 것이 아니라는 중요한 결과이다.

다른 연구에서 Juengling 등(2003)은 적어도 4주 동안 약물 처방이 없었으며 최근 물질사용장애 혹은 우울증을 보이지 않았던 BPD 여성 환자 집단과 건강한 여성 통제 집단 간의 뇌 대사 작용을 비교하기 위해 휴지기 상태에서 FDG-PET를 사용하였다. 결과에서는 통제 집단과 비교해서 BPD 환자의 좌측 해마에서 대사저하증을 보고했다. 반면, BPD 환자들의 전방대상 피질(ACC), 상전두회(superior frontal gyrus), 우측 하전두회(inferior frontal gyrus) 그리고 우측 중심전회(precentral gyrus)에서 증가된 대사 작용이 나타났다.

또한 양성자 자기공명 스펙트럼 분석(proton magnetic resonance spectroscopy: [1H] MRS) 연구는 대사 물질 농도(metabolite concentration)를 측정해서 기저선 신경세포 기능을 측정했다. Tebartz van Elst 등(2001)은 BPD 환자 집단과 다른 정신과적 질환이 함께 나타나지 않은 집단 대 건강한 통제 집단에서 좌측 배외측 전두엽 피질과 좌측 선조체에서 *N*-아세틸아스파르트(*N*-acetylaspartate: NAA) 농도(신경세포 보존의 표시, a marker of neuronal integrity)을 평가하는 예비 [1H]MRS 연구를 수행하였다. 정상 집단과 비교해서 BPD 환자 집단에서 좌측 배외측 전두엽 피질에서의 NAA 농도가 유의미하게 감소하였다. 이것은 실행기능, 작업기억, 혹은 정서와 인지를 통합하는 능력의 결핍에 관한 연구 결과와 일관적이다.

### 뇌기능 영상: 정서적 · 인지적 자극 연구

일반적으로 정서 자극에 대한 반응을 측정하는 뇌영상 연구들은 BPD를 보이는 개인들 사이에 정서 자극에 대한 높은 반응성이 존재한다는 점을 지지한다. Herpertz 등(2001a)은 오른손잡이 여성 BPD 입원 환자들과 정신과적 치료를 받은 적이 없는 건강한 여성 자원자들에게 표준화된 정서 자극에 대한 반응에서 편도체와 전전두엽 피질의 기능을 비교하였다. BPD 환자 집단의 여성들은 모두 BPD의 정서 불안정 기준을 충족시켰고, 현재 축 I 장애가 없었으며, 약물 처방도 없었다. 연령은 통제 집단과 비슷하게 배치하였다. 참여자들에게 각성이 되고 불쾌한 국제 정서사진 시리즈(IAPS) 슬라이드와 중립적인 IAPS 슬라이드를 두 번 제시했다. 자기보고된 값(valence)과 각성 차원을 평가하기 위해 처음에는 fMRI(functional magnetic resonance imaging) 스캐너에 있는 동안 정서 자극을 제시하였고 촬영 직후에 다시 제시하였다. Herpertz 등(1999, 2000)의 발견과 반대로, 두 집단은 슬라이드에 대한 자기보고 정서 반응의 비교에서 다르지 않았다. 이것은 BPD 집단이 슬라이드에 더 놀라거나 더 부정적으로 인식하지 않는다는 것을 설명하는 것이다. 그러나 부정적 자극에 대해서는 높은 반응을 보이면서, BPD 참여자들은 중립적 자극과 비교했을 때 부정적 자극에 대해 유의미하게 더 많은 편도체의 활성화가 나타났다. 통제 집단에서는 부정적 정서 자극에 대한 반응에서 일어나는 편도체 활성화의 차이가 나타나지 않았다.

관련 연구에서, Donegan 등(2003)은 BPD 참여자들과 통제 집단 참여자들을 대상으로 정서가 담긴 얼굴 표정 사진에 대한 편도체 반응을 연구하였다. 대부분의 다른 연구와는 달리, 이 연구는 여성과 남성 피험자 모두를 포함시켰다. 모든 BPD 환자는 축 I 장애[대부분 공통적으로 주요우울증, 외상후 스트레스장애(PTSD), 혹은 알코올 중독]을 동시에 가지고 있었다. 그리고 그들 대부분이 최근에 항정신성 약물을 복용하고 있었다. 통제 집단과 비교했을 때, BPD 참여자들은 슬픈, 중립적 그리고 두려운 표정에 대해 좌측 편도체의 활성화가 더 높았다. 흥미롭게도, 집단 간에 가장 놀라운 차이는 중립적 표정에 대한 반응에서 나타났다. 모호하고 '중립적인' 표정을 평가할 때 BPD 참여자들은 그들의 정서 혹은 의도를 중립적 표정을 설명하는 데 투사하면서 차이를 더 분명하게 드러냈다. 중요하게도, 중립적 자극에 대한 그들의 귀인이 한결같이 부정적, 위협적인 그리고 믿을 수 없다는 것이다. 중립적 표정에 대해 피험자들이 보이는 이런 강한 부정적 반응은 심리치료에서 일어나는 전이와도 일관적이다. 이 연구의 발견은 대인관계 혼란에 기여하는 BPD 환자들의 행동적 · 정서적 측면에 대한 신경학적인 특성을 설명하는 데 기초를 제공한다.

다른 연구들은 두려움과 분노와 같은 정서에 초점을 맞추었는데, BPD 환자의 안면 정서 처리에 있어 전두 변연계 기능장애를 연구하였다(Minzenberg et al., 2007). BPD 피험자들은 두려운 자극에 대해 양쪽 입 쪽 슬하/하부 전방대상 피질(ACC)에서 (통제 집단에 비해 상대적으로) 유의미하게 더 큰 범위의 활성화가 나타났다. 분노 반응에서는 이 영역에서 두 집단 간 유의미한 차이가 나타나지 않았다. 연구자들은 BPD 환자들이 지나친 편도체 반응과 ACC 반응에서 손상된 정서 조율을 보이며 공포 자극의 처리에서 전두 변연계 활동의 변화를 보였다고 결론을 내렸다. 분노에 대한 편도체의 상대적 저감 반응(hyporesponsivity)은 BPD 환자들이 대인관계 맥락에서 적대적인 생각과 행동에 대한 표현을 포함해 사회적으로 바람직하지 않은 행동을 다루지 못하는 것과 관련이 있다.

외적인 자극과 기억 둘 다에 대한 반응에서 BPD 환자들의 정서조절장애는 변연계 그리고 전전두엽 뇌 영역의 기능적 변화와 관련이 있다고 알려져 왔다. fMRI 연구에서, Schnell 등(2007)은 BPD 환자들과 통제 집단 피험자들에게서 자서전적 기억의 회고와 관련되어 있는 신경망을 확인하기 위해 주제통각검사(Thematic Apperception Test: TAT)를 사용하였다. 두 집단 모두에서, TAT 자극은 자서전적 기억 회상과 관련이 있다고 알려진 뇌 영역을 활성화하였다. BPD 피험자들은 TAT 대 중립 자극에 대해 편도체, 안와전두 피질(OFC) 그리고 ACC의 차별적 활성화가 부족했다. TAT 조건에서 통제 집단과 비교했을 때, BPD 피험자들은 자기보고에서 평가된 더 혐오적이고 각성되는 경험과 일관적으로, 두정엽과 해마곁(parahippocampal) 영역뿐만 아니라 양쪽 양와전두와 섬피(insular) 영역들 그리고 좌측 ACC와 내측 전전두엽 피질에서 혈액 산소 수준 의존(blood oxygen level-dependent: BOLD)이 증가했다. 연구자들은 BPD 피험자들이 TAT를 처리하는 동안 증가된 혈류 산소 수준 반응이 기억 회고에 관여된다고 알려진 ACC와 OFC에서 이전에 보고된 변화와 일관적이라고 결론 내렸다. 그러나 BPD 참여자들은 TAT와 중립 자극 둘 다에 대해 이 영역에서 과잉 활성화를 보였다. 자서전적 기억 회복을 관여하는 영역에서 선택적인 활성화가 부족한 것은 BPD 환자가 정보를 처리하는 데 자기참조적 양식을 사용하는 전반적인 경향성이 있음을 의미하거나 정서적으로 두드러진 자극과 중립적인 자극 사이의 전환이 어렵다는 것을 암시한다.

외상적 경험 혹은 PTSD 진단 유무가 중요한 역할을 하는 것으로 알려져 왔다. Driessen 등(2004)은 외상을 경험한 적이 있고 다양한 공병을 가지고 있는 BPD 여성(21~40세, 평균 33세)을 모집했다. 연구자들은 외상적 기억과 혐오적이지만 비외상적 기억에 대한 단서를 얻기 위해 참여자들을 인터뷰하였다. 그리고 그 기억을 회상하는 동안 fMRI를 관찰하였다. 연구자들은 PTSD가 없는 BPD 환자들에게서 두 개의 반구 모두에서 OFC의 활성화 그리고 브로카 영역의 활성화를 발견했다. PTSD와 BPD를 가진 환자들에게 미세한 OFC 활성화가 보였고 브로카 영역의 활성화는 일어나지 않았다. 모든 BPD 환자가 외상을 경험하지만 모두 PTSD를 가진 것은 아니다. 연구자들은 PTSD 공병의 존재 혹은 부재가 중요한 하위 집단을 구성한다고 주장했다.

자신의 외상(예: 아동기의 성적 혹은 신체적 학대)에 대한 개인적 각본을 경청하는 BPD 환자들의 연구에서, Schmahl 등(2004)은 BPD를 가지지 않은 여성은 우측 배외측 전전두엽에서의 활성화를 발견하였고, 좌측 배외측 전전두엽에서 비활성화를 보였다. 이 여성들의 우측 ACC와 좌측 OFC에서 활성화가 있었다. BPD를 가진 여성들은 전방대상회와 OFC에서 활성화를 보이지 않았다. BPD 진단과 치료를 받은 여성들은 배외측 전전두회에서 어떤 활성화도 보이지 않았다. 이 연구는 BPD를 가진 여성들의 경우 ACC를 포함하여 배외측 및 내측 전전두엽 피질의 기능장애가 외상 기억의 회상과 관련이 있는 것으로 제안한다. 이로써 이러한 뇌 영역은 해리 혹은 정서적 불안정과 같은 외상과 관련된 증상을 중재하는 것으로 보인다.

Beblo 등(2006)은 BPD 환자들과 건강한 통제 집단의 피험자들을 대상으로 해결되지 않은 삶의 사건에 대한 회상과 신경계의 관련성을 조사하고자 연구를 진행했다. fMRI 동안, 피험자들은 해결되지 못한 그리고 해결된 부정적 삶의 사건을 회상했다. 개인적인 단서가 되는 단어가 자서전적 기억을 자극하기 위해 사용되었다. 해결되지 않은 삶의 사건과 해결된 삶의 사건을 비교했을 때, 환자들은 섬피, 편도체 그리고 ACC를 포함한 전측두엽, 좌측 뒤쪽 대상 피질, 우측 후두 피질, 양측 소뇌 그리고 중뇌가 유의미하게 활성화되었다. 건강한 피험자들의 경우 이러한 조건에서 뇌 활성화의 차이가 나타나지 않았다. 연구자들은 BPD 환자들이 해결되지 않은 삶의 사건을 회상하는 동안 강도 높은 정서를 통제하기 위해 편도체와 전전두엽 영역 둘 다가 활성화되는데, 이는 노력은 많이 하지만 효과가 없는 시도를 반영한다고 결론을 지었다.

기능적 뇌신경 영상(functional neuroimaging) 연구들은 시각 자극(예: 표준화된 사진, 얼굴), 수동적으로 제시받는 각본 혹은 해결되지 않은 삶의 사건의 회상 반응에서 앞서 측정된 뇌 활성화 패턴을 요약하였다. 한 연구(Buchheim et al., 2008)는 BPD 환자들의 이야기를 기반으로 한 애착에 대한 타당화된 평가 도구인 성인 애착 투사법(Adult Attachment Projective: AAP; George & West, 2003)을 통해 애착 관련 사진 자극에 대해 개인적 이야기를 하는 동안 애착 외상의 기능적 신경해부학을 확인하는 fMRI 방식을 발전시켰다. 나이와 교육 수준을 일치시킨 후 BPD 여성 환자와 건강한 여성 통제 집단은 영상이 촬영되는 동안 AAP에 반응하여 이야기를 하였다. '단일한' 사진(애착 위협에만 직면한 주인공)과 '양자적' 사진(애착 맥락에서 주인공들 사이에 상호작용)에 대한 이야기와 신경 반응에서의 집단 간 차이를 분석하였다. 행동 담화 자료는 BPD 환자 집단이 통제 집단보다 단일한 그림 자료들을 유의미하게 더 외상적으로 보았다. 그리고 BPD 환자들은 통제 집단보다 단일한 사진에 대한 반응에서 전방 중앙대상 피질이 유의미하게 더 활성화되었다. 양자적 사진에 대한 반응에서 BPD 환자들은 우측 상측 측두엽 뇌구(superior temporal sulcus)가 더 활성화되었고 우측 해마방회(parahippocampal gyrus)가 덜 활성화되었다. 이러한 결과는 BPD의 대인관계 증상에 기반하는 애착 외상의 잠재적 신경 기전에 대한 증거를 제공하고 있다. 즉, 대인관계 증상으로는 외로움에 대한 참을 수 없는 두려움과 고통, 사회적 환경에 대한 과도한 예민함 그리고 긍정적인 양자 상호작용의 감소가 있다.

### 뇌기능 영상: 실행기능의 조절

일반적으로 BPD는 장애 자체보다는 핵심 증상에 의해 연구되는 경우가 많았다. 이것은 몇몇 성격장애의 특징인 충동성 연구에서도 마찬가지이다. Völlm 등(2004)은 BPD나 APD 혹은 둘 다(두 장애 사이에 중복된 특성)를 가진 환자들을 연구하였고 참여자들이 그들의 행동을 제한해야만 하는 '가지 않는다' 과제를 하는 동안 뇌를 촬영하였다. 건강한 통제 집단은 우측 배외측 및 좌측 안와전두 피질(OFC)이 활성화된 반면 충동적인 성격장애를 가진 환자들은 중간, 상측, 하측 전두엽 뇌회로부터 그들의 전방 대상회까지 양측 모두 활성화가 더 많이 일어났다. 이 연구의 함의는 BPD 환자들은 정상 피질 영역에서 비정상적 대사 작용을 보였을 뿐만 아니라 피질 영역 전체가 부적절하게 활성화되었다는 것이다. 혹은 비효과적인 피질 처리 과정으로 인해 같은 수준의 조절을 하기 위해 더 넓은 피질 영역이 활성화되었다는 점이다.

부정적 정서 맥락에서 전두 변연계 억제 기능의 실패를 확인하는 '간다/가지 않는다' 과제를 사용하는 다른 fMRI 연구는 BPD 환자가 행동 억제가 요구되는 과제를 수행하는 동안 복내측 전전두엽 피질(ventromedial prefrontal cortex: vmPFC)과 연관된 영역들이 활성화되지 않을 것이라는 가설을 확인하였다(Silbersweig et al., 2007). 부정적 정서 맥락에서 BPD 환자 집단과 건강한 비교 피험자들 간 감소된 전전두엽의 억제 기능에 관한 가설을 검증하기 위해서 통계적 매개변수 사상 분석(parametric mapping analysis)을 사용하여 구체적으로 설계된 fMRI 활성화 조사가 이루어졌다. 결과는 행동 억제와 부정적 정서의 상호작용 조건에서 BPD 환자들은 건강한 피험자들과 비교했을 때 상대적으로 복내측 전전두엽 피질(vmPFC, 내측 OFC와 슬하 ACC)에서 감소된 활동을 확인했다. 부정적 정서 맥락 내 행동 억제 조건에서 BPD 환자의 vmPFC 활동의 감소와 확장된 편도체-복측 선조체 활동의 증가는 통제 감소와 부정적 정서의 수치와 상당히 높은 상관을 보였다. 이러한 발견은 구체적으로 전두 변연계 신경 기층(substrate)이 BPD 내의 정서적 · 행동적 조절장애의 핵심적 임상 특성과 관련이 깊다는 것을 제시한다.

## 요약

여러 요인이 다양한 방식으로 상호작용한다는 점에서 BPD의 원인은 매우 복잡하다. 유전적 요인과 고통스러운 아동기 경험(예: 애착 외상, 정서적 방임, 학대)은 정서조절장애와 충동성을 일으키며 역기능적 행동과 심리사회적 갈등과 결핍을 초래한다. 이것은 다시 정서조절장애와 충동성을 강화할 수 있다.

구조적 그리고 기능적 신경 영상은 BPD의 많은 증상을 매개하는 것으로 보이는 뇌 영역 중 전두엽 변연계망의 기능장애를 밝혔다. 종합해 보면, 이러한 발견은 BPD 환자가 해마, 안와전두 피질(OFC), 편도체에서 부피 감소와 정서 자극 반응에서 편도체의 높은 활성화를 보이는 것을 설명해 준다. 하지만 임상적으로 기술된 정서적 · 인지적 기능장애의 기저에 있는 취약성의 정도를 다른 정신의학적 장애들과 비교했을 때 BPD에서 보이는 구체적 특징이라고 강력하게 결론을 내리기에는 아직 충분하지 않다.

더욱이 BPD 환자는 더 낮은 신경 밀도와 혼란스러운 신경 대사 작용을 보이면서 자기공명분광기법에서 배외측 전전두엽 내 *N*-아세틸아스파르트(NAA) 농도의 결핍을 보였다.

연구들은 BPD 발달에서 세로토닌 수송 유전자(serotonin transporter gene: 5HTT)가 가장 강하게 관련되었다고 보고한다. 이 유전자의 더 짧은 대립형질은 낮은 수준의 세로토닌과 더 강한 충동적인 공격성과 관련이 있다. 도파민과 모노아민 산화효소 A(monoamine oxidase A: MAO-A)는 병인적 역할을 가지고 있다고 이미 입증되었다. 유전적 발견들은 BPD를 가진 그리고 가지지 않은 사람들 사이에 생물학적(심리적뿐만 아니라) 차이가 있다는 증거를 더욱 확실히 하고 있다.

## 반사회적 성격장애와 정신병질의 신경생물학적 기초

반사회적 성격장애(APD)와 정신병질의 신경생물학적 기초에 대한 검토는 '반사회적' 행동과 관련된 성격장애에 관해 보편적으로 수용된 정의가 없다는 사실을 토로한다. 많이 사용되는 정의는 DSM-IV-TR(American Psychiatric Association, 2000, p. 706)에 제시되어 있는데 APD는 B군 성격장애에 분류되어 있다. APD를 가진 개인은 타인의 권리를 존중하지 않고 침범하는 만연된 패턴을 보이며 15세 이후에 나타난다. 다음과 같은 특징 중 세 가지(혹은 그 이상)를 보인다.

① 체포될 행동을 반복적으로 하며 법으로 정해진 사회적 규범에 순응하지 않음
② 개인적 이득이나 만족을 얻기 위해 반복적으로 거짓말을 하고, 가명을 사용하거나 타인을 속이는 사기성
③ 충동성 혹은 미래의 계획을 세우는 것의 실패
④ 반복적인 육체적 싸움이나 폭행에서 드러나는 짜증과 공격성
⑤ 자기 혹은 타인의 안전을 무모하게 무시
⑥ 일관적으로 노동을 지속하지 못하고 재정적 의무를 충실히 이행하지 않으면서 일관적으로 무책임함
⑦ 타인의 물건에 해를 입히거나, 함부로 다루거나, 훔치는 행동을 하고도 무관심하거나 혹은 합리화하면서 후회하는 것이 부족

이러한 정의는 부분적으로 '해리성 성격장애'와 중복된다. 다음은 세계보건기구의 국제질병분류(International Classification of Diseases-10, ICD-10)에서 정의한 것이다(World Health Organization, 1992).

① 타인의 느낌에 대한 냉담한 무관심 그리고 공감 능력의 부족
② 사회적 규준, 규칙, 의무에 대해 대단히 지속적으로 무책임하고 무시하는 태도
③ 관계를 유지하지 못하는 무능력
④ 좌절에 대한 매우 낮은 인내력 그리고 폭력을 포함하여 공격성 표출에서 낮은 역치
⑤ 죄책감을 느끼거나 경험으로부터, 특히 처벌로부터 배움을 얻지 못하는 무능력
⑥ 타인을 비난하고 주제를 갈등으로 몰고 가는 행동에 대해 그럴듯하게 합리화하려는 강한 경향성
⑦ 지속적인 화

전문가들은 DSM-IV의 정의가 공격적이고 일탈하는 범죄 행동을 두드러지게 포함하는 반면, ICD-10의 정의는 개인적 정서 그리고 대인관계적인 측면을 중심으로 한다고 본다. 이런 점에서 ICD-10의 정의는 '정신병질'의 개념과 더 밀접하게 관련이 있다. 개정판 정신병질 체크리스트(Psychopathy Checklist-Revised: PCL-R; Hare, 1991; 최근 논의를 위해서는 Hare & Neuman, 2008 참조)에 의해 일반적으로 정의되는 정신병질은 다음과 같은 기준을 포함한다.

- 요인 1-공격적인 자기애: ① 말뿐임/피상적인 매력, ② 거대한 자기가치감, ③ 병리적인 거짓말, ④ 속임/조종함, ⑤ 후회나 죄책감의 부족, ⑥ 피상적인 정서, ⑦ 냉담함/공감의 부족, ⑧ 자신의 행동에 대한 책임을 수용하지 못함, ⑨ 난잡한 성행동
- 요인 2-사회적으로 변화가 심한 생활 방식: ① 자극받고 싶은 욕구/권태로운 경향, ② 기생하는 삶의 방식, ③ 빈약한 행동 통제, ④ 현실적이고 장기적 목표의 부족, ⑤ 충동성, ⑥ 무책임, ⑦ 미성년 범죄, ⑧ 이른 시기에 나타나는 행동 문제, ⑨ 조건부 석방의 취소

요인 1이나 요인 2와 관계가 없는 특성으로는 ① 빈번한 짧은 결혼관계와 ② 범죄에

서의 다재다능함이 있다.

많은 전문가는 APD가 '조종하는' '냉담한' '오만한' '피상적 매력' '병리적 거짓말' '가벼운 감정' 그리고 '죄책감, 후회, 공감의 부족'의 특징을 보이는 구체적 하위 집단으로 '정신병질'을 포함하면서 하나 혹은 그 이상의 차원에서 서로 다른 하위 집단을 포함한다는 견해를 갖고 있다. 이 특성들은 PCL-R 요인 1 '공격적 자기애'에 속한다. 이것은 APD의 DSM-IV 정의에서 두드러지지 않은 특징이다(Kerberg, 1984 참조). APD를 가진 비정신병질적 개인들은 대부분 PCL-R의 요인 2 '사회적으로 변화가 심한 생활 방식'의 특징을 보인다. 또 다른 중요한 차이는 반사회적-공격적 행동의 형태에 있는 것 같다. 즉, 일반적으로 개인이 **반응적-충동적 공격성** 혹은 **적극적-도구적 공격성**을 보이는지 여부이다. 두 유형 모두 공통적으로 자기통제가 결핍되어 있는데, 전자는 행동 충동성에서 반응적-충동적이고 후자는 상당히 자기중심적이고 이기적인 행동의 측면에서 적극적-도구적이다. 전자는 대개 DSM-IV에 개념화된 장애로 간헐적 폭발장애(intermittent explosive disorder: IED)와 품행장애(conduct disorder)를 포함한다.

## 반응적-충동적 공격성

반응적-충동적(또는 '적대적' 혹은 '정서적') 공격성과 폭력은 반사회적 행동의 지배적 형태로 높은 수준의 분노나 충동성과 정적 상관을 보인다. 이는 인식된 위협 혹은 도발에 대한 반응으로 나타나고 종종 후회가 따라온다. 분노와 공격성의 표현은 충동적인 형태를 보인다(Barratt et al., 1999). 충동적 공격성과 통제할 수 없는 기질은 또한 IED의 특징이다(Coccaro, 2003).

### 자율신경계 반응

건강한 개인에서 놀람 반응, 눈 깜박임 정도, 눈썹추미근(corrugator supercilii muscle) 활동, 피부 전도의 증가와 초기 심박률에서의 감소는 불쾌한 사진에 노출되었을 때 발견된다. 하지만 중립적 혹은 유쾌한 사진에서는 그렇지 않다(혹은 유의미하지 않다; Lang et al., 2002). 반대로 충동적-반응적 공격성이 높은 수준으로 나타나는 반사회적 개인들에게 이러한 자율신경적 반응은 유의미하게 증가한다(Herpertz et al., 2001b; Lang et al., 2000). 즉, 이들은 전형적으로 불쾌한 혹은 위협적인 사진에 '지나치게 반응'하는 경향이 있다.

## 기능적 신경해부학과 영상 자료

전두엽, 특히 안와전두 피질(OFC) 그리고 복내측 전전두엽 피질(vmPFC)에서 구조적 혹은 기능적 손상이 충동적 공격성 및 폭력적인 행동과 연관이 있다는 강한 증거가 있다. 충동적 공격성과 감소된 전두엽의 부피 혹은 전전두엽의 다른 기능장애 사이의 관계에 대한 지표가 다양한 정신의학적 장애를 보이는 환자에서 발견된다. 예를 들어, BPD(New et al., 2002, 2004; Soloff et al., 2000, 2003)와 IED(Best et al., 2002) 그리고 DSM-IV에서의 APD(Laakso et al., 2002; Raine et al., 2000), 자살 행동을 보이는 개인(Mann, 2003), 제정신이 아니었다는 이유로 죄책감을 가질 필요가 없다는 살인범(Raine et al., 1994, 1997) 등이 있다. OFC와 vmPFC의 일반적인 기능—특히 위협적이고 위험한 상황에서 정서 반응의 조절—을 고려하면 이러한 관계는 놀랄 일도 아니다.

OFC와 vmPFC는 입쪽 슬하 전방대상피질(ACC) 그리고 편도체와 같이 변연계 영역과 상호 관련이 크다(Kringelbach & Rolls, 2004). 연구에 따르면, 충동적 공격성과 폭력이 일어날 때 하나 혹은 다른 구조에만 손상이 일어나는 것이 아니고 전전두엽 피질과 변연계 구조 사이에 활동의 상대적 균형이 어려울 수 있다(Bufkin & Luttrell, 2005). 그러나 충동적 공격성과 폭력에서 OFC와 편도체 사이의 상호작용을 구체적으로 검증하는 많은 연구가 상대적으로 부족하다. PET 연구에서, Raine 등(1997)은 통제 집단과 살인범 집단에서 전전두엽 뇌기능과 피질하부 뇌기능 간의 비율을 평가했다. 구체적으로 계획하지 않고 충동적 방식으로 폭력 행동에 가담하는 살인범들에게서 감소된 전전두엽 및 증가한 피질하부 활동(후에는 편도체를 포함)이 발견되었다. 유사하게, IED 환자들은 분노 표정에 대한 반응에서 편도체의 과잉 활동성과 OFC 활동의 감소를 보였다(Coccaro et al., 2007). Coccaro 등에 의해서 발견된 이후, fMRI 결과들은 충동적 공격성을 보이는 개인들의 사회적 위협 신호에 대한 반응에서 편도체-OFC 기능장애에 대한 증거를 제공하고 있다. Dougherty 등(2004)은 분노 공격을 받은 우울한 환자들에게 분노를 유도하는 각본을 상상하게 하는 동안 vmPFC와 편도체 사이에 비정상적 기능적 관계가 있음을 제시했다.

이러한 자료는 혼란스러운 전두 변연계 회로와 피질하부 과각성의 상태(주로 편도체에 의해 중재됨) 사이의 관계를 제시한다. 이것은 충동적 공격성과 정서적 기능장애를 초래한다. 편도체와 OFC는 소위 정서를 인식하는 복측 체계의 핵심 구조이다. 이것은 편도체, 섬피, 복측 선조체, 앞쪽 ACC, OFC 그리고 vmPFC를 포함한다(Phillips et al., 2003). 이 개념에 따르면, 복측 체계는 정서적 자료에 대한 빠른 평가, 정서적 상태의 산출 그리고 정서 자극에 대한 자율신경계 반응의 자율적 조절에 있어 매우 중요하다.

높은 충동성과 복측 체계에서의 결핍 간 관계는 건강한 피험자에게도 발견된다. Brown 등(2006)은 '간다/가지 않는다'와 안면 처리 과제로 측정되는 충동성 기질이 측면 OFC 그리고 배측 편도체의 활성화와 부적으로 상관이 있었고, 양측 복측 편도체(bilateral ventral amygdala), 해마선회, 배측 ACC 그리고 양측 미상핵(bilateral caudate nucleus)과 정적으로 상관이 있다고 보고했다. 품행장애와 APD 환자는 높은 충동성이 특징인 것과 비슷하게 부정적 사진에 대해서 배측 ACC에서 두드러지게 감소된 활동을 보였다(Brown et al., 2006; Sterzer et al., 2005). 따라서 정상적인 충동적 개인에게서 배측 ACC와 OFC/vmPFC의 활성화가 보상 기제로서 작동한다고 추측해야 했다. 이것은 임상 전집에서는 존재하지 않았다(Brown et al., 2006).

이러한 입장은 과도하게 공격적인 행동을 보이는 환자가 경험하는 분노 반응에서 OFC가 충분히 활성화된다는 가정과 일관적이다. Coccaro 등(2007)은 분노 표정에 대한 반응에서 IED 환자의 OFC에서의 기능 저하를 발견하였다. 유사하게, 높은 수준의 분노와 공격성을 보이는 우울한 환자는 분노가 일어나는 동안 vmPFC의 활성화가 보이지 않았다(Dougherty et al., 2004).

결론적으로 편도체 기능 항진과 전전두엽 기능 저하의 결합은 정서조절장애와 충동성/공격성의 특징을 보이는 임상적 · 법의학적 관련 전집뿐만 아니라 높은 충동성이 특징인 건강한 피험자의 넓은 범위에 걸쳐 해부학적 · 기능적 연구들에서 일관적으로 나타난다. 이것은 자율신경계 반응의 과잉 활성화에 기반해 있다.

## 적극적-도구적 공격성과 정신병질

개정판 정신병질 체크리스트(PCL-R)에 의해 정의된 정신병질의 기준을 만족시키는 사람은 계획하고 목표 지향적인(돈, 신분, 약물 등을 얻으려는 목적으로) 활동이라는 점에서 도구적, 적극적, 사전에 의도된 혹은 '약탈적인' 공격성이 특징이다. 이러한 활동은 모터가 달린 것 같은 충동성과 결합되지 않거나 우세하지는 않을 수 있다. 반면에, 정신병질자들은 그들의 진실한 동기를 숨기면서 종종 다른 사람을 속이고, 거짓말하고, 조종하고, 공감을 가장하는 등의 모습을 보인다. 정신병질은 폭력과 상습적 범행률, 빈약한 치료 반응을 신뢰성 있게 예측한다(R. J. Blair, 2005; Hare & Neuman, 2008).

### 자율신경계 반응

정신병질자에서 가장 우선적이고 확실한 결과들은 갑작스러운 혹은 예견된 위협(Hare, 1983; Herpertz et al., 2001b; Patrick et al., 1993), 놀람 반응(Levenston et al., 2000; Pastor et al., 2003), 수동적 회피 학습(Lykken, 1957; Newman & Kosson, 1986) 그리고 정서적 점화(K. S. Blair et al., 2006)에서 보이는 자율신경계 반응의 손상이다. 정신병질이 거의 안면 변화가 나타나지 않는다는 사실과 이러한 발견은 일관적이다. 공포의 부족, 부정적 정서 정보를 처리하는 데 결핍 그리고 일반적으로 정서적 저감 반응이 있다는 것을 뜻한다(R. J. Blair, 2005 참조).

### 기능적 신경해부학과 영상 자료

충동적-반응적 공격성을 가진 개인들과 같이, 성인 정신병질자는 편도체-OFC 기능장애가 함께 있다. 그러나 정신병질에서 기능장애는 손상의 종류가 다르다(연합 학습과 정서성의 손상에 집중되어 있음; K. S. Blair et al., 2006; Budhani et al., 2006; Mitchell et al., 2002, 2006a, 2006b). 유감스럽게도, 정신병질에서 편도체와 OFC의 활성화에 대한 신경 영상 자료는 일관적이지 않다. 혐오감 유발(Birbaumer et al., 2005; Veit et al., 2002) 혹은 정서 기억 과제(Kiehl et al., 2001)를 활용하는 연구들은 통제 집단과의 비교에서 정신병질자들의 변연계 중추에서의 감소된 활성화를 보고한다. 반면, 다른 연구들은 정서적 학습(Schneider et al., 2000) 그리고 부정적 정서 사진의 처리(Müller et al., 2003) 동안 편도체, OFC와 배외측 전전두엽 피질에서 높아진 활성화를 발견했다. Deeley 등(2006)은 얼굴 표정 정서 처리 과제에서 범죄를 저지르는 정신병질자들에게 편도체 혹은 OFC 활동을 확인하지 못했다.

이러한 불일치에는 가능한 여러 가지 이유가 있다. 첫째, 일반적으로 작은 표본 크기(연구 대부분 $N<10$)와 함께 연구들마다 자극을 주는 방법을 다르게 사용하는 것은 보고된 효과가 그 표본에서만 나타날 수 있는 가능성을 높인다. 둘째, PCL-R 전체 점수의 평균에서 커다란 차이가 있었고(0점에서 40점 사이), 인용된 연구들은 정신병질자를 평가하기 위해 PCL-R을 사용하였다. 예를 들어, Birbaumer 등(2005)은 연구된 정신병질자들 사이에 대략 30점 정도(범위는 15~31점)의 PCL-R 점수를 보고했다. 반면, Müller 등(2003)은 37점 정도 평균(범위는 34~40점)을 보고했다. 이러한 정신병질자들은 두 표본에서 그들의 PCL-R 점수가 겹치지 않는다. 셋째, 앞서 언급했듯이 PCL-R 지수는 서로 관련이 있지만 두 개의 서로 구별되는 정신병질의 측면을 가지고 있다.

요인 1은 정서적-대인관계적 측면(예: 피상적인 정서, 후회와 공감의 부족)을 반영하고, 요인 2는 만성적으로 불안정하고 반사회적인 삶의 양식을 제시한다. 그래서 정신병질자들의 뇌 활성화에 대한 서로 다른 결과는 이러한 두 가지 서로 다른 정신병질의 특성을 가진 표본의 차이 때문일 수 있다. 즉, 분류가 PCL-R 총점에만 근거해서 이루어졌을 때 분명하지 않을 수 있다.

공감의 부족은 적극적 정신병질적 공격성과 폭력 둘 다의 맥락에서 추정되어 왔다. 공감은 다른 사람의 행동, 정서 그리고 감각을 이해하는 능력으로 생각할 수 있다. 공격적 행동과 공감적 행동의 사회적 적절성을 다양하게 맞추어 제작한 비디오 게임을 사용한 King 등(2006)의 fMRI 연구는 공감적 행동과 폭력 행동 사이의 차이를 분석하였다. 참여자들은 공격적인 휴먼 로봇 살인범에게 총을 쏘거나 상처 난 동족에게 붕대를 감아 주는 행동이 기대되었다. 이는 모두 사회적으로 적절한 행동으로 고려된다. 부적절한 행동은 반대의 조합이다. 즉, 상처 난 동족을 쏘고 휴먼 로봇 공격범을 치료하는 것이다. 놀랍게도, 행동이 폭력적이든 공감적이든 관계없이, 적절한 행동에서 vmPFC와 편도체를 포함하는 신경회로에서 동일한 활성화가 관찰되었다. 이 발견은 vmPFC와 편도체를 포함하는 공통적인 신경 체계가 맥락에 적절한 행동을 안내하는 것이라고 제안하고 있다. 이러한 자료들은 이 체계에서 기능장애가 부적절한 사회적 행동 기저에 있다고 설명한다.

또 다른 상호작용을 다룬 fMRI 연구에서, Lotze 등(2007)은 냉담함에서 높거나 낮은 피험자(정상 범위)의 반응적 공격성의 조절에서 전전두엽 피질의 역할을 검토하였다. 경쟁적 반응의 시간 과제에서 가상의 적이 도전에서 참여자를 이겼을 때 참여자에게 혐오적인 고통 자극을 부여할 수 있도록 마련되었다. 그러나 적이 졌을 때 보복의 기회가 있었는데 참여자는 처벌의 강도를 결정할 수 있고 비디오테이프로 적이 고통을 당하는 것을 볼 수 있었다. 그 결과, 보복이 이루어지는 동안 vmPFC에서 증가된 활동들이 관찰되었고 참여자들이 복수의 강도를 선택할 수 있을 때 후내방 전전두엽 피질(dorsomedial prefrontal cortex: dmPFC)에서 증가된 활동이 확인되었다. dmPFC 활동은 보복을 할 때 자극의 힘을 선택하는 강도와도 정적으로 상관이 있었다. 하지만 적이 고통을 당하는 것을 지켜보는 것과는 상관이 없었다. OFC/vmPFC는 참여자가 적의 고통을 관찰하는 동안 활발하였다. 그러나 이러한 효과는 냉담함이 낮은 집단(즉, 더 공감적인 집단)에서 더 강했다. 또한 편도체는 실험의 다른 국면에서 활성화되는 것이 발견되었다. 적을 지켜보는 동안 우측 편도체의 활동은 적의 고통의 강도와 정적으로 상관이 있었다.

연구자들에 따르면, 이러한 결과는 OFC/vmPFC가 고통스러워하는 적들에 대한 연민과 연합된 정서 처리에 관여하는 반면, 사회적 상호작용의 인지적 측면에서는 dmPFC가 관련되어 있다는 것을 의미한다. 적의 고통을 관찰하는 동안 OFC/vmPFC와 편도체의 활성화가 일어나는 이러한 연구 결과는 정당하지 못한 공격에 대해 적을 처벌하는 것이 공격성과 상관없이 적절한 사회적 행동으로 경험될 수 있다는 King 등(2006)의 결과와 유사하다. Lotze 등(2007)은 더 공감적인 참여자에서 나타나는 더 강한 OFC/vmPFC 활성화 결과 그리고 편도체 활성화와 적의 고통 사이의 정적 상관을 보고하였다. 이러한 발견은 더 공감적인 개인들에서 편도체에 의해 자극된 고통 단서에 대한 OFC/vmPFC의 더 높은 반응성을 지적하고 있다. 그리고 정신병질에서 관찰되는 공감 부족의 신경학적 기초와 관련된다.

두 개의 다른 fMRI 연구는 공감과 정신병질 사이의 관계를 더 깊이 연구하였다. Müller 등(2008)은 구체적으로 개정판 정신병질 체크리스트(PCL-R)와 국제질병분류(ICD-10; '반사회적 성격장애')를 통해 진단된 개인과 건강한 참여자는 비교하였다. 긍정적 · 중립적 그리고 부정적 자극으로 국제 정서사진 시리즈(IAPS)의 몇몇 사진을 활용하였다. 제시된 IAPS 사진으로 서로 다른 정서적 조건을 형성한 후, 'Simon 과제'가 이루어졌다. 예상했듯이, 두 집단에서 모두 참여자들은 양립할 수 있는 과제보다 양립할 수 없는 과제를 수행하는 동안 유의미하게 더 긴 반응시간이 걸렸다. 하지만 반응시간에 미치는 정서의 영향은 나타나지 않았다. 또한 통제 집단에서 오류율은 양립하는 조건과 비교했을 때 양립하지 않는 상황에서 더 높았다. 그리고 오류율은 긍정적 조건보다 부정적 조건에서 더 높았다. 이는 더 요구적인 인지적 과제에서 부정적 정서가 큰 '부담'을 준다는 가정과 일관적인 발견이다. 그러나 정신병질자 집단에서는 오류율에 영향을 미치는 부정적 조건과 같은 위와 같은 효과가 일어나지 않았다. 반면, 두 집단에서 모두 양립할 수 있는 시도에서는 차이가 없었다. 이러한 발견은 부정적 정서가 정신병질자 집단에서는 인지적 과제를 혼란시키지 않는다는 것을 의미한다.

FMRI에서 혈액 산소 수준 의존(BOLD) 반응에서와 같은 부정적 정서 자극의 제시에서 통제 집단에서는 상전두회의 증가된 활동을 보인 것과 달리 정신병질자들은 감소된 활동을 보였다. 이러한 결과는 더 도전적인 인지 과제의 '부담'을 보이며, 건강한 집단 피험자들에게 양립할 수 없는 자료를 제시했을 때 나타나는 증가된 측두두정의 활동을 보이는 연구 결과와 일관적이다(Peterson et al., 2002). Müller 등은 정신병질자들의 경우, 상전두회와 vmPFC(공감에서 중심 역할) 사이에 상호작용의 어려움이 있다는 증거를 제시했다.

Fecteau 등(2008)이 수행한 다른 연구는 정신병질자에서 드러나는 '공감의 손상'이 정확하게 무엇인가에 대한 중요한 질문에 대해 설명한다. 이러한 개인은 다른 사람의 고통을 인식할 수 없는가? 혹은 그들은 단순히 그것에 무관심한 것인가? Fecteau 등은 다른 사람의 고통에 대한 단순한 인식인 '기계적 공감'과 그것에 대한 염려를 보이는 '정서적 공감'을 구분했다. 연구자들은 한 사람의 고통스러운 치료를 관찰하는 동안 피험자들의 fMRI 결과에서 운동 중추(motor center)의 활성화를 발견했다. 바늘로 찌르는 장면을 수동적으로 관찰하는 동안 운동 피질의 흥분도는 통제 집단과 정신병질 집단 모두에서 유의미하게 감소하였다. 하지만 이러한 감소는 가장 강한 냉담함을 보이는 정신병질자들에게서 가장 컸다. 정신병질적 환자들이 타인의 고통을 잘 이해할 수 있지만 타인의 고통에 대해서는 관심이 없다는 것을 뜻한다. 이것은 정신병질에서 정신화 능력이 손상되지 않았다는 발견과 일치한다(R. J. Blair, 2005; Dolan & Fullam, 2004). Munro 등(2007)도 유사한 결론을 제시했다. '간다/가지 않는다' 실험에서 건강한 통제 집단과 정신병질자(PCL-R에 의한 평가) 사이에 평가된 반응 억제 그리고 전두 N2/P3에서 차이가 없었다. 두 집단 모두에서 N2와 P3 파장은 반응 억제에서 ACC 위쪽과 좌측 OFC에서 높았다. 정신병질자에서 일반적 운동 충동성은 손상되지 않았으며, 정신병질자의 손상은 구체적으로 정서적 공감에 영향을 미치는 것 같다(즉, 다른 사람의 고통과 고통스러워하는 것에 대한 염려를 보이는 것에서의 손상이다).

요약하면, 정신병질에 관한 신경생물학적 발견은 정신병질이 복측 그리고 복내측 전전두엽 영역(vmPFC, OFC, ACC), 섬피질, 측두두정 피질 영역 그리고 피질하부 변연계 중추(주로 편도체)의 기능장애로 인한 것이라고 제안하고 있다. 반응적-충동적 공격성을 보이는 개인과는 특징적인 면에서 다르다. Yang과 Raine(2008)에 따르면, 정신병질자의 핵심적 결핍은 ① 긍정적 혹은 부정적 강화물에 대한 평가(OFC/vmPFC), ② 맥락에서 정서적 자극을 처리하는 것(편도체, 해마), ③ 정서의 현저함과 정서 반응의 조절을 평가(ACC) 그리고 ④ 고통과 공감 시스템(대뇌섬, 상측두회)의 손상에서 드러난다.

### 성공적 대 비성공적 정신병질

정신병질이 스트레스에 대해 자율신경계의 저감 반응(hyporesponsivity)을 보인다는 가정은 범죄에 대해 유죄판결을 받은 적이 있는(비성공적 정신병질자들) 혹은 아직까지

법에 걸리지 않고 유지하고 있는(성공적 정신병질자들) 하위 집단으로 구별되는, 범법을 저지르는 정신병질자에 관한 연구에 의문을 제기해 왔다. 한 연구에서 하위집단에 따른 자율신경계 스트레스 반응과 실행 기능을 비교하였다(Ishikawa et al., 2001). 통제 집단에 비해서 비성공적인 정신병질자들은 감소된 심혈관계 스트레스 반응을 보였는데 이것은 선행 연구의 결과와 일관적이다. 그러나 성공적 정신병질자들은 비성공적 정신병질적 집단 그리고 통제 집단에 비해 더 큰 자율신경계 반응성과 더 강한 실행 기능을 보였다.

자율신경계와 실행 기능의 손상 둘 다는 전전두엽의 구조적 손상으로 인해 일어난다(Bechara et al., 1997). 그래서 Ishikawa 등(2001)의 연구와 같이 같은 정신병질자들의 표본을 가진 다른 연구에서 연구자들은 피험자들의 전전두엽의 부피를 검사하였다(Yang et al., 2005). 통제 집단과 성공적 정신병질자를 비교했을 때 비성공적인 정신병질자들은 특히 전전두엽의 회백질 부피에서 22% 이상 감소를 보였다. 줄어든 전전두엽 부피는 비성공적 정신병질자들이 특히 빈약한 의사결정, 충동적 공격성 그리고 조절되지 못한 반사회적 행동에 이르게 해서 결과적으로 '잡힐' 가능성을 높인다. 반면, 성공적 정신병질자들은 그들에게 정상적 실행기능을 제공할 수 있는 전전두엽 회백질이 상대적으로 손상을 덜 보였다. 그리고 정서적 상태를 통제하는 능력이 손상되어 있지 않았다. 높은 자율신경계 기능과 함께, 이러한 특성은 성공적 정신병질자들이 위험으로 보이는 환경 단서에 민감하게 반응하게 하고 결국 유죄판결을 피할 수 있게 한다(Ishikawa et al., 2001; Yang et al., 2005). 성공적 정신병질자들은 분노를 내면화하고 반응을 억제할 수 있다. 그들은 지능, 통찰, 규칙의 이해 혹은 행동 공감(motor empathy)에서 손상을 보이지 않는다. 행동 공감은 정서 공감과 상반되는 특성인데 이들에게 독특하게 부족하다. 이러한 개인들의 주된 결핍은 타인의 고통과 부정적 정서를 염려하지 못하는 것이고 그들의 행동이 초래하는 장기적인 부정적 결과를 고려하지 못하는 것이다.

## 반사회적 성격장애자의 신경약물학적 및 유전적 결핍

증가된 충동성과 충동적 공격성은 다양한 방법으로 평가된 특성으로 건강한 피험자와 다양한 임상 전집 모두에서 중추 세로토닌 결핍과 관련이 있는 것으로 나타났다(Bjork et al., 2000; Bond et al., 2001; R. Lee & Coccaro, 2001; Lesch & Merschdorf, 2000;

Manuck et al., 2002; Marsh et al., 2002; Placidi et al., 2001; Soloff et al., 2000; Stanley et al., 2000). 더 나아가 많은 연구는 충동성과 공격성의 맥락에서 전두 뇌 영역의 감소된 세로토닌 변화를 기술해 왔다(Frankle et al., 2005; New et al., 2002, 2004; Rubia et al., 2005; Soloff et al., 2003). 이러한 연구들은 OFC/ACC 활동, 세로토닌 기능 그리고 억제적 통제 사이의 관계에 대한 신경 기능적 증거를 제시했다. 더 구체적으로 그들은 OFC와 인접 영역이 세로토닌 기제를 통해 충동적 공격성의 제어 효과를 보인다고 설명한다.

세로토닌 기능과 충동적 공격성 사이의 관계에서 유전적 기여는 세로토닌과 관련된 다양한 유전적 다형성의 영향을 밝힌 많은 연구에 의해 지지되었다. 대부분의 연구는 세로토닌 전송 유전자(Beitchman et al., 2003; Davidge et al., 2004; J. H. Lee et al., 2003; Retz et al., 2004; Zalsman et al., 2001)와 트립토판 하이드록실라제 유전자(tryptophan hydroxylase: TPH; Hennig et al., 2005; New et al., 1998; Rujescu et al., 2003; Staner et al., 2002; Zill et al., 2004)에 관한 것이다. 효소 TPH는 아미노산 트립토판에서 세로토닌의 합성에 관여하는 반면, 세로토닌 수송체는 시냅스 틈(synaptic cleft)에서 세로토닌을 분리시킨다. 또 다른 효소인 모노아민 산화효소 A(MAO-A)는 선택적으로 시냅스 틈으로부터 재흡수된 이후에 세로토닌, 노르에피네프린 그리고 도파민을 저하시키고 결국 세로토닌 수준의 조절에 중요한 역할을 한다. 물론 높은 MAO-A 활동을 코드화하는 모노아민 산화효소 A 연쇄반복서열의 반복다형성(upstream variable number of tandem repeats: MAO-A-uVNTR)의 대립형질 변형은 자기보고로 평가된 공격성과 충동성과의 정적 상관이 보고된 바 있다(Manuck et al., 2002).

이러한 발견은 세로토닌과 관련된 다형성을 통해 남성들에게서 보이는 충동성과 공격성이 더 위험한 유전자형임을 암시한다. Caspi 등(2002)은 처음으로 MAO-A 유전자(MAOA)에서 다형성이 아동기의 학대 경험을 조절해 '폭력의 순환'을 일으키는 것임을 증명하였다. 폭력의 순환은 아동기에 학대당한 경험이 이후 성인기에 폭력의 가해자가 되는 위험성을 높이는 것이다. 아동기의 학대는 낮은 수준의 MAOA 발현이 부여된 유전자형을 가진 아동들에게만 성인이 된 후 높은 폭력 행동으로 나타나게 된다. 반면, MAOA 유전자형의 높은 활동성을 가진 아동은 같은 경험의 부정적 효과에 대항해 자신을 보호하게 된다. 이렇게 유전과 환경의 상호작용은 975명의 7세 남아의 새로운 표본을 가지고 이루어진 반복 연구와 4개의 연구에서 실시한 메타연구를 통해 확인되었다(Kim-Cohen et al., 2006). Passamonti 등(2006)은 낮은 활동성을 보이는 대립 유전자 보균자(MAO-L)와 비교했을 때 높은 활동성을 보이는 대립 유전자 보균자(MAOA-H)

는 우측 측면 OFC에서 유의미하게 더 높은 반응을 보였다고 제시했다.

Passamonti 등(2006)은 세로토닌 체계에서 유전적 변이가 기질적 충동성과 관련된 뇌 반응을 일으킨다고 결론지었다. 이러한 별견은 전전두엽 활동과 기질적 충동성 사이의 상관에 관한 비일관적인 결과(Brown et al., 2006; Horn et al., 2003)가 부분적으로 MAOA의 유전적 변형과 관련이 있다는 가능성을 높인다. 이러한 제안을 지지하면서, MAOA-H 보균자에게서 충동성과 측면 OFC 간의 정적 상관은 Horn 등(2003)의 결과와 일관적이다. 반면, MAOA-L 보균자에서 충동성과 측면 OFC 사이의 부적 상관은 표정을 연결하는 과제를 연구한 Brown 등(2006)의 결과와 일치한다. 최근에 Meyer-Lindenberg 등(2006)은 MAOA-L의 보균자가 입 쪽 그리고 배측 ACC, 편도체, 대뇌섬 그리고 시상하부에서 MAOA-H 피험자의 부피와 비교했을 때 평균 8%가량 감소된 부피를 보였다고 발견했다. fMRI를 통해 살펴본 결과, MAOA-L 보균자는 표정을 연결하는 과제에서 MAOA-H를 가진 사람과 비교해 높아진 편도체 활성화와 조절하는 역할을 하는 전전두 영역(입 쪽 ACC, OFC)의 감소된 반응이 있었다.

Meyer-Lindenberg 등(2006)은 충동적 공격성과 MAOA의 관계에 관여하는 정서적 조절과 인지적 통제에 대해 변연계 회로망에서의 차이를 연구 결과를 통해 확인했다. 그러나 그들은 수행된 연구가 높은 공격적 혹은 폭력 행동을 보이는 대상이 아닌 정신의학적으로 건강한 자원자들을 대상으로 해서 이루어졌다는 점을 강조했다. MAOA와 폭력성 자체의 관계를 연구하지는 않았다는 것이다. 그러나 Meyer-Lindenberg 등(2006)의 연구는 충동적 공격성과 정서 조절 신경회로에서 MAOA 유전형에 수반되는 반응 사이를 연결한 최초의 신경 영상법 연구이다.

중요한 것은 Meyer-Lindenberg 등(2006)의 발견은 Caspi 등(2002)에 의해 관찰된 유전자와 환경 간 상호작용의 가능한 신경 기저 특성을 확인했다는 점이다. 유전적 위험 요인이 정서적 행동의 조절과 관련된 뇌 영역 그리고 환경적 스트레스의 취약성에서 개인차를 일으키는 세로토닌의 유입에 의해 변화되는 뇌 영역을 통해 작용한다고 제안하는 것은 타당하다. 그러나 뇌기능에서 설명된 차이가 유일하게 MAOA의 유전적 차이에 근거한다고 가정하는 것은 타당하지 않을 것이다. 예를 들어, 정서적으로 유발되는 자극에 대한 정상 지원자들의 편도체 과잉 활성화는 세로토닌 수송체의 유전적 변화로 확인되어 왔다(Harri & Holmes, 2006). 이것은 정서에 미치는 유전자-유전자 효과를 고려하는 것이 필요하다는 것을 말해 준다.

## 요약

APD와 정신병질자에 관한 신경생물학적인 연구 자료는 두 가지 주요한 반사회적 행동의 형태가 존재한다는 가설을 확인하고 있다. 그것은 반응적-충동적 공격성과 적극적-도구적 공격성이다. 전자가 폭력범죄의 대부분을 잘 설명하는 반면, 후자는 정신병질적 특징을 보인다. 두 집단 모두 역기능적 자율신경계 반응, 혼란스러운 세로토닌 체계 그리고 충동 통제, 공감의 맥락이나 특히 두려움과 분노와 같은 정서와 감정의 처리에서 변연계 피질-전두부, 피질하부 중추들간 상호작용의 결핍이 특징적이다. 그러나 두 집단 모두 두드러지게 구체적 혼란과 손상에서 차이가 있다.

높은 충동적-반응적 공격성을 특징으로 보이는 반사회적 개인은 불쾌한 자극에 대한 자율신경계 반응이 유의미하게 증가한다. 신경생물학적 관점에서 전두엽, 특히 OFC와 vmPFC의 구조적 혹은 기능적 손상(예: 부피 감소 그리고 감소된 활동성)이 충동적 공격성과 폭력 행동과 연관되어 있나는 분명한 증거가 있다. 이러한 증거는 편도체를 포함하는 피질하부 영역의 증가된 활동성과 일치한다.

적극적-도구적 공격성과 정신병질의 특징을 보이는 정신병질자는 혐오 자극에 대한 자율신경적 반응의 감소를 보였다. 이것은 두려움의 부족, 부정적 정서 정보를 처리하는 데 결핍 그리고 일반적으로 정서적 저감 반응을 보였다. 그러나 혐오 조건을 사용한 연구의 대부분이 통제 집단과 비교하여 정신병질자들에게서 변연계 중추 활동의 감소를 보고한 반면 다른 연구들은 정서적 학습 동안 편도체, OFC 그리고 배외측 전전두엽의 높아진 활성화를 발견했다. 가장 눈에 띄는 것은 대부분의 연구에서 지적·인지적 능력, 공감 혹은 마음이론에서 정신병질자들이 어떠한 손상도 보이지 않는다는 점이다. 그들은 단순히 타인의 고통과 정서에 대해 관심이 없었다.

이러한 이후 연구들이 '비성공적' 정신병질자들에 대해서는 보류하는 반면, '성공적' 정신병질자들은 비성공적 정신병질자와 통제 집단 피험자보다 더 큰 자율신경계 반응과 더 강한 실행기능을 나타냄을 입증하고 있다. 그들은 특히 분노를 내면화하고 반응억제를 잘하고 지능, 통찰 혹은 규칙의 이해에서 어떠한 손상도 보이지 않았다. 이것이 그들을 특히 더 위험하게 만들었다. 그들의 구체적 신경생물학적인 손상은 지속적으로 설명되어야 한다.

높은 충동성과 충동적 공격성은 일반적으로 세로토닌 대사에서 결핍과 관련이 있다. 대부분의 연구는 세로토닌 수송체 유전자 그리고 효소 MAO-A을 언급했다. 세로토닌 체계에서 유전적 차이는 기질적인 충동성에 관련된 뇌 반응을 이끄는 것으로 보인다. 감소된 세로토닌 그리고 증가된 테스토스테론은 더 구체적으로 지배성과 관련이 있어 보인다. 반면, 지배성과 좌절의 연합은 증가된 충동성과 폭력을 이끄는 것 같다.

## 결론

경계선 성격장애를 가진 개인과 정신병질적 혹은 비정신병질적 특성을 가진 반사회적 성격장애를 가진 개인은 자율신경계 반응에서의 비정상적인 특성, 피질 그리고 피질하부 중추의 상호작용에서의 역기능 그리고 세로토닌 체계에서의 결핍을 보인다. BPD 환자 그리고 반응적-충동적 공격성을 보이는 비정신병질적인 개인은 많은 공통성이 있다. 즉, 정서적 자극(특히 불쾌한 자극)에 대한 높은 반응과 연합하는 HPA 축의 고감반응(hyperresponsivity), 세로토닌의 감소된 수준 그리고 세로토닌 수송체 유전자와 MAO-A 효소에서의 특징적인 다형성이다. 하지만 전두 뇌 영역, 해마에서의 더 작은 부피, 감소된 전두엽 대사(OFC와 ACC를 포함하여) 그리고 증가된 편도체 활동성을 보이는데, 이것은 두 집단의 충동 조절에서의 결핍을 설명한다. 정신병질에서 우리는 대부분 감소된 자율신경계 반응 그리고 정서적 학습과 공감을 포함하여 정서성의 결핍을 발견하였다. 반면, 지적·인지적 기능은 손상되지 않았다.

이러한 발견에도 불구하고 비일관적인 결과가 많이 있는데, 특히 피질 변연계 영역의 활동성에 관한 것들이 그렇다. 이러한 비일관적인 결과들은 ① 장애의 이질성(APD뿐만 아니라 BPD, 대부분 아마 여러 하위 집단으로 구성되어 있다), ② 공병성, ③ 잘못된 혹은 일관적이지 못한 진단, ④ 작은 표본 크기, ⑤ 충분하지 못한 방법론적·기법적인 문제들, 특히 fMRI 자료와 신경해부학 영역을 연결시키는 문제, 혹은 ⑥ 피질 그리고 피질하부 변연계 중추 사이뿐만 아니라 인지적 그리고 변연계 중추 사이의 상호작용의 역동에 대한 이해 부족으로 이해할 수 있다. 이 장에서 제시한 피상적인 통찰을 넘어서 성격장애의 신경생물학적인 기초를 이해하는 부분은 아직 멀리 있다. 그러나 fMRI-EEG 기법을 연결하는 것은 빠르게 진전을 보이고 있는데 진단적 수준 그리고 실험적-경험적 환경뿐만 아니라 뇌 역동을 더 잘 이해하는 기법이 더 정교화되어야 한다.

## 핵심적 임상 개념

- 심리신경과학의 관점으로부터, 성격장애는 변연계 혹은 변연계 주변 뇌 중추의 구조적·기능적 손상, 그들 간의 상호작용 그리고 인지적-실행적 뇌 중추와 관련이 있다.
- 신경 영상 연구는 개인 외상과 경계선 성격장애 사이의 관계에 대한 신경계의 기초를 이해할 수 있도록 도왔다. 이것은 편도체, 해마 그리고 전전두엽을 포함하는 정서 조절에 관여하는 뇌 영역의 네트워크를 증명하고 있다.
- 연구는 BPD 발전은 세로토닌 수송체 유전자 5HTT와 관련이 있고, 이 유전자의 더 짧은 대립형질은 더 낮은 세로토닌 및 더 큰 충동적인 공격성과 관련이 있다. 도파민과 MAO-A에 대한 유전자가 장애를 일으키는 것으로 이미 입증되고 있다. 유전적인 발견들은 더 심각한 BPD를 가진 환자와 BPD를 가지지 않은 환자 사이에 (심리적인 차이뿐만 아니라) 생물학적인 차이가 있다는 증거를 보인다.
- 전두엽, 특히 안와부 전두엽 피질과 복내측 전전두엽 피질의 구조적 혹은 기능적 손상이 충동적 공격성 그리고 폭력적 행동과 관련이 있다. 반사회적 성격장애와 정신병질자에 대한 신경생물학적인 자료는 반사회적 행동에 두 개의 주요한 유형이 존재한다는 가설을 확인하고 있다. 한편으로 반응적-충동적 공격성 그리고 다른 한편으로는 적극적-도구적 공격성이다.
- BPD를 가진 개인과 정신병질적인 특성을 보이거나 보이지 않는 반사회적 성격장애를 가진 개인은 그들의 자율신경계 반응에서 비정상성을 보이고, 피질 그리고 피질하부 중추의 상호작용에서의 기능장애와 세로토닌 시스템에서의 결핍을 보인다.

## 추천 도서

Gabbard GO: Mind, brain, and personality disorders. Am J Psychiatry 162:648- 655, 2005.[신경과학과 성격장애를 연결하는 면에서 상당히 읽어 볼 만한 고찰이다.]

Herman JL, Perry JC, Van der Kolk BA: Childhood trauma in borderline personality disorder. Am J Psychiatry 146:490–495, 1989. [경계선 성격장애의 발달적 측면에서 중요하고 자주 인용되는 연구이다.]

Rosenthal MZ, Gratz KL, Kosson DS, et al: Borderline personal disorder and emotional responding: a review of the research literature. Clin Psychol Rev 28:75–91, 2008. [매

우 실제적인 방식으로 관련 주제에 대해 최근 연구들을 요약했다는 면에서 탁월한 고찰이다.]

Silbersweig D, Clarkin JF, Goldstein M, et al: Failure of frontolimbic inhibitory function in the context of negative emotion in borderline personality disorder. Am J Psychiatry 164:1834-1841, 2007. [아름답게 설계된 연구로 인상적인 결과를 담고 있다.]

Yang Y, Raine A: Functional neuroanatomy of psychopathy. Psychiatry 7:133-136, 2008. [정신병질의 신경생물학에 대한 최고의 소개이다.]

## 참고문헌

American Psychiatric Association: Diagnostic and Statistical Manual of Mental Disorders, 4th Edition. Washington, DC, American Psychiatric Association, 1994

Barratt ES, Stanford MS, Dowdy L, et al: Impulsive and premeditated aggression: a factor analysis of self-reported acts. Psychiatry Res 86:163-173, 1999

Beblo T, Driessen M, Mertens M, et al: Functional MRI correlates of the recall of unresolved life events in borderline personality disorder. Psychol Med 36:845-856, 2006

Bechara A, Damasio H, Tranel D, et al: Deciding advantageously before knowing the advantageous strategy. Science 275:1293-1295, 1997

Beitchman JH, Davidge KM, Kennedy JL, et al: The serotonin transporter gene in aggressive children with and without ADHD and nonaggressive matched controls. Ann N Y Acad Sci 1008:248-251, 2003

Best M, Williams JM, Coccaro EF: Evidence for a dysfunctional prefrontal circuit in patients with an impulsive aggressive disorder. Proc Natl Acad Sci U S A 99:8448-8453, 2002

Birbaumer N, Veit R, Lotze M, et al: Deficient fear conditioning in psychopathy: a functional magnetic resonance imaging study. Arch Gen Psychiatry 62:799-805, 2005

Bjork JM, Dougherty DM, Moeller FG, et al: Differential behavioral effects of plasma tryptophan depletion and loading in aggressive and nonaggressive men. Neuropsychopharmacology 22:357-369, 2000

Blair KS, Newman C, Mitchell DG, et al: Differentiating among prefrontal substrates in psychopathy: neuropsychological test findings. Neuropsychology 20:153-165, 2006

Blair RJ: Responding to the emotions of others: dissociating forms of empathy through the study of typical and psychiatric populations. Conscious Cogn 14:698-718, 2005

Blair RJ, Peschardt KS, Budhani S, et al: The development of psychopathy. J Child Psychol Psychiatry 47:262-276, 2006

Bond AJ, Wingrove J, Critchlow DG: Tryptophan depletion increases aggression in women during the premenstrual phase. Psychopharmacology (Berl) 156:477-480, 2001

Brambilla P, Soloff PH, Sala M, et al: Anatomical MRI study of borderline personality disorder patients. Psychiatry Res 131:125-133, 2004

Brown SM, Manuck SB, Flory JD, et al: Neural basis of individual differences in impulsivity: contributions of corticolimbic circuits for behavioral arousal and control. Emotion 6:239-245, 2006

Buchheim A, Erk S, George C, et al: Neural correlates of attachment trauma in borderline personality disorder: a functional magnetic resonance imaging study. Psychiatry Res 163:223-235, 2008

Budhani S, Richell RA, Blair RJR: Impaired reversal but intact acquisition: probabilistic response reversal deficits in adult individuals with psychopathy. J Abnorm Psychol 115:552-558, 2006

Bufkin JL, Luttrell VR: Neuroimaging studies of aggressive and violent behavior. Current findings and implications for criminology and criminal justice. Trauma Violence Abuse 6:176-191, 2005

Caspi A, McClay J, Moffitt TE, et al: Role of genotype in the cycle of violence in maltreated children. Science 297:851-854, 2002

Chanen AM, Velakoulis D, Carison K, et al: Orbitofrontal, amygdala and hippocampal volumes in teenagers with first-presentation borderline personality disorder. Psychiatry Res 163:116-125, 2008

Coccaro EF: Intermittent explosive disorder. Curr Psychiatry Rep 2:42-60, 2003

Coccaro EF, McCloskey MS, Fitzgerald DA, et al: Amygdala and orbitofrontal reactivity to social threat in individuals with impulsive aggression. Biol Psychiatry 62:168-178, 2007

Davidge KM, Atkinson L, Douglas L, et al: Association of the serotonin transporter and 5HT1D beta receptor genes with extreme, persistent and pervasive aggressive behaviour in children. Psychiatr Genet 14:143-146, 2004

Deeley Q, Daly E, Surguladze S, et al: Facial emotion processing in criminal psychopathy: preliminary functional magnetic resonance imaging study. Br J Psychiatry 189:533-539, 2006

de la Fuente JM, Lotstra F, Goldman S, et al: Temporal glucose metabolism in borderline personality disorder. Psychiatry Res 55:237-245, 1994

Dolan M, Fullam R: Theory of mind and mentalizing ability in antisocial personality disorders with and without psychopathy. Psychol Med 34:1093-1102, 2004

Donegan NH, Sanislow CA, Blumberg HP, et al: Amygdala hyperreactivity in borderline personality disorder: implications for emotional dysregulation. Biol Psychiatry 54:1284-1293, 2003

Dougherty DD, Rauch SL, Deckersbach T, et al: Ventromedial prefrontal cortex and amygdala dysfunction during an anger induction positron emission tomography study in patients with major depressive disorder with anger attacks. Arch Gen Psychiatry 61:795-804, 2004

Driessen M, Herrmann J, Stahl K, et al: Magnetic resonance imaging volumes of the hippocampus and the amygdala in women with borderline personality disorder and early traumatization. Arch Gen Psychiatry 57:1115-1122, 2000

Driessen M, Beblo T, Mertens M, et al: Posttraumatic stress disorder and fMRI activation patterns of traumatic memory in patients with borderline personality disorder. Biol Psychiatry 55:603-611, 2004

Ebner-Priemer UW, Badeck S, Beckmann C, et al: Affective dysregulation and dissociative experience in female patients with borderline personality disorder: a startle response study. J Psychiatr Res 39:85-92, 2005

Fecteau S, Pascual-Leone A, Théoret H: Psychopathy and the mirror neuron system: preliminary findings from a non-psychiatric sample. Psychiatry Res 160:137-144, 2008

Frankle WG, Lombardo I, New AS, et al: Brain serotonin transporter distribution in subjects with impulsive aggressivity: a positron emission study with [11C]McN 5652. Am J Psychiatry 162:915-923, 2005

George C, West M: The Adult Attachment Projective: measuring individual differences in attachment security using projective methodology, in Comprehensive Handbook of Psychological Assessment, Vol 2: Personality Assessment. Edited by Hilsenroth M. New York, Wiley, 2003, pp 431-448

Hare RD: Psychopathy and physiological activity during anticipation of an aversive stimulus in a distraction paradigm. Psychopathology 19:266-271, 1982

Hare RD: The Hare Psychopathy Checklist-Revised. Toronto, Ontario, Canada, Multi-Health Systems, 1991

Hare RD, Neuman CS: Psychopathy as a clinical and empirical construct. Annu Rev Clin Psychol 4:217-246, 2008

Hariri A, Holmes A: Genetics of emotional regulation: the role of the serotonin transporter in neural function. Trends Cogn Sci 10:182-191, 2006

Hegerl U, Stein M, Mulert C, et al: EEG-vigilance differences between patients with borderline personality disorder, patients with obsessive-compulsive disorder and healthy controls. Eur Arch Psychiatry Clin Neurosci 253:137-143, 2008

Hennig J, Reuter M, Netter P, et al: Two types of aggression are differentially related to serotonergic activity and the A779C TPH polymorphism. Behav Neurosci 119:16-25, 2005

Herpertz SC, Kunert HJ, Schwenger UB, et al: Affective responsiveness in borderline personality disorder: a psychophysiological approach. Am J Psychiatry 156:1550-1556, 1999

Herpertz SC, Schwenger UB, Kunert HJ, et al: Emotional responses in patients with borderline as compared with avoidant personality disorder. J Pers Disord 14:339-351, 2000

Herpertz SC, Dietrich TM, Wenning B, et al: Evidence of abnormal amygdala functioning in borderline personality disorder: a functional MRI study. Biol Psychiatry 50:292-298, 2001a

Herpertz SC, Werth U, Lukas G, et al: Emotion in criminal offenders with psychopathy and borderline personality disorder. Arch Gen Psychiatry 58:737-745, 2001b

Horn NR, Dolan M, Elliott R, et al: Response inhibition and impulsivity: an fMRI study. Neuropsychologia 41:1959-1966, 2003

Irle E, Lange C, Weniger G, et al: Size abnormalities of the superior parietal cortices are related to dissociation in borderline personality disorder. Psychiatry Res 156:139-149, 2007

Ishikawa SS, Raine A, Lencz T, et al: Autonomic stress reactivity and executive functions in successful and unsuccessful criminal psychopaths from the community. J Abnorm Psychol 110:423-432, 2001

Jovev M, Garner B, Phillips L, et al: An MRI study of pituitary volume and parasuicidal behavior in teenagers with first-presentation borderline personality disorder. Psychiatry Res 162:273-277, 2008

Juengling FD, Schmahl C, Hesslinger B, et al: Positron emission tomography in female patients with borderline personality disorder. J Psychiatr Res 37:109-115, 2003

Kernberg OF: Severe Personality Disorders: Psychotherapeutic Strategies. New Haven, CT, Yale University Press, 1984

Kiehl KA, Smith AM, Hare RD, et al: Limbic abnormalities in affective processing by criminal psychopaths as revealed by functional magnetic resonance imaging. Biol Psychiatry 50:677-684, 2001

Kim-Cohen J, Caspi A, Taylor A, et al: MAOA, maltreatment, and gene-environment interaction predicting children's mental health: new evidence and a meta-analysis. Mol Psychiatry 11:903-913, 2006

King JA, Blair RJR, Mitchell DG, et al: Doing the right thing: a common neural circuit for appropriate violent or compassionate behavior. Neuroimage 30:1069-1076, 2006

Koenigsberg HW, Harvey PD, Mitropoulou V, et al: Characterizing affective instability in borderline personality disorder. Am J Psychiatry 159:784-788, 2002

Kringelbach ML, Rolls ET: The functional neuroanatomy of the human orbitofrontal cortex: evidence from neuroimaging and neuropsychology. Prog Neurobiol 72:341-372, 2004

Laakso MP, Gunning-Dixon F, Vaurio O, et al: Prefrontal volumes in habitually violent subjects with antisocial personality disorder and type 2 alcoholism. Psychiatry Res 114:95-102, 2002

Lang PJ, Bradley MM, Cuthbert BN: Emotion and motivation: measuring affective perception. J Clin Neurophysiol 15:397-408, 1998

Lang PJ, Davis M, Ohman A: Fear and anxiety: animal models and human cognitive psychophysiology. J Affect Disord 61:137-159, 2000

Lee JH, Kim HT, Hyun DS: Possible association between serotonin transporter promoter region polymorphism and impulsivity in Koreans. Psychiatry Res 118:19-24, 2003

Lee R, Coccaro E: The neuropsychopharmacology of criminality and aggression. Can J Psychiatry 46:35-44, 2001

Lesch KP, Merschdorf U: Impulsivity, aggression, and serotonin: a molecular psychobiological perspective. Behav Sci Law 18:581-604, 2000

Levenston GK, Patrick CJ, Bradley MM, et al: The psychopath as observer: emotion and attention in picture processing. J Abnorm Psychol 109:373-385, 2000

Lotze M, Veit R, Anders S, et al: Evidence for a different role of the ventral and dorsal medial prefrontal cortex for social reactive aggression: an interactive fMRI study. Neuroimage 34:470-478, 2007

Lykken DT: A study of anxiety in the sociopathic personality. J Abnorm Soc Psychol 55:6-10, 1957

Lyoo IK, Han MH, Cho DY: A brain MRI study in subjects with borderline personality disorder. J Affect Disord 50:235-243, 1998

Mann JJ: Neurobiology of suicidal behaviour. Nat Rev Neurosci 4:819-828, 2003

Manuck SB, Flory JD, Muldoon MF, et al: Central nervous system serotonergic responsivity and aggressive disposition in men. Physiol Behav 77:705-709, 2002

Marsh DM, Dougherty DD, Moeller FG, et al: Laboratory measured aggressive behavior of women: acute tryptophan depletion and augmentation. Neuropsychopharmacology 26:660-671, 2002

Meyer-Lindenberg A, Buckholtz JW, Kolachana BR, et al: Neural mechanisms of genetic risk for impulsivity and violence in humans. Proc Natl Acad Sci USA 103:6269-6274, 2006

Minzenberg MJ, Fan J, New AS, et al: Fronto-limbic dysfunction in response to facial emotion in borderline personality disorder: an event-related fMRI study. Psychiatry

Res 155:231-243, 2007

Minzenberg MJ, Fan J, New AS, et al: Frontolimbic structural changes in borderline personality disorder. J Psychiatr Res 42:727-733, 2008

Mitchell DG, Colledge E, Leonard A, et al: Risky decisions and response reversal: is there evidence of orbitofrontal cortex dysfunction in psychopathic individuals? Neuropsychologia 40:2013-2022, 2002

Mitchell DG, Avny SB, Blair RJ: Divergent patterns of aggressive and neurocognitive characteristics in acquired versus developmental psychopathy. Neurocase 12:164-178, 2006a

Mitchell DG, Fine C, Richell RA, et al: Instrumental learning and relearning in individuals with psychopathy and in patients with lesions involving the amygdala or orbitofrontal cortex. Neuropsychology 20:280-289, 2006b

Müller JL, Sommer M, Wagner V, et al: Abnormalities in emotion processing within cortical and subcortical regions in criminal psychopaths: evidence from a functional magnetic resonance imaging study using pictures with emotional content. Biol Psychiatry 54:152-162, 2003

Müller JL, Sommer M, Weber T, et al: Disturbed prefrontal and temporal brain function during emotion and cognition interaction in criminal psychopathy. Behav Sci Law 26:131-150, 2008

Munro GES, Dywan J, Harris GT, et al: Response inhibition in psychopathy: the frontal N2 and P3. Neurosci Lett 418:149-153, 2007

New AS, Gelernter J, Yovell Y, et al: Tryptophan hydroxylase genotype is associated with impulsive-aggression measures: a preliminary study. Am J Med Genet 81:13-17, 1998

New AS, Hazlett EA, Buchsbaum MS, et al: Blunted prefrontal cortical 18fluorodeoxyglucose positron emission tomography response to metachlorophenylpiperazine in impulsive aggression. Arch Gen Psychiatry 59:621-629, 2002

New AS, Buchsbaum MS, Hazlett EA, et al: Fluoxetine increases relative metabolic rate in prefrontal cortex in impulsive aggression. Psychopharmacology (Berl) 176:451-458, 2004

Newman JP, Kosson DS: Passive avoidance learning in psychopathic and nonpsychopathic offenders. J Abnorm Psychol 95:252-256, 1986

Passamonti L, Fera F, Magariello A, et al: Monoamine oxidase—A genetic variations influence brain activity associated with inhibitory control: new insight into the neural correlates of impulsivity. Biol Psychiatry 59:334-340, 2006

Pastor MC, Moltó J, Vila J, et al: Startle reflex modulation, affective ratings and autonomic reactivity in incarcerated Spanish psychopaths. Psychophysiology 40:934-938, 2003

Patrick CJ, Bradley MM, Lang PJ: Emotion in the criminal psychopath: startle reflex modulation. J Abnorm Psychol 102:82–92, 1993

Peterson BS, Kane MJ, Alexander GM, et al: An event-related functional MRI study comparing interference effects in the Simon and Stroop tasks. Brain Res Cogn Brain Res 13:427–440, 2002

Philipsen A, Feige B, Al-Shajlawi A, et al: Increased delta power and discrepancies in objective and subjective sleep measurements in borderline personality disorder. J Psychiatr Res 39:489–498, 2005

Phillips ML, Drevets WC, Rauch SL, et al: Neurobiology of emotion perception, I: the neural basis of normal emotion perception. Biol Psychiatry 54:504–514, 2003

Placidi GP, Oquendo MA, Malone KM, et al: Aggressivity, suicide attempts, and depression: relationship to cerebrospinal fluid monoamine metabolite levels. Biol Psychiatry 50:783–791, 2001

Raine A, Buchsbaum MS, Stanley J, et al: Selective reductions in prefrontal glucose metabolism in murderers. Biol Psychiatry 36:365–373, 1994

Raine A, Buchsbaum M, Lacasse L: Brain abnormalities in murderers indicated by positron emission tomography. Biol Psychiatry 42:495–508, 1997

Raine A, Lencz T, Bihrle S, et al: Reduced prefrontal gray matter volume and reduced autonomic activity in antisocial personality disorder. Arch Gen Psychiatry 57:119–127, 2000

Retz W, Junginger P, Supprian T, et al: Association of serotonin transporter promoter gene polymorphism with violence: relation with personality disorders, impulsivity, and childhood ADHD psychopathology. Behav Sci Law 22:415–425, 2004

Rosenthal MZ, Gratz KL, Kosson DS, et al: Borderline personality disorder and emotional responding: a review of the research literature. Clin Psychol Rev 28:75–91, 2008

Rubia K, Lee F, Cleare AJ, et al: Tryptophan depletion reduces right inferior prefrontal activation during response inhibition in fast, event-related fMRI. Psychopharmacology (Berl) 179:791–803, 2005

Ruchsow M, Walter H, Buchheim A, et al: Electrophysiological correlates of error processing in borderline personality disorder. Biol Psychol 72:133–140, 2006

Ruchsow M, Groen G, Kiefer M, et al: Response inhibition in borderline personality disorder: event-related potentials in a Go/Nogo task. J Neural Transm 115:127–133, 2008

Rujescu D, Giegling I, Sato T, et al: Genetic variations in tryptophan hydroxylase in suicidal behavior: analysis and meta-analysis. Biol Psychiatry 54:465–473, 2003

Rusch N, van Elst LT, Ludaescher P, et al: A voxel-based morphometric MRI study in female patients with borderline personality disorder. Neuroimage 20:385–392, 2003

Russ MJ, Campbell SS, Kakuma T, et al: EEG theta activity and pain insensitivity in self-injurious borderline patients. Psychiatry Res 89:201-214, 1999

Schmahl C, Greffrath W, Baumgartner U, et al: Differential nociceptive deficits in patients with borderline personality disorder and self-injurious behavior: laser-evoked potentials, spatial discrimination of noxious stimuli, and pain ratings. Pain 110:470-479, 2004

Schneider F, Habel U, Kessler C, et al: Functional imaging of conditioned aversive emotional responses in antisocial personality disorder. Neuropsychobiology 42:192-201, 2000

Schnell K, Dietrich T, Schnitker R, et al: Processing of autobiographical memory retrieval cues in borderline personality disorder. J Affect Disord 97:253-259, 2007

Silbersweig D, Clarkin JF, Goldstein M, et al: Failure of frontolimbic inhibitory function in the context of negative emotion in borderline personality disorder. Am J Psychiatry 164:1832-1841, 2007

Soloff PH, Lynch KG, Moss HG: Serotonin, impulsivity and alcohol use disorders in the older adolescent: a psychobiological study. Alcohol Clin Exp Res 24:1609-1619, 2000

Soloff PH, Meltzer CC, Becker C, et al: Impulsivity and prefrontal hypometabolism in borderline personality disorder. Psychiatry Res 123:153-163, 2003

Staner L, Uyanik G, Correa H, et al: A dimensional impulsive-aggressive phenotype is associated with the A218C polymorphism of the tryptophan hydroxylase gene: a pilot study in well-characterized impulsive inpatients. Am J Med Genet 114:553-557, 2002

Stanley B, Molcho A, Stanley M, et al: Association of aggressive behavior with altered serotonergic function in patients who are not suicidal. Am J Psychiatry 157:609-614, 2000

Sterzer P, Stadler C, Krebs A, et al: Abnormal neural responses to emotional visual stimuli in adolescents with conduct disorder. Biol Psychiatry 57:7-15, 2005

Tebartz van Elst LT, Thiel T, Hesslinger B, et al: Subtle prefrontal neuropathology in a pilot magnetic resonance spectroscopy study in patients with borderline personality disorder. J Neuropsychiatry Clin Neurosci 13:511-514, 2001

Tebartz van Elst L, Hesslinger B, Thiel T, et al: Frontolimbic brain abnormalities in patients with borderline personality disorder: a volumetric magnetic resonance imaging study. Biol Psychiatry 54:163-171, 2003

Veit R, Flor H, Erb M, et al: Brain circuits involved in emotional learning in antisocial behavior and social phobia in humans. Neurosci Lett 328:233-236, 2002

Völlm B, Richardson P, Stirling J, et al: Neurobiological substrates of antisocial and borderline personality disorder: preliminary results of a functional fMRI study. Crim Behav Ment Health 14:39-54, 2004

Watson S, Chilton R, Fairchild H, et al: Association between childhood trauma and dissociation among patients with borderline personality disorder. Aust N Z J Psychiatry 40:478-481, 2006

World Health Organization: International Statistical Classification of Diseases and Related Health Problems, 10th Revision. Geneva, World Health Organization, 1992

Yang Y, Raine A: Functional neuroanatomy of psychopathy. Psychiatry 7:133-136, 2008

Yang Y, Raine A, Lencz T, et al: Volume reduction in prefrontal gray matter in unsuccessful criminal psychopaths. Biol Psychiatry 57:1103-1108, 2005

Zalsman G, Frisch A, Bromberg M, et al: Family based association study of serotonin transporter promoter in suicidal adolescents: no association with suicidality but possible role in violence traits. Am J Med Genet 105:239-245, 2001

Zetzsche T, Preuss UW, Bondy B, et al: 5-HT1A receptor gene C -1019 G polymorphism and amygdala volume in borderline personality disorder. Genes Brain Behav 7:306-313, 2008

Zill P, Büttner A, Eisenmenger W, et al: Single nucleotide polymorphism and haplotype analysis of a novel tryptophan hydroxylase isoform (TPH2) gene in suicide victims. Biol Psychiatry 56:581-586, 2004

제4장

# Shedler-Westen 평가 과정:
## 임상적으로 의미 있는 성격 진단하기

Jonathan Shedler, Ph.D.
Drew Westen, Ph.D.

정신의학과 심리학이 직면해 있는 가장 커다란 도전 중 하나는 과학과 실제 사이에 커져만 가는 분립이다. 이 분립은 특히 성격 개념화와 평가에서 드러난다. 대부분의 임상가에게 성격 진단은 판단과 전문성이 요구되는 과제이다. 임상가는 환자가 무엇을 말하는지뿐만 아니라 어떻게 그것을 말하는지에 집중하면서, 환자가 자신의 삶과 관계에 대한 설명, 임상가와 상호작용하는 방식 그리고 환자에 대한 임상가 자신의 정서 반응으로부터 복잡하게 결정되는 추론을 이끌어 내면서 환자에 대한 넓은 범위의 심리적 자료를 고려한다(Westen & Arkowitz-Westen, 1998).

예로, 임상가는 자기애성 성격장애의 진단 기준인 공감의 부족을 평가하는 데 자기보고식 질문을 사용하거나 환자에게 직접적인 질문을 하면서 평가하지 않는다

* 이 장은 앞선 출간된 몇몇 연구의 연구자들의 허락을 받아 그 내용을 실었다. 우선, 정신역동적 진단 매뉴얼(PDM, Psychodynamic Dianositc Manual)에 실린 Shedler 그리고 Westen의 연구['personality diagnosis with the Shedler-Westen assessment procedure(SWAP): bridging the gulf between science and practice']가 있다. 이 연구는 PDM 프로젝트 팀에서 편집하였다. 또한, Silver Spring, MD의 'Alliance of psychoanalytic organizations'(2006, pp. 17-69); Shedler와 Westen의 'the Shedler-Westen assessment procedure(SWAP): making personality diagnosis clinically meaningful'(Journal of personality assessment, 89: 41-55, 2007)의 연구 결과를 실었다.

(Westen, 1997). 자기애적 환자는 자신의 공감 부족을 스스로 보고하지 않을뿐더러 심지어 자신을 돌보는 사람 혹은 좋은 친구로서 묘사한다. 환자가 보이는 공감 부족의 초기 신호는 종종 임상가가 자신이 변경 가능한 혹은 대체 가능한 사람이라는 미묘한 느낌을 받으면서 알게 된다. 그것은 동등한 인간 존재가 아닌 공명판으로만 취급되는 느낌이다(이에 대한 경험적 연구는 Betan et al., 2005; 임상적 논의를 위해서는 Kernberg, 1975; McWiliams, 1994 참조). 임상가는 이 특별한 환자에게 일관적으로 이런 느낌을 받는지 그리고 그러한 느낌이 치료자로서의 자기 역할로 느껴지는 특징인지를 고려하게 된다. 또한 자기애적 환자가 타인을 그저 그 사람으로서가 아니라 타인이 제공하는 기능이나 만족시켜 주는 정도로 설명하려 한다는 것을 알게 된다. 더 나아가 이러한 문제들이 자신의 삶에 대해 보고한 사실, 그를 치료로 이끌었던 문제, 가족 혹은 접촉하는 다른 사람으로부터 하나씩 모아진 정보와 딱 들어맞는지 그리고 어떻게 들어맞는지를 고려할 수 있다. 이러한 형태의 사고, 추리, 추론은 사람을 이해하는 데 있어 정신역동적 접근의 핵심이다.

많은 연구자는 이러한 임상적 판단과 추론을 피한다. DSM(Diagnostic and Statistical Manual of Mental Disorders)의 후속 개정판은 임상적 추론을 최소화하기에, 연구자들은 계속해서 징후(signs)와 증상(symptoms)을 표로 만드는 기계적인 방식으로 성격 진단을 다루어 왔다. 징후와 증상이 서로 어떻게 연결되는지를 고려하지 않으며 징후와 증상의 심리적 기능, 의미, 그것을 야기한 발달적 궤적 혹은 그것을 유지시키는 현재 요인에 대해서도 별로 고려하지 않는다. 사실 성격장애(personality disorder) 연구에서 진단적 '황금 기준'은 구조화된 면접이다. 구조화된 면접이라는 평가방법은 임상적 판단의 역할을 최소화하고 표준화된 질문과 판단으로 대체하면서 평가자 간 신뢰도를 높이도록 되어 있다. 면접은 전형적으로 경험이 많은 임상가에 의해 이루어지는 것이 아니라 연구 보조자 혹은 훈련받은 사람들에 의해 이루어진다.

DSM과 구조화된 평가 과정은 좋은 의도로 그들이 했던 대로 발전했다. DSM-III(American Psychiatric Association, 1980) 이전에 정신의학적 진단은 체계가 없었고 지나치게 주관적이었으며 의문스러운 과학적 이점을 가지고 있었다. 종종 환자의 성격 성향보다는 임상가의 배경이나 이론적 선호를 더 많이 드러냈다. 반면, 구조화된 평가 방법은 과학적 방법을 강조했고 과거의 체계적이지 않은 진단방법에 반하는 방식으로 진화되어 왔다. 주관적이고 임상적인 영역에서 대체로 기법적이고 연구를 강조하는 영역으로 이동한 성격 진단의 진화 과정에서 많은 것을 얻었고 많은 것을 잃었다. 과학과 실제 사이에 일어난 분립의 해결을 위해서는 시계를 과거로 돌릴 수 없었고 수십 년간 이루어진 과학적 진보를 버릴 수도 없다. 또한 수 세대에 걸친 임상가들의 축적된 통찰을 고려하지 않을 수 없다. 해결책은 임상적 관찰과 경험적 엄격함을 최선으로 결합하는 것이다.

이 장에서는 Shedler-Westen 평가 과정(Shedler-Westen Assessment Procedure: SWAP)에 대해 기술하려고 한다. 이 접근은 임상적 판단과 추론을 제거하기보다는 서로 연결하도록 마련되었다. 그리고 그것은 가장 좋은 임상적 · 경험적 전통을 결합하였다. SWAP는 임상적으로 관련이 있고 경험적으로 엄격하게 성격을 평가하는 수단을 제공한다.

이 장에서 우리는, ① 성격장애에 대한 DSM 체계가 가진 문제점을 살펴보고, ② 연구에서 임상적 관찰과 추론 사용의 도전을 기술하고, ③ 임상적 관찰과 통찰을 체계화하는 방법으로 SWAP의 발전을 기술하고, ④ 진단과 임상적 사례 개념화에 있어서 SWAP의 사용을 예를 들어 제시할 것이며, ⑤ 신뢰도와 타당도에 대한 증거를 검토하고, ⑥ DSM-5를 위해 축 II를 개정하는 데 있어 권고를 논의할 것이다.

## 왜 축 II를 개정하는가

성격장애에 대한 DSM 접근은 임상가나 연구자에게 인기가 거의 없다. DSM의 축 II에서 구조적 변화가 필요하다는 합의가 있었다(Skodol & Bender, 2009). 축 II는 다음과 같은 문제들을 갖고 있다(Clark, 1992; Grove & Tellegen, 1991; Jackson & Livesley, 1995; Livesley, 1995; Livesley & Jackson, 1992; Westen & Shedler, 1999a, 2000; Widiger & Frances, 1985 참조).

① 진단 항목들이 타당한 경험적 토대에 근거하지 않고 종종 군집분석이나 요인분석의 결과와 일치하지 않는다(Blais & Norman, 1997; Clark, 1992; Harkness, 1992; Livesley & Jackson, 1992; Morey, 1988).

② 축 II는 임의로 범주적 진단 체계를 따른다. 하지만 예컨대 경계선 병리는 있거나 없는 것이 아닌 거의 없는 수준에서 중간 정도 수준, 심각한 수준까지 연속체를 통해 개념화하는 것이 더욱 유용할 수 있다. 같은 고려 방식이 개인의 진단 기준에

적용된다. 예를 들어, 어떻게 공감이 적은 것을 '공감 없음'으로 볼 수 있는가?

③ 축 II 체계는 진단적 중요성이 다른 기준들에 대해 가중치를 부여하지 않는다(Davis et al., 1993).

④ 성격장애 진단들 사이에 공병은 받아들이기 어려울 정도로 높다. 어떤 성격장애에 대한 기준을 만족시키는 환자는 종종 4~6개의 다른 성격장애 기준도 만족시킨다(Blais & Norman, 1997; Grilo et al., 2002; Oldham et al., 1992; Pilkonis et al., 1995; Watson & Sinha, 1998). 이것은 진단적 구성 개념, 평가방법 혹은 둘 다에서 변별 타당도가 부족하다는 것을 뜻한다.

⑤ 공병을 감소시키려는 노력으로, DSM은 종종 임상적 관찰 혹은 경험적 자료에 근거하지 않는 방식으로 진단적 범주와 기준을 수정·변경해 왔다. 예로, 공감의 부족과 거대성이 자기애성 성격장애와 반사회성 성격장애 둘 다에 적용될 수 있음에도 불구하고 자기애적 성격장애와의 공병을 최소화하기 위해 반사회적 성격장애의 진단 기준에서 공감의 부족과 거대성을 제외하였다(Westen & Shedler, 1999a, 1999b; Widiger & Corbitt, 1995).

⑥ 좀 더 정확하게 성격장애를 정의하려는 노력은 결국 성격장애(인지, 정서성, 동기, 대인관계적인 기능 등을 포함하고 있는 다차원적인 증후)와 단순한 성격 특질 사이의 구별을 잠식하면서 시간에 따라 점점 기준이 협소하게 되었다. 예로, 편집성 성격장애의 진단 기준은 근본적으로 만성적인 의심이라는 하나의 특질에 대한 장황하고 불필요한 지표들일 뿐이다. 진단 기준들은 경험 있는 대부분의 임상가가 이해한 다면적인 성격 증후(syndrome)를 더 이상 기술하지 못하고 있다(Millon, 1990; Millon & Davis, 1997).

⑦ 축 II는 성격장애 진단을 배제할 수 있는 환자의 성격 강점을 고려하지 않는다. 예로, 자기애성 성격장애를 가진 환자와 자기애적 성격 역동을 가진 더 건강한 사람 사이를 구별함에 있어 증상을 고려하는 것이 아니라 상호 돌봄과 이해를 보이며 서로 사랑하고 의미 있는 관계를 유지하는 능력을 고려하는 것이다. 환자가 이러한 긍정적 특성을 가졌는지를 주목하는 것이다.

⑧ 축 II는 임상가들이 실제에서 경험하는 성격병리의 스펙트럼을 포함하지 않는다. 성격병리로 치료를 받는 환자들 사이에 40%보다 더 적은 경우만이 축 II로 진단된다(Westen & Arkowitz-Westen, 1998).

⑨ 축 II 진단은 기대만큼 임상적으로 유용하지 않다. 예를 들어, 환자가 회피성 성격

장애 혹은 의존적 성격장애에 부합되는지에 대한 진단 기준은 성격 증상의 기능, 치료에서 목표로 삼아야 하는 성격 혹은 그들을 어떻게 치료해야 하는지에 대해서는 거의 말해 주지 못한다.

⑩ 진단적 결정을 위해 사용되는 알고리즘(증상을 세어 보는 것)은 실제 임상 현장에서 임상가들이 사용하는 방법이나 적절하게 사용할 거라고 기대하는 방법에서 벗어나 있다. 인지치료와 관련된 연구들은 임상가가 증상을 표로 만들어 진단하지 않는다고 설명한다. 그보다 그들은 환자와 장애의 인지적 형판 혹은 원형 사이의 전체적인 '조화'를 측정한다(즉, 그들은 구조 혹은 게슈탈트로서 장애의 특성을 고려한다). 혹은 증상들 사이의 상호관계를 이해하는 원인을 알려 주는 이론들을 적용한다(Blashfield, 1985; Cantor & Genero, 1986; Kim & Ahn, 2002; Westen et al., 2002).

⑪ 성격장애 평가 도구는 심리학 연구에서 일반적으로 기대되는 신뢰도와 타당도에 대한 기준을 만족시키지 않는다. 질문지와 구조화된 인터뷰는 상대적으로 서로 간에 그리고 '모든 가용한 자료를 사용하는 종단 평가(longitudinal evaluation using all available data: LEAD)' 규준과 취약한 수렴을 보인다(Perry, 1992; Pilkonis et al., 1995; Skodol et al., 1991; Spitzer, 1983; Westen, 1997). 또한 5주 이상으로 실시된 검사-재검사 신뢰도에서 좋지 않은 결과를 보이고 있다(First et al., 1995; Zimmerman, 1994). 부족한 검사-재검사 신뢰도는 성격장애가 시간에 걸쳐 지속적이고 안정적이라는 정의를 고려하면 특히 문제이다.[1)]

이러한 문제들을 해결하기 위한 대부분의 제안은 행동적이고 덜 추론적인 진단 기준들을 계속해서 발전시키고, 자기보고식 도구들을 사용하면서 임상가를 건너뛰는 방식으로 임상가의 역할을 최소화하는 것이다. 그러나 이러한 해결책은 심각한 문제가 있다. 임상적 관찰과 추론을 제거하면서 우리는 진단을 위한 고려에서 무심코 중요한 심리적 현상을 제거하게 될 수 있다(Cousineau & Shedler, 2006; Shedler et al., 1993). 임상적 추론을 제거하는 것에 대한 대안은 그것을 과학적 사용과 연결하는 것이다.

1) 빈약한 검사-재검사 신뢰도를 통해 연구자들은 성격장애가 이전에 생각했던 것보다 덜 안정적이라고 제안했다. 자료에 대한 이러한 해석은 실제적으로 모든 임상적 이론가의 관찰과 일관적이지 않다. 타당한 가설은 성격장애 환자를 치료하고 그들을 잘 알고 있는 임상가들에게는 뚜렷한 성격장애의 핵심 특성을 평가 도구는 잘 포착하지 못한다는 것이다. 특히 도구는 일시적인 행동 증상을 지나치게 과장한다(예를 들어, 경계선 환자에서 나타나는 자해와 자살 경향성은 단지 애착관계가 위협을 받을 때 나타날 수 있다). 그리고 시간에 걸쳐 지속되는 기저의 성격 과정(경계선 성격장애 환자들에서 나타나는 정서조절장애, 공허감, 자기혐오와 같은 특성)은 덜 강조하고 있다(Zanarini et al., 2000 참조).

## 임상적 자료의 도전

몇몇 연구자들이 설명하듯이, 임상적 관찰과 추론이 가지고 있는 문제는 그것이 근본적으로 신뢰할 수 없다는 것이 아니다(논의와 문헌 검토를 위해서는 Westen & Weinberger, 2004 참조). 문제는 그것이 체계적으로 연구하기 어려운 형태라는 점에 있다. 측정 자는 인치를 측정하고 저울은 파운드를 측정한다. 정신역동적 입장을 가지고 있는 세 명의 치료자를 떠올려 보자. 한 명은 갈등과 절충 형성을 이야기할 수 있고, 다른 한 명은 투사된 그리고 내사된 자기와 타인 표상을 이야기할 수 있다. 나머지 한명은 아마도 자기손상과 파편화에 대해 언급할 수 있다. 그 가설을 세운 세 명의 임상가는 같은 것을 관찰할 수도 있고, 그렇지 않을 수도 있다. 세 가지 가능성이 있다. ① 그들은 같은 것을 관찰했지만 그것을 기술하기 위해 다른 언어와 비유 체계를 사용했을 수 있고, ② 코끼리와 장님이라는 우화에서와 같이 임상 자료 중 다른 것들을 주목했을 수 있으며, ③ 전혀 같은 것을 관찰한 것이 아닐 수 있다. 임상가들이 같은 관찰을 하고 추론을 하는지를 결정하기 위해서는 그들이 같은 언어를 사용해야 하고 임상적 현상에 대해 같은 스펙트럼에 집중해야 한다.

## 사례 기술에 대한 표준 어휘

SWAP는 사례 기술을 위해 표준 어휘를 가지고 모든 이론적 지향을 가진 임상가에게 제공하도록 마련된 평가 도구이다(Shedler & Westen, 1998, 2004a, 2004b; Westen & Shedler, 1999a, 1999b). '어휘'는 200개의 진술문으로 구성되어 있다. 각각은 주어진 환자를 매우 잘 혹은 전혀 잘 기술하지 못할 수 있다. 임상가는 8개의 범주에 따라 그 환자를 가장 잘 기술하는 것(7점)부터 전혀 기술하지 못하는 것(0점)까지 진술문의 순위를 매기거나 순서를 정하면서 환자를 기술한다. 그래서 SWAP는 200개의 성격 기술 변인 각각에 대해 0점부터 7점까지 범위로 점수를 산출한다(SWAP 도구는 www.SWAPassessment.org에서 이용 가능하다).

SWAP의 '표준 어휘'를 통해 임상가들은 체계적이고 정량화할 수 있는 형태로 환자의 깊은 심리적 기술을 제공할 수 있으며 모든 임상가가 임상적 현상에 대해 동일한 스펙트럼에 참여할 수 있다(Block, 1961/1978 참조). SWAP 진술문은 임상 자료에 가깝게 기술되어 있고(예: '권력 싸움에 들어가려고 한다.' 혹은 '진정한 친밀함과 돌봄으로 의미 있는 관계를 유지할 수 있다.'), 내적 과정에 대한 추론을 요하는 진술문은 분명하며 모호하지 않은 언어로 기술되어 있다(예: '자신의 받아들일 수 없는 느낌 혹은 충동을 자신이 아닌 타인에게서 보려고 한다.'). 이렇게 전문 용어를 쓰지 않으면서 문항을 작성하는 것은 신뢰하기 힘든 해석적 비약을 최소화하고 모든 이론적 접근을 가지고 있는 임상가들에게 유용한 문항을 만들 수 있다.

SWAP는 Q-분류 방법을 사용하였다. 이 방법은 임상가들에게 구체적인 횟수로 각 점수를 배정할 것을 요구한다(즉, 점수의 '고정된 분포'가 있다). SWAP 분포에서는 많은 문항이 0점(해당 장애를 기술하고 있지 않음)을 받고 점진적으로 적은 문항이 더 높은 점수를 받는다. 고정된 분포를 사용하는 것은 심리측정적 장점이 있다. 측정 오차를 줄일 수 있으며 표준화된 평정 척도에서 나타날 수 있는 '잡음'을 줄일 수 있다.[2] 이 방법은 존재하는 통계적 관계를 관찰할 기회를 최대로 높인다. 하지만 누군가 잘못 알고 있는 것처럼, 인위적으로 신뢰도와 타당도를 부풀리지 않는다. Block(1961/1978)은 Q-분류 방법에 대한 심리측정적 근거를 상세히 기술하였다. 그의 심리측정적 결론은 아직까지 도전받지 않고 있다. 관심이 있는 독자들에게는 그의 고전적 자료를 추천한다.

SWAP의 문항들은 지난 과거 50년 동안 쓰인 성격장애에 관한 임상 문헌들(예: Kernberg, 1975, 1984; Kohut, 1971; Linehan, 1993), DSM-III와 DSM-IV에 포함된 축 II 진단 기준(American Psychiatric Association, 1994), 성격의 어떤 측면들을 반영하고 있는 DSM 축 I 문항(예: 우울과 불안), 대처, 방어 그리고 감정 조절 기제에 대한 연구(예: Perry & Cooper, 1987; Shedler et al., 1993; Vailant, 1992; Westen et al., 1997), 성격장애 환자가 보이는 대인관계 병리에 관한 연구(Westen, 1991; Westen et al., 1990), 비임상적 집단으로 이루어진 성격 특질 연구(예: Block, 1971; John, 1990; McCrae & Costa, 1990), 축 II의 발전 이후에 수행된 성격장애 연구(Livesley, 1995), 성격장애를 보이는 환자의 비디오 인터뷰를 관찰한 후 환자를 설명하기 위해 초판 문항들을 사용하여 환

---

2) 평정자들이 서로서로를 '보정하는 식'이다. 척도를 평정하는 상황을 고려해 보자. 평정자는 자신이 원하는 어떤 것을 자주 사용할 수 있다. 불가피하게 어떤 평정자는 극단적인 값(예: 0~7점 평정에서 0점이나 7점)을 주려고 할 것이고 다른 평정자는 중간 값(예: 4점이나 5점)을 줄 수 있다. 점수는 환자의 특성뿐만 아니라 평정자의 평가 특성도 반영하는 것이다. Q-분류 방법은 고정된 분포를 가지고 있으면서 이와 같은 평정 오차를 제거할 수 있는데, 모든 임상가가 각 점수에 동일한 횟수를 배정해야만 한다. 규준문항의 사용이 임상가에게 같은 어휘를 제공하는 것이라면 고정된 분포의 사용은 그들에게 '공통적 방식'을 제공하는 것이다(Block, 1961/1978).

자를 기술하는 시험(pilot) 인터뷰 그리고 저자들의 임상 경험을 포함하여 다양한 범위의 자료에서 나왔다.

더 중요한 것은 SWAP-200(SWAP 문항들의 가장 초기 버전)은 환자들을 기술하기 위해 더 초기의 평가 버전(Shedler & Westen, 1998)을 사용했던 수백 명의 임상가-자문가의 피드백을 통합한 7년간의 반복적인 문항 개정을 통해 나온 결과였다. 우리는 임상가-자문가 각각에게 하나의 중요한 질문을 던졌다: "당신이 당신의 환자에 대해서 심리적으로 가장 중요하게 고려하는 한 가지는 무엇입니까?" 우리는 이 피드백에 근거한 문항들을 추가하고, 재기술하고, 개정하였다. 그러고 나서 새로운 임상가-자문가에게 새로운 환자들에 대해 기술할 것을 요청하였다. 우리는 대부분의 임상가가 '예'라고 답할 수 있을 때까지 많은 반복의 과정을 지속했다. SWAP의 새롭게 개정된 버전인 SWAP-II는 모든 이론적 지향을 가지고 있는 2천 명 이상의 임상가에게 받은 추가적인 피드백을 통합하였다(Westen & Shedler, 2007a). 반복적인 문항 개정 과정은 SWAP 문항들의 포괄성과 임상적 관련성을 확실하게 했다.

SWAP는 전문 용어가 없고 임상적으로 포괄적이기 때문에 숙련된 임상 관찰자들이 성격병리를 기술하기 위해 사용할 수 있는 언어를 제공할 수 있다. 우리는 연구를 통해 다양한 이론적 지향을 가지고 있는 경험 있는 임상가들이 문항들을 이해하고 신뢰할 수 있게 점수를 부여하였음을 증명하였다. 국제적 표본을 가지고 진행된 연구에서 다양한 이론적 지향을 가지고 있는 경험 있는 심리학자와 정신과 의사들—이들은 모두 수련 후 평균 18년 정도의 실제 경력을 가지고 있었다—은 성격병리를 가지고 있는 환자를 기술하는 데 SWAP-200을 사용하였다(Westen & Shedler, 1999a). 이러한 경험 있는 임상가들은 그들의 이론적 접근과 상관없이 구체적 성격장애를 보이는 환자들에 대해 SWAP-200 문항의 기술과 유사한 것을 제공하였다. 그리고 72.7%는 '이 환자에 대해서 내가 중요하게 고려하는 것 중 대부분을 SWAP-200 문항으로 표현할 수 있다.'라는 진술문에 동의하였다(가장 높은 평정 문항). 후속 연구로 SWAP-II를 사용하여 1,201명의 심리학자와 정신과 의사의 표본을 사용하였는데, 84%가 'SWAP-II는 내가 환자의 성격에 대해 중요하다고 고려하는 것을 표현하고 있다.'라는 진술문에 대해 '동의한다' 혹은 '강하게 동의한다'에 체크하였다(5% 미만이 동의하지 않음). 평정은 임상가의 이론적 지향과는 관련이 없었다. 동일한 결과가 청소년 버전인 SWAP-II-A를 사용한, 국제적으로 모집된 950명의 임상 집단에서도 나타났다. 임상적 관련성과 포괄성에 대해 이 같은 평가를 받은 다른 성격 문항들을 아직까지 본 적이 없다.

처음으로 SWAP를 사용하는 임상가는 이 평가에 30~45분 정도가 소요될 수 있다. SWAP에 익숙한 임상가는 20분 안팎으로 소요된다. SWAP는 환자와 6회 혹은 그 이상의 임상적 만남을 가진 후에 측정될 수 있다(우리 연구 프로토콜에서는 더 낮은 횟수를 구체화하였다). 추가로 우리는 체계적인 인터뷰를 발전시켰는데, 임상적 진단 인터뷰가 그것이다(Westen, 2002; Westen & Weinberger, 2004). 대략 2시간 반 정도가 소요되는데, 타당하고 신뢰성 있게 SWAP를 점수화할 수 있는 충분한 환자 정보를 얻을 수 있다. 인터뷰는 임상 혹은 연구에서 사용될 수 있는데, 성격을 평가하기 위해 모든 이론적 지향을 가진 숙련된 임상가가 사용한 인터뷰 접근을 모방하였지만 체계적으로 만들었다(Westen, 1997).

## 전문 용어가 없는 정신역동

어떤 연구자는 임상적 개념, 특히 정신역동적 구성 개념이 너무 모호하거나 이론적 혹은 가설적이어서 경험적으로 연구하기가 어렵다고 말한다. SWAP-II의 문항은 이 도구가 역동적 개념을 어떻게 정의하였는지를 잘 보여 준다(예시의 목적으로 방어에 초점을 둠). 이론적 용어를 제외한 구성 개념이 임상가들의 이론적 선호와 관계없이 마련되었다는 것을 주목하라. 개념을 위해 전통적인 정신분석적 용어(SWAP의 문항이 아님)는 꺾쇠괄호로 표시하였다.

| SWAP 문항 번호 | SWAP 문항 |
|---|---|
| 116 | 자신의 받아들일 수 없는 느낌 혹은 충동을 자신에게서 보는 대신 타인에게서 보려고 한다. [투사] |
| 144 | 자신을 논리적·합리적 그리고 감정에 영향을 받지 않는 사람으로 보려고 한다; 정서는 관련이 없거나 중요하지 않은 것으로 본다. [주지화] |
| 78 | 수동적 그리고 간접적인 방식으로 분노를 표현하려고 한다(예: 실수를 하거나, 꾸물거리거나, 잊어버리거나, 뿌루퉁해지거나 등). [수동-공격적] |
| 14 | 자신의 실패와 단점에 대한 것을 다른 사람 혹은 환경의 탓으로 돌리려고 한다; 자신의 행동 혹은 선택에 대한 책임을 수용하기보다는 외적인 요인으로 자신의 어려움에 대해 탓을 한다. [외현화] |

| | |
|---|---|
| 45 | 누군가를 이상화하려고 한다; 호들갑을 떨면서 타인을 완벽하고 완전히 지혜로운 사람으로 이상화하려 한다. [이상화] |
| 165 | 수용되기 어려운 소망 혹은 느낌을 완전히 반대되는 것으로 변화시키면서 왜곡하려 한다(예: 받아들이기 어려운 적개심이 나타날 때 반대로 과도한 관심을 표현하려고 하고, 받아들일 수 없는 흥분감이 나타날 때 성적인 주제에 대한 혐오감을 표현하는 것 등). [반동형성] |
| 9 | 화가 났을 때 같은 사람, 같은 시간에 대해 긍정적 특성과 부정적 특성 둘 다를 인식하는 것이 어렵다(예: 흑백 논리나 양자택일로 보고, 그/그녀를 돌보는 사람을 갑자기 무자비하고 의도적으로 해를 입히려는 사람으로 본다). [분열] |

## 임상적 뉘앙스 포착하기

임상적 관찰이 과학적으로 유용한지에 대해 연구자들이 회의적이듯이, 많은 임상가는 구조화된 평가 도구가 임상적 사례 기술의 풍부함과 복잡함을 제대로 다룰 수 있는지에 대해 매우 회의적인 입장을 드러낸다. 그러나 SWAP 진술문은 광범위하며 미묘한 임상적 현상을 포착하고 개별 문항의 내용을 넘어서는 의미를 전달하는 방식으로 구성되어 있다.

예로, SWAP-II 문항 중 '성적으로 도발적이고 촉발하려고 한다.'라는 문항을 고려해 보자. 만약 환자가 이 문항과 함께 '자기의 중요성에 대해 과장된 느낌(예: 특별하고, 우월하고, 웅장한 혹은 남들이 부러워할 만한)을 가지고 있다.'와 '자신의 중요성, 똑똑함, 아름다움을 감탄하는 청중으로 타인을 대한다.'라는 문항에서 높은 점수를 받았다면 떠오르는 모습은 특별하고 대단하다는 느낌을 위해 성적인 것에 집중하려는, 자기애적으로 배열된 개인의 모습이다. 만약 같은 환자가 '그/그녀가 타인과의 관계에서 진실한 자신이 아니라고 느낀다.' 그리고 '그녀/그가 부적절하고, 열등하거나 혹은 실패한 기분을 느낀다.'라는 문항에서 높은 점수를 받았다면 더 복잡한 심리적 초상이 나타날 수 있다. 이러한 SWAP 문항들의 결합을 보면, 거대성과 부적절감이 같은 사람에게 공존한다는 것을 의미한다. 거대성이 부적절감의 고통스러운 느낌을 가려 주는 기능을 한다는 가설을 제시할 수 있다. 이러한 이중성은 자기애성 성격장애 환자들의 핵심이다(경험적 증거를 위해서는 Russ et al., 2008 참조). 심리적 갈등과 모순을 기술하고 정량화하는 능력이 SWAP의 핵심적 특징이다. 이것이 다른 차원적 모델(한 사람이 한 특성에서 높거나 낮을 수 있지만 둘 다는 아니다)과 SWAP를 구별하는 것이다.

만약 성적 도발을 기술하는 SWAP-II 문항이 '그녀/그가 거절당하고 버려지는 것에 두려움을 보이는 경향이 있다.' '혼자 있는 것을 두려워하는 것 같다; 홀로 있는 것을 피하기 위해 무엇이든 하려고 한다.' 그리고 '비위를 맞추려고 하거나 굴종적으로 군다(예: 승인과 지지를 얻기 위해 그/그녀가 하기를 원하지 않는 것들에 동의한다)'와 같은 문항과 결합된다면 떠오르는 모습은 두려운 유기에 직면하지 않으려고 애착을 유지하는 처절한 수단으로 성에 의존하는 의존적인 개인의 모습이다.

성적 도발을 기술하는 SWAP-II 문항은 '충동적으로 행동하려는 경향이 있다(예: 결과에 대해 미리 생각하지 못하고 관심이 없는 것처럼 행동한다)' '다른 사람을 이용한다; 윤리적인 가치를 거의 신경 쓰지 않는다(예: 자신의 욕구를 우선으로 고려하고 타인의 느낌 혹은 복지를 고려하지 않으면서 그들을 이용하고 착취한다)' 그리고 '다른 사람에게 일으킨 피해나 상해에 대해 거의 혹은 전혀 뉘우침이 없다.'와 함께 결합될 수 있다. 이런 경우 떠오르는 모습은 다른 사람을 성적으로 착취하고 그의 우선적인 관심이 즉각적인 욕구를 만족시키는 반사회적 개인의 모습이다.

만약 성적 도발을 기술하는 문항이 '내적으로 나쁨에 대한 느낌을 깊게 가지고 있다; 손상된, 사악한 혹은 핵심이 썩은 사람으로 자신을 본다.' 그리고 '자기를 처벌하길 원하는 것 같다; 불행을 초래하는 혹은 기쁨과 만족을 주는 기회를 적극적으로 피하는 식으로 상황을 만든다.'와 함께 결합된다면 우리는 성이 자기평가절하나 자기굴욕이라는 넓은 범위의 역할을 한다고 추론할 수 있다(그러한 사람은 앞서 기술한 반사회적 개인의 희생양이 될 수 있다).

이러한 짧은 예는 SWAP 문항들이 어떻게 미묘한 임상적 개념을 전하기 위해 결합될 수 있는지를 보여 준다. 또한 그 주변의 그리고 그것을 맥락화하는 문항들에 따라 같은 문항이 다른 의미를 전달할 수 있는 예를 들어 보여 준다. 우리는 뒤의 절에서 임상 사례 예를 통해 이를 좀 더 다룰 것이다.

## 치료적 함의

DSM 진단 기준은 대개 기술적이다. 증상의 의미와 기능 그리고 개입을 이해하려고 하는 임상가에게 어떠한 안내도 제공하지 못한다. 예로, DSM은 우리에게 경계선 환자가 '불안정한 강렬한 관계 패턴'이 특징적이라고 말한다. 이 진술은 기술적으로는 정확할 수 있다. 하지만 그 환자가 왜 관계에서 불안정해졌고 어떻게 임상가가 그 환자를 도와야 하는가? SWAP는 이러한 특성을 야기한 기저의 성격 과정을 기술하기 때문에 어떤 답을 제시한다.

다음과 같은 성격을 고려해 보자(SWAP-II에서 9번 문항).

> 화가 날 때 같은 사람에 대해서 긍정적 특성과 부정적 특성 둘 다를 동시에 고려하는 것을 어려워한다(즉, 흑백 논리로 타인을 보고, 돌보는 사람으로서 누군가를 보다가 갑자기 같은 사람을 무자비하고 의도적으로 해를 입히는 사람으로 본다.).

이 문항은 정신역동적 임상가에게는 분열로, 인지행동적 임상가에게는 이분법적인 사고로 알려져 있는 현상이다. 타인에 대한 인식이 모순되는 극단 사이를 오간다면 그의 관계는 불안정할 것이다. 이것은 구체적인 치료 전략을 함의하고 있다. 즉, 환자가 이러한 극단적 사고를 이해하고 더 균형 잡힌 시각으로 타인을 인식할 수 있도록 돕는다면 치료자는 효과적인 개입을 할 수 있을 것이다. 예로, 치료자는 "당신이 배우자에게 화가 났을 때 당신이 좋아하는 그의 어떤 점을 떠올리는 것이 어려운 것 같습니다. 가깝게 느낄 때 당신이 그가 결점이 있다는 것을 인식하지 못하는 것 같고요." 이러한 개입은 모순되는 지각을 통합하는 환자의 능력을 발전시키는 것이다. 환자가 더 복잡하고, 조율되고, 균형 잡힌 방식으로 자기와 타인을 인식하도록 돕는 것이다. 최근 임상적 시도는 이러한 형태의 개입에 근거한 경계선 성격장애에 대한 치료적 효과성을 입증된 바 있다(Clarkin et al., 2007; Levy et al., 2006).

DSM은 또한 우리에게 경계선 환자가 '일시적으로 스트레스와 관련된 편집적 사고'를 가지고 있다고 말한다. 하지만 이것이 왜 일어났고 어떻게 개입해야 하는지에 대해서는 알려 주지 않는다. 환자가 다음과 같은 SWAP-II 문항에서 높은 점수를 받았다고 가정하자. '상황에 맞지 않는 강렬한 분노를 즉각적으로 경험하기 쉽다.'(185번 문항) 그리고 '자신의 수용되지 못하는 느낌 혹은 충동을 자신이 아닌 다른 사람에게서 보는 경향이 있다.'(116번 문항). 결합을 해 보면, 이 문항들은 편집적인 사고의 의미와 기능에 대한 가설을 제시한다. 즉, 환자는 편집적인데(세상을 위험하고 적대적으로 본다), 강렬하게 화를 낼 때 자신의 적개심을 그가 보고 있는 다른 누군가에게서 보기 때문이다(경험적으로 이러한 문항들은 편집성 환자에서 등장한다; 이 장 후반부의 'DSM-5를 향해: 성격장애의 분류를 개선하는 것' 절 참조). 치료적 함의는 분명하다. 치료자가 환자가 자신의 공격성을 보도록 돕고 그것을 조절하는 데 더 적응적인 방식을 발전시키도록 돕는 것이다.

## SWAP 차원적 진단

SWAP 점수 알고리즘은 DSM-IV에 포함된 성격장애의 차원적 점수를 구한다(요인분석을 통해 나온 특성뿐만 아니라 경험적으로 확인한 다른 진단 증상들에 대한 점수; 'DSM-5를 향해: 성격장애의 분류를 개선하는 것' 절 참조). 또한 SWAP는 임상적 사례 개념화와 치료 계획과 관련된 풍부하고 상세한 이야기식 사례 기술을 할 수 있다.

차원적 성격장애 점수는 전형적 혹은 '가장 알맞은' 형태로 각각의 성격 증후를 제시하면서(예: 전형적인 편집성 성격장애의 환자) 환자와 SWAP 기술 사이의 유사함이나 '조화'를 측정한다. 차원적 성격장애 점수는 T점수로 표현되고 [그림 4-1]에서 볼 수 있듯이 미네소타 다면적 인성검사(Minnesota Multiphasic Personality Inventory) 프로파일과 유사하게 성격장애 점수 프로파일을 그래프로 볼 수 있다. 그래서 각 성격 증후는 '있다' 혹은 '없다'와 같이 범주적으로 진단되기보다는 연속체상에서 평가된다. 낮은 성격장애 점수는 그 환자가 해당 성격장애의 원형과 유사하거나 조화롭지 않다는 것을 뜻한다. 그리고 높은 점수는 그 환자가 일치됨을 뜻하고, 중간 점수는 유사함에서 다양한 정도를 보인다는 것을 뜻한다(각 성격장애의 원형에 대한 기술과 척도 구성 방법에 대해서는 Shedler & Westen, 2004b; Westen & Shedler, 1999a, 1999b 참조).

이러한 차원적 접근이 성격 스타일과 장애의 증후적 이해를 여전히 보존하고 있다는 것을 주목하라. 즉, 차원적 접근은 정서, 인지, 동기, 대인관계 기능, 대처 전략 그리고 방어와 같은 기능적으로 상호 관련이 있는 심리 과정의 구조로 성격을 다룬다. 기능적으로 관련이 있다는 것은 성격 과정이 상호 의존적이며 서로 간에 인과적 관계를 가진다는 것을 뜻한다. (예를 들어, 앞서 기술한 편집적 사고의 예에서 강렬한 분노와 받아들일 수 없는 느낌을 타인에게 투사하는 경향은 기능적으로 관련이 있다.) SWAP 접근은 성격 형태를 질문지 자료를 통해 요인분석에서 나오는 것과 같이 특성 차원으로 분리하여 해체하는 것이 아니다(예: 5요인 모델에서 취해진 접근처럼).

증후적 접근은 임상가들이 기능적으로 상호 관련이 있는 심리 과정으로 정신병리를 본다는 점을 제시하는 연구들과 일관적이다(마치 범주에 대한 인간의 판단은 부분요소를

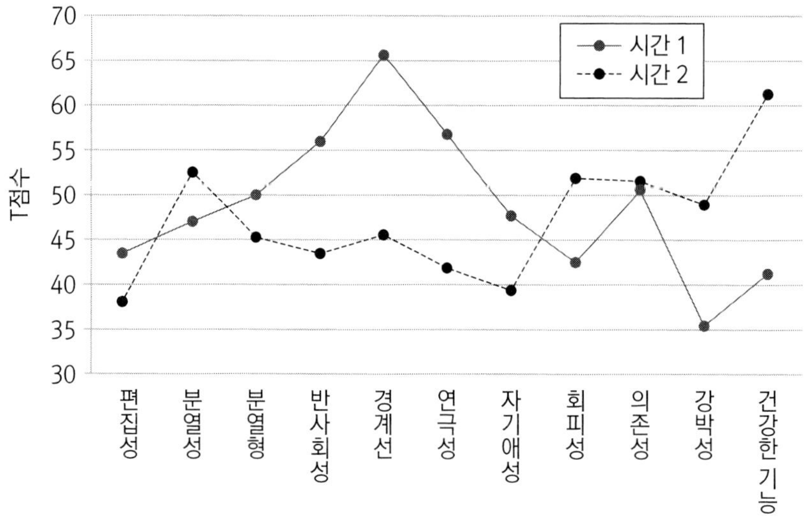


**[그림 4-1] Melanie의 성격장애 점수 프로파일**

통합적인 게슈탈트로 연결하는 암묵적인 인과적 이론에 의존하는 것처럼 말이다.; Km & Ahn, 2002). 성격 증상이 상대적으로 건강한 것부터 심각하게 혼란되어 있는 것까지(예: 신경증에서 경계선까지) 연속선상에 놓인다는 경험적 · 개념적 이해와 일관적이다. 강박적 성격 특성을 가진 건강한 개인은 정확하고, 규칙적이고, 논리적이고, 느낌보다는 사고를 더 편안하게 느끼고, 다소 일반적으로 권위 통제에 대해 신경을 더 많이 쓰며, 사고와 행동의 어떤 영역에서 조금 경직되어 있다. 차원적 진단 체계에서 이런 개인은 재정이나 엔지니어와 같이 이런 특성이 적응적일 수 있는 분야에서 우수할 것이다. 강박적인 스펙트럼의 끝에 있는 더 혼란스러운 개인의 경우 독단적이며, 감정에 무지하고, 통제에 과도하게 몰두해 있고, 나무는 보지만 숲을 놓치는 식으로 논리를 잘못 적용한다.

비록 우리가 증후적 접근의 유용함을 강조하고 있더라도 관습적 요인분석에서 나온 특질 접근의 유용함을 폄하하는 것은 아니다. SWAP의 요인분석은 임상적 · 경험적으로 일관적인 특질 차원과 일치한다(Shedler & Westen, 2004a; Westen et al., 2005; D. Westen, N. Waller, J. Shedler, & P. Blagov, Unpublished manuscript, Emory University, 2010). 어떤 경우에는 다른 차원적 특성모델(Widiger & Simonsen, 2005)이 포함하는 특질 차원과 쉽게 연결된다. 어떤 경우는 그렇지 않다(예: 사고장애, 성적 갈등). 증후적 접근이나 특질적 접근 모두 다른 평가 목적을 가지고 있고 각각 다른 장점을 가지고 있다. 이 두 접근이 결합된다면 가장 많은 정보를 얻을 것이다. 예를 들어, 증후로 환자를 기술하면서 그 증후와 중복되지 않는 특질 차원(예: 적개심, 사고장애)을 추가하여 미세한 심리 묘사를 할 수 있다.

## 사례 예시[3)]

### 배경

Melanie는 물질 남용과 학대관계에서 정서적·신체적으로 벗어나지 못하는 문제를 가지고 치료에 찾아온 30세 백인 여성이다. DSM-IV(SCID와 SCID-II)에 따른 구조화된 임상적 면접에 대한 평가에서는 축 I에서 물질 남용, 축 II에서 연극성 특성을 가진 경계선 성격장애의 진단이 내려졌으며 전반적 기능평가(Global Assessment of Functioning: GAF)에서는 45점을 받았다.

Melanie의 초기 가족환경은 방임과 부모의 갈등이 두드러졌다. 반복되는 가족 시나리오는 다음과 같다. 어머니는 남편에게 소리를 지르며 그가 실패자이고 그를 떠날 것이라고 반복해서 말했다. 어머니는 남편과 싸울 때마다 문을 쾅 닫고 들어가 잠그고 오랫동안 혼자 있었는데 그때마다 Melanie는 두려움에 떨었다. 부모 모두 Melanie는 안중에 없었고 종종 아이가 뭘 먹었는지도 관심을 두지 않았다. 청소년기에 Melanie는 종종 학교를 결석했고 많은 시간 잠을 자며 보냈으며 거리를 배회했다. 18세경, 집을 나가 거리생활을 시작했는데 충동적이며 혼란스러운 성관계가 시작되었고 거리에서 약물을 남용했고 좀도둑질을 하기도 했다. 20대 중반, Melanie는 풋내기 마약 거래자인 남자친구와 동거하기 시작했다. Melanie는 주기적으로 남자친구를 위해 돈이나 약을 얻으려고 매춘을 했다. 돈을 충분히 벌어오지 않을 때 남자친구는 그녀를 때렸다.

Melanie는 일주일에 3회씩 정신분석적 치료를 시작했다. 첫 10회는 녹음을 해서 축어록으로 만들었다. 2명의 임상가(Melanie에 대한 다른 자료를 알지 못하는)가 축어록을 검토하고 여기에서 얻어진 정보에 기초해서 SWAP-200 점수를 확인하였다. 신뢰도를 높이고 단 하나의 SWAP-200을 통한 기술을 위해 2명의 임상가의 점수에 대한 평균을

3) 이 절의 자료는 Lingiardi 등(2006)에서 가져왔다. 사례에 대한 더 상세한 내용, 치료방법 그리고 연구 결과는 원문을 참고하기 바란다.

구했다. 심리치료를 시작한 지 2년 후에 10회의 연속 회기가 다시 기록되었고 축어록을 통해 SWAP 평가 과정이 반복되었다.

## 성격장애 진단

[그림 4-1]에서 실선은 치료 초기에 DSM-IV가 제시하는 10개의 성격장애에 대한 점수를 보여 주고 있다. '건강한 기능'(오른쪽 맨 끝 자료)은 건강한 성격 기능에 대한 임상가의 합의적 이해(Westen & Shedler, 1999a)를 반영한다. 원활한 해석을 위해 각각의 성격장애 점수는 T점수로 변환되었는데, 이는 정신과에 내원하는 축 II 진단을 받은 표본에서 얻어진 규준에 근거한다(Westen & Shedler, 1999a).

SWAP가 차원적으로 성격장애들을 평가하고 각각 연속체에 따라 성격 증후를 개입하더라도 우리는 DSM-IV의 범주적 접근과의 '호환성(backward compatibility)'을 위해 절단점 점수를 정했다. 범주적 축 II 진단을 위한 역치 점수를 60점(T점수)으로 정했고, '특성(features)을 보이는 상태'로 해석되는 기준으로 55점(T점수)을 역치 점수로 정했다.[4)]

Melanie의 성격장애 프로파일은 경계선 성격장애(T=65.4로 대략 표본 평균보다 1.5 표준편차 높다)에서 두드러진 상승을 보여 주고 있으며, 연극성 성격장애가 두 번째로 높고(T=56.6), 반사회적 성격장애가 그다음이다(T=55.7). 권고된 절단점 점수를 적용해 보면, Melanie의 DSM-II 진단은 연극성 그리고 반사회적인 특성을 가지고 있는 경계선 성격장애라고 볼 수 있다. 건강한 기능 지수의 T점수가 41점이라는 것은 의미가 있다. 이는 축 II 진단을 받은 환자들의 표본 집단에서 평균에서 약 1 표준편차 아래에 있다. 이 점수가 낮은 것은 기능이 손상되어 있음을 뜻하는데 이것은 접수상담에서 평가된 낮은 GAF 점수와도 일관적이다.

## 이야기식 사례 기술

환자의 SWAP 기술에서 높은 점수를 받은 SWAP 문항(예: 5, 6, 7점을 받은 문항들)

4) 상대적으로 낮은 역치 점수는 참조로 삼은 표본이 성격장애 진단을 받은 환자로 구성되었다는 것을 의미한다. T점수=50은 성격장애 진단을 받은 환자들 사이에 평균 정도 기능을 유지한다는 것을 뜻한다. T점수=60은 성격장애 진단을 받은 다른 환자들과 비교해서 1 표준편차만큼 벗어나 있다는 것이다.

을 확인하면서 이야기식 사례 기술을 작성할 수 있다. 아래 제시된 이야기식 기술은 SWAP-200의 문항 중 상위 30개의 문항에 근거한다. 개념적으로 관련이 있는 문항들을 함께 묶었다. 문맥의 흐름을 위해서 약간의 문법적 변화를 주었고 요약하는 진술문과 맥락을 연결시키는 것(고딕체)을 추가하였다. 그러나 기본적으로 SWAP-200의 문항을 글자 그대로 사용하였다.

Melanie는 **심각한 우울과 기분부전을 경험한다.** 행복하지 않았고 실의에 빠져 있었다. 삶의 활동에서 거의 혹은 전혀 기쁘지 않았고 만족하지 못했다. 삶이 의미 없게 느껴졌고 자신이 사회에서 추방된 아웃사이더처럼 느껴졌다. 죄책감과 부적절감, 무능감 그리고 실패자라는 느낌이 든다. 그녀의 행동은 종종 자기패배적이고 자기파괴적이다. 목표를 추구하거나 성공에 대해 위축되어 있었고 자신의 욕구를 충족하는 것이 충분하지 못했다. 그럴 만한 것들을 얻거나 요구하는 것이 정당하다는 기분을 느끼지 못했다. 행복하지 않거나 쾌락과 만족을 얻을 기회를 적극적으로 피하면서 스스로를 '처벌'하기를 원하는 것 같았다. **구체적으로 자기파괴적 경향**은 정서적 혹은 신체적 학대를 당하는 관계에 말려들거나 그 관계를 유지하였다. 불법 약물을 남용하거나 이후 결과를 고려하지 않고 충동적으로 행동하기도 한다. 결과에 대한 염려는 거의 없다.

Melanie는 **구체적으로 경계선 성격장애와 연관된 많은 성격 특성을 보이고 있다.** 관계는 불안정하고 혼란스럽고 변화가 매우 빠르다. 타인에게 거의 공감하지 못했고 자신의 느낌과 욕구와 일치하지 않으면 타인을 이해할 수도 없었고 반응할 수도 없었다. 더구나 타인의 사고, 느낌, 성격 특성과 자신의 것을 혼동하는 경향이 있었다. 타인에게서 자신의 느낌을 유발하는 방식으로 종종 행동하려는 경향이 있었다(예를 들면, 자신이 화가 났을 때 타인에게 분노를 유발하거나 그녀 자신이 불안할 때 타인에게 불안을 주입하는 방식이다).[5)]

Melanie는 비일관성에 대해 혼란스러움 없이 모순되는 느낌을 표현하며 조화롭게 해결할 필요를 거의 느끼지 못했다. 긍정적인 타인의 특성을 인식하는 능력이 없어 그저 '전적으로 나쁜' 사람으로 타인을 보려고 했다. 그녀는 자신이 누구인지에 대한 안정적인 이미지가 거의 없고 되려고 하는 사람에 대한 이미지도 없었다(예를 들어, 그녀의 태도, 가치, 목표 그리고 자기에 대한 느낌은 안정적이지 않고 변화무쌍했다). 공허했고 **감정 조절은 빈약했다.** 강한 감정이 휘몰아칠 때 비합리적으로 보였고 일반적 기능 수

5) 정신분석적 접근을 잘 아는 독자들은 SWAP 항목이 Kernberg 등(1984; 이 책의 제1장 참조)에 의해 개념화된 것으로 경계선 성격 조직의 측면을 담고 있다는 것을 알 수 있을 것이다.

준은 눈에 띄게 감소되어 있었다. 고통스러울 때 스스로를 달래거나 혹은 편안하게 여길 수 없는 것 같았다. 감정을 조절하기 위해 다른 사람의 도움이 필요했다. 삶을 관리하는 것 그리고 그녀의 직업적인 삶 모두 혼란스러웠고 안정적이지 않았다.

마지막으로, 남자 그리고 성에 대한 Melanie의 태도는 문제가 있었고 갈등이 컸다. 그녀는 남성에 대해 적개심이 많았고(의식적이든지 혹은 무의식적이든지) 위험한 성생활(예: 상해 혹은 처벌)을 했다. 장기적으로 안정적인 사랑하는 관계를 유지하기가 두려워 보였는데 나이, 신분(예: 사회적 · 경제적 · 지적) 혹은 다른 면에서 부적절해 보이는 파트너를 고르는 경향이 있었다.

이러한 이야기는 경계선 성격병리로 심각하게 혼란스러운 환자의 상세한 심리학적인 그림을 제공한다. 기술에서 평범하며 전문 용어(예: 분열 정체성 혼미, 투사적 동일시)를 사용하지 않으면서도 경계선 성격의 정신역동적 특성을 포착하고 있다(Shafer, 1976 참조). 이것은 기술적인 정신의학(진단을 내리는 것이 목적)과 임상적 사례 개념화(환자 개인을 이해하는 것이 목적) 사이의 차이를 보여 준다. 예에서 기술된 모든 결과는 양적인 평가 자료에서 나온다.

## 심리치료에서 변화를 평가하기

Melanie 사례는 행복한 결말을 맞았다. 2년간의 정신역동치료 후에 SWAP는 유의미한 성격 변화를 드러냈다. [그림 4-1]에서 점선으로 표시된 것은 2년간 치료를 받은 후의 Melanie의 변화된 성격장애 점수를 보여 주고 있다. 경계선, 연극성 그리고 반사회성 차원에 대한 점수는 T=50점 이하로 떨어졌다. Melanie는 더 이상 DSM-IV의 진단에 적합하지 않았다. 건강한 기능 지수에 대한 점수는 41점에서 61.2점으로 변화하면서 증가하였다(2 표준편차만큼 증가). 이러한 성격 변화는 Melanie의 삶의 상황에서 구체적 변화와 함께 일어났다. 예를 들어, 그녀는 약물 남용을 중단했고 바람직하게 직업을 유지했다. 학대하는 남자친구와 더 이상 관계를 맺지 않았으며 도둑질, 난잡한 성행위 혹은 매춘에 가담하지 않았다.

더 구체적인 방식으로 변화를 평가하기 위해 우리는 두 번째 평가 점수에서 첫 번째 평가 점수를 빼서 SWAP의 각 항목의 차이 점수를 확인하였다. 아래 제시한 변화의 이야기식 기술은 차이 점수가 4점 이상으로 나타난 SWAP 문항들을 중심으로 구성한 것이다. 즉, 기술에서 약간의 문법적 변화와 문맥의 흐름을 추가하기 위해 글을 추가하였지만 SWAP-200 문항들이 기술에 사용되었다.

Melanie는 첫 번째 평가에서 나타나지 않았던 강점과 내적 자원을 발전시켰다. 그녀는 과거의 고통스러운 경험에서 의미를 찾고 그로부터 성장하면서 그것을 받아들이려고 했다. 좀 더 분명히 그리고 더 잘 자신을 말로 표현할 수 있게 되었고, 농담을 이해하고 반응하게 되었다. 심지어 강렬한 감정이 일어나는 문제도 다른 식으로 생각할 수 있었다. 그리고 다른 욕구와 느낌에 더 공감적이고 민감하게 되었고, 더 호감을 줄 수 있는 사람이 되었다.

경계선 성격병리와 구체적으로 관련되었던 영역들에서 두드러진 개선이 있다. 정서 조절에 대해 Melanie는 강한 정서로 휘저어질 때도 비합리적으로 되지 않았다. 즉각적인 상황에서 적절하게 감정을 표현하면서 질적인 면이나 강도 면에서 좋아졌다. 자신의 사고와 느낌을 다른 사람의 것과 혼동하는 것이 적어졌으며 타인을 덜 조종하게 되었다. 다른 사람을 덜 평가절하하고 '전적으로 나쁜' 사람으로 보는 것도 줄었다. 그녀는 부모를 향한 부정적 느낌을 받아들일 수 있었다.

Melanie는 덜 충동적이며 더 양심적으로 책임감을 갖게 되었고, 자신의 행동의 결과를 인식할 수 있게 되었다. 더욱 안정적으로 삶을 관리하고 직업도 갖게 되었다. 불법 약물의 사용이 분명히 줄었으며 더 이상 학대적 관계에 놓이지 않았다.

경계선 성격병리의 더 심각한 측면이 사라지면서 다른 갈등과 증상이 전면으로 나타났다. 예로, Melanie는 고통스러운 감정보다는 다소 강박적인 방어를 발전시키는 것으로 보였다. 일상에 더 엄격하게 집착하였고 변화가 일어날 때 더 불안하고 불편해했다. 추상적 주지화 경향이 보였고, 감정에 영향을 덜 받는 논리적이고 합리적인 사람으로 자신을 보려 했다.

하지만 논리적이고 합리적으로 행동하려는 바람에도 불구하고 Melanie는 감정과 충동을 통제하는 데 굉장히 힘겨워 보였다. 충동적으로 욕구와 소망을 표현하거나 아니면 철저히 그것을 부정하면서 통제하지 못하는 것과 지나친 통제 사이를 오갔다. 그녀는 강렬한 즐거운 정서(예: 흥분, 기쁨)를 경험하는 것을 힘겨워했다. 고통스러운 사건을 억압하고 '잊어버리고' 그렇지 않으면 왜곡하려고 했다.

마지막으로, Melanie의 관계와 성적 지향에서 변화가 일어났다. 전에 그녀는 매우 연극적인 방식으로(과장된 여성적 특성) 자신을 드러낸 반면, 이제는 모든 관습적인 여성성을 더욱 폄하했다. 대신 독립과 성취를 더욱 강조하게 되었다. 예전에는 다양한 혼란스러운 성적 관계에 참여했지만 이제는 친밀함의 욕구에 관한 갈등을 보였다. 친밀함을 갈망하지만 막상 그런 관계가 찾아올 때 거절하려고 했다. 한 사람에 대한 성적인 느낌과 부드러운 느낌 둘 다를 갖는 것을 어려워했다. 남자들은 존경할 만하고 매우 도덕적이거나 아니면 섹시하거나 흥분을 즐기는 사람들이라고 보았고, 둘 다를 가진 남자는 없다고 했다. 그녀는 화를 더 쉽게 내는 경향이 있다.

## 신뢰도와 타당도

심리학과 정신의학 관련 연구자들은 임상적 관찰이나 판단이 현실적이지 않다고 생각한다. 잘 쓰인 연구 문헌들은 '임상적 판단'의 한계점을 지적한다. 또한 불행하게도, '임상적 판단'에 관련된 연구들은 임상가들에게 전문성의 타당한 영역 이외의 것을 예측하라고 한다(안타깝게도, 어떤 임상가들은 너무나 의지가 강해서 그러한 예측을 해 왔다). 더 큰 문제는 연구들이 전형적으로 최적의 예측을 이끌어 내기 위해 변인들을 결합하고 가중치를 주는 그들의 능력(그 과제는 반드시 회귀분석과 같은 통계방법에 의해 더 잘 수행되어 왔다)을 통해 정확한 관찰과 추론을 내리는(임상가들이 잘하는 것) 임상가의 능력을 부풀려 왔다는 것이다. 실제로 많은 양의 문헌은 그것이 수량화되고 적절하게 사용될 때 임상적 관찰과 추론의 신뢰도와 타당도를 기록한다(Westen & Weinberger, 2004).

SWAP는 구체적으로 평가의 목적을 갖고 발전시킨 심리측정 방법을 사용하여 임상평가에 활용한다는 점과 통계법, 보험통계법을 검사결과에 적용한다는 점에서 다른 평가 접근과는 다르다. 요약하면, 임상가들이 가장 잘하는 것—그들이 치료하고 가장 잘 아는 개별적인 환자에 대해 구체적인 행동을 관찰하고 추론하는 것—에 의존한다. 또한 임상가들이 가장 잘하는 것—신뢰성 있고 타당한 진단 척도와 지수를 얻기 위해 최적으로 자료들을 결합하는 것—을 하기 위해 통계적 알고리즘에 의존한다.

SWAP-200의 성격장애 척도 점수와 다른 진단 척도들 간의 평정자 간 신뢰도는 확인된 모든 연구에서 .80 이상을 보였고, 종종 .90 이상을 보이기도 했다(Marin-Avellan et al., 2005; Westen & Muderrisoglu, 2003, 2006; Westen & Shedler, 2007a). 우리 연구소와는 관련이 없는 독립적인 연구자들이 이러한 높은 신뢰도 계수를 보고했다는 점에서 더욱 가치가 있다. 이 신뢰도 계수는 임상적 추론을 피하고 '사실에 근거하는' 구조화된 면담을 통해 전형적으로 보고된 것(예: DSM-IV 기준)과 적절하게 비교할 수 있다. 추가로 SWAP 진단 척도는 성인이나 청소년 표본에서 다양한 변인을 포함하는 외적 준거 척도들과 상당히 높은 상관을 보였다. 일촌관계 그리고 이촌관계에서 정신증이나 약물 남용과 같은 유전적인 요소, 아동기의 신체적 · 성적 학대와 같은 발달적 요인, 정신과 입원과 자살 시도와 같은 삶의 사건, 폭력적인 범죄 행위, 적응적인 기능에 대한 평가를 포함한다(Marin-Avellan et al., 2005; Shedler & Westen, 2004a; Westen & Muderrisoglu, 2003 Westen & Shedler, 1999a, 2007b; Westen & Weinberger, 2004; Westen et al., 2003).

## DSM-5를 향해: 성격장애의 분류를 개선하는 것[6)]

DSM-IV가 최적의 진단 범주와 기준을 포함하고 있는지는 실증적 질문이다. 성격의 유형 혹은 증후에 근거한 진단적 체계가 가용한 자료와 일관적인지도 실증적 질문이다(임상적 의사소통을 촉진시키는 그저 단순히 편리한 것과 대조적인). 이러한 질문을 해결하기 위해 우리는 축 II 장애를 진단받은 전국적 환자 표본($N$=496)을 치료하는 심리학자 혹은 정신과 의사를 통해 얻어진 SWAP-200 성격 기술을 연구하였다(Westen & Shedler, 1999b). 우리는 Q-요인분석(혹은 단순 Q-분석)을 활용하여 다음과 같은 질문에 답하려고 하였다.

① 지역사회에서 치료받은 성격장애 환자를 통해 확인 가능한 진단적 유목화가 분명한가? 즉, 다른 환자들과 그들을 구별할 수 있는 공통적인 심리적 특성을 공유하는 환자들을 묶을 수 있는가?
② 현재 DSM-IV의 진단 항목이 그 자료에 적절하게 적합한가? 즉, DSM-IV에 포함되지 않지만 경험적으로 확인 가능한 성격 증후가 있는가? 혹은 그 반대는 어떠한가?
③ 각 성격 증후에 대해서 가장 명확한 심리적 특성(진단 기준)은 무엇인가?

계산 방식에서 Q-분석은 요인분석 방법과 유사한 기법이다. 요인분석이 공통적으로 기반하는 요인을 나타내는 것들로 추정되는 유사한 변인들(즉, 자료 매트릭스에서

6) 여기에 제시된 자료는 Westen & Shedler(1999b)에서 인용되었다.

열)의 집단을 확인하는 것이다. 반대로 Q-분석은 공통적인 진단적 증상 혹은 유형을 대표한다고 추정되는 유사한 사람(즉, 자료 매트릭스에서 사례 혹은 행)들을 집단으로 묶는 것이다. 전자는 **변인 중심적**이고 후자는 **사람 중심적**이다(컴퓨터 방법의 기술을 위해서는 Westen & Shedler, 1999b 참조). Q-분석은 종의 유목화를 위해 분류하는 연구를 수행하는 생물학자들에 의해 사용되어 왔으며 정상 성격에 관한 연구에서 성공적으로 사용되어 왔다(Block, 1971).[7)]

Q-분석은 경험적으로 지역사회에서 치료받는 환자들 사이에 구별 가능한 성격 증후가 있다는 것을 증명해 왔다. 그리고 증후에 대한 접근 혹은 사람중심 접근이 자료와 일관적이라는 것을 밝혔다. 성격 증후가 상호 배타적인 항목이 아닌 차원적으로 이해되는 것은 중요하다(앞의 'SWAP 차원적 진단' 절 참조). 이것은 중요한 설명인데, 어떤 연구자들은 실수로 '차원적' 모델과 특질(변인중심)모델을 융합하고 '범주적' 접근과 증후(syndromal, 사람중심)모델을 융합하기 때문이다. 사실상 이러한 문제는 별개이며 독립적이다(Westen et al., 2006a). 차원적/범주적 구별은 사람이 구별되는 범주에 놓여 있는지 혹은 연속체에 따라 달라진다고 추정되는지에 관한 것이다. 증후와 특질의 구별은 진단의 단위가 서로 관련이 있는 성격 특성인지 혹은 일군의 분리된 특성인지에 관한 것이다.

Q-분석을 통해 개념적으로 일관성 있는 11개의 진단적 그룹 혹은 성격 증후군을 확인하였다. 그중 대부분은 DSM-IV의 진단 범주와 유사하였고 어떤 것은 그렇지 않았다. 우리는 Q-요인 점수를 내림차순으로 정리하여 SWAP 문항들을 열거하면서 경험적으로 확인된 진단적 증후에 대해 **원형적인 성격 기술(prototype personality description)**을 만들었다. 가장 높은 Q-요인 점수를 보이는 SWAP-200 문항들은 각 진단 그룹에 대한 중요한 혹은 명료한 심리학적인 특성(즉, 진단 '기준')을 뜻한다. 이것은 최적의 진

---

7) 사람중심 대 변인중심 평가의 논의는 이 장의 범위를 넘어서며 그것만으로도 하나의 장을 이룰 만하다. 우리는 그러한 구별이 임상가와 연구자 사이의 많은 오해에 기반하고 있다고 믿는다. 왜냐하면 임상가들은 사람중심 용어로 생각하려는 경향이 있고, 연구자들은 변인중심 접근으로 생각하려는 경향이 있기 때문이다. 사람 혹은 변인 중심 접근의 선택은 심오하게 우리가 심리적 문제에 대해 어떻게 생각하는지에 영향을 미칠 수 있으나, 종종 선택하는 순간 인식조차 되지 않을 수 있다. 대신, 하나의 접근 혹은 나머지 접근은 관습에 의해 수용되고 무엇이 문제인지 고려하지 않는다. (사례가 아닌 변인이 조작적으로 정의되도록 통계 자료 분석 프로그램이 고안되었다는 사실은 우리가 거의 가늠하기 어려울 수 있는 방식으로 학술적인 심리학을 형성해 왔다.) 하나의 접근이 '옳고' 또 하나는 '틀린' 것은 아니다. 이들의 접근은 다른 목적을 제시하고 우리가 다른 측면을 보도록 한다. 좋은 평가는 좋은 지도와 같다. 그런 점에서 그것들은 정확하게 그 영역을 묘사해야 한다. 종종 우리는 로드맵, 고저에 대한 지도 그리고 종종 행정구역도를 원한다. 아무리 많은 연구가 타당성에 대해 기술하더라도 주와 주 사이만을 오가는 운전자는 고저를 알려 주는 지도에는 거의 흥미가 없다.

단 범주와 기준을 정의하는 데 있어 순수하게 경험적 접근을 대표한다.

성격장애 증후와 기준을 정의하는 데 있어 이 접근을 보여 주기 위해 편집성 성격장애와 우울성 성격장애의 예를 사용할 것이다(경험적으로 확인된 11개의 진단적 그룹화의 기술을 위해서는 Shedler & Westen, 2004b; Westen & Shedler, 1999b 참조). 〈표 4-1〉은 편집성 성격 진단 그룹과 관련된 요인 점수(진단적 중요성을 뜻함)에 따라 환자를 잘 묘사하는 SWAP-200 문항들을 열거하였다. 많은 발견이 가치가 있다. 첫째, 이러한 진단 그룹의 경험적 확인은 DSM-IV에서 진단 범주로서 편집성 성격장애를 포함시키는 것을 타당화했다. 둘째, 문항들은 임상적으로 내적 경험과 행동뿐만 아니라 정신 내부 과정을 설명하면서 DSM-IV의 진단 기준보다 임상적으로 더 풍부하다. 셋째, 그 기술은 DSM-IV에 의해 제공된 기술과 중요한 방식에서 차이가 있다. 그리고 편집성 증상들의 의미와 기능에 대한 중요한 통찰을 제공한다.

예로, 문항 목록(〈표 4-1〉)은 DSM-IV가 하지 않는 방식으로 편집성 환자의 인지적 혼란을 강조한다(예: '강렬한 감정이 일어났을 때 비합리적인 경향이 있다.' '타인의 행동을 이해하는 데 어려움을 겪는다.' '추론하는 과정 혹은 지각적 경험은 이상하고 독특하다.'). 편집성 환자의 분노와 공격성에 대해 DSM-IV가 하지 않는 방식을 강조한다(예: '원한을 품는 경향이 있다.' '화가 나고 혹은 적대적인 경향이 있다.' '강렬한 그리고 부적절한 분노를 표현하는 경향이 있다.'). 또한 방어기제로서 투사에 의지하는 그들의 경향성을 강조한다('수용할 수 없는 느낌 혹은 충동을 그/그녀 대신 타인에게서 보는 경향이 있다.'). 이러한 결과는 투사를 편집성 환자의 핵심이라고 인식하는 정신분석적 사고와 일관적이다(편집성 환자는 자신의 적개심을 모든 곳에서 보기 때문에 세상을 적대적이라고 인식한다). 성격 기술은 DSM-IV의 기술과는 달리 치료 개입에 대한 분명한 시사점을 가질 수 있다. 즉, 편집성 성격장애를 치료하는 임상가는 환자가 현실 검증을 할 수 있도록 조력해야 한다. 환자의 추론 과정을 점검하고 그가 사건의 대안적인 구성과 해석을 고려할 수 있도록 돕는 것이다. 이러한 기술은 또한 임상가가 강렬한 분노와 공격성을 다룰 것이고, 성공적인 치료는 환자의 공격성을 다루어야만 하며, 환자가 그것을 조절하기 위해 더 적응적인 방식을 발견하도록 도와야 한다는 것을 말해 준다.

이러한 발견은 임상가의 이론적 신념 혹은 기대의 결과로 설명할 수 없다. 임상가들의 이론적 지향에 따라 표본을 구분해서 연구를 했을 때도 반복적으로 이러한 결과가 나타났다. 표에 기술된 성격 특성들은 정신역동분석가뿐만 아니라 인지행동치료자들에 의해서 높게 평가된 것들이다. SWAP-200은 모든 임상가에게 공통적인 언어를 제

〈표 4-1〉 편집성 성격장애 진단 범주에서 환자의 SWAP-200 원형적 기술

| 문항 | 요인 값 |
|---|---|
| 원한을 품는 경향이 있다; 오랜 기간 동안 모욕과 멸시를 곱씹는다. | 3.61 |
| 오해나 부당한 대우를 받거나 혹은 희생당했다고 느끼는 경향이 있다. | 3.23 |
| 다른 사람들이 그/그녀에게 해를 입히고 싶어 하고 이용하려 한다고 생각한다, 타인의 말과 행동에서 잔혹한 의도를 인식하는 경향이 있다. | 3.08 |
| 상황에 적절하지 않은 강렬한 그리고 부적절한 분노를 표현하는 경향이 있다. | 2.77 |
| 타인을 비판하려는 경향이 있다. | 2.59 |
| 권력 투쟁에 들어가는 경향이 있다. | 2.43 |
| 화가 나거나 적대적인 경향이 있다(의식적이든 무의식적이든). | 2.40 |
| 어떤 타인을 '전적으로 나쁜' 사람으로 보는 경향이 있고 그 사람이 가지고 있는 긍정적 특성을 인식할 능력이 부족하다. | 2.38 |
| 독선적이거나 혹은 도덕주의적인 경향이 있다. | 2.25 |
| 분노 혹은 굴욕감으로 인해 냉소적인 반응을 하는 경향이 있다. | 2.19 |
| 자신의 실패와 단점에 대해 타인을 비난하려는 경향이 있다; 그/그녀의 문제가 외적인 요인에 의해 일어났다고 믿는 경향이 있다. | 2.15 |
| 반대하고, 논쟁적이고 혹은 쉽게 동의하지 않는 경향이 있다. | 2.08 |
| 수용할 수 없는 자신의 느낌 혹은 충동을 타인에게서 보는 경향이 있다. | 2.08 |
| 강렬한 정서가 일어났을 때 합리적이지 않은 경향이 있다; 관습적인 기능에서 보면 눈에 띄게 떨어진다. | 1.94 |
| '재앙화'하는 경향이 있다; 문제를 재앙적으로 보고 해결할 수 없는 것으로 보는 경향이 있다. | 1.82 |
| 타인에게 비호감과 적대감을 불러일으킨다. | 1.78 |
| 정서가 통제 불능의 상태가 되는 경향이 있는데 극단적인 불안, 슬픔, 분개, 흥분 등에 이른다. | 1.73 |
| 타인의 행동을 이해하는 데 어려움을 겪는다; 종종 타인의 행동과 반응을 오해하고 잘못 해석하고 혼란스러워한다. | 1.53 |
| 통제하려는 경향이 있다. | 1.49 |
| 타인에게 극단적인 반응을 일으키고 강렬한 느낌을 일으킨다. | 1.44 |
| 배신에 대한 두려움 때문에 타인을 신뢰하지 않으려는 경향이 있다; 그/그녀가 말하고 행동하는 것들이 그/그녀에게 적대적으로 사용될 수 있을 거라고 예상한다. | 1.41 |
| 추론하는 과정이나 인식하는 경험이 이상하고 독특하다(예: 얼핏 보기에 임의적인 추론을 한다; 일상적인 사건에 감춰진 메시지나 특별한 의미를 볼 수 있다). | 1.39 |
| 스트레스하에서는 현실 인식이 크게 손상될 수 있다(예: 망상적이 된다). | 1.37 |

공하며 성격장애 원형은 다양한 이론적 지향을 가진 임상가가 일관적으로 신뢰성 있게 관찰할 수 있는 성격 특성만을 반영한다.

〈표 4-2〉는 '우울한(혹은 불쾌한) 성격'이라고 부르는 성격 증후군을 가장 잘 정의하는 문항들을 제시하였다. 이것은 DSM-IV에는 없는 것이다. DSM-IV에 수록되지 않았더라도, 자료는 그것이 사회에서 볼 수 있는 가장 보편적인 성격 증후군이라는 것을 시사한다(Westen & Shedler, 1999b). DSM-IV에서 이것의 생략은 매우 중대한 누락으로 보인다. SWAP 기술은 DSM-IV에서 성격장애를 정의하는 다양한 영역의 기능을 포함한다. 인지(예: 자기를 비난하는 경향이 있다; 자기평가적인 경향이 있다), 정서(예: 불행한, 우울한 기분을 느끼고 낙담되어 있다; 수치스럽고 당황스러워하는 기분을 느낀다), 대인관계(예: 거절당하거나 버려지는 것에 대한 두려움을 느끼는 경향이 있다; 지나치게 부족감을 느끼고 의존적인 경향이 있다) 그리고 충동 조절(예: 분노를 인정하고 표현하는 것에 어려워한다)을 포함한다. 우울한(불쾌한) 성격 증후군은 후기 아동기 혹은 초기 청소년기에 기원을 가지고 있다(Westen et al., 2005). 그리고 이러한 특성은 안정적이고 시간에 걸쳐 지속적으로 보인다. 그 용어의 모든 정의를 살펴보면, 그것은 성격장애이다(Huprich, 2003, 2005; Huprich & Frisch, 2004; McDermut et al., 2003; Ryder et al., 2001).

[그림 4-2]에서 보여 주듯이, 최근 연구 표본으로부터 나온 SWAP-II 자료의 분석(1,201명의 성인 환자가 SWAP-II 연구에 참여하였고, 950명의 청소년 환자가 SWAP-II-A 연구에 참여함)을 통해 성격장애 증후군의 위계적 구조가 드러났다(Westen & Shedler, 2007a). 상위 수준에는 3개의 광범위한 진단 그룹(Q-요인들)이 있고 내면화, 외현화 그리고 경계선으로 기술될 수 있다. 그 결과는 축 I 증후군에 관한 연구(Krueger, 2002)에서 확인된 내면화 그리고 외현화 스펙트럼과 관련이 있고 축 I과 축 II 병리의 통합된 이해를 위한 기초를 제공한다. 경계선 성격 군집은 내면화 그리고 외현화 병리의 모든 요소를 포함한다. 그리고 '안정된 내부 통제자' 혹은 '객관화하는 사람'이 없는 정서적 불안정성이 특징이다. 성격장애 증후군의 위계적 구조는 향후 연구에서 자세하게 다루어져야 할 것이다.

〈표 4-2〉 우울성(불쾌한) 성격장애의 진단 범주에서 환자의 SWAP-200 원형적 기술

| 문항 | 요인 값 |
|---|---|
| 부적절하고 열등하고 혹은 실패했다고 느끼는 경향이 있다. | 3.63 |
| 불행하고 우울하다고 느끼고 낙담되어 있는 경향이 있다. | 3.11 |
| 수치스럽거나 당황스러운 기분을 느끼는 경향이 있다. | 2.76 |
| 좋지 않은 일이 일어났을 때 자신을 비난하고 책임감을 느끼는 경향이 있다. | 2.71 |
| 죄책감을 느끼는 경향이 있다. | 2.67 |
| 정서적으로 중요한 사람으로부터 거절당하고 유기될 것이라고 두려워하는 경향이 있다. | 2.66 |
| 무기력하고 무력하고 혹은 그/그녀의 통제 밖에 있는 힘에 달려 있다고 느끼는 경향이 있다. | 2.52 |
| 지나치게 도움을 원하고 의존적이 되는 경향이 있다; 강한 확신 혹은 승인이 필요하다. | 2.30 |
| 환심을 사는 혹은 굴복적인 경향이 있다(예: 누군가의 지지와 동의를 얻기 위해서 그/그녀가 하고 싶지 않은 혹은 동의하지 않는 것들을 동의할 수 있다). | 2.12 |
| 수동적이고 비공격적이 되는 경향이 있다. | 2.12 |
| 자기비판적이 되는 경향이 있다; 현실적이지 않게 자신에 대해 높은 기준을 세우고 자신의 인간적 결함을 견디기 어려워한다. | 2.02 |
| 따돌림 당하는 사람 혹은 아웃사이더라고 느끼는 경향이 있다; 마치 그가 진실로 소속되어 있지 않다고 느낀다. | 1.94 |
| 불안해하는 경향이 있다. | 1.91 |
| 활력감이 없고 피곤해하고 에너지가 부족하다고 느끼는 경향이 있다. | 1.79 |
| 공허함, 지루함을 느끼는 경향이 있다. | 1.77 |
| 자기를 '처벌'하고 싶어 한다; 불행에 이르는 상황을 만들고 기쁨과 만족을 위한 기회를 적극적으로 피하려고 한다. | 1.71 |
| 삶에서 거의 선혀 기쁨, 만족 혹은 즐기움을 발견하지 못한다. | 1.71 |
| 자신의 욕구를 만족시키는 것에 대해 충분한 관심을 보이지 않는 경향이 있다; 그/그녀가 받을 만한 것들을 얻거나 요청하는 것이 마땅하다는 것을 느끼지 못한다. | 1.70 |
| 고통을 받을 때 자기를 달래거나 편안하게 할 수 없다; 감정을 조절하는 것을 돕기 위해 타인의 관여가 필요하다. | 1.60 |
| 그/그녀가 되고 싶어 하는 안정된 이미지가 부족하다(예: 자기에 대한 태도, 가치, 목표 그리고 느낌이 불안정하고 변화가 있다). | 1.55 |
| 삶이 의미가 없다고 느끼는 경향이 있다. | 1.49 |
| 당황스러움 혹은 굴욕감에 대한 두려움 때문에 사회적 상황을 피하려는 경향이 있다. | 1.43 |
| 분노를 인정하고 표현하는 것이 어렵다. | 1.34 |

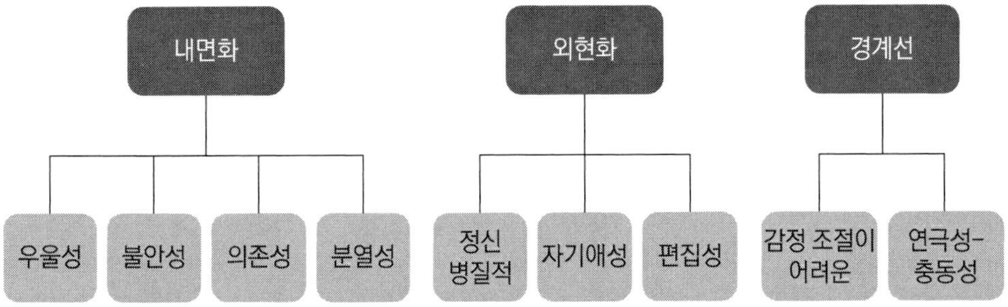


**[그림 4-2] 성격 증후군의 위계적 구조**

## 차원적 진단: 원형 매칭 접근

연구 목적을 위해, 최대한의 심리측정에서 정확성을 얻기 위해(예: 법의학적 평가), 혹은 도전적인 진단적인 딜레마를 명료화하기 위해 SWAP를 사용하는 임상가들은 환자를 기술할 수 있고 [그림 4-1]에서 그래프로 나타냈듯이 차원적 진단 점수를 얻을 수 있다. (평가자들은 인터넷을 통해 SWAP 자료를 바로 들어갈 수 있고 진단적 자료를 받을 수 있다. 더 자세한 정보를 위해서는 www.SWAPassessment.org를 방문해 보라). SWAP-200을 현실에서 일상적으로 사용할 수 없을 때 성격 진단을 위해 "원형과 매칭하는(prototype matching)' 접근을 제안한다. 우리는 DSM-5를 위해 이 접근을 제안한다.

[그림 4-3]은 원형과 매칭하는 접근의 예를 보여주고 있다. 그림은 Q-분석을 통해 경험적으로 확인된 하나의 성격 증후군에 대한 원형적 기술을 보여 주고 있다. 여기서 우리는 반사회성-정신병질적 성격을 기술했다(Westen & Shedler, 1999b). 이 기술은 대부분 경험적으로 그 증상을 정의하는 SWAP-200의 진술문들로 구성되어 있다. SWAP 문항들은 기본적으로 사례 형식으로 그대로 기술되는데 문단(목록이 아니라)의 형태로 배열되어 있다.

임상가의 과제는 원형적 기술을 전제로서—즉, 구조 혹은 형태로서—고려하고 이 원형과 평가해야 하는 환자 사이에 전체적인 조화 혹은 유사성을 평가하는 것이다. 결과적인 진단은 차원적이다(1~5점 평정). 하지만 그 척도는 있음/없음의 분류가 임상적 의사소통을 촉진시키는 데 바람직할 때 편의상 둘로 나눠질 수 있다(4점 이상의 평가가 '그 사례에 해당됨'). 그래서 이 접근은 DSM-IV의 범주적 접근과 '호환성'을 유지하는 반면 차원적 진단의 이점을 제공한다.

우리 연구는 원형과 매칭하는 방법이 성격 진단에서 현재 DSM-IV 접근보다는 더 장점을 가지고 있다는 것을 시사하고 있다. B군 장애(반사회성, 경계선, 연극성 그리고 자기애성)에 대한 여러 연구에서, 우리는 원형 매칭과 DSM-IV 진단 사이에 타당도, 진단적 공병 그리고 임상적 유용성을 비교하였다(Westen et al., 2006b). 임상가들은 ([그림 4-3]의 예시에서 보였던 것과 같이) 원형 매칭 방법과 DSM-IV 진단 체계를 사용해서 환자를 진단한다. 우리는 원형 매칭 방법을 범주적 DSM-IV 진단 및 '차원적' DSM-IV 진단과 비교하였다. DSM-IV 진단은 각 장애를 충족시키는 많은 기준을 요약하면서 얻어진 것이다(성격장애 연구에서 공통적으로 사용된 방법).

원형 매칭 방법은 중요하게 DSM-IV 진단적 방법 모두(범주적, 차원적)에 비해 상대적으로 진단적 공병이 적었다. 예를 들어, 차원적 DSM-IV 진단에서 B군 장애들 사이

---

이 원형에 맞는 환자는 남을 속이고, 거짓말하고, 유인하는 경향이 있다. 그들은 타인을 이용하고 도덕적 가치는 중요하게 여기지 않는다. 다른 사람에게 일으킨 피해 혹은 상해에 대해 뉘우치지 않는다. 자신이 원하는 것을 얻기 위해 타인의 정서를 조종하는 경향이 있다. 행동의 결과에 대해서는 관심이 없고 심지어 안전하고 취약해지지 않을 거라고 믿는다. 타인의 권리, 재산 혹은 안전에 대해 개의치 않고 무시하는 모습을 보인다. 타인의 욕구와 느낌에 대해서 그들 자신의 것과 일치하지 않는다면 공감할 수 없으며 이해하고 반응할 수 없다. 이 원형에 맞는 개인은 충동적으로 행동하고 결과에 대해 고려하지 않고 행동한다. 믿을 수 없고 책임감이 없는 모습을 보인다(예: 직업적 의무를 이행할 수 없고 재정적 투자를 이행할 수 없다). 불법적인 행동이나 범죄 행동에 가담하고, 타인에 대한 가학적인 혹은 공격적인 모습을 통해 쾌락과 만족을 얻는다. 이 원형에 어울리는 환자는 자신의 실패나 문제에 대해 타인을 비난하는 경향이 있고 자신의 문제가 외부의 요인에 의해 일어난다고 믿는다. 그들은 자신의 동기나 행동 등에 대해서는 심리적 통찰을 보이지 않는다. 그들은 반복해서 타인에게 그들이 변화를 위해 열심히 노력할 것이라고 장담하지만 결국은 초기 부적응적인 행동으로 돌아온다. 종종 타인에게 "이번에는 정말 뭔가 달라요."라고 말한다.

위에서 기술한 유형의 사람에 대한 전반적인 인상을 생각해 보라. 그리고 당신의 환자가 이 원형과 얼마나 조화롭거나 혹은 닮았는지를 그 정도에 따라 평정해 보라.

| | |
|---|---|
| 5. 매우 잘 맞는다(환자는 이 장애의 예가 된다; 원형적 사례). | 진단 |
| 4. 잘 맞는다(환자는 이 장애를 가지고 있다; 진단 적용). | |
| 3. 중간 정도 맞는다(환자는 이 장애의 중요한 특성을 가지고 있다). | 특성 |
| 2. 약간 맞는다(환자는 이 장애의 미미한 특성을 가지고 있다). | |
| 1. 맞지 않는다(기술을 적용하지 않는다). | |

**[그림 4-3] 반사회성 성격 장애 원형**

의 평균 상관이 0.47이었고 경험적으로 확인된 진단적 그룹에 근거한 원형과 매칭시키는 진단은 0.14였다(앞 절에서 기술되었듯이). 동시에 원형 진단은 더 높은 타당도를 보이는데 적응적 기능평가 그리고 반사회적 성격장애와 경계선 성격장애와 관련된 발달적 역사와 더 높은 상관을 보였다. 원형 매칭 접근의 장점은 통계적으로 유의미할 뿐만 아니라 임상적으로도 의미가 있다. 원형 진단은 범주적 혹은 차원적 DSM-IV 진단보다 치료 효과를 더 잘 예측하였는데 심리치료와 항우울제 처방 모두에 대해 그러하였다.

마지막으로, 사용의 용이성, 다른 임상가들과의 의사소통을 위한 용이성, 환자에 대한 중요한 정보를 파악하는 능력에 대해 원형 매칭 방법과 DSM-IV 진단 체계를 비교하도록 요청하면서 임상가들에게 임상적 유용성을 검토하였다. 임상가들은 평가된 모든 차원에서 DSM-IV 진단보다 원형 진단을 더 강하게 선호하였다. 그들이 원형 매칭 방법에 대해 혹은 경험적으로 나온 원형 성격 기술에 대해 사전 경험이 없었음에도 그러한 결과가 나타났다. Spitzer 등(2008)은 또한 임상가들이 DSM-IV 진단 그리고 5요인 모델과 같은 차원적 특성모델 둘 다보다 원형 매칭을 더 선호하였다는 것을 발견하였고, 원형 방법이 임상과 더 관련이 높고 유용하다는 임상가들의 평가를 발견하였다.

SWAP의 문항들이 직접적으로 DSM의 향후 버전에 통합되든 그렇지 않든 간에, SWAP 연구는 DSM-5의 매뉴얼 수정에서 고려할 두 가지 권고에 도달한다. 첫째, 기존에 존재하는 DSM-IV 진단 기준이 너무 협소하며 내적 경험과 기저에 있는 심리적 과정을 상대적으로 배제하고 증상과 신호에 대해서만 강조한다. 이러한 심리적 과정(예: 동기, 갈등, 방어, 자기와 대상 표상)은 핵심적으로 성격 증후군의 특성을 정의하고 이해하는 데 매우 중요하다(Shedler & Westen, 2004b). SWAP 연구를 수행한 많은 조사자는 임상가들이 기대했던 것보다 훨씬 더 신뢰성 있게 기저에 있는 심리 과정을 평가할 수 있다는 것을 분명히 하고 있다. 둘째, 원형 매칭은 진단에서 현재 나타나는 증상의 수를 세는 접근보다 장점을 가지고 있다. 그것은 성격 평가에서 증후적 혹은 구조적 접근의 이점과 차원적 진단의 이점을 결합하는 것이다. 더 나아가 임상가들은 일관적으로 기존의 DSM-IV 진단 체계와 5요인 모델과 같은 차원적 특성모델보다 원형 매칭 접근을 더 선호하고 있다(Rottman et al., 2009; Spitzer et al., 2008; Westen et al., 2006b).

## 결론: 과학과 실제를 통합하기

임상적으로 유용한 진단 체계는 임상 실제에서 보인 성격병리의 스펙트럼을 포함해야 한다. 그리고 치료에 대한 의미 있는 시사점을 가지고 있어야 한다. 경험적으로 바람직한 진단 체계는 신뢰성 있고 타당한 진단을 촉진한다. 즉, 독립적인 임상가가 같은 진단에 도달할 수 있다. 그 진단이 상대적으로 다른 장애의 진단과 구별되어야 한다. 그리고 각 진단이 특징이 있으며 중요한 관계, 선행 사건 그리고 후유증은 이론과 관련성이 있어야 한다(Livesley & Jackson, 1992; Millon, 1991; Robins & Guze, 1970).

이러한 이상을 성취하는 데 있어 장애물은 과학과 실제 사이에 정신건강 전문 영역에서 일어나는 불행한 분립이다. 종종 연구는 임상적 관찰의 중요한 자료로부터 고립되어 수행되어 왔다. 임상가들에게 순진하다고 비난했지만 결국 연구 결과는 임상 실제와의 관련성에서 모호함을 보였다. 궁극적으로 가장 실증적으로 대단한 진단 체계라고 해도 만약 임상가들이 환자를 이해하는 데 도움이 되지 않는다면 실제에 거의 영향을 미치지 못하는 것이다(First et al., 2004; Shedler & Westen, 2005). 한편, 임상적 이론은 종종 왜곡 가능성과 실증적인 신뢰성에 대한 의문을 고려하지 않고 발전되어 왔다.

Shedler-Westen 평가 과정은 임상적 관찰과 전문성을 수량화하면서 임상적 구조가 경험적 연구에 접근할 수 있도록 만들면서 과학과 실제 사이의 분립을 연결시키려는 노력을 보여 준다. 그것은 임상가가 가장 잘하는 것—관련성과 공통성을 밝히기 위해 관찰 자료들을 종합하고 최상의 예측을 위해 자료를 결합하는 것—을 하도록 하면서 동시에 그것을 수량화하는 방법에 의존했다(Sawyer, 1966). SWAP는 임상적 사례 기술을 위한 '언어'를 제공하는 데 심리측정적으로 바람직하고 임상적으로 실제 내담자의 복잡함을 기술할 만큼 충분히 풍부하다. 물론 과학과 실제 사이의 상당히 큰 간극은 여전하다. 아마 SWAP는 각각의 입장에서 말할 수 있는 언어를 제공할 것이다.

## 핵심적 임상 개념

- DSM-IV에서 제공된 진단 체계는 임상적 관점과 경험적 관점 둘 다로부터 성격을 이해하는 데 중요한 한계점을 가지고 있다. DSM-IV의 축 II는 성격 과정의 의미와 기능을 설명할 수 없고 치료에 관한 어떤 안내도 제공하지 못한다는 중요한 한계점을 가지고 있다.
- 성격의 의미 있는 평가는 기저에 있는 심리 과정에 대한 임상적 판단과 추론이 필요하다. Shedler-Westen 평가 과정(SWAP)은 임상가들이 체계적으로 신뢰성 있게 그들의 관찰과 추론을 기술하도록 하면서 임상적 판단을 이용하는 성격 평가 도구이다.
- SWAP의 표준 어휘는 복잡한 심리내적 과정(예: 경계선 환자에서 분열, 정체성 혼미, 투사적 동일시)을 전문 용어를 사용하지 않으면서 파악할 수 있다. 결합된 문항들은 구체적인 치료 전략과 개입을 의미하는 임상적 사례 개념화를 나타낸다(예: 경계선 환자에서 자기와 타인의 모순적인 지각을 통합).
- SWAP 접근은 기술적인 정신의학적 진단과 임상적 사례 개념화를 통합한다. 그것은 성격 진단에서 증후적 접근을 보호한다(즉, 다양한 기능 영역 사이의 기능적 관계를 이해함). 반면, 차원적 진단을 허용한다. 임상적 추론에 의존함에도 불구하고(또는 의존하기 때문에) SWAP는 높은 신뢰도와 타당도를 나타낸다.
- SWAP 연구는 경험적으로 11개의 성격 증후군 혹은 그룹을 확인하였는데, DSM-IV의 진단적 범주에 대안을 제공한다. 이러한 증후군들은 문항들이나 기준에 의해 정의된다. 여기서 문항이나 기준은 드러나는 행동뿐만 아니라 내적 경험 그리고 심리내적 과정을 설명한다(예: 편집성 환자에서 공격성의 투사). SWAP는 DSM에는 없지만 지역사회에 만연해 있는 우울성 성격과 같은 진단적 증후군을 포함한다.
- 진단에서 '원형 매칭' 접근은 현재 DSM 진단 체계에 실제적인 대안이 되고 그것이 가지고 있는 많은 한계점을 설명하고 있다. 결과로 내려진 진단은 경험적 기반을 가지고 있고 동시에 임상적으로 의미가 있다. 임상가들은 이 진단 체계를 기존의 DSM 진단 체계보다 더 선호한다. 또한 다른 차원적 특성모델보다 더 선호한다.

## 추천 도서

정신역동적 사례 개념화

PDM Task Force (ed): Personality patterns and disorders: P Axis, in Psychodynamic Diagnostic Manual (PDM). Silver Spring, MD, Alliance of Psychoanalytic Organizations, 2006, pp 17-69. [성격 스타일과 성격 장애에 관한 최신 정신분석적 사고의 간결한 검토가 이루어졌다. 특정 접근의 용어를 사용하지 않으면서 증후를 기술하였고 관련된 경험 연구들을 제시하였다.]

McWilliams N: Psychoanalytic Diagnosis: Understanding Personality Structure in the Clinical Process. New York, Guilford, 1994. [정신분석적 임상가들이 이해한 성격 증후에 대한 한층 깊은 논의가 실려 있다. 당대의 고전이다.]

Peebles-Kleiger MJ: Beginnings: The Art and Science of Planning Psychotherapy. Hillsdale, NJ, Analytic Press, 2002. [모든 이론적 접근의 임상가들에서 유용한 사례개념화와 치료계획을 훌륭하게 소개한 책이다.]

Shedler-Westen 평가 과정(SWAP)

Westen D, Shedler J: Revising and assessing Axis II, part 1: developing a clinically and empirically valid assessment method. Am J Psychiatry 156:258- 272, 1999a

Westen D, Shedler J: Revising and assessing Axis II, part 2: toward an empirically based and clinically useful classification of personality disorders. Am J Psychiatry 156:273-285, 1999b. [SWAP의 세미나 형태의 출판물이다. SWAP의 발전과 근거에 대해 기술하고 있다.]

Lingiardi V, Shedler J, Gazillo F: Assessing personality change in psychotherapy with the SWAP-200: a case study. J Pers Assess 86:23-32, 2006. [이 장에서 간략하게 소개한 Melanie 사례에 대한 더 철저한 논의가 들어 있다. 이 문헌은 심리치료에서 성격 변화(즉, 정신내부의 변화)를 평가하는 방법으로서 SWAP의 사용을 예를 들어 설명하고 있다.]

Shedler J: A new language for psychoanalytic research. Psychologist-Psychoanalyst 20:30-37, 2000. [정신분석적 이론, 실제 그리고 훈련에 대한 SWAP 연구의 관련성에 대해 기술되어 있다.]

Shedler J, Westen D: Refining personality disorder diagnosis: integrating science and practice. Am J Psychiatry 161:1350-1365, 2004. [경험 있는 임상가가 주요 성격 증후에 대해 어떻게 개념화하고 임상 실제에서 어떻게 관찰하는지에 대한 설명이 담겨 있다. DSM의 개정에 대한 권고가 들어 있다.]

Spitzer RL, First MB, Shedler J, et al: Clinical utility of five dimensional systems for personality diagnosis: a “consumer preference” study. J Nerv Ment Dis 196:356-374, 2008

Westen D, Shedler J, Bradley R: A prototype approach to personality diagnosis. Am J Psychiatry 163:846-856, 2006. [성격 진단의 '원형 매칭' 접근에 대한 논의이다.]

## 참고문헌

American Psychiatric Association: Diagnostic and Statistical Manual of Mental Disorders, 3rd Edition. Washington, DC, American Psychiatric Association, 1980

American Psychiatric Association: Diagnostic and Statistical Manual of Mental Disorders, 4th Edition. Washington, DC, American Psychiatric Association, 1994

Betan E, Heim AK, Conklin CZ, et al: Countertransference phenomena and personality pathology in clinical practice: an empirical investigation. Am J Psychiatry 162:890-898, 2005

Blais M, Norman D: A psychometric evaluation of the DSM-IV personality disorder criteria. J Pers Disord 11:168-176, 1997

Blashfield R: Exemplar prototypes of personality disorder diagnoses. Compr Psychiatry 26:11-21, 1985

Block J: Lives Through Time. Berkeley, CA, Bancroft, 1971

Block J: The Q-Sort Method in Personality Assessment and Psychiatric Research (1961). Palo Alto, CA, Consulting Psychologists Press, 1978

Cantor N, Genero N: Psychiatric diagnosis and natural categorization: a close analogy, in Contemporary Directions in Psychopathology: Toward the DSM-IV. Edited by Klerman GL. New York, Guilford, 1986, pp 233-256

Clark L: Resolving taxonomic issues in personality disorders: the value of larger scale analyses of symptom data. J Pers Disord 6:360-376, 1992

Clarkin JF, Levy KN, Lenzenweger MF, et al: Evaluating three treatments for borderline personality disorder: a multiwave study. Am J Psychiatry 164:922-928, 2007

Cousineau TM, Shedler J: Predicting physical health: implicit mental health measures versus self report scales. J Nerv Ment Dis 194:427-432, 2006

Davis R, Blashfield R, McElroy R: Weighting criteria in the diagnosis of a personality disorder: a demonstration. J Abnorm Psychol 102:319-322, 1993

First M, Spitzer R, Gibbon M, et al: The Structured Clinical Interview for DSMIII-R Personality Disorders (SCID-II). Part II: multi-site test-retest reliability study. J Pers Disord 9:92-104, 1995

First MB, Pincus HA, Levine JB, et al: Clinical utility as a criterion for revising psychiatric diagnoses. Am J Psychiatry 161:946-954, 2004

Grilo CM, Sanislow CA, McGlashan TH: Co-occurrence of DSM-IV personality disorders with borderline personality disorder. J Nerv Ment Dis 190:552-553, 2002

Grove WM, Tellegen A: Problems in the classification of personality disorders. J Pers Disord 5:31-41, 1991

Harkness A: Fundamental topics in the personality disorders: candidate trait dimensions from lower regions of the hierarchy. J Consult Clin Psychol 4:251-259, 1992

Huprich SK: Depressive personality and its relationship to depressed mood, interpersonal loss, negative parental perceptions, and perfectionism. J Nerv Ment Dis 191:1-7, 2003

Huprich SK: Differentiating avoidant and depressive personalities. J Pers Disord 19:659-673, 2005

Huprich SK, Frisch MB: Depressive personality and its relationship to quality of life, hope, and optimism. J Pers Assess 83:22-28, 2004

Jackson DN, Livesley WJ: Possible contributions from personality assessment to the classification of personality disorders, in The DSM-IV Personality Disorders. Edited by Livesley WJ. New York, Guilford, 1995, pp 459-481

John O: The "big five" factor taxonomy: dimensions of personality in the natural language and in questionnaires, in Handbook of Personality: Theory and Research. Edited by Pervin L. New York, Guilford, 1990, pp 66-100

Kernberg O: Borderline Conditions and Pathological Narcissism. New York, Jason Aronson, 1975

Kernberg O: Severe Personality Disorders. New Haven, CT, Yale University Press, 1984

Kim NS, Ahn W: Clinical psychologists' theory-based representations of mental disorders predict their diagnostic reasoning and memory. J Exp Psychol 131:451-476, 2002

Kohut H: The Analysis of the Self. New York, International Universities Press, 1971

Krueger RF: The structure of common mental disorders. Arch Gen Psychiatry 59:570-571, 2002

Levy KN, Kelly KM, Meehan KB, et al: Change in attachment patterns and reflective function in a randomized control trial of transference-focused psychotherapy for borderline personality disorder. J Consult Clin Psychol 74:1027-1040, 2006

Linehan MM: Cognitive-Behavioral Treatment of Borderline Personality Disorder. New York, Guilford, 1993

Lingiardi V, Shedler J, Gazillo F: Assessing personality change in psychotherapy with the SWAP-200: a case study. J Pers Assess 86:23-32, 2006

Livesley WJ (ed): The DSM-IV Personality Disorders. New York, Guilford, 1995

Livesley WJ, Jackson DN: Guidelines for developing, evaluating, and revising the classification of personality disorders. J Nerv Ment Dis 180:609-618, 1992

Marin-Avellan L, McGauley G, Campbell C, et al: Using the SWAP-200 in a personality-disordered forensic population: is it valid, reliable and useful? J Crim Behav Ment Health 15:28-45, 2005

McCrae R, Costa P: Personality in Adulthood. New York, Guilford, 1990

McDermut W, Zimmerman M, Chelminski I: The construct validity of depressive personality disorder. J Abnorm Psychol 112:49-60, 2003

McWilliams N: Psychoanalytic Diagnosis: Understanding Personality Structure in the Clinical Process. New York, Guilford, 1994

Millon T: Toward a New Psychology. New York, Wiley, 1990

Millon T: Classification in psychopathology: rationale, alternatives and standards. J Abnorm Psychol 100:245-261, 1991

Millon T, Davis RD: The place of assessment in clinical science, in The Millon Inventories: Clinical and Personality Assessment. Edited by Millon T. New York, Guilford, 1997, pp 3-20

Morey LC: Personality disorders in DSM-III and DSM-III-R: convergence, coverage, and internal consistency. Am J Psychiatry 145:573-577, 1988

Oldham J, Skodol A, Kellman HD, et al: Diagnosis of DSM-III-R personality disorders by two semistructured interviews: patterns of comorbidity. Am J Psychiatry 149:213-220, 1992

Perry JC: Problems and considerations in the valid assessment of personality disorders. Am J Psychiatry 149:1645-1653, 1992

Perry JC, Cooper SH: Empirical studies of psychological defense mechanisms, in Psychiatry. Edited by Cavenar J, Michels R. Philadelphia, PA, JB Lippincott, 1987, pp 1-19

Pilkonis PA, Heape CL, Proietti JM, et al: The reliability and validity of two structured diagnostic interviews for personality disorders. Arch Gen Psychiatry 52:1025-1033, 1995

Robins E, Guze S: The establishment of diagnostic validity in psychiatric illness: its application to schizophrenia. Am J Psychiatry 126:983-987, 1970

Rottman BM, Ahn WK, Sanislow CA: Can clinicians recognize DSM-IV personality disorders from five-factor model descriptions of patient cases? Am J Psychiatry 166:427-433, 2009

Russ E, Bradley R, Shedler J, et al: Refining the construct of narcissistic personality disorder: diagnostic criteria and subtypes. Am J Psychiatry 165:1473-1481, 2008

Ryder AG, Bagby RM, Dion KL: Chronic low-grade depression in a nonclinical sample: depressive personality or dysthymia? J Pers Disord 15:84-93, 2001

Sawyer J: Measurement and prediction, clinical and statistical. Psychol Bull 66:178–200, 1966

Schafer R: A New Language for Psychoanalysis. New Haven, CT, Yale University Press, 1976

Shedler J, Westen D: Refining the measurement of Axis II: a Q-sort procedure for assessing personality pathology. Assessment 5:333–353, 1998

Shedler J, Westen D: Dimensions of personality pathology: an alternative to the five factor model. Am J Psychiatry 161:1743–1754, 2004a

Shedler J, Westen D: Refining personality disorder diagnosis: integrating science and practice. Am J Psychiatry 161:1350–1365, 2004b

Shedler J, Westen D: A simplistic view of the five-factor model: Drs. Shedler and Westen reply (letter). Am J Psychiatry 162:1551, 2005

Shedler J, Westen D: Personality diagnosis with the Shedler-Westen Assessment Procedure (SWAP): bridging the gulf between science and practice, in Psychodynamic Diagnostic Manual (PDM). Edited by PDM Task Force. Silver Spring, MD, Alliance of Psychoanalytic Organizations, 2006, pp 476–513

Shedler J, Westen D: The Shedler-Westen Assessment Procedure (SWAP): making personality diagnosis clinically meaningful. J Pers Assess 89:41–55, 2007

Shedler J, Mayman M, Manis M: The illusion of mental health. Am Psychol 48:1117–1131, 1993

Skodol A, Bender D: The future of personality disorders in DSM-V? Am J Psychiatry 164:4:1–2, 2009

Skodol A, Oldham J, Rosnick L, et al: Diagnosis of DSM-III-R personality disorders: a comparison of two structured interviews. Int J Methods Psychiatr Res 1:13–26, 1991

Spitzer RL: Psychiatric diagnosis: are clinicians still necessary? Compr Psychiatry 24:399–411, 1983

Spitzer RL, First MB, Shedler J, et al: Clinical utility of five dimensional systems for personality diagnosis: a "consumer preference" study. J Nerv Ment Dis 196:356–374, 2008

Vaillant GE (ed): Ego Mechanisms of Defense: A Guide for Clinicians and Researchers. Washington, DC, American Psychiatric Press, 1992

Watson D, Sinha BK: Comorbidity of DSM-IV personality disorders in a nonclinical sample. J Clin Psychol 54:773–780, 1998

Westen D: Social cognition and object relations. Psychol Bull 109:429–455, 1991

Westen D: Divergences between clinical and research methods for assessing personality disorders: implications for research and the evolution of Axis II. Am J Psychiatry 154:895–903, 1997

Westen D: Clinical Diagnostic Interview. 2002. Available at: http://www.psychsystems.net/lab. Accessed October 3, 2009.

Westen D, Arkowitz-Westen L: Limitations of Axis II in diagnosing personality pathology in clinical practice. Am J Psychiatry 155:1767-1771, 1998

Westen D, Muderrisoglu S: Reliability and validity of personality disorder assessment using a systematic clinical interview: evaluating an alternative to structured interviews. J Pers Disord 17:350-368, 2003

Westen D, Muderrisoglu S: Clinical assessment of pathological personality traits. Am J Psychiatry 163:1285-1287, 2006

Westen D, Shedler J: Revising and assessing Axis II, part 1: developing a clinically and empirically valid assessment method. Am J Psychiatry 156:258-272, 1999a

Westen D, Shedler J: Revising and assessing Axis II, part 2: toward an empirically based and clinically useful classification of personality disorders. Am J Psychiatry 156:273-285, 1999b

Westen D, Shedler J: A prototype matching approach to diagnosing personality disorders: toward DSM-V. J Pers Disord 14:109-126, 2000

Westen D, Shedler J: Personality diagnosis with the Shedler-Westen Assessment Procedure (SWAP): integrating clinical and statistical measurement and prediction. J Abnorm Psychol 116:810-822, 2007a

Westen D, Shedler J: The Shedler-Westen Assessment Procedure (SWAP): making personality diagnosis clinically meaningful. J Pers Assess 89:42-55, 2007b

Westen D, Weinberger J: When clinical description becomes statistical prediction. Am Psychol 59:595-613, 2004

Westen D, Lohr N, Silk K, et al: Object relations and social cognition in borderlines, major depressives, and normals: a TAT analysis. J Consult Clin Psychol 2:355-364, 1990

Westen D, Muderrisoglu S, Fowler C, et al: Affect regulation and affective experience: individual differences, group differences, and measurement using a Q-sort procedure. J Consult Clin Psychol 65:429-439, 1997

Westen D, Heim AK, Morrison K, et al: Classifying and diagnosing psychopathology: a prototype matching approach, in Rethinking the DSM: Psychological Perspectives. Edited by Beutler LE, Malik M. Washington, DC, American Psychological Association, 2002, pp 221-250

Westen D, Shedler J, Durrett C, et al: Personality diagnosis in adolescence: DSMIV Axis II diagnoses and an empirically derived alternative. Am J Psychiatry 160:952-966, 2003

Westen D, Dutra L, Shedler J: Assessing adolescent personality pathology. Br J Psychiatry 186:227-238, 2005

Westen D, Gabbard G, Blagov P: Back to the future: personality structure as a context for psychopathology, in Personality and Psychopathology. Edited by Krueger RF, Tackett

JL. New York, Guilford, 2006a, pp 335–384

Westen D, Shedler J, Bradley R: A prototype approach to personality diagnosis. Am J Psychiatry 163:846–856, 2006b

Widiger TA, Corbitt EM: Antisocial personality disorder, in The DSM-IV Personality Disorders. Edited by Livesley WJ. New York, Guilford, 1995, pp 103–126

Widiger T, Frances A: The DSM-III personality disorders: perspectives from psychology. Arch Gen Psychiatry 42:615–623, 1985

Widiger TA, Simonsen ES: Alternative dimensional models of personality disorders: finding common ground. J Pers Disord 19:110–130, 2005

Zanarini MC, Skodol AE, Bender D, et al: The Collaborative Longitudinal Personality Disorders Study: reliability of Axis I and II diagnoses. J Pers Disord 14:291–299, 2000

Zimmerman M: Diagnosing personality disorders: a review of issues and research methods. Arch Gen Psychiatry 51:225–245, 1994

제2부

# 정신역동치료 접근

# 제5장
# A군 성격장애의 치료

Paul Williams, Ph.D.

A군 성격장애는 편집성 성격장애(Paranoid Personality Disorder: PPD), 분열성 성격장애(Schizoid Personality Disorder: SPD) 그리고 분열형 성격장애(Schizotypal Personality Disorder: StPD)로 구성되어 있다. 이 진단 범주에 속하는 환자는 개인치료에 거의 나타나지 않는다. 왜냐하면 그들은 융통성이 없고, 상황이 심각하며, 다른 장애들과 비교해 보면 치료에 잘 반응하지 않고, 종종 진단이 정확하게 내려지지 않기 때문이다. 그러나 대화를 통한 치료에 공적인 기대감이 증가하고 이 장애들에 대한 기원과 유병률에 대한 느리지만 지속적인 연구의 진전은 많은 A군 환자가 과거의 사례들보다는 더 많이 심리치료를 찾게 하고 있다. 비록 치료를 찾는 BPD 환자들의 수에 비해서는 상대적으로 부족하지만 말이다.

인구학적으로 A군 장애는 유럽과 비교했을 때 미국 전집에서 PPD는 0.5~2.5%이며, SPD는 1%보다 약간 적고, StPD는 대략 3% 정도이다. A군 장애로 진단을 받는 개인들은 상당히 어려움이 많다(Elkin, 1999). 각 진단 범주의 발병률은 여성보다 남성에게 더 높다. 이 군집은 기이하거나, 특이하거나 냉담한 행동으로 기술할 수 있다. 이러한 특성은 대부분 SPD와 StPD에서 분명하다. 비록 세 가지 A군 성격장애와 조현병 사이에 생물학적 관련성이 있다고 생각되지만, 특히 StPD가 현상적으로 그리고 유전적으로 더 관련이 깊다고 본다(McGlashan, 1983). 증상의 유사성을 고려하면 SPD와 StPD는 연속체상에 함께 있다.

A군 성격장애에 적용할 수 있는 분명히 구별되는 심리치료 이론은 존재하지 않는다. 이 범주를 수용할 수 있는 심리학적 이론이 확립되기 전에 이 질환의 발달적 그리고 심리적 · 구조적 측면에 대해 더 많은 연구가 이루어져야 한다. 안타깝게도, 다른 성격장애(현저히 BPD)와 비교했을 때 A군 장애에 대한 눈에 띄는 연구는 거의 없다. 따라서 이 장애가 더 잘 이해되기 위해서는 더 많은 연구가 필요하다. 이제까지 정신역동적 연구자들은 A군 장애의 진단의 안정성과 치료 결과에 주목해 왔다(예: McGlashan, 1986; Sandell et al., 1997; Stone, 1985, 1993). A군 유형에 대한 임상 연구는 내적 대상관계의 특성, 방어, 정신증적 불안 그리고 전이-역전이 현상에 초점을 맞추고 있다(이에 대한 보고는 Gabbard, 2000; Grotstein, 1995; Jackson, 2000; Jackson & Williams, 1994; Lucas, 1992; Meissner, 1986; Rey, 1994; Robbins, 2002; Rosenfeld, 1964, 1969; Segal, 1978; Sohn, 1997; Target & Fonagy, 1996a 참조).

정신병적 불안에 집중하는 것은 특히 A군 장애를 연구하고 치료하는 사람들에게 매우 중요하다. 정신증적 요소는 심각한 신경증, 정신신체화장애, 성도착 그리고 신경증적 특성을 동반하는 성격장애에서 나타난다. 특히 A군 성격장애를 가진 사례에서 나타난다. 이렇게 정신증적 요소를 보이는 환자가 그 자체로 정신증은 아니다. 하지만 그들은 내적 현실과 외적 현실 사이에 혼란을 일으키는 정신증적 사고와 손상된 자아기능에 있어 취약하다.

A군 환자의 치료를 수행하면서, 정신역동치료자는 그들의 자원을 최대한 끌어낼 이론적 · 임상적 그리고 기법적 도전에 직면하게 된다. 신경증 불안과 병행해서 정신증적 불안이 일어나는 것은 이들을 정상적인 인간관계의 궤도 밖으로 떨어지게 한다. 그들은 종종 정신증에서 보일 수 있는 방어를 보인다. 아마도 타인에 대한 빈약한 신념을 중요하게 다루지 않는 치료자에게는 반응하지 않을 것이다. 이 잃어버린 능력은 그들의 내적 세계에 심오한 자국을 남긴다. 신뢰하는 관계의 실패를 통한 내면화는 만성적 불신과 불안을 일으킨다. 정서 관리의 어려움은 특별한 문제를 야기하는 많은 것 중에 하나이다. 이러한 개인은 다양한 느낌 혹은 다른 모순되는 경험을 통합하지 못하면서 하나의 강렬한 느낌으로부터 갑자기 다른 쪽으로 변하는 만성적 분열을 보인다. 이로 인해 그들은 정서적인 경험을 '일반적인' 것으로 다루려고 한다. 어떤 경우에 이것은 과도하게 발달된 초자아의 폭력적이고 강압적인 행동과 관련된다. 초자아의 임

무는 극단적인 엄격함으로 정서적 폭풍우와 강렬한 본능적 충동을 통제하는 것이다. 겉으로 보기에 해결할 수 없어 보이는 심리적 갈등 안에 죄책감, 수치심 그리고 절망감이 존재한다는 것이 그동안 입증되어 왔다(심각한 혼란에서의 이러한 갈등에 대한 최근 검토는 Wurmser, 2007 참조). B군 성격장애에서는 이러한 감정적 위기가 더 뚜렷하고 쉽게 드러나는 경향이 있는 반면, A군 장애에서는 더 조용하고 내적으로 지향되어 있다(Gunderson, 2008). 그러나 그것들 역시 강력하다. 불투명한 내적 위기가 치료를 위협할 수 있는 행동화의 분출로 동요되는 것은 아닌지에 대한 임상가의 지속적인 집중이 반드시 필요하다.

일단 환자가 치료에 오게 되면 요동치는 역전이 경험의 유연함과 세심한 주의를 기울일 수 있는 치료자의 능력이 치료 전망을 개선할 수 있다. 역전이에 대한 연구는 역전이 현상에 대한 부주의의 위험성뿐만 아니라 (특히 환자의 정신증적 불안에 대한) 치료자의 반응이 효과적인 치료의 핵심이라는 점을 확인해 왔다(Hinshelwood, 1994; Lieberz & Porsch, 1997). 잠재적 전이의 어려움이 상당히 뚜렷할 수 있다. 종종 쉽게 알아볼 수 없게 진행되며 환자에 의해 은연중에 나타나기도 한다. 치료자는 지나친 관심을 보이지 않으면서 의문을 던지거나 역전이를 나타내는 징후에 관해 개인적 의견을 슬며시 알려 줄 수 있다. 이러한 역전이 지표는 대상관계 어려움의 그림자를 조명하는 역할을 하는데, 치료자가 환자의 심리적 현실을 해석하면서 환자를 동요시킬 수 있다. 많은 심리치료자는 치료 동안 환자와 치료자 둘 다를 위한 지지원으로 작용하기 위해 정신의학적 지원을 받는 것이 매우 중요하다는 것을 알게 되었다. 종종 정신증적 불안이 환자의 사면초가가 된 자아를 압도하고 위협하는 상황에서 극단적인 전이 강도가 강렬할 경우에 더욱 그러하다(A군 성격장애를 가진 환자의 정신의학적 치료 지침에 대한 유용한 안내를 위해서는 'Treatment Outlines for Paranoid, Schizotypal, and Schizoid Personality Disorders', 1990 참조). 그들이 보이는 차가움, 적대적이고 기이한 행동에도 불구하고 A군 환자들은 깨지기 쉬운 성격 구조와 이에 연결된 자아존중감의 주된 문제 그리고 원시적인 자기표상에 의존하는 것에서 기인한 상당히 고통스럽고 혼란스러운 경험으로 인해 어려움을 겪는다. 비록 목표를 이루는 데 분명히 한계가 있고 대개는 치료자와 환자 양쪽 모두에게 힘겨운 노력이 필요하지만, 이러한 영역에서 치료적 성과는 그들의 삶의 질에 있어 매우 중요한 차이를 만들어 낸다.

## 편집성 성격장애

편집성 성격장애(PPD)의 주된 특징은 불신과 의심이다. 다른 사람의 동기는 적대적이고 착취적일 거라고 생각한다. PPD 환자의 사고와 느낌은 외부로부터 일어난다고 느껴지는 갈등과 위협에 사로잡혀 있다. 타인의 충성을 의심하기에 고통스럽고, 인간 문제의 '기정사실화된' 결과는 배신일 뿐이라고 생각한다. 외적인 위협에 몰두하기 때문에, 그들은 경계가 많고 다른 사람으로부터 안전거리를 유지하려고 한다. 다른 사람과의 관계가 생긴다면 그 관계는 혼란스러운 정서로부터 단절을 유지하기 위해 매우 정중하고 형식적이고 통제적이다. 다른 사람과의 관계에서는 부정적인 편견이 주된 특징이다. 환자는 편집성 신념을 공유하는 사람과 접촉하면서 안정감을 찾으려고 한다. 어떤 개인은 적대감, 빈정거림, 완고한 고집, 혹은 냉소적인 견해를 통해 PPD를 드러낼 수 있다. 그러나 이러한 PPD의 포위된, 독선적인 태도는 삶의 일반적인 갈등(특히 패배), 용서하지 않으려는 마음, 과장된 주관적 판단, 다른 사람의 견해를 수용하지 못하는 것을 깊이 감추어 버린다. 아래 제시된 PPD 환자와의 심리치료에서 나타나는 전형적인 대화를 통해 이러한 부정성에 대한 좋은 예를 이해할 수 있다. 이는 자해와 자살 사고에 대한 두려움으로 치료(남성 치료자)에 온 고립된 30대 남성에게 일주일에 2회 심리치료를 실시한 자료에서 발췌한 것이다. 이 회기에서 그는 상사의 강압적인 행동에 대해 적절한 감정 없이 오랫동안 불평을 하고 있다. 이런 불평은 처음이 아니다.

**환자**: …… 사무실에서 그 인간은 마치 자신이 모든 것을 다 아는 것처럼 행동해요. 문제가 있어요. 아무도 그와 같이 있으려고 하지 않아요. 심지어 지난주에는 여직원한테 정신 차리지 않으면 해고할 거라고 하더군요. 많은 사람 앞에서요! 그런 행동은 진짜 경고를 받아야 해요. …… 정말 공격적이라고요. [멈춤]

**치료자**: 사람들을 다루는 데 있어 무신경하고 배려 없는 상사의 행동 때문에 화가 많이 난 것 같네요. 이 기분을 조절하기 힘든 것도 화가 나는 것 같아요. …… 이러한 유사한 어려움이 종종 우리가 여기서 이야기하는 모든 것의 결말은 아닌지 모르겠네요. 어렵고 고통스러운 기분이지요.

**환자**: 그게 무슨 관련이 있나요? 왜 그렇게 말을 하는 거지요? 그건 당신과는 아무 상관이 없는데요. 상사를 욕했다고 나를 비난하는 건가요? 그가 나한테 공격적이

> 었다니까요. …… 당신은 해야 할 전문적인 직업을 가졌지요. …… 당신이 이렇게 행동해서는 안 되지요. …… 이제부터 당신이 제대로 반응을 할 때만 답을 하겠어요.

여기에서 환자는 느껴진 현실과 치료자와의 전이를 연결하는 것을 부인하는 반면 그의 분노를 전달하는 데(분열과 투사적 동일시를 통해) 성공했다. 감정과 대인관계 접촉을 통제하는 이러한 욕구가 PPD에서 공통적이다. 방어는 낮은 자존감의 바탕인 열등감을 숨기는 역할을 한다. 굴욕감, 수치심 그리고 우울감은 PPD의 기저에 있는 특징이다. 그리고 이것은 집요하게 자아를 위협한다. 성격에 대한 이러한 위협을 치료자가 예민하게 감지하는 것이 매우 중요하다. PPD의 경우 투사적 과정의 힘이 너무 강력해서, 치료자의 동기에 대한 충분한 신뢰가 형성되어 환자가 치료에서 충분히 개방적으로 말을 할 때까지는 수년이 걸릴 수도 있다. 잘못 이해되고, 잘못 해석되고, 저평가되고 있다는 역전이 경험이 치료자의 견디는 능력을 짓누르게 된다.

PPD와 마주하면 혼란스럽고, 공격받는 기분이 들고, 심지어 자극해서 갈등관계로 들어가게 된다. 갈등이 처음에 어떻게 시작되었는지 적절한 이해도 없이 이루어진다. 임상가와의 면접에서 얻어진 초기 역사를 살펴보면, 어린 시절 관계로부터 철수하고 갈등에 기반을 둔 반추와 환상에 오랫동안 몰두해 온 것을 확인할 수 있다. 비록 사용하는 투사 기제가 종종 망상적 사고와 유사하더라도, PPD는 망상 혹은 환청이 없다는 점에서 일반적인 정신증과 구별된다(Sperry, 1995). 약물—일반적으로 신경이완제 혹은 선택적 세로토닌 재흡수 억제제(Selective Serotonin Reuptake Inhibitor: SSRI)—의 처방이 종종 심리치료와 함께 이루어진다. 그러나 PPD 환자는 그들의 불신으로 인해 치료 집단과 갈등을 빚는다.

Freud(1911/1958)는 편집증을 자아와 양립할 수 없는 생각(주로 성적인)을 외적 세계에 투사한 결과로 보고, 편집증을 '자아를 덮는 조각'—통합될 수 없고 의미가 없는 세상에서 의미를 찾으려는 시도—으로 보았으며 계속되는 망상적 노력이라고 했다. 비록 편집증이 여전히 방어적인 투사 체계로부터 나오는 것으로 간주되고 동성애 관계에 휘말릴지도 모른다는 공포라는 것이 밝혀졌다 하더라도, 편집증의 중심 발병요인을 동성애로 본 Freud의 강조는 원시적인 정서 갈등과 사고 양식의 역할이라는 더 넓은 견해에 자리를 내어 줘야 했다(Bell, 2003). 이러한 발달 과정은 안정되어 있는 자기감을 얻지 못한 것과 관계가 있다. 강력하고 원시적인 감정, 특히 공격성의 관리(타고난 것이든, 심리사회적 기원을 가진 것이든, 혹은 둘 다이든)가 어렵다. 또한 심리감각적 양식과 그에 따른 수행 양식 및 자기와 대상을 변별 · 개별화하는 분리의 과정을 성격이 절충하는 방식에서 어려움을 보인다(Mahler et al., 1975). 공격받은 자아가 결과적으로 위협감을 느끼면서 삶의 초기부터 만연된 분열과 투사적 동일시를 만성적으로 사용한다는 것이 오늘날 넓게 받아들여지고 있다. 전자 문서 보관서에 있는 편집증의 치료에 대한 몇몇 연구 중 하나에서, Rycroft는 분열과 투사적 동일시의 이러한 사용을 주목했다. 그리고 정신병리의 고착 지점을 확립하던 당시 Freud의 관심으로 인해 그가 어떻게 편집증을 고려하면서 부인(denial) 개념을 언급하지 않고 제외하였는지를 주목했다. 하지만 최근 부인은 투사와 투사적 동일시와 함께 고려되는 기제로 편집성 장애의 기초를 형성하는 것으로 고려되고 있다(Rycroft, 1960, p. 68).

많은 임상가는 오늘날 PPD의 대상관계 위기에 대해 특히 집중한다. PPD 개인은 파멸로 이끄는 다룰 수 없는 갈등의 공포로 인해 중요한 대상에게 의존하는 경험으로 항복하거나 굴복할 수 없을 거라고 느낀다. Melanie Klein은 Abraham이 제시한 첫 번째 단계인 항문기 내의 편집적 단계를 확인하면서 이러한 이해에 중요하게 기여하였다. 결국 그녀는 이러한 상태를 **편집-분열 자리**라는 개념으로 진전시켰다. 이 개념은 A군 장애 모두를 이해하는 데 유용하다. Klein의 견해에서 초기 대상은 부분적이며(어머니에 뒤이은 어머니의 젖가슴에 대한 가장 초기 표상) 그 대상은 '좋은' 그리고 '나쁜'—이상화된 그리고 폄하된 측면으로 분열된다. 자아는 투사적 기제를 사용하여 '나쁜' 대상 경험을 제거하려고 시도한다. '나쁜' 부분-대상의 내사(introjection)에서 유아는 파괴의 두려움으로 위협을 당한다. 분열, 이상화, 부정 그리고 부인은 '나쁜' 대상을 피하려는 방어적이고 전능한 시도이며 오늘날 PPD와 같은 편집성 상태를 이해하는 데 있어 많은 사람에게 중요하게 수용되고 있다. 그들 중에 Kernberg(1975), Rosenfeld(1969), Stone(1993) 그리고 Gabbard(2000)는 또한 PPD 환자가 어떻게 지속적으로 대상을 강압적으로 분리해서 결국 '좋은' 그리고 '나쁜' 측면으로 분리하는지에 주목했다. 이것은 유아기 정신화의 발달적 실패를 뜻한다(Target & Fonagy, 1996b). **대상항상성**(신뢰성 있고, 유용하고, 돌보는 타인에 대한 내면화)이 확립되지 못한다. PPD 환자는 생애 초기에 투사에 의해 형성된 공격적 충동의 만성적 폭발에 굴복한다. **투사적 동일시**는 타인을 전멸시키거나 혹은 교대로 전멸당하는 것에 대한 두려움을 통제하는 수단으로 타인의 정신 표상 안에 이러한 공격적 충동을 자리 잡게 한다. 이러한 방어적 전략하에 무기력감, 가치 없음, 부적절감 그리고 우울증이 있다(Meissner, 1988; Rosenfeld, 1996). 혼란스러운 유아적 느낌, 무엇보다 공격성과 증오와 같은 느낌을 담아내지 못하는 환경적 실패는 편집성 사고에서 중요한 기원이다(Balint, 1969; Kohut & Wolf, 1978; Winnicott, 1962 참조).

PPD의 심리치료는 특별한 전략과 치료자의 인내가 필요하다. 공격성 혹은 기저에 있는 우울증 그리고 거절감과 굴욕감에 대한 이른 해석이 부정적 치료 반응, 행동화, 심지어 치료의 종결로 이어지기 때문이다. 따라서 심리치료에서는 이러한 마음 상태에 정확하게 관심을 두어야 한다. 치료자는 보호하려는 마음과 안전감을 제공하려는 목적으로 이루어지는 극단적이고, 가혹하고, 고집스러운 명령으로 자아를 지배하는 거대한 초자아에 특히 초점을 둔다. 부분-대상 경험을 이해하는 데 전이와 역전이를 신중하게 사용하는 것은 초자아에 대한 자아의 예속과 굴욕 그리고 환자의 구속된 자기감을 깊게 이해하게 한다. 충분한 시간과 통찰을 통해 치료자를 믿고 싶은 진실한 소망은 지나치게 발달된 초자아의 강박적인, 비합리적인 그리고 전반적이지만 제한된 활동과 구별될 수 있다. 이 과정에서 참여자들 모두는 제대로 기능하지 못하는 정신내부의 갈등을 함께 숙고할 수 있게 되는 '제3의 견해'를 얻게 된다(Ogden, 1999). 확실하고 신뢰할 만한 대상으로서 치료자에 대한 정서적 의존이 생길 때 환자는 크게 당황할 수 있다. 전례가 없고 위협적인 경험으로 느껴질 수 있기 때문이다. 진실한 대상관계의 발달에 수반되는 분리 불안, 상실감 그리고 혼란은 환자의 삶의 전 과정에 팽배해 왔던 깊은 퇴행 상태를 보여 준다. 타인을 의심하는 취약함은 치료 후에도 여전히 PPD에 남아 있다. 그러나 많은 치료자는 지나치게 발달한 초자아의 가치와 활동에 '심리적으로 많이 관여하지 않도록' 하고, 대상과의 관계에서 일어나는 리비도적이고 공격적인 우여곡절을 이해하는 데 더 많은 관심을 갖고 노력한다. 그 과정에서 PPD는 상당히 인상적인 수준까지 안정성을 얻을 수 있다.

## 분열성 성격장애

분열성 성격장애(SPD)는 사회적 · 개인적 관계에서 정서적으로 철수하는 것이 특징이다. 타인에 대한 느낌의 표현은 정서적 접촉이 고통스럽거나 혹은 개인적으로 의미가 없다고 느껴지기 때문에 제한된다. 어쩔 수 없는 대인관계 경험도 SPD 개인에게는 그저 지나가는 것 같다. 이러한 관계들은 겉으로는 아무 일도 일어나지 않는 것처럼 보이지만 동시에 내적으로 매우 강력하게 환자에게 영향을 미친다. 분열성 특성을 보이는 사람은 너무 오랫동안 혼자 남겨질 경우 고립감과 상당한 고통을 경험할 수 있다. 이러한 고통을 완화하기 위해 어쩔 수 없이 타인과 접촉하게 되는데, SPD 환자는 실제로 접촉이 너무 지속되거나 너무 친밀하다고 느껴지면 억압당하고 박해를 당하는 기분을 경험한다. 타인과의 친밀한 관계는 불안에 의해 압도되고 개인적 정체성(자기감)을 잃을지도 모른다는 두려움에 이르게 한다. 적개심은 거의 없으며 수동적 저항과 철수가 지배적이다. 빈약한 사회적 기술과 제한된 정서 범위는 SPD 행동의 '기계 같은' 특성과 혼합된다. 위협받는다고 느낄 때, SPD 개인은 더 깊이 철수한다. 그래서 직면 치료는 도움이 되지 않는데, 이러한 기법이 기존의 심각한 불안을 더욱 높이기 때문이다. SPD 개인의 환상은 강렬할 수 있다. 치료자의 어려움은 그것에 다가가는 것인데, 다가가기만 하면 SPD 환자는 치료에 잘 반응한다.

정신분석적 이론(Fairbairn, 1952)에서는 분열성인 사람이 근본적으로 사랑을 갈구하지만 자신의 사랑(증오뿐만 아니라)이 대상을 파괴할 것이라는 두려움 때문에 사랑을 할 수 없는 상태에 있다고 이해한다. Fairbairn은 이러한 극단적인 상태에 있는 정신과정을 상세하게 묘사한 최초의 분석가 중 하나이다. Khan은 Fairbairn이 기술한 주된 관찰을 다음과 같이 묘사했다.

I. 분열성 상태는 모든 정신병리적 상태의 가장 깊은 곳에 위치한다.
II. 분열성의 분석치료는 한 개인의 정신병리 과정에서 광범위한 연구의 기회를 제공한다. 성격을 방어하는 데 사용하는 모든 방법이 확인된 후에야 비로소 도달할 수 있는 마지막 단계라는 것이 일반적이다.
III. 대개의 생각과는 달리 너무 멀리 퇴행하지 않은 분열성 개인은 정상적 혹은 비정상적인 어떤 다른 유형의 개인들보다도 더 심리적인 통찰에서 높은 능력을 가지고 있다.
IV. 일반적인 신념과 달리, 분열성 개인은 '상당한 정도로 전이를 형성할 수 있고 예상과는 달리 긍정적인 치료 가능성을 보인다.' Fairbairn은 비인격화, 비현실감, 현실 감각에서의 혼란과 이것들의 중요성을 제시하고자 하였다. 예를 들어, 부자연스러움, '두꺼운 유리' 같은 느낌, 익숙한 사람이나 환경에 대한 낯설음 그리고 그들의 경험에서 중요한 특징인 낯선 것에 대한 익숙한 느낌이 있다. 이러한 사람들은 사회적으로 광신도, 선동가, 범죄자, 혁명가 등으로 확장될 수도 있다. Fairbairn은 분열성 범주의 세 가지 두드러진 특징에 대해서 주목했다. 그것은 전능감의 태도, 고립감과 철수된 태도 그리고 내적 현실에 대한 몰두이다(Khan, 1960, p. 428).

Fairbairn은 분열성 개인에게 나타나는 자아의 근본적인 분열은 내재하는 가치를 갖지 않은 사람으로 타인을 대하려고 하는 구강 결합적인 리비도적 태도가 수반된다고 보았다(Khan, 1960, p. 429). Fairbairn은 대상에 대한 이러한 퇴행적 자세를 모성 대상에 대해 무관심하거나 혹은 집착하는 것과 연결 지었다. 분열성 개인은 그 자신이 사랑스럽다는 것을 확신시키는 자발적이고 진실한 사랑과 애정의 표현을 경험한 적이 거의 없다. 비인격화 그리고 타인과의 관계에서의 비정서화가 주된 특징이다(Khan, 1960, p. 430). 분열성 개인이 정서를 보이지 않는 것은, 역할을 한다거나 과시적인 태도를 보이는 것을 뜻한다. '보여 주는 것'이 '느끼는 것'을 대체한다. 이러한 우월한 태도는 자신의 정신 세계와 개인적 능력에 대한 과대평가, 지적인 방어의 사용, 내적인 리비도적 대상에 대한 비밀스러운 집착 그리고 그 대상과의 동일시에서 나타나는 자아의 자기애적인 팽창에서 나온다. Fairbairn의 견해에서 보면, 초기 삶에서 이러한 개인은 박탈감과 열등감으로 고통을 경험했으며 여전히 어머니에게 고착된 채로 있다고 보았다. 내면화된 '젖가슴-어머니'의 리비도적인 집중(cathexis)이 타인과의 관계에서 더욱 강화되고 확장된다. 무엇보다도, 결과적으로 외적 세계를 희생하면서 내적인 것을 지나치게 중시하게 된다. 그러한 사람은 누군가를 사랑하거나 누군가에게 사랑받을 수 없으며 리비도적인 대상과 거리를 유지해야 한다(Khan, 1960, p. 430).

다음에 제시된 임상 사례는 SPD의 치료에서 앞서 기술한 특성과 치료자가 직면하는 구체적인 문제를 설명하고 있다.

주 3회 정신분석 심리치료를 받고 있는 중년 남성은 이전 회기 이후에 기분이 좋지 않았다고 불평을 하면서 회기를 시작했다. 친구를 만나려고 점심에 약속 장소에 가기 위해 운전을 해야 했다. 가는 중에 갈림길이 나왔다. 집으로 가거나 아니면 친구를 만나기 위해 계속 길을 갈 수 있었다. 결국 그는 친구를 만나러 갔다. 그때 심리치료 회기에 대해서 무슨 생각이 들었고 멈춰서 그걸 적고 싶었는데 바쁘게 가는 길이어서 그렇게 할 수가 없었다. 그때 무슨 생각을 했지만 지금은 기억이 나지 않는다. 결국 그는 목적지에 도착했지만 너무 피곤해서 올라가 벨을 누를 수 없었다. 기운이 하나도 없었고 돌아가고 싶었다. 그래서 차를 돌려 도로 옆에 세웠고 한 시간가량 잠을 잤다. 그러고 나서 집으로 돌아왔다. 이른 시간이지만 여전히 피곤했다. 그가 집에 도착했을 때 몇

시간 동안(3시간가량) 잠을 잤다고 한다.

**치료자**: 어제 치료시간 이후에 뭔가 기분이 나빴다고 말하는 것 같네요.

**환자**: 나빴다고요? …… 나쁘다. …… [침묵] …… 뭘 잘 먹지를 못했어요. 그래서 몸이 완전히 개운하지 않았어요. 아직 기침이 나고요. 아마 아직 완전히 좋은 것 같지 않아요. …… [침묵] 피곤하고…… 몸이 무겁고. 몸이 좀 그러네요. [침묵]

**[잠시 후]**

**치료자**: 내가 지난 시간 이후에 당신 기분이 좋지 않았던 것을 상기시킬 때 좀 놀라는 것 같았어요.

**환자**: 내가 그렇게 말했는지 기억이 안 나요. 그렇지 않다고 말하지 않았지요. 하지만 뭔가 내가 놀랐다면…… [침묵] …… 지난 시간에 무슨 일이 일어났는지 기억이 잘 안 나요. 오래전 일같이 느껴져요. …… 마치 굉장히 오래된 일 같아요.

이 짧은 대화에서 이 남성이 타인과 유지하는 상호작용의 전형적인 특성(그리고 이것은 또한 분열성 개인 대부분의 특징이기도 하다)으로 환자가 그의 내적 세계와 외적 세계에서 어떤 식으로 '기로'에 서 있는지를 볼 수 있었다. 그는 친구 및 치료자를 통해 자신의 외적 세계에 관여하려고 노력한다. 하지만 불안으로 인해 그의 내적 세계로 퇴행적으로 후퇴해서 대상으로부터 벗어나 그가 덜 고통스럽고 덜 갈등스러운 것으로 경험하는 유아적 구강성의 세계로 향하게 된다.

비록 환자가 인식하지 못할지라도, '1시간'과 그 후 '3시간' 동안 잠이 들었다는 것은 대상에 대한 잠재적인 적개심이라는 전이가 있다는 증거이다. 많은 치료자는 SPD 환자들이 전이의 영향을 더 잘 견디도록 하기 위해 개입과 해석이라는 '2단계' 모델을 사용하는 것을 선택한다. 전이 해석은 항상 환자를 날카롭게 분석적 관계로 이끌게 되고 이것이 SPD 환자들에게는 외상적일 수 있다.

다음 사례는 다른 환자와의 회기 자료에서 나온 것이다. 이 자료는 전이 자료에 대해 지지적인 해석에서 더 전통적인 해석으로 이어지는 방식을 보여 준다.

40대 여성 환자는 치료 공백 기간(예: 회기 사이, 쉬는 기간)에 느껴지는 분리 불안이 너무 고통스러워서 치료를 그만두고 싶어질 정도였다. 분리라는 주제와 연결된 정신적인 고통에 대한 해석을 듣는 것이 너무 어렵고 그것에 초점을 두는 것이 고통 그 자체여서 이 고통을 줄이기 위해 치료를 그만두는 것을 생각하게 되었다. 그녀의 유일한 길은 그냥 치료를 그만두는 일이라고 말했다. 치료자는 다음과 같이 말할 수 있다.

"당신이 치료를 그만하고 싶어 한다는 것을 이해할 수 있어요. 물론 나는 당신을 멈추게 할 힘이 없습니다. 우리가 하고 있는 것은 누군가에게는 너무 어려운 일일 겁니다. 최근에 특히 더 고통스러웠다고 생각해요." [지지적 개입]

"아마 회기를 계속 오가면서 좌절이 되고 힘이 들었을 겁니다. 혼자 대처해야 한다는 기분을 느낄 수도 있어요. 이것이 화가 많이 날 수 있습니다. 이 화와 고통을 멈추기 위해서 치료를 끝내고 싶다고 느꼈을 겁니다. 이러한 느낌에 대해 이야기를 하는 것은 분명 어려운 일입니다. 당신이 그것을 이야기할 때 내가 당신을 견딜 수 없을까 봐 걱정하는 것은 아닌가 싶습니다." [기저에 있는 불안에 대한 해석]

이와 같은 위기 개입을 통해 환자는 치료를 멈추고 싶은 소망 뒤에 있는 파괴적인 환상에 대한 통찰을 얻었다. 직접적인 행동에 대한 계획이 아닌 자신의 고통을 다루기 위해 대상과 관련된 생각과 이야기를 더 많이 할 수 있었다.

정신역동적으로 정신분열성 개인을 치료하는 데 있어 환자는 그들의 자료(예: 과거 역사 혹은 내적인 현실)에 대해 감질나게 하면서 분석가를 도발하거나 유혹하려 한다는 점에서 치료는 매우 복잡해진다. 이러한 모습은 지나친 해석의 위험을 높인다. 관중으로서 분석가와의 관계에서 환자는 자기몰두를 보인다. 가장된 열정은 내적 공허감이 드러날지도 모른다는 두려움을 감춘다. 감정은 급하게 방출된다. 환자의 자아는 이러한 방출을 억제하거나 혹은 촉진하지만 그것과 관계하지 않는다. 환자가 개인적으로 이를 경험하기 위해서는 새로운 대상과의 새로운 경험이 필요하다. 그들은 타인의 희망감에 의지한다. 이를 통해 그들은 타인의 희망을 이용하고 그 주변에서 단기간 동안 자아 기능을 통합할 수 있다. 하지만 결국 그들의 희망감은 무가치하게 줄어들고 관여된 사람들은 모두 패배감을 경험한다. 환자는 분석 상황에서 치료자를 시험해 보기 위해 이를 강박적으로 반복한다. 그리고 임상가의 역전이에 얹어진 이러한 짐은 점점 켜지고 결국 임상가를 지치게 할 수 있다(Khan, 1960, p. 431). 분열성 환자는 그들의 과거 경험과 현재 분석에서 느끼는 긴장을 '행동화'하는 경향이 있다. 그들은 자아 퇴행과 의존 욕구를 두려워한다. 그래서 절제되고 한계가 있는 참여를 하면서 협력하는 임상가의 준비가 필요하다. 그들은 도움을 받고자 하는 깊은 바람을 가지고 있다. 그들의 자아는 동일시를 통해 매우 친천히 통합하며, 자신을 한 사람으로 경험하기 위해 정서적 위기 상황에서 임상가를 견디는 사람으로 사용하고자 한다.

불안은 SPD의 치료에서 커다란 장애물이다. 분석 상황에서 불안은 그 특성상 난관을 만들어 내는데, 많은 양의 감정을 동원하고 감정의 통제와 흡수를 목표로 한다. 분열성 환자가 그들의 불안한 상태와 싸우는 데는 두 가지 기법이 사용된다. 첫 번째는 앞의 사례에서 보았듯이 불안을 정신적 고통으로 번역하는 것이다. 어떤 환자는 그러한 고통에 거의 중독될 수 있다(Khan, 1960, p. 432). 두 번째 기법은 산만하고 과도한 긴장 상태로 불안을 이해하는 것이다. 이러한 긴장 상태는 분석 과정에 대한 반대의 자원이 될 수 있다. 환자의 지적 방어는 이러한 자원으로부터 양분을 얻을 수 있기 때문이다. 유전적으로 말하자면, 이러한 환자의 불안은 힘이 세고 강력한 리비도적인 충동 혹은 원시적 · 가학적인 초자아에 대한 반응이라기보다는 완전한 공허감과 고립의 내적 경험으로 인해 자아의 온전함 그리고 생존이 실제적으로 위협당하는 것이다. 정신적 긴장을 만들어 내고 유지하는 것은 이러한 공허감으로부터 나오는 불안의 위협으로부터 그들을 안심시킨다. 정신적 고통과 가학증은 대개 이러한 일차적인 내적 곤경을 물리치는 데 사용된다. 가학적 고통은 카텍시스(cathexes)의 역치를 높이고 자기감을 지지한다(Khan, 1960, p. 433).

Fairbairn, Khan, Balint, Klein, Rosenfeld, Kernberg 등은 분열성 개인들이 사용하는 방어의 원칙적인 내적 전략으로 분열, 대상과 정서 경험에 대한 평가절하, 과도한 투사적 동일시 그리고 이상화를 주목했다(Khan, 1960, p. 434). 이상화와 관련해, Khan은 분열성 환자가 종종 정신병질적인 혹은 도덕 관념이 없다는 인상을 준다고 강조했다. 누군가는 이런 모습이 손상된 초자아 형성 혹은 원시적인 가학적 초자아와 관련이 있다고 말하고 싶어 한다. 하지만 정신내적 기능에 대한 철저한 조사를 하면 종종 높게 조직된 자아이상이 드러난다. 이것은 이상화된 중요한 부모 대상의 내사로부터 형성된 것이 아니며 적절한 일차적인 인물이 없기에 대신해서 형성된 것이다. 박탈을 다루는 방법은 마술적인 사고이다. 자아이상과 닮은 이상화된, 마술적으로 얻어진 내적 대상은 무망감, 공허감 그리고 무가치함을 막아 내는 데 사용된다. 전이에서 환자는 환멸과 무망감을 상쇄하려고 치료자 그리고 분석 과정을 이상화할 수 있다. 그리고 환자는 어떤 것은 실제 관계의 결과일 거라고 확신한다(Khan, 1960, p. 435).

PPD에 비해 SPD가 타인에 대한 의심이 적고 더 큰 그리고 만성화된 철수를 보인다는 점에서 이 둘은 구분된다. SPD는 덜 기이하고 덜 이상하고 혼란된 호소 문제가 분명히 덜하고 철수가 특징적이라는 점에서 StPD와도 구별할 수 있다. 자폐증 혹은 아스퍼거의 증상과 SPD의 호소 문제 간의 유사성은 종종 복잡한 진단을 내리게 한다. 정신병적인 질병 혹은 심각한 우울증은 SPD 내에서 일어날 수 있다. 어떤 사례에서는 성격장애(회피적 성격장애 혹은 PPD와 같이)가 동반될 수 있다. 철수에도 불구하고, 많은 SPD 개인은 그들이 초래하는 완수하지 못하는 삶에 대해 많은 걱정을 보인다. 많은 사람이 결혼을 하지 않거나 성적 관계에 들어가지 못한다. 그렇다고 해도 그들은 비요구적인 파트너에 만족한다. 외로움을 상쇄할 충분한 접촉은 일터에서 혹은 한계가 있는 사회적 상황에서 얻어질 수 있다.

일반적으로 SPD를 위해 인정된 치료는 없다. 집단치료가 사회화를 돕기 위해 유용할 수 있다. 종종 심리치료(일반적으로 개인치료이지만 집단과 개인을 결합할 수 있다.)가 약물복용을 하면서 추천될 수 있다. 약물치료만으로는 이러한 환자들에게 거의 효과가 없는데, 그들의 문제가 근본적으로는 관계를 형성해야 하는 문제이기 때문이다. 정신역동치료가 잠재적으로 고통스럽고 혼란스러울지라도 분열성 개인에게 아마도 변화를 위한 최선의 희망을 줄 수 있다. 만약 환자가 약한 수준이더라도 정서적으로 치료자와 관계할 수 있다면, 통찰 획득과 성격 성장의 가능성은 분명하다.

PPD와 같이, SPD의 심리치료는 치료자에게 전략과 인내가 필요하다. 아마도 SPD의 치료에서 도전적인 부분은 불안(종종 만연된)을 정신적 · 심리적 고통으로 초기에 해석하는 것이다. 이것은 의존과 신뢰를 억제하는 역할을 한다. 하지만 SPD 환자는 그들이 종종 스스로 발견하게 되는 폐쇄공포증에서 궁지에 몰린 불가능한 느낌(Rey, 1994 참조)을 정서적 · 인지적으로 그리고 관계적으로 이해하고, 이는 어떻게 그것이 그들의 높아진 불안과 정신적 고통에 기여하는지 이해하는 데 치료적 · 발달적 가치가 있다. 정신증에 기반을 둔 불안에 덜 의존하는 방식을 고심하면서, SPD 환자들은 그들의 극심한 '질식-고립(suffocation-isolation)'에 대한 집착을 잘 관리하게 된다. 그리고 시간이 지나면서 그것을 지탱해 왔던 '다 안다'는 태도와 이상화의 수준이 감소하게 된다. 이것은 환자의 불안과 불신을 낳게 했던 대상의 상실에 대한 근본적인 공포에 대해 성찰할 수 있도록 한다. 결과적으로 치료자와 분석관계에 대한 더 겸손하지만 진정한 의존이 생기면서 극단적인 불안이 완화되는 지속적인 효과를 가질 수 있다. 환자는 실제 세계 및 타인과 더 연결된 기분을 느낀다. 과거의 상실과 비탄에 대한 극심한 두려움과 같은 새로운 상태에서 우울한 불안이 일어날 수 있다. 이러한 불안은 정신증보다는 신경증과 관련이 있다.

## 분열형 성격장애

분열형 성격장애(StPD)는 '인지적 혹은 지각적인 왜곡 그리고 기이한 행동뿐만 아니라 친밀한 관계에 대한 극심한 불편함 그리고 감소된 능력이 두드러지는 사회적 · 대인관계적인 만연된 결핍의 패턴'이 특징이다(American Psychiatric Association, 2000, p. 697; World Health Organization, 1992 참조). 분열형 성격은 분열형태(schizotype)에서 도출한 범주로, 정신분열적인(schizophrenic) 그리고 유전자형(genotype)을 하나의 범주로 합쳐서 1953년 Rado가 처음 사용하였다. 분열형(schizotypal)이라는 것은 조현병의 기저에 있는 것과 유사한 기질적 손상이 있는 장애가 있는 성격을 가리킨다. 스트레스로 인한 단기 정신병적 삽화가 StPD에서 일어날 수 있다. 하지만 그것은 대체로 일시적이다. StPD를 보이는 개인들은 조현병으로 발전될 수도 있지만 그런 경우는 소수에 불과하다.

StPD의 주된 특징은 인지 및 지각 능력에서 왜곡이 일어나는데 신체에 대한 혼란된 인식 그리고 특이하거나 마술적이거나 기이한 신념 혹은 생각이 일어나는 것을 포함한다. StPD(그리고 SPD) 개인은 즐거움을 경험하는 데 상당한 곤란함(쾌감 상실)을 보인다. 그들은 관계사고(ideas of reference) 그리고 미신적 태도(superstition)를 보이고 만성적인 사회적 불안을 겪는다. 친밀한 관계를 위협적으로 느끼고 사회적 고립이 일반적이다. StPD 개인은 자신이 세상의 부분이라고 느끼기보다는 세상에 조화되지 못한다고 느낀다. 그들은 적합하지 않고 배제되는 기분을 느낀다. 이러한 식으로 느끼는 것에 대해 분개하고 종종 짜증, 좌절 혹은 불만을 품는 반면 정작 그들의 불만이나 만연된 느낌을 구체적으로 드러내지 못한다. 혼란과 갈등에 철수와 회피로 맞선다. 감정에 사로잡히고 갈등에 잠식될지도 모른다는 두려움 때문에 강한 감정은 강한 불안을 가져온다. 그리고 이것은 환자의 현실감을 위협한다. 강한 느낌을 피하려는 욕구는 관련이 없는 문제에 지나치게 초점을 맞추는 경향으로 나타난다(이런 이유로 별나고 기이한 특성이 나타난다). 환자는 자신의 신념과 행동의 기이함을 자각하지 못하며, 누군가 그것을 직면하면 위협감을 느낀다. 환자의 환각과 집착은 파편화된 자아 기능과 불안정한 자기에 대한 느낌으로부터 환자를 지킨다. 사회적 접촉과 가족이나 친구로부터의 지지 그리고 치료관계에 참여하는 것은 퇴행을 유지하려 하고 정신증적 사고에 점점 취약해지는 경향에 맞서는 데 필요하다.

StPD의 특징인 혼란스럽고 기이한 사고는 종종 편집증과 조증 사고와 혼합된다. 그래서 StPD 환자의 자아 강도에 대한 지속적인 평가가 필요하다. 환자의 다채로운 불안을 담아내고 그들의 고정된 사고(종종 망상과 유사한)의 의미를 해석하는 것은 효과적인 정신역동치료에 필수 요건이다.

조현병 및 자아 분열(ego fragmentation)의 취약성과 유전적 연결에도 불구하고, 심리치료에 찾아오는 StPD 환자는 정서를 사용하는 면에서 더 높은 능력이 있기 때문에 SPD 환자보다 더 낫다. StPD 환자들은 괜찮은 자아 강도를 보인다. 즉, StPD 환자는 SPD 환자보다 덜 경직된 방어와 결합되어 있는데, 이것은 그들이 더 쉽게 분석적 해석에 반응하고 우울한 정서를 더 잘 견딜 수 있도록 한다. 치료 과정은 느리고 일관적이지 않을 수 있다. 치료의 결과가 정상적인 삶에 가깝게 이르도록 하기는 거의 어렵다. 하지만 성격 통합이 점진적으로 가능하며 일상생활에서는 두드러진 개선에 이를 수 있다. 특히 심각한 사례의 경우 조현병에서 사용되는 약물의 낮은 용량이 처방될 수 있다. 선택적 세로토닌 재흡수 억제제(SSRIs)는 StPD에서 강박적・충동적 그리고 우울한 증상을 개선할 수 있다.

다음은 55세 여성 StPD 환자에 대한 기술이다. 실제 심리치료의 임상적 발췌가 아닌 사례에 대한 기술이다. StPD를 치료할 때 치료자가 직면하는 다양하고 복잡한 점을 제공하고자 한다.

이 특별한 환자는 6남매 중 여섯째로 부유하지만 역기능적인 환경에서 성장했다. 아이로서 그녀는 어머니보다 순박한 가정부를 더 많이 보고 자랐다. 권위주의적이지만 환자가 의존할 수 있었던 아버지는 환자의 마음에 '구원자'의 상으로 느껴졌다. 권위적인 아버지 앞에서 겁을 먹고 굴욕적인 기분을 느꼈지만 삶에서 어려움에 처해 있을 때 그에게 의지하곤 했다. 그래서 그녀는 여성보다는 남성과 더 편하게 말을 할 수 있었는지 모른다. 친밀하다는 것은 결국 그녀를 짜증 나게 하는 것이며, 갈등에 대한 두려움으로 이끌고 죄책감과 수치심이 일어나게 하는 것이다. 그녀는 타인과 자신이 다르고 그들로부터 배제되는 기분을 느꼈고, 친밀한 관계를 갖고 있는 사람에게 질투심을 느꼈다. 반면, 동시에 자신의 배경과 발달사를 이상화하였다. 그녀는 감사할 줄 모르는 태도와 관련해 자신을 비난했다. 주기적으로 우울했고 무망감을 느꼈다. 이 기분을 줄이기 위해 적은 용량의 항우울제를 처방받아 먹고 있다. 환자는 우울한 느낌과 마주할 때 힘들어 보였고 StPD가 보이는 전형적인 증상으로 사고 이탈(tangential thinking)을 보였다. 예를 들어, 그녀는 거의 혹은 전혀 부조화를 인식하지 못하면서 연결되지 않는 방식으로 한 주제에서 완전히 다른 주제로 이동하곤 했다. 정반대로 반추적인 박해 사고에 시달리며 침묵에 빠지기도 했다. 그녀의 초자아는 지나치게 활발했다. 종종 초자아는 그녀가 치료자 혹은 그 외의 누군가를 믿는다면 직면하게 될 다양한 위험을 경고했다. 환자는 믿을 수 있는 그녀의 치료자에 대해 강렬한 필요를 경험했지만 동시에 그 '위험스러운' 치료자를 폭력적으로 거부하고 싶기 때문에 반복되는 혼란을 느꼈다. 이러한 내적인 갈등으로 소진되는 것을 더 이상 견딜 수 없을 때 그녀는 침대로 들어가 며칠씩 나오지 않았다. 이런 식으로의 철수가 있을 때 그녀는 다른 사람들과 모두 단절했다. 가까운 가족은 그녀가 일주일 동안 말을 하지 않고 거의 먹지도 않았던 것을 보고했다. 그러한 위기 동안 환자는 완벽한 침묵으로 일관한 회기를 보냈다. 그 침묵은 종종 공격적인 결심을 담고 있는 듯했다.

일주일에 3회씩 하는 심리치료는 담아내고 안정화하는 데 효과를 보였다. 점점 그녀는 치료자와의 관계를 가치 있게 보게 되었다. 동시에 그녀의 커져 가는 의존심은 정신증의 불안 수준을 점점 각성시켰다. 과거에 그녀는 다른 사람들과 거리를 두고 가까이 오지 못하도록 한 적이 있다. 그리고 가족의 지지가 많은 불안을 조절하는 데 도움이 된 적이 있다. StPD 환자의 전형적인 특성이며 조현병적 사고를 연상시키는 분열과 파편화된 특성은 치료자가 환자를 돕는 데 커다란 도전으로 작용한다. 치료자는 환자가 서로 양립할 수 없고 연결되어 보이지 않는 압도적이고 이질적인 사고와 느낌을 이미 부서져 있는 자아가 통합하도록 촉진하는 데 어려움을 겪게 된다. 환자의 내적 대상관계 세상은 서로 간의 갈등에서 부분적으로 아니면 일반적으로 환자들이 경험하는 대상관계와 유사한 균열을 보인다. 대상의 강요적 측면이 환자의 마음 안에 침범해서 투사적 동일시 과정을 통해 더 위협적인 상태로 된다. 이것은 부분-대상의 강렬함을 증가시킨다(Williams, 2004). 이 환자의 분명한 특징은 그녀의 대상관계의 기저에 있는 편집증적인 특성이다. 이것은 망상형 조현병에서 나타나는 원시적이고 위협적인 불안과 유사했다. 통합되지 못하는 것에 대한 그녀의 끔찍한 두려움은 자기애적으로 파생된 격노의 해리된 느낌과 관련이 있어 보였고, 이상화와 철수하는 능력이 위협받는다고 느낄 때 어쩔 수 없이 드러났다.

치료자가 그녀를 견딜 수 없고, 이것이 치료자의 (관례적인) 휴가가 일어난 이유라고 생각하는 망상적 확신으로 인해 그녀는 소진되었다. 이때 환자가 자신의 느낌에 대해서 말하도록 돕기 위해 치료자 편에서는 담아내는 활동이 상당히 필요했다. 거절감 및 이와 관련된 편집적 불안에 대한 담아내기와 해석은 중요한 치료 과제였다. 환자가 그녀의 느낌에 대해서 말할 때 그녀는 구획화(blocking), 헛구역질(비록 토하지 않더라도 회기 안과 밖에서) 그리고 극적인 방식으로 이전에 그녀가 말했던 것을 부인하는 경향을 보였다. 그녀는 죽어 가는 것에 대한 두려움 혹은 자살 시도에 대한 두려움을 경험할 때나 몸이 흔들리는 것 같은 신체 증상을 경험했는데 편안함을 느끼기 위해 집에서 바구니나 그릇을 가지고 왔다. 치료자의 역전이 경험은 환자의 혼란스러운 행동과 사고를 이해하는 데 결정적이었다. 특별히 반복되는 역전이 느낌은 불안이었다. 치료가 희망이 없고 그녀를 혼란스럽게 하는 것에 대해 자유롭게 말할 수 없고 말할 생각이 없을 것이라는 좌절감이 일어나면서 환자가 치료를 그만두거나 더 악화되어 살아남을 수 없을 거라는 것에 대한 불안이었다. 이러한 역전이 반응은 치료자가 궁지에 몰린 것 같은 환자의 느낌을 반영할 수 있었고 왜 이러한 느낌이 일어나는지를 추측할 수 있게 했다. 결과적으로 이러한 역전이 느낌에서 일어나는 생각을 신중하게 환자에게 설명해 주었다. 이를 통해 환자는 점차적으로 평생 순응하려 했던 성향, '다르다고' 오해받았던 것에 대한 엄청난 좌절감 그리고 무시당한 기분에 대한 내적 증오나 비통함을 말할 수 있었다. 내적 증오와 비통함은 그녀가 생각하기에 결코 용서받을 수 없을 거라고 생각한 살인과 절단에 대한 환상을 불러일으켰다. 다소 심각한 것으로 생각된 이 사례는 정신역동치료에 대한 StPD 환자의 전형적인 반응이며, 치료자가 인내, 감수성 그리고 전이와 역전이 경험의 복잡한 축을 이해해야 한다는 것을 강조하고 있다. 전이, 역전이 문제는 갈등, 결핍, 타협되고 실패한 발달적 이정표 그리고 무엇보다 자아 기능을 해체하는 정신병적인 사고의 침입을 수반한다.

StPD의 개념화는 정신분열적 상태와 연관된 유형인 자아의 초기 분열과 자기감의 손상을 강조한다. 결과적으로 낮은 자기존중감은 개인적인 관계에서 어려움을 수반하고 악화시킨다. 그들의 심리적 기능은 원시적, 부분-대상 관계, 황폐화된 정신 표상, 발달적 손상(정신화 능력 면에서) 그리고 스트레스 상황하에서 정신병적 사고에 대한 가능성을 드러낸다. 대상의 적절한 표상을 내면화하는 데 있어 StPD 환자의 실패는 그들이 편집-분열적 발달 수준에 고착된 채로 유지되고 있다는 것을 의미한다(Klein, 1946). 외상(외적으로 그리고/혹은 내적으로 유래된)이 구강 단계에서 일어났다고 생각되기 때문에 StPD 불안은 극히 원시적으로 보일 수 있다. 이것은 자아가 불안이나 방어에 의해 마비되지 않을 때 해석으로 이어지는 철저한 담아내기가 필요하다. StPD 환자와 SPD 환자 둘 다 Balint(1969)가 언급한 '멀리하는(philobatic)' 프로파일과 어울린다. 그는 어머니와 아기 관계의 실패에 대처하는 두 가지 내적 해결책을 제안했다. 유아의 성격에서 일어나는 그 '기본적 실패'는 이후 삶에서 '끌어당기는(ocnophilic)' 경향성과 '멀리하는(philobatic)' 경향성 중 하나로 표현될 수 있다. 전자는 만성적 '내적 공허감'에 대한 반응으로서, 강박적으로 점점 더 많이 타인에게 요구하면서 그것을 채우려고 노력한다. 후자는 타인을 포기하고 환상의 세계로 철수하는 것이다. Bowlby의 '회피 애착' 유형은 혐오스러운 접촉이 너무 두려워서 관계를 구하지 않는 이러한 개인들의 특징과 유사하다(Bowlby, 1969, 1988).

## 핵심적 임상 개념

- A군 성격장애는 환자의 신경증 불안과 함께 정신증적 불안이 만연되어 있다는 것이 특징이다. 다른 수준의 불안이 드러나는 양상은 상황에 따라 매우 다양하다. 하지만 공통적으로 임상가는 정신병적 사고가 치료 동맹, 전이 그리고 환자의 자아 기능에 미치는 영향에 대해 특별한 주의를 기울여야 할 필요가 있다.
- 치료자는 대상관계 개념에서 A군 성격장애 환자가 치료자를 어떻게 경험하고 있는지를 자각할 필요가 있다('최근에 내가 환자에게 표상되고 있는 대상은 누구이며 어떤 방식인가?'). 이 자각이 얻어진 후에야 A군 환자와 충분한 관여가 가능할 것이다. 한순간에 치료자는 이상적인 인물로서 긍정적으로 경험될 수 있다. 하지만 극적인 변화가 일어나서 치료자는 학대하는 혹평가 혹은 폭정가로 보일 수도 있다. 이러한 변화는 치료자와의 논쟁이 없이도 일어날 수 있다. 이러한 변화는 정서적 통제에 대한 환자의 능력에서 빠른 분리이며 자아와 대상의 분열 정도를 뜻한다.
- 비방어적 · 비직면적 접근 그리고 '좋은' 대상뿐만 아니라 '나쁜'(즉, 부적절한) 대상이 되는 것을 치료자가 기꺼이 인내하는 것은 기본적 신뢰를 형성하고 분열을 감소시키는 데 근본적이다.
- 환자가 치료자에게 어떤 느낌을 주는지의 역전이를 관찰하는 것[예: '나는 지금 강렬한 느낌을 경험하고 있다(이것은 권태로움, 성적인 혹은 공격적인 느낌 등이다). 이 느낌은 어느 정도로 나(치료자)의 문제에서 기인하는가? 혹은 환자가 내가 이런 느낌을 느끼도록 어느 정도로 유도하는가?']은 분열, 투사적 동일시의 사용 그리고 A군 성격장애의 정신 표상을 특징짓는 부분-대상 기능을 이해하는 데 결정적인 요소이다. 환자의 핵심적인 발병관계가 역전이에서 처음으로 인식될 수 있다.

- 모든 A군 성격장애 환자는 자기존중감의 심각한 손상으로 고통을 당해 오고 있다. 환자의 깊은 수치심과 굴욕감에 대해 치료자가 자각하는 것은 행동화와 부정적인 치료적 반응의 한바탕 소동을 견디어 나갈 수 있도록 돕는다. 소동은 개선에 대한 고집스러운 저항인데, 대체로 어떤 개선이 일어난 후에 나타난다. 환자에게 돈, 타이밍, 휴일 등을 놓고 일어나는 행동화가 있을 때 이러한 부정적인 치료적 반응이 일어나게 된다. 이때 치료자는 현실에 기반을 둔, 엄격하지만 지지적인 개입으로 반응해야 한다. 이것은 방어되고 있는 불안에 대한 해석을 포함한다.
- 악의에 찬 퇴행을 피하는 것이 중요하다. 퇴행은 스트레스하에서 일어나고 사고나 대상관계에서 더 초기 형태의 방어적인 회귀이며, 치료에서는 필연적으로 일어난다. 온건한 퇴행은 치료에서 협력적으로 이러한 것을 훈습하면서 유아적인 욕구를 건강한 방식으로 만족시킬 수 있다. 악의적인 퇴행은 환자가 욕구를 만족하는 것을 시도하지만 실패하는 상황을 나타내는데, 이 상황에서는 중독 상태와 같이 요구의 해로운 악순환이 일어난다. 만약 치료자가 A군 환자들의 신뢰를 원한다면, 해로운 퇴행에 연료가 되는 과장된 방식으로 반응하는 것을 피해야 한다. 또한 환자 안에 있는 유아의 절충적 자아를 명심하면서 분석 작업에 근간을 두고 있어야 한다.
- 갈등모델뿐만 아니라 손상에 대한 자각은 환자의 애착 특성을 이해하는 데 유용하다. 이것은 꽤 원시적이고 혼란스러울 수 있기 때문이다.
- 치료적 목표는 현실적인 평가와 정규적인 관찰이 요구되는데, 이는 진행이 느리고 불규칙적이며 궁극적으로 최종 성과에는 한계가 있다. 이러한 성과는 커다란 가치를 거는 일상생활의 개선으로 이어질 수 있다.

## 추천 도서

Bell D: Paranoia: Ideas in Psychoanalysis. New York, Totem Books, 2003

Fairbairn WRD: Psychoanalytic Studies of the Personality. London, Tavistock, 1952

Hinshelwood RD: Clinical Klein: From Theory to Practice. New York, Harper-Collins, 1994

Khan MR: Clinical aspects of the schizoid personality: affects and technique. Int J Psychoanal 41:430-436, 1960

Rey H: Universals of Psychoanalysis in the Treatment of Psychotic and Borderline States. London, Free Association Books, 1994

Stone M: Schizotypal personality: psychotherapeutic aspects. Schizophr Bull 11:576-589,

1985

Treatment outlines for paranoid, schizotypal and schizoid personality disorders. The Quality Assurance Project. Aust N Z J Psychiatry 24:339-350, 1990

Wurmser L: Torment Me But Don't Abandon Me: Psychoanalysis of the Severe Neuroses in a New Key. Lanham, MD, Rowman & Littlefield Publishers, 2007

## 참고문헌


American Psychiatric Association: Diagnostic and Statistical Manual of Mental Disorders, 4th Edition, Text Revision. Washington, DC, American Psychiatric Association, 2000

Balint M: The Basic Fault: Therapeutic Aspects of Regression. New York, Brunner/Mazel, 1969

Bell D: Paranoia: Ideas in Psychoanalysis. New York, Totem Books, 2003

Bowlby J: Attachment and Loss. Harmondsworth, UK, Penguin, 1969

Bowlby J: A Secure Base: Clinical Applications of Attachment Theory. London, Routledge, 1988

Elkin GD: Introduction to Clinical Psychiatry. New York, McGraw-Hill, 1999

Fairbairn WRD: Psychoanalytic Studies of the Personality. London, Tavistock, 1952

Freud S: Psycho-analytic notes on an autobiographical account of a case of paranoia (dementia paranoides) (1911), in The Standard Edition of the Complete Psychological Works of Sigmund Freud, Vol 12. Translated and edited by Strachey J. London, Hogarth Press, 1958, pp 1-82

Gabbard GO: Psychodynamic Psychiatry in Clinical Practice, 3rd Edition. Washington, DC, American Psychiatric Press, 2000

Grotstein JS: Object relations theory in the treatment of the psychoses. Bull Menninger Clin 59:312-332, 1995

Gunderson J: Borderline Personality Disorder: A Clinical Guide. Washington, DC, American Psychiatric Publishing, 2008

Hinshelwood RD: Clinical Klein: From Theory to Practice. New York, Harper-Collins, 1994

Jackson M: Weathering the Storms. London, Karnac Books, 2000

Jackson M, Williams P: Unimaginable Storms: A Search for Meaning in Psychosis. London, Karnac Books, 1994

Kernberg O: Borderline Personality and Pathological Narcissism. Northvale, NJ, Jason Aronson, 1975

Khan MR: Clinical aspects of the schizoid personality: affects and technique. Int J Psychoanal 41:430-436, 1960

Klein M: Notes on some schizoid mechanisms. Int J Psychoanal 27:99-110, 1946

Kohut H, Wolf ES: The disorders of the self and their treatment: an outline. Int J Psychoanal 59:413-426, 1978

Lieberz K, Porsch U: Countertransference in schizoid disorders. Psychother Psychosom Med Psychol 47:46-51, 1997

Lucas RN: The psychotic personality: a psychoanalytic theory and its application in clinical practice. Psychoanalytic Psychotherapy 6:73-79, 1992

Mahler MS, Pine F, Bergman A: The Psychological Birth of the Human Infant. London, Karnac Books, 1975

McGlashan T: The Chestnut Lodge follow-up study, III: long-term outcome of borderline personalities. Arch Gen Psychiatry 43:20-30, 1986

Meissner WW: The Paranoid Process. Northvale, NJ, Jason Aronson, 1986

Meissner WW: Treatment of Patients in the Borderline Spectrum. Northvale, NJ, Jason Aronson, 1988

Ogden T: Reverie and Interpretation: Sensing Something Human. London, Karnac Books, 1999

Rey H: Universals of Psychoanalysis in the Treatment of Psychotic and Borderline States. London, Free Association Books, 1994

Robbins M: The language of schizophrenia and the world of delusion. Int J Psychoanal 83:383-405, 2002

Rosenfeld H: On the psychopathology of narcissism: a clinical approach. Int J Psychoanal 45:332-337, 1964

Rosenfeld HA: On the treatment of psychotic states by psychoanalysis: an historical approach. Int J Psychoanal 50:615-631, 1969

Rycroft C: The analysis of a paranoid personality. Int J Psychoanal 41:59-69, 1960

Sandell R, Blomberg J, Lazar A, et al: Findings of the Stockholm Outcome of Psychotherapy and Psychoanalysis Project (STOPPP). Paper presented at the annual meeting of the Society for Psychotherapy Research, Geilo, Norway, 1997

Segal H: On symbolism. Int J Psychoanal 59:315-319, 1978

Sohn L: Unprovoked assaults: making sense of apparently random violence, in Reason and Passion: A Celebration of the Work of Hanna Segal. Edited by Bell D. London, Tavistock, 1997, pp 57-74

Sperry L: Diagnosis and Treatment of DSM-IV Personality Disorders. New York, Brunner-Routledge, 1995

Stone M: Schizotypal personality: psychotherapeutic aspects. Schizophr Bull 11:576–589, 1985

Stone M: Long-term outcome in personality disorders. Br J Psychiatry 162:299–313, 1993

Target M, Fonagy P: An Outcome Study of Psychotherapy for Patients With Borderline Personality Disorder. New York, International Universities Press, 1996ba

Target M, Fonagy P: Playing with reality, II: the development of psychic reality from a theoretical perspective. Int J Psychoanal 77:459–479, 1996b

Treatment outlines for paranoid, schizotypal, and schizoid personality disorders. The Quality Assurance Project. Aust N Z J Psychiatry 24:339–350, 1990

Williams P: Incorporation of an invasive object. Int J Psychoanal 85:1–15, 2004

Winnicott DW: The aims of psychoanalytic treatment, in The Maturational Processes and the Facilitating Environment. London, Hogarth Press, 1962, pp 166–170

World Health Organization: International Statistical Classification of Diseases and Related Health Problems, 10th Revision. Geneva, World Health Organization, 1992

Wurmser L: Torment Me But Don't Abandon Me: Psychoanalysis of the Severe Neuroses in a New Key. Lanham, MD, Rowman & Littlefield Publishers, 2007

# 제6장
# 정신화 기반 치료와 경계선 성격장애

Anthony Bateman, M.A., F.R.C.Psych.
Peter Fonagy, Ph.D., F.B.A.

경계선 성격장애를 위한 정신화 기반 치료(Mentalization-Based Treatment: MBT)는 전통적 정신분석 내에서 발달하였다. Stern(1938, 1945)은 경계선 성격장애 환자가 표준적인 정신분석치료에서 예상하는 대로 반응하지 않기 때문에, 임상가는 이들 환자가 치료에서 나타내는 특정 어려움을 다루기 위한 적합한 기법을 고안하여 사용해 왔다고 언급했다. Kazdin(2004)은 효과적인 치료란 임상적 문제의 발병과 과정에 대한 이해를 토대로 고안되어야 한다고 제안했다. 정신화 기반 치료는 이러한 임상적 문제의 이해를 토대로 발달했다. 우리는 경계선 성격장애의 핵심 병리에 대한 이론적 모델을 구축하기 위해 아동 발달 연구를 기반으로 한다. 정신화 기반 치료는 핵심적인 발달적 어려움으로부터 야기된 성인기 문제를 강조하기 위해서 만들어졌다. 이 장에서 우리는 경계선 성격장애에 대한 발달적 관점에 대해 개략적으로 기술하고 경계선 성격장애를 치료하는 데 중요하게 고려되는 정신화 기반 치료의 핵심적 측면을 요약하고자 한다.

## 정신 상태와 정신화

우리의 정신 상태는 어떤 것에 대해 느끼거나 생각하는 것에 대해서 죄책감을 느낄 수 있고 어떤 이가 우리를 비난해서 실패감이 일어나는 것처럼 외적인 부분에 의해서 활성화될 수도 있다. 물론 많은 정신 상태는 외적인 결정요인과 내적인 결정요인 모두에 의지한다. 우리는 마음에 일어나는 것에 대한 정신 표상을 형성함으로써 반응한다. 이러한 정신 표상은 우리의 후속 행동을 결정할 수 있다. 즉, 우리는 불안을 느끼고 우리를 위협하는 누군가로 인해 위험에 처해 있다는 것을 깨닫기 때문에 그들로부터 떠나거나 그들의 시야로부터 벗어나기 위해 준비한다. 그러나 우리가 정신 상태에 대해 이해할 수 없거나 또는 우리 자신이나 타인의 동기를 정확하게 인식하지 못하게 되는 상황이라면, 우리는 쉽게 동요될 수 있으며 그 결과로 부적절하게 또는 겉으로 보기에 아무렇게나 행동하는 것처럼 보일 수 있다.

정신화(mentalization)는 정신 상태를 이해하는 능력을 의미한다(Fonagy, 1989). 정신화는 자신과 타인을 주관적 상태와 정신 과정 측면에서 암묵적으로 또는 명시적으로 이해하는 능력이다(〈표 6-1〉 참조). 타인의 행동과 자신의 행동을 사고, 느낌, 소망, 바람 측면에서 이해하는 능력은 애착관계의 맥락에서 일어나는 주요한 발달적 측면이다. 타인과 자신을 이해하는 능력은 유아기에 돌봄을 제공하고 관심을 기울여 주는 비위협적인 성인으로부터 자신의 정신 상태를 적절히 이해받았느냐에 달려 있다(Fonagy et al., 2002).

자신의 마음과 타인의 마음이 어떠한지 이해하는 것에 따라 일상생활에서 어떻게 기능하는지가 영향을 받는다. 하지만 실제로 자신의 마음과 타인의 마음을 이해하는 과정은 복잡하다. 즉, 우리는 자신과 타인의 마음을 이해하는 데 실수하기 쉽고, 잘못 이해했다고 느끼거나 어떤 일 또는 사람으로부터 불쾌감을 느끼는데, 그 이유를 이해하지 못하기도 한다. 우리가 느끼는 이러한 불쾌감은 우리가 정신화 과정을 지속할 수 있는 정도에 달려 있을 것이다. 처한 환경에서 정신화 능력을 유지시키는 주요한 여러 요인이 있다. 우리가 이미 언급했듯이, 정신화 능력을 유지시키는 가장 중요한 요인은 발달적으로 결정되는 정서 상태를 관리하는 능력이다. 그러나 정신화 능력은 발달적 경험뿐만 아니라 현재의 유능성에 의해서도 결정된다. 심지어 피로감을 느끼는 것 같은 일상의 경험 또한 자신의 감정을 어떻게 다루는지에 영향을 미칠 수 있다. 더구나 대인관계 또는 주어진 맥락 자체도 정신화를 유지시키는 능력과 직접적으로 관련이 있다. 어떤 맥락에서 우리는 자기성찰을 계속할 수 있지만 또 다른 맥락에서는 자기성찰을 할 수 없다. 따라서 정신화 능력은 어느 정도는 하나의 특질로 간주되며 기저선 능력으로 시작할 수 있지만 시간이 흐름에 따라 변화하며, 현재의 상황, 특히 현재의 대인관계 맥락과 정서의 각성 수준에 따라 변동을 보일 수 있다.

**〈표 6-1〉 정신화의 주요한 측면**

- 정신화는 자신 및 타인의 정신 상태를 이해하는 능력이다.
- 정신 상태는 이해하기 어렵다.
- 주요한 정신 상태를 인식하는 데 있어서 내적 · 외적 단서를 사용한다.
- 각성은 우리의 정신화 능력을 약화시킨다.

## 정신화의 구성 요소

정신화는 다차원적인 구인으로 이루어져 있다. 따라서 정신화를 차원적인 구성요소로 세분화하여 살펴보는 것이 정신화 기반 치료를 이해하는 데 도움이 된다. 포괄적으로 얘기하자면, 정신화는 자동적/통제적, 암묵적/명시적, 내적/외적, 자기/타인 지향 그리고 인지적/정서적 과정의 네 가지 교차하는 차원에 따라 고려될 수 있다(〈표 6-2〉 참조). 이러한 각각의 차원은 다른 신경생물학적 체계와 관련된다(더 상세한 논의는 P. Luyten, P. Fonagy, L. Mayers, R. Vermote, B. Lowyck, A. Bateman, & M. Target. "Mentalization as a Multidimensional Concept." 2009 참조, 심사 중). 정신화를 차원별로 구별하는 것은 각 차원의 명료성을 조명하는 데는 도움이 되지만 성공적 정신화의 열쇠는 모든 차원을 하나의 응집력 있는 전체로 통합하는 것이다.

**〈표 6-2〉 정신화의 차원**

- 자기와 타인
- 인지적/정서적
- 자동적/암묵적, 통제적/명시적
- 내적/외적

## 암묵적 정신화와 명시적 정신화

우리는 일상생활에서 주로 자동적으로 정신화를 한다. 즉, 정신화를 하지 않는 것은 피곤할 것이다. 자동적 또는 암묵적 정신화는 우리가 이전의 경험을 토대로 신속하게 정신적 표상을 형성하도록 하며, 잠정적인 동기를 수용할 것인지 아닌지를 결정하기 위해 더 깊은 정보를 수집하는 기준점으로 활용할 수 있게 한다. 이러한 암묵적 정신화는 반사적이며, 주의를 거의 요구하지 않으며, 자각하지 못하는 수준이다(Satpute & Lieberman, 2006). 만약 암묵적 정신화가 작동하지 않는다면 좀 더 명시적이거나 통제된 정신화로 옮겨 간다(〈표 6-3〉 참조). 명시적 정신화는 노력과 주의를 요한다. 따라서 명시적 정신화는 좀 더 느리고 시간이 더 소요되며 주로 언어로 행해진다. 이러한 통제적인 정신화를 다루는 우리의 능력은 상당히 다양하다. 그리고 자동적 정신화로 되돌아오는 역치는 명시적 정신화의 시도를 받아들이는 반응에 달려 있다. 이때 명시적 정신화는 주로 우리 자신과 관계하는 타인을 이해하고 각성되거나 스트레스를 받는 상황에서 사용하는 부차적 애착 전략을 이해하기 위해 사용된다. 행동적 · 신경생물학적 및 신경영상 연구의 경우, 통제된 정신화에서 자동적 정신화로의 이동, 즉 비정신화 양식(nonmentalizing mode)은 대뇌 피질과 피질하부 두뇌 체계 간의 '전환'에 의해 결정되며(Arnsten, 1998; Lieberman, 2007) 이러한 전환 시점은 우리의 애착 패턴에 의해 결정된다고 제안한다.

다양한 애착의 역사는 애착 유형과 관련된다. 애착 유형에 따라 애착 체계 활성화가 일어나는 맥락의 수준이 다르고 전두엽이 관계하는 통제된 정신화에서 좀 더 자동적인 정신화로 전환되는 지점이 서로 다르다(Luythen et al., 2009). 거부형 애착은 애착 욕구를 부인하고, 자율성과 독립을 주장하며, 스트레스 상황에서 비활성화 애착 전략을 사용한다. 이와 반대로 몰두형 애착이나 불안형 애착은 주로 과활성화 애착 전략을 사용한다(Mikulincer & Shaver, 2008). 과활성화 애착 전략은 위협의 존재와 심각성을 과

**〈표 6-3〉 암묵적 정신화와 명시적 정신화**

| 암묵적/자동적 정신화 | 명시적/통제적 정신화 |
|---|---|
| 반사적 | 노력 요함 |
| 빠름 | 느림 |
| 주의가 요구되지 않음 | 주의가 요구됨 |
| 자각되지 못함 | 자각과 언어 |

장하는 경향이 있으며, 요구하고 매달리는 행동을 통해서 지지와 위안을 추구한다. 성인 애착 인터뷰와 자기보고 연구 결과 경계선 성격장애 환자는 불안해하고 집착하는 애착 전략을 주로 사용한다고 밝혀졌다(예: Fonagy et al., 1996; Levy et al., 2005). 경계선 성격장애 환자의 경우, 두려운 애착 유형의 특징(불안 애착과 관계 회피), 고통스러운 외로움에 대한 낮은 감내, 사회적 환경에 대한 민감성, 타인에 대한 적대감, 양자 간 상호작용에서의 긍정적 기억의 감소를 주목해야 한다(예: Critchfield et al., 2008; Fonagy et al., 1996; Gunderson & Lyons-Ruth, 2008).

경계선 성격장애 환자의 경우, 불안 애착의 주요 원인은 외상적인 과거력이다. 애착 이론가, 특히 Mary Main과 Erik Hesse는 학대가 아동으로 하여금 양육자와 혼란된 애착을 형성하게 한다고 주장한다. 즉, 안정감의 결핍을 초래하는 양육자로부터 아동은 위안을 받아야 하기 때문에 아동은 해결될 수 없는 내적 갈등을 겪게 된다. 양육자의 학대 위협으로 애착 체계가 활성화된 아동은 오히려 학대 양육자에게 가까이 가려고 한다. 즉, 아동은 학대 경험에 더 가까이 가게 되며 애착 체계는 과활성화된다(Hesse, 2008). 이러한 해결될 수 없는 갈등으로 인해, 아동은 압도되는 무력감과 무망감을 경험하게 된다. 실제로 경계선 성격장애로 발전되는 경우, 그들의 특수성과 병적인 의미가 확실히 밝혀지지 않더라도 이러한 가족의 문제(신체적이고 성적인 학대, 오래 지속된 분리, 방임과 정서적 학대)는 분명하게 드러난다(예: New et al., 2008; Zweig-Frank et al., 2006). 그러나 경계선 성격장애 환자들 중 약 1/4은 학대의 역사가 없다(Goodman & Yehuda, 2002). 그리고 학대의 역사가 있는 대다수의 사람은 높은 수준의 회복탄력성을 보이며 성격장애의 병리가 나타나지 않기도 한다(McGloin & Widom, 2002; Paris, 1998). 초기 방임은 위험요인으로서 과소평가되어 왔다(Kantojarvi et al., 2008; Watson et al., 2006). 입양이나 다른 연구들은 초기 방임이 아동이 정서를 이해하는 것을 방해하며, 그 결과로 학령 전 아동기(Vorria et a., 2006), 심지어 청소년기에도 정서적 어려움을 초래하게 된다고 제안했다(Colvert et al., 2008). 경계선 성격장애의 경우, 정신화 손상의 발달 경로는 유아의 감정 조절 능력의 발달을 약화시키는 초기 방임과 이후 학대 또는 환경요인(언어적 · 정서적 · 신체적 · 성적 학대를 당하는 성인기 경험)의 결합에 의해 초래된다(Zanarini et al., 2005). 이로 인해 성인기에도 만성적으로 애착 체계가 활성화된다(Fonagy & Bateman, 2008).

경계선 성격장애 환자는 혼란형 애착의 특성인 과활성화와 비활성화 전략을 모두 사용하는데, 이로 인해 과정신화와 정신화 실패가 모두 나타내는 경향을 보인다. 비활성화 애착 전략을 사용하는 경계선 성격장애 환자는 전형적으로 정서적 주제를 최소화하거나 회피하면서 과정신화 경향을 보인다. 즉, 인지와 정서를 통합하지 않으며 계속해서 정신화를 시도한다. 동시에 과활성화 애착 전략은 통제적 정신화로부터의 분리를 보인다. 이는 완전한 정신화에 선행하여 나타나는 사회적 인지모델에 과잉으로 의존하면서 정신화의 실패를 낳게 된다(Bateman & Fonagy, 2006).

이러한 이중적 경향은 정신화 기반 치료의 중요한 임상적 함의를 지닌다. 치료자는 충분하지 않은 치료자를 무시하면서 치료를 중단하겠다고 하는 갑작스러운 치료의 불화를 다룰 능력을 갖추어야 한다. 또한 경계선 성격장애 환자의 지나친 요구와 의존 행동을 다루는 전략도 개발해야 한다.

## 내적 정신화와 외적 정신화

내적 정신화와 외적 정신화는 정신화의 주요한 차원이다(Lieberman, 2007; 〈표 6-4〉 참조). 내적 정신화는 자신의 내적 상태 또는 타인의 내적 상태—즉, 사고, 느낌, 바람—에 초점을 두는 것이다. 외적 정신화는 얼굴 표정이나 행동 같은 외부의 특징에 의존한다. 외적 정신화는 자기/타인의 차원과 같지 않으며 초점의 실제 대상과 관계한다. 심리 내부에 초점을 둔 정신화는 자기 또는 타인에 지향되어 있다. 경계선 성격장애 환자는 내적 정신화에 문제를 가질 뿐만 아니라 외적 정신화에도 어려움을 겪는다. 필연적으로 정신화의 구성요소들이 서로 영향을 주기 때문에, 경계선 성격장애 환자는 얼굴 표정을 잘못 해석하기도 하고, 얼굴 표정에 매우 민감해서 경고 없이 빠르게 반응하는 경향이 있다(Lynch et al., 2006; Wagner & Linehan, 1999). 어떤 치료자의 행동은 환자에게 어떤 반응을 촉발한다. 예를 들면, 치료자가 창문을 힐끔 봤을 때 경계선 성격장애 환자는 치료자가 명백히 자신의 말을 경청하지 않는 것이며 결국 자신이 치료를 그만 둘 수밖에 없다고 느낀다. 치료자의 반응적이지 않은 얼굴 또한 똑같이 환자를 혼란스럽게 한다. 즉, 환자는 외부를 관찰하면서 얻은 정보를 사용하여 치료자의 내적 상태를

**〈표 6-4〉 내적 정신화와 외적 정신화**

- 내적 정신화는 자신 또는 타인의 내적 상태(예: 사고 등)에 초점을 두는 것을 의미한다.
- 외적 정신화는 외부 특징(예: 얼굴 표정, 행동)에 초점을 두는 것을 의미한다.
- 경계선 성격장애 환자는 내적 · 외적 정신화에 모두 어려움을 겪는다.

유추한다. 이러한 과정을 방해하는 어떤 것이든 불안을 야기하며, 이로 인해 정신화의 손상이 초래되고 발달적으로 세상과 관계하는 이전의 방식이 재현된다.

경계선 성격장애 환자의 경우, 얼굴 표정을 정확하게 읽음으로써 타인의 정서를 이해하는 능력이 부족해서 내적 상태에 초점을 둠으로써 정신 상태를 추론하는 경계선 성격장애의 손상된 능력을 과장해서 사용한다. 사회적/대인관계 상호작용이 일어나는 동안 협력을 유지하거나 재건하기 위해서는 공정한 교환 또는 사회적 기준이 우연히 또는 고의로 벗어나게 될 때 일어날 수 있는 사회적 제스처나 가능한 대인관계의 결과를 이해해야 한다. 즉, 우리는 외적 정신화와 타인의 주요한 내적 마음 상태에 대한 평가를 통합해야 한다. 경계선 성격장애 환자의 병리 측면에서, 이러한 상호작용 과정의 중요성은 실험적으로 창의적으로 입증되었다. 경계선 성격장애 환자와 정신적으로 건강한 개인이 여러 경기로 구성된 경제교환 게임을 하는 실험에서, King-Casas 등(2008)은 경계선 성격장애 개인은 협력을 유지하는 능력이 결여되어 있으며 달래는 행동(양적으로 측정함)을 해서 깨진 협력을 재건하는 능력에서 손상을 보인다고 보고했다. 경계선 성격장애 개인은 타인의 의도를 이해하는 데 실패한다. 경계선 성격장애 개인은 상대방이 못되게 행동한다고 예상하며 심지어 그런 증거가 잘못되었음이 분명해도(예: 상대방이 관대한 경우) 이러한 오해를 바꿀 수 없다. 다른 말로 표현하자면, 경계선 성격장애 개인은 상대방의 의도를 읽을 수 없고, 상호적으로 그들 자신의 행동도 바꿀 수도 없다. 게임에서 상대방은 점진적으로 야비해지고, 경계선 성격장애 개인이 간주한 그대로 야비한 사람이 되도록 상대방을 촉발한다. 이와 유사하게, 치료자 또한 경계선 성격장애 환자와 작업할 때 환자가 비난하는 대로 치료자가 되어 갈 수 있다는 점을 명심해야 한다.

## 자기에 대한 정신화와 타인에 대한 정신화

경계선 성격장애 환자의 경우, 자기와 타인에 대한 성찰 능력에서 손상 및 불균형을 보인다. 그리고 문제가 초래되는 시점에서 이러한 자기와 타인에 대한 성찰 능력의 손상 및 불균형은 극으로 치닫는다(〈표 6-5〉 참조). 어떤 개인은 타인의 마음을 '읽는 데' 탁월하다. 만약 이들이 이러한 능력을 오용하거나 자신의 이익을 위해 타인을 착취하는 데 사용한다면, 우리는 반사회적 성격장애를 지녔다고 생각할 수 있다. 자신의 내적 상태에만 초점을 둔 사람은 타인이 그들의 요구를 충족시켜 주기만을 바라는데, 이

〈표 6-5〉 자기 및 타인에 대한 정신화

- 경계선 성격장애 환자는 특히 대인관계 상호작용에서 자기를 잊고 타인을 정신화하는 점에서 취약하다.
- 반사회성 성격장애 환자는 타인의 마음을 읽는 데 탁월하지만 이러한 능력을 오용하며 자신의 이익을 위해 타인을 착취한다.
- 자기애성 성격장애 환자는 자신과 자신의 내적 상태에 초점을 둔다. 타인을 이용하여 그들의 욕구를 충족시키는 데 전문가이다.

러한 사람은 자기애성 성격장애로 볼 수 있다. 자기 또는 타인에 대한 지나친 집중은 사회적 상호작용에서 일방적 관계와 왜곡을 초래한다. 이러한 상호작용에서 환자의 특징은 치료 및 치료자와의 상호작용에도 반영된다. 경계선 성격장애 환자는 과민하며, 그들 자신의 욕구를 간과한 채 치료자의 마음과 치료자가 그들에게 원하는 것을 주의 깊게 모니터링한다. 경계선 성격장애 환자는 치료자의 마음을 취하여 자신의 것으로 만든다. 치료자는 지나치게 순응하는 환자를 조심해야 한다. 환자는 순응하는 모습과 함께 내적 상태에 몰입하거나 그에 과도하게 관심을 두면서 치료자가 관계에서 배제당하고 효율적으로 치료에 참여할 수 없을 것 같은 기분을 느끼게 한다.

## 인지적 정신화와 정서적 정신화

마지막으로 고려할 차원은 인지적 · 정서적 처리이다. 인지적 처리는 신념, 추론하기, 관점 취하기를 포함하며, 정서적 처리는 정서적 공감, 주관적 자기 경험, 정신화된 정서를 포함한다(Jurist, 2005; 〈표 6-6〉 참조). 정신화의 높은 수준은 인지적 처리 과정과 정서적 처리과정이 통합된다. 그러나 어떤 이들은 이 두 가지 측면 중 한 측면을 다른 측면보다 훨씬 더 많이 사용한다. 경계선 성격장애 환자는 정서적 처리 과정에 압도되어 정서적 처리과정과 인지적 이해를 통합할 수 없다. 그들은 자신이 그러한 행동

〈표 6-6〉 인지적 정신화와 정서적 정신화

- 인지적 정신화는 신념, 추론하기, 관점 취하기를 포함한다.
- 정서적 정신화는 정서적 공감, 정서 경험, 주관적 자기 경험을 사용한다.
- 경계선 성격장애 환자는 정서적 처리 과정에 압도되어 정서와 인지 과정이 통합된 표상을 형성할 수 없다.

을 왜 하는지 이해할 수 있지만 그들의 감정을 다루기 위해 그들이 이해한 것을 활용할 수 없다고 느낀다. 그들은 정서적 처리과정과 인지적 처리과정을 통합하는 표상을 형성할 수 없기 때문에 행동화를 취하게 된다. 반사회성 성격장애 환자는 마음 상태에 대한 인지적 이해를 하는 데 상당한 시간을 투자해서 결국 정서적 경험에서 손상을 입게 된다.

## 경계선 성격장애의 정신화 모델

목적과 의도의 측면에서 자기와 타인을 이해하는 능력은 중요한 발달적 성취이며, 이러한 능력의 손상은 경계선 성격장애의 주요한 병리적 측면이다(〈표 6-7〉 참조). 기본적으로 우리는 경계선 성격장애를 자기(self)의 장애로 간주한다. 자기는 초기 관계의 정서 조절 맥락에서 발달된다. 경계선 성격장애의 정신화 모델은 Bowlby의 애착이론에 근거를 두고 있으며 발달심리학자에 의해 정교화되었고, 특히 Gergely와 Watson(1990)이 제안한 수반성 이론의 아이디어에 주목했다. 견고한 자기감을 획득한다면 유아는 그들의 정서적 신호에 대해 애착 인물의 정확한 반영이 뒤따라 주기를 요구한다고 가정할 수 있다. 유아가 양육자의 드러난 표정을 양육자의 감정 상태에 대한 표현이라기보다는 유아 자신의 감정 경험의 표상으로 이해하게 하려면, 애착 인물의 반영은 과장될 정도로 뚜렷하게 표현되어야 한다. 즉, 이러한 양육자의 반영은 경미하게 왜곡될 수 있다. 이런 식으로 유아는 점차적으로 자신의 상태와 타인의 상태에 대한 표상을 형성할 것이다. 표시가 뚜렷하게 나타나는 양육자의 반영이 없거나 양육자가 이러한 반영을 신뢰성 있게 제공하지 못한다면, 이것은 이후 혼란 애착의 발달과 연관된다. 혼란형 애착의 유아는 아동 중기에 얼어붙기(해리), 자해(예: 머리 돌리기) 행동을 보이거나 혹은 이와 반대로 지나치게 행동을 통제하는 경향을 보인다.

**〈표 6-7〉 경계선 성격장애의 정신화 모델**

- 정신화는 손상되기 쉽다.
- 손상되기 쉬운 정신화는 유전적·환경적 요인이 중요하게 작용한다.
- 빈약한 감정 조절, 낮은 집중력, 깨지기 쉬운 대인관계 이해력을 보인다.
- 활성화하는(촉발하는) 위험요인으로는 정서적 학대, 외상, 비정신화된 사회 체계가 포함된다.
- 애착 체계가 과활성화된다.

**〈표 6-8〉 심리적 외상 이후 손상된 정신화 기제**

- 외상 경험은 정신화의 방어적 억제를 초래한다.
- 초기 스트레스는 각성 기제의 기능을 왜곡하며, 자동적 정신화의 역치를 낮춘다.
- 외상에 의해 자극된 애착 체계의 지속적 각성은 정신화에서 구체적 손상을 초래한다.
- 공격자와의 동일시는 내재화된 '이질적 자기'의 해리를 초래할 수 있다

자신의 경험을 양육자의 반영을 통해 표상화할 수 없을 경우, 유아는 양육자의 이미지를 자기표상의 일부로 내면화할 것이다. 자기 안의 이러한 단절을 이질적 자기(alien self)라고 명명한다. 심지어 가장 조율적인 양육자일지라도 반영하는 데 실패하기 마련이기에, 일치하지 않는 표상의 내면화는 정상적인 발달의 일부로 간주된다. 그러나 혼란된 애착관계에서는 이러한 양육자의 반영 실패가 유아의 자기구조를 파편화시킬 정도로 심각하게 일어난다. 혼란 애착의 역사를 가진 아동이 보이는 통제적인 행동은 투사적 동일시와 유사한 패턴이 지속적으로 나타나는 것으로 이해할 수 있다. 즉, 자기 내부의 부조화 경험은 외현화를 통해 감소한다. 중기 아동기 동안 일어나는 분리 불안의 특징인 양육자에 대한 강렬한 욕구는 혼란 애착과 연관이 있다. 즉, 양육자에 대한 아동의 강렬한 욕구는 단순히 불안정 애착관계를 반영하기보다는 아동이 자기의 이질적 부분을 외현화하는 도구로서 양육자를 필요로 한다는 것을 뜻한다.

정상적으로 자기구조 내의 파편화된 경험은 정신화의 발달에 의해 감소한다. 하지만 혼란형 애착과 그 결과로 투사적 동일시를 통한 이질적 자기의 외현화에 대한 강렬한 욕구는 정신화 발달에 불리한 맥락을 만들어 낸다. 정신화 발달의 가장 중요한 손상 원인은 아동기 초기 또는 후기의 심리적 외상이다. 아동기의 외상 경험은 정신 상태에 대해서 생각할 수 있는 능력과 과거의 관계를 이야기로 설명하는 능력을 약화시킨다. 심리적 외상은 다음과 같은 네 가지 방식으로 정신화를 손상시킬 수 있으며, 이는 〈표 6-8〉에 요약되어 있다.

① 아동은 타인의 학대적 의도에 직면하여 타인의 사고와 느낌을 생각하는 능력을 방어적으로 억제한다.

② 인생 초기의 지나친 스트레스는 각성 기제의 기능을 왜곡시킬 수 있다. 그 결과, 위협의 더 낮은 수준에서 안와전두 피질 활동(정신화 영역)의 억제가 초래되며 통제적 정신화에서 자동적 정신화로 옮겨 가게 된다.

③ 외상은 애착 체계를 불러일으켜서 애착 안정성을 추구하게 한다. 애착관계 자체가 외상이라면, 외상을 가한 애착 인물에 대한 근접성 추구는 아동으로 하여금 더 심한 외상의 희생자가 되게 한다. 이러한 애착 체계의 지속적인 활성화는 정신화의 억제를 초래한다.

④ 학대자를 통제하기 위한 방식으로 '공격자와의 동일시'를 하는 아동의 경우, 공격자의 의도를 자기의 이질적(해리된) 부분으로 내면화할 수 있다. 아동은 일시적으로 위안을 받을 수 있지만 학대자의 파괴적인 의도는 자기 외부에 있기보다는 자기 내부로 경험되어 참을 수 없는 자기증오를 초래한다.

경계선 성격장애의 현상학은 정신화 억제—심지어 외적인 외상 경험이 없이도 나타남—와 정신화 발달에 앞서 경험하는 내적 현실의 재출현의 결과이다. 게다가 경계선 성격장애의 경우, 투사적 동일시를 통해 자기파괴적이고 이질적인 자기를 재외현화하는 경향이 지속된다. 경계선 성격장애 개인은 종종 낮은 수준이지만 '정상적인' 정신화를 한다. 단, 애착관계 맥락은 예외이다. 즉, 경계선 성격장애 개인은 이러한 애착관계에서 정서적으로 각성될 때 자신과 타인의 마음을 잘못 읽는 경향이 있다. 또 다른 사람과의 관계가 애착 국면으로 옮겨 감에 따라, 경계선 성격장애 환자는 타인의 마음 상태에 대해 사고할 수 있는 능력이 빠르게 사라질 수 있다. 이러한 상황에서는 주관성을 조직하는 정신화 이전의 양식이 나타나는데, 이는 관계를 혼란스럽게 하고 자기 경험의 응집성(정상적인 정신화는 담화를 통해 자기 경험의 응집성을 유지함)이 파괴된다. 심리적 등가성 양식(mode of psychic equivalence)의 경우(일반적으로 임상가들은 이를 구체적 사고 수준으로 기술한다), 대안적 관점은 고려될 수 없고 '마치 ~처럼(as if)'으로 경험할 수 없으며 모든 것이 '사실'로 경험된다. 이는 대인관계 경험에 극적인 사건과 위험성을 추가할 수 있다. 환자들은 작은 사건에도 과장된 반응을 보이는데, 이는 그들이 갑작스럽게 경험한 자신과 타인의 사고와 느낌에 심각성을 부여하기 때문이다. 가장하기 양식(pretend mode)의 경우, 생각과 느낌이 전혀 현실성이 없다. 이러한 상태의 환자는 신체적 또는 물질적 현실에서의 맥락과 관련짓지 않고도 경험을 얘기할 수 있다. 이러한 양식에 있는 환자와 심리치료를 할 경우, 치료자는 환자의 진실한 경험과 관련 없는 중요하지 않은 내적 경험에 대해서 길게 논의하게 된다. 결국 행동을 이해하는 초기 양식이 동기를 지배할 수 있다. 이러한 양식 내에서는 신체가 가장 우선이며, 경험은 모든 이에게 결과가 명백할 때만 타당하다고 느껴진다. 예를 들면, 애정은 신체적 표현이 동반될 때만 진실하게 느껴진다.

경계선 성격장애 환자는 자기의 이질적 부분으로 외상을 가한 학대자를 내재화한다. 여기서 경계선 정신병리의 가장 문제가 되는 특징은 학대자를 외현화해서 타인 내에서 수용할 수 없는 경험을 끊임없이 창조하는 경향이다. 경계선 성격장애 환자는 타인—치료자, 친구, 파트너—에게서 끔찍한 이질적인 자기를 창조할 수 있다. 이러한 타인은 감내할 수 없는 정서의 통로가 된다. 환자가 던진 투사를 받는 개인에게 집요하게 중독적으로 유사 애착을 형성하는데, 자해나 자살로 자기를 공격하거나 파괴하는 것의 대안이 바로 이러한 투사적 동일시이기 때문이다.

## 정신화 기반 치료란 무엇인가

정신화 기반 치료(Bateman & Fonagy, 2004, 2006)는 치료 과정의 핵심을 정신화에 둔다. 치료는 주로 특정 기법보다는 치료 과정에 의해 정의된다. 정신화 그 자체에 대해서 논의하는 맥락에서 여러 가지 치료 원리가 분명해진다.

첫째, 치료의 주요 목표가 환자의 정신화 과정을 고무시키는 것이기에 치료자는 도움이 되는 어떠한 기법이라도 활용할 수 있다. 치료의 전반적 목적은 환자의 정신화 유지를 조력하면서 동시에 환자가 치료에 애착을 가지고 관여할 수 있도록 격려하는 것이다. 둘째, 정신화 기반 치료를 유능하게 전달하기 위해 치료자는 비정신화 기법을 피해야 한다. 즉, 환자의 정신화를 감소시키거나 무심코 정신화 과정을 약화시키지 말아야 한다. 심리치료가 해를 끼칠 수 있다는 점은 잘 알려져 있지만 개방적으로 인정되지 않았다. 셋째, 치료의 성과는 치료가 진전되면서 환자의 정신화 기술의 향상에 달려 있다. 넷째, 효과적인 치료 실행에서 임상가는 자신의 정신화에도 역시 관심을 두는 것이 필요하다. 즉, 임상가의 정신화는 환자의 정신화를 야기하며, 임상가의 비정신화는 환자의 비정신화를 야기한다. 임상가의 정신화 기술을 당연하게 여길 수 없다. 심리치료 과정에 대한 연구에서는 임상가의 정신화 능력이 환자에 따라 다양하다고 보고한다(Diamond et al., 2003). 이러한 임상가의 정신화 기술은 경계선 성격장애 환자의 치료에 특히 중요하다. 경계선 성격장애 환자는 그들의 치료자에 지나치게 민감하며, 치료자에게서 반응적인 정서 상태를 불러일으킬 수 있기 때문이다.

마지막으로, 정신화 기반 치료는 정신화의 결여를 보이는 환자에게 가장 효과적이다. 그러나 이러한 진술에 중요한 추가사항이 있다. 우리는 대부분 정신장애를 자신의 경험 자체를 잘못 해석한 것으로, 궁극적으로 정신화 장애로 여긴다. 그러나 여기서 중요한 문제는 정신장애를 정신화 기능 측면에서 재진술할 수 있는지가 아니라 정신화의 역기능이 장애의 핵심인지, 정신화에 초점을 두는 치료가 경험적으로 타당한지 —즉, 치료적 개입으로 적절한지—를 알아보는 것이다. 예를 들어, 조현병 환자를 대상으로 정신화하는 문제가 기술되었다(Frith, 2004). 그러나 이 사실로 정신화 기반 개입이 궁극적 치료방법이라고 생각할 수 없다. 자폐증 환자에게 정신화 기반 치료를 적용했을 때, 그들이 보이는 거의 완전한 심맹으로 인해 치료에 반응하지 못했다(Baron-Cohen et al., 2000). 또한 어떤 환자를 위한 개입에서 정신화를 강조하는 것이 적절한 초점인지는 아직 의심의 여지가 있다.

## 무엇이 새로운가

정신화 기반 치료는 경계선 성격장애의 치료를 위해 주로 연구되었다. 현재는 정신화 기반 치료가 다른 상황들과 다른 성격장애(반사회성 성격장애와 편집성 성격장애)에 적용된다. 물론 이러한 환자들과 작업하는 데 정신화 기반 치료의 수정은 필요하다.

정신화 기반 치료를 최신 치료법이 아닌 기존의 치료적 접근으로 단순하게 생각할 수 있다. 왜냐하면 정신화가 기본적인 인간 능력, 심지어 우리를 인간이게 하는 능력의 핵심이기 때문이다(Allen et al., 2008, p. 6). 정신화 기반 치료는 새로운 심리치료 기법을 제공하는 것도 아니며, 새로운 이름에도 불구하고 새로운 치료는 아니다. 정신화 기반 치료에 대해 주장할 수 있는 점은 그것이 경계선 성격장애를 위해 만들어졌고, 경계선 성격장애의 발달에 근거한 구체적 원칙들에 따라 만들어졌다는 것이다. 또한 정신화와 연관된 핵심 병리를 고려할 때 해로울 수 있는 치료 기법들에 주의할 것을 경고하고 있으며, 이제까지 연구가 이루어져 왔고 앞으로도 지속될 것이라는 것이다. 정신화 기반 치료의 목표는 주요한 구조/성격의 변화를 이루거나 또는 인지나 도식을 수정하는 것이 아니라 초기 정신화 능력을 향상시키는 것이다. 즉, 치료 목표는 개인의 정신화를 향상시켜서 좀 더 문제를 해결할 수 있고 특히 대인관계에서 정서적 상태를 다룰 수 있으며, 이러한 능력에 대해 좀 더 자신감을 느낄 수 있도록 하는 것이다. 우리가 언급했듯이, 환자와 작업하는 치료자의 의도는 환자로 하여금 대인관계와 문제에 대한 정신화를 향상시키고, 확실하다고 느끼는 부분에 대해 의문을 가지게 하며, 자신과 타인의 정신 상태에 대해서 점진적으로 호기심을 갖게 하는 것이다. 정신화 기반 치료는 다음과 같이 개략적으로 기술할 수 있다(또한 〈표 6-9〉에 요약되어 있다).

〈표 6-9〉 정신화 기반 치료

- '아무것도 모른다.'는 치료자의 태도가 핵심이다.
- 치료자는 환자의 정신화를 향상시키기 위하여 개입한다.
- 치료자의 마음 작용을 활용할 때 개방적이고 진정성 있게 임해야 한다.
- 환자/치료자 관계에 대해 정신화하는 것이 중요하다.

### 치료자 태도

우선적으로, 치료자의 태도가 매우 중요하다. 치료자는 환자가 타인과 상호작용하는 데 핵심 측면으로서 치료자와의 동일시 과정은 환자가 자신에 대해 생각할 수 있도록 촉진시킨다. 즉, 치료자는 환자에게 자신의 마음을 사용하며 마음을 변화시키는 것을 즐기는 모습 그리고 대안적 관점과 더 좋은 이해를 도출하는 모습을 보여 준다. 환자는 이러한 치료자의 모습을 내면화하게 된다. 환자는 점차적으로 자신과 타인의 마음에 대해서 호기심을 가지게 되며, 결과적으로 자신을 재평가하고 타인에 대한 이해를 더 잘하게 된다. 게다가 과거 경험보다는 현재 경험에 미치는 영향에 초점을 두면서 애착 체계의 자극 맥락과 서로 다른 맥락 내에서 관점들을 지속적으로 재검토하고 자기와 타인을 이해하는 것이 바로 변화 과정의 핵심이다. 치료자의 과업은 정서적 상태가 활성화되고 의미 있게 되도록 만드는 동시에, 정신화를 유지시키거나 자신과 환자를 회복시키는 것이다. 지나친 정서적 각성은 환자의 정신화 능력을 손상시켜서 행동화를 이끌 수 있다. 또한 치료자와의 관계를 부적절하게 강조한다면, 환자로 하여금 정서적 상태를 회피하게 하거나, 대인관계적이고 사회적으로 기능할 수 있는 환경을 협소하게 만들 것이다. 개인치료와 집단치료를 병행하는 것은 이러한 변화가 일어나는 맥락을 극적으로 증가시켜 준다. 따라서 정신화 기반 치료는 개인치료 형식과 집단치료 형식 모두에서 실행될 수 있다.

### 치료 개입

치료자는 치료 개입이 자신의 정신화가 아닌 환자의 정신화에 맞추어 이루어져야 한다는 것을 명심해야 한다. 많은 치료자는 경계선 성격장애 환자의 정신화 능력을 과대평가한다. 자기와 타인에 대한 정신화를 하는 데 어려움이 있는 환자의 경우, 환자와 치료자 관계에서 자기와 타인에 관련된 복잡한 진술—예를 들면, "당신은 ……라고 내가 생각할 거라고 생각하는군요."—을 이해할 수 없다. 이와 같은 개입은 이미 자신과 타인을 이해하는 것이 당혹스럽고 특히 환자가 현재 정신화를 할 수 없는 경우에 혼란스러움이 커질 것이다. 만약 환자가 자기와 타인을 구별할 수 있다면 좀 더 복잡한 개입이 가능하다. 정신화 기반 치료자의 경우, 환자가 정서적 각성이 심할 경우 개입이 복잡해서는 안 된다는 원칙을 고수한다. 즉, 치료자는 이런 환자를 위해서 정신적 시도를 덜 요구하는 지지적 언급, 문제에 대한 온화한 탐색, 명료화를 사용할 수 있다. 환자가 높은 수준의 각성 상태에 있을 때는 '안전화' 개입을 한다. 이와 반대로 해석적 정신화와 전이에 대한 정신화는 환자의 각성 수준을 높여서 과활성화와 과각성을 초래하거나 또는 비활성화와 가장하기 양식을 초래하는 이차적 애착 전략을 자극할 수 있다. 이 두 가지 애착 전략은 모두 정신화를 약화시킨다. 따라서 이러한 개입은 신중하게 이루어져야 한다. 이러한 개입은 환자가 적절하게 각성되었을 때, 즉 맥락을 계속 탐색하는 동안 느낌을 유지할 수 있을 때 이로울 것이다.

#### 치료자의 마음

치료자는 자신의 정신 기능 모델에 따라 환자의 단편적인 정보를 조합해서 이해하고자 하는 유혹에 끊임없이 시달린다. 즉, 치료자는 환자에게 정신화를 통해 이해한 것과 통찰한 것을 전달하고자 한다. 원칙상 이러한 치료자의 활동은 정신화에 반하는 것이다. 즉, 치료자는 환자의 정신화 과정을 고무시키기보다는 환자의 마음을 떠맡는 것이다. 이는 치료자가 부주의로 '가장하기 양식'을 자극해서 해로운 치료결과를 초래할 수 있다. 환자가 치료자의 이해로부터 스스로 자신에 대한 이해를 할 수 없다면, 또는 기껏해야 인지적 이해 정도만 할 수 있다면, 결과적으로 환자는 치료자의 모델을 취해 의미 없는 표상으로 발달시키는 데 그것을 사용할 것이다. 이것은 깊이가 없다. 즉, 이러한 표상은 이전 표상과 연관시키지도 못하고 정서 경험을 이해하거나 통합하지도 못해서 정신화 과정의 통합을 촉진시키는 데 실패하게 된다. 그 결과, 환자가 이해한 것은 외부 세상과 격리되고, 치료 이외의 상황에 활용하지 못하며, 다양한 환경과 맥락에 적용할 수 없다. 모든 치료자는 환자의 가장하기 양식을 고무시킬 수 있다. 따라서 치료자는 무심코 환자에게 이런 가장하기 마음 상태를 가지게 해서 해를 입힐 수 있다는 점을 끊임없이 자각해야 한다. 환자의 가장하기 양식이 명백할 경우, 정신화를 다시 불러일으킬 수 있는 많은 전략이 사용될 수 있다.

### 진정성

정신화 기반 치료에서 중요한 점은 환자가 치료자의 정신화 과정을 가용할 수 있어야 한다는 것이다. 정신 과정은 불투명하다. 경계선 성격장애 환자의 특징적인 취약성과 관계에서 정신화의 손상 그리고 얼굴 표정에 대한 민감성이 함께 나타난다. 따라서 정신화를 하는 치료자는 환자의 말을 주의 깊게 '주목'하고 환자를 이해하고 개방적으로 숙고하면서 그의 정신 과정을 환자에게 투명하게 보여 줘야 한다. 이러한 치료자의 투명성은 솔직성, 정직성, 진정성, 자기감을 필요로 하는데, 이러한 부분은 경계성 성격장애의 치료에서 경계 침범의 위험이 있기 때문에 부분적으로 문제가 될 수 있다. 치료자의 진정성에 대한 강조는 치료 경계를 넘어도 된다는 의미가 아니라 '실제 관계(real relationship)'를 발달시켜야 한다는 의미이다. 치료자는 환자가 자신을 정신적으로 가용할 수 있도록 하며, 환자에게 모호함 및 의구심을 끊임없이 이해하고자 고군분투하여 균형을 이루는 능력을 보여 주어야 한다. 이러한 치료자의 모습은 환자가 치료자에게 경험한 느낌과 사고를 정확하게 확인할 때 특히 중요하다. 치료자는 "당신은 나를 지루해 하는군요." "당신은 나를 많이 좋아하지 않아요." 또는 "당신은 나를 많이 좋아하는군요."와 같이 치료자를 방어하게 만드는 환자의 말에 답할 준비가 되어 있어야 한다. 이러한 도전은 치료자에게 갑작스럽게 경고도 없이 발생하지만, 치료자는 이러한 질문에 진정성 있게 답할 수 있어야 한다. 진정성 있게 답하지 않을 때 환자는 더 고집스러워지며, 그 당시에 치료자가 느끼지 않았지만 환자가 불평하고 있는 바로 그 경험을 치료자에게서 불러일으킬 수 있다.

치료자의 마음에 대한 환자의 정확한 지각에 대해서는 타당화가 필요하다. "당신은 나를 보고 지루해 하고 있네요. 그렇지 않나요?"는 환자 자신이 지루함을 느낄 수 있는 심리적 등가성의 위치에서 질문하는 것이다. 심리적 등가성 내에서 환자는 자기와 타인을 쉽게 구별할 수 없고, 타인은 자신과 똑같은 경험을 갖고 있다는 관점에서 작용한다.

만약 치료자가 진실로 지루함을 느낀다면, 치료자는 환자와 치료자 간의 상호작용에서 무엇이 지루한지에 대해서 탐색을 격려하는 식으로 이야기하는 것이 중요하다. 정신화 기반 치료자는 지루한 치료를 만들어 순간적으로 치료의 초점을 옮기는 점에서 환자와 동등한 책임이 있다. "지금 당신이 말했듯이 전 다소 지루함을 느꼈어요. 근데 나는 이 지루함이 어디서 왔는지 확실하지 않네요. 지루함이 당신이 말한 내용 또는 말하는 방식과 연관될 수 있고, 또 그 당시 저의 요인이 더 클 수도 있어요. 왜 제가 지루함을 느꼈는지 잘 모르겠네요."

만약 치료자가 지루해 하지 않았다면, 환자로 하여금 이러한 의문을 들게 한 원인이 무엇인지에 관해 탐색할 수 있다고 마음 터놓고 이야기할 수 있는 방법을 찾아야 한다. 치료자는 우선적으로 환자의 환상에 대해 자극하기보다는 치료자 자신의 현재 느낌에 관해 개방해야 한다. 치료자는 환자에게 다음과 같이 질문할 수 있다. "어떤 것 때문에 당신은 제가 지루하다고 생각하셨어요?" 우선 치료자가 지루해 하거나 지루해 하지 않는 것을 명료화하지 않는 것은 환자에게 가장하기 양식을 다시 유도하거나 심리적 등가성 환상의 유지를 초래할 수 있다. 다음과 같이 치료자가 그 당시 치료에서 경험한 것을 환자에게 말하는 것이 좋다. "제가 알아차리기에 저는 지루하지 않았어요. 사실 저는 당신이 말하고 있는 바를 이해하려고 노력하고 있었어요. 전 갈피를 잡지 못했어요. 그러나 당신과 내가 그 당시 이 경험에 대해 다른 관점을 가졌다는 것이 흥미롭네요." 이러한 치료자의 목적은 환자로 하여금 대안적 관점의 탐색을 격려하기 위함이다. 이러한 대안적 관점의 탐색이 발생하려면 다른 관점이 명백해져야 한다.

### 환자-치료자 관계

마지막으로, 정신화 기반 치료자가 환자-치료자 관계의 한 측면인 전이의 활용과 관련해서 따라야 할 원칙에 관해 논의하고자 한다. 정신화 기반 치료에서는 전이를 사용하지 않는다고 제안한다(Gabbard, 2006). 정신화 기반 치료가 전이를 기반으로 한 치료인지 아닌지에 관한 질문의 답은 전이라는 용어를 어떻게 정의하고 사용하는지에 달려 있다. 우리는 수련을 받고 있는 실무자들이 경계선 성격장애 환자가 문제에 대한 통찰을 하도록 하는 기법으로 전이 해석을 사용하는 것에 대해 경고하고 있다. 또한 현재를 과거와 연결시키는 것 같은 기원적 측면으로 사용하는 것을 경고하고 있는데 '치료자가 원인인 효과(Iatrogenic Effect)'의 가능성이 있기 때문이다(Bateman & Fonagy, 2004). 그러나 우리는 정신화 기반 치료자에게 치료의 핵심 요인으로 '전이를 정신화하는' 것을 훈련시키며 〈표 6-10〉에 기술된 일련의 단계를 준수하도록 한다.

첫 번째 단계에서는 전이 느낌을 타당화하고, 두 번째 단계에서는 환자가 그러한 느낌을 어떻게 경험하는지 탐색한다. 전이에 대한 기원적 접근의 위험성은 환자의 경험을 암묵적으로 타당화하게 된다는 것이다. 정신화 기반 치료자는 환자가 어떻게 경험하는지를 확신하기 위해 '알지 못한다'는 태도로 상당한 시간을 보내야 한다. 이러한 탐색이 세 번째 단계로 이끈다. 전이 느낌을 형성한 사건이 확인되고 행동에 얽혀 있

〈표 6-10〉 전이 정신화의 단계

1. 전이 느낌을 타당화한다.
2. 환자가 느낌을 어떻게 경험하는지 탐색한다.
3. 전이 느낌에 치료자가 기여하는 부분이 있음을 인식한다.
4. 환자와 치료자가 협력해서 대안적 관점에 도달한다.
5. 대안적 관점을 제시한다.
6. 환자의 반응과 치료자 자신의 반응을 모니터링한다.

는 사고와 느낌이 명백해짐에 따라, 종종 고통스러운 세부사항에서 전이의 느낌과 사고에 관련된 치료자의 기여 부분이 명백해진다. 세 번째 단계는 치료자가 환자의 경험에 기여하는 방법을 인식하는 것이다. 전이에서 대부분 환자의 경험은 심지어 아주 일부만 현실과 관련되어 있더라도 현실에 어느 정도 기반을 둔다. 치료자는 전이에 끌어들여져서 환자의 지각과 일치하는 방식으로 행동하게 된다. 전이에 대해 환자의 탓으로 돌리기 쉬운데, 이는 치료에 도움이 되지 않는다. 반면에, 치료자는 초기에 전이의 부분적 실연을 환자의 왜곡이라고 보기보다 이를 탐색하고 자신을 주체로서 수용할 필요가 있다. 설명할 수 없는 치료자 자신의 자발적 행동을 명확히 인식해야 한다. 그렇게 하기 위해서는 치료자의 진정성이 요구된다. 전이에서 치료자의 기여 부분에 주의를 기울이는 것은 자신도 모르게 한 행동에 대해 주체로서 자신을 받아들이고, 그러한 행동이 치료자가 전달하고자 하는 일반적 태도와 일관적이라는 것을 환자에게 모델링하는 데 특히 중요하다. 네 번째 단계는 환자와 치료자가 협력해서 대안적 관점에 도달하는 것이다. 환자-치료자 관계에 관한 대안적 관점을 정신화하는 것은 다른 정신화 형태로서 협력의 정신에 도달해야 한다. 치료자는 환자 반대편에 있기보다는 옆에 앉아서 상상해야 한다. 환자와 치료자는 나란히 앉아서 탐구적인 자세로 환자의 생각과 느낌을 살펴본다. 다섯 번째 단계에서는 치료자가 대안적 관점을 제시하고, 여섯 번째 단계에서는 환자의 반응과 치료자 자신의 반응을 모니터링한다.

우리는 전이 정신화 단계를 순서대로 진행할 것을 제안한다. 그리고 전이 정신화와 전이 해석을 구별하고자 한다. 즉, 전이 해석은 일반적으로 통찰을 제공하는 데 사용되는 하나의 기법으로 간주된다. 전이 정신화는 현재 순간 환자가 치료자와의 관계를 생각할 수 있도록 격려하는 것이다. 전이 정신화의 목적은 환자가 타인의 마음, 치료자의 마음에 주의를 기울이도록 초점을 두며 환자로 하여금 자신에 대한 자신의 지각과 타인, 치료자, 치료 집단 성원에 의해 지각되는 방식을 비교하도록 돕는 데 있다. 우리는 치료자와의 관계 패턴과 아동기 관계 패턴 혹은 현재 관계 패턴 사이의 유사점을 언급하지만, 전이 정신화의 목적은 환자가 행동 패턴을 조절하는 데 활용할 수 있는 설명(통찰)을 제공하는 것이 아니다. 전이 정신화의 목적은 감정 상태에서 정신화의 회복을 촉진하기 위해 환자가 호기심 있는 태도로 생각과 숙고가 요구되는 복잡한 현상에 주의를 기울이게 하는 것이다. 이러한 정신화의 회복은 치료의 전반적 목적이 된다.

## 결론

정신화 기반 치료는 경계선 성격장애에 대한 전도 유망한 치료이며 다른 장애에 대한 치료로도 관심이 증가하고 있다. 중요한 점은 정신화는 경계선 성격장애를 위한 효과적인 치료에 있어서 공통 요인이라는 점이다. 즉, 정신화를 향상시키는 어떠한 치료든 효과적인 변화를 일으키는 좋은 기회를 가지는 것이다. 모든 이론적 지향을 가진 치료자들은 그들 자신의 마음에서 환자 마음의 이미지를 계속해서 구성하고 재구성한다. 치료자가 환자에 대한 이미지를 구성한 것을 환자에게 강요하지 않고 언어적·비언어적 상호작용을 강조하는 수반성 상호작용에 참여한다면 이러한 활동이 바로 본질적으로 정신화이다. 치료자의 수련과 경험은 치료자 자신의 마음 상태보다는 환자의 마음 상태와 관련된 반응을 하는 능력을 더 강화시킨다. 의식하지 못하는 이러한 암묵적인 과정을 통하여 경계선 성격장애 환자는 자신의 느낌을 확인할 수 있다. 마지막으로, 심리치료에서 정신화는 환자와 치료자가 협력하고 공유하는 과정이다. 즉, 환자와 치료자는 함께 환자의 정신 상태에 초점을 맞춘다. 이러한 공유된 초점 과정을 통해서 경계선 성격장애 환자는 부족한 대인관계적 통합 기능을 강화시키게 된다. 다양한 심리치료 사이에 근간이 되는 공통 부분을 이해하는 것은 좀 더 효과적인 치료 개발을 가능하게 한다. 이러한 노력은 경계선 성격장애 심리치료의 다음 발전을 위해 필요하다.

## 핵심적 임상 개념

- 정신화는 자신과 타인의 주관적 상태와 정신 과정을 암묵적·명시적으로 이해할 수 있는 능력이다.
- 정신화는 다차원적—자동적/통제적, 외적/내적, 자기/타인, 인지적/정서적—이다.
- 정신화는 정서 상태에 의해 영향을 받는다.
- 정신화 기반 치료(MBT)는 감정적 각성 상태와 환자-치료자 관계를 포함해서 대인관계 내에서 정신화 과정을 향상시킨다.
- 정신화 기반 치료자는 비정신화 개입을 피한다.
- 정신화 기반 치료자는 환자의 정신화 능력에 맞게 개입한다.

## 추천 도서

Allen JG, Fonagy P, Bateman A: Mentalizing in Clinical Practice. Washington, DC, American Psychiatric Publishing, 2008

Bateman A, Fonagy P: Mentalization-Based Treatment for Borderline Personality Disorder: A Practical Guide. Oxford, UK, Oxford University Press, 2006

Fonagy P, Bateman AW: Mechanisms of change in mentalization-based therapy of BPD. J Clin Psychol 62:411-430, 2006

Fonagy P, Bateman AW: Mentalization-based treatment of BPD. J Pers Disord 18:36-51, 2004

## 참고문헌

Allen JG, Fonagy P, Bateman AW: Mentalizing in Clinical Practice. Washington, DC, American Psychiatric Publishing, 2008

Arnsten AF: The biology of being frazzled. Science 280:1711-1712, 1998

Baron-Cohen S, Tager-Flusberg H, Cohen DJ: Understanding Other Minds: Perspectives

From Autism and Developmental Cognitive Neuroscience. Oxford, UK, Oxford University Press, 2000

Bateman A, Fonagy P: Psychotherapy for Borderline Personality Disorder: Mentalization-Based Treatment. Oxford, UK, Oxford University Press, 2004

Bateman A, Fonagy P: Mentalization-Based Treatment for Borderline Personality Disorder: A Practical Guide. Oxford, UK, Oxford University Press, 2006

Colvert E, Rutter M, Beckett C, et al: Emotional difficulties in early adolescence following severe early deprivation: findings from the English and Romanian adoptees study. Dev Psychopathol 20:547-567, 2008

Critchfield KL, Levy KN, Clarkin JF, et al: The relational context of aggression in borderline personality disorder: using adult attachment style to predict forms of hostility. J Clin Psychol 64:67-82, 2008

Diamond D, Stovall-McClough C, Clarkin J, et al: Patient-therapist attachment in the treatment of borderline personality disorder. Bull Menninger Clin 67:227-259, 2003

Fonagy P: On tolerating mental states: theory of mind in borderline patients. Bulletin of the Anna Freud Centre 12:91-115, 1989

Fonagy P, Bateman A: The development of borderline personality disorder—a mentalizing model. J Pers Disord 22:4-21, 2008

Fonagy P, Leigh T, Steele M, et al: The relation of attachment status, psychiatric classification, and response to psychotherapy. J Consult Clin Psychol 64:22-31, 1996

Fonagy P, Target M, Gergely G, et al: Affect Regulation, Mentalization, and the Development of Self. London, Other Press, 2002

Frith CD: Schizophrenia and theory of mind. Psychol Med 34:385-389, 2004

Gabbard GO: When is transference work useful in dynamic psychotherapy? Am J Psychiatry 163:1667-1669, 2006

Gergely G, Watson J: Early social-emotional development: contingency perception and the social biofeedback model, in Early Social Cognition: Understanding Others in the First Months of Life. Edited by Rochat P. Hillsdale, NJ, Erlbaum, 1999, pp 101-137

Goodman M, Yehuda R: The relationship between psychological trauma and borderline personality disorder. Psychiatr Ann 32:268-280, 2002

Gunderson JG, Lyons-Ruth K: BPD's interpersonal hypersensitivity phenotype: a gene-environment-developmental model. J Pers Disord 22:22-41, 2008

Hesse E: The Adult Attachment Interview: protocol, method of analysis, and empirical studies, in Handbook of Attachment Theory and Research, 2nd Edition. Edited by Cassidy J, Shaver PR. New York, Guilford, 2008, pp 552-558

Jurist EJ: Mentalized affectivity. Psychoanal Psychol 22:426-444, 2005

Kantojarvi L, Joukamaa M, Miettunen J, et al: Childhood family structure and personality disorders in adulthood. Eur Psychiatry 23:205-211, 2008

Kazdin AE: Psychotherapy for children and adolescents, in Bergin and Garfield's Handbook of Psychotherapy and Behavior Change, 5th Edition. Edited by Lambert MJ. New York, Wiley, 2004, pp 543-589

King-Casas B, Sharp C, Lomax-Bream L, et al: The rupture and repair of cooperation in borderline personality disorder. Science 321:806-810, 2008

Levy KN, Meehan KB, Weber M, et al: Attachment and borderline personality disorder: implications for psychotherapy. Psychopathology 38:64-74, 2005

Lieberman MD: Social cognitive neuroscience: a review of core processes. Annu Rev Psychol 58:259-289, 2007

Lynch TR, Rosenthal MZ, Kosson DS, et al: Heightened sensitivity to facial expressions of emotion in borderline personality disorder. Emotion 6:647-655, 2006

McGloin JM, Widom CS: Resilience among abused and neglected children grown up. Dev Psychopathol 13:1021-1038, 2001

Mikulincer M, Shaver PR: Adult attachment and affect regulation, in Handbook of Attachment Theory and Research, 2nd Edition. Edited by Cassidy J, Shaver PR. New York, Guilford, 2008, pp 503-531

New AS, Triebwasser J, Charney DS: The case for shifting borderline personality disorder to Axis I. Biol Psychiatry 64:653-659, 2008

Paris J: Does childhood trauma cause personality disorders in adults? Can J Psychiatry 43:148-153, 1998

Satpute AB, Lieberman MD: Integrating automatic and controlled processes into neurocognitive models of social cognition. Brain Res 1079:86-97, 2006

Shipman K, Edwards A, Brown A, et al: Managing emotion in a maltreating context: a pilot study examining child neglect. Child Abuse Negl 29:1015-1029, 2005

Stern A: Psychoanalytic investigation of and therapy in the borderline group of neuroses. Psychoanal Q 7:467-489, 1938

Stern A: Psychoanalytic therapy in the borderline neuroses. Psychoanal Q 14:190-198, 1945

Vorria P, Papaligoura Z, Sarafidou J, et al: The development of adopted children after institutional care: a follow-up study. J Child Psychol Psychiatry 47:1246-1253, 2006

Wagner AW, Linehan MM: Facial expression recognition ability among women with borderline personality disorder: implications for emotion regulation? J Pers Disord 13:329-344, 1999

Watson S, Chilton R, Fairchild H, et al: Association between childhood trauma and dissociation among patients with borderline personality disorder. Aust N Z J Psychiatry

40:478-481, 2006

Zanarini MC, Frankenburg FR, Reich DB, et al: Adult experiences of abuse reported by borderline patients and Axis II comparison subjects over six years of prospective follow-up. J Nerv Ment Dis 193:412-416, 2005

Zweig-Frank H, Paris J, Ng Ying Kin NM, et al: Childhood sexual abuse in relation to neurobiological challenge tests in patients with borderline personality disorder and normal controls. Psychiatry Res 141:337-341, 2006

# 제7장
# 전이초점치료와 경계선 성격장애

Frank E. Yeomans, M.D., Ph.D.
Diana Diamond, Ph.D.

전이초점치료(Transference-Focused Psychotherapy: TFT; Clarkin et al., 2006; Yeomans et al., 2002)는 경계선 병리를 위해 특별히 고안된 정신역동치료의 매뉴얼화된 치료이다. 치료 특성은 경계선 상태가 내적 대상관계의 문제(Kernberg, 1975, 1984; Kernberg & Caligor, 2005)에 근간을 두고 있다는 신념과 일치한다.

이 장에서는 경계선 성격장애에 대한 전이초점치료의 적용을 강조할 것이지만, 전이초점치료의 핵심 원리와 기법은 다른 성격장애에도 적용 가능하다(Caligor et al., 2007; Diamond, 2007; Diamond & Yeomans, 2008).

전이초점치료는 증상의 개선과 심리사회적 영역에서 의미 있는 임상적 향상을 보인다는 증거들이 축적되고 있다(Clarkin et al., 2001, 2007; Levy et al., 2006b; Doering et al., 출판 중). 선행 논문에서 우리는 세 편의 각기 다른 연구 결과를 제시하였다. 연구 결과, 전이초점치료를 받은 지 1년 후, 경계선 성격장애 환자들은 자살 행동, 유사 자살 행동, 자살 사고에서 의미 있는 감소를 보이는 것을 포함하여 많은 차원에서 변화를 보

이 장은 Cornell 심리치료 연구 프로젝트(Cornell Psychotherapy Research Project)로 수행된 연구 결과로 구성되어 있다. 이 연구 프로젝트는 국립정신보건원, 국제정신분석학회, 뮌헨의 Kohler 기금 그리고 경계선 성격장애 연구재단의 기부금으로 지원되었다. 재단과 재단창립자인 Marco Stoffel로부터 감사한 승인을 받았다.

였고, 이와 더불어 심리사회적 기능, 이야기의 응집성, 정신화(자기와 타인의 마음 상태를 이해하는 능력)의 향상을 보였다(Clarkin et al., 2001, 2007; Levy et al., 2006b). 이 장에서 우리의 초점은 치료 자체이다. 우리는 ① 병리의 대상관계모델, ② 전이초점치료의 핵심 전략, 기술, 기법, ③ 변화의 기제에 관해 검토할 것이다. 우리는 또한 임상적 자료를 제시하여 전이초점치료의 적용에 관해 기술할 것이다.

전이초점치료는 경계선 병리의 수많은 병리요소를 강조하는 포괄적인 치료 프로그램으로, 치료 상황에 전반적이고 독특한 이슈를 가져오는 환자를 치료한다. 일 년 동안 혹은 그보다 더 길게 지속된다. 우리는 치료와 치료 변화의 핵심으로서 전이 해석을 강조하지만, [그림 7-1]에 요약되어 있듯이 전이 해석은 치료의 많은 요소 중의 하나이다(Levy et al., 2006a; Yeomans et al., 2008). 전이초점치료의 경우, 변화는 일련의 치료 개입을 통해 일어날 수 있다고 가정한다. 환자와 계약을 맺고 평가하는 단계부터 치료가 시작된다. 이러한 단계(계약 성립과 평가 단계)는 치료 상황에서 우선적으로 야기될 수 있는 다양하고 강렬한 폭풍 같은 감정을 강조하고 반영할 수 있는 안전기반을 형성하는 것이다. 그러고 나서 치료는 명료화, 직면, 해석의 기법을 통하여 특정 환자에게 나타나는 지배적 대상관계 시나리오를 확인하고 환자의 혼란스러운 감정 상태와 지배적 대상관계를 연결하는 단계로 진행된다. 자기-대상의 양극단성이 전이관계에서 되살아나면서 지배적인 대상관계와 치료에서 일어나는 역할 전환 사이의 관계를

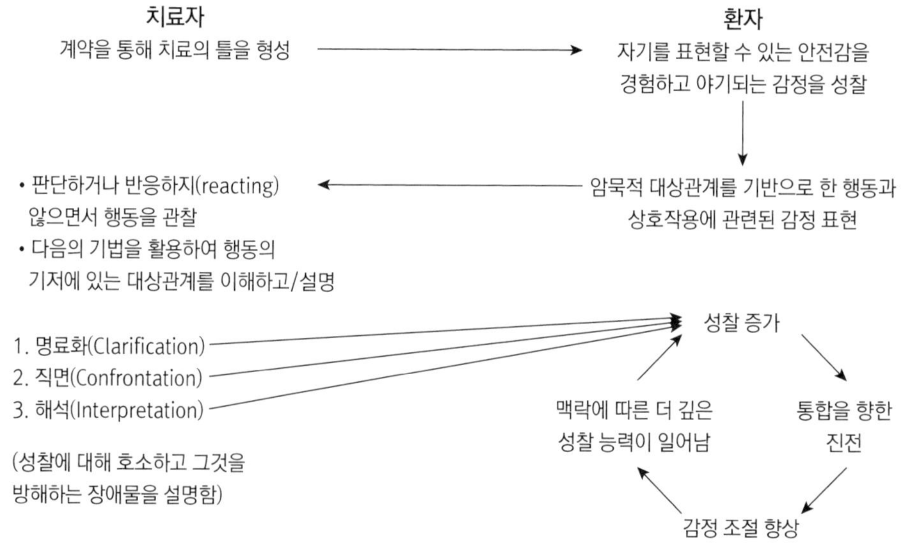


**[그림 7-1] 전이초점치료**

확인한다. 전이관계를 체계적으로 강조하는 것은 환자가 자신의 감정 경험을 인지적으로 표상하고 담아낼 수 있는 능력을 증가시켜 결국 성찰 기능 혹은 정신화 그리고 전이에서의 경험을 상징적으로 다루고 성찰할 수 있는 능력에 이르도록 한다(Caligor et al., 2009; Kernberg et al., 2008).

## 경계선 병리에 대한 대상관계모델

이 장에서는 경계선 성격장애에 초점을 두고 있지만, 전이초점치료의 기본 원리는 경계선 수준(제1장 '성격과 성격병리의 대상관계모델' 참조)의 어떠한 성격 조직에도 적용될 수 있다. 다양한 수준(신경계, 사회인지적, 신경인지적 그리고 대인관계 수준 포함)에서 진행된 연구들에서 알려진 바와 같이(Adolphs, 2003; Depue & Lenzenweger, 2005; Fertuck et al., 2009; Posner et al., 2002; Zaki & Ochsner, 출판 중), 경계선 병리에 대한 전이초점치료 모델은 성격의 구조적 조직에 대한 정신분석적 이해에 토대를 둔다(Kernberg, 1984, 2004; Kernberg & Caligor, 2005). 전이초점치료 모델은 기질(감정 활성화와 조절 및 운동반응성 면에서의 개인차)과 환경요인(학대, 방임), 응집력 있는 자기감의 부재 그리고 다른 요인들(불안정한 애착모델, 정신화의 결여, 낮은 수준의 통제감)이 역동적으로 상호작용한다는 관점을 취한다(Clarkin et al., 2006; Gabbard et al., 2006; Silbersweig et al., 2007). 앞서 이러한 주요한 요인들이 경계선 성격장애에 기여한다고 언급했지만, 경계선 성격장애 치료에서 이러한 특성을 치료의 표적으로 삼아야 할지에 대해서는 현재 활발히 논의 중이다. 변증법적 행동치료(DBT)에서는 기질적 정서 조절 곤란과 마음챙김의 결여를 경계선 성격장애의 핵심으로 보고 있다(Linehan, 1993; Wupperman et al., 2008). 정신화 기반 치료(MBT)에서는 정신화 능력의 결여를 경계선 성격장애의 핵심으로 간주한다(Bateman & Fonagy, 2004). Gunderson과 Lyons-Ruth(2008)는 경계선 성격장애의 핵심으로 대인관계적 과각성과 불안정한 애착모델을 들고 있다.

전이초점치료에서는 경계선 성격장애의 핵심을 정체성 혼란으로 간주한다. 정체성 혼란은 자기와 타인의 경험에 있어 연속성의 부족이다. 이것은 분열되고 양극단적인 상태인 내적 세계에 기인하는데, 여기에서 타인은 박해자 또는 이상화된 구원자로 경험될 수 있다(Kernberg, 1975, 1984). 이러한 관점은 수많은 영역에서의 연구조사를 토대로 확장해 나가고 있다. 애착 연구는 경계선 병리와 불안정 애착 패턴(주로 불안/집착형, 혼란/미해결형) 사이의 관계를 규명했으며, 이러한 불안정 애착 패턴으로 자기와 애착 인물에 대한 부적응적 작업모델을 예상할 수 있다(Diamond et al., 2003; Fonagy et al., 1996; Main, 1999). 정신화 관련 연구의 경우, 경계선 성격장애 환자가 자신과 타인의 마음을 정확하게 평가할 수 없다는 점을 보여 주고 있다(Bateman & Fonagy, 2004; Fonagy et al., 1996). 신경인지 연구에서는 부정적 감정과 손상된 사회 인지에 영향을 받는 경계선 환자가 정보 처리 과정에서 결함을 보인다고 보고했다. 최근 연구 결과들은 경계선 환자가 감정의 기복이 심하고 부정적이고 심지어 치료 상황에서도 과민하거나 편집증적인 전이를 보인다고 보고하고 있다(Gabbard et al., 2006; Kernberg, 1975, 1984). 사회인지 신경과학적 연구들은 경계선 성격장애의 강렬한 부정적 감정은 인지 조절 기제를 간섭한다고 제안한다(Fertuck et al., 2006; Silbersweig et al., 2007). 따라서 경계선 성격장애 환자는 사회적 자극에 대해 민감성이 증가한다. 사회적 인지 영역에서 '역설'(Krohn, 1974)의 증거가 존재한다. 즉, 경계선 성격장애 개인은 타인의 감정과 정신 상태에 대해 높은 민감성을 보이지만 낯선 사람의 중립적 얼굴을 보면 쉽게 불신하는 경향이 있다(Donegan et al., 2003; Fertuck et al., 2009).

뇌영상 연구들은 신경계 수준에서 신경이 사회적 · 인지적 과정과 관련이 있음을 확인한다. 이러한 신경계와의 관계는 일반적으로 부정적 감정의 우세함과 특히 공격성을 조절하지 못하는 무능력의 이면에 자리 잡고 있다(Silbersweig et al., 2007). Kernberg (1975, 2004)는 이러한 감정 조절의 취약성을 경계선 성격장애의 핵심 측면으로 가정했다. 경계선 성격장애 개인의 신경계 특징은 다음과 같다.

① 경계선 성격장애 환자는 특히 좌반구 편도체의 과민성으로 인해 치료 상황에서 치료자의 중립적 얼굴 표정을 학대적으로 잘못 해석하기 쉽다.
② 전전두엽 영역에서의 기능 손상과 부피 감소는 감정 조절과 정신화 능력을 손상시킨다.
③ 시상하부-뇌하수체-부신 축의 과민성은 만성적인 과잉 경계와 감정적 각성 상태를 초래한다(Rinne et al., 2002).
④ 감소된 해마 부피는 암묵적(무의식적) 절차 기억으로 부호화되는 자기-대상-감정 도식을 자동적으로 재연하도록 이끈다. 그리고 암묵적이고 명시적인 기억 모두를 기반으로 한 자서전적 이야기를 생성하는 능력의 손상을 초래한다(Gabbad, 2009).
⑤ 도파민 분비에 의해 활성화되는 측좌핵과 연관된 뇌의 보상 회로는 부적응적 관

계 패턴으로부터 만족을 높이며 이러한 관계 패턴을 반복하려고 한다(Gabbard et al., 2006).

이러한 요인들 중 대다수가 아동기에 학대를 경험한 환자들(대부분 경계선 성격장애 환자가 해당되지만 모든 경계선 성격장애 환자가 해당되는 것은 아님)에게서 특히 분명하게 드러남에도 불구하고, Gabbard 등(2006)은 자기와 대상에 대한 내적 세계에서의 왜곡 자체가 편도체의 과잉 활성화를 촉진시킨다는 흥미로운 관찰을 했다. 결론적으로 특히 사회적 상호작용에서 감정 지각의 처리 과정을 결정하는 마음의 요소에 초점을 둔 개입이 이루어져 하며, 이러한 개입은 환자의 증상을 감소시키고 자기감과 대인관계 질을 향상시키며 직업이나 다른 창조적인 노력을 개선하는 데 중요하다.

대상관계 관점에서는 경계선 성격장애 환자의 사건 지각은 자기와 타인에 대한 내적 표상과 이에 연관된 강렬한 감정에 의해 강하게 영향을 받는다는 것을 강조한다. 타인과의 상호작용에 대한 내면화된 표상은 감정 경험과 연결된 자기와 타인에 대한 특정 표상들로 이루어져 있다. 초기 발달에서, 개인의 내적 표상 세계는 이자관계의 다양한 세트로 구성되어 있으며, 이러한 이자관계 세트는 다양한 자기와 타인에 대한 표상과 다양한 감정으로 특징지을 수 있다. 내적 표상은 삶의 사건에 의해 활성화되는데 사건을 어떻게 '지각하는지', 어떻게 '읽는지'에 영향을 미친다. 한 차원의 표상은 사건을 정확하게 지각하는 데 방해가 될 수 있다. 정상적인 심리 발달 과정의 경우, 이러한 한 차원의 자기와 타인에 대한 표상은 자기, 타인, 세상의 복잡성에 더 정확히 부합하는 좀 더 복잡하고, 다면적이고, 조절된 표상으로 통합된다. 경계선 성격 조직을 가진 개인에게서, 자기와 타인에 대하여 나타나는 피상적, 양극단적, 희화된 표상은 자기와 타인에 대한 개인적인 경험에서 응집성, 연속성, 맥락을 제공하는 더 복잡한 전체로 통합되지 못한다(Clarkin et al., 2006).

대상관계모델의 경우, 충동, 감정, 환상 같은 정신 과정이 경험을 변형시킨다고 가정하는데, 이때 내면화된 이미지는 과거에 실제로 일어났던 것을 정확히 재생하지는 않는다. 대상관계모델에서 감정은 중요한 내적 표상을 불러일으키는 주요 통로이다(Kernberg, 2004; Sandler & Sandler, 1987). Kernberg의 대상관계이론에서는 감정을 일차적인 심리생물학적 기질로 간주하는데, 감정은 대상관계 발달 맥락에서 초기의 신체 경험에 의해 활성화된다. 초기 발달 과정에서 매우 유쾌하거나 매우 불쾌한 경험이 발생하듯이, 감정은 기본적인 이자관계에서 자기와 대상 표상과 연결되어 있다. 그리고 이러한 초상위(supraordinate) 구조에서 감정은 리비도와 공격적 추동을 위한 기본 토대가 된다. 정상적 발달 과정의 경우, 자기와 타인에 대한 표상은 더 통합적이고 복잡한 삼원 구조(원초아, 자아, 초자아)로 발전해 나가며 의식적 경험뿐만 아니라 무의식의 경험을 형성한다.

그리하여 원시적 감정은 일차적 동기 체계를 구성한다. 일차적 동기 체계는 특정 대상관계 맥락에서 주관적인 유쾌 및 불쾌 경험과 순간적인 만족 및 좌절 경험의 인지적 평가를 통합한다. 따라서 치료자나 타인에 대한 환자의 반응에서 재활성된 내적 이미지는 과거의 특정 경험 또는 관계를 재생한 것일 수 있다. 그러나 이러한 재활성된 내적 이미지는 내적으로 구성된 것이며, 궁극적인 기원에 대해서는 정확하게 확인할 수 없다. 우리의 초점은 현재의 정신적 현실이다. 즉, 중요한 점은 어떻게 정신적 실제가 구조화되고 어떻게 수정될 수 있느냐이다.

경계선 성격장애 환자는 심리 구조가 서로 모순되는 양극화된 자기와 타인에 대한 표상으로 이루어져 있기 때문에 자기와 타인에 대한 응집력 있는 경험을 하지 못한다. 자기에 대한 파편화되고, 분산되고, 모순적인 인식을 **정체성 혼란**(identity diffusion)이라고 명명한다. 이러한 정체성 혼란으로 인해 환자는 순간 경험에서 부정확하고, 압도되는 감정을 동반한 극단적인 지각을 하는 위험에 처하게 된다. 이는 자기와 타인에 대한 잘못된 표상과 감정 조절 곤란을 겪으며 결국 행동 및 대인관계 문제를 초래하게 된다. 게다가 경계선 성격장애 개인은 정신화, 또는 자기와 타인을 의도된 정신 상태(예: 신념, 동기, 정서, 바람) 측면에서 생각할 수 있는 능력이 결여되어 있다. 따라서 그들의 분열되고 양극화된 대상 세계의 유산인 극단적인 감정 경험에 대해서는 이해하고 담아내는 인지적 기술이 없다. 분열된 정신 표상은 심지어 작은 촉발 사건에도 활성화될 수 있다. 그리고 정신화 실패로 인해 환자는 삶의 경험에서 불연속성을 가지게 된다. 즉, 경계선 성격장애 환자는 어떠한 경험에 대해서도 정확하게 개념화할 수 있는 깊이와 폭을 가지고 내적 이야기를 구성할 능력을 갖추지 못한다. 환자는 촉발 사건이 일어나면 자기와 타인에 대한 극단적 경험에서 또 다른 극단적 경험으로 가차 없이 이동하게 된다. 특히 스트레스 상황의 경우, 환자는 일차적이고 비상징화된 방식으로 감정을 경험하며, 이는 언어와 상징적 기능에 의해 담아내고 조절된 감정 경험(**정신화된 감정**; Jurist, 2005)과는 대조를 이룬다. 견고한 정체성에 토대를 두지 못하고 조율되지 않은 순간 경험의 강도는 극단적 정서 반응을 초래한다. 이러한 반응은 타인과의 관계에서 자기패배적이고 파괴적일 수 있으며 이때 환자는 마치 관계에서 이 찰나의 감정만 존재한다는 듯이 타인에게 반응한다.

신경인지 연구도 이러한 관점과 맥을 같이한다. 연구 결과를 요약하면 다음과 같다. 경계선 환자는 특히 과민하며 대인관계 자극을 부정적으로 해석하기 쉽다. 그 결과, 대인관계 상황(치료자와의 관계 포함)에서 일련의 부정적 감정과 이와 관련된 자기와 타인에 대한 내적 표상이 순간적으로 극적으로 활성화된다. 환자는 자기-대상 이자관계 경험에 대해 의식적으로 자기를 공격당하는 희생자로 확인하고 상대방을 공격자로 본다. 환자 내면에서 전체적으로 부정적 이자 대상관계가 존재한다. 경계선 성격장애의 치료에 있어 이러한 관점이 전이초점치료의 독특한 특징이라고 할 수 있다. 내면화된 희생자-박해자 이자관계의 결과로, 그렇지 않았다면 정상적인 건강한 공격성 또는 주장적 고투는 실제 또는 환상의 박해 인물에 대한 사나운 내적 표상 주변에서 확고하게 자리 잡게 된다. 이러한 내적 구조에서는 어떠한 부정적 감정(예: 분노, 시기심, 절망감)도 독으로 경험되는 극단적인 이미지가 활성화되는데, 이는 행동화나 투사를 통해서 감정을 발산하게 한다. 환자는 통합 작업을 통해서 원시적 방어에 의존하지 않은 채 부정적 감정을 감내하고 다루도록 도움을 받을 수 있고, 건강한 공격적 분투와 극단적 이미지의 참을 수 없는 경험 사이의 구별을 하도록 도움을 받게 된다.

환자의 마음에 희생자-박해자 이자관계가 활성화되면, 주관적 경험은 양극단을 왔다 갔다 계속 오가며 변화무쌍하다. 예를 들면, 환자는 자신을 잔인한 타인에 의한 희생자로 경험하면서 좌절감으로 반응할 것이며, 이어서 타인을 적대적 방식으로 공격할 것이다. 환자는 희생자-박해자 이자관계에서 처음에는 의식적으로 희생자를 실연하게 되고, 그다음에는 무의식적으로 박해자로 행동하게 된다. 우리의 경험으로는 환자가 희생자와 박해자 역할을 번갈아서 할 뿐만 아니라 내부 대상 세계 내에도 이러한 희생자와 박해자 역할이 존재함을 알 수 있다. 즉, 환자의 이러한 부정적으로 부여된 희생자-박해자 이자관계는 치료자의 친밀감과 동맹을 구하지 못하게 하며, 자주 치료자를 불신하고, 해로운 사람으로 경험하게 한다(Fertuck et al., 2009; Koenigsberg, 2009).

치료 작업은 부정적인 이자관계에서의 희생자와 박해자라는 두 가지 동일시에 대한 자각을 고무시킨다. 또한 환자의 내적 세계에서 부정적으로 부여된 이자관계와 비현실적인 이상화된 긍정적인 이자관계 간의 분리를 자각하도록 격려한다. 이러한 치료 작업을 통해 환자의 부정적 감정은 좀 더 미묘한 전체로 통합되어 갈 수 있다. 즉, 환자는 공격적 분투에 좌우되기보다는 공격적 감정을 다룰 수 있는 능력이 향상되며, 이상화된 긍정적 감정은 좀 더 현실적인 경험으로 조절될 수 있다. 전이초점치료의 기법은 분열된 경험의 통합과 조율을 증진시키며, 반대되는 자기-대상-감정의 무리를 통합할 수 있도록 자기와 대상 표상 측면에서 점진적 이해를 돕는다. 이러한 통합은 환자로 하여금 감정 조절을 가능하게 하며, 특히 공격적 감정을 숙달하고 승화시키고 성찰 기능을 포함한 인지 기능을 강화한다.

이전에 분열된 부정적 감정, 특히 공격적 감정에 대한 통합은 환자에게 큰 도전이 될 것이다. 왜냐하면 환자는 분출해 버리거나 투사해 버림으로써 부인되었던 자기의 측면을 받아들여야 하기 때문이다. 환자는 이전에는 정당하다고 여겨진 행동에 대해 적절한 죄책감을 경험하게 되면서 이러한 감정의 통합 과정에서 고통스럽고 후회의 감정을 느낄 수 있다. 하지만 이러한 통합 과정은 환자의 자기에 대한 경험과 다양한 감정 경험을 풍요롭게 하는 데 필수적이다. 환자는 이전에는 부당하게 극단의 형태로만 경험되었던 분노와 공격성이 포부, 경쟁, 창조성 같은 긍정적 목표를 위해서 활용될 수 있고 숙달될 수 있음을 배운다.

경계선 환자의 근본적인 분열은 '좋은 희생자'와 '나쁜 박해자' 간의 분열이 아니라 양측 모두 온전히 부정적 감정만으로 가득 차 있는 희생자/박해자 이자관계와 오로지 비현실적인 긍정적 감정으로 가득 차 있는 사랑받는 자기/완벽한 제공자 이자관계 간의 분열이다. 이러한 긍정적인 경험과 부정적인 경험은 서로를 방어하게 하는 경향이 있다. 긍정적 감정 경험은 약간의 부정적 경험도 허용하지 않으며, 부정적 경험도 약간의 긍정적 경험을 허용하지 않는다. 이러한 체계는 환자가 불안으로부터 자기를 보호하기 위한 시도이다. 환자가 긍정적 경험과 부정적 경험 그리고 이러한 경험과 관련된 표상을 동시에 경험하기 시작할 때 불안이 발생하는데, 분열기제는 이러한 불안으로부터 보호하기 위한 시도이다. 환자는 긍정적 감정과 부정적 감정을 동시에 경험하는 것을 자제하려고 초기 시도로 되돌아가려고 한다. 즉, 환자는 박해자, 공격자와 연관된 증오와 적개심으로부터 이상적인 자기와 타인에 대한 내적 이미지를 보호하고자 분열된 내적 상태로의 회귀를 도모한다. 환자는 이러한 상태에 있을 때 내적 세계에 대해 충분히 자각하거나 이해하지 못하여 결과적으로 공허감, 자기에 대한 불연속감, 불안정감을 느끼게 된다. 이러한 해리된 방어 구조는 자각과 사고를 왜곡하고 지워 버린다(사고의 연결성을 공격함으로써 사고의 파편화와 불연속성이 일어남; Bion, 1967). 따라서 강렬한 감정은 인지 과정 없이 행동으로 표출된다. 전이초점치료는 환자의 내적 이미지에 대한 이해를 향상시키기 위해 원시적 감정과 충동적 행동의 기저가 되는 양자관계를 발견하고자 노력한다. 이러한 과정을 통해서 환자는 감정에 대한 숙달감과 행동에 대한 통제감을 가질 수 있다.

## 원시적 방어기제

내적으로 해리된 마음의 조직은 원시적 방어기제의 기저를 이룬다. 원시적 방어기제는 기본적으로 긍정적인 감정(충동)과 부정적인 감정(충동) 간의 분열에 기반을 둔다. 경계선 성격장애 환자는 부정적 감정 경험을 받아들이고 감내하는 것에 어려움이 있기 때문에 의식적 자각 없이 그것을 표출한다. 또는 경계선 성격장애 환자는 시각적이고 대인관계적인 단서에 집착하는 경향이 있는데, 투사를 통해서 원인을 타인에게 돌리기도 한다. 예를 들면, 치료자가 치료시간을 변경해야 할 때나 환자의 편의대로 치료자가 치료시간을 조정해 줄 수 없을 때, 환자는 무시당한다고 느끼거나 상처를 입었다고 느낄 수 있다. 결국 적대적으로 행동하거나 치료자의 행동이나 의도에 대한 그의 해석을 드러내길 거부하면서 치료를 그만둔다고 위협하거나 또는 실제로 치료를 떠날 수도 있다. 경계선 성격장애 환자는 투사 기제를 통하여 감정과 충동을 경험하는 패턴을 가지는데, 이는 환자가 상호작용하고 있는 개인에게서 문제가 비롯된 것처럼 자신의 내적 세계의 부분을 타인에게 투사하는 것이다. 이러한 패턴은 결국 대인관계 혼란을 가중시킨다. 타인에 대한 부정적 감정의 투사와 이에 반대되는 자애로운 경험을 번갈아 겪음으로써 불안정감과 혼란을 경험할 수 있다. 또는 부정적 감정에 대한 변함없는 투사로 인해 일관적으로 적대적 관계 경험을 할 수 있는데, 이는 타인을 '적-박해자'로 여기는 변함없는 관계를 맺는 것이다.

분열과 투사의 변형은 다양하다. ① 투사적 동일시를 통해 환자는 자신이 감내할 수 없는 감정/충동을 상대방으로부터 유도하며, ② 전지전능한 통제를 통해 적대감을 상대방에게 투사하고 지각된 적대감의 희생자가 되지 않기 위해서 상대방을 통제할 필요성을 느낀다. 경계선 성격장애 환자가 투사적 동일시를 주로 사용하기 때문에, 치료자는 역전이(치료자가 환자와의 상호작용에서 경험하는 정서)에 주의를 기울여야 한다. 치료자는 자신의 반응을 성찰해야 한다. 환자가 수용하기 어려운 감정을 치료자 안에서 활성화하는 방식으로 자신의 반응이 환자에 의해 야기된 것은 아닌지를 알아차려야 한다(투사적 동일시). 치료자 안에서 일어나는 이러한 반응에 대한 이해는 환자의 내적 세계를 이해하는 데 중요한 정보가 된다.

## 전이초점치료의 핵심 방식

경계선 성격장애 환자의 극단적 감정 반응과 그러한 감정과 관련된 행동은 환자의 삶과 치료에 방해가 된다. 경계선 성격장애 환자는 의식적 자각을 하지 않고, 감정에 대한 성찰과 통합 및 수정 없이 감정을 발산해 버리는 경향이 있다. 따라서 치료는 환자가 행동화에 대한 조절과 자기와 타인에 대한 표상을 경험하고, 관찰하고 성찰할 수 있는 틀을 제공하도록 구조화해야 한다.

전이초점치료는 환자의 내적 세계를 조직하는 이자 간 대상관계가 치료자와의 전이에서 나타난다고 본다. 따라서 치료는 환자와의 치료 작업에서 전이에 초점을 두어야 한다. 전이 작업을 통해 환자의 정서 반응이 객관적인 실제(예: 괴물인 남편, 그래서 환자의 고통에 책임이 있는 사람)인지, 내적 이미지(치료시간을 변경할 수 없을 때 치료자에게 내면의 박해자를 투사)인지, 또는 둘 다로 인한 것인지를 이해할 수 있다. 치료관계에서 경험하는 즉각적인 감정에 초점을 두는 개입은 감정과 관련 없는 주지화된 해석을 피하는 데 도움이 된다.

치료의 토대는 통제된 환경에서 전이로 나타나는 해리되거나 투사된 내면화된 대상관계를 재활성화하도록 촉진하는 것이다. 내면화된 대상관계를 재활성하고자 하는 목적은 환자의 내적 표상의 본질을 관찰하고 알아차려서 보다 깊고 풍부하고 미묘한 정체성으로 통합하고자 함이다. 애착이론과 애착 연구라는 다른 관점에서 보면, 전이초점치료의 치료 상황은 애착의 기본적인 내적 작동모델을 활성화하는 것이다. 치료 상황에서 일어나는 이자관계의 친밀성과 강렬함은 애착의 주요 내적 작동모델을 활성화한다. 심각하게 혼란된 환자의 경우 불안정하고, 복합적이고, 모순적이고, 갈등적 관계에 있을 가능성이 있어서(Diamond et al., 2003; Fonagy & Bateman, 2005; Main, 1999), 치료 목표는 안정 애착 방향으로 변화시키는 것이다.

## 치료 계약

안정 애착이라는 목표를 이루기 위해, 치료자는 우선적으로 환자의 강렬한 감정과 행동화를 담아 주고, 성찰할 수 있는 치료환경을 조성해야 한다. 치료 단계는 평가 후에 계약 단계로 접어들게 된다. 계약 단계는 치료 구조를 수립하는 단계이다. 계약 단계에서는 치료 지침에 대해 논의하는데, 환자의 문제 본질을 심리적 문제로 정의하는 것부터 시작한다. 즉, 핵심적인 정체성 문제는 강렬하고 급격한 감정 변화와 행동화 등의 다양한 증상으로 정의될 수 있다. 치료 지침은 환자와 치료자의 책임에 대한 기술을 포함한다(예: 환자의 행동화를 대처하는 규칙을 포함; Clarkin et al., 2006; Levy et al., 2007; Yeomans et al., 1992). 이러한 치료 지침은 치료에서 일어날 수 있는 문제를 제지하는 치료 틀을 만들어 준다. 즉, 치료 지침은 환자에게 안전과 안정을 제공하는 치료 환경을 조성하여 환자가 자신의 경험에 대해 관찰하고 성찰할 수 있도록 치료자가 적절한 수준의 담아내기를 하면서 내적 이자관계 또는 애착 작동모델을 재활성화할 수 있게 한다. 환자는 분열된, 양극단의 내적 표상과 연관된 극단적 감정에 동요되거나, 종종 사고와 감정 간의 체계적 연결의 결핍으로 인해(Bion, 1967) 마치 생명이 없는 로봇과 같다. 환자는 내적 세계가 심각한 분열, 투사에 의해 훼손되어 자기파괴적 행동화와 치료 자체를 파괴하는 경향이 있는데, 이는 치료 초기에 발생할 수 있다. 따라서 치료 계약은 궁극적으로 환자와 치료자 모두에게 안정 및 안전 기반으로 기능할 수 있어야 한다.

## 치료 과정

치료환경에서는 환자와 치료자 간에 평등하지 않은 역할과 관계가 형성될 뿐만 아니라 이자관계의 친밀감을 경험할 수 있기 때문에 환자의 내적 대상관계 패턴의 활성화가 신속하게 초래될 수 있다. 따라서 치료자는 환자가 무엇을 지각하고 느끼는지에 관해 인지적으로 명료화해야 한다. 이러한 명료화를 위해서 치료자는 치료자와 환자 사이의 세 가지 의사소통 채널인 언어적 내용, 비언어적 의사소통 및 행동 그리고 역전이 반응에 대한 모니터링을 해야 한다. 환자의 내적 세계의 다양한 해리된 측면은 이 세 가지 의사소통 채널을 통해 전달될 것이다.

전이초점치료의 경우, 치료자는 환자가 기대하고 두려워하는 방식대로 직접적으로 반응하기보다는 무엇이 일어나는지를 성찰하도록 도와야 하며, 이러한 맥락에서 환자가 원시적 대상관계가 재활성화되도록 격려하면서 시작한다. 치료자는 환자의 갈등(내적 갈등 또는 대인관계적 갈등)과 관련하여 중립적 자세(냉담함이나 무관심이 아님)를 취함으로써 환자의 원시적 대상관계가 활성화되도록 촉진한다. 치료자는 환자가 어떤 행동을 하려는 강한 충동과 어떤 행동을 억제하려는 강한 충동에 대해 편을 들어서는 안 된다(경계선 성격장애 병리는 지나친 행동과 지나친 억제로 발현될 수 있음을 명심하자). 단, 환자가 과도하게 파괴적이거나 자기파괴적일 때는 예외이다. 치료자는 환자의 갈등을 관찰하고, 환자로 하여금 그 갈등을 관찰하도록 조력해야 한다. 환자는 사랑의 힘 대 공격성, 특정 힘을 행사하고자 하는 충동 대 행동화하는 것에 대한 내적 억제, 또는 행동화하려는 충동 대 행동 후에 따르는 결과에 대해 걱정하는 것 사이에서 갈등을 한다. 환자와 치료자 간의 갈등보다는 환자의 내적 갈등을 파악하는 것이 필수적이다. 왜냐하면 환자는 내적 갈등 자체에 대한 명확한 인식 없이 갈등으로부터 오는 강렬한 불안을 경험하고, 이러한 내적 갈등을 타인에게 투사하기 때문이다. 따라서 치료자는 환자의 내적 갈등에 편승하지 않음으로써 환자가 내적 갈등에 관해 인식하고 성찰하여 그것에 휘둘리지 않고 성공적으로 다루는 능력을 향상시키도록 할 수 있다.

치료자의 중립성은 환자의 특정 대상관계의 재활성화를 도우며, 환자로 하여금 이전에 의식적으로 감내할 수 없어서 재연되거나 투사했던 자기의 부분들을 관찰하고, 살펴보고, 수용하여 결국 통합에 이르도록 돕는다. 환자의 자기-대상 이자관계와 그에 연결된 감정에 대한 동일시를 통한 성찰과 담아내기를 통해 내적 대상관계의 반복된 자동적 재연은 감소하고 경직되고 혼돈스러운 내적 대상에 대한 인지적 구조화가 점진적으로 일어난다.

정신역동치료를 특정 단계로 정의하기는 어렵지만, 환자와 치료자의 이자관계는 고유의 독특한 궤도를 그릴 것이다. 전이초점치료는 일반적으로 다음과 같은 단계로 진행해 나간다. 첫 번째 치료 단계의 경우, 주요한 과업은 경계선 성격장애 환자가 치료를 받으러 온 계기가 되는 감정적 혼돈과 혼란을 감내하는 것이다. 이들은 감정 분출 또는 감정 폭풍, 언어화된 원시적 환상, 원시적 실연 등에서 변화무쌍함을 보인다. 두 번째 치료 단계는 자기와 타인 표상을 확인하는 단계로, 치료자는 환자의 극단적인 감정 상태 또는 전혀 감정을 느끼지 못하는 상태에 주의를 기울이게 된다. 다음 단계는 이전에도 기술했듯이 전이에서의 역할 반전을 탐색하는 단계이다. 환자는 치료에서 야기된 이자관계 형태에서 자기와 대상의 양극 사이를 번갈아 오간다. 진전된 치료 단계에서는 전이가 나타나면서 다양한 이자관계가 어떻게 서로 방어하는지에 관해 탐색하고, 전이에서 활성화되는 이자관계를 체계적으로 해석한다. 또한 내적 세계의 통합과 조율을 위해 다양하고 해리된 측면을 해석하고, 분열 방어를 움직이게 하는 무의식적 동기와 갈등에 관해 해석한다. 전이 내에서 이러한 작업이 행해지면서, 환자는 치료 밖에서 좀 더 복잡하고 실제적으로 관계를 발달시키기 시작한다. 하지만 이러한 치료 단계가 반드시 순서대로 전개되지는 않음을 염두에 두어야 한다.

## 해석 과정

전이초점치료 단계는 주로 해석 과정에 영향을 받는다. 해석 절차는 일련의 치료 과정에서 중복될 수 있지만 동일하지는 않다. 환자는 치료자나 외부 대상과 관계하면서 자기와 대상의 이자관계에 대한 명료화, 직면, 해석을 받게 되는데, 이를 통해 환자의 성찰 능력(통합된 정체성을 향한 작업에서 중요한 도구)의 확장이 일어난다. 이것이 치료 상황에서 경험되어 이러한 시나리오를 확인하고 관찰하는 데 환자가 참여하면서 치료자는 환자의 성찰 능력에 호소하게 된다. 치료 목표는 환자가 감정을 표상할 수 있는 인지 능력을 증진시키는 것이다. 환자가 자기와 타인에 대한 현실적인 이미지가 아닌 자기와 타인의 구조에 관해 성찰할 수 있는 능력이 중요하다. 그러고 나서 치료자는 환자가 원시적인 긍정적 (리비도) 감정과 부정적 (공격성) 감정을 통합하는 것을 막고 있는 불안에 대해 이해하도록 돕는다.

경계선 성격장애 환자의 경우 자기와 타인 간의 명확한 구별을 지속적으로 유지하는 데 결함이 있는데, 그들이 분열과 투사 기제를 사용하기 때문이다. 그들은 자기의 동기(자신도 명확하게 알지 못함)에 오염되지 않은 타인의 동기에 대한 표상에 도달하는 능력이 심하게 약화되어 있다. 지금-여기에서의 해석은 자기와 타인의 표상 측면에서 감정 및 감정과 연관된 행동을 이해하는 노력에서부터 시작된다. 자기와 타인에 대한 표상은 감정과 행동의 배후이며, 감정/행동의 근원이 된다. 해석은 '수용할 수 없는' 감정과 충동(공격성, 리비도)이 특징인 내적 표상에 초점이 맞춰진다. 이러한 근원적인 내적 표상을 의식적 자각으로 끌어올리면서 환자가 감정과 행동 이면의 동기를 명료화하고 내적 표상에 대한 정확성을 가지도록 도울 수 있다. 이런 작업이 성공적으로 이루어진다면, 순간의 경험을 통해 자기와 타인에 대한 이해가 증진된다. 이로써 환자가 상호작용에서 처음보다 더 유연해짐을 자각할 수 있으며 이전에 수용할 수 없었던 감정을 경험하고 감내할 수 있는 능력이 향상된다. 또한 내담자는 이런 작업을 통해서 감정을 부인하거나 행동으로 표출하지 않고 자기비난도 하지 않으면서 감정을 감내할 수 있다. 또한 이러한 작업은 환자가 시간에 걸쳐 자기와 타인에 대한 분리된 경험을 통합하도록 돕는다.

해석 과정은 명료화로부터 시작된다. 명료화는 환자에게 설명을 제공해 주는 것이 아니라 환자로 하여금 그 순간에 느끼고 있는 것에 대해 더 많이 말하도록 초대하는 것이다. 이러한 시도는 현재의 경험에 대해 이해하고 표현하는 환자의 능력을 확장시킨다. 또한 환자가 기술하고 있는 외부 사건에 대한 경험이나 치료자와의 즉각적인 상호작용 경험에 관해 명료화할 수 있다. 특히 치료자와의 상호작용 경험은 즉각적으로 감정이 접근 가능하기 때문에 치료자와 환자가 함께 공유된 경험에 대해 탐색하는 데 유용하다. 이러한 맥락에서 명료화는 환자가 자신의 내적 상태와 상호작용하고 있는 타인의 내적 상태에 대해 정확하게 지각할 수 있는 능력을 높여 준다는 점에서 정신화 기반 치료의 견해와 비슷하다.

Bateman과 Fonagy(2004) 그리고 다른 연구자들은 틀에 박힌 전이 해석이 경계선 환자에게 언제나 효과적인 것은 아니라는 점을 발견했다. 왜냐하면 해석 과정은 환자의 특정 임상적 요구에 맞추어야 하기 때문이다. 정신역동적 접근은 해석 과정을 강조한다. 해석 과정은 경계선 성격장애 환자의 정신화를 돕는 것을 포함해서 환자의 개선을 촉진하는 과정으로 간주된다. 전이초점치료에서는 마음의 내적 힘/감정 사이의 갈등을 경계선 병리의 근본으로 본다. 경계선 성격장애 환자는 갈등을 해결할 수 있을 정도로 자기 상태를 정확히 읽지 못한다. 이러한 논의와 관련하여 Per Høglend 등(2008)이 연구를 진행했다. Høglend와 동료들은 낮은 수준의 대상관계를 가진 환자에게 전이 해석이 유용함을 발견했다. 하지만 이 연구 참여자의 22%만이 경계선 성격장애 또는 다중 성격장애이기 때문에, 앞으로 연구는 경계선 성격장애만을 표집하여 이루어질 필요가 있다.

전이초점치료에서 직면은 해석의 두 번째 국면이다. 직면 기법은 치료 상황에서 드러나는 내적 세계의 모순된 부분을 환자가 성찰하도록 초대하는 것이다. 비록 환자가 때때로 치료자나 타인에 대해서 명확히 말하고 모순적이지 않을 수도 있지만, 다른 상황에서 환자는 모순적으로 의사소통하고 태도나 행동 면에서 변동이 심하다. 직면 기법은 환자에게 자각하지 못하는 이러한 모순된 측면을 보여 준다.

해석 과정의 세 번째 국면은 환자로 하여금 대상에 대한 특정 감정이 개인 내 갈등 감정과 어떻게 연관되는지 이해하도록 돕는다. 치료자는 다음과 같이 말할 수 있다. “우리가 서로 긍정적 경험을 한 직후에 당신은 치료를 그만두겠다고 말했어요. 당신이 느낀 긍정적 감정은 실제가 아닌 속임수라고 확신하고, 내가 당신에게 상처를 줄 것이라고 생각하기 때문이지요. 만약 이 말이 맞다면, 당신이 치료를 그만두려고 하는 것도 이해가 가고 적대적 관계에서 더 편안함을 느끼는 것도 설명이 됩니다." 해석 후반기에는 환자의 분열과 공격적 · 투사적 동일시에 초점을 맞춘다. 환자가 자기의 투사된 부분을 이해하게 되면서 공격성을 자각하게 되면 성공적인 리비도 성취의 방해물로써 그것을 제거하거나 좀 더 높은 성취를 향한 고투와 같이 공격적 감정을 적응적으로 사용하면서 통합이 이루어질 수 있다.

전이초점치료에서 해석은 주로 과거사에 대한 해석(전통적인 정신분석에서의 해석)이 아닌 환자의 심리적 구조에 대한 이해에 기반을 둔다. 즉, 전이초점치료에서는 "당신이 나와 친밀해지려는 데 있어서 두려움을 느끼는 것은 초기 당신의 삶에서 사랑하는 사람으로부터 굴욕감을 느꼈기 때문이지요."라고 해석하지 않는다. 환자의 경험 방식의 변화 과정은 환자가 타인에 대해 어떻게 예상하는지(주로 마음 구조에 의해 결정됨)를 강조함으로써 진전될 수 있다. "당신은 나에게 친밀감을 느끼는 것에 두려움을 느낄 수 있어요. 왜냐하면 당신이 다른 사람에게 하듯이 내가 당신에게 반응할 거라고 예상하기 때문이죠. 한번 삐끗 실수를 하면 그들은 당신을 가만두지 않았죠."

그 순간 자기와 타인에 대한 정신 상태를 이해한 후, 환자는 순간적인 감정 상태와 관련된 자기와 타인에 대한 표상을 알아차릴 수 있으며, 이러한 표상을 자기와 타인에 대한 일반적인 맥락으로 통합할 수 있다(자기와 타인에 대한 통합된 관점). 이러한 수준에서 환자는 타인에 대한 그 순간의 느낌을 시간이 지남에 따라 발달해 나가는 좀 더 폭넓은 관계 경험의 내적 인식으로 맥락화할 수 있다. 이상에서 기술했던 전이초점치료의 해석 과정과 국면은 중복되기도 하지만 개인에 따라 동일하지는 않다. 개별 환자의 병리 또는 진전에 따라 한 회에서 모든 해석 과정을 거칠 수도 있고 여러 회기 동안 해석의 한 단계에 머물 수도 있다.

## 전이초점치료에 관한 경험적 연구

성격장애 연구소(Personality Disorders Institute)에서는 경계선 성격장애 환자의 증상, 사회적 적응, 심리적 · 의료적 서비스 이용, 애착 조직 그리고 정신화에 있어 전이초점치료의 효과를 살펴보기 위해 세 편의 연속적인 연구를 진행하였다. 이 연구들은 이전의 출판물에 자세하게 기술되어 있다(Clarkin et al., 2001, 2007; Levy et al., 2006b). 이 장에서는 연구 결과의 간략한 요약을 통해 전이초점치료의 개념화 및 해석 과정에 대한 경험적 발전 과정과 근거를 제시하고자 한다. 국립정신보건원(National Institute of Mental Health, 연구 책임자 John F. Clarkin)의 치료 발전 연구비의 도움을 받아, 1년간의 전이초점치료의 효과 크기를 살펴보는 연구가 진행되었다. 초기 연구에서는 경계선 성격장애 진단을 받고, 최소 2번 이상(연구 참여 이전 1년 동안)의 자살 시도 혹은 자해 행동을 한 17명의 여성이 연구 대상으로 선정되었다. 연구 결과, 전이초점치료를 받은 17명의 환자는 주요 영역에 있어 유의미한 변화를 나타냈다. 평균적으로 유사 자살 위험이 눈에 띄게 줄었으며, 이런 행동에 이어 나타나는 신체적 문제도 평균적으로 향상되었다. 치료 전 12개월 동안 자살 시도를 한 환자는 전체의 53%이었던 것에 비해, 치료 후 12개월 동안 자살 시도 환자의 비율은 18%로 줄었다. 이와 더불어 응급실을 방문하는 횟수, 입원, 입원 기간도 의미 있게 줄어들었다(Clarkin et al., 2001). 마지막으로, 1년간의 전이초점치료를 한 후에 애착 기반 정신화 측정에서의 환자의 성찰 기능 점수가 의미 있게 변화했다(P. Fonagy, M. Steele, H. Steele, & M. Target, "Reflective-Functioning Manual: Version 4.1. For Application to the Adult Attachment Interviews," University College, London, 1997). 이를 통해 대다수의 연구 참여자의 경우, 혼란된 애착 형태에서 좀 더 조직화된 애착 형태(안정 애착과 불안정 애착 포함)로 변화됨을 알 수 있다(Diamond et al., 2003).

초기 연구에 이어 우리 연구팀은 경계선 성격장애 환자를 대상으로 한 전이초점치료와 통상치료(Treatment As Usual: TAU)의 결과를 비교했다. 정신과 응급실 방문 및 치료 기간 중 입원 여부 측면을 살펴볼 때, 전이초점치료 집단이 통상치료 집단보다 비율이 유의미하게 낮았다. 전이초점치료를 받은 환자들의 경우, 전반적 기능평가(Global Assessment of Functioning: GAF) 점수가 향상된 것에 비해 통상치료를 받은 환자들의 경우 점수가 향상되지 않았다. 전이초점치료 집단은 피험자 내와 피험자 간 모두 효과 크기가 유의미한 변화를 보이는 반면, 통상치료 집단은 효과 크기가 작거나 오히려 악화되는 양상을 보였다.

전이초점치료의 개선을 평가하기 위해서 1년간의 외래 환자를 대상으로 무작위 통제 실험(Clarkin et al., 2004, 2007; Levy et al., 2006b)을 사용하여 세 가지 치료법(전이초점치료, 변증법적 행동치료, 정신역동적 지지치료)을 비교하였다(Rockland, 1992). 이 연구에서는 성인 애착 인터뷰(Adult Attachment Interveiw: AAI; C. George, N. Kaplan, M.

Main, "The Berkeley Adult Attachment Interview," Department of Psychology, University of California, Berkeley, 1998)를 1년 동안의 치료 전과 후로 세 가지 치료법을 받은 모든 환자에게 실시하였다.

이 연구의 자료 분석에 의하면, 전반적으로 세 가지 치료법 모두에서 정도는 다르지만 치료의 시작부터 종결까지 환자의 증상을 감소시키고 기능을 향상시키는 데 효과가 있는 것으로 나타났다. 세 가지 치료 집단의 환자들은 모두 우울, 불안, 전반적 기능 그리고 사회적 적응에 있어 긍정적으로 유의미한 변화를 보였다. 또한 치료법 간의 차이에서는 다음과 같은 특징을 보였다. 전이초점치료와 변증법적 행동치료에서만 환자의 자살 경향성이 완화되었다. 그리고 전이초점치료와 정신역동적 지지치료만이 분노를 완화시키는 데 효과가 있었다. 또한 전이초점치료와 정신역동적 지지치료는 충동성의 개선에 있어 효과가 있었다. 흥미롭게도, 전이초점치료만이 환자의 성마름과 언어적인 직접적 공격성에서 변화를 예측했다(Clarkin et al., 2007).

이 장에서는 경계선 성격장애 치료의 변화 기제로서 성찰 기능을 개념화한다(P. Fonagy et al., 1997). 전이초점치료의 본질이 성찰 기능이기에 성찰 기능은 전이초점치료에서는 향상되지만 변증법적 행동치료나 정신역동적 지지치료에서는 향상되지 않을 것이라고 가정했다. 정신화의 성찰 기능 지수는 성인 애착 인터뷰(AAI)에서 얻어졌으며(C. George et al., 1998) 세 가지 치료법을 받은 모든 환자는 치료 1년 전과 후 시점에서 인터뷰를 받았다. 성인 애착 인터뷰 자료는 Mary Main과 동료들(Mary Main, R. Goldwyn, 『Adult Attachment Scoring and Classifications System』 Unpublished scoring manual. Department of Psychology, University of California, Berkeley, 1998)이 개발한 성인 애착 분류 체계(Adult Attachment Classification System)를 사용하여 전반적인 애착 유형에 대한 평가가 이루어졌다. 성인 애착 인터뷰 자료는 또한 성찰 기능에 대한 평가가 이루어졌다. 평가 결과, 전이초점치료를 받은 환자들은 평균 성찰 기능 점수가 향상된 반면, 다른 두 치료법을 받은 환자들은 치료 1년 후에도 유의미한 변화를 보이지 않았다(Levy et al., 2006b).

세 가지 치료를 받은 환자들의 성인 애착 인터뷰 자료를 활용하여 이야기의 응집성 수준을 비교했다. 개인이 자신의 초기 애착 과거사를 생생하고, 신뢰성 있고, 내적으로 일관성 있게 연관 지을 수 있는 정도를 살펴보는 것이다. 성인 애착 인터뷰에서 이야기의 응집성 하위 척도는 애착 안정성을 가장 잘 예측하는 것으로 알려져 있다($r=0.96$, $P<0.001$; Waters et al., 2001). 성찰 기능에서의 결과와 마찬가지로, 전이초

점치료를 받은 집단은 치료 1년 후 이야기의 응집성이 유의미하게 향상되었지만 다른 두 치료 집단은 그렇지 않았다. 전이초점치료의 환자의 경우, 이야기의 응집성 점수가 애착 안정성에 약간 못 미치는 수준만큼 증가했다. 무작위 통제 실험의 결과, 초기에 31.7%가 미해결 유형으로 분류되었고 18%는 '분류될 수 없음'으로 분류되었다(Levy et al., 2006b). 전이초점치료의 경우, 치료 1년에 안정된 정신 상태로 분류된 환자의 수가 유의미하게 증가했으나 변증법적 행동치료나 정신역동적 지지치료의 경우는 그러지 못했다.

이러한 결과에 대한 첫 번째 의문점은 향상된 성찰 기능과 이야기의 응집성이 임상적으로 어떤 관련이 있는가이고, 두 번째 의문점은 경계선 환자를 돕는 치료 기술 측면에서 이 자료가 어떤 시사점을 지니고 있는가이다. 임상적 관련성을 고려해 본다면, 자신과 타인의 마음에 대한 성찰 능력의 향상은 경계선 성격장애 환자의 특징인 타인을 향한 부정적인 의도의 부정확한 귀인을 줄일 수 있다는 것이다. 결과적으로 환자에게 친절하거나 긍정적인 사건이 더 이상 악의적으로 보이지 않을 것이고, 오해를 하거나 부정적인 반응으로 인해 생기는 문제를 피할 수 있게 될 것이다.

전이초점치료에서는 환자가 애착 안정성을 향해 변화하는 점을 강조한다. 많은 경험적 연구가 발달 과정 중 최적의 성격 기능, 심리사회적 기능, 인지적 기능과 애착 안정성을 연관시켜 온 점에 주목하자. 애착 안정성과 연관된 영역으로는 아동기 또래관계의 질과 인지 기능(Suess et al., 1992), 주의 조절(Harman et al., 1997), 6세경 복잡한 정서를 좀 더 심도 있게 이해하는 능력(Steele et al., 1999), 청소년기의 친밀한 관계의 질 그리고 초기 성인기 연애관계에서의 심리적 안정감(Grossmann & Grossmann, 2003; Sroufe et al., 2005)이 포함된다. 게다가 성인기에는 도움을 받을 만한 가치가 있다고 인식하는 것과 관련이 있는 애착의 안정된 내적 작동모델, 상실 및 고통의 시기에서 지지적인 인물에게 도움을 요청할 수 있는 능력 그리고 파트너와 관련된 도전적인 사회적·정서적 상황을 정확하게 평가하는 능력과도 관련이 있다(Grossmann & Grossmann, 2003). 이와 더불어 전이초점치료를 받은 환자는 이야기의 응집성 하위 척도 점수가 유의미하게 증가한 반면 변증법적 행동치료나 정신역동적 지지치료는 그러한 효과를 나타내지 못했다. 이는 전이초점치료를 받은 환자가 명확하고 생생하고 신뢰할 수 있는 자서전적 이야기를 구성할 능력이 향상되었음을 시사한다. 이렇게 이야기의 응집성에서 향상된 능력은 사회적 유능성과 정서 조절의 여러 측면과 관련이 있다(Fonagy & Bateman, 2005; Fonagy et al., 2002; Main et al., 1985).

치료 기법의 연구 결과를 감안해 볼 때, 환자의 성찰 기능 점수의 변화는 전이초점치료의 해석적인 접근이 증상의 변화뿐만 아니라 구조적인 정신내적 변화로 이어진다는 우리 연구팀의 확신을 강화시켜 준다. 성찰 기능은 주의력, 실행기능 그리고 충동성을 포함한 여러 신경인지적 기제들을 포함하는데, 이는 모두 성격장애와 관련된 핵심 요인이다(Levy et al., 2006a). 성찰 기능을 활용할 수 있는 능력은 또한 불안정 애착과 연관이 있는 외상이나 학대 경험이 있는 사람들에게 보호요인으로 작용할 수 있다. Fonagy 등(1996)은 학대 경험이 있는 사람이라도 성찰 기능 점수가 높으면 경계선 성격장애를 지닐 가능성이 적음을 발견했다. 다른 연구에서도 상실이나 외상에 대한 대처가 부족한 어머니라도 성인 애착 인터뷰에서 성찰 기능 점수가 높으면 안정 애착 유형의 아이를 가질 가능성이 더 높았다. 반면, 성찰 기능이 낮은 어머니는 혼란 애착 유형의 아이를 가질 가능성이 더 높았다(Slade et al., 2005). 따라서 성찰 능력은 외상적인 초기 애착 경험의 악영향을 중재할 수도 있으며, 불안정 애착 패턴의 세대 간 전수를 막을 수 있다.

게다가 이러한 연구 자료는 환자의 성찰 기능을 향상시키는 데에 있어서 해석의 중요성을 시사한다. 이 연구는 해석적 과정을 변화의 기제로 여기는 전이초점치료와 전이 해석을 지양하는 변증법적 행동치료 그리고 매뉴얼화된 정신역동적 지지치료를 비교했다. 흥미롭게도 변증법적 행동치료는 지금-여기에서의 비판단적인 자기알아차림을 격려하는 정신화와 어떤 부분은 공유할 수 있는 마음챙김을 강조한다. 연구 결과, 변증법적 행동치료를 받은 환자의 성찰 기능이 향상되지 않았다. 이는 분열되고 투사된 자기의 부분에 대한 환자의 인식을 넓히고 성찰 기능의 두 번째 수준으로 여겨지는 포괄적이며 맥락적인 자기와 타인에 대한 인식을 구축하는 데 도움을 주는 해석이 성찰 기능을 향상시키는 도구가 될 수 있음을 시사한다. 또한 성찰 기능을 향상시키지 못한 정신역동적 지지치료에서도 해석 없이 내적 상태를 명료화하는 것을 강조한다는 사실은 해석이 성찰 기능을 증진하는 데에 중요한 역할을 한다는 점을 시사해 준다.

## 임상적 실제 예시

환자는 견디기 어려운 자기상태를 외현화한다. 이를 해결하기 위해서 전이초점치료의 전략을 사용하는 것은 어려운 도전이다. 치료자는 환자의 방어 체계에 의문을 제기함으로써 임시적으로 환자의 불안을 증가시킬 수 있다. 그러나 치료자는 전이에서 환자가 반복적으로 투사하는 내적인 나쁜 박해 대상(Gabbard, 2009; Gabbard et al., 2006; Kernberg, 2004)—Fonagy 등(Fonagy et al., 2002)이 '이질적 자기'라고 명명—과 부정적인 표상을 다루기 위한 부적응적인 방어기제에 관해 적극적으로 작업해야 한다. 우리의 관점으로는 최종적으로 환자가 내적 표상들과 관련된 부정적인 감정을 조절하며 성찰하고 또한 내적 세계를 좀 더 풍부하고 미묘한 감정적 색조로 확장해 나가도록 하는 것이다. 치료자는 환자로 하여금 부정적 감정, 특히 공격성(애정 어린 정서를 건강하게 경험하고 표현하는 것을 방해)을 감소시키도록 조력하여 결과적으로 대인관계 기능의 개선과 증상 완화로 이어지게 한다. 다음의 임상 사례는 전이초점치료의 다양한 핵심 요인이 포함되어 있다. 환자의 이름은 Mira이며 비밀보장을 위해 여러 개인 정보를 각색했다.

Mira는 초기 청소년기부터 우울, 불안, 자해, 알코올 남용, 섭식장애 그리고 자살 시도 경험이 있었다. 여러 차례 입원도 했으며 외래치료 역시 실패한 이력이 있다. 심각한 약물 과다 복용으로 입원하고 이전 치료자에게 거절당한 후, 전이초점치료를 받기 위해 24세에 Z박사에게 의뢰되었다. Mira는 중산층 부부의 둘째 딸로 태어났으며, 아버지는 폭음하는 연극 감독이었고 어머니는 실패한 여배우였다. 어머니는 Mira가 태어난 후 심각하게 우울해졌으며, 이후 정신병적인 특징과 함께 주요우울 삽화를 여러 번 경험했다. Mira의 아버지는 폭발적으로 분노하기도 하고, 뒷마당에 새 모이통을 설치한 뒤 먹이를 먹으러 온 새들을 쏴 죽이는 등 잔인한 행동을 했다. 이에 반해 Mira는 동물에 관심이 있으며 동물보호소에서 봉사활동을 하기도 했다. Mira는 또한 학교 연극에서 여배우로서의 재능을 보이기도 했다. 담당 감독들과 플라토닉한 관계를 맺기도 했는데 그중에는 아버지의 친구도 있었다. 그녀는 15세에 처음으로 자살 시도를 한 후 치료를 여러 번 받았으며 네 번 입원한 적이 있다. 대학을 중퇴한 뒤 20대 초반에 결혼했으며 현재는 직업이 없는 상태이다. 아이를 낳고 싶어 했으나 아이를 돌보기에는 '너무 상태가 안 좋다.'고 생각하고 있다.

Mira의 치료는 경계선 성격장애뿐만 아니라 자기애적 · 반사회적 특질에 대해 평가하는 것부터 시작되었다. 치료자는 진단적인 소견을 논의하면서 Mira의 자기파괴적인 행동을 줄이고 이러한 행동을 일으키는 요인에 대해 탐색하는 데 집중했다. 치료에 대한 합의는 표준적인 치료와 더불어 익명의 알코올중독자 모임(Alcoholics Anonymous: AA)에 참여할 것, 자기파괴적 충동을 통제하지 못한다고 느낄 때 응급실에 연락할 것 그리고 생산적인 활동에 참여할 것을 포함했다. Mira는 대학에서 몇몇 강의를 듣기도 했다.

Mira의 초기 치료는 행동화에 초점을 맞추었으며, 치료자는 한계 설정하기와 담아두기에 집중했다. 이는 Mira를 자기파괴적인 행동으로 이끄는 표상적 상태를 명료화하는 것을 포함한다. Mira는 치료에 동의했고, 많은 이전의 치료관계가 좋지 않게 끝났음에도 치료자가 자신을 받아 준 것에 감사를 표했다. 하지만 Mira는 곧 치료자에게 불만을 표현하기 시작했다. 현 치료자가 이전 치료자들과 달리 한밤중에 자신의 전화를 받아 주지 않는다든가, 직접적인 조언과 격려를 하지 않는다든가, 자신이 낙담했을 때 안아 주지 않는다는 내용이었다. 간단하게 말해 치료자가 '로봇' 같다고 표현했다. Mira는 또한 자신을 칼로 베어 버리고 싶은 지속적인 충동을 보고했으나 합의한 것에 따라 이런 행동화의 위험을 느꼈을 때 응급실로 향했다. 이 단계에서의 주요 개입은 환자로 하여금 치료자에 대한 그녀의 경험을 명료화하고 성찰할 수 있는 것에 집중되었다. 예상대로 Z박사의 이미지는 잠재적으로 두렵고 위험한 대상이었다. Mira의 어머니가 최근에 더 이상 Mira에게 전화를 걸 수 없고 방문할 수 있는 경제적 형편이 안 된다고 전했을 때 부모로부터의 관심 부재에 대해 얘기한 맥락에서 치료자에 대한 불만이 더 빠르게 올라왔다.

**Z박사**: 당신을 걱정하는 정도의 연속선상에서 나는 어디쯤 위치하나요?

**Mira**: 글쎄요, 제 부모님과 비슷한 위치에 있지 않을까 싶네요.

**Z박사**: 당신에게 전화 걸 돈도 없는 당신 부모님 말씀이군요.

**Mira**: 게다가 우리 아버지는 제가 왜 달리는 기차 앞으로 뛰어들지 않았냐고 하셨어요. 그게 차라리 나았을 거라고요. (웃음) 아, 그렇지만 뭐 선생님은 그렇게까지 나쁘진 않아요.

**Z박사**: 그래도 제가 부모님처럼 느껴지는군요.

치료 초기에 환자의 대상관계에서 차갑고 학대적인 양육자와 무력하고 학대당한 자기가 떠오르긴 했지만, 치료자는 이러한 이자관계에 대해 해석을 하지 않으며 오히려 자신(치료자)에 대한 환자의 경험에 집중했다.

치료 한 달 후 Mira는 자살 사고로 인해 응급실에 갔으며 입원까지 하게 되었다. 그녀는 빠르게 안정되었으며 3일 후에 퇴원했다. Z박사는 Mira의 어떤 감정이 자살 사고를 일으켰는지 탐색하고자 했다. Mira는 자신의 내적 상태를 탐색하려는 시도에 무관심해 보였으며, 자신의 현재 어려움은 새로운 치료에 적응하느라고 생긴 거라고 치료자의 탓으로 돌렸으며 자신에게 도움이 되는 것은 알지만 이전 치료자들의 적극적인 지지가 그립다고 말했다. Z박사는 초기 양육자와의 관계가 현재에 활성화되고 있음을 인식하였다. Z박사는 Mira가 피상적이고 무관심한 방식으로 이야기를 하고 있다는 인상을 받았으며, 자살하고자 하는 Mira의 감정은 자신(치료자)이 Mira에게 무관심하다고 Mira가 경험한 것에 기인한 것으로 추측했다. Mira는 계속해서 멀리 떨어져 있는 태도로 그저 치료자에게 적응할 시간이 필요할 뿐이라고만 말했다.

다음 달에 Z박사는 무언가 중요한 것이 치료 중에 직접적으로 표현되고 있지 않다는 점에 집중했다. Mira는 AA 모임에서 만난 Peter라는 남자를 만나기 시작했다고 하며 그가 '지겨운' 남편보다 훨씬 더 재밌다고 했다. Z박사는 이를 그녀의 결혼생활에 대한 도전으로 봤으며, 또한 치료자와 치료에 대한 도전으로 간주했다. Z박사는 중립성을 유지하면서 Mira가 자신의 행동화의 다양한 측면을 탐색할 수 있도록 조력했다. Z박사는 Mira가 방임적인 양육자로부터 돌봄을 받기 위해 극적으로 행동화하는 것으로 보았다. 그다음 주에 Mira는 Peter가 자신에게 리볼버(총)를 보여 줬다고 하며 살해 후 자살 약속에 대해 신이 나서 이야기했다. 이에 Z박사는 당연하게 매우 놀랐다. Z박사는 Mira의 무관심한 어조에서 위협적이고 분노에 찬 도전처럼 보이는 변화가 놀라웠다. Z박사는 Mira에게 문제의 심각성에 관해 물어봤다. Mira는 피상적이고 무관심하지만 다소 도발적인 어조로 Z박사는 두 사람(Mira와 Peter)이 같은 환상을 어떻게 공유하는지에 대해 이해할 수 없을 거라고 말했다. Z박사는 Mira가 전하고 있는 심각하고 파괴적인 메시지와 도발성이 살짝 첨가된 무관심 간의 간극을 직면했다. Z박사는 Mira가 이러한 양상의 전개를 성찰할 수 있도록 시도했지만 Mira는 그가 사소한 것에 대해 과장하고 있다고 말했다. Z박사는 이러한 Mira의 행동 양상은 Mira가 치료자(Z박사)를 무관심한 로봇으로 경험한 것에 대한 치료자를 향한 그녀의 분노를 반영하는 것이라고 보았다. Peter와의 불륜은 처벌적인 Mira의 일부분에 해당되며, 다른 수준에서는 Z박사가 그녀에게 좀 더 적극적인 관심을 보이도록 하는 호소로 여겨졌다. Mira에게 현재 나타나고 있는 이자관계를 요약하자면 다음과 같다. 우선 Mira가 인식 가능한 수준에서는 방임적인 양육자와의 관계에서 결핍된 아이에 관한 것이다. 두 번째는 Mira의 행동에서 자명하게 드러나는 것으로, 복수심에 불타는 피해자가 가차 없이 박해자를 처벌하려는 것에 관한 것이다. 이러한 이자관계에 대한 Mira의 자각은 피해자로서의 역할에 국한되어 있다. 이와 더불어 Z박사와의 관계에서 Mira의 박해자 역할이 실연되고 있다.

Mira는 대상관계의 양극단을 번갈아 가면서 동일시하는데, 이는 마치 쫓고 쫓기는 게임과 같다. 그녀는 가학적인 남성과 관계를 맺는다. 그리고 그녀가 살해 후 자살하는 이야기에 고통스러워하는 Z박사를 보는 것은 그를 향한 그녀의 가학적 요소가 포함된 것이다. Mira는 Z박사가 불편함을 표현한 것에 대해 교활하게 웃으면서 이야기했다. 이와 더불어 Mira가 갑작스럽게 위험 상황을 통보하는 것은 치료자를 통제하려는 것으로 보인다. 즉, 다른 사람이 자신에게 개입하도록 강요하는 것이다. 마지막으로, 가장 미묘한 부분은 Mira가 경험한 이자관계에서 돌봄을 받는 사람이 있고 걱정하는 사람이 있다는 것이다. 이런 이자관계는 평소 환자가 말하는 내용에서는 잘 드러나지 않으나, 치료 시작 시점에서 환자가 정기적으로 출석하며 치료에 참여하는 행동에서 알 수 있다.

Z박사는 안전하고 높은 수준의 이해를 유지하면서 이상의 모든 점을 다루어야 한다. Z박사는 Mira의 위기 상황으로 인해 일시적으로 치료자의 중립성에서 벗어나야 했지만 Mira의 새로운 연애관계와 치료가 양립할 수 없다는 점을 명확하게 했으며 둘 중 하나를 선택해야 한다는 점을 설명했다. 이에 Mira는 화를 내며 정말 오랜만에 누군가에게 관심이 갔으며 Z박사가 이를 방해할 권리는 없다고 주장했다. Z박사는 Peter와의 관계를 반대하는 것은 안전상의 이유임을 언급했다. 그리고 Z박사는 Mira가 자신의 행동 내면의 동기를 더 잘 자각하도록 돕기 위해서는 분열되거나 재연된 정서를 다룰 필요가 있다고 느꼈다. 이에 그가 평소 역할에서 벗어난 입장을 취하는 것에 대한 생각을 물어봤다. Mira는 치료자에게 화를 내며 "손에 피 묻히기 싫어 당신 잇속만 챙기기 바쁘잖아요."라고 말했다. Z박사는 치료자를 자기 잇속만 챙기는 사람으로 바라보는 것이 Mira의 분노와 좌절감을 설명해 주는 것이라고 언급하면서 그 당시 표면상의 대상관계를 다루었다. 치료자는 Mira에게 이렇게 언급할 정도로 표면상으로 충분히 가까워졌다고 느꼈다. 해석 단계에서 좀 더 나아가서, Z박사는 깊은 이자관계를 살펴보았으며, 자기 잇속만 챙기고 무관심하다고 여겨지는 사람에게서 돌봄을 기대하는 것은 매우 힘든 일일 것이라고도 했다.

Mira는 처음에는 거부당한 것으로 느꼈다고 하면서, 치료 장면은 '진짜' 관계가 아니기 때문에 치료 장면에서 원하는 것에 대해 이야기하는 것이 얼마나 웃긴 일인지에 대해서 말했다. 이에 Z박사는 치료 장면이라고 해서 사람들의 인간적인 감정을 제한하지 않으며, 오히려 행동화의 위험 없이 감정을 완전하게 다룰 수 있는 유일한 장소일 수도 있다고 답변했다. 바로 이어서 이 상황이 얼마나 고통스러울 수 있는지 이해하고 있음을 덧붙였다. Mira의 태도는 슬픔으로 바뀌었다. 모든 관계가 절망적이었다고 내

뱉으며 그럴 바에야 '끝내 버려도' 별 상관이 없을 것이라고 했다. Z박사는 이러한 감정 변화를 언급하며 모든 관계가 절망적이라는 구조를 탐색하고 심지어 바꿀 수도 있는 기회가 눈앞에 있는 것이라고 제안했다.

이제 Z박사의 도전은 Mira가 명백하게 인식하지 않고 과거 관계들을 '절망'으로 향하게 하는 데에 일조했을 것으로 여겨지는 분노와 공격적인 측면을 불러내는 것이었다. Z박사는 Mira가 살해 후 자살 약속을 언급했을 때 그녀의 말하는 방식에 대해서 물어봤다. Mira는 처음에는 그저 치료자에게 모든 것을 보고하는 것이라고 했다. 그러자 Z박사는 당시에 고통스러운 상황에 대해서 이야기하고 있을 때 Mira가 웃고 있는 듯이 보인 점에 대해 기억이 나는지 물었다.

**Mira**: 그래서 내가 나쁘다는 건가요?

**Z박사**: 그렇게 느껴지나요? …… 제가 당신을 나쁜 사람으로 볼지도 몰라 속상한 것 같군요. 적대적이거나 공격적인 감정에 대해 즐거움을 느끼는 자신을 나쁘게 보는 것 같네요. 그러나 이것에 대해 당신은 다른 기분이 드는 것 같네요. 지금 나와 가깝게 느끼고 있고, 이것이 어떤 이유에서인지 당신을 불편하게 만드는 것 같고, 어떤 이유인지 당장 없애고 싶은 것 같네요. 당신은 나를 무관심한 사람이라고 보기에 더더욱 그럴 수 있어요. 그런 감정이 분노에 찬 반응—나에 대한 공격이 포함되었으나 사실 살해 후 자살 약속처럼 자신에 대한 공격적인 이 반응—을 설명할 수 있을지 궁금하네요. 나와 조금씩 더 가깝게 느껴지던 와중에 거부당했음을 느끼고 간접적으로 반격하는 것은 관계를 매우 어렵게 만들 수 있을 것 같아요.

네 달의 치료 동안 Mira와 Z박사 간의 관계에서 덜 명백하게 드러나는 측면은 신뢰할 만한 양육자에 대한 Mira의 근원적인 갈구였다. Z박사는 치료 초기에 '로봇'과 같은 치료자에 대해 불평하면서도 성실하게 치료에 출석하는 Mira의 모습을 보면서 신뢰할 만한 양육자에 대한 그녀의 갈구를 알 수 있었다. 치료자는 위기 상황 이후에 미묘하게 긍정적인 상호작용이 나타나는 패턴을 보고 신뢰할 만한 양육자에 대한 Mira의 갈구도 알아차렸다. 그는 Mira에게 이런 급성장하는 관계의 순간에서 무엇이 위협적으로 느껴지는지에 대해 성찰할 것을 권유했다. 이후 회기에서 그들은 상호작용에 대해 탐색했다. Z박사에게 더 가까워지고 싶어 하는 Mira의 소망은 그가 Mira에게 무관심해 보인 것(Mira의 입장에서)으로 인한 실망감과 분노로 방해를 받은 것이다.

Peter와 관계를 맺은 것도 ① Mira가 생각했을 때 타인과 적극적인 관계를 맺는 것이었으며, ② 치료자의 무관심이 Mira를 위험한 상황으로 향하게 했으며, ③ 자신을 구하기 위해 치료자를 강제로 개입시켜 자신에 대한 '사랑을 증명'하게 할 수 있다는 것을 보여 주는 것이다. Peter와의 관계는 '역지사지'의 차원에서 자신이 타인의 돌봄을 받지 못했을 때 자주 느끼던 굴욕감을 다른 사람도 느끼게 하는 방법이었을 수도 있다.

Mira와 작업하면서, Z박사는 그녀가 가진 일말의 실망이나 의심도 없는 '순수한' 관계에 대한 고집이 오히려 공격적인 반응으로 활성화되면서 발전 중인 관계를 위협한다는 것을 이해할 수 있었다. 결론적으로 Mira의 일부는 치료의 처음 한 달간 그녀에 대한 Z박사의 헌신은 진실된 것임을 느꼈으며 이는 계속 치료에 나올 동기를 제공했다. 그러나 그때까지만 해도 Z박사의 헌신이 자신이 원하는 이상적인 헌신이 아니었으므로 그녀의 일부가 또 Z박사를 공격한 것이다. 그 후로 Mira는 자신의 그런 공격성이 이제 갓 발전하기 시작한 관계를 망가뜨릴까 봐 두려움과 불안 속에 살았으며, 동시에 자신이 원하는 모든 것을 Z박사가 주진 않았다는 분노와 결합하면서 Z박사를 곁에 두고자 하는 노력은 그를 통제하는 식으로 나타났다.

몇 주에 걸친 해석은 Mira로 하여금 반복적으로 행동화한 분열된 조각들을 통합할 수 있도록 도왔다. Mira는 Peter와의 관계를 끝냈으며 추가적인 자기파괴적인 행동 없이 치료를 계속했다. 이러한 통합 과정이 이후에 나타나는 Z박사를 향한 Mira의 성적인 감정이나 충동과 같은 보다 깊은 수준의 내적 경험과 그로 인한 갈등을 자유롭게 경험할 수 있게 해 준 듯하다. 간략하게 말하자면, 치료 시작 후 1년간 세 가지 주요 이자관계가 드러났다. 이는 ① 방임하는 '로봇' 부모에 대해 관심을 받지 못한 아이, ② 고문하는 자/박해자에 의해 고통받는 피해자, ③ 완벽한 돌봄을 주는 사람과의 돌봄관계를 갈구하는 사람이었다.

전이초점치료에서 회기가 진행되면서 전이 발달로 오이디푸스적 문제를 어떻게 다루는지에 대한 논의와 예시는 다른 곳에서도 찾아볼 수 있다(Diamond & Yeomans, 2007). 대체로 경계선 성격장애 환자가 전이초점치료의 구조와 해리된 심리 구조에 대한 해석 과정에 반응적이라면, 이 치료법은 보다 더 표준적인 정신역동치료에 유사하게 이동한다.

요약하자면, 지금-여기에서의 감정과 귀인에 관한 명료화, 직면 그리고 해석은 환자로 하여금 외현화한 자료를 고려하고 심리적 구조 내에서 외현화한 자료의 역할에 대해 숙고하도록 도움으로써 성찰 능력을 증진시킨다. 외현화한 자료를 자기 내적으로 인정하는 것은 이전에 외부적인 것으로 여겨져 바꿀 수 없는 것으로 보였던 것들에 대한 통합과 숙달을 향한 문을 열어 준다. 투사가 내적으로 수용되면 투사된 내용은 자신과 타인에 대한 풍족한 이해의 일환이 되는데, 이는 결과적으로 내적 상태를 성찰할 수 있는 능력을 증가시킨다.

## 핵심적 임상 개념

- 이자 대상관계는 감정으로 연결된 자기와 타인에 대한 내재화된 표상이다. 이자관계는 성격의 기본 요소로, 개인의 정서적 · 인지적 경험에 영향을 준다.
- 정체성 혼란은 자기와 타인에 대한 응집성 있는 인식을 결핍되게 하는 것으로, 경계선 성격장애의 주요 특성이다.
- 전통적인 정신역동적 기법은 경계선 성격장애 환자에게 맞게끔 수정되어야 한다. 치료는 환자의 잠재적인 행동화를 담아내기 위해 좀 더 구조화되어야 하며, 치료자는 전통적인 정신역동치료에서 보다 더 높은 수준으로 참여해야 한다. 전이초점치료는 일주일에 두 번 있는 외래치료의 형태로 이러한 구조를 제공하며, 명확한 치료적 틀을 가지고 있다.
- 경계선 성격장애의 근저에 있는 자기와 타인에 대한 극단적인 내적 표상은 치료자에 대한 환자의 경험에서 드러난다.
- 치료자는 전략적으로 자신의 행동화된/투사된 분열된 경험을 기반으로 하여 환자가 자신을 관찰하고 성찰하도록 개입할 수 있다. 환자가 내적 경험에 있어 이런 측면을 더 잘 이해할 수 있게 된다면 응집성 있는 자기를 형성하고 강렬한 정서를 숙달하고 조절할 수 있는 능력을 형성하는 데 도움이 될 것이다.

## 추천 도서

Caligor E, Diamond D, Yeomans FE, et al: The interpretive process in the psychoanalytic psychotherapy of borderline personality pathology. J Am Psychoanal Assoc 57:271-301, 2009. [TFP에서 해석에 대한 현재까지 가장 상세한 설명이다.]

Clarkin JF, Yeomans FE, Kernberg OF: Psychotherapy for Borderline Personality: Focusing on Object Relations. Washington, DC, American Psychiatric Publishing, 2006. [임상가를 위해 TFP의 가장 심화된 매뉴얼이다.]

Clarkin JF, Levy KN, Lenzenweger MF, et al: Evaluating three treatments for borderline personality disorder: a multiwave study. Am J Psychiatry 164:922-928, 2007. [무선 통제 실험과 증상 변화에 대한 논의가 있다.]

Diamond D, Yeomans FE: Oedipal love and conflict in the transference-countertransference matrix: its impact on attachment security and mentalization, in Attachment and Sexuality. Edited by Diamond D, Blatt S, Lichtenberg J. New York, Analytic Press, 2007, pp 201-235. [TFP의 더 심화된 단계에 대한 논의로 성적 갈등과 오이디푸스 갈등의 문제가 다루어지고 해결되는 치료 상황을 기술하고 있다.]

Kernberg OF, Yeomans FE, Clarkin JF, et al: Transference focused psychotherapy: overview and update. Int J Psychoanal 89:601-620, 2008

Levy KN, Meehan KB, Kelly KM, et al: Change in attachment patterns and reflective function in a randomized control trial of transference-focused psychotherapy for borderline personality disorder. J Consult Clin Psychol 74:1027-1040, 2006. [무선 통제 실험에서 성찰 기능과 애착 상태의 변화에 대한 논의가 있다.]

Yeomans FE, Clarkin JC, Kernberg OF: A Primer on Transference-Focused Psychotherapy for Borderline Patients. Northvale, NJ, Jason Aronson, 2002. [학생과 임상가를 위한 입문수준의 매뉴얼이다.]

## 참고문헌

Adolphs R: Cognitive neuroscience of human social behavior. Nat Rev Neurosci 4:165-178, 2003

Bateman A, Fonagy P: Psychotherapy for Borderline Personality Disorder: Mentalization-Based Treatment. New York, Oxford University Press, 2004

Bion WR: Second Thoughts: Selected Papers on Psychoanalysis. New York, Basic Books, 1967

Caligor E, Kernberg OF, Clarkin JF: Handbook of Dynamic Psychotherapy for Higher Level Personality Pathology. Washington, DC, American Psychiatric Publishing, 2007

Caligor E, Diamond D, Yeomans FE, et al: The interpretive process in the psychoanalytic psychotherapy of borderline personality pathology. J Am Psychoanal Assoc 57:271-301, 2009

Clarkin JF, Foelsch PA, Levy KN, et al: The development of a psychodynamic treatment for patients with borderline personality disorders: a preliminary study of behavioral change. J Pers Disord 15:487–495, 2001

Clarkin JF, Levy KN, Lenzenweger MF, et al: The Personality Disorders Institute/ Borderline Personality Disorder Research Foundation randomized control trial for borderline personality disorder: rationale, methods, and patient characteristics. J Pers Disord 18:52–72, 2004

Clarkin JF, Yeomans FE, Kernberg OF: Psychotherapy for Borderline Personality: Focusing on Object Relations. Washington, DC, American Psychiatric Publishing, 2006

Clarkin JF, Levy KN, Lenzenweger MF, et al: Evaluating three treatments for borderline personality disorder: a multiwave study. Am J Psychiatry 164:922–928, 2007

Depue RA, Lenzenweger MF: A neurobehavioral dimensional model of personality disturbance, in Major Theories of Personality Disorder, 2nd Edition. Edited by Lenzenweger M, Clarkin JF. New York, Guilford, 2005, pp 391–453

Diamond D: Attachment to internal objects in patients with severe narcissistic disorders. Paper presented at the Confer Seminar Series on the Pain of Narcissism and Its Psychotherapeutic Treatment, Tavistock Institute, London, November 5, 2007

Diamond D, Yeomans FE: Oedipal love and conflict in the transference–countertransference matrix: its impact on attachment security and mentalization, in Attachment and Sexuality. Edited by Diamond D, Blatt S, Lichtenberg J. New York, Analytic Press, 2007, pp 201–235

Diamond D, Yeomans F: [Narcissism, its disorders and the role of TFP] (in French). Sante Ment Que 33:115–139, 2008

Diamond D, Stovall–McClough C, Clarkin JF, et al: Patient–therapist attachment in the treatment of borderline personality disorder. Bull Menninger Clin 67:224–257, 2003

Doering S, Hörz S, Rentrop M, et al: Transference–focused psychotherapy v. treatment by community psychotherapists for borderline personality disorder: randomized controlled trial. Br J Psychiatry (in press)

Donegan NH, Sanislow CA, Blumberg HP, et al: Amygdala hyperreactivity in borderline personality disorder: implications for emotional dysregulation. Biol Psychiatry 54:1284–1293, 2003

Fertuck EA, Lenzenweger MF, Clarkin JF, et al: Executive neurocognition, memory systems, and borderline personality disorder. Clin Psychol Rev 26:346–375, 2006

Fertuck EA, Grinband J, Hirsch J, et al: Convergence of psychoanalytic and social neuroscience approaches to borderline personality disorder. Paper presented at the winter meeting of the American Psychoanalytic Association, New York, 2009

Fonagy P, Bateman A: Attachment theory and mentalization-oriented model of borderline personality disorder, in The American Psychiatric Publishing Textbook of Personality Disorders. Edited by Oldham JM, Skodol AE, Bender DS. Washington, DC, American Psychiatric Publishing, 2005, pp 187-207

Fonagy P, Leigh T, Steele M, et al: The relation of attachment status, psychiatric classification and response to psychotherapy. J Consult Clin Psychol 64:22-31, 1996

Fonagy P, Gergely G, Jurist EL, et al: Affect Regulation, Mentalization, and the Development of the Self. New York, Other Press, 2002

Gabbard GO: The interface of neurobiology and psychoanalytic thinking in borderline personality disorders. Paper presented at the American Psychoanalytic Association meetings, New York, January 2009

Gabbard GO, Miller L, Martinez M: A neurobiological perspective on mentalizing and internal object relations in traumatized patients with borderline personality disorder, in Handbook of Mentalization-Based Treatment. Edited by Allen JG, Fonagy P. Chichester, UK, Wiley, 2006, pp 123-140

Grossmann KE, Grossmann K: Universality of human social attachment as an adaptive process, in Attachment and Bonding: A New Synthesis. Edited by Carter CS, Ahnert L, Grossmann KE, et al. Cambridge, MA, MIT Press, 2003, pp 199-288

Gunderson JG, Lyons-Ruth K: BPD's interpersonal hypersensitivity phenotype: a gene-environment-developmental model. J Pers Disord 22:22-41, 2008

Harman C, Rothbart MK, Posner MI: Distress and intention interactions in early infancy. Motiv Emot 21:27-43, 1997

Høglend P, Bøgwald K-P, Amlo S, et al: Transference interpretations in dynamic psychotherapy: do they really yield sustained effects? Am J Psychiatry 165:763-771, 2008

Jurist E: Mentalized affectivity. Psychoanal Psychol 22:426-444, 2005

Kernberg OF: Borderline Conditions and Pathological Narcissism. New York, Jason Aronson, 1975

Kernberg OF: Severe Personality Disorders: Psychotherapeutic Strategies. New Haven, CT, Yale University Press, 1984

Kernberg OF: Aggressivity, Narcissism, and Self-Destructiveness in the Psychotherapeutic Relationship: New Developments in the Psychopathology and Psychotherapy of Severe Personality Disorders. New Haven, CT, Yale University Press, 2004

Kernberg OF, Caligor E: A psychoanalytic theory of personality disorders, in Major Theories of Personality Disorder, 2nd Edition. Edited by Lenzenweger M, Clarkin JF. New York, Guilford, 2005, pp 114-156

Kernberg OF, Diamond D, Yeomans F, et al: Mentalization and attachment in borderline patients in transference focused psychotherapy, in Mind to Mind: Infant Research, Neuroscience, and Psychoanalysis. Edited by Jurist E, Slade A, Bergner S. New York, Other Press, 2008, pp 167–198

Koenigsberg HW: Neural correlates of emotional dysregulation in borderline personality disorder. Paper presented at the winter meeting of the American Psychoanalytic Association, New York, 2009

Krohn AJ: Borderline "empathy" and differentiation of object representations: a contribution to the psychology of object relations. Int J Psychiatry 3:142–165, 1974

Levy KN, Clarkin JF, Yeomans FE, et al: The mechanisms of change in the treatment of borderline personality disorder with transference-focused psychotherapy. J Clin Psychol 62:481–502, 2006a

Levy KN, Meehan KB, Kelly KM, et al: Change in attachment patterns and reflective function in a randomized control trial of transference-focused psychotherapy for borderline personality disorder. J Consult Clin Psychol 74:1027–1040, 2006b

Levy KN, Yeomans FE, Diamond D: Psychodynamic treatments of self-injury. J Clin Psychol 63:1105–1120, 2007

Linehan MM: Cognitive-Behavioral Treatment of Borderline Personality Disorder. New York, Guilford, 1993

Main M: Attachment theory: eighteen points with suggestions for future studies, in Handbook of Attachment: Theory, Research, and Clinical Applications. Edited by Cassidy J, Shaver P. New York, Guilford, 1999, pp 845–887

Main M, Kaplan N, Cassidy J: Security in infancy, childhood, and adulthood: a move to the level of representation. Monogr Soc Res Child Dev 209:66–104, 1985

Posner MI, Rothbart MK, Vizueta N, et al: Attentional mechanisms of borderline personality disorder. Proc Natl Acad Sci U S A 99:16366–16370, 2002

Rinne T, de Kloet ER, Wouters L, et al: Hyperresponsiveness of hypothalamicpituitary-adrenal axis to combined dexamethasone/corticotropin-releasing hormone challenge in female borderline personality disorder subjects with a history of sustained childhood abuse. Biol Psychiatry 52:1102–1112, 2002

Rockland LH: Supportive Therapy for Borderline Patients: A Psychodynamic Approach. New York, Guilford, 1992

Sandler J, Sandler AM: The past unconscious, the present unconscious, and the vicissitudes of guilt. Int J Psychoanal 8:331–341, 1987

Silbersweig D, Clarkin J, Goldstein M, et al: Failure of frontolimbic inhibitory function in the context of negative emotion in borderline personality disorder. Am J Psychiatry 164:1832–1841, 2007

Slade A, Grienenbrener J, Bernbach E, et al: Maternal reflective functioning, attachment and the transmission gap: a preliminary study. Attach Hum Dev 7:283-298, 2005

Sroufe LA, Egeland B, Carlson E, et al: Placing early attachment experiences in developmental context: the Minnesota Longitudinal Study, in Attachment From Infancy to Adulthood: The Major Longitudinal Studies. Edited by Grossmann KE, Grossmann K, Waters E. New York, Guilford, 2005, pp 48-70

Steele H, Steele M, Croft C, et al: Infant-mother attachment at one year predicts children's understanding of mixed emotions at 6 years. Soc Dev 8:161-178, 1999

Suess G, Grossmann KE, Sroufe LA: Effects of infant attachment to mother and father on quality of adaptation to preschool: from dyadic to individual organization of self. Int J Behav Dev 15:43-65, 1992

Waters E, Merrick S, Treboux D, et al: Attachment security in infancy and early adulthood: a 20-year longitudinal study. Child Dev 71:684-689, 2001

Wupperman P, Neumann CS, Axelrod SR: Do deficits in mindfulness underlie borderline personality features and core difficulties? J Pers Disord 22:466-482, 2008

Yeomans FE, Selzer MA, Clarkin JF: Treating the Borderline Patient: A Contract-Based Approach. New York, Basic Books, 1992

Yeomans FE, Clarkin JC, Kernberg OF: A Primer on Transference-Focused Psychotherapy for Borderline Patients. Northvale, NJ, Jason Aronson, 2002

Yeomans FE, Clarkin JC, Diamond D, et al: An object relations treatment of borderline patients with reflective functioning as the mechanism of change, in Mentalization: Theoretical Considerations, Research Findings, and Clinical Implications. Edited by Busch F. New York, Analytic Press, 2008, pp 159-181

Zaki J, Ochsner KN: You, me, and my brain: self and other representation in social cognitive neuroscience, in Social Neuroscience: Toward Understanding the Underpinnings of the Social Mind. Edited by Todorov A, Fiske ST, Prentice D. New York, Oxford University Press (in press)

## 제8장

# 정신분석적 치료에서 경계선 성격장애의 치료

Glen O. Gabbard, M.D.

정신분석적 심리치료는 어떻게 효과적인가? 분명한 답을 할 수 있는데 답은 '잘 모름'이다. 정신분석적 문헌들에서 치료활동에 대해 많은 논의를 해 왔지만, 많은 논의는 특정한 정신분석적 이론들과 복잡하게 관련되어 있다. 시간은 변하고 있고, 우리는 더 이상 해석이 분석자의 화살통에서 독보적인 치료적 화살로 간주되는 시대에서 환자를 보고 있지 않다(Gabbard & Westen, 2003). Abend(2001)는 "오늘날 어떤 분석자들도 통찰을 얻는 것이 성공적 분석에서 일어나는 모든 것이라고 제안하지 않으며 심지어 그것이 분석적 경험에서 유일한 치료 효과라고 보지 않는다."(p. 5)라고 언급했다. 정신분석과 '치료 효과' 사이의 차이에 대한 Abend의 언급이 의미하듯이, '무엇이 순수하게 정신분석적인가'와 '무엇이 환자를 돕는가' 사이에 안타까운 차이가 있어 왔다. 최근 논문을 통해(Gabbard, 2007; Gabbard & Westen, 2003), 나는 특정한 정신분석적 사상에 집착하는 것을 걱정하기보다 어떤 전략이 환자의 변화를 돕는지를 확인할 필요가 있다고 피력해 왔다. Wallerstein(1986)은 Menninger 재단 심리치료 연구 프로젝트에서 30년 동안 추적된 환자들의 자료를 검토한 후 치료적 변화와 분석적 변화를 구별하는 것이 사실상 불가능하다고 강조했다.

치료적 변화에 단 하나의 길만 있는 것은 아니다. 복잡하겠지만, 치료활동에서 단

하나의 기제이론이 치료적으로 유용하다고 입증되지는 않고 있다. 변화가 필요한 다양한 목표가 있고 그러한 목표에서 효과적인 변화를 얻기 위한 다양한 전략이 있기 때문이다.

비록 핵심 기제가 통찰인지 혹은 치료관계인지에 대해서는 논쟁이 있다고 하더라도, 이러한 대립은 결국 환자의 변화에서 치료의 이 두 가지 측면이 모두 변화에 기여한다는 폭넓은 동의로 대체되었다(Cooper, 1989; Gabbard, 2000; Gabbard & Westen, 2003; Jacobs, 1990; Pulver, 1992).

시간에 걸쳐 일어난 다른 변화는 고고학적인 접근에서 정신분석적 치료로 이동해 왔다는 것이다. 환자의 과거에 묻힌 유물의 발굴에 초점을 맞추는 것에서 벗어나 대부분의 현대 분석적 치료자, 특히 경계선 성격장애를 치료하는 치료자는 치료자와 환자 사이에서 일어나는 지금-여기에서의 상호작용에 초점을 맞춘다. 치료자가 재연과 투사적 동일시에 참여하는 것은 환자의 내적 대상관계를 기반으로 하여 다양한 환경에서 환자가 창조하는 독특한 '춤'을 확인하도록 한다. 치료자와 환자 사이에 일어나는 것을 살펴보면서 이전에 무엇이 일어났는지, 치료관계 밖 매일의 일상에서 무엇이 일어나는지 감지할 수 있다.

심리치료의 치료활동을 연구하려는 시도는 복잡한 과제이다. 만약 환자에게 치료를 받은 후에 무엇이 가장 도움이 되었는지를 묻는다면 분석적 치료자는 매우 실망스러운 답변을 들을 수 있다. 나의 환자 중 한 명은 수년간 분석적 치료 과정을 마친 후에 나를 보기 위해 다시 왔다. 그녀에게 가장 도움이 되었던 것이 무엇인지 물었을 때 그녀는 다음과 같이 말했다. "내가 당신의 치료실에 올 때마다 당신이 거기에 있었어요." 분명하게, 그녀는 나의 신중하게 이루어진 해석 혹은 그녀가 나와 함께 한 치료 과정에서 그녀가 얻어 낸 통찰들을 기억하지 못했다. 그러나 그녀는 계속해서 아버지의 부재를 경험했기 때문에 그녀에게 내가 '늘 거기에 있었다.'는 것이 커다란 의미를 가지고 있다는 것을 나는 알고 있다. 그래서 그녀에게 가장 중요한 것과 나에게 가장 중요한 것이 전체적으로 다를 수 있다. 환자들은 실제로 그들에게 무엇이 도움이 되었는지 잘 알지 못한다.

만약 면담을 하는 동안 치료자에 의해 치료가 어떻게 작동하는지에 대한 문제를 조사하길 원한다면 즉시 그 연구자는 치료자들이 편향된 집단이라는 냉혹한 현실을 먼저 다루어야 한다. 연구자들은 자기애적으로 환자의 효과에 관여한다. 그들은 치료를 개념화하고 구성했던, 그가 선호하는 방식에 근거한 용어로 환자의 개선을 보려고 한다. 또한 특정 이론적 학파에 집착하는 사람들은 그들이 환자에게 도움이 되었든 그렇지 않았든 상관없이 그 학파로부터 나온 전략을 강조할 것이다.

반면, 연구자들은 치료활동을 연구할 때 객관성이라는 장점을 가지고 있다. 그러나 그들은 또한 어떤 면에서 도움이 되지 않는 방식으로 그 과정을 볼 수 있다. 정신분석적 심리치료는 환자의 내적인 공간에 대해 다루고 대개 두 사람 사이에 무의식적으로 일어나는 미묘한 상호작용에 대해 다룬다. 전이-역전이의 우여곡절에 놓여 있는 치료자는 환자가 누구인지 그리고 치료 전략에서 환자가 필요한 것이 무엇인지를 즉각적으로 알게 된다. 더 나아가 환자와 치료자 둘 다에게 대단히 의미가 있는 순간과 만나게 되는데(Stern et al., 1998), 물론 이것이 치료계획의 일부는 아니다. 치료적 순간은 둘이 농담을 주고받거나 혹은 둘 다 눈물이 고이는 더 깊이 감동적인 경험의 순간에 일어날 수 있다. 축어록을 분석하는 심리치료 연구자는 전체적으로 그러한 순간을 놓치게 된다.

치료활동을 연구하는 모든 방법론이 일련의 문제를 가지고 있기에 우리는 우리가 이 퍼즐을 해결하는 데 계속해서 어둠 속에 있다는 것을 인식해야 한다. Greenberg (2005)는 정신분석적 치료의 치료활동이 궁극적으로 구체적 환자에 대해 어떻게 작용했는지 알 수 없는 것일 수 있다고 설명했다.

## 전이 해석에 대한 경험적 연구

정신분석적 심리치료의 치료활동이 알 수 없다는 사실에도 불구하고 BPD에 대한 효과적인 치료에 대해 알려진 결과를 개관하려고 한다. 이것은 효과적인 치료를 발견하려고 하는 연구가 치료활동에 대해 갖는 어떤 입장을 확인할 수 있다. 적어도 다섯 가지의 다른 치료가 무선 할당된 통제 실험에서 경험적으로 타당화되었다. 그것은 정신화 기반 치료(Mentalization-Bsed Treatment: MBT; Bateman & Fonagy, 1999), 변증법적 행동치료(Dialectical Behavior Therapy: DBT; Linehan et al., 2006), 전이초점치료(Transference-Focused Psychotherapy: TFP; Clarkin et al., 2007), 도식초점치료(Schema-Focused Therapy: SFT; Giesen-Bloo et al., 2006) 그리고 지지적 심리치료(Supportive Psychotherapy: SP; Clarkin et al., 2007)이다.

이렇게 경험적으로 타당화된 치료들 중 정신화 기반 치료와 전이초점치료의 두 가지는 정신역동적 형태의 치료이다. 이 두 가지 치료의 논의에서 핵심적인 논쟁 중 하나는 전이 해석의 역할이다. MBT와 TFP의 직접적인 비교가 문헌에서는 없다고 할지라도 전이 해석에 초점을 둔 치료와 그렇지 않은 정신분석적 치료의 상대적인 역할을 조사한 문헌이 있다.

노르웨이 사람들을 대상으로 한 획기적인 연구에서, Høglend 등(2006)은 1년 동안 주 1회 심리치료를 받는 데 중간 정도 수준의 전이 해석(1~3회, 회기당)의 효과를 확인하기 위해 무선할당으로 통제된 정신역동치료를 연구하였다. 100명의 환자가 전이 해석을 사용하는 집단과 사용하지 않는 집단에 무선으로 배정되었다. 연구자들은 독자들이 전이 해석임을 알 수 있도록 짧은 축어록을 포함시켰다. 심리치료 연구에서 공통적인 '충성 효과'를 피하기 위해 연구자들은 실제로 그들이 효과적이라고 생각하지 않는 개입과 선호하는 개입을 함께 배치했다. 연구자들은 치료자들에게 각각의 치료를 모두 훈련시켰고, 두 치료를 모두 수행하도록 같은 치료자를 배정하였다. 결과는 놀라웠다. 두 치료 집단 간 효과에서 차이가 나타나지 않았지만 손상된 대상관계를 가진 집단이 그렇지 않은 집단에 비해 전이 해석을 사용한 치료에서 더 많은 도움을 받았다.

심리치료 효과를 예측하는 데 이제까지 관습적인 이해로 '부자가 더 큰 부자가 된다.'라는 인식이 오랫동안 이어져 왔다(Gabbard, 2006). 다시 말해, 더 좋은 심리적 자원을 가지고 있고 서로 만족하는 관계를 가진 환자들이 치료자와 더 견고한 치료 동맹을 형성할 수 있고 결과적으로 치료에서 더 좋은 성과를 얻을 수 있다는 것이다. 관습적인 사고에 따르면, 그러한 환자들은 혼란스럽고 치료자와 더 휘청거리는 치료 동맹을 가진 사람들보다 전이 해석을 더 잘 감내한다. 또한 단기역동치료의 전이 해석에 대한 연구들은 그 특정 개입과 효과 사이에 긍정적인 상관이 일어나지 않았다고 보고했다(Piper et al., 1991).

Høglend 연구에서 질적 대상관계에서 더 낮은 점수를 보이는 환자들(44명)을 확인한 결과, 피험자들 중 61%가 DSM-III-R 성격장애를 위한 구조화된 임상적 인터뷰(Structured Clinical Interview for DSM-III-R Personality Disorders: SCID-II; Spitzer et al., 1990)에 근거해서 성격장애로 진단이 가능했다. 반면에, 높은 수준의 대상관계를 보인다고 측정된 참여자들 중 단지 20%(55명)만이 성격장애로 나타났다. 성격장애의 존재와 전이 해석을 통한 개선 사이에는 상관이 있는 것으로 보인다.

이 연구 설계는 고려해야 할 한계점이 있다. 먼저 표준 연구 인터뷰를 사용해서 축 I

장애들을 엄격하게 진단하지 않았다. 예를 들어, 효과에 영향을 미치는 우울증이 정확하게 평가되지 못했다. 또한 전이 해석을 받지 않는 집단의 환자들이 연구에 참여한 치료자들이 생각하는 이상적 치료를 받은 환자보다 부족하다고 미묘하게 느꼈을 수도 있다. 유사하게, 연구자들은 오디오테이프를 들었던 평정자들이 집단의 특성을 알 수 없도록 했지만 오디오테이프의 내용은 환자가 속해 있는 집단이 어떤 집단인지 쉽게 알 수 있었을 것이다(Gabbard, 2006). 그럼에도 불구하고 Høglend 등(2008)이 보고한 후속 연구들은 낮은 수준의 대상관계를 보이는 환자들에 대한 전이 해석의 효과가 3년 뒤의 추수 연구에서도 지속되었다고 보고했다.

## 치료활동과 경계선 성격장애

노르웨이 참여자들을 대상으로 한 연구의 발견이 가치가 있다고 해도 이 연구는 구체적 성격장애를 대상으로 하지 않았다. 경계선 성격장애에 초점을 맞추어 전이 해석을 강조한 적어도 하나의 무선할당 통제 실험을 한 연구가 있다(Clarkin et al., 2007). Cornell-Westchester에서 변증법적 행동치료(DBT)와 전이초점치료(TFP), 지지적 치료(SP)를 직접적으로 비교하였는데, 90명의 BPD 환자가 세 가지 치료 집단 중 하나에 무선으로 배정되었다. 12개월에 걸쳐 치료 집단을 전혀 알지 못하는 평정자들이 여섯 가지 영역의 효과 측정을 4개월 간격을 두고 평가하였다. 개인의 성장 변화 곡선 분석을 사용하여 결과를 분석하였는데, 세 가지 치료 모두 비슷한 정도로 여러 영역에서 긍정적인 변화를 보였다. 그러나 어떤 영역에서 TFP는 다른 치료들보다 효과가 더 좋았다. 사실상 TFP는 여섯 가지 증상 영역에서 12개의 변인 중 10개의 변인에서 유의미한 개선을 보였다. 반면, SP는 6개의 변인에서 그리고 DBT는 5개의 변인에서 개선을 보였다. TFP만이 충동성, 짜증, 언어 공격 그리고 직접적인 공격에서 변화를 보였다. TFP와 DBT 둘 다—구체적으로 자살 시도에 초점을 두고 있는 치료—자살 시도를 줄이는 데 SP보다 더 효과가 좋았다.

이러한 발견과 다른 차원을 같은 연구에서 보고한 Levy 등(2006)은 추가적인 개선을 보이는 TFP와는 달리 DBT 혹은 SP에서는 같은 결과가 발견되지 못했음을 입증했다. TFP를 받은 피험자들에 대한 연구는 불안정 애착 유형에서 안정적인 유형으로 더 이동하는 경향을 보였다. 그들은 유의미하게 정신화 능력(성찰 기능으로 측정되는) 그리고 이야기의 응집성에서 다른 집단의 참여자들과 비교했을 때 유의미한 변화를 보였다. 정신화(즉, 행동을 설명하고 예측하기 위해 자기와 타인에 대한 독립적인 정신 상태를 귀인하는 능력)에서 문제는 BPD 정신병리의 구체적 영역으로 확인되어 왔다. 그리고 경험적으로 타당화된 다른 치료인 MBT는 그것을 다루기 위해 마련된 치료이다. Cornell-Westchester에서 이루어진 세 가지 치료에 대한 무선할당 통제 실험(Levy et al., 2006)은 다른 치료적 접근들 또한 정신화 능력을 위해 유익한 효과가 있다고 제안하고 있다.

이 특별한 연구에서 TFP가 DBT와 SP보다 우월하다고 설명하더라도 SP가 거의 TFP 만큼 효과가 있었다. SP는 TFP처럼 주 2회 대신 주 1회로 제공되었다. SP가 전이 해석을 금하더라도 그것은 정신분석적으로 TFP와 많은 것을 공유하는 정교한 치료였다. 단순하게 칭찬과 조언을 제공하는 것이 통제 집단의 조건이 아니다. 또한 이 연구는 자료로는 답해지지 않은 자극적인 질문을 제기했다. SP가 일주일에 두 번씩 제공된다면 성찰 기능과 다른 증상들이 TFP와 같은 정도로 개선되는가?

Giesen-Bloo 등(2006)은 3년간 지속된 전이초점치료(TFP)와 도식초점치료(SFT)를 직접 비교하였다. 이 무선할당 통제 실험에서 SFT는 TFP보다 더 좋은 효과를 보였다. 그러나 이 연구의 자문자로서 Yeomans(2007)는 연구에서 TFP를 수행하는 치료자가 실제로 그 접근에 잘 훈련되어 있는 치료자라고 보기 어렵기 때문에 이 비교는 타당하지 않다고 했다. 그의 견해로 보면, 이 연구자들은 Kernberg, Clarkin 그리고 다른 연구팀 구성원들에 의해 발전되어 온 전이초점치료라기보다는 역동치료의 더 일반적인 형태를 사용한 것으로 볼 수 있다.

## MBT vs TFP

앞서 언급했듯이, 두 가지 다른 정신역동치료인 정신화 기반 치료(MBT)와 전이초점치료(TFP)가 둘 다 무선할당 통제 실험에서 BPD 환자들에게 효과적이었다고 보고된 바 있다. 더 나아가 정신화를 개선하려는 구체적인 목적으로 설계되지 않았더라도 TFP는 통제 집단의 개입보다 이 영역에서 더 효과가 더 컸다.

MBT와 TFP 사이의 입장 차이를 보면, MBT는 전이 해석 요소에 치료적 개입을 두지 않는다. 즉, 두 치료적 접근은 전이 해석에서 완전히 다르게 접근한다.

MBT는 분명히 전이 해석을 통한 통찰을 제공하는 것을 강조하지 않는다. 전이 해석, 특히 분노에 대한 해석은 경계선 환자들을 불안정하게 만드는 경향이 있다는 논리이다(Gunderson et al., 2007). 대신, MBT는 환자의 현재 정신 상태 그리고 정신 기능에 초점을 맞춘다. 전략은 환자가 성찰적이 되고 자기주체감을 더 발달시키는 것을 돕도록 고안된다. 다시 말해, 환자는 환자와 치료자 둘 다의 정신 기능에 대해 관심이 있는 치료자와의 상호작용을 통해 그리고 공유된 경험에 대한 대안적인 관점을 통해 내면성과 주관성에 대한 느낌을 발견하기 시작한다. MBT 치료자는 환자가 가지고 있는 구체적인 느낌이 부모와의 아동기 경험에 그 기원을 가지고 있다는 해석을 가능한 한 하지 않는다.

반대로 TFP는 통합되지 못한 분노를 핵심 문제로 본다. 이러한 양식에서 훈련을 받은 치료자는 분노의 분열과 그에 연관된 자기와 대상 표상을 다룬다. 전이 발달의 해석을 활용함으로써 그들의 분노와 그에 연관된 자기 및 대상 표상을 통합하여 분열된 부분 대상 관계보다는 전체 대상으로 연결하려고 한다(Gunderson et al., 2007). 이러한 차이를 고려하면, 어떻게 우리가 MBT와 TFP 모두가 정신화를 촉진하고 BPD의 증상을 개선하는 데 효과적이라고 이해할 수 있는가? 다음에 가능한 답이 있다.

① 모든 치료적 접근은 경계선 환자의 내적 혼란을 이해하는 체계적인 개념적 틀을 제공한다. BPD 환자는 혼란스러운 건강관리 체계 안에 있는 것이 특징이다. 경계선 환자의 전형적인 특징인 분열시키는 기제로 인해, 그들은 종종 다른 치료자들 그리고 다양한 치료기관으로부터 이질적인 개입을 제공받게 된다. 그들은 건강관리 체계의 모든 방향에서 당겨지는 기분을 느낀다. 혹은 심지어 '조종자' 혹은 '분열시키는 자'로 생각되기에 그 체계로부터 버려지기도 한다. 중요한 이론적 개념에 근거한 어떤 치료적 전략은 환자에게 희망을 제공하는 일관적인 치료계획이 있다고 느끼게 한다.

② 서로 다른 경계선 환자들은 서로 다른 치료적 개입에 반응할 것이다. BPD는 다양한 생태학을 보이는데, 아동기의 학대와 방임, 높은 수준의 혼란스러움, 명백히 학대와는 관련이 없지만 문제가 있는 가족 상호작용, 유전적 취약성, 신경심리학적인 어려움 그리고 종종 등장하는 축 I 장애의 영향과 같은 다양한 요인이 있다(Gabbard, 2005). 비록 우리가 BPD 환자가 어떤 치료적 개입에 반응할 것인지를 결정할 만한 충분한 자료가 부족하다고 하더라도, Blatt와 Ford(1994)는 이러한 형

태의 연구가 가능하다고 제안한다. 그들은 다른 치료 전략이 요구되는 성격병리의 두 개의 광범위한 하위 집단을 기술하였다. 의존적(anaclitic) 하위 유형은 타인과의 관계에 대해 주된 관심을 보이는데, 이들은 양육되고 보호받고 사랑받기를 갈망한다. 그들은 해석을 통해 일어나는 통찰보다는 심리치료의 관계적 요소에 더욱 잘 반응하는 것 같다. 반면에, 내사적(introjective) 하위 유형은 우선적으로 자기발달에 초점을 두고 자신의 무가치함, 실패 그리고 열등감과 씨름한다. 그들은 자기비판적이고, 완벽주의적이고, 경쟁적인데 대부분 해석적인 접근에 더 잘 반응한다.

③ 치료자가 강조하지 않는 이차적인 전략들이 치료자의 활동으로 간주될 수 있다. Gabbard와 Westen(2003)은 전이 해석과 치료적 관계보다 관심을 덜 받는 다양한 전략을 확인하였다. 다양한 형태의 직면은 변화를 위해 암묵적 혹은 명시적 제안을 전달한다. 예를 들어, 종종 치료자는 경계선 환자의 문제 행동에 도전하는 것과 같은 방식으로 역기능적 신념을 직면한다. 인지치료가 직면을 강조하는 반면 역동치료는 그렇지 않다. 하지만 BPD의 정신분석적 심리치료에서 직면이 관여되고 있다는 것을 부정하는 치료자는 거의 없다. 치료자는 또한 환자의 의식적 문제해결 혹은 의사결정 과정의 해결을 위해 고안된 직접적인 개입을 한다. 환자가 문제를 해결하도록 돕는 이러한 노력은 그들이 더 적응적인 삶의 선택을 할 수 있도록 돕고 그들이 더 분명한 논리를 통해 강렬한 정서 상태를 다룰 수 있도록 돕는 것이다. 행동치료에서 변화의 중심적인 기제 중 하나인 노출은 역동치료자가 그것에 대해 거의 기술하지 않지만 BPD의 역동적 심리치료에서 거의 항상 나타난다. 요약하면, 노출은 불안을 일으키는 상황을 환자에게 제시하는 것이고 환자가 그것에 익숙해졌기 때문에 더 이상 불안이 일어나지 않을 때까지 그 상황에 직면하도록 돕는 것이다. 시간에 걸쳐 일어나는 전이 불안의 감소는 부분적으로 노출과 관련이 있다. 이 과정에서 환자는 치료자에게 비난받거나 공격당할지도 모른다는 근본적인 두려움이 현실적이지 않다는 것을 알게 된다. 동시에 치료자는 환자가 치료 이외의 두려운 상황에 직면하도록 격려한다. 신중한 자기노출은 또한 치료적 행동의 다른 형태이다. 치료자는 정신화를 촉진시키기 위해 환자와 구체적 느낌을 공유할 수 있다. 자기노출의 신중한 사용은 치료자에 대한 환자 자신의 지각이 절대적인 진실이 아닌 단순한 표상이라는 것을 알게 한다. 승인(affirmation)은 심각한 외상을 경험해 온 환자에게 결정적으로 중요하다(Kilingmo,

1989). 환자는 그들의 경험을 타당화해 주지 않는 부모를 가졌기에 치료자가 환자의 경험을 긍정적으로 타당화하는 것이 상당히 도움이 된다.

④ 치료 동맹은 환자의 개선에 책임이 있다. Norcross(2000)는 치료자와의 관계가 효과 변량의 대부분을 설명한다고 보고하는 심리치료 연구 결과에 주목했다. 기법은 대체로 서로 다른 종류의 치료에서 변량의 12~15%가량을 설명했다. 치료 동맹은 환자가 치료자로부터 도움을 받았다고 느끼고 공통적인 치료 목표를 향해서 치료자와 협력할 수 있다고 느끼는 정도로 정의된다(Gabbard, 2004). 치료 동맹은 심리치료 효과의 가장 강력한 예측인자라는 것이 연구에서 밝혀져 왔다 (Horvath & Symonds, 1991; Martin et al., 2000).

## 치료 동맹의 역할

치료 동맹은 전이 해석의 역할을 고려하는 맥락을 제공한다. 전이 해석의 빈도 혹은 중요성에 대한 강조가 부적절하게 이루어질 수 있다. 무엇보다 적절한 시점이 훨씬 중요하다. Gabbard 등(1994)은 오디오 자료를 통해 BPD 환자와의 장기역동치료의 치료 과정을 연구한 바 있다. 그 프로젝트에서 연구자들은 치료 동맹에 미치는 치료자 개입의 영향을 살펴보았다. 다른 연구자들은 치료 동맹에 영향을 주기 위해 사용되는 개입들을 확인하려고 했다. 연구자들은 전이 해석이 다른 개입보다 치료 동맹에 가장 큰 영향을 미친다는 것을 발견했다. 전이 해석은 BPD 환자의 치료에서 고위험, 고이득을 보이는 개입이라고 결론 내렸다.

연구자들이 전이 해석을 지향하는 치료자의 개입을 살펴보았을 때, 가장 효과적인 전이 해석은 치료 동맹에 긍정적 영향을 미치며 어떤 공통적인 특성이 있다고 설명한다. 다름 아닌 전이 해석의 방식이 Winnicott의 견해로 안아 주는 환경(holding environment)을 창조하는 공감적이고, 타당화를 제공하고, 심지어 지지적인 방식으로 이루어졌다는 것이다. 환자는 이해받고 인정받는 기분을 느꼈다. 외과 의사가 수술을 위해 마취가 필요하듯이, 경계선 환자들의 치료자는 전이 해석을 위해서 단단한 치료 동맹이 필요하다. 그래서 치료 동맹과 전이 해석은 서로 상승하며 영향을 미친다. 이 점에 있어 Høglend 등(2006)은 치료적 관계에서 해석 작업이 치료 동맹을 강화시킨다고 제안한 바 있다. 빈약한 대상관계를 가지고 있는 환자는 관계에서 왜곡이 명료화되고 이해될 때 치료자를 신뢰할 수 있고 도움을 주는 인물로 볼 수 있다(Gabbard, 2006).

그렇다 하더라도 치료 동맹은 전이 해석과 독립적으로 작용할 수 있고 치료활동이 반드시 이 두 개입의 연결에 의존되어 있지는 않다. 치료자와 환자 사이의 관계는 전이 안에서 해석 혹은 명료화에 의지하지 않으면서 체험적 수단을 통해서도 강화될 수 있다. 환자의 내적 세계의 경험을 관찰하는 관찰자로서 치료자의 역할은 그 자체로 치료적이다(Poland, 2000). 치료자가 환자의 이야기를 비판단적으로 경청할 때, 환자는 '자신과 함께 존재하는' 그리고 그가 견딜 수 없는 정서 상태를 견디어 주는 누군가와의 경험을 제공받게 된다. Wallerstein(1996)은 Menninger 재단에서 30년 추적으로 이루어진 심리치료 연구 프로젝트를 수행하였다. 그 대상은 당시에 철저하게 진단되지 못했다고 해도 지금이라면 대부분 BPD 환자로 진단될 수 있는 환자들이었다. Wallerstein은 지지 개입이 효과적이었으며, 빈약한 대상관계를 가진 환자들에게 표현적 치료는 견딜 만했다고 보고했다.

성공적인 지지치료를 받은 이 환자들에서 Wallerstein이 확인한 치료활동의 기제들 가운데, 그는 많은 환자가 '그들의 전이'를 누군가에게 '옮겼다'는 것을 주목했다. 다시 말해, 이 환자들은 치료자에게 나타나는 전이와 별도로 관계 자체가 치유적인 방식으로 그들의 정서를 담아 주고 비판단적으로 그들을 사랑하는 지지적인 로맨틱 파트너(치료자 포함)를 발견하게 된다. 어떤 환자들은 '전이 치유(transference cure)'로 개선되기도 한다. 치료자의 인정과 무조건적인 긍정적 존중을 받으면서 개선되는 것이다. 다른 환자들은 '치료받는 삶을 사는 사람'으로 개선되는데, 이러한 환자들은 결코 치료를 종결하지 않으면서 여러 달 혹은 여러 해의 간격을 두고 치료자와의 만남을 지속한다. 분명한 종결이 없다는 것을 알고 있는 한 이 환자들은 잘 기능할 수 있다. 하지만 이들이 종결의 가능성에 직면하면 증상이 재발할 수 있다.

## 신경생물학적 요인

BPD와 관련된 신경생물학적 관련성에 대한 최근 연구를 살펴보면, 도움이 되는 심리치료적 개입의 형태에 있어 몇 가지 단서를 발견할 수 있다. 신경생물학적 관계에 대한 연구가 환원주의를 따르는 것은 아니다. 그보다 그것은 정신역동치료 개입이 뇌에 어떻게 작용하는지를 조사함으로써 역동적 치료 개입을 확장하여 이해하려는 시도이다. 예를 들어, 아동기 외상의 역사를 가지고 있는 BPD 환자는 과잉 활성화된 편도체 반응을 보인다(Herpertz et al., 2001). 편도체는 변연계의 한 부분이며 이상하거나 위험한 상황에 대한 경계를 높이고 위험의 가능성을 평가하는 역할을 한다. 두 개의 다른 연구(Donegan et al., 2003; Wagner & Linehan, 1999)는 통제 집단과 비교했을 때 BPD 환자들이 다양한 얼굴 표정에 대해 좌측 편도체가 유의미하게 더 큰 활성화를 보였다고 보고했다. 더 중요한 점은 BPD 환자들이 중립적인 표정을 부정적인 특성으로 귀인하려는 경향이 있었다는 것이다. 중립적 표정에 대한 표준화된 그림에 대해 BPD 환자들은 위협적이고, 신뢰할 수 없고, 비도덕적일 것이라고 보았다. 하지만 통제 집단의 피험자들은 그렇지 않았다. 과잉 활성화된 편도체는 상대적으로 온순한 정서 표현에 대해 과잉 경계적이고 지나치게 반응하는 경향과 관련이 있었다. 중립적 얼굴 표정에 대한 이와 같은 잘못된 해석은 아마도 BPD 환자들의 심리치료에서 일어나는 전이를 잘못 해석하는 것과 관련이 있을 것이다. 이러한 환자들은 치료자가 전문적이고 공감적으로 행동할 때조차도 '나쁜 대상' 전이를 발전시키는 경향이 있다.

BPD 환자가 보이는 부정적 전이 발달에 영향을 미치는 다른 요인은 과다 반응하는 시상하부-뇌하수체-부신(HPA) 축이다. Rinne 등(2002)은 덱사메사손(dexamethasone)/코르티코트로핀 분비 호르몬(Corticotropin-Releasing Hormone: CRH) 검사를 39명의 BPD 환자에게 실시하였다. 환자 집단에서 24명의 여성은 지속적인 아동기 학대의 역사를 가지고 있었고 15명은 아동기 학대의 역사가 없었다. 연구 결과, 만성적으로 학대를 경험한 BPD 환자는 학대를 경험하지 않는 집단과 비교했을 때, 덱사메사손/CRH 검사에서 부신피질자극 호르몬(Adrenocorticotropic Hormone: ACTH)과 코르티솔 반응이 유의미하게 높았다. 지속적인 아동기 학대의 역사는 과잉 반응하는 ACTH 방출과 관련이 있다고 결론을 내렸다.

과잉 반응하는 편도체와 관련이 있는 얼굴 표정에 대한 잘못된 해석과 마찬가지로, 우리는 지나치게 반응하는 HPA 축과 관련된 과잉 경계가 구체적인 대상관계에 기여한다고 추론할 수 있다. 이러한 패러다임은 [그림 8-1]과 같이 제시될 수 있다. 과잉 경계를 보이는 불안한 감정 상태는 박해하는 타인에 대한 인식과 희생되는 자기에 대한 인식을 연결시킨다. 심리치료의 함의 중 하나는 치료자가 악의적이라고 보는 환자의 망상 수준의 확신이 전략적으로 도전되어야 한다는 것이다. 다음의 예를 생각해 보자.

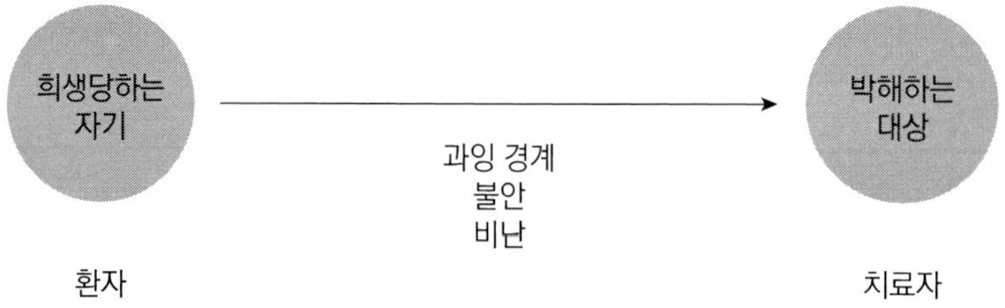


**[그림 8-1] 과잉 경계를 보이는 불안한 감정 상태가 박해하는 타인 및 희생당하는 자기에 대한 인식과 연결**

27세의 한 여성 BPD 환자가 그녀의 정서적 폭풍우를 이해하는 데 있어 나와의 의미 있는 치료 작업을 한 치료시간을 마치고 있었다. 그녀가 내 치료실 문 뒤에 있는 코트 걸이에 코트를 벗어 놓았는데, 치료시간이 끝나고 코트를 입으려는데 왼쪽 팔이 잘 들어가지 않았다. 나는 그녀에게로 가서 그녀가 쉽게 팔을 코트 속으로 넣을 수 있도록 코트 깃을 잡아 주었다. 그때 그녀는 갑자기 분노를 보이며 소리쳤다. "내가 할 수 있다고요!" 나는 뒤로 물러났고 스스로 하기를 원한다면 물론 좋다고 말했다. 그녀는 더 이상 어떤 말도 하지 않고 치료실을 떠났다.

다음 주에 돌아왔을 때 그녀는 지난주의 그 일에 대해서 어떤 언급도 하지 않았다. 내가 그 이야기를 꺼냈을 때 그녀는 오늘은 그렇지 않기 때문에 더 이상 그 이야기를 하고 싶지 않다고 했다. 그것을 논의할 이유가 없다는 것이다. "게다가 그건 내가 아니에요. 나는 그렇지 않아요." 나는 사실 그와 같은 점이 그녀에게 있다는 것을 설명했지만 어쨌든 그녀는 지난 시간의 일을 되돌아보고 싶어 하지 않았다. 그녀는 내가 자신을 옷도 하나 혼자서 입지 못하는 어린아이처럼 대하는 것처럼 느꼈다고 말했다. "그 상황에 대해서 혹시 다르게 볼 가능성은 없나요?"라고 내가 다시 물었다. 그녀는 내가 그녀를 어떻게 보았는지 확신하고 있다고 말했다. 나는 지속적으로 그녀에 대한 다른 관점을 탐색해 나갔다. 그녀는 더 이상 정서적으로 고통스럽지 않기에 치료자가 다른 의도가 있었다는 것을 인정할 수 있었다. 그녀는 어머니가 그녀를 어린아이를 대하듯 다루는 방식이 너무 싫었고 나와 그것을 반복하고 싶지 않다고 말했다. 그녀와 함께 이를 탐색한 몇 분 후에 해석적인 이해를 전달했다. "당신이 스스로 인정하지 않는 '내가 아닌' 부분이 있다고 인정한다면 당신은 내가(치료자) 그것을 모두 보게 될까 봐 걱정할 수 있습니다. 당신이 걱정하는 것은 당신 안에 사랑스러운, 긍정적인 부분이 분노로 파괴되고 내가 떠나 버리는 것인가 봅니다." 환자는 그 가능성을 곰곰이 생각했고 그것에 대해 생각해 봐야겠다고 말했다.

이 사례에서 나는 환자가 확실하다고 생각하는 그녀의 정서에 도전을 했다. 즉, 그녀는 오직 하나의 방식으로만 나를 바라보았는데 바로 어린아이로 취급하는 어머니로서 나를 본 것이다. 나는 그녀 자신과 다른 사람의 주관적 상태에 대해 정신화하는 능력을 강화하기 위해 다른 가능성에 대해 탐색하도록 도왔다. 그렇게 한 후, 나는 전이에서 일어나는 그녀의 두려움에 대한 해석적 이해를 제공했다. 즉, 그녀의 긍정적이고 사랑스러운 부분과 '나쁜' 부분을 통합할 때 증오가 바로 그 사랑을 파괴할 것이고 결국 내(치료자)가 떠날 것이라는 것이다. 이러한 치료적 노력을 통해 환자에게 일어난 것에 대해 성찰하도록 도왔고 다른 가능한 관점에 대해 볼 수 있도록 도왔다.

TFP와 MBT 둘 다 치료자가 상호작용에서 나온다는 인식과 결론에 따라 환자에 의한 성찰을 격려한다. Ochsner 등(2002)은 감정에 대해 재고하고 재평가하는 것이 공포와 같은 편도체 기반의 부정적 감정을 조절하는 역할을 하는 전전두엽 영역을 활성화한다고 했다. 치료활동에 대한 하나의 가능성은 정서적 상황과 그것의 의미를 성찰하고 숙고하는 것이 편도체의 과잉 활성화에 대한 전두엽의 통제를 높일 수 있다는 것이다.

BPD와 관련이 없는 한 연구는 생각하려는 의식적인 노력이 전두엽의 부피를 증가시킨다고 제안하였다. Peterson 등(1998)은 투렛 증후군 환자 중 일부는 틱의 전조 증상이 나타날 때 운동 틱을 의식적으로 억제할 수 있다는 것을 발견했다. 다른 환자들은 의식적으로 그것을 억제하는 것이 쉽지 않았다. 의식적으로 틱을 억제하려고 더 많이 노력하는 환자들은 운동 틱을 의식적으로 억제할 수 없는 환자들과 비교했을 때 실제로 전두엽의 부피가 더 증가하였다. 이러한 결과는 기능적 자기공명영상법에 의해 확인되었다. 전두엽 부피에서의 유사한 변화가 BPD 환자와의 치료활동으로도 나타나는지는 추후 연구되어야 한다.

후속 연구들은 BPD의 정서조절장애의 핵심이 전변연계망(Frontolimbic Network)일 것이라고 제안하였다(Schmahl & Bremner, 2006). 이 신경망은 전방대상 피질(ACC), 안와전두 피질(OFC), 배외측 전두피질, 해마 그리고 편도체를 포함한다. ACC는 정서 통제를 중재하는 데 관여하는 뇌 영역으로 알려져 있다. 연구들은 BPD 환자들은 스트레스 자극에 대한 반응에서 ACC가 활성화되지 않는다는 것을 보여 준다. ACC의 역기능은 아마도 BPD의 정서조절장애에서 핵심 요소인 것 같다.

Silbersweig 등(2007)은 전두 변연계의 기능장애에 관여하는 기제를 확인하기 위해 기발한 연구를 고안한 바 있다. BPD 환자들은 이탤릭체 단어가 아닌 정체 단어에만 버튼을 누르라는 지시를 받았다. 예상할 수 있듯이 BPD 환자들은 통제 집단과 비교했을 때 더 충동적이었는데, 특히 부정적인 단어에서 그랬다. 통제 집단과 달리, BPD 환자들은 편도체의 활동이 증가하였고 하부 대상 그리고 내측 OFC에서 감소된 활동을 보였다. 또한 부정적 단어에 대한 반응에서 BPD 환자들은 배측 ACC에서 증가된 활동을 보였다. 따라서 그들이 충동 통제를 연습할 수 없었다고 해도 이러한 발견은 그들이 충동 통제를 관찰하는 데 다른 방식들을 투입할 필요가 있다는 것을 알았다는 것을 시사한다.

신경영상 자료는 BPD 환자의 정서조절장애를 줄이는 것을 돕기 위한 심리치료적 개입에 대해 전두엽과 ACC가 목표 영역이라고 결론 내렸다.

치료활동과 신경생물학적 관련성을 이해하는 다른 기여는 학습의 신경생물학이 변화의 시간표와 관련이 있다는 것이다. Wiltgen 등(2004)은 통찰과 반복되는 경험이 과거에 학습되어 온 것을 변화시키는 데 상당히 차별화별된 그리고 다른 효과를 보인다는 것을 강조하였다. 해마 학습에 기반을 둔 통찰은 새로운 정보를 보고 새로운 상황에 적응하는 데 꽤 빠르게 새로운 방식을 제공한다. 그러나 다른 신경들의 연결은 암묵적이고, 해마와 관련이 없는 학습에 근거하고, 의식적으로 이루어지지 않으며, 주의가 이동되면 쉽게 회복되는 능력을 가지고 있지 않다. 이러한 형태의 신경 연합은 생애 초기에 강렬한 반복된 경험을 통해 발전되는데, 해석과 통찰에도 불구하고 강하게 남아 있을 것이다. 그래서 명시적 · 서술적 기억 체계는 통찰을 통해 변화할 수 있는 반면 암묵적 · 절차적 기억은 성취하려는 변화를 위해서 지속적인 확장된 시간 동안 다양한 노출이 필요하다(Folensbee, 2007).

구조적 변화는 종종 자아의 강화와 초자아의 수정으로 간주된다. 그러나 신경망에 대한 이해가 커지면서 뇌에서 일어나는 것을 통해 변화가 이해될 수 있다는 것을 알게 되었다. 반복되는 경험을 통해, 감정 상태와 관련이 있는 대상과 자기에 대한 어떤 표상은 신경망에 포함된다. 화가 날 때 반복적으로 아들을 때린 아버지와 같이, 반복적으로 일어난 것은 자동적으로 위협이 일어날 때 활성화된다. 시간에 걸쳐 심리치료는 내면화를 위해 관계의 새로운 모델을 제공할 수 있다. 이런 식으로 이전의 대상 표상과 자기표상과 연관된 신경망은 점진적으로 약화되는 반면 새롭게 연합된 연결은 강화된다. 학대적인 사람 대신 부드럽고 돌보는 인물인 심리치료자에게 반복적으로 노출함으로써 강화된다. 의식적인 자기성찰 능력은 환자가 일단 무의식적 역동이 이해되면 그것을 무시하도록 도우며 관련된 것을 새롭게 설정하도록 돕는다. 그래서 오래된 신경망이 사라지는 것은 아니지만 상대적으로 약해지는 반면 새로운 대상관계를 함유하고 있는 새로운 신경망은 강화된다.

## 핵심적 임상 개념

- 치료활동에 대해 알고 있는 것을 요약하면 치료 변화에 있어 하나의 길만이 있는 것은 아니라는 결론을 내릴 수 있다.
- 다양한 심리치료 모델이 경계선 성격장애 환자들에게 효과적일 수 있다.
- 변화의 원칙과 그 변화를 일으키는 어떤 기법들이 모든 환자에게 유용할 수 있다. 반면, 다른 것들은 어떤 사람들에게만 유용할 수 있다.
- 손상된 대상관계를 가진 환자들은 해석적 기법에 잘 반응할 수 있다. 그래서 엄격하게 말해 지지적 기법이 경계선 정신병리를 보이는 모든 환자에게 필요하다고 생각하는 것은 확실하지 않다.
- 전이초점치료와 정신화 기반 치료 둘 다 정신화 능력을 개선할 수 있다.
- 공고한 치료 동맹은 모든 형태의 심리치료에 핵심적이다.
- 전이 해석은 경계선 성격장애의 정신역동치료에서 고위험, 고이득 전략이다.
- 구조적 변화라는 것은 오래된 네트워크를 약화시키는 반면 치료에서 형성된 새로운 네트워크 그리고 다른 긍정적인 관계를 강화시키는 것이다.
- 신경생물학적 연구는 통찰이 해마 학습과 관련된 현상에 영향을 준다고 제안한다. 하지만 시간에 걸쳐 새로운 경험을 반복하면 초기 외상과 같은 비해마 학습으로부터 나온 문제들에 대해 더 변화가 일어나기 쉽다.

## 추천 도서

Bateman A, Fonagy P: Mentalization-Based Treatment for Borderline Personality Disorder: A Practical Guide. Oxford, UK, Oxford University Press, 2006

Clarkin JF, Yeomans FE, Kernberg OF: Psychotherapy for Borderline Personality Disorder. New York, Wiley, 1999

Gabbard GO: Gabbard's Treatments of Psychiatric Disorders, 4th Edition. Washington, DC, American Psychiatric Publishing, 2007

Gunderson JG, Links PS: Borderline Personality Disorder: A Clinical Guide, 2nd Edition. Washington, DC, American Psychiatric Publishing, 2008

Horwitz L, Gabbard GO, Allen J, et al: Borderline Personality Disorder: Tailoring the Psychotherapy to the Patient. Washington, DC, American Psychiatric Press, 1996

## 참고문헌

Abend SM: Expanding psychological possibilities. Psychoanal Q 70:3-14, 2001

Bateman A, Fonagy P: Effectiveness of partial hospitalization in the treatment of borderline personality disorder: a randomized controlled trial. Am J Psychiatry 156:1563-1569, 1999

Blatt SJ, Ford TQ: Therapeutic Change: An Object Relations Perspective. New York, Springer, 1994

Clarkin JR, Levy KN, Lenzenweger MF, et al: Evaluating three treatments for borderline personality disorder: a multiwave study. Am J Psychiatry 164:922-928, 2007

Cooper AM: Concepts of therapeutic effectiveness in psychoanalysis: a historical review. Psychoanalytic Inquiry 9:4-25, 1989

Donegan NH, Sanislow CA, Blumberg HP, et al: Amygdala hyperreactivity in borderline personality disorder: implications for emotional dysregulation. Biol Psychiatry 54:1284-1293, 2003

Folensbee RW: The Neuroscience of Psychological Therapies. Cambridge, UK, Cambridge University Press, 2007

Gabbard GO: Psychodynamic Psychiatry in Clinical Practice, 4th Edition. Washington, DC, American Psychiatric Press, 2005

Gabbard GO: Long-Term Psychodynamic Psychotherapy: A Basic Text. Washington, DC, American Psychiatric Publishing, 2004

Gabbard GO: When is transference work useful in dynamic psychotherapy? Am J Psychiatry 163:1667-1669, 2006

Gabbard GO: Do all roads lead to Rome? New findings on borderline personality disorder. Am J Psychiatry 164:853-855, 2007

Gabbard GO, Westen D: Rethinking therapeutic action. Int J Psychoanal 84:823-841, 2003

Gabbard GO, Horwitz L, Allen JG, et al: Transference interpretation in the psychotherapy of borderline patients: a high-risk, high-gain phenomenon. Harv Rev Psychiatry 2:59-69, 1994

Giesen-Bloo J, van Dyck R, Spinhoven P, et al: Outpatient psychotherapy for borderline personality disorder: randomized trial of schema-focused therapy vs. transference-focused therapy. Arch Gen Psychiatry 63:649-658, 2006

Greenberg J: Theories of therapeutic action and their technical consequences, in The American Psychiatric Publishing Textbook of Psychoanalysis. Edited by Person ES, Cooper AM, Gabbard GO. Washington, DC, American Psychiatric Publishing, 2005, pp 217-228

Gunderson JG, Bateman A, Kernberg O: Alternative perspectives in psychodynamic psychotherapy of borderline personality disorder: the case of "Ellen." Am J Psychiatry 164:1333-1339, 2007

Herpertz SC, Dietrich TM, Wenning B, et al: Evidence of abnormal amygdala functioning in borderline personality disorder: a functional MRI study. Biol Psychiatry 50:292-298, 2001

Høglend P, Amlo S, Marble A, et al: Analysis of the patient-therapist relationship in dynamic psychotherapy: an experimental study of transference interpretations. Am J Psychiatry 163:1739-1746, 2006

Høglend P, Bøgwald K-P, Amlo S, et al: Transference interpretations in dynamic psychotherapy: do they really yield sustained effects? Am J Psychiatry 165:763-771, 2008

Horvath AD, Symonds BD: Relation between working alliance and outcome in psychotherapy: a meta-analysis. J Couns Psychol 38:139-149, 1991

Jacobs TJ: The corrective emotional experience—its place in current technique. Psychoanalytic Inquiry 10:433-454, 1990

Killingmo B: Conflict and deficits: implications for technique. Int J Psychoanal 70:65-79, 1989

Levy KN, Meehan KB, Clarkin JF, et al: Change in attachment patterns and reflective function in a randomized controlled trial of transference-focused psychotherapy for borderline personality disorder. J Consult Clin Psychol 74:1027-1074, 2006

Linehan MM, Comtois KA, Murray AM, et al: Two-year randomized controlled trial and follow-up of dialectical behavior therapy vs therapy by experts for suicidal behaviors and borderline personality disorder. Arch Gen Psychiatry 63:757-766, 2006

Martin DJ, Garske JP, Davis MK: Relation of the therapeutic alliance with outcome and other variables: a meta-analytic review. J Consult Clin Psychol 68:438-450, 2000

Norcross JC: Toward the delineation of empirically based principles in psychotherapy:

commentary on Beutler. Prevention and Treatment 3:1-5, 2000

Ochsner KN, Bunge SA, Gross JJ, et al: Rethinking feelings: an fMRI study of the cognitive regulation of emotion. J Cogn Neurosci 14:1215-1229, 2002

Peterson BS, Skudlarski P, Anderson AW, et al: A functional magnetic resonance imaging study of tic suppression in Tourette syndrome. Arch Gen Psychiatry 55:326-333, 1998

Pine F: Diversity and Direction in Psychoanalytic Technique. New Haven, CT, Yale University Press, 1998

Piper WE, Azim HF, Joyce AS, et al: Transference interpretations, therapeutic alliance, and outcome in short-term individual psychotherapy. Arch Gen Psychiatry 48:946-953, 1991

Poland WS: The analyst's witnessing and otherness. J Am Psychoanal Assoc 48:16-35, 2000

Pulver SE: Psychic change: insight or relationship? Int J Psychoanal 73:199-208, 1992

Rinne T, de Kloet ER, Wouters L, et al: Hyperresponsiveness of hypothalamicpituitary-adrenal axis to combined dexamethasone/corticotropin-releasing hormone challenge in female borderline personality disorder subjects with a history of sustained childhood abuse. Biol Psychiatry 52:1102-1112, 2002

Schmahl C, Bremner JD: Neuroimaging in borderline personality disorder. J Psychiatr Res 40:419-427, 2006

Silbersweig D, Clarkin JF, Goldstein M, et al: Failure of frontolimbic inhibitory function in the context of negative emotion in borderline personality disorder. Am J Psychiatry 164:1832-1841, 2007

Spitzer RL, Williams JBW, Gibbon N, et al: Structured Clinical Interview for DSM-III-R Personality Disorders (SCID-II). Washington, DC, American Psychiatric Press, 1990

Stern DN, Sander LW, Nahum JP, et al: Non-interpretive mechanisms in psychoanalytic therapy: the "something more" than interpretation. Int J Psychoanal 79:903-921, 1998

Wagner AW, Linehan MM: Facial expression recognition ability among women with borderline personality disorder: implications for emotion regulation? J Pers Disord 13:329-344, 1999

Wallerstein R: Forty-Two Lives in Treatment. New York, Guilford, 1986

Wiltgen BJ, Brown RA, Talton LE, et al: New circuits for old memories: the role of the neocortex in consolidation. Neuron 44:101-108, 2004

Yeomans F: Questions concerning the randomized trial of schema-focused therapy vs transference-focused psychotherapy (letter). Arch Gen Psychiatry 64:609-610, 2007

제9장
# 자기애성 성격장애의 치료

Otto F. Kernberg, M.D.

## 정의와 분류

전통적인 정신분석적 메타심리학 관점에서는 자기애(narcissism)를 자기(self)에게 리비도가 투자된 것으로 정의한다. 자기애적 리비도(Narcissistic Libido)는 자기에게 투자된 리비도이다. 비록 공격성과 함께 리비도가 기본적 추동 중의 하나라는 전통적인 관점이 정신분석에서 의문을 받고 있더라도, 감정적으로 긍정적 혹은 보상적 투자와는 대조적으로 자기는 하나의 체계로서 자아의 하부 구조이다. 그 하부 구조는 다른 인간 존재(대상)와의 경험을 통해 발달하는 자기표상들의 통합을 반영하는 구조이다. 재개념화하자면, 자기애적 리비도는 자아 체계의 하부 구조인 자기에게 투자된 긍정적인 감정의 총합이며 '추동' 리비도의 총합과 같다. 대상 리비도(Object Libido)는 대상과 대상에 대한 정신적 표상에 투자된 긍정적 감정의 총합으로, 자기애적 리비도와 역동적으로 관련되어 있다.

임상적 수준에서 본다면 자기애는 자기존중감 또는 자기관심을 정상적으로 조절하느냐 또는 병리적으로 조절하느냐에 따라 정의 내릴 수 있다. 자기존중감 또는 자기관심의 경우, 개인이 타인과의 관계에서 만족을 경험하느냐 또는 좌절을 경험하느냐에 따라서 일반적으로 변화될 수 있는 것이며, 목표(포부)와 실제 성취(성공) 사이의 격차를 어떻게 평가하느냐에 따라서 자연적으로 변화될 수 있다. 그러나 임상적 경험에서 말하자면, 자기존중감, 기분 상태, 다양한 자기표상 간의 관계는 통합되거나 분리될 수 있으며 내적 대상관계들의 변동은 매우 복잡하다.

자기존중감에 대한 조절은 초자아가 자아에 가하는 압력에 달려 있다. 냉혹한 초자아는 무의식적으로 완벽을 요구하고 유치한 것을 금지하기 때문에 자기존중감에 훼손을 가할 수 있다. 또한 자기존중감에 대한 조절은 리비도와 공격적인 본능 욕구가 충족되지 못할 때 영향을 받는다. 더구나 자기존중감 조절은 리비도가 투자된 대상들에 의해 영향을 받는다. 리비도가 투자된 대상 표상은 사랑하고 사랑받는 이미지를 강화시킨다. 그러나 공격성을 둘러싼 지나친 갈등은 타인에 대한 리비도 투자를 약화시키고, 대상 표상에 영향을 미쳐서 자기(self)와 자기사랑(self-love)에 대한 리비도 투자를 약화시킬 수 있다.

일반적으로 자기애는 정상적인 성인의 자기애, 정상적인 유아기적 자기애 그리고 병리적 자기애로 분류하는 것이 유용하다. 정상적인 성인의 자기애의 특징은 정상적으로 자기존중감을 조절할 수 있다는 것이다. 정상적인 자기 구조, 전체적 또는 잘 통합된 내적 대상 표상, 성숙한 초자아 그리고 안정된 대상관계와 가치 체계 맥락 안에서 본능적 욕구의 충족이 일어난다.

정상적인 유아기적 자기애 목표(유아기적 자기존중감 조절 기제)로 고착되거나 퇴행하는 것은 모든 성격병리의 중요한 특성이기 때문에 정상적인 유아기적 자기애의 이해가 중요하다. 정상적인 유아기적 자기애는 연령에 적절한 만족을 통해 자기존중감을 조절한다. 또한 정상적인 유아기적 자기애는 유아의 가치 체계, 요구 그리고/혹은 금지를 포함하거나 내포한다. 가장 경미한 병리적 자기애 유형은 정상적인 유아기의 자기애 수준의 기능으로 고착 또는 퇴행하는 것으로 이해될 수 있다. 이러한 경미한 병리적 자기애 유형의 경우, 자기존중감의 조절은 정상적으로는 포기되는 유치한 만족을 표현하거나 혹은 그에 대해 방어하는 것에 달려 있는 것 같다. 빈번하게 발생하지만 비교적 경미한 병리적 자기애 유형은 우리의 관심사가 아니다.

비교적 드물지만 좀 더 심각한 자기애 유형을 병리적 자기애라고 한다. 이러한 병리적 자기애에 대해서 Freud(1914/1957)는 처음으로 '자기애적 대상 선택(narrcissistic object choice)'이라고 묘사했다. 즉, 환자의 자기는 대상과 동일시되며, 환자의 유아기적 자기표상은 동시에 그 대상에게 투사된다. 자기와 대상의 기능이 교환 가능한 리비도적 관계를 형성하게 되는데 종종 동성애 남성과 여성에게서 발견된다. 그들은 사랑받기를 원했던 그 방식대로 타인을 사랑한다.

가장 심한 병리적 자기애 유형은 자기애성 성격장애(Narcissistic Personality Disorder)에 부합한다. 이러한 병리적 자기애는 정신의학 분야에서 가장 다루기 어려운 증후군 중의 하나이다. 자기애성 성격장애는 이 장의 나머지 부분에서 초점을 맞추어 다룰 것이다. 병리적 자기애 성격장애는 병리적 거대자기가 핵심인 특정 성격병리이다.

## 임상적 증후군

자기애성 성격장애를 가진 개인들은 임상적으로 심각성에서 세 수준으로 나눌 수 있다. 가장 경미한 수준은 신경증으로 일반적으로 정신분석에 적합한 지표를 보인다. 전형적으로 그들은 성격병리(character pathology)와 깊이 연관되어 있는 중요한 증상 때문에 치료를 받으러 온다. 따라서 성격장애의 치료는 적절하지 않을 수 있다. 또한 그 수준에 있는 다른 자기애성 환자들의 경우, 자기애적 성격 구조를 수정하거나 해결하려는 시도 없이 치료될 수 있는 증상을 가지고 있다. 이상의 모든 자기애성 환자는 일반적으로 기능을 잘 수행한다. 하지만 이들 환자는 장기간의 친밀한 관계나 장기간의 직업이나 일적인 상호작용에서 주요 문제를 보인다. 좀 더 심각한 수준의 자기애 유형은 다양한 임상적 발현과 함께 전형적인 증상을 나타낸다. 이 수준의 환자는 성격장애의 치료가 반드시 필요하며, 전형적인 정신분석을 받느냐 또는 정신분석적 심리치료를 받느냐는 개인이 어느 치료에 더 적응적이냐에 달려 있다. 가장 심각한 자기애성 성격장애 수준의 경우, 환자는 경계선 수준에서 기능한다. 이러한 환자들은 자기애성 성격장애의 전형적인 증상이 모두 나타날 뿐만 아니라 전반적으로 불안에 대한 감내가 부족하며, 충동 조절의 문제 그리고 승화의 기능(예: 생존 욕구를 충족하는 것 이상으로 생산성과 창조적 능력을 발휘)에서 심각한 손상을 보인다. 그들은 일반적으로 과업과 일적인 면이나 친밀한 애정관계를 확립하고 유지하는 데 있어 만성적 실패를 경험한다. 심각성 수준에서는 동일하지만 또 다른 환자 집단은 경계선 특징을 보이지 않으면서 심각한 반사회적 행동을 보인다. 이들은 예후적인 면에서 경계선 수준으로 기능하는 사람들과 똑같은 범주로 분류된다.

경미한 수준의 자기애성 환자이든, 심각한 자기애성 환자이든 모두 정신분석적 치료, 전이초점치료에 적절할 수 있다. 단, 개인사적인 이유로 전이초점치료가 맞지 않는다면, 지지적 접근이나 인지행동적 접근이 치료의 대안이 될 수 있다(O.F. Kernberg, 2004; Levy et al., 2005). 주로 수동적이고 기생적인 패턴을 보이는 반사회적 행동을 보이는 환자들은 심각한 자살이나 유사 자살 행위 또는 타인에게 공격을 가하는 환자들보다 자신과 치료자에게 덜 위협적이다. 타인 또는 자신에게 향하는 공격성은 악의적 자기애 유형에서 보이는 공격적인 반사회적 행동의 전형이다. 악의적인 자기애 증후군은 자기애 성격장애뿐만 아니라 심각한 반사회적 행동, 중요한 편집증적 경향, 자아동질성, 자기를 향한 공격성 또는 타인을 향한 공격성을 포함한다.

이제 자기애성 성격장애의 주요한 특징에 대해서 살펴보자. 특히 중간 정도의 심각성 수준을 가진 자기애성 성격장애의 특징을 간단하게 정리해 보면 다음과 같다(O. G. Kernberg, 1997).

① 자기 병리. 환자는 지나친 자기중심성, 칭송하는 타인에 대한 과도한 의존성, 성공과 거대성에 대한 강렬한 환상, 고양된 자기이미지에 반하는 현실의 회피, 이러한 거대성 혹은 특별한 느낌을 혼란시키는 강한 불안정성을 보인다.

② 타인과 관계 병리. 환자는 의식적 · 무의식적으로 타인을 시기하면서 고통을 겪는다. 그들은 탐욕적이고, 타인을 착취하며, 타인에 대한 특권의식을 갖고 평가절하를 하는 경향이 있다. 타인을 숭배하고자 하는 욕구는 있지만 실제로 타인에게 의존하지는 못한다. 타인에 대한 공감 능력이 현저하게 떨어지며, 피상적인 정서로 삶을 산다. 타인과의 관계에 전념하거나 공유된 목표 또는 합의된 목적을 향해 협력하는 능력이 결여되어 있다.

③ 초자아 병리(의식적 · 무의식적으로 내면화된 가치 체계). 비교적 좀 더 경미한 초자아 병리의 경우, 환자는 슬퍼하고 애도하는 능력에서 결함을 보인다. 자기존중감은 한계가 있고 초점이 있는 자기비판보다는 심각한 기분 동요에 달려 있다. 즉, 그들은 죄책감을 심어 주는 문화보다는 '수치심'을 불러일으키는 문화에 영향을 받으며 그들의 가치는 어린애 같은 유치한 특성을 지닌다. 좀 더 심각한 초자아 병리의 경우, 애도 능력에서 결함을 보이는 것뿐만 아니라 만성적으로 반사회적인 행동을 하며 모든 대인관계에서 무책임한 모습을 보인다. 타인에 대한 고려가 부족할 뿐만 아니라 타인을 평가절하하는 자신의 행동에 대한 죄책감 또는 후회하는 능력이 결여되어 있다. 이전에도 언급했듯이, 가장 심각한 초자아 병리는 악의적

인 자기애 증후군의 특징을 보인다. 즉, 자기애성 성격장애, 반사회적 행동, 자아 동질적인 공격성(자기와 타인에 대한 공격성)과 두드러지는 편집 경향을 나타낸다.

④ 만성적인 공허감과 지루함. 이러한 환자의 기본적인 자기상태는 만성적으로 공허감과 지루함을 느낀다는 것이다. 이로 인해 자극을 갈망하고 인위적인 자극으로 감정을 느끼려는 바람을 가지게 되어서 약물을 사용하게 되고 결과적으로 물질 남용 및 의존에 취약할 수 있다.

자기애성 성격장애를 가진 환자는 전형적으로 성적 문란 또는 성적 억압, 약물 및 알코올 의존, 사회적 기생, 심각한 자살 시도와 유사 자살 시도 등의 복잡한 문제들을 보인다. 또한 심각한 스트레스 상황이나 퇴행이 일어나는 상황에서, 심각한 편집증적 경향과 단순한 정신증적 삽화를 보이기도 한다.

## 자기애성 성격장애와 반사회성 성격장애

반사회성 성격장애는 가장 심각한 자기애성 성격병리 형태이다. 즉, 반사회성 성격장애는 초자아 기능이 극도로 부재한 자기애성 성격장애로 정의 내릴 수 있다. 임상적으로 전형적인 반사회성 성격은 공격형과 수동-기생형으로 나눌 수 있다(Henderson, 1939; Henderson & Gillespie, 1969).

모든 반사회성 성격장애 환자를 면밀히 살펴보면 그들은 이미 초기 아동기부터 반사회성 성격장애 증후가 나타났다는 것을 알 수 있다. DSM-IV(American Psychiatric Association, 1994))는 아동기의 품행장애와 성인기의 반사회성 성격장애를 구분할 때 18세로 인위적인 연령 한계를 설정(반사회성 성격장애는 18세 이상으로 규정)해 버렸다. 품행장애와 반사회성 성격장애의 이러한 분리는 반사회성의 연속성을 간과한 것이다(Hare, 1970; Hare & Shalling, 1978; P. F. Kernberg, 1989). 정신병리나 임상적 관점에서 보면 품행장애와 반사회성 성격장애를 구별하는 것은 터무니없는 일이다. 모든 연령에서의 반사회성 성격장애에 대한 중요한 함의점을 제시해 보면, 주요한 반사회적 행동을 보이는 청소년을 검사하는 임상가는 반사회성 성격장애로 진단할 준비가 되어 있어야 한다. 나는 초기 연구에서 반사회성 성격장애, 악의적인 자기애 그리고 자기애성 성격장애 사이의 진단적 차이를 탐색했는데(O. F. Kernberg, 1989), 전형적인 반사회성 성격장애의 주요 특성에 대해서 다음과 같이 간단하게 요약할 수 있다. 이는 임상가로 하여금 반사회성 성격장애와 반사회적 행동을 보이는 악의적인 자기애와 덜 심각한 자기애성 성격장애 간의 구분을 가능하게 해 줄 것이다.

수동-기생형 반사회성 성격장애의 경우, 일반적으로 초기 아동기 동안은 눈에 잘 띄지 않는다. 가족이나 주변 사람들이 반사회적 특성을 가지고 있다면 그들의 반사회적 행동은 문화적으로 허용되는 패턴일 것이다. 예를 들면, 학교에서 아동이 일찍부터 부정행위를 하거나, 도둑질을 하거나, 습관적으로 거짓말을 하는 경우, 심각한 가족 병리가 있는 환경에서는 이런 행동을 심각하게 생각하지 않는다. 반면에, 비교적 안정되고 건강한 가족환경에서는 아동의 이러한 반사회적 행동이 눈에 띄게 된다. 반사회성 성향 또는 심각한 자기애성 병리를 가진 부모는 타인을 조종하고, 착취하고, 거짓말하고, 도둑질하고, 학교에서 부정행위를 하는 것이 특징인 수동-기생형 아동의 반사회적 행동을 손쉽게 은폐해 버린다.

반사회성 성격장애의 공격적 유형의 경우, 아동의 공격 행동이 사회적 환경에 즉각적으로 영향을 주기 때문에 인식되기 쉽다. Paulina Kernberg(1989)에 의하면, 아동기의 반사회성 성격장애의 공격적 유형은 초기 아동기부터 극도의 공격성으로 나타나며 형제자매, 동물, 물건에까지 다방면에 걸쳐 폭력적이고 파괴적인 행동을 보이는 것이 특징이다. 부모는 보통 이러한 아동을 두려워한다. 이러한 아동은 감정을 느끼지 않고 공격적 표현을 하며, 타인을 만성적으로 조종하고, 편집증적인 경향을 보인다. 또한 그들은 친구관계를 유지하지 못하며 때때로 집에서나 학교의 동아리에서 공포정치를 하는 것처럼 군림한다. 부모는 종종 정신건강 전문가에게 그런 행동을 할 수밖에 없었던 상황의 심각성을 설득하지 못한다. 초기 청소년기에는 공격성이 가족 범위를 넘어 확장하면서 범죄 행동까지 저지를 수 있게 된다.

진단적 관점에서 보면, 반사회성 성격장애의 핵심적인 특성은 다음과 같다. 첫째, 자기애성 성격장애가 나타나야 한다. 둘째, 공격적 유형의 반사회성 성격장애의 경우, 악의적 자기애의 징후들이 있어야 한다. 이에 반해 수동-기생형 반사회성 성격장애의 경우, 폭력은 나타나지 않고 오직 거짓말하기, 부정행위, 도둑질, 타인 착취 같은 수동적이며 착취적인 행동이 나타난다. 셋째, 과거사를 면밀히 평가해 보면 초기 아동기부터 반사회적 행동이 시작되었다.

넷째, 반사회성 성격장애 환자는 근본적으로 그들의 해로운 행동에 대해서 죄책감이나 후회를 보이지 않는다. 그들은 금지된 행동이 발각되었을 때만 한탄을 표현한다.

하지만 그들의 금지된 행동이 누군가에게 발각되지 않는다고 믿는 한 후회하거나 죄책감을 느끼지 않는다. 또한 그들은 진단을 하는 임상가의 도덕적 측면을 동일시할 수 없다. 그들은 타인의 동기와 행동을 평가하는 데 있어서 어느 정도까지는 능숙하지만, 윤리적 동기를 갖는 것은 그들에게 낯선 것이어서 이 문제를 탐색하게 되면—예를 들어, 치료자가 그들의 반사회적 행동에 반응하는 것을 어떻게 이해하고 있는지를 질문한다면—잔인하고 착취적인 행동으로 야기되는 슬픔, 염려, 도덕적 충격에 상상할 수 없는 놀라운 무능력을 보인다.

다섯째, 반사회성 성격장애 환자는 타인을 착취하는 방식으로 관계를 맺는다. 그들은 사람뿐만 아니라 애완동물에까지 무심하고 냉혹하게 대한다. 그들은 어떠한 감정도 느끼지 못한 채 사람이나 동물을 학대하고 버린다. 여섯째, 그들은 자신에 대해 관심이 결여된 것처럼 타인에 대해서도 관심이 결여되어 있다. 그들은 시간, 미래, 계획에 대한 인식도 부족하다. 그들은 탁월한 단기계획을 세워서 구체적인 반사회적 행동을 수행하는 반면, 축적된 반사회적 행동의 장기적 영향에 대해서는 정서적으로 무심하며 전적으로 무시한다. 미래에 대한 인식을 위해서는 자아 기능과 초자아 기능이 필요한데, 그들은 자아 기능과 초자아 기능이 결여되어 있다.

일곱째, 반사회성 성격장애 환자는 의미 있는 타인에게 감정적 투자를 하지 않는다. 자기에 대한 정상적 사랑의 결여를 보이고 반항적이고 두려움 없이 자기를 표현하거나 궁지에 몰렸을 때 자기파괴적 행동과 충동적으로 자살 시도를 하는 경향이 있다. 강렬한 적개심의 영향으로 인해 타인을 향한 심한 공격성과 살인을 저지르는 위험성까지 보이기도 한다.

여덟째, 반사회성 성격장애 환자는 우울한 애도와 슬퍼하는 능력이 현저하게 떨어지며 불안에 대한 감내도 매우 낮다. 따라서 외부 구조에 의해서 위협 또는 통제를 당한다고 느낀다면 새로운 증상 또는 반사회적 행동이 즉각적으로 나타난다.

아홉째, 반사회성 성격장애 환자는 경험을 통해서 배우거나 또는 치료자에 의해 제공되는 정보나 정신적 지지를 받아들이는 능력이 현저하게 떨어진다. 그 무엇에게도 영향을 받지 않는 모습 이면에는 모든 가치 체계를 철저하게 평가절하하는 성향이 있기 때문이다. 이러한 환자에게 삶은 계속 진행되고 있는 투쟁의 장이다. 즉, 그들은 늑대들끼리 혹은 늑대들과 양의 탈을 쓴 늑대들 사이에서 고군분투하고 있는 장으로 삶을 인식한다.

마지막으로, 반사회성 성격장애 환자는 사랑에 빠질 수 없다. 그들은 성과 부드러움을 통합하는 경험을 할 수 없다. 그들의 성행위는 기계적이며 영원히 불만족스럽다. 반사회성 성격장애 환자들의 가학적 변태적 행동이 고착화되면 타인들에게 매우 위험하다. 타인에 대한 연민의 부재와 초자아 발달의 결여에 심각한 공격성까지 결합된다면 성관계 맥락에서 살인뿐만 아니라 집단 살인의 정신병리가 일어날 수 있다.

반사회성 성격장애 환자와의 진단적 면담에서 그들이 타인을 조종하고 병리적 거짓말을 하고 시시각각 달라지는 합리화를 하는 것을 Paulina Kernberg가 '입체적인 사람'이라고 명명한 것을 참조할 수 있다. 즉, 그들은 믿을 수 없을 정도로 시시각각 급격하게 변화하며 자기 자신과 그들의 삶 그리고 타인과의 상호작용에서 전적으로 모순된 이미지를 자아낸다. 사례에 대한 진단적 평가를 위해서는 환자의 모든 과거사를 수집해야 한다. 왜냐하면 과거사를 통해 환자가 과거의 다양한 상황에서 급격한 변화가 일어나는지를 확인할 수 있고 치료자와의 상호작용뿐만 아니라 의미 있는 타인과의 상호작용을 관찰할 수 있기 때문이다. 그리고 외부적인 관찰 자료 및 정보와 환자가 실제 말하는 것 사이를 비교하기 위해서 내담자의 전체 사회적 내력을 수집해야 한다.

이러한 환자의 과거사를 탐색할 때는 요령 있는 질문을 포함해야 한다. 어떤 구체적 상황에서 예상할 수 있는 반사회적 행동을 왜 하지 않았는지 물어야 한다. 이를 통해 환자가 자기 자신을 정직하고 신뢰할 만한 개인으로 묘사하려고 노력하는 반면, 윤리적 체계와 동일시할 능력이 결여되어 있음이 밝혀진다. 진단하고 있는 치료자에게 자연스럽게 거짓말을 하는 환자는 처벌을 받지 않는 방식 안에서 자신과 직면해야 한다. 따라서 치료자는 환자가 죄책감, 후회 또는 수치심을 어느 정도 느낄 수 있는지를 평가할 수 있다. 수동-기생적 경향을 가진 자기애성 성격장애 환자는 공격적 유형이 가진 유사한 일반적 특성을 보일 것이다. 다만 그들은 타인, 물건, 동물이나 자기에 대한 직접적인 공격적인 폭행은 보이지 않는다. 전형적인 반사회성 성격 특성이 없는 악의적인 자기애 환자들은 죄책감, 자기에 대한 관심, 비착취적 관계를 맺을 수 있는 능력을 가지고 있으며 진정한 초자아의 기능도 어느 정도 존재하며 의존 능력도 보인다. 따라서 그들의 진단은 더 좋게 내려질 수 있다.

반사회적 행동 자체로 진단을 할 수는 없다. 반사회적 행동은 경계선 성격 조직과 다른 성격장애를 가진 환자들에게도 나타나며, 신경증 성격 조직을 가지고 건강한 자아 기능을 가진 신경증 환자 일부에서도 나타날 수 있다. 반사회적 행동은 때로는 청소년기에 나타나는 강한 반항적 특성을 보이는 신경증을 반영하며, 심지어 병리적 사회의 하위 집단에서는 정상적인 적응으로 간주되기도 한다. 이 모든 사례의 기저에 있는 성격병리나 신경증에 대한 심리치료의 경우 반사회적 행동은 좋은 예후를 보인다. 따라서 반사회적 행동을 보이는 청소년 환자들의 경우 정체감 혼란 증후군, 자기애성 성격장애, 악의적인 자기애 증후군, 전형적인 반사회성 성격은 배제하는 것이 필요하다.

# 치료적 접근

## 일반적인 고려사항

앞서 언급했듯이, 자기애성 성격장애의 정신분석적 지표와 치료 양식은 질환의 심각도와 개인의 특정 증상과 성격병리 간의 결합 정도에 따라 다양하다. 전형적인 정신분석이나 정신분석적 심리치료의 일반적 기법은 자기애성 환자와의 전이/역전이 어려움을 다루기 위해서 수정되거나 특정 접근법을 통해 질적으로 향상되어야 한다(Koenigsberg et al., 2000). 이러한 다양한 치료의 양식과 치료 양식 간의 차이에 대해서는 여기서 깊게 다루지 않을 것이다. 나는 자기애성 성격장애의 치료에서 전형적으로 대두되는 문제와 우리가 탐색하게 될 '거의 치료가 되지 않는 자기애성 환자'의 치료에서 만나게 되는 주요한 문제 그리고 정신분석치료의 전 스펙트럼 내에서 특정 기법이 필요한 특수한 문제들에 대해 자세히 설명할 것이다.

자기애성 환자의 핵심 문제는 치료자를 의지할 수 없다는 것인데, 그들이 치료자에게 의존하는 것을 굴욕으로 느끼기 때문이다. 의존에 대한 두려움은 종종 무의식적으로 일어나며, 치료를 전지전능하게 통제하려고 함으로써 의존에 대한 두려움에 방어하고자 한다(O. F. Kernberg, 1984; Rosenfeld, 1987). 임상적으로 환자가 치료를 전지전능하게 통제하려는 모습은 '자기분석'의 형태로 나타나는데, 통합과 성찰을 이끄는 치료자와의 협력과는 역행하는 것이다. 이러한 환자는 치료자를 마치 해석하는 '자판기'처럼 다룬다. 환자는 치료자의 해석이 자신에게 적합하다고 여길 때도 있지만 동시에 해석이 충분치 않다거나 옳지 않다고 계속해서 실망하며 무의식적으로 치료자로부터 배운 모든 것을 고려할 가치도 없다고 묵살해 버린다. 이로 인해 치료는 '첫 회'에서 더 이상 발전해 나가지 못하고 머무르게 된다. 자기애성 환자는 자신을 치료자의 강력한 경쟁자로 보이려고 하고, 치료자가 그들에게 무심하거나 착취하고 있는지 항상 의심한다. 자기애성 환자는 치료자를 그들에게 관심이 있고 진실로 염려해 주는 사람으로 여기지 않는다. 이러한 불신의 결과, 그들은 치료자에 대해서 평가절하하며 경멸을 쏟아붓는다.

반면, 자기애성 환자는 치료자에 대한 방어적 이상화의 모습도 보여 준다. 즉, 자기애성 환자는 치료자를 '가장 훌륭한 사람'으로 여긴다. 그러나 이러한 이상화는 깨지기 쉬우며 평가절하와 멸시로 빠르게 산산조각이 나 버린다. 이렇게 치료자에 대해서 이상화된 모습을 그리는 것은 환자의 전능감 통제의 한 부분이 될 수 있다. 환자는 그들의 거대성에 걸맞게 치료자에게 언제나 승리하는 사람이 될 것을 강요하지만 시기심을 초래할 수 있을 만큼 뛰어나게 치료자를 그리지 않는다. 한편, 환자는 평가절하하는 것에서 보호하기 위해 치료자를 '훌륭한 사람'으로 유지하는 것이 필요하다. 치료자를 평가절하하는 것은 환자에게 치료에서 실패하고 버려진 느낌이 들게 하기 때문이다.

환자가 보이는 이러한 모든 증상과 관련된 주요 특성은 환자가 의식적·무의식적으로 치료자를 시기한다는 것이다. 즉, 환자는 치료실에는 오직 한 사람만이 최고라고 끊임없이 인식하기 때문에 나머지 한 사람은 열등한 사람으로 가치를 떨어뜨리는 것이 필요하다. 따라서 환자는 평가절하된 치료자의 상실로 인해 버려진 느낌을 받는 위험에도 불구하고 자신을 정상에 두려고 노력한다. 치료자가 제공하는 치료에 대해서 환자가 분개하는 이유는 바로 환자가 치료자를 시기하기 때문이다. 치료자에 대한 환자의 시기는 여러 형태로 구체화된다. 가장 중요한 시기는 환자가 치료자의 창조성을 시기하는 것이다. 즉, 치료자는 환자를 쓰다듬어 주거나 환자가 기억할 수 있는 상투적 대답을 제공해 주기보다는 환자를 창조적으로 이해할 수 있다. 또한 환자는 치료자의 관계 능력을 시기한다. 환자는 자신에게 관계 능력이 없음을 자각한다. 환자의 시기심으로 인한 갈등의 가장 중요한 결과는 부정적 치료 반응이 나타난다는 것이다. 전형적으로 환자는 자신이 치료자에게 도움을 받고 있다는 사실을 명확히 알게 되는 상황에서 기분이 나빠진다. 치료자에 대한 시기심으로 인한 분개는 여러 형태의 행동화로 표출된다. 예를 들면, 한 치료자를 다른 치료자와 맞붙이는 것, 제삼자와의 파괴적인 상호작용에서 치료자의 역할을 함으로써 치료자와 공격적인 유사 동일시를 하는 것 그리고 빈번하게 자신이 개선된 원인이 오직 자신 때문이라는 관점을 취하는 것이다.

병리적 거대자기로 함께 공고화되는 이상화된 자기 및 대상 표상을 분석하면, 전이에서의 거대성과 병리적 거대자기의 유사 통합이 점진적으로 감소하는 경향을 보이게 된다. 전이관계에서 좀 더 원시적인 내면화된 대상관계들이 대두되며 내면화된 대상관계에 대한 더 원시적인 감정 투자가 일어난다. 이렇게 진전되면서 임상적으로는 원시적 대상관계의 부분인 공격적 반응으로 돌파구를 찾으려 한다. 강력하지만 적대적인 대상과의 무의식적 동일시를 통해 자살 행동이나 유사 자살 행동을 보인다. 치료자를 상대로 하는 원시적 대상 표상의 '승리'는 환자 자신의 신체를 파괴하면서 상징화될 수 있다.

자기애성 환자의 만성적인 자살 경향은 사전에 계획되고 냉담한 가학적인 특성을 보이는데, 이는 경계선 환자의 '충동적 자살'과 다르다(O. F. Kernberg, 2001). 심각한 편집증적 전이의 형태로 환자는 박해적 대상 표상을 치료자에게 투사하는 모습을 두드러지게 보인다. 자기애성 환자는 시기심으로 인한 분개와 특권의식을 자기애성 격노로 표현한다. 자기애성 환자는 치료자의 것을 '훔치는' 경향이 있는데, 자기 자신보다는 타인에게 적용하기 위해 치료자의 언어를 훔치는 모습을 보인다. 뿐만 아니라 염려와 전념의 표현으로 치료자에게 받은 것을 취하는 것으로 일종의 도착(perversity) 증후가 나타난다. 환자는 타인에게 가하는 공격성 표현의 방식으로 이러한 특성을 사용한다. 즉, 자기애성 환자의 이러한 사악성은 치료자로부터 받은 것을 악용하는 것이다. 이러한 환자의 초자아 체계의 붕괴는 반사회적 행동으로 표출되며, 환자들은 문제의 원인을 무의식적으로 자신이 아닌 치료자의 무책임으로 돌린다.

자기애성 환자에게 부정되는 자기애성 특권의식과 탐욕적인 합일화(incorporation)는 명백한 색정적 전이의 형태로 드러난다. 즉, 그들은 치료자에게 사랑을 강요하거나 심지어 치료자를 파괴하고자 하는 시도 중의 하나로 치료자를 유혹한다. 그들의 색정적 전이는 고기능 신경증 환자의 전이와 다르며 매우 심각하고 복잡하다.

자기애성 환자가 호전될 때, 전형적으로 심각한 시기심은 감소되며 전이나 전이 이외의 관계, 특히 친밀한 성적 파트너에 대해 만족할 수 있는 능력이 점차적으로 생긴다. 자기애성 환자의 경우, 주된 무의식적 갈등은 다른 성별에 대한 시기심이다. 따라서 다른 성별에 대한 시기심의 감소는 친밀한 이성 파트너에 대한 무의식적 평가절하를 줄이게 되며 애정관계를 지속적으로 유지할 수 있는 능력을 향상시킨다. 또한 자신의 시기심을 타인에게 표출하지 않고 좀 더 감내할 수 있으며 증가된 자각 능력으로 인해 타인에 대한 방어적 평가절하 경향은 점진적으로 감소된다. 죄책감이라는 좀 더 성숙한 느낌과 공격성과 착취적인 태도에 대해 염려하는 태도의 발달은 대상관계가 깊어지고 초자아가 공고해짐에 따라 발생한다. 통합을 향해 나아가고 초자아가 공고해지면서 성격병리의 치유가 일어나지만 한편으로는 심각한 우울을 경험하는데, 이는 가학적 초자아의 심각성을 내포할 수도 있다.

최적의 조건에서 주요한 정신병질적 전이(Psychopathic Transferences, 환자의 입장에서 치료자가 정직하지 못하다고 확신하거나 또는 의식적으로 치료자가 정직하지 못하고 속이고 있다고 치료자에게 직접 표현함)를 장기간 경험했던 환자는 정신병질적 전이에 반하는 방어기제인 편집증적 전이로 바뀔 수 있다. 그리고 후에 이러한 편집증적 전이(치료자에게 박해 대상 표상과 초자아 박해를 투사)는 우울적 전이로 전환될 수 있다. 이러한 우울적 전이에서는 환자가 양가감정을 감내할 수 있고 같은 대상에 대해서 강렬한 긍정적 느낌과 부정적 느낌을 경험할 수 있음을 인정한다(O. F. Kernberg, 1992).

극도의 강한 공격성을 지닌 환자의 경우 가장 다루기 힘든 전이 발달이 일어난다. 이러한 환자는 치료 장면 이외의 환경에서 거의 통제할 수 없는 자살 행동과 유사 자살 행동을 보이며 치료 회기에서는 만성적인 가학피학성 전이를 보인다. 가학피학성 전이의 경우, 환자는 장기간 치료자를 공격하면서 치료자가 똑같이 공격적으로 반응하도록 역전이를 불러일으키며 치료자가 공격적이며 파괴적이라고 비난한다. 따라서 환자는 자기 자신을 치료자의 무력한 희생자로 경험한다. 이후에 치료자와의 피학적인 관계로 발전해 나갈 수 있다. 즉, 환자는 자기주도적인 공격성으로 자기 자신을 과장되게 '나쁘다'고 비난한다. 결과적으로, 환자는 치료자에 대한 극도의 가학적 태도로 되돌아가며 악순환을 반복한다. 즉, 환자는 전이에서 자기와 타인을 공격자 또는 희생자로 경험하며, 공격자 또는 희생자의 역할이 바뀌는 패턴을 보인다.

전이에서 나타나는 심각한 공격성은 환자의 거만한 행동 증상을 통해서 명백히 드러난다. 명확하게 경계선 수준에서 기능하는 자기애성 성격장애 환자는 이러한 거만함이 자주 나타난다. 그들은 강력하게 거만한 행동을 보이며 치료자와 치료자의 삶에 대해 강한 호기심을 보이지만 정작 자신에 대해서는 알려고 하지 않는다. 그리고 그들은 '유사 어리석음(pseudo-stupidity)'을 보이는데(Bion, 1967), 논리적이고 합리적인 어떠한 논쟁도 받아들이는 능력이 결여되어 있다. 환자 입장에서 이러한 증상들의 주된 방어적 목적은 강렬한 공격성의 자각으로부터 자신을 보호하려는 것이다. 그들의 공격적인 감정은 감정적 표상 과정보다는 행동으로 표출된다.

어떠한 치료 양식에서도 전이 발달은 전개될 수 있다. 정신역동치료와 정신분석의 이점은 해석에 초점을 맞춤으로써 전이의 해결을 도모할 수 있다는 점이다. 한편, 지지적인 치료와 인지행동치료는 치료자와 환자의 관계에서 전이 발달의 가장 심각한 영향을 통제하거나 감소시킬 수 있다. 그러나 치료자가 환자의 삶에 대해 계속해서 무의식적인 통제를 하는 것은 환자의 주요한 문제를 지속시킬 수 있다. 지지적인 접근과 인지행동적 접근은 지지적인 태도와 결합된 교육방법을 통해 치료 중에 내담자의 부적절한 본질을 감출 수 있다. 나의 경험으로는 지지적인 태도와 결합된 교육방법으로 작업하는 것은 환자가 깊고 의미 있는 애정관계를 확립하거나 친밀한 관계에서 만족감을 유지시키는 능력을 향상시키기에는 부족하다. 이전에 기술했던 다루기 어려운 전이 발달은 종종 지지적 접근이나 인지행동적 접근을 약화시킬 수 있다. 따라서 증상의 심각성에 상관없이 분석적 접근을 감내할 수 있는 환자가 치료 예후가 좋다고 결론 내릴 수 있다. 그러나 다음 절에서 알 수 있듯이 분석적 접근 또한 명백한 한계가 있다.

특히 Klein 학파의 정신분석적 문헌을 살펴보면, 심각한 자기애성 환자들 중 일부는 수정되지 않은 분석적 치료를 통해 좋은 성과를 보인다(Bion, 1967; Spillius, 1988; Spillius & Feldman, 1989; Steiner, 1993). Steiner(1993)는 자기애성 환자의 분석에서 그들을 '병리적 조직'을 가진 사람으로 명명했다. 그리고 Hinshelwood(1994)는 자기애성 환자를 Klein 학파 문헌에서 사용하는 '접근할 수 없는 성격'이란 용어로 언급했다. 그러나 기존의 문헌에서 자기애성 환자에 대한 기술은 일반적인 증후와 성격특성에 관한 세밀한 정보에서 전반적으로 매우 부족하다. 그래서 Cornell 대학 연구에서 치료에 참여한 환자들과 비교하기가 어렵다. 게다가 자기애성 환자의 전이에 대한 특정 해석에 관한 Klein 학파 문헌에서의 세밀하고 확신에 찬 기술은 개입의 효과성을 제시하고 있지만 장기간 치료의 효과성과 치료 지표나 금기사항에 관해서는 전반적으로 의문의 여지를 남기고 있다.

## 대안적 관점

현대의 세 분석적 접근(Kohut의 자기심리학, Rosenfeld의 Klein 학파의 접근, Kernberg의 자아심리학과 대상관계 관점)은 정신분석이 자기애성 성격장애 치료에 대안이 될 수 있다는 점에 동의한다. 그러나 Kohut는 분석 가능한 자기애성 환자로 그 논의 대상을 제한한 반면에 Rosenfeld와 Kernberg는 명백한 경계성 특성을 가진 자기애성 성격장애 환자까지 포함하여 스펙트럼의 대상을 넓혔다. Rosenfeld는 여전히 경계선 특성을 가진 자기애성 환자가 정신분석을 받아야 한다고 주장한다. 그러나 Kernberg(1984)는 경계선 특성을 가진 자기애성 환자는 전형적인 정신분석치료에서 도움을 받지 못하기 때문에 탐색적이거나 표현적인 심리치료를 받아야 한다고 제안한다. 또한 Kernberg는 만약 정신분석적 심리치료가 환자에게 효과적이지 않다면 지지적인 심리치료가 대안이 될 수 있다고 제안한다.

Rosenfeld의 정신분석적 기법은 Klein 학파 정신분석의 일반적인 기법과 많이 일치한다. 단, 이러한 자기애성 환자의 특정 원시적 방어와 대상관계가 전이에서 체계적으로 탐색될 때는 환자의 특성에 맞게 일반적인 기법이 수정된다. Rosenfeld는 긍정적 · 부정적 전이 해석의 중요성을 강조한다. 그리고 Rosenfeld(1978)는 편집증적인 정신증적 전이를 유발하는 실제 상황을 주의 깊게 탐색하여 명백하게 경계선 수준에서 기능하는 자기애성 환자라는 것이 확인되면 그들의 퇴행을 담아내고 감소시키기 위해서 전이 해석 기법을 수정해야 한다고 언급했다.

Kohut(1971)은 분석가가 너무 이른 해석 또는 현실 고려를 자제하면서 환자에게 분석가에 대한 자기애적인 이상화가 일어나도록 허용해야 한다고 강조한다. 이러한 접근은 거울 전이의 점진적인 전개를 허용한다. 환자는 좀 더 성숙한 정신 상태를 가지고 예전의 외상을 재경험하게 되고 분석가를 자기대상으로 여기며 변형적 내재화 과정을 거쳐 새로운 정신 구조를 획득하게 된다. 분석 상황에서 환자의 자기애적 좌절이 일어날 때, 정신분석가는 추동 파생물과 갈등을 강조하기보다는 환자의 자기애적 욕구와 좌절을 이해하는 데 초점을 맞추면서 기본적으로 공감적이어야 한다. 환자의 자기애적 좌절이 일어날 때, 정신분석가는 자신이 언제, 어떻게 공감에 실패했는지 그리고 이러한 자신의 공감 실패가 환자의 아동기 때 의미 있는 타인의 공감 실패와 어떤 관련성이 있는지를 환자와 함께 탐색한다. Kohut은 이러한 탐색 과정을 진행하는 데 최고의 기법이 필요한 것은 아니라고 주장한다. 그는 자기애성 환자의 치료에서는 일반적인 정신분석적 기법을 수정해야 하며, '객관적 중립성'과 대조되는 분석가의 공감을 강조하며, 추동과 (아직 존재하지는 않는) 구조 간 갈등보다는 자기의 변화에 초점을 두어야 한다고 강조한다.

나의 관점으로는 자기애성 성격의 정신분석적 치료에서 가장 중요한 측면은 전이에서 나타나는 병리적 거대자기에 대한 체계적 분석이다. 환자의 거대자기의 활성화는 정신분석 상황에서 발견될 수 있다. 즉, 정신분석 상황에서 환자는 거대자기의 활성화로 인해 정서적 가용성이 떨어지며, 분석가를 한 특정 개인으로 대하면서 환자와 치료자 사이의 정상적 또는 '실제' 관계를 맺지 못하고 지속적인 관계 유지의 어려움을 보인다. 이와 대조적으로, 환자가 병리적 자기이상화가 활성화된 경우 분석가에게 자기이상화를 투사하며, 이 방에는 오직 이상적인 거대한 한 사람이 존재하고 또 경탄하고 그림자같이 보완하는 사람이 존재한다는 인상을 전달한다. 환자와 분석가 사이에는 자주 역할 반전이 일어나는데, 이는 기본적으로 견고한 전이 패턴을 보이는 것이다. 나의 관점으로는 분석가는 환자가 사용하고 있는 방어기제와 전이 패턴에 대해 해석해 주어야 한다. 즉, 분석가는 전이에서 나타나는 환자의 전능적인 통제감의 표현, 격노 반응, 분석가와 분석가 말에 대한 갑작스러운 평가절하 등의 방어 사용 그리고 환자가 분석가를 도움을 주는 사람으로 경험한 이후에 따르는 부정적 치료 반응을 해석해야 한다. 일반적으로 말하자면, 자기애성 환자의 치료에서 원시적 방어인 전능감 통제, 투사적 동일시, 원시적 이상화와 평가절하는 전이 상황에서 보편적으로 나타나는 것으로 체계적인 훈습이 필요하다.

자기애성 격노의 활성화는 겉으로는 단순하게 보이지만 그 이면에는 무의식적으로 내면화된 특정 원시적 과거 대상관계의 활성화가 존재한다. 이러한 원시적인 과거 대상관계는 분열된 자기와 오이디푸스 시기와 오이디푸스 이전 시기에서의 갈등을 응축해서 반영하는 내면화된 대상관계이다. 이러한 오이디푸스 시기와 오이디푸스 이전 시기의 갈등은 병리적 거대자기가 분석적으로 해결됨에 따라 점진적으로 드러날 수 있다. 즉, 환자의 원시적 전이가 나타나는데, 전이에서 편집증적인 불신과 공격성을 직접적으로 표현한다. 결국 환자는 분석가와 함께 실제 자기, 이상화된 자기, 이상화된 대상, 실제 대상에 대한 표상을 반복적으로 주고받으면서 내면화된 대상관계의 차별화된 재연을 하게 된다. 따라서 거대자기 해결의 마지막 단계에서 치료 상황은 신경증적 환자의 정신분석과 늘 유사하다. 즉, 자기애성 환자는 신경증 환자처럼 분석가에게 실제적으로 의존할 수 있고, 오이디푸스 시기와 오이디푸스 이전 시기의 갈등을 차별적인 형태로 탐색할 수 있으며, 병리적 대상관계와 자기애적 조절 기제를 동시에 정상화할 수 있다.

이러한 다양한 치료 접근법 각각의 정신분석 기법을 여기에서 상세히 제시하는 것은 무리이다. 지금까지는 이러한 치료 접근들을 비교하는 데 활용할 수 있는 통제된 경험적 연구가 없었다. 이러한 치료 접근법 각각의 장점과 문제점에 대한 논의는 전적으로 이 영역의 전문가인 정신분석가의 임상적 경험에 기반을 둔다.

## 환자의 예후에서 고려할 점

부정적 예후에 대한 특징은 주로 환자의 초기 평가에서 나타나게 된다. 하지만 신중하게 환자의 역사를 탐색하고 평가를 하더라도, 중요한 자료가 치료가 시작된 이후에 나타나서 초기 진단적 그리고 예후에 대한 인상을 변경하게 되는 사례에 우리는 익숙하다. 그러나 초기 평가에서 확인될 수 있는 전형적인 증상은 결국 치료에 있어서 거의 극복할 수 없는 장해물로 입증된다. 다음 환자의 특징은 우리가 주의를 기울여야 하는 위험한 신호라고 할 수 있다.

### 높은 교육적 배경과 능력에도 일(직업)에서 하는 만성적 실패

어떤 환자는 여러 해 동안 그들의 훈련 수준 또는 능력 수준 이하의 일을 해 왔다. 그들은 (만약 건강하다면) 어쩌다 보니 가정이나 공공 사회적 지원 체계에 의해서 돌봄을 받아야 하는 '장애인' 상태가 되어 버린다. 이러한 환자들은 가족 또는 사회적 지원 체계에 만성적으로 의지하게 되는데, 이것이 이차적 이득을 주기도 하고 치료 실패의 가장 중요한 이유 중 하나이기도 하다. 미국의 경우, 적어도 치료적 사회 서비스를 많이 소비하는 환자들이 있다. 그들은 잘 지내며, 주어지는 지원을 받기 위해 더 이상의 요건을 충족할 필요도 없다. 이러한 환자들은 의식적으로 또는 무의식적으로 치료를 찾는데, 이는 그들 자신의 향상에 관심이 있어서가 아니라 사회 체계에 그들의 무능력을 입증하기 위함이다. 즉, 그들은 계속적인 사회적 지원을 받기 위해 치료를 찾는다. 그들은 지원주택, 생활보조 보험, 장애인 생활보조를 받기 위해서 여러 종류의 치료(다양한 프로그램, 다양한 치료자)를 요구한다. Cornell에 있는 성격장애 연구소의 원로 회원인 Michael Stone은 만약 이러한 환자가 사회적 지원망에서 받는 돈보다 일을 해서 1.5배 돈을 더 번다면 차라리 다시 일할 수 있는 동기부여가 될 것이라고 결론 내렸다. 만약 그들이 직접 일해서 돈을 벌 수 있는 기회가 주어지지 않는다면 질환으로부터 얻는 이차적 이득이 승리한 셈이다(Stone, 1990).

환자가 실제로 직업을 구해 일을 하지 않는다면, 일에서 실패하는 이유와 도전되지 않은 채로 있는 그들의 능력과 성공에 대한 거대 환상은 융합될 것이다. 이러한 환자의 사회적 기생 패턴은 이제까지 아무도 인정하지 않았지만 환자만 꿈꾸는 환상적인 전문성 또는 재능(예: 무명 화가, 억압당하는 작가, 혁명적 음악가)으로 합리화된다. 종종 이러한 환자는 누군가가 치료비를 대 준다면 완벽하게 기꺼이 치료를 받을 것이며, 더 이상 치료비를 누군가가 지불해 주지 않는 그날이 치료를 그만두게 되는 날이 될 것이다. 심지어 환자가 기꺼이 일을 해서 돈을 벌거나 벌 수 있더라도 누군가가 치료비를 지불해 주지 않는다면 치료를 그만둘 것이다.

이러한 사례의 경우, 환자가 질환으로 얻는 이차적인 이득을 치료 접근에서 감소시키거나 제거해야 한다. 임상적으로 나는 환자에게 일에 관한 적극적 관여와 일과 관련된 상호작용 경험 그리고 치료비에 대한 책임감의 수용을 언급하는 것이 치료에 도움이 되는 필수 요소라고 본다. 그리고 일에 관한 적극적 관여, 일과 관련된 상호작용 경험, 치료비에 관한 환자와의 약속은 정신분석적 심리치료를 수행하는 데 선행 조건이 된다. 이를 성취하지 못한다면 치료가 중단될 수 있음을 명확히 이해시키면서 이러한 목표를 성취하는 데 3~6개월의 기간을 준다. 치료 틀의 한 부분으로서 한계 설정이 이루어지면 치료 시작부터 전이의 징후에 대한 해석이 필요하다. 실제로 이러한 치료자의 해석은 일에 대한 환자의 무의식적인 거부 동기, 질환으로 인해 얻게 되는 이차적 이득의 중요성, 환자의 평정을 깨뜨리는 치료자의 위협에 대한 적개심, 자기패배적 측면(심리적 안녕 및 성공, 자기존중, 일이나 직업에서 성공하고 창조적 관여를 함으로써 얻게 되는 삶의 풍요를 모두 부인)에 초점을 둘 수 있다.

## 만연된 거만함

환자는 만연되어 배어 있는 거만함의 증상이 주된 특징이다. 그들은 자신의 중요한 어려움 또는 증상을 인정하는 반면, 이러한 증상을 감소시키지 못하는 정신건강 전문가의 무능력과 유능하지 못함을 입증함으로써 질환으로부터 이차적 이득을 무의식적으로 얻는다. 이러한 환자는 그들의 고통 분야에서는 슈퍼 전문가가 되며, 인터넷을 부지런히 검색하며 치료자의 경력과 치료 접근을 검토하면서 치료자의 강점과 단점을 비교한다. 그래서 환자는 '치료자에게 기회를 준다.'는 식으로 치료에 임하게 된다. 그러나 환자는 끊임없이 전문가를 이기는 데 무의식적으로 만족감을 느낀다. 그들은 만성적인 부부 갈등, 일이나 직업에서의 실패 위협이 올 때 나타나는 한 차례의 강렬한 우울감, 불안과 신체화 증상 그리고 심지어 심각한 만성 우울증까지 경험할 수 있다. 심각한 만성적 우울증은 약물치료에만 '부분적'으로 반응한다(이러한 만성적이고 심각한 성격적 우울 환자에게 전기충격 요법을 추천하는 것은 회의적이다). 심리치료와 약물치료의 병행이 빈번히 이루어지며, 이로써 환자는 놀라운 향상을 보여 준다. 이러한 환자는 증상 호전이 '오직 약물치료 덕분'이고, 심리치료는 '도움이 안 되었고' '필요 없는 것'으로 보려 한다(나중에는 약물 또한 '도움이 안 되었다.'고 함).

치료자에 대한 환자의 깨지기 쉬운 이상화에서 완전한 평가절하로 급작스럽게 번동하는 것은 치료의 어떠한 시점에서든 종종 일어날 수 있는 현상이다. 치료를 하는 수개월 동안, 환자의 만족스러운 개선은 치료자에 대한 강렬한 시기심이라는 맹공격으로 인해 치료자를 극단적으로 평가절하하게 되면서 한순간에 붕괴될 수 있다. 이러한 환자에 대한 초기 평가에서 언제나 환자의 자아동질적인 거만함이 드러난다. 이러한 자아동질적 거만함은 때로는 심하게 부적절한 행동과 무례함 또는 외양적으로는 적절하게 능수능란하게 잘 포장된 모습으로 발전될 수 있다. 이러한 성격적인 거만함은 이전에 언급했던 거만한 증상과 구별되어야 한다. Bion(1967)에 의하면 이러한 거만함은 전이 상황에서 강렬한 감정적 폭풍을 동반하는데, 환자와 치료자 간의 견고한 관계가 확립된 정신분석적 심리치료에서는 예후가 좋을 수 있다.

이러한 환자를 위한 치료 기법으로 전이에서 거만함의 방어적 기능에 대한 적절한 직면과 체계적 분석이 포함되며, 치료 시작점에서 환자의 정서가 드러날 때 환자에게 치료자에 대한 평가절하로 인해서 치료가 조기에 종결될 수 있음을 언급할 수 있다. 전형적으로 환자는 투사적 동일시로 인해 치료자가 자신을 얕잡아 볼까 봐 두려워한다. 따라서 환자가 치료자에 의해 우월성이 도전받거나 손상당한다고 느끼면, 치료자에 의해서 자신이 굴욕적인 평가절하를 당했다고 여기기 쉽다. 가능하면 치료 초기에 환자에게 성격의 토대가 되는 거대 부모 대상과의 무의식적 동일시(병리적 거대자기의 중요 구성요인)를 해석해 주는 것이 도움이 된다. 거대성을 지닌 가학적인 대상과의 동일시는 표면적으로는 환자의 우월성과 거대성을 보호해 줌으로써 자기존중감을 보강해 주는 것 같다. 그러나 이런 동일시로 인해 환자는 내면화된 대상에게 굴복해야 한다. 내면화된 대상은 환자가 도움이 되는 누군가와 실제 관계를 맺지 못하게 하며 환자의 의존 욕구와 진실한 관계 욕구에 대해 극심하게 적대적이다.

## 치료 과정에서 일어나는 주요 동기 체계로서 파괴성과 지배적인 무의식적 자기파괴성

치료 과정에 대한 환자의 파괴성과 지배적인 무의식적 자기파괴성은 지배적인 동기 체계를 반영한다. 이러한 경우, 평가 초기부터 숙련된 임상가는 아주 심각한 상황이라는 인상을 받게 된다. 치명적이고 심각한 반복적 자살 시도를 하는 환자들이 포함되는데 이러한 자살 시도는 환자가 장기간 면밀하게 준비하지만 '갑작스럽고 예상치도 않게' 발생할 수 있다. 심지어 환자는 신경을 쓰고 있는 치료자 앞에서는 잘 지내는 것처럼 유쾌하게 조작을 한다. 만성적인 자기파괴성은 만족하는 애정관계, 유망한 직업 상황, 승진의 기회가 잠정적으로 있는 상황—삶에서 중요한 부분에서의 성공—에서 자살 시도 외에 자기파괴적 행동으로 드러날 수 있다. 삶의 많은 기회 앞에 놓여 있는 청소년기나 초기 성인기 때 이러한 자기파괴적인 개인들을 종종 볼 수 있다. 또 다른 사례는 환자가 수많은 치료 실패 경험을 하고 삶이 점점 더 악화된 후 치료자를 '최후의 의지할 사람'으로 여기며 치료자에게 더 많은 관심을 얻고자 하는 경우이다. 이런 경우 환자는 치료자가 무망감을 느끼게 하거나, 환자의 삶이 여전히 변화할 수 있다는 착각을 불러일으킬 수 있다. 때때로 환자는 치료자에게 자살로 인해 생을 마감하려 한다고 말하며, 치료자가 자신을 위해서 어떤 것을 할 수 있는지를 시험한다. 즉, 치료자에게 반항적인 도전을 하면서 치료자가 그들을 위해서 무엇을 할 수 있을지를 살펴본다. 때때로 이러한 환자의 반항적인 도전은 치료 계약을 하는 초기에 일어나며 환자는 계약 합의를 지킬 것을 거부한다. 이러한 환자의 가족사를 살펴보면 심각한 성적 또는 신체적 학대, 비정상적 수준의 혼돈스러운 가족, 극도의 공격적인 부모와의 실제적인 공생관계를 포함하는 등 심각한 만성적인 외상이 드러난다.

만약 환자에게 반사회적 특성이 있다면, 상황은 더 복잡하게 된다. 환자는 자살 성향을 속일 것이며, 만성적으로 정직하지 못할 것이며, 치료자와 협력관계를 확립할 가능성이 없는 정신병적 전이 유형을 보일 것이다. 예로, 어떤 환자는 자살과 유사 자살의 목적을 가지고 쥐약을 먹었다. 환자는 병원으로 쥐약을 밀반입할 수 있었는데 이후 체내 출혈이 있었다. 환자는 치료자에게 쥐약을 먹은 사실을 단호히 부인하였지만 혈액검사 결과는 프로트롬빈 시간 측정에서 계속적인 증가를 보였다. 결국 환자가 심리치료를 지속하기 위한 선결 조건으로 쥐약을 먹지 않는다는 계약을 지킬 의지와 능력이 없기 때문에 심리치료는 중단되어야 했다. André Green(1993)은 '죽은 엄마' 증후군과 관련하여 무의식적으로 죽은 엄마와 동일시하는 현상을 기술했다. 이러한 대상과의 무의식적인 결합 환상은 환자로 하여금 심리적으로 중요한 대상과의 모든 관계를 완전히 해체해 버리는 것을 정당화하고 합리화하게 한다. 사실 이 환자가 쥐약을 먹은 사건의 시점은 엄마의 묘지에 방문한 시기와 일치했다.

환자는 무의식적으로 자기와 타인을 의미 있는 독립된 존재로 인식하는 것을 부인한다. 그리고 이러한 모든 대상관계를 철저하게 해체하는 것은 종종 대처할 수 없을 정도로 치료에 방해가 된다. 또 다른 자기파괴성은 자살 행동은 아니지만 심각한 자해 행동으로 나타난다. 환자의 심각한 자해 행동은 반복해서 심리치료를 중단하게 하며, 그래서 환자의 무의식적인 힘의 승리를 의미한다. 그리고 자해 행동은 삶의 주요 목적으로서 자기파괴성을 촉진시킨다. 이런 자해는 팔다리의 손상 또는 심각한 골절을 초래할 수 있지만 즉각적인 죽음의 위협에는 이르지 못한다.

이러한 성향은 치료자에게 공격적 성향을 유발하거나 환자에 반하는 행동을 하도록 유발하여 가학피학적인 관계로 변형시키려는 무모한 노력에서 나타난다. 동시에 이러한 반응은 일반적으로 나쁜 치료자를 좋은 치료자로 변형시키고자 하는 필사적인 시도—박해 대상을 이상화된 대상으로 변경—를 수반한다. 그러나 이러한 환자의 시도는 반복 강박에 의한 가학피학성 전이를 재연하고자 하는 끈질긴 욕구에 의해 실패한다. 환자가 전적으로 대상관계를 해체하고자 하는 주된 동기가 있는 것과 달리, 환자는 은연중에 치료자가 그들에게 도움이 되는 노력을 한다는 사실을 암묵적으로 인식한다. 사실 이 경험이 부정적인 치료 반응을 촉발하게 된다. 만약 치료자가 치료의 붕괴를 초래할 정도로 자극받지 않는다면 환자에게 환상과 무의식적으로 촉발하는 부분을 일관성 있게 해석해 주는 것이 해결방법이다. 치료 과업은 심각한 자기파괴성의 전 영역을 해석적으로 다루고 환자와 치료자의 관계와 극도의 파괴적인 관계를 구별하는 것이다.

이러한 환자들을 위한 치료 개입의 함의는 다음과 같다. 첫째, 이러한 환자가 결국 신체적으로 자기를 파괴할 수 있다는 위험을 신중하게 고려해야 한다. 환자의 자기파괴성은 치료 과정 중에 계속해서 위협요소로 작용하며 치료 초기부터 이러한 환자의 자기파괴적인 부분은 치료의 주제가 된다. 환자와 합의한 치료 계약은 최소한의 선결조건을 확립하기 위함이다. 즉, 자기파괴적 행동으로 인해 더 많은 자유 혹은 유인가를 환자에게 제공하는 구실로 치료가 이용되지 않도록 최소한의 조건을 확립하는 것이다. 물론 이것이 쉬운 일은 아니다. 그래서 치료자는 환자의 생존을 보장하는 이러한 최소한의 선결 조건이 충족되지 않는다면 치료가 진행될 수 없음을 명확히 해야 한다. 예로, 환자는 자살 충동이 너무 심해서 스스로 통제할 수 없다고 믿는다면 즉시 입원해야 하며, 지속적으로 치료를 받기 어려운 위협이 되는 행동이나 생존을 위협하는 행동은 중단해야 한다.

## 반사회적 특성의 우세함

여기서는 병리적 거대자기에 스며들어 있는 공격성에 대해 다룰 것이다. 공격성은 수동-기생적 경향으로 드러날 수 있고, 공격적/편집적 형태로 표현되기도 한다(악의적인 자기애 증상). 상당한 반사회성 특징을 지닌 자기애 성격장애는 상대적으로 유보된 예후를 가지고 있다. 악의적인 자기애 환자의 치료는 병리적 자기애 영역에서 정신분석적 접근이 도달할 수 있는 바로 그 한계 지점이다. 그다음으로 심각한 반사회성 병리는 전형적인 반사회성 성격으로, 어떠한 심리치료적 접근에서도 실제적으로 치료 효과를 볼 수 없다.

역설적이게, 악의적인 자기애 환자의 공격적-편집적 행동은 환자로 하여금 힘과 거대성을 확인시켜 주는 기능을 하며, 전이에서 나타나는 이러한 행동의 해석을 촉진시킨다. 예를 들면, 그들의 자살 행동(자기를 향한 공격성)은 명확히 가족 또는 치료자를 향한 승리의 공격성이며, 환자의 기대에 부응하지 못한 세상을 버리는 데 성공한 것을 뜻한다. 유사 자살 행동인 자해는 고통, 손상, 또는 신체 파괴를 두려워하는 모든 타인을 상대로 이긴 것으로 여겨질 수 있다.

치료 상황에서 환자는 거만함을 보일 수 있는데, 이러한 행동에 대한 해석은 효과가 있다. 환자에게 그들 고유의 강렬한 시기심으로 가득한 공격성을 감내할 수 없기에 그것을 완전히 의식하지 않으려고 거만한 행동 또는 신체화로 발현되는 것이라고 해석할 수 있다. 환자는 거짓으로 어리석게 보이려고 하는데, 이는 기본적인 추론과 인지적 의사소통을 허물어 버리는 방어기제이다. 즉, 환자는 치료자의 해석 작업이 의미 있는 방식으로 환자에게 와닿을 때 생길 수 있는 굴욕감으로부터 자신을 보호하기 위해서 가짜 어리석음을 보인다. 또한 환자는 치료자의 삶에 대해서 특별한 호기심을 보이는데, 이는 환자의 주요한 증상 중의 하나이며 치료자를 통제하고 시기심이 가득한 분개를 야기하는 어떠한 새로운 출처도 통제하려는 방식이다.

거만한 증상에 대한 일관성 있는 해석은 사실 정신병질적 전이를 편집증적 전이로 변형시킬 수 있다. 즉, 정신병질적 전이에서 편집증적인 전이로의 변경은 환자가 행동화로 표출하는 것보다는 원시적 공격성에 대한 자기탐색 능력이 시작되었다는 것을 나타내 준다. 해석의 중요한 측면은 환자가 치료자와 타인에게 가하는 가학적 행동의 강렬한 쾌감의 본질을 자각하도록 돕는 것이다. 치료자가 이러한 해석을 할 때, 환자가 느끼는 가학적 즐거움에 대해 정서적으로 공감하는 데 편안해야 한다. 즉, 가학성에 대한 치료자의 두려움은 환자의 이러한 문제를 온전히 다루는 데 방해가 될 수 있다.

## 난해한 사례의 치료관리

이 절에서는 '치료할 수 없는' 자기애성 환자의 범주에서 보이는 주요한 부정적 예후의 특성에 대해서 간단히 요약할 것이다. 치료할 수 없는 부정적 예후의 특성에는 질환으로 얻어지는 이차적 이득, 사회적 기생, 심각한 반사회적 행동, 원시적인 자기를 향한 심각한 공격성, 만성적 치료 문제로서 약물 및 알코올 남용, 만연된 거만함, 의존적 대상관계에 대한 과민성, 부정적 치료 반응의 가장 심각한 형태가 포함된다. 초기 환자와의 평가에서 치료자가 신중하고 세밀하게 접근함으로써 환자의 이러한 예후적 특성에 대한 평가가 이루어질 수 있다.

예를 들면, 반사회적 행동의 본질을 파악하기 위해서는 여러 가지를 확인하고 밝혀야 한다. 즉, 반사회적 행동이 다른 부정적인 예후적 함의를 가지지 않고 자기애성 성격장애에만 나타나는 단순하고 단일한 반사회적 행동 특징인지, 아니면 질환의 이차적 이득을 증가시키는 심각하고 만성적이고 수동적인 기생적 행동에 해당되는지를 확인해야 한다. 또한 악의적인 자기애 증상이 있는지, 그리고 마지막이자 가장 중요한 것으로 전형적인 반사회성 성격장애의 특징인 수동적 기생의 유형인지 또는 공격적 유형인지를 살펴봐야 된다.

반사회적 행동은 종종 친밀한 관계로 국한되어 일어날 수 있다. 친밀한 관계에서 반사회적 행동은 공격과 복수로 표현되며, 특히 심각한 편집증적인 특성을 동반한다. 즉, 환자의 반사회적 행동이 전이에서 치료자에게 향할 때 이러한 환자의 반사회적 행동은 중요하게 고려되어야 한다. 왜냐하면 환자의 반사회적 행동에 대해서 현명하게 대처할 수 없는 환경에 있는 치료자가 심각한 위험에 처할 수 있기 때문이다. 어떤 환자의 경우, 치료자에게 툭하면 법적 소송을 거는 형태로 자신의 공격성과 복수심을 행동화한다. 이런 경우 환자는 첫 번째 치료자와 소송하면서 두 번째 치료자를 '고용하여' 첫 번째 치료자에게 받은 손상을 치료해 달라고 한다. 이때 환자는 두 번째 치료자를 이상화한다. 하지만 곧 두 번째 치료자에게도 소송을 걸면서 세 번째 치료자에게 도움을 요청하는 식으로 여러 명의 치료자에게 이런 패턴을 반복한다. 치료자는 다른 치료자와 법적 절차가 진행 중인 환자를 집중적인 심리치료에서 받아들이지 않는 것이 좋다. 건강염려증을 가진 일부 환자는 자신의 신체화 증상 또는 질병에 관해 알아주지 못한 이전의 치료자를 고소하는 경향도 있다.

만성적인 자살 시도의 경우, 자살 행동이 순전히 심각한 우울로 인한 것인지 혹은 우울과 관련 없는 '하나의 삶의 방식'인지, 그리고 자기애성 성격장애뿐만 아니라 경계선 성격장애로 인한 것인지를 구별하는 것이 중요하다(O. F. Kernberg, 2001). 이렇게 다양한 자살 시도의 본질을 아는 것은 환자를 진단하는 데 매우 도움이 된다.

특히 초기 치료 계약의 성립 단계나 실행 가능한 치료적 틀을 설정할 때, 치료의 가장 중요하고 어려운 측면 중 하나는 환자의 질환으로부터 얻게 되는 이차적 이득을 제거 또는 감소시키는 것이다. 치료 계약은 환자와 치료자 간의 동의로 이루어진 치료 틀을 보장해 준다. 이러한 동의된 치료 틀은 치료 과정 중에 일어날 수 있는 환자의 행동화로부터 환자와 치료자(그리고 치료자의 소유물과 개인적인 삶) 모두를 보호해 준다. 정신분석적 심리치료 과정 동안, 경계선 성격 조직의 모든 환자—이 장에서 다루는 환자 포함—는 전이에서 심각한 퇴행을 나타내는데, 이는 피할 수 없으며 치료 틀에 도전하거나 이를 깨는 형태로 나타난다. 이러한 도전이 일어날 때는 치료자의 신체적·심리적·전문적·법적 안전성이 내담자의 안전성보다 우선한다. 즉, 치료자는 환자와 치료자 모두를 보호해 주는 치료 계약과 치료 틀을 설정함으로써 환자의 안전성을 보장한다. 치료자 자신의 안전성 보장은 환자를 돕기 위해서 필수적인 선행 요건이 되어야 한다. 심지어 환자의 안전성을 보장하는 조건을 설정하기 위해서라도 치료자의 안전성 보장은 중요하다. 치료자가 위험에 처하게 되는 치료 상황에 빠지지 않을 때는 이러한 점들이 사소하게 보일 수 있다. 치료 조건이 충족되지 못한다면 치료를 계속할 수 없다는 사실을 명확히 밝히는 구체적 치료 조건을 모두 명시해야 하며, 필요시 치료 계약 부분을 반복해서 환자에게 알려 주어야 한다. 그러고 나서 앞서 언급했듯이 즉각적으로 전이의 함의를 환자에게 해석할 수 있다.

이제까지 언급한 다양한 치료 접근의 지표를 요약하면 다음과 같다. 심각성이 가장

약한 자기애성 병리의 경우는 정신분석적 심리치료 접근과 초점적 지지적 심리치료 중 선택 가능하다. 심각한 성격병리의 경우는 전형적인 정신분석만이 선택 가능하다. 전형적인 정신분석은 이전에도 언급했듯이 중간 정도로 심각한 환자에게 가능한 치료 접근이며, 어떤 경우에는 경계선 수준에서 기능하는 심각한 자기애성 환자들에게도 가능하다. 명백한 경계선 수준이나 심각한 반사회성 병리를 동반한 자기애성 환자들은 주로 Weill Cornell 의과대학에서 개발한 특화된 정신분석적 심리치료인 전이초점치료가 선택 가능하다(Levy et al., 2005). 치료를 위한 개인적 상황이 초기 계약 조건에 부합하지 못한다면(Clarkin et al., 1989), 인지행동치료나 지지적 심리치료가 적합할 수 있다.

일반적으로 정신분석적 원리를 기반으로 한 지지적 심리치료의 경우 환자의 '자기치유' 욕구가 강렬해서 어떠한 의존성도 배제되며, 지지적 관계에서의 적극적인 상담과 조언을 얻는 개입이 이러한 환자에게 훨씬 잘 수용될 수 있다(Rockland, 1992). 질환으로 인한 심각한 이차적 이득을 극복할 수 없어서 환자의 예후가 정신분석적 치료에서 좋지 않을 때는 지지적 심리치료가 도움이 될 수 있다. 즉, 지지적 심리치료는 주요한 증상과 행동적 증후의 개선에 초점을 맞춘다. 심각한 반사회성을 동반한 자기애성 환자들의 경우 외부 자원과 사회적 통제, 기술적 중립성이 요구되기 때문에 정신분석적 접근을 수행하기가 어렵다. 따라서 지지적 심리치료가 선호된다. 장기간 질병을 가진 결과 이미 사회적 유능성이 심각하게 퇴행되어 고통받는 환자들의 경우, '세상과의 연결다리가 다 타 버린 것 같아서' 삶에서 현실적인 적응을 하기가 어렵다. 이러한 환자들에게도 정신분석적 치료보다 지지적인 심리치료가 더 선호된다. 정신분석적 치료의 경우, 환자는 삶의 대부분을 망쳤다는 아주 고통스러운 현실을 인정하고 받아들여야 한다. 따라서 환자가 견딜 수 있는 고통에 대한 치료자의 섬세하고 공감적인 분별력이 매우 중요하다.

자기애성 병리에 대한 정신분석적 지식이 진보되고 우리가 분석적으로 그러한 환자를 다룰 수 있는 구체적 기법을 발전시키도록 돕기 전에는 예후가 오늘날에 비해 훨씬 많은 사례에서 좋지 않았다. 자기애성 성격장애 사례의 경우 전형적인 정신분석이 효과를 보지 못해서 새로운 정신분석적 심리치료의 발달이 이루어졌는데, 이는 이 분야에서의 정보와 자료를 의미 있게 향상시켰다.

자기애성 성격장애에 대한 정신분석적 이해와 조력 능력이 한계에 부딪혀서, 미래에는 이 분야를 확장하기 위한 지속적인 노력을 기울여야 한다. 자기애성 성격장애의 높은 발생률과 심각한 사회적 악영향을 고려할 때, 정신분석 연구자와 임상가는 자기애성 성격장애 환자를 위한 연구와 치료에 지속적인 노력을 기울여야 한다.

## 최근 발달과 경험적 연구

정신분석적 심리치료와 정신분석은 자기애성 환자의 정신병리에 관한 새로운 지식을 창출해 나가고 있다. 즉, 자기애성 환자의 정신병리에 관한 새로운 지식 창출로 인해 자기애성 환자에게 접근 가능한 심리치료 방법의 치료 스펙트럼을 확장할 뿐만 아니라 자기애성 환자의 역동에 대한 이해를 증진시켰다. 자기애성 환자로부터 자주 관찰되었던 것으로, 피학증이라는 모순된 특성이 자기애적 구조에 각인되어 있다는 것이 자기애를 이해하는 데 큰 기여를 하였다(Cooper, 1989). 이전의 Cooper(1989)의 사례에서처럼, 자기애성 환자는 스스로 피해자화하려는 경향이 있다. 즉, 그들은 무의식적으로 굴욕감과 실패감을 불러일으키는 환경을 찾으며, 자신을 좌절시키고 해를 입히는 대상과 관계하는 것을 선호하는 경향이 있고, 도움을 거부하거나 체계적으로 스스로를 악화시키려고 한다. 자기애성 환자가 가진 이러한 성향은 자신이 '심각한 고통을 받는 자' '가장 심한 피해자'라는 무의식적 환상을 반영한다. 이러한 자기애성 환자는 자기파괴적 행동을 유지하면서 동시에 희생자의 위치로부터 얻게 되는 특권의식과 '특별함'의 권리를 드러낸다. 또 다른 경우에는 주요한 피학적 역동을 깊게 은폐하며, 정신분석적 치료 과정에서 심각하게 피학적으로 내면화된 원시적 대상관계를 숨길 수 있다.

자기애성 성격장애의 정신병리에 대한 이해는 두 가지 주요한 부정적인 예후 지표(반사회적 특징과 장애로 인해 얻는 이차적 이득)에 주의를 더 기울이는 방향으로 발전해 나갔다. 사실 반사회적 특성의 정도는 임상적 조건의 가장 중요한 특징이 될 뿐만 아니라 편집증적 경향(악의적인 자기애 증상)과 함께 자기나 타인을 향한 자아동질적인 공격성을 동반한다. 이러한 반사회적 특성은 예후가 좋지 않으며 심리치료 방법으로는 긍정적 변화가 일어날 가능성이 낮기 때문에 특히 주의를 기울여야 한다. 병원 진료에서 가장 심한 스펙트럼에 있는 자기애성 성격장애뿐만 아니라 이러한 반사회성 증상은 경계선 성격장애와 자주 혼동을 일으킨다(O. F. Kernberg & Yeomans, 출판 중). 가장 중요한 점은 치료 가능한 악의적인 자기애 증상과 정신병리적 관점에서 가장 심각한 병리적 자기애로 여겨질 수 있는, 심리치료가 가능하지 않은 전형적인 반사회성 성격장애를 구별하는 것이다.

Klein 학파는 자기애성 성격장애의 다양한 하위 유형을 언급하여 자기애성 성격장애를 이해하는 데 기여했다. Rosenfeld(1987)는 자기애성 환자를 '민감형(thin-skinned)'과 '둔감형(thick-skinned)'으로 분류했다. 둔감형은 피상적으로 행동하며 자기확신, 거대성, 냉담함을 보이는 것이 특징이다. 반면에, 민감형은 자기존중감에 위협이 되는 것이나 비판에 아주 민감하다. 이러한 유형은 다른 임상가나 경험적 연구에 의해 확인되었다. Russ 등(2008)은 자기애성 환자의 세 가지 하위 유형을 기술했는데, 거대한-악의적인, 손상되기 쉬운 그리고 높은 기능/과시적 유형이 있다. 높은 기능/과시적 유형은 거대성을 가지고 경쟁적이고 애정을 추구하지만 제시한 유형 중에서 가장 높은 기능 수준과 적응 기능을 보인다. John Steiner(1993)는 정신분석치료를 받고 있는 일련의 자기애성 성격장애 환자가 '병리적 조직'을 가지고 있다고 기술했으며 '정신적 후퇴(Psychic Retreats)'를 하고 있는 자기애성 성격장애 환자가 보이는 방어적으로 감정적인 거리두기에 관해 자세하게 기술했다.

자기애성 성격장애의 원인에 대한 정신분석적 연구에 의하면, 초기 아동기 때의 외상 경험, 빈번한 버려짐, 공격적이고 거부적인 어머니에 대한 이미지 그리고 좌절과 과잉 자극의 혼란스러운 경험이 일관성 있게 언급된다. 자기애성 성격장애 환자의 발달적 특징에 관련된 정신분석적 개념화는 다양하지만, Herbert Rosenfeld, Kohut, Kernberg의 이론을 토대로 개념화할 수 있다. 이러한 이론들은 자기애성 성격의 임상적 특성에 관한 기술에서는 차이가 없다. 비록 이러한 이론들이 자기애성 성격장애의 원인과 구조적 특성에 대해 다르게 이해하고 있지만 자기애성 성격장애의 지배적 거대자기의 특성은 공통적으로 언급하고 있다.

자기심리학의 관점에서 보면, 이러한 자기애성 성격장애의 정신 구조는 초기 발달에서 발달이 정지된 태고의 원시적 · 정상적 자기에 부합한다. 양육자의 공감적 실패로 인해 성숙한 '자기-대상' 유대를 형성하는 능력에 결함을 가지게 된다. 이러한 환자의 전이는 유아기의 무의식적 이상화와 반영받고자(거울 반응) 하는 성향이 지배적이다. 이러한 유아기의 무의식적 이상화와 반영 경향성은 미성숙한 자기구조의 원시적 거대성과 과시적인 행동과 관련되며 공감 능력의 결여와 대상과의 관계 문제를 초래한다. 자기심리학에 토대를 둔 정신분석치료의 경우, 분석가는 환자의 초기 자기애적 욕구를 만족시켜 주면서 환자의 내적 세계로 들어가서 공감적으로 몰입하는 능력이 필요하며, 결과적으로 환자는 정상적 성장을 재개할 수 있기 위해 누락된 자기구조를 구축할 수 있는 능력을 갖게 되는 것이 중요하다.

이와 대조적으로, Rosenfeld(1987)와 Kernberg(1975)는 병리적 자기애를 단순히 원시적인 정상적인 자기애에 고착된 것으로 간주하지 않고, 병리적 거대자기의 방어적 구성으로 보고 있다. 이러한 병리적 거대자기는 자기와 대상 표상의 한쪽 측면인 긍정적 측면과 자아이상의 통합으로부터 나왔다. 이는 기저의 원시적인 분열기제와 초기 아동기 박탈로 인한 공격성과 관련된 부정적으로 내면화된 강렬한 대상관계에 대항하는 이차적 방어로 이루어져 있다. 따라서 정신분석적 치료는 전이에서 환자의 병리적 거대자기의 활성화와 점진적인 해결에 초점을 두며 결과적으로 정상적인 의존 능력의 발달, 정상적인 자기개념의 성숙, 정상적인 대상관계 확립 능력의 향상을 도모한다.

최근에 불안정 애착의 구조적 영향에 대한 지식이 확장되면서(Fonagy et al., 2003), 불안정 애착 유형인 회피형과 자기애성 성격장애의 특징 사이의 관련성이 언급되고 있다. 불안정 애착뿐만 아니라 정상 애착에서, 애착은 불안정하게 또는 안정되게 내면화된 대상관계(애착이론에서의 '내적 작동모델')의 행동적 징후를 드러낸다. 이러한 행동 징후는 초기 내면화된 대상관계의 파생적 구조의 중요한 발달적 표식이다. 이는 맥락화되지 않은, 강렬하게 경험되는 부정적 감정 상태에서 병리적으로 강렬한 내면화된 대상관계를 보여 준다. 분명하게, 자기애성 성격장애의 공고화가 이루어지는 데 있어서 가족 역동의 영향을 받은 정신내적 역동의 구조적 발달은 중요한 역할을 한다. Paulina Kernberg(1989)는 처음으로 아동기 성격장애에 대해서 기술하고 가장 심각한 성격장애의 발달에서 아동기의 탐색이 중요함을 피력했으며, 청소년기 자기애성 성격장애에 대한 지식을 확장해 나갔다.

이 시점에서 본다면, 자기애성 성격장애 환자를 대상으로 한 정신분석과 정신분석적 심리치료의 효과를 보고하는 체계적인 경험 연구가 부재함을 알 수 있다(Levy et al., 2009). 보고된 성과 연구에서는 자기애성 전이 분석에 맞춰진 정신분석적 접근의 구체적 기술을 수행한 것 같지는 않다. 즉, 일반적인 정신역동 접근이나 인지행동적 접근과 차별화되는 특화된 접근이 이루어지지 않았다. 반면, 정신분석과 정신분석적 심리치료를 받고 자기애성 정신병리가 의미 있게 해결된 사례도 보고된 바 있다(O. F. Kernberg, 2004). 하지만 자기애성 성격장애의 특정 도전 과제에 대해서 다룰 수 있는 특별히 구조화된 치료 효과를 체계적으로 탐색하는 연구가 필요하다.

## 핵심적 임상 개념

- 자기애는 임상 수준에서 정상적으로 자기존중감을 조절하느냐 또는 병리적으로 조절하느냐로 정의를 내린다. 이에 따라 자기애는 정상적 성인 자기애, 정상적 유아기적 자기애, 또는 병리적 자기애로 분류할 수 있다. 자기애성 성격장애는 가장 심각한 병리적 자기애의 유형이다.
- 자기애성 성격장애의 핵심은 병리적 거대자기이다. 자기애성 성격장애의 주요 특징으로는 지나친 자기중심성, 찬양에 대한 과도한 의존, 거대 환상, 불안정성을 들 수 있다.
- 자기애성 성격장애 환자는 타인과 병리적인 관계 양상을 보인다. 즉, 이들은 타인에 대한 지나친 시기심, 착취, 특권의식, 평가절하와 공감 결여의 특징을 보인다.
- 자기애성 성격장애 환자는 반사회적 행동에서 보이는 중요한 초자아 병리가 나타난다. 따라서 진단을 하는 데 있어서 전형적인 반사회성 성격장애와 구별해야 한다. 자기애성 성격장애와 반사회성 성격장애는 본질적인 예후가 다르며, 반사회성 성격장애의 예후가 더 좋지 않다.
- 정신분석은 좀 더 기능 수준이 높은 환자에게 적절할 수 있다. 수정된 정신분석적 심리치료, 특히 전이초점치료는 심각한 환자에게 최선일 것이다.
- 정신역동치료의 경우, 병리적 거대자기의 증상에 대한 분석적 탐색이 필수적이다. 이러한 환자의 전이에서 나타나는 특징은 치료자에게 의존하지 못하거나, 치료자에 대한 깨지기 쉬운 이상화, 평가절하, 시기심과 원시적 형태로 공격성을 표출하는 것이다.
- 치료 예후는 환자가 질환으로부터 얻는 이차적 이득, 환자의 거만함 정도, 주요 동기로서의 자기파괴성, 반사회성 경향의 여부에 달려 있다.
- 정신역동치료의 금기 사유를 가진 환자와 압도적으로 부정적 예후 지표를 보이는 환자는 지지치료나 인지행동치료가 더 적절할 것이다.

## 추천 도서

Kernberg O (ed): Narcissistic Personality Disorder. Psychiatr Clin North Am 12:505-776, 1989

Kernberg O: Aggressivity, Narcissism, and Self-Destructiveness in the Psychotherapeutic Relationship: New Developments in the Psychopathology and Psychotherapy of Severe Personality Disorders. New Haven, CT, Yale University Press, 2004

Kernberg O (ed): Narcissistic personality disorder. Psychiatr Ann 39 (part 1): 1-171, 2009
Kernberg O (ed): Narcissistic personality disorder. Psychiatr Ann 39 (part 2): 172-235, 2009
Kohut H: The Analysis of the Self. New York, International Universities Press, 1971
Kohut H: The Restoration of the Self. New York, International Universities Press, 1977
Rosenfeld H: Impasse and Interpretation. London, Tavistock, 1987

## 참고문헌

American Psychiatric Association: Diagnostic and Statistical Manual of Mental Disorders, 4th Edition. Washington, DC, American Psychiatric Association, 1994
Bion WR: Second Thoughts: Selected Papers on Psychoanalysis. New York, Basic Books, 1967
Clarkin J, Yeomans F, Kernberg OF: Psychotherapy for Borderline Personality. New York, Wiley, 1989
Cooper AM: Narcissism and masochism: the narcissistic masochistic character. Psychiatr Clin North Am 12:541-552, 1989
Fonagy P, Gergeley G, Jurist EL, et al: Affect Regulation, Mentalization, and the Development of the Self. New York, Other Press, 2003
Freud S: On narcissism: an introduction (1914), in The Standard Edition of the Complete Psychological Works of Sigmund Freud, Vol 14. Translated and edited by Strachey J. London, Hogarth Press, 1957, pp 67-102
Green A: On Private Madness. Madison, CT, International Universities Press, 1993
Hare RD: Psychopathy: Theory and Research. New York, Wiley, 1970
Hare RD, Shalling D: Psychopathic Behavior: Approaches to Research. New York, Wiley, 1978
Henderson DK: Psychopathic States. London, Chapman & Hall, 1939
Henderson DK, Gillespie R: Textbook of Psychiatry: For Students and Practitioners, 10th Edition. Revised by Batchelor IRC. London, Oxford University Press, 1969
Hinshelwood RD: Clinical Klein. London, Free Association Books, 1994
Kernberg OF: Borderline Conditions and Pathological Narcissism. New York, Jason Aronson, 1975, pp 230-238
Kernberg OF: Technical aspects in the psychoanalytic treatment of narcissistic personalities, in Severe Personality Disorders: Psychotherapeutic Strategies. New Haven, CT, Yale University Press, 1984, pp 197-209

Kernberg O (ed): Narcissistic Personality Disorder. Psychiatr Clin North Am 12:505-776, 1989
Kernberg OF: Psychopathic, paranoid, and depressive transferences. Int J Psychoanal 73:13-28, 1992
Kernberg OF: Pathological narcissism and narcissistic personality disorders: theoretical background and diagnostic classification, in Disorders of Narcissism: Diagnostic, Clinical, and Empirical Implications. Edited by Ronningstam EF. Washington, DC, American Psychiatric Press, 1997, pp 29-51
Kernberg OF: The suicidal risk in severe personality disorders: differential diagnosis and treatment. J Pers Disord 15:195-208, 2001
Kernberg OF: Aggressivity, Narcissism, and Self-Destructiveness in the Psychotherapeutic Relationship. New Haven, CT, Yale University Press, 2004
Kernberg OF, Yeomans FE: [The differential diagnosis of borderline personality disorder], in Handbuch der Borderline Störungen, 2nd Edition. Edited by Dulz B, Herpertz S, Kernberg OF, et al. Stuttgart, Germany, Schattauer (in press)
Kernberg PF: Narcissistic personality disorder in childhood. Psychiatr Clin North Am 12:671-694, 1989
Koenigsberg HW, Kernberg OF, Stone MH, et al: Borderline Patients: Extending the Limits of Treatability. New York, Basic Books, 2000
Kohut H: The Analysis of the Self. New York, International Universities Press, 1971
Levy KN, Meehan KB, Weber M, et al: Attachment patterns in borderline personality disorder: implications for psychotherapy. Psychopathology 38:64-74, 2005
Levy KN, Chauhan P, Clarkin JF, et al: Narcissistic pathology: empirical approaches. Psychiatr Ann 39:203-213, 2009
Rockland LH: Supportive Therapy for Borderline Patients: A Psychodynamic Approach. New York, Guilford, 1992
Rosenfeld H: Notes on the psychopathology and psychoanalytic treatment of some borderline patients. Int J Psychoanal 59:215-221, 1978
Rosenfeld H: Impasse and Interpretation: Therapeutic and Anti-therapeutic Factors in the Psychoanalytic Treatment of Psychotic, Borderline and Neurotic Patients. London, Tavistock, 1987
Russ E, Shedler J, Bradley R, et al: Redefining the construct of narcissistic personality disorder: diagnostic criteria and subtypes. Am J Psychiatry 165:1473-1481, 2008
Spillius EB (ed): Melanie Klein Today: Developments in Theory and Practice, Vols 1 and 2. London, Routledge, 1988
Spillius EB, Feldman M (eds): Psychic Equilibrium and Psychic Change: Selected Papers of Betty Joseph. London, Tavistock/Routledge, 1989

Steiner J: Psychic Retreats. London, Routledge, 1993

Stone MH: The Fate of Borderline Patients. New York, Guilford, 1990

# 제10장
# 연극성 성격장애의 치료

Mardi, Horowitz, M.D.
Uma Lerner, M.D.

히스테리(histrionic)라는 단어는 배우(actor)라는 뜻의 라틴어에서 유래한 것으로 극적인 자기표상 유형을 의미한다. 이러한 극적인 자기표상이 지나치거나 증상으로 발현되며 부적응적이라면 연극성 성격장애(Histrionic Personality Disorder)로 진단 내릴 수 있다(Horowitz, 1977). 이들의 타인의 관심을 끌기 위한 정서 표현은 너무 요구적이어서 사회적으로 부적절하게 여겨진다. 이러한 연극성 패턴은 실제로 불행한 결과를 초래함에도 불구하고 반복되기 때문에 부적응적이라고 할 수 있다. 연극성에 대한 DSM-IV-TR(American Psychiatric Association, 2000) 진단 기준은 〈표 10-1〉에 제시되어 있다.

이전 판인 DSM-III(American Psychiatric Association, 1980)의 질환 분류를 따라, Samuels 등(1994)은 1988년에 평가된 메릴랜드 볼티모어에 거주하는 역학적으로 선택된 762명의 표본 중 2.1%가 이 진단을 충족시켰다고 보고했다. 또한 추가로 1.5%의 피험자는 연극성 성격장애로 잠정 진단을 받아서, 도시 지역 인구에서 전체 3.6%가 이 장애에 해당되었다. 이에 반해 Blagov와 Westen(2008)은 연극성 성격장애, 경계선 성격장애, 의존성 성격장애, 반사회성 성격장애 간에 중요한 중복이 일어날 수 있으며, 연극성 진단 내에서 다양한 하위 유형이 존재함을 발견했다. 성격장애는 전형적으로

〈표 10-1〉 연극성 성격장애의 DSM-IV-TR 진단 기준

| |
|---|
| 성인 초기에 시작되며, 지나친 정서성과 애착 추구의 전반적인 패턴을 보이며 다양한 맥락에서 다음 중 다섯 가지(이상)의 지표를 보인다. |
| (1) 관심을 받지 못하는 상황에 대해 불편해 한다. |
| (2) 타인들과 상호작용하는 데 있어서 성적으로 부적절하게 유혹을 하거나 도발적인 행동을 하는 것이 특징이다. |
| (3) 감정 변화가 급격히 일어나며 감정을 표현하는 데 있어서 피상적이다. |
| (4) 관심을 끌기 위해서 끊임없이 신체적 외모를 이용한다. |
| (5) 지나치게 돋보이려 하고 세부적 묘사가 결여된 언변 스타일을 구사한다. |
| (6) 극적이며, 연극적이고 과장되게 감정 표현을 한다. |
| (7) 타인이나 환경에 쉽게 영향을 받는다. |
| (8) 실제 맺는 관계보다 관계를 더 친밀하다고 생각한다. |

출처: *Diagnostic and Statistical Manual of Mental Disorders*, 4th Edition, Text Revision. Washington, DC, American Psychiatric Association, 2000, Copyright 2000, American Psychiatric Association. 허락하에 사용.

지속적이고 영속적인 것으로 여겨지지만, 연극성과 다른 B군 성격장애는 시간에 걸쳐 나타나는 성격장애로 덜 언급되는 것으로 알려져 있다(Seivewright et al., 2002).

사례 개념화는 치료 설계를 수립하는 데 결정적인 역할을 한다(Wallerstein, 1986). 우리는 우선 사례 개념화에 대해 논의하고 그다음 전형적인 치료 단계에 대해 논의할 것이다. 첫 번째 치료 단계에서는 환자의 상태를 안정시키고 현재 위기를 감소시키기 위한 치료자 개입을 강조한다. 두 번째 단계에서는 환자로 하여금 타인과의 관계 연결성을 증가시키고 성격의 성장을 방해하는 요소를 다루는 작업을 강조한다. 세 번째 단계에서는 자기응집성을 향상시키고 진실성을 가지고 환자가 친밀감을 높이는 데 초점을 둔다. 실제로는 각 단계가 분리되어 순서대로 나타나기보다는 모든 단계가 결합되어 나타난다.

## 사례 개념화

형태분석(Configurational Analysis)이라고 불리는 사례 개념화의 체계적 접근은 상태, 방어적인 통제 과정, 개인 도식이라는 범주들로 구성되어 있다(Horowitz, 2005). 임상가는 환자의 마음을 분석하는 데 있어서 다양한 마음 상태에 따라 증상과 문제 행동이 달라

진다는 점을 인식해야 한다. 환자의 병리적 현상에 정적으로 접근하기보다는 역동적으로 접근해야 한다. 특히 환자의 정서성, 관계성, 자기조절 상태에 대해 주의를 기울여야 한다. 연극성 성격장애의 중요한 특징은 조절되지 않은 강렬한 부정적 정서 상태와 충동적인 관계 행동이다. 이러한 이유로 치료의 첫 번째 단계에서는 통제의 강조에 초점을 맞춘다.

두 번째 치료 단계에서는 환자의 언어적 의사소통의 명료화와 방어적 통제 과정의 수정을 강조한다. 연극성 성격장애 환자는 사고의 억제로 인해 명료하지 못한 의사소통 스타일을 구사한다. 이러한 환자의 모호성으로 인해 심리치료 회기에서 초점을 두고 다루어야 할 주제를 선정하기가 어려울 수 있다. 일단 두 번째 치료 단계에서 환자와 치료자 간의 안전한 관계 형성이 수립되면, 특히 환자의 왜곡과 억제 같은, 지나치게 사용하고 있는 방어기제에 관한 수정을 다룬다. 치료 목표는 환자의 책임감 있는 태도뿐만 아니라 자기성찰과 자기관리의 기술을 증진시키는 것이다.

세 번째 치료 단계에서는 비합리적이고 갈등을 일으키는 신념의 변화에 초점을 둔다. 환자의 대인관계 구조에서 역할이 수정되고 그에 대한 이해가 더 깊어진다. 즉, 환자의 소망과 두려움에 대한 더 깊은 탐색이 이루어진다.

연극성 성격장애 환자는 분리되고 왜곡되고 모순적인 역할관계모델(Role Relationship Model)을 가지고 있다. 체계적 접근은 자기-타인 관점이 점차적으로 명료화될 때 임상가에게 도움이 된다. Benjamin(2003)은 대인관계 패턴과 그것이 자기개념에 미치는 영향에 대해 개념적으로 조직화하는 체계를 고안했다. 게다가 Luborsky와 Crits-Christoph의 핵심 갈등관계 주제(Core Conflictual Relational Theme) 패턴은 연극성 성격장애의 대인관계를 개념화하는 데 도움이 된다. Horowitz(1991a, 1991b, 1997, 2005)는 형태분석 체계를 발전시키는 데 선행 절차들을 상세히 기술했다. 형태분석에서 보면, 자기와 타인에 대한 다양한 모델은 지속되는 무의식적 신념 구조로 이루어져 있다. 다양한 역할관계모델은 다양한 의식적 마음 상태를 조직한다(Horowitz, 2005). 연극성 환자는 역할관계모델에서 변화가 발생할 때 급격한 상태 변화가 일어난다. 역할관계모델은 의식적인 사고와 정서, 행동을 이끄는 무의식적 정신 과정을 조직한다. 자기와 타인에 대한 반복되지만 부적절한 관점의 활성화를 촉발하는 요인들이 점진적으로 확인되면서 약화되어야 한다.

형태분석이라고 불리는 체계적 분석의 첫 번째 단계는 환자의 문제와 강점 또는 자원의 목록을 명시하는 것이다. 두 번째 단계에서는 증상, 징후, 문제가 발생했거나 발생하지 않았을 때 환자의 다양한 마음 상태에 대해서 정의한다. 세 번째 단계에서는 환자의 주요 관심 주제와 그것을 명료화하기 위해 방어적 장애물을 확인한다. 이 세 가지 단계는 의식적 태도를 다루는데, 이러한 태도를 통해 평가와 재평가를 할 수 있는 자기성찰적 의식으로 나아갈 수 있다. 사례 개념화의 이 세 가지 층은 자기와 관계 측면에서 특정 역기능적 개념이 소망과 두려움을 포함한 무의식적 갈등에서 어떻게 기능하고 왜 기능하게 되는지를 확인하는 토대를 마련해 준다. 이러한 소망-소망 딜레마는 무의식적 환상과 연관된다. 무의식적 환상은 삶에 대한 비합리적인 기대이다.

## 현상: 증상과 반복적인 부적응적 행동

연극성 성격장애 환자는 일반적으로 충동, 정서, 지각, 행동에서 통제 불능을 보인다. 많은 연극성 성격장애 환자는 강렬한 부정적 감정의 범람을 호소한다. 즉, 연극성 성격장애 환자는 자기도 모르게 드러나는 느낌과 감정적 폭풍우를 떨쳐 버리기가 어렵다. 이들의 사고는 복잡하게 엉켜 있지만 심하게 비합리적이거나 망상적이지 않다.

연극성 성격장애 환자가 대인관계에서 보이는 특징은 기분 변화, 목표에서의 충동적 변화, 사회적 마찰, 좌절에 대한 인내력 결여, 즉각적인 만족에 대한 집착, 좌절에 대한 분개 등이 포함된다. 결국 불만족스럽고 폭발적으로 관계가 끝나고, 새로운 관계는 필사적으로 급하게 무분별하게 시작된다. 그들은 관계에서의 애착 형성을 점진적으로 발달시키기 위해 기다리는 능력이 결여되어 있다. 연극성 성격장애 환자의 자기가치는 자기보다는 현재 주변에 있는 타인의 관심에 따라 요동친다. 그들의 자기존중감은 낮으며 관계 외상은 서서히 쌓여 가서 결국 두려움, 비참함, 우울, 자기혐오를 초래한다. 이들은 부정적 느낌을 중단시키기 위해서 알코올 또는 약물을 남용할 수 있다. 연극성 성격장애 환자의 중독으로 인한 다양한 이차적 영향과 손상된 마음-뇌 기능은 그들의 현재 문제를 더 복잡하게 만든다(Horowitz, 1977, 1991b, 1995; Kernberg, 1975, 1992).

## 마음 상태

연극성 성격장애 환자는 일반적으로 적절하지 않은 상황에서 활기차고 관심을 추구하는 마음 상태를 보인다. 예를 들면, 그들은 사업을 위한 모임에서 너무 유혹적인 옷을 입거나 다른 긴급한 문제가 있을 때 동정을 요구하는 모습을 보인다. 연극성 성격장애 환자는 관심이 그들에게 주어지지 않을 때 시무룩하거나 뿌루퉁한 모습을 보인다. 극적인 마음 상태가 부적응적인 결과를 초래하지만 흥분 상태가 무관심, 슬픔, 취약하다는 인식을 감소시켜 주기에 극적인 마음 상태를 선호한다. 작은 촉발요인에도 흥분된 유쾌함에서 눈물로 급격하게 변화할 수 있다.

연극성 성격장애 환자는 억제된 마음 상태인 부끄러움을 경험할 수 있는데, 이는 지나친 자기과시의 위험을 회피하게 해 준다. 그들은 절망의 느낌보다는 관심을 얻기 바란다. 그러나 원했던 관심을 얻었을 때 너무 흥분되어서 자기통제감을 잃을까 봐 두려워한다.

## 관심받는 주제와 방어 스타일

연극성 성격장애 환자가 가장 빈번하게 갈등을 겪는 주제는 타인으로부터 부적절하거나 '잘못된' 관심을 경험하는 것과 관련이 있다. 즉, 그들은 타인으로부터 지나친 관심(예: 성적으로 착취당함)을 받거나 거의 관심을 받지 못하는(무시당함) 급격한 변화를 경험한다. 따라서 연극성 성격장애 환자를 위한 치료 목표는 상호 친밀감, 균형 잡힌 자기존중감, 진정성을 토대로 적절한 양의 관심을 얻는 방법을 배우는 것이다. 또한 치료계획을 세울 때는 환자의 습관적인 장해물을 다루어야 한다.

연극성 성격장애 환자의 경우, 두려움이나 자기혐오의 상태에 빠지게 하는 강렬한 정서를 약화시키는 의식적 정보 처리 과정이 억제되어 있다(Shapiro, 1965). 그들은 주의가 산만하게 펴져 있다. 연극성 성격장애 환자는 타인이 그들에게 관심을 기울일 때만 초점을 맞춘다. 타인에 대한 평가는 피상적이며, 타인의 의도에 대해 깊이 고려하지 못한다. 미래에 대한 계획은 합리적으로 조직화되거나 오랫동안 유지되기보다는 지나치게 간단하며 마술적 소망으로 이루어져 있다.

연극성 성격장애 환자는 쾌활한 정서로 인해 아주 흥미로운 사람으로 비춰질 수 있다. 그러나 연극성 성격장애 환자를 가까이에서 보는 임상가는 그들이 부적응적인 대인관계 행동에 대해 얘기할 때 어떤 일이 일어났고 어떤 순서로 일어났는지에 관해 알기 어려운 방식으로 이야기함을 주목할 수 있다. 누가 실제로 이러한 행동을 하도록 부추겼는가? 연극성 성격장애 환자는 오직 수동적인 역할을 기억하거나 적극적인 행동 유발자로서의 역할을 부인함으로써 자기비난을 피하고자 한다.

연극성 성격장애 환자의 주의는 급격하게 변화할 수 있다. 그들의 대화에서 한 개념은 다른 개념과 잘 연결되지 않는다. 연극성 성격장애 환자의 경우, 신체 동작과 자세는 신호나 유혹으로서 사용될 수 있지만 사려 깊은 자기숙고를 위한 의식적 단어로 번역될 수는 없다. 비언어적 표현은 심지어 언어적으로 표현되는 개념과 모순될 수 있다. 연극성 성격장애 환자는 문제에 대한 대안적 해결책에 머무르기보다는 빠르고 부적절한 해결책에 매달린다. 그들이 말하는 "나는 몰라요."라는 말은 무의식적으로 마치 '나는 몰라야 한다.'는 의미로 기능할 수 있다. 방어적 통제 처리(외현화, 투사, 투사적 동일시)를 많이 사용할수록 병리 수준은 더 깊다고 할 수 있다.

## 개인 도식: 정체성 개념과 역할관계모델

연극성 성격장애의 자기표상은 타인들로부터 관심을 끌기 위해서 활용된다. 자기의 느러나는 측면에서 진정성 있는 내적 경험이나 지속적인 정체성 인식과는 관련이 없다. 그들은 색정적인 각성 수준이 낮더라도 신체적으로 성적인 움직임이 드러난다. 타인으로부터 관심을 얻기 위해서 질환 또는 성격장애의 실제 증상이 과장될 수 있다. 이러한 연극성 성격장애 환자는 타인을 조종하거나 꾀병을 부리는 경향이 있다.

Lilienfeld 등(1986)은 연극성 성격장애와 신체화장애뿐만 아니라 연극성 성격장애와 반사회성 성격장애 간에도 의미 있는 연관이 있음을 발견했다. 그러나 연극성 성격을 가진 개인은 자신도 모르게 남을 속이는 것이나 꾸며 대거나 위조하는 것을 스스로 자각하지 못한다. 이들은 비난받는 것에 대한 두려움으로 인해 최적의 의학적 또는 정신과적 치료를 받기 어렵다(Slavney & McHugh, 1984).

연극성 성격장애 환자는 다음과 같은 역할관계모델을 따른다. 즉, 그들은 현재 자기를 섹시한 영화배우, 상처 입은 영웅, 또는 훌륭한 병약자로 경험한다. 이러한 역할 특성으로 인해 그들은 원하는 타인으로부터 관심을 얻기를 기대한다. 타인의 역할은 보완해 주는 기능을 하는 것이다. 예를 들면, 타인은 사랑해 주는 구혼자, 헌신적인 구조자, 또는 책임감 있는 양육자 역할을 한다. 자기는 타인으로부터 관심을 얻으면 회복되고, 감사하고 사랑의 느낌을 가지게 된다. 연극성 성격장애 환자는 타인과의 애착을 절실히 바라지만 실상은 스트레스 상황에서 착취와 유기를 경험한 후에야 비로소 안전이 따라온다고 믿는다.

두려운 역할관계모델에서 일단 자기가 타인의 관심을 얻으면 자기는 타인에 의해 학대당하고 결국 버려진다. 자기는 타인으로부터의 학대에 화가 나고, 거부에 대해 절망한다. 그리하여 불만과 복수에 대한 갈망으로 마음이 이글거린다. 연극성 성격장애 환자의 시나리오는 흥분에서 분개 또는 죽고 싶은 절망의 기간인 실망의 주기를 반복한다. 이러한 상태 주기는 반복되며 절망감을 감소시키기 위해서 타인의 관심을 요구한다.

연극성 성격장애 환자의 경우, 다양한 시나리오에서 피해자, 공격자 그리고 구조자 역할을 실행한다. 이러한 다양한 시나리오는 일련의 반복되는 삶의 이야기가 된다. 빈번하게 착취당하고 버림받는다는 모호한 시나리오에서는 삶에서 표류하는 수동적 자기를 강조한다. 이들은 타인의 의도와 느낌에 대해서 피상적으로 알아차리며 타인의 의도에 대해 현명한 평가를 하기보다는 '비현실적인' 고정관념을 가지고 평가한다 (Standage et al., 1984).

연극성 성격장애 환자의 피해자-공격자-구조자 상태의 극적인 반복 주기는 실제적으로 예측할 수 있는 인과적 추론 없이 실행된다. 환자는 위험을 '알아차린다'. 이 상황에서 자기는 순진하고, 수동적이고, 상처 입은 피해자로 자각된다. 이후 자기비판적 · 자기처벌적 그리고 절망적인 자살 충동을 경험한다.

피해자 역할은 잠재적인 구조자의 관심을 불러일으키는 데 이용될 수 있다. 이러한 구조는 일시적인 도취 상태를 맛보게 하겠지만 이내 불쾌감을 느끼게 한다. 칭송했던 구조자는 이제 착취적인 공격자로 느껴지거나 또는 부적절하게 도움을 준 것으로 비판받는다. 이러한 주기는 반복된다. 이러한 부적응적인 패턴으로 인해 타인과의 지속적이고 깊은 진실된 친밀감을 경험하지 못하기에 나이가 들면서 인생을 허비했다는 느낌을 가지게 된다(Pfohl et al., 1984; Pikonis & Frank, 1988).

연극성 성격장애 환자에게 가학피학성은 공통적인 주제이다. 연극성 성격장애 환자는 잘못된 가정에 따라 굴종적인 역할을 취하고 피학적인 대가를 치를 수 있다. 즉, 연극성 성격장애 환자는 가학적인 공격자가 그들에게 상처를 입힌 후 후회하고 그들에게 보상적인 관심을 준다는 잘못된 가정을 가질 수 있다. 또한 연약하고 고마워하는 친구와의 관계에서 강함을 느끼고자 하는 누군가에게 만성적으로 의존하는 패턴도 있다. 연극성 성격장애 환자는 치료자에게 역전이를 불러일으키는 전이를 보일 수 있다. 치료자와의 첫 만남에서 극적인 이야기를 하며 관심을 얻고자 절실하게 호소하기 때문에, 임상가로 하여금 극적인 도움을 줄 수 있는지 고심하게 한다. 환자와 임상가 모두에게 구조자 환상은 상호 열정을 일으킨다. 하지만 이러한 구조자 환상은 잠시 동안 유지되며 결국 혼란을 야기한다.

연극성 성격장애 환자는 치료의 한계를 자각하면서 분노와 적개심으로 반응할 수 있다. 이때 임상가는 적대적이고 거부적인 충동으로 반응할 수 있다. 환자는 대부분 도움이 필요할 때 거절되었다고 여기고 버림받았다고 느낀다. 그래서 그들은 새로운 치료자를 찾으며, 새로운 치료자에게 이전 치료자가 착취적 유혹자이며 쌀쌀맞고 도도하지만 무능하다고 험담을 한다. 새로운 치료자에게 특별한 구조자 환상을 불러일으키며 이러한 주기는 반복된다.

자기애성 성격장애나 연극성 성격장애의 대인관계 스타일은 타인을 자기대상으로 이용하는 것이다(Kohut, 1971, 1977). 그들은 타인의 욕구에 대한 관심이 적으며 타인에 대한 민감성도 낮기 때문에 치료자에게서 부정적인 역전이를 불러일으킬 수 있다. 그들의 대인관계 특징은 반영해 주는 자기대상으로부터 칭송을 요구하거나, 이상화된 인물에 대해서 아부하며 슬그머니 다가가며, 보완이 되는 타인과 부적절한 결연을 맺고자 하는 것이다. 비이성적인 거대성은 자기존중감의 추락을 피하기 위한 보상적인 노력으로 간주된다.

연극성 성격장애의 경계선 수준을 가진 개인은 자기와 타인을 전적으로 좋거나 전적으로 나쁜 것으로 분리해서 본다(Gunderson, 1996; Gunderson & Singer, 1975; Kernberg, 1975). 좋아하는 사람에게 비판적 말을 듣는 경우, 자기를 가치 있게 여겼던 관점에서 벗어나 갑자기 스스로 쓸모없는 존재가 된다. 타인에 대한 관점도 마찬가지로 좋은 사람에서 악의적인 사람으로 급격히 변화할 것이다. 일시적으로는 정신증 상태가 나타날 수 있다.

연극성 성격장애 환자가 정체성 내에서 양가감정이나 양극단의 면을 아우르는 우산 같은 구조로 통합할 수 없다면 임상가가 환자의 안정화 도모라는 초기 치료 목표를 수립하기 어려울 수 있다. 이러한 연극성 성격장애 환자의 경우, 심리치료와 단기간의 입원치료 및 정신과적 약물치료의 병행이 필요할 수 있다. 〈표 10-2〉는 자기조직의 수준에 따른 개념화가 제시되어 있다.

〈표 10-2〉 자기와 타인의 도식 조직화에 따른 성격병리 수준

| 수준 | 기술 |
| --- | --- |
| 정상 수준 | 정상 수준의 사람은 상위 체계의 자기(Supraordinate Self, 여러 가지 자기 도식을 연결시켜 주고 담아내는 큰 도식)가 잘 발달되어 있다. 그들은 주체로서의 비교적 통합된 자기를 가지고 기능하며 일관적인 가치를 유지하며 장기간 동안 책임을 다한다. 그들은 갈등이나 부정적 기분을 경험하며, 이러한 갈등이나 부정적 기분을 '자기'의 부분으로 소유한다. 이들은 다양한 현실적인 장단점 또는 실제 관계에서 일어나는 한계로 인해 갈등한다. 그들은 합리적 선택, 자제, 단념, 승화, 지혜, 유머, 심지어 포기를 적절히 사용하면서 갈등을 잘 다루어 낸다. 타인과 친밀하고 직관적으로 관계할 수 있으며, 타인을 자신과 분리된 독립된 존재로 여기고, 고유의 의도와 기대를 가진 존재로 여긴다(정상 수준의 사람은 연극적인 형태를 취할 수 있으나 연극성 성격장애는 아니다). |
| 신경증적 수준 | 신경증적 수준의 사람은 오랫동안 해결되지 못한 갈등 주제를 가지고 있다. 이러한 주제는 의도, 기대, 가치의 충돌을 포함한다. 그들의 방어적 스타일은 감정적 범람을 보호해 주지만 오히려 정체성과 관계 면에서 모순되는 부분을 감소시켜 주거나 통합시켜 주는 상위 도식으로 의미를 연결시키지 못한다. 그들은 행동의 주체로서 자기 관점과 행동의 비판자로서 자기 관점 사이의 격차를 적절한 시기에 합리적 선택으로 해결하지 못한다. 예로, 자신을 타인에게 성적 관심을 표현하는 사람으로 간주하면서도 도덕적 기준에 의해 그러한 성적 표현을 반대하는 사람으로 본다. 그들은 경직된 억제, 반복적인 반추, 행동하고 취소하는 패턴을 습관적으로 행한다. 그들의 갈등은 일, 타인과의 친밀감과 양육 측면에서 반복적인 부적응적 패턴을 초래할 수 있다(신경증적 수준의 사람은 신경증적 연극성 성격장애를 지닐 수 있다). |
| 자기애적으로 취약한 수준 | 자기애적으로 취약한 사람은 비교적 이상적 자기 도식과 현실적 자기 도식 간의 차이가 심하며 위축된 자기 도식을 가지고 있다. 그들은 비록 상위 자기 도식으로 연결이 잘 되지 않더라도 응집성 있고 비교적 현실적인 자기 도식에 의해 상태를 유지할 수 있다. 그러나 그들은 극도의 자기결핍감 또는 거대자기를 가진다. 심한 스트레스 상황에서 그들은 자기응집성을 상실하거나 창조성, 힘, 성적인 면에서 완벽하다는 착각을 확장시키는 비합리적 왜곡을 하게 된다. 자기애적으로 취약한 사람은 보통 타인을 자기의 연장선(자기대상)처럼 비이성적으로 간주한다(이 수준의 사람은 신경증적 연극성 성격장애의 문제를 가질 뿐만 아니라 자기대상이 되고 있는 치료자에 대한 요구, 비이성적인 착각, 기대가 문제가 될 수 있다). |
| 경계선 수준 | 경계선 수준의 사람은 다양한 자기 도식을 가지며, 각 도식은 실제 자기의 부분이다. 타인에 대한 다양한 도식을 가지는데, 이러한 도식은 타인에 대한 실제 행동만을 포함한다. 모두 선(all good)이라는 개인 도식의 복합체는 모두 악(all bad)이라는 개인 도식 복합체와 분리된다. 스트레스 상황에서는 분열의 타당성을 입증하기 위해서 적개심 같은 부정적인 정서를 타인에게 투사하고 타인에게서 불러일으킨다(경계선 수준의 연극성 성격장애 환자는 버려짐과 학대에 의해 활성화되는 분노가 외현화되지 못할 때 망상적 사고와 충동적 자기공격이 자기애성 성격장애보다 더 취약하다). |

주: 연극성 성격장애는 일반적으로 신경증 수준으로 개념화되지만 자기애 성격장애와 경계선 성격장애와 공존할 수 있다.

# 치료 단계

## 1단계: 상태 안정화

연극성 성격장애 환자는 적개심, 두려움, 수치심, 혐오감 같은 강렬한 부정적 정서를 느낄 뿐만 아니라 통제할 수 없는 다양한 기분을 보고한다. 연극성 성격장애 환자와 대화를 하다 보면 그들이 다음과 같은 활동에서 합리적으로 계획을 수립할 수 없는 상태임을 알 수 있다. 어떤 환자는 우울이 너무 깊어서 명확하고 정확한 정신과적 과거사를 말할 수 없다. 또 다른 환자는 불안 수준이 너무 높아서 과민하고 혼란스러운 상태로 앞뒤가 안 맞고 두서없고 일관성 없는 의사소통 스타일을 보인다. 이러한 이유로 초기 치료 단계에서는 환자의 정신 상태의 안정화에 초점을 맞춘다. 초기 치료 목표는 환자가 약물 남용, 중독, 난잡한 성관계, 위험한 스릴 추구, 자기파괴적 행동에 필사적으로 매달리는 것을 피하도록 돕는 것이다.

어떤 연극성 성격장애 환자의 경우, 주요우울장애를 동반할 수 있다. 이러한 경우 적절한 정신과적 약물치료가 상태 조절을 향상시킬 수 있다. Davis 등(1995)이 언급했듯이, 이러한 환자에게는 약물이 만병통치약이 아니라는 것을 반복해서 말해 주어야 하며, 그들이 가진 비현실적인 기대에 대해 가능한 한 빨리 언급해 주어야 한다. 약물에 습관적으로 집착하고 약물 복용량이 증가하거나 충동적으로 과다 복용하는 일이 발생하기 때문에 약물 사용은 필수적으로 제한되어야 한다. 임상가는 약물치료를 받고 있는 환자가 심지어 초기 회복의 시간 이후조차 긍정적 효과보다 부정적 효과에 대해 강하게 불평한다는 것을 알아차려야 한다. 환자는 심지어 치료자에게 죄책감과 무기력감을 불러일으키기 위해 약물 부작용을 이용할 수 있다.

충동적으로 결정하는 환자의 취약성으로 인해 환자는 알코올을 남용하거나 불법으로 약물을 복용할 수 있는데, 이는 처방받은 약물과 상호작용 효과가 일어나서 더욱 위험하다. 정신약리학적 접근은 자살을 포함하여 의도되거나 의도되지 않은 자기파괴적 영향을 피하는 것을 염두에 두고 선택해야 한다.

치료의 첫 단계에서 환자가 관계 면에서 어느 정도 자신을 통제할 수 있더라도 후에 재발이 일어나는 경향이 있다. 스트레스 사건이나 갑작스럽게 떠오르는 기억과 환상은 조절할 수 없는 충동을 촉발할 수 있다. 전이 반응 또한 환자를 위협할 수 있다. 이

〈표 10-3〉 치료 1단계: 상태 조절에 초점 맞추기

| | |
|---|---|
| 1 | 즉각적인 위안은 주지만 해를 줄 수 있는 환자의 위험한 행동을 자제하도록 격려한다. |
| 2 | 약물을 처방하는 것을 서두르지 말고 문제를 빨리 끝내려는 환자의 긴급한 요구에 대해 사회적 삶의 해결책을 제시하는 것을 서두르지 않는다. 그렇다고 환자의 고통에 무심한 것은 아니다. |
| 3 | 치료자는 환자의 강렬한 정서 표현을 '연극적'으로 여기지 말고 공감적으로 경청한다. |
| 4 | 치료자는 환자의 상태를 특정 단어로 기술한다. |
| 5 | 치료자는 환자에게 사건의 인과 관계적 흐름을 알 수 있도록 일련의 질문을 한다. |
| 6 | 치료자는 발생한 일과 그다음 일어날 수 있는 것의 시간 순서를 확인하면서 환자가 정신적이고 외적인 사건에 주의를 기울이도록 격려한다. |
| 7 | 치료자는 환자가 정서적 범람을 피하도록 하기 위해 갈등 주제에 대해 차근차근 성찰을 하도록 돕는다. |
| 8 | 치료자는 환자가 미래의 딜레마와 곤경을 예상하도록 돕는다. |
| 9 | 치료자는 환자가 미리 두려운 감정 상태를 완화시킬 수 있는 방법을 고안함으로써 '행동하기 전에 생각하도록' 연습시킨다. |

런 유형의 환자는 그들이 경험하는 침투적 사고, 원치 않는 이미지, 조절할 수 없는 충동이 그들이 미쳐 가고 있음을 의미하는 것은 아닌지 두려워한다. 그들은 불안과 공포에 떨면서 도움을 주는 사람으로부터 착취와 버려짐을 당할 것을 예상한다. 이렇게 두려운 상태에 대한 예상은 직접적으로 직면될 수도 있고 예상하면서 드는 기분을 진정시키는 데 도움이 될 수 있다. 환자는 조절이 안 되는 두려운 상태를 다루기 위한 계획을 세우고 연습을 할 수 있다. 〈표 10-3〉에는 이러한 단계의 기법들이 제시되었다.

## 2단계: 의사소통 유형과 방어적 통제 과정에 대한 수정

치료자는 지지적인 기법을 사용하여 환자를 안정화한 후, 환자에게 갈등에 관해서 어떻게 생각하고 표현할 것인지 그 방법을 가르친다. 환자는 자신의 의도와 동기뿐만 아니라 타인의 의도와 동기를 성찰하는 방법을 배울 필요가 있다.

두 번째 치료 단계에서는 치료를 받는 이유를 재검토하는 것부터 시작한다. 이미 제시된 문제에 대해서 차근차근 재조사하는 것은 환자가 새로운 초점을 수립하도록 도와준다. 원했지만 거의 경험하지 못했던 역할, 정서, 현상, 행동에 관한 질문을 포함한다. 다음과 같은 질문을 고려할 수 있다.

- 환자가 무엇을 원하는가?
- 환자는 무엇을 두려워하는가?
- 환자는 과거의 스트레스 또는 현재와 미래의 상황에 대처하기 위한 계획을 어떻게 세우고 있는가?
- 환자가 지나친 정서적 흥분 또는 두렵고 조절하지 못하는 기분 상태에서 자신을 보호할 좀 더 유용한 방법이 있는가?

이러한 질문에 대한 환자의 대답이 대개는 명확하지 않지만 새롭게 사고하는 방식이 개발될 수 있다. 치료자는 환자가 다양한 마음 상태에서 느낌들이 어떻게 달라지는지에 관해 고려하도록 도울 수 있다. 두렵거나 문제가 되는 마음 상태가 우선적으로 나타날 수 있다. 이때 치료자는 우선 공감적 수용을 보인 후 환자의 문제 이면에 관심을 갖는 질문을 한다. 즉, 치료자는 환자의 문제를 초래하게 한 신념과 행동 패턴을 질문한다. 또한 치료자는 환자의 긍정적 기능에 관해서도 탐색한다. 어떤 마음 상태일 때 증상이나 문제가 덜 나타나는가? 환자가 노력하지만 이루기 어려운 마음 상태가 있는가? 이렇게 원하는 마음 상태를 미래에 이룰 가능성이 있는가?

어떤 연극성 환자의 경우, 자신을 구원해 줄 파트너를 위험한 방식으로 찾는다. 그들은 파트너를 찾기 위해 신체적 접촉을 추구하며 색정적 관심을 꾸며 댄다. 이런 환자는 오직 착취적인 파트너 또는 무심한 파트너와 관계할 가능성이 높다. 따라서 이 단계에서 중요한 치료는 환자가 이러한 관계 패턴을 이해하고 일련의 학대와 버려짐을 막기 위해서 위험 신호를 인식하도록 학습시키는 것이다.

두 번째 치료 단계 동안, 치료자는 환자에게 명확한 언어적 의사소통을 통해 환자의 강렬한 정서에 대한 공감적 자각을 되돌려 주는 것이 중요하다. 치료자의 반응은 균형 잡히고 적절해야 한다. 치료자의 반응이 너무 가깝거나 너무 멀어서도 안 된다. 두 번째 심리치료 단계에서 의사소통을 명료화할 수 있는 기법은 〈표 10-4〉에 요약되어 있다.

연극성 성격장애 환자는 정서적으로 위험한 생각들을 피하기 위해서 다양한 방어적 통제 과정을 사용한다. 방어는 기억, 환상, 의도, 기대를 억제할 수 있다. 환자는 정서를 느끼지만 정서와 특정 생각 또는 사건과의 연관성에 대해서는 자각하지 못할 수도 있다. 방어적 억제와 회피의 교정(〈표 10-5〉 참조)은 의사소통을 좀 더 명료하게 해 준다. 환자가 지나친 수치심이나 죄책감 없이 슬픔, 분노, 두려움을 견딜 수 있도록 배우게 되면서 습관적인 방어적 통제 과정이 덜 필요하게 된다. 의미의 내적 연결성이 점

〈표 10-4〉 치료 2단계: 의사소통 명료화하기

| | |
|---|---|
| 1 | 환자가 이제까지 말할 수 없었던 주제에 대해서 나누는 동안 치료자는 명확하고 차분하게 고려하는 모습으로 시범을 보인다. |
| 2 | 치료자는 사회적 역할을 반전시키는 유발적인 행동에 반응하지 않아야 한다. 유혹하기, 부적절한 유머, 비판을 피한다. |
| 3 | 가장된 정서로 변환되는 것을 해석한다. 연민을 가지고, 꾸며진 느낌과 진정으로 느껴지는 느낌에 대해 이름을 붙인다. |
| 4 | 치료자는 환자가 타인의 관심을 얻는 하나의 방법으로 언어적 표현을 하도록 격려한다. |
| 5 | 치료자는 신체적 재연과 떠오르는 이미지를 언어적 의미로 설명하기 위해 언어를 사용하는 방법을 환자에게 보여 준다. 강렬한 정서 표현의 신속한 수단인 최면, 신체적 행위, 안내된 심상법은 사용하지 않는다. 이러한 기법은 통찰 없이 조절할 수 없는 상태를 초래하기 때문이다. |

〈표 10-5〉 치료 2단계: 방어적 통제 과정을 수정하기

| | |
|---|---|
| 1 | 치료자는 환자가 갈등 주제를 빨리 그만두고자 하는 것을 좌절시킨다(종종 "나는 몰라요." 또는 "난 그렇게 해 버릴 거예요."라고 말하는 것을 통해 알 수 있다). |
| 2 | 연상을 모호하게 하면서 개념들을 피하려는 경향을 좌절시킨다. 개념들 간의 핵심적 고리를 반복하면서 이것을 할 수 있다. |
| 3 | 치료자는 타인에 대해 습관적인 비이성적인 가정보다는 이성적으로 타인의 의도를 추론하는 방법을 보여 준다. |
| 4 | 치료자는 결정을 재평가하고 수정하도록 가르친다. |
| 5 | 치료자는 충동적 결정을 합리화하고 행동에 대한 개인적 책임을 부인하는 환자의 시도를 좌절시킨다. |

차적으로 형성될 수 있다.

치료자는 환자에게 계획 세우기의 적응적 가치에 대해 강조한다. 환자는 일련의 생각 또는 이야기를 천천히 하도록 요구받는다. 환자가 천천히 이야기하는 것은 정서 범람이 일어나는 것을 줄여 준다. 치료자는 환자가 말한 것을 반복하거나 환자가 이야기의 순서를 조직화하도록 도움으로써 환자의 정신활동을 감속시킨다. 이런 기법을 통해서 환자의 정서와 인과관계적 순서는 연결될 수 있다.

치료자는 비언어적 메시지(환자의 유사 언어 또는 신체적 대화)를 언어적 표현으로 담아냄으로써 환자가 정서와 생각에 대해서 사고하도록 도울 수 있다. 환자는 점차 비언어적 메시지를 점검하게 된다. 이러한 비언어적 메시지 점검은 치료 밖의 부적응적인 대인관계 패턴을 감소시킨다.

환자를 조력할 수 있는 결정적인 기법은 환자의 미해결된 주제에 좀 더 오랫동안 머무는 것이다. 환자는 전형적으로 해결되지 못한 문제를 말하거나 어떤 문제는 해결이 불가능하다고 선언한다. 또는 단지 기운 없이 "나는 몰라요."라고 말하는 것이 특징이다. 치료자는 역기능적이고 비이성적이고 갈등적인 개념을 명료화할 수 있다. '모른다'고 말하는 방식을 과거에 어떻게, 왜 배우게 되었는지를 탐색하는 것은 환자의 회피 스타일을 수정하도록 도울 수 있다. 이러한 스타일("나는 몰라요.")은 환자에게 중요한 타인, 아마도 아동기나 청소년기 동안 아는 누군가에 대한 저항인가? 환자는 성장환경에서는 해결되지 않은 문제에 대해서는 몰라야 했겠지만 현재는 자신의 미해결 과제에 대해서 알아야 한다.

행동에 대한 계획을 세우고 위험을 미연에 방지하도록 '생각을 활용하는 법'을 가르침으로써 환자가 시간의 다른 틀에 초점을 맞추는 것을 배우도록 한다. 즉, 연극성 성격장애 환자는 종종 과거, 현재, 미래를 개념화하는 것을 건너뛴다. 실제로 다른 시간, 장소, 사람에 대한 기억과 상상이 마음속에서 뒤엉켜 있고 잘못 연결되어 있다. 따라서 환자는 사람, 장소, 시간에 따른 적절한 구분을 유지하고 사람, 장소, 시간 간의 새롭고 좀 더 적절한 연결로 서서히 전진해 나가도록 격려와 반복을 통해 그것을 배워야 한다. 환자에게 가까운, 좁은 범위의 미래의 대안적 가능성에 정기적으로 초점을 맞추려는 노력은 특히 유용하다.

## 3단계: 대인관계 패턴과 개인적 도식의 수정과 통합

문제가 되는 마음 상태나 두려운 마음 상태는 자기와 타인에 대한 개념을 추론함으로써 명료화할 수 있다. 방어적인 통제 과정이 감소함으로써 문제는 좀 더 명료화될 수 있다. 역할관계모델의 사용은 [그림 10-1]에 묘사되어 있듯이 환자의 바람, 두려움, 타협 모델의 형태를 이끌어 낼 수 있다.

연극성 상태에서의 역할관계모델은 타인의 관심을 불러일으키기 위해 매력적인 자기를 과시한다. 이러한 과시 없이는 타인이 관심을 주지 않을 거라고 예상한다. 심지어 피해자 역할은 특히 건강 전문가로부터 관심을 끌기 위해서 활용한다. 즉, 학대당한 피해자의 과장된 역할은 용감한 인물로부터 구조를 이끌어 낼 수 있다.

불행히도, 환자의 마음속에 존재하는 역할, 즉 용감한 구조자의 도움과 관심을 받고 가치 있는 사람이 되는 역할은 실제로는 일어나지 않는다. 대신에 그들은 착취하고 유기하는 사람을 유혹한다. 즉, 환자가 흥분 대신에 모욕감, 절망감, 외로움을 경험하는 것은 놀라운 일이 아니다. 이러한 환자의 부적응적이고 반복적인 대인관계 패턴이 일단 치료에서 명료화된다면 변화를 위한 주요 목표가 될 수 있다. 인지적 분석치료 모델에서는 실제로 환자의 자기 상태와 이러한 마음 상태에 어떻게 들어가고 어떻게 벗어나게 되는지를 종이에 도형으로 그리게 한다(Kellett, 2007). 치료 회기 동안 이렇게 이미지를 만들고 성찰하게 하는 것은 환자의 부적응적인 행동과 상호작용 패턴에 개입하는 데 유용하다.

전이 패턴은 현재 자기와 타인에 대해 잘못 적용된 개념들을 명료화할 수 있다. 처음에는 치료자에게 구조자의 역할을 투사해 치료자에게 감사함을 느낄 수 있다. 그러나 치료가 더 어려워지고 더 많은 치료적 작업을 예상하게 될 때 환자는 관점을 변경하여 형편없고 빈곤하고 매력적이지 않은 피해자로 느낀다. 환자에게 치료자는 자기관찰, 자기통제, 미래의 변화를 위한 시도를 요구하는 사람처럼 보인다. 환자는 치료자의 이러한 요구를 따를 수 없기 때문에 심지어 치료자가 환자를 버릴 거라고 가정한다. 환자는 치료자가 결국 남이라고 불만을 토로할 수 있다. 치료자가 환자와 함께 이러한 환자의 변화에 대해 예견하고 준비시키는 것이 도움이 된다.

해석은 솔직한 개방이 오가는 맥락에서 이루어진다. 치료자의 전문적 도움은 치료관계의 실제적인 즉각적 특성과 환자의 전이적 예상 및 고군분투를 구분하는 데 도움이 된다. 대인관계적 치료모델은 긍정적 치료 개입으로 협력관계 촉진하기, 대인관계 패턴의 인식 촉진하기, 부적응적 패턴 차단하기, 부적응적 행동을 포기하고자 하는 의지 강화하기, 새로운 학습 촉진하기를 포함하고 있다(Benjamin, 2003). 치료를 받으면서 이룬 진전과 치료관계의 실제에 관해 치료자와 환자가 나누는 것은 치료 동맹을 촉진시킬 수 있다. 이전에도 언급했듯이 자기애적으로 취약하거나 성격병리의 조직에서 경계선 수준에 있는 환자들의 경우 해석은 간단하고 세밀하게 선택된 단어를 사용해야 하며 연민 어린 방식으로 반복해야 한다.

타인으로부터의 관심을 바라는 것([그림 10-1]의 오른쪽 하단)은 관심받는 것에 대한 두려움과 종종 연결된다. 즉, 환자는 필사적으로 사랑을 추구하는 동안에도 사랑의 결과가 절망임을 예상한다. 타인과 친밀해지려고 다가가는 환자의 행동은 타인의 착취를 초래할 것이라고 예상한다([그림 10-1]의 왼쪽 하단). 소망-두려움 딜레마는 긴장 상태 그리고 문제적 절충 역할관계모델([그림 10-1]의 상단 왼쪽 부분)에서 강조하듯이 초조한 움직임이 일어난다.

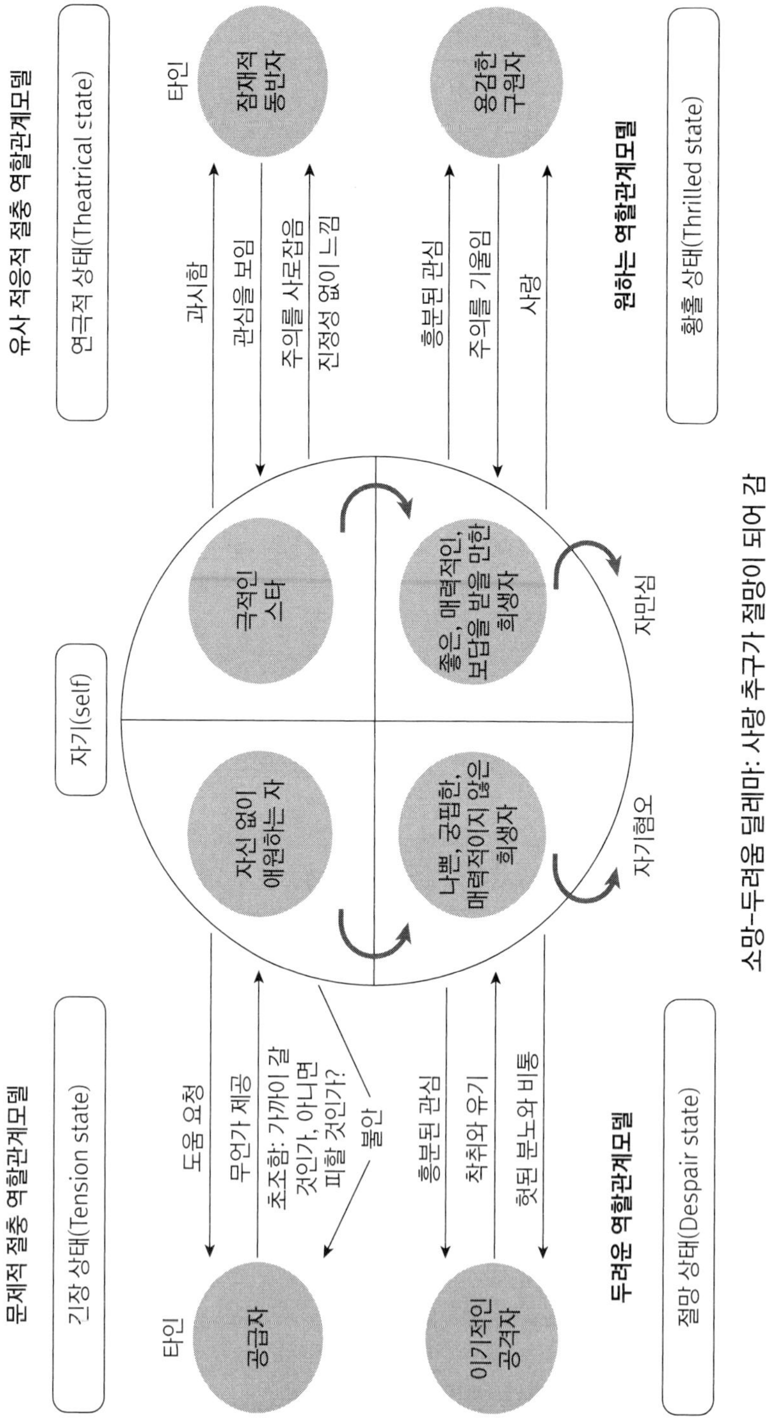


[그림 10-1] 연극성 성격장애 환자의 역할관계모델(RRM)의 형태분석

환자의 경우, 자신의 특성이 과장되지 않는다면 자기가 관심받을 만한 가치가 없다고 여기기 때문에 타인으로부터의 거부를 예상한다. 성적 매력이나 신체적 병약함 같은 개인의 특징을 부풀려서 보여 줄 때만 자기(self)는 '가치로운' 역할로 만들어진다. [그림 10-1]의 상단 오른쪽 부분의 유사 적응적 역할관계모델에서 볼 수 있듯이, 개인은 어떤 방식으로 '스타'가 되어서 남들이 보기에 눈에 띄고 두드러져야 한다. 문제는 이렇게 신체적 특성이나 재능을 통해서 아주 특별하게 보이는 자기역할을 할 때는 이러한 정체성이 진짜가 아니라는 느낌을 가지게 된다는 것이다. Beck 등(2007)은 연극성 성격장애 환자가 지속적인 변화를 이루기 위해서는 정체성 개념에 관한 생각을 반복적으로 촉진하고 관계에서의 상실과 거부에 관해 탈공포화시키며, 궁극적으로 '나는 부적절하다. 그래서 살아남기 위해서 타인에게 의지해야 한다.'는 가장 기본적인 가정에 도전해야 한다고 주장했다.

환자의 부모는 불안정한 마음 상태를 가지며 일관적이지 않은 양육을 해 왔다. 부모는 환자에게 긍정적인 양육을 하는 상태가 되어도 과거 자신의 부정적 양육 행동에 대

**〈표 10-6〉 치료 3단계: 대인관계적 행동을 수정하고 정체성과 관계 개념을 통합하도록 조력하기**

| | |
|---|---|
| 1 | 버려짐에 대한 두려움과 기본적인 생활 과제를 다루는 데 무능력하다는 역기능적 신념을 확인한다. |
| 2 | 신뢰할 수 없는 타인에 대해 지나치게 의존하거나 이상화하는 것에 대해 명확히 한다. |
| 3 | 자기(self)를 평가절하하고, 비하하고, 쓸모없고, 추하고, 나쁘고, 약한 것으로 여기는 비이성적인 신념에 대해 명료화하고 도전한다. |
| 4 | 기회에 적절한 역할관계모델에서 현실적이고 긍정적이고 유능한 자기개념을 강화한다. 주목을 얻고, 유대를 맺고, 관여하는 진실한 방식을 격려한다. |
| 5 | 환상과 희망에 찬 만족을 위해 앞선 가학피학적 패턴을 확인하고 좌절시킨다. |
| 6 | 자동적으로 진행되는 시나리오의 순서를 의식적으로 인식하고 예상하도록 돕는다. 역할 반전에 대해 확인한다(능동적 역할에서 수동적 역할로의 반전, 성인 역할에서 아이 역할로의 반전, 유혹자 역할에서 희생자 역할로의 반전, 공격자 역할에서 구조자 역할로의 반전, 사랑하는 이에서 증오하는 이로의 반전, 성취적 경쟁자에서 버림받는 실패자로의 반전) |
| 7 | 환자가 즉시 어떤 것을 하도록 요구받는 것보다는 원하는 것을 증가시키기 위한 계획을 수립하도록 조력한다. |
| 8 | 전이와 지금 여기의 관점에서 치료 동맹을 비교한다. 전이의 원인에 대해서 비판 없이 해석한다. |
| 9 | 환자의 현재 정서적 반응은 역기능적 신념과 과거 학습했던 부적절한 관계모델에 기반을 둠을 지적해 준다. 그리고 이러한 현재의 정서적 반응은 새로운 개념과 행동을 반복하고 연습함으로써 앞으로 변화될 수 있음을 보여 준다. |

한 책임을 지지 않는다. 즉, 부모의 이러한 무책임으로 인해 환자는 부모의 양육이 비일관적으로 이루어진 이유에 대해서 다양한 역기능적 신념을 가지게 된다. 게다가 환자는 다양한 모순되고 통합되지 못한 과거 삶에 대한 기억과 환상을 가질 수 있다. 아동기 시절 자신에게 나쁜 일들이 일어난 이유에 대한 마법적 해명을 통해 자기를 나쁜 이미지로 발달시키는 것이다. 과거의 기억과 환상을 검토하도록 돕는 시도는 환자의 삶의 이야기를 재구조화하는 데 가치가 있다. 그러나 재평가할 때 어떤 요소가 실제 사건이고 어떤 요소가 환상인지에 관해 같은 거리를 유지하고 '확신하지 않는 자세'를 취하는 것이 중요하다.

게다가 환자의 자기개념에 대한 역기능적인 신념을 명료화하는 데 있어서 개인적 기술과 실제 성취를 인정해 주는 것이 도움이 된다. 세 번째 치료 단계의 기법들은 〈표 10-6〉에 요약되어 있다.

## 4단계: 치료의 종결

치료의 4단계는 분리에 초점을 둔다. 환자에게 치료관계는 성인기 삶에서 가장 중요한 진정성 있는 경험 중의 하나가 될 수 있다. 이러한 환자와 치료자 간의 진정성 있는 관계 경험은 착취당하지 않는 관계 경험으로 변화시키기 위한 치료자와의 동맹 발달을 가능하게 한다. 치료자의 지지와 현실 지향은 환자에게 항상성이라는 인식을 제공할 것이다. 환자는 치료자가 차분하게 정서적으로 다양한 주제에 대해서 이야기하고 요동치는 자극에 대해 반응하는 방식을 동일시할 것이다. 환자는 치료자의 도움 없이 자신이 향상된 기능 수준과 문제에 대해서 심사숙고하는 능력을 유지할 수 있을지 의문을 갖는다. 또한 환자는 그리움과 텅 빈 공허함을 예상할 수 있다(Kellett, 2007).

치료자의 조율, 담아내기 그리고 환자의 안녕을 위한 전념을 앞으로 다시 경험할 수 없기 때문에 환자에게 치료 종결은 실제 손상이 될 것이다. 분리에 대한 비현실적이지만 강렬한 무의식적 환상이 또한 활성화될 수 있다. 이러한 이유로 종결은 갑작스럽게 이루어지면 안 된다. 이미 성취된 작업의 많은 주제가 새로운 맥락에서 반복되어야 한다.

종결은 정기적인 회기 만남에 이어서 상호 동의에 의해 이루어진다. 종결 시기를 정하는 데 몇 회기가 할애될 수 있다. 종결 단계에서는 중간 단계에서 다루어진 주제에 대해서 반복하고 치료 상황 자체에 대한 예상되는 애도 과정을 촉진할 수 있다.

## 결론

모든 실제 사례는 전형적인 사례와는 어떤 방식으로도 다를 것이다. 그리고 모든 치료자는 환자에 따라 다른 치료계획을 고안할 것이다. 형태분석은 임상가들이 개별 사례 개념화를 하고 치료계획을 수립하는 데 도움을 줄 수 있다. 환자의 다양한 마음 상태는 개인적인 기술어로 명명될 수 있다. 그리고 나서 특정 방어 방식이 명확히 정의되고, 독특한 역할관계모델은 점진적으로 전반적으로 제시되고 수정될 수 있다. 지침서는 정확한 지도는 아니며 각 환자의 실제 개별성처럼 세밀하고 깊고 복잡하지는 않다.

### 핵심적 임상 개념

- 환자가 명료한 의사소통을 하기 위해서는 우선적으로 인과관계에 대한 명확한 추론과 환상과 현실 간의 구분을 모델링을 통해 동일시하여 학습해야 한다.
- 연극성 성격장애는 부적응적인 대인관계 패턴으로 간주된다.
- 정신내적 수준에서 연극성 성격장애의 부적응적인 대인관계 패턴은 역할관계모델 같은 개인 도식에 기반을 둔다. 자기와 타인 도식화는 신경증, 자기애적 취약성, 경계선 수준 같은 조직 수준에 따라 다르다.
- 치료 기법은 개인의 성격 조직 수준에 따라 다르다. 경계선 수준의 환자가 퇴행을 보이는 동안에는 오랫동안 그리고 빈번하게 상태 안정화에 초점을 두어야 한다.

### 추천 도서

Beck AT, Freeman A, Davis DD: Cognitive Therapy of Personality Disorders. New York, Guilford, 2007

Benjamin LS: Interpersonal Diagnosis and Treatment of Personality Disorders, 2nd Edition. New York, Guilford, 2003

Horowitz MJ (ed): Hysterical Personality Style and the Histrionic Personality Disorder. Northvale, NJ, Jason Aronson, 1991

## 참고문헌

American Psychiatric Association: Diagnostic and Statistical Manual of Mental Disorders, 3rd Edition. Washington, DC, American Psychiatric Association, 1980

American Psychiatric Association: Diagnostic and Statistical Manual of Mental Disorders, 4th Edition, Text Revision. Washington, DC, American Psychiatric Association, 2000

Beck AT, Freeman A, Davis DD: Cognitive Therapy of Personality Disorders. New York, Guilford, 2007

Benjamin LS: Interpersonal Diagnosis and Treatment of Personality Disorders, 2nd Edition. New York, Guilford, 2003

Blagov PS, Westen D: Questioning the coherence of histrionic personality disorder: borderline and hysterical personality subtypes in adults and adolescents. J Nerv Ment Dis 196:785-797, 2008

Davis JM, Janicak PG, Ayd FJ: Psychopharmacotherapy of the personality-disordered patient. Psychiatr Ann 25:614-620, 1995

Gunderson JG: The borderline patient's intolerance of aloneness: insecure attachments and therapist availability. Am J Psychiatry 153:752-758, 1996

Gunderson JG, Singer MT: Defining borderline patients: an overview. Am J Psychiatry 132:1-10, 1975

Horowitz MJ (ed): Hysterical Personality. Northvale, NJ, Jason Aronson, 1977

Horowitz MJ (ed): Hysterical Personality Style and the Histrionic Personality Disorder. Northvale, NJ, Jason Aronson, 1991a

Horowitz MJ: Person Schemas and Maladaptive Interpersonal Patterns. Chicago, IL, University of Chicago Press, 1991b

Horowitz MJ: Histrionic personality disorder, in Treatment of Psychiatric Disorders, 2nd Edition. Edited by Gabbard GO. Washington, DC, American Psychiatric Press, 1995, pp 2311-2326

Horowitz MJ: Formulation as a Basis for Planning Psychotherapy Treatment. Washington, DC, American Psychiatric Press, 1997

Horowitz MJ: Understanding Psychotherapy Change: A Practical Guide to Configurational Analysis. Washington, DC, American Psychological Association, 2005

Kellett S: A time series evaluation of the treatment of histrionic personality disorder with cognitive analytic therapy. Psychol Psychother 80:389-405, 2007

Kernberg OF: Borderline Conditions and Pathological Narcissism. Northvale, NJ, Jason Aronson, 1975

Kernberg OF: Aggression in Personality Disorders and Perversions. New Haven, CT, Yale University Press, 1992

Kohut H: The Analysis of the Self. New York, International Universities Press, 1971

Kohut H: Restoration of the Self. New York, International Universities Press, 1977

Lilienfeld BA, Van Valkenburg C, Larntz K, et al: The relationship of histrionic personality disorder to antisocial personality and somatization disorders. Am J Psychiatry 143:718-722, 1986

Luborsky L, Crits-Christoph P: Understanding Transference: The Core Conflictual Relationship Theme Method. New York, Basic Books, 1990

Pfohl B, Stangl D, Zimmerman M: The implications of DSM-III personality disorders for patients with major depression. J Affect Disord 7:309-318, 1984

Pilkonis PA, Frank E: Personality pathology in recurrent depression: nature, prevalence, and relationship to treatment response. Am J Psychiatry 145:435-441, 1988

Samuels JF, Nestadt G, Anthony JC, et al: The detection of mental disorders in the community using a 20-item interview version of the General Health Questionnaire. Acta Psychiatr Scand 89:14-20, 1994

Seivewright H, Tyrer P, Johnson T: Change in personality status in neurotic disorders. Lancet 359:2253-2254, 2002

Shapiro D: Neurotic Styles. New York, Basic Books, 1965

Slavney PR, McHugh PR: Life stories and meaningful connections: reflections on a clinical method in psychiatry and medicine. Perspect Biol Med 27:279-288, 1984

Standage K, Bilsbury C, Jain S, et al: An investigation of role-taking in histrionic personalities. Can J Psychiatry 29:407-411, 1984

Wallerstein RS: Forty-Two Lives in Treatment: A Study of Psychoanalysis and Psychotherapy. New York, Guilford, 1986

# 제11장
# 반사회성 성격장애의 치료

J. Reid Meloy, Ph.D., A.B.P.P.
Jessica Yakeley, M.B. B.Chir., M.R.C.Psych.

심각한 성격장애를 다루는 많은 정신분석적 임상가와 연구자는 정신역동치료로는 반사회성 성격장애(Antisocial Personality Disorder)로 진단받은 개인들을 치료할 수 없다고 결론을 내려 왔다(Gabbard, 2005; Kernberg, 1984; Kernberg et al., 2008). 이러한 비관적인 태도는 그들의 만연한 기만과 정서적 철수가 치료적 관계로 진입할 가능성을 배제함으로써 그들이 치료에 참여한다는 것이 불가능하다는 생각에서 비롯되었다. 치료의 초점 또한 지속적으로 환자의 마음을 탐색하는 것에서부터 그들의 위험한 반사회성 행동을 관리하는 것으로 전환되었다. 정신역동치료가 이러한 개인들에게 효과적이라는 것을 제시하는 체계적으로 통제된 경험적 증거는 부족하다. 하지만 정신병질적 환자의 비정상적 인지적 결손과 비정상적인 정서 반응(Patrick, 2006)에 대한 최근 연구와 반사회성 성격장애가 애착의 장애(Meloy, 2002)라는 자각은 정신역동적 접근에 대한 새로운 흥미를 자극하고 있다.

## 치료에 관한 연구

반사회성 환자들에 대한 개인 정신분석(Cleckley, 1941; Freud, 1916/1957)과 집단심리치료(Foulkes, 1948/1983)에 관한 초기 문헌은 개인 사례 보고에 기반을 두고 있다. 가장 혼란스러운 개인들은 대부분 치료로 연결되지 않는다(McGauley et al., 2007). 폭력, 자해, 물질 남용 그리고 법의 위반과 같은 상당히 위험한 수준의 행동화로 인해, 전통적인 외래 환자 심리치료로 이러한 환자들을 치료하려는 시도는 거의 성공할 수 없었다(Meloy, 1995). 이러한 어려움은 반사회성 그리고 정신병질 환자들과 범죄자들을 위해 전문화된 수용시설을 세우게 했는데, 이 시설은 위험에 대한 확실한 통제를 제공했다. 이러한 환경적 마련은 그 자체로 치료의 중요한 도구가 되었다. 반사회성 성격장애를 치료하는 데 가장 오래된 거주형 접근은 바로 치료 공동체이다(Jones, 1952). 이는 모든 환자가 서로를 돌보고 서로를 통제하는 데 책임을 지는 매우 민주적인 구조이다. 치료의 주된 양식은 크고 작은 집단의 형태이며 여기에서 환자들은 서로의 행동을 검토하고 도전한다.

반사회성 성격장애와 정신병질적 장애의 치료에 대한 검토(Dolan & Coid, 1993)는 정신병질적 장애를 위한 치료 형태들 중 치료 공동체 접근이 가장 유망하다는 것을 제시하고 있다. 하지만 이러한 신중한 낙관주의는 1990년도에 이루어진 몇몇 연구에서 심각하게 부정되었다. 치료 공동체 환경에서 정신병질자들을 위한 집단 개입은 빈약한 치료 반응을 보였을 뿐 아니라 비정신병질자들보다 더 높은 조기 중단율을 보였다(Ogloff et al., 1990). 또한 연구된 정신병질 표본에서 실제적으로 폭력의 재발률이 높았다(Harris et al., 1991, 1994). 많은 임상가는 정신병질 그리고 반사회성 성격장애를 가진 환자들은 치료될 수 없다고 결론을 내린 바 있다. 계획되었던 몇몇 연구가 이러한 비참한 비관주의에 도전했지만(Salekin, 2002; Skeem et al., 2002), 역시 더 긴 그리고 더 집중적인 치료가 필요하다는 것을 발견했다.

최근에 반사회성 성격장애를 가진 개인의 행동, 공격성, 자해 그리고 물질 남용과 같은 관련 증상을 목표로 삼은 인지행동치료가 기저에 있는 비정상적 성격 구조를 변화시키는 것에 목표를 두는 다른 치료들보다 더 주목을 받아 왔다. 인지행동 기법이 구체적인 치료 프로그램을 개발하는 데 적용되었다. 이는 성격장애를 보이는 범죄자들에게 어느 정도 성공을 보였는데 주로 재발 방지 프로그램(Andrews et al., 1990), 인지 기술을 사회 기술과 문제해결 기술과 결합하는 프로그램(Friendship et al., 2002), 분노와 폭력 관리 프로그램(Saunders, 1996; Wong & Gordon, 2000), 성 범죄자를 위한 치료 프로그램(Beech et al., 1999, 2001) 그리고 정신병질자를 위한 프로그램(Wong & Hare, 2005)이 있다. 지난 수십 년 사이에 반사회성 성격장애에 대한 관심이 높아졌다. 이러한 현상은 정신적으로 아픈 범죄자들의 공적 보호에 대한 정치적 관심에 의해 추진되었는데, 미디어에 의해 광범위하게 보고된 주목을 끈 살인 사건으로 인해 과장된 부분이 있다. 캐나다는 범죄자들을 위한 치료 프로그램에 관심을 보여 왔다(Wong & Gordon, 2004). 최근에는 위험하고 심각한 성격장애를 가진 환자를 위한 전문화된 집중시설이 영국에 설립되었다(Department of Health and Home Office, 1999). 비록 인지행동 기법이 이러한 치료 프로그램에서 지배적이라고 하더라도, 치료 인력을 관리하고 치료적 개입을 마련하는 데 있어 정신역동적 입장을 사용한다. 이는 주로 치료 공동체 모델에서 사용되고 있다. 즉, 치료 인력들에게 환자들의 역동을 설명하기 위해 정신분석적으로 훈련된 임상가를 자문가로 고용하거나 정신역동치료와 정신화 기반 접근을 집단과 개인 치료에 사용하는 방식이다.

## 정신역동적 접근의 치료

치료적 추(pendulum)가 너무 멀리 행동적 방향으로 움직이는 것 같다. 표면의 행동과 증상을 변화시키는 것을 목표로 하는 치료가 내적 정신 상태의 변화와 연결되지 않는다면 그 한계는 더욱 분명하다. 반사회성 성격장애를 가진 환자를 정신역동적으로 이해하면 무의식적 결정요인들이 행동에 중요한 역할을 한다는 것을 추측할 수 있다(Gabbard, 2005; Meloy, 1988, 2001). 폭력과 같은 명백한 행동은 혼란스러운 내적 상태를 뜻하며 그것을 방어하는 증상으로 생각될 수 있다. 내적 정신 상태라는 것은 의식적·무의식적 사고, 감정, 동기 그리고 환상, 소망으로 구성된 복잡한 무엇이다. 정신병질성의 정도가 낮은 반사회성 성격장애 환자는 물론 정상적이지 않더라도 애착을 형성할 수 있는 능력을 보인다. 그들의 반사회적 행동이 기저에 있는 정서를 방어하거나 통제하는 역할을 한다는 것을 이해하는 것이 중요하다. 그들은 전문가들을 포함한 타인과의 상호작용을 초기 외상, 거절 그리고 학대의 무의식적 재연으로 경험할 수 있다. 더구나 반사회적 그리고 정신병질적 환자들이 공감과 관련된 인지적 결손에서 감소된 능력을 보이는데, 이것은 정신화 능력의 발달적 실패의 한 부분으로서 이해할 수 있다(Bateman & Fonagy, 2004). 정신화는 자기 자신 그리고 타인의 의도된 정신 상태를 이해하는 능력을 말한다. 폭력적 혹은 반사회적 행동은 애착 패러다임 내에 무의식적 의미를 가진 의사소통으로 이해될 수 있다. 타인과 관계 맺는 환자의 양식은 행동(말이 아닌) 혹은 심지어 약탈이 특징적이며, 치료 과제 중 하나는 충동과 행동 사이에 생각을 주입시키는 것이다. 그러나 정신병질자와 치료를 해 나가는 데 있어 가장 어려운 것 중 하나는 배려나 감정이 없는 사고 혹은 공감이 없는 정신화가 더 확실한 약탈을 초래한다는 것이다.

정신역동적 틀은 반사회성 성격장애를 가진 환자들의 관리와 치료 둘 다에서 고려될 수 있다. 이 둘은 전체적으로 서로 간에 분리되지 않는 활동이다. 성격장애를 가진 범죄자들을 위한 치료 목표를 개념화하는 데 내재하는 갈등과 모호함이 있다. 치료가 대중에게 해로운 위험을 줄이는 것을 목표로 이루어져야 하는가, 아니면 그 환자의 정신건강에서 어떤 도움이 되어야 하는가? 관리의 근본적인 요소는 치료가 전달되는 환경인데, 그곳에서는 통제, 위험, 경계 그리고 정보의 노출이 가장 중요하다. 치료환경은 치료계획이 시도되기 전에 환자 그리고 치료 인력 모두에게 충분히 안전을 보장해야 한다. 치료계획은 신중한 평가를 통해 이루어진다. 정신병질의 심각성을 평가하고 치료 가능한 축 I 혹은 축 III 상태를 확인한다. 환자의 성격 특질과 주어진 유용한 자원들을 고려하면서 치료를 통해 변화할 수 있는 특성들을 구분하는 것이다(Meloy, 2007). 환자가 참여할 수 있는 치료 접근을 고려할 필요가 있는데, 개인치료, 집단치료 혹은 종종 가족치료가 가능할 것이다. 치료 과정에 환자를 참여시키는 방법과 치료에서 사용되는 구체적 치료 개입은 기법의 수정을 가한 정신역동치료를 포함한다. 정신분석적 이론에서 진화한 구체적인 새로운 치료들은 성격장애 환자들을 위해 발전되어 왔다. 이 치료들은 정신화 기반 치료(MBT; Bateman & Fonagy, 2004) 그리고 전이초점치료(TFP; Kernberg et al., 2008)이다. 마지막으로, 돌보는 사람들에게 환자가 유발하는 강력한 역전이 반응에 대한 인식과 분석은 반사회성 성격장애 환자들의 관리와 치료 둘 다에서 중요한 요소이다(Meloy, 1988, 2001, 2007). 이러한 환자들의 무의식적 의사소통과 미성숙한 방어기제가 그들을 돌보는 팀의 역동에 어떻게 영향을 주는지를 이해하는 것은 치료적 개입과 평가 그리고 위험성 관리 모두를 명확하게 할 수 있다(Yakeley, 2007).

## 평가

반사회적 행동의 역사를 가지고 있는 환자의 정신병질적인 심각성이 확인되는 것이 중요하다. 이 과제를 수행하기 위해 가장 타당하고 신뢰성 있는 과학적 도구는 개정판 정신병질 체크리스트(Psychopathy Checklist-Revised: PCL-R) 그리고 그것의 단축형인 정신병질 체크리스트 선별 버전(Psychopathy Checklist Screening Version: PCL:SV; Hare, 2003)이다. PCL:SV는 위기 상황에서 혹은 정신병질적 위험을 평가하는 프로그램을 계획하는 데 있어 비용 대비 효율적인 방식으로 정신병질을 확인하는 데 상당히 유용하다. 더 포괄적인 특성을 확인하는 PCL-R은 특정 점수의 역치가 넘어갈 때 유용하다. 두 도구 모두 표준화된 관찰 도구인데, 구조화된 임상적 인터뷰와 모든 가용한 기록을 검토한 후에 정신병질 정도에 따른 일차적 점수를 산출한다. 우리는 여러 가지 이유로 범주적 측정보다는 차원적 측정으로 정신병질에 관해 생각할 것을 권한다. 그 이유는 정신병질은 하나의 범주로 생각되지 않고, 심각함의 정도를 확인하는 것이 임상적 치료 목표를 설정하는 데 유용하며, 일반적으로 성격 연구는 범주적 측정보다는 차원적 측정을 향해 있기 때문이다(Livesley, 2004; Patrick, 2006). 자료들은 정신병질자들이 PCL-R 점수에 따라 완전히 다른 예후를 가지고 있다고 제안한다. 10~19점은 약한 정신병질을 의미하고, 20~29점은 중등도, 30점 이상은 심각한 정신병질을 의미한다. 임상가들은 이 도구들을 유능하게 활용하기 위해 훈련이 필요하다.

반사회성 환자의 평가를 위해 심리적 및 신경심리적 측정치들을 사용하는 보다 개인화된 검사를 추천한다. 로샤검사(Gacono & Meloy, 1994), MMPI-2(Friedman et al., 2001), 다양한 신경심리 검사 배터리에서 신경영상 기술까지 구조적 그리고 기능적 손상에 대한 다양한 측정치가 포함된다. 예를 들어, 정신병질, 반사회성 그리고 습관적으로 폭력적인 환자를 대상으로 이루어진 신경영상 연구의 결과는 구조적 · 기능적 손상 둘 다를 보고한다. 특히 전두엽 피질, 상측두회, 편도체-해마 복합체 그리고 전방대상 피질에서 기능적 손상이 더 유의미했다(Yang et al., 2008). 뇌의 역기능은 분명히 반사회적 행동에 있어 위험요인이지만 집단 내 그리고 집단 간 이질성이 있다.

## 치료 양식

치료 양식은 치료가 전달되는 방법을 말하는 것으로 정신적 변화를 위한 수단이다.

치료방법은 개인치료, 집단치료 그리고 가족치료 혹은 치료 공동체 그 자체가 될 수 있다. 치료 공동체는 독특한 그들의 문화를 사용한다(Main, 1983). 치료의 다른 이론적 모델(예: 인지행동적, 변증법적 행동, 지지적 혹은 정신역동적)은 각각의 접근 안에서 적용될 수 있다.

## 집단치료

임상적 경험과 연구는 많은 반사회성 그리고 정신병질 환자들을 위해 집단치료가 개인치료보다 더 효과적일 수 있다고 제안한다. Foulkes(1948/1983)는 반사회성 환자의 집단치료에 일찍부터 관심을 가졌다. 반사회성 환자들은 집단의 일부가 되면서, "개인적으로 벗어나기보다는 함께 어떤 규준을 만든다."라고 제안했다(Foulkes, 1964, p. 297). 이러한 제안은 일탈적이고 위험한 개인들의 치료 집단에 관해 놀라운 역설을 일으켰다. 즉, 감옥이나 조직 폭력배 집단에서 일어나듯이 폭력적인 집단원들과의 만남은 폭력적 혹은 반사회적 행동을 더 강력하게 하는 대신, 치료적 집단에 참여하고 다른 사람들의 눈을 통해 자신의 문제를 보게 한다. 그리고 이를 통해 자신의 문제 행동을 조율하게 되고 치료적 변화를 이끌 수 있다(Schlapobersky, 1996). 1970년 영국에서 정신분석적으로 지향된 집단치료가 높은 안전을 유지하고 있는 Broadmoor 병원에서 시작되었다(Cox, 1976). 그 이후에 정신역동적 집단을 포함하는 포괄적인 집단 프로그램이 높은 안전성을 유지하는 정신과 병원 그리고 중간 정도의 안전이 유지되는 많은 정신의학적 시설에서 이루어져 왔다.

반사회성 성격장애를 가진 많은 환자는 느낌과 사고를 성찰하는 그들의 능력에서 손상을 보이며 내적 불안을 인내하는 것을 어려워한다. 이러한 환자들은 정신화 능력이 제대로 발달되지 못했기에 집단치료가 개인 작업보다 더 효과적이다. 집단은 환자가 보이는 투사의 컨테이너로서 그리고 그 환자를 대표해서 사고하고 성찰할 수 있는 집단적인 보조자아로서의 역할을 하면서 점차적으로 더 건강한 자아의 기능을 촉진시킨다. 구체적 정신화 기법이 범법자 환자들에 대한 집단치료에서 사용될 수 있다. Bateman과 Fonagy(2004)는 개인치료에서보다 집단치료에서 덜 각성되고 다른 사람의 마음을 이해하는 데 더 많은 기회를 제공받을 수 있기 때문에 빈약한 정서 조절을 보이는 환자들에게 집단 작업이 매우 이상적이라고 제안하고 있다. 또한 다른 집단 과정이 매우 중요한데 보다 적절한 행동과 대인 간 상호작용의 모델링 등을 환자가 내면화할 수 있다.

현실 검증이 손상된 반사회성 환자들은 개인치료에서 치료자와 강렬하게 에로틱해지거나 심지어 정신증적 전이관계를 형성하면서 높은 위험을 보인다. 이러한 환자들은 전이관계에서 일어나는 다양하고 강렬한 느낌이 집단의 다른 구성원들에게 희석되고 나눠지는 집단치료에서 더 좋은 효과를 얻을 수 있다. 이것은 폭력이 집단에서 더 잘 담아지고 이해될 수 있는 이유 중 하나이다(Welldon, 1996). 자신의 공격적 충동에 두려움을 느끼는 환자들을 위해서, 집단이 제공하는 다양한 전이는 환자에게 공격성 완화라는 하나의 목표 그 이상을 제공한다. 집단을 통해 환자들은 더 안심할 수 있다. 또한 개인치료보다 집단치료는 성적 학대의 범죄 행위를 포함하여 그들의 활동이 비밀스럽고 기만적인 정신병질 환자들을 위한 치료의 선택이 될 수 있다. 정신병질자는 만연된 기만을 인식하고, 도전하고, 꿰뚫을 수 있는 유사한 환자들의 집단에서 구성원들에게 사기를 치는 것이 얼마나 어려운지 알게 된다. 이러한 기만의 형태는 종종 모두 의식할 수 있는 것은 아니며(Meloy, 1988), 그 자신 그리고 다른 사람들과 관계하는 정신병질적 방식을 결정한다.

A씨는 반사회성 성격장애 진단을 받은 40세 남성이다. 타인에게 폭력적으로 행동하고 함정을 놓고 사기를 쳤던 역사를 가지고 있다. 타인을 기만하고 성적인 착취 형태를 보였는데 성적으로 접근해서 유혹하고 자고 있는 동안 현금이나 값비싼 시계를 훔치는 식이었다. 감옥에 있는 동안 누나가 죽었다는 소식을 듣고 우울해지기 시작했는데, 누나는 그가 이제까지 가장 가깝게 느끼는 유일한 사람이다. 누나는 그들이 학대적인 부모로부터 떨어져 지내는 오랜 기간 동안 어린 그를 돌봐 주었다.

감옥에서 풀려난 후 그는 성격장애를 가진 범법자들에게 제공되는 거주형 시설의 한 전문가에게 보호감찰을 위해 의뢰되었다. 거기에서 그는 집단치료를 시작했다. A씨는 지적인 사람이었고 집단에서 활발하고 동기가 있는 구성원이었다. 장황하다고 느끼게 했던 다른 집단 환자들로 인해 치료자가 어려워할 때 그의 통찰력 있고 직관적인 반응은 집단에 많은 기여를 했다. 동시에 A씨는 절망스럽고 자살하고 싶다는 위협으로 종종 집단을 지배하고 겁먹게 했다. 이러한 그의 행동이 걱정이 되어 전문가들은 그를 돌보기 위해 혹은 그에게 해로운 자해 행동을 하지 못하게 하기 위해 다른 치료진이 추가적으로 더 관여하도록 했다.

그러한 행동이 여러 주 지속된 후에 집단원 B씨는 결국 A씨가 집단에서 폭력과 사기에 대한 그의 성향을 만족시키기 위한 방법을 찾은 것 같다고 지적했다. B씨는 A씨의 폭력적인 자해 위협에 사로잡히는 것이 너무 진저리가 난다고 말했다. 또한 A씨가 실제 하는 것보다 집단에서 더 파괴적이라고 느껴진다고 말했다. 그가 아픈 사람이고 관심의 중심에 서야 한다고 모두가 생각하도록 한다는 점에서 성공적으로 사기를 쳤다고 말했다. 또 다른 환자인 C씨는 A씨가 지배적인 집단치료자인지 혹은 사실은 완전한 돌봄이 필요한 어린 소년인지 혼란스러워 보인다고 하면서 유감을 드러냈다. 집단치료자는 자신의 무능감을 나타내는 역전이를 자각하였다. 그리고 집단이 그를 힘이 없다고 느끼고 있으며, A씨가 귀중한 집단의 주의를 '훔치고' 있고 집단원들에게 주의를 돌려 자신에게 가져가는 것을 눈치채지 못하면서 잠만 자는 것 같은(게으른 사장님같이) 치료자에게 화가 나 있다는 점을 해석했다. A씨는 이러한 피드백에 대해서 처음에는 충격을 받고 화가 난 것 같았다. 하지만 집단 작업을 한 지 얼마 후에 그는 자신이 아픈 사람의 역할을 가져와서 자신과 타인을 어떻게 속여 왔는지에 대해 인정할 수 있었다.

### 개인치료

개인치료는 집단 작업을 보완할 수 있다. 개인치료는 미세하고 상세한 부적응 행동과 정신병리에 초점을 맞출 기회를 제공하며, 이것이 변화를 촉진시키는 데 매우 중요하다(Livesley, 2003). 짧은 개인치료 기간은 환자가 집단 작업의 도전을 준비하는 데 필요할 수 있다. 비록 반사회성 환자 그리고 범법자들에게 제공된 대부분의 개인치료가 인지행동치료를 기반으로 하더라도 신중하게 선택된 소수 범법자는 정신역동 접근으로 더 도움을 받는다. 그러나 개인치료자는 개인치료에 고립되어 작업을 해서는 안 된다. 지속적으로 치료자를 비윤리적인 활동에 관여하게 하고 환자의 위반을 별것 아닌 것으로 여기고 이를 부인하는 데 결탁하도록 치료자를 유인하는 환자와의 작업의 위험성에 늘 조심해야 한다.

### 가족치료

많은 연구는 품행장애를 가진 아동들에 대해 구체적으로 아동, 부모 그리고 가족 개입의 효과성을 제시한다. 품행장애는 성인이 되었을 때 반사회적 성격으로 발전된 위험이 있다(Kazdin, 1995; National Institute for Health and Clinical Excellence, 2009). 비록 반사회성 성격장애를 가진 성인 환자를 대상으로 한 가족치료에 관한 연구는 없지만, 정신병리성 장애에 대한 효과적인 개입에 대한 Salekin(2002)의 검토는 가족 기반 개입의 역할을 포함시켰다. 비록 정신병질적 개인이 일반적으로 공적 혹은 문화적 가치를 고려하지 않는다고 해도, 가족에 대한 그들의 충성과 존경심은 자기애적인 특성을 보이며 치료에서 포착될 수 있다(Dowsett & Craissati, 2008). 환자가 심각하게 정신병질적일 때 가족치료는 추천되지 않는다. 그가 다른 가족원들을 가학적으로 상처를 입히고 통제하기 위해 가족원들의 정보(가족치료에서 알게 된)를 악용할 가능성이 높기 때문이다(Meloy, 2007). 그러나 경도와 중등도 사이의 정신병질적 특성을 보이는 반사회성 성격장애 환자는 도움이 될 수 있다. 특히 그들의 자녀가 품행장애를 가지고 있는 경우에 더욱 도움이 된다. 그러한 개입이 장애의 세대 간 전수를 개선해 줄 수 있으며(Sutker et al., 1993), 범법적인 상습적 범행을 줄여 줄 수 있다(Gendreau & Ross, 1987). 반사회성 성격장애 아이를 가진 부모들의 행동화는 반드시 예측되어야 하고 다른 가족원들의 신체적 · 정서적 안정감이 분명하게 확인되어야 한다.

## 환자를 참여시키기

반사회성 성격장애 환자의 대다수는 그들이 정신적인 문제가 있다는 것을 받아들일 수 없고 아픈 환자의 역할을 수용할 수 없다(Norton & McGauley, 1998).

자신의 진단명을 알고 있는지 의사가 물었을 때, 한 환자는 "의사는 내가 반사회성 성격장애를 가지고 있다고 말했어요. 하지만 나는 그를 믿지 않아요. 나는 사람들을 정말 사랑한다고요!"라고 말했다. 또 다른 환자는 PCL-R에서 36점을 맞았을 때 매우 자랑스럽게 말했다. 그는 점수가 높으면 더 좋을 것이라고 생각했다.

치료를 이용하는 환자들은 자발적으로 오지 않는다. 그들은 정신 내부의 변화에 영향을 미치는 것보다는 위험을 줄이는 것에 더 관심이 있는 전문가에 의해 치료를 권유받는다. 치료자와의 긍정적 작업 동맹의 여부가 정신 내부의 작업을 하는 데 필수 조건이라고 생각할 수 있는 신경증 환자와는 달리 반사회적 환자는 시작부터 초기 대상관계에 대한 전이 감정으로 치료적 관계를 가득 채운다. 초기 대상관계는 종종 상호 애정이 아닌 지배와 굴복으로 정의될 수 있다. 치료자는 지배적이고, 굴복적이고, 가치가 없고, 속이기 쉽고, 쉽게 붕괴될 수 있는 사람으로 경험될 것이다. 치료에 대한 동기는 환자가 안전한 재판을 위한 기관이나 감옥에 있을 때 종종 높게 평가될 수 있다. 환자는 치료 과정을 밟는 것에 서명하는 것이 석방을 더 신속히 처리하게 할 것이라고 믿는다. 안전한 시설에 있는 반사회성 성격장애 환자에 대한 대부분의 프로그램은 치료에 자발적으로 참여하는 것이 필요하다. 그러나 감옥 치료 프로그램에서 순응하고 매우 동기가 있어 보였던 범법자들은 그들이 지역사회로 석방된 후에는 곧 충동적이고 위험한 행동을 보인다.

결국 정신역동치료를 통해 도움을 받을 수 있는 소수의 반사회성 성격장애를 가진 환자들조차 그러한 치료 작업을 위해 많은 격려와 준비가 필요하다. Dowsett과 Craissati(2008)는 그러한 환자들은 회기에 늦거나 안 올 수 있고, 치료 과제를 이행하지 못할 수 있으며, 언어적으로 공격적이고, 치료환경에서 사회적으로 파괴적일 수 있으며, 물질을 잘못 사용하고, 빈번하게 위기에 놓일 수 있다는 것을 예상해야 한다고 경고했다. 치료에 대한 이러한 소모와 불순응을 줄이기 위해 치료자가 환자를 신중하게 준비시켜야 한다고 제안한다. 그러한 준비는 실제적 조언을 주고, 성격장애에 대한 심리교육을 제공하고, 집단 작업에 앞서 허용될 수 있는 행동을 치료자와 연습해 보고, 치료자와 협력적인 관계를 맺는 것을 포함한다. 치료자는 환자가 출석을 잘하도록 후속 회기를 준비해야 한다. 예로, 환자가 약속을 기억할 수 있도록 전화를 해 줄 수 있고, 긍정적으로 치료 과제에 참여할 때 강화를 제공할 수 있다. 약물의 오남용, 자해 혹은 혼란스러운 삶의 방식과 같은 불순응을 줄일 가능성이 높은 치료요소들을 배치하는 전략들을 준비해야 한다.

## 반사회성 성격장애를 위한 정신역동치료

많은 치료적 곤경과 위험이 필연적으로 일어난다고 해도, 헌신적이고 경험이 많은 정신역동적 임상가는 계속해서 반사회성 성격장애 환자와의 정신역동치료를 지속적으로 착수한다. 그들은 또한 이러한 환자들에 대해 연구를 하고, 고전적 정신분석적 접근이 지지할 수 없었던 그들을 위해 치료적 기법을 발전시키는 데 애를 쓴다. 이 집단에 대한 치료적 열정은 역사적으로 영국과 유럽에서 더 분명했는데, 미국보다 법의학적 정신과적 실제에서 항상 치료를 강조해 왔다(Gunn, 2004). 미국의 법의학적 정신의학은 주로 치료보다는 약물 처방으로 이루어져 있다. 영국의 경우 안전한 정신병원에서 일하는 정신분석학자들의 오랜 전통이 있어 왔다. 그리고 최근 들어 공식적으로 법의학 심리치료가 정신과의 세부 전공으로 개설되었다(Cordess & Cox, 1996). 최근 대서양 모두에서 경계선 성격장애의 치료를 위해 고안된 치료가 반사회성 환자의 치료에 적용되고 있지만 법의학 심리치료라는 용어는 실제로 미국에서는 잘 알려져 있지 않다. 그러나 법의학 심리치료는 공적 기금으로 우선적으로 마련된 법의학 시설에서 정신건강 임상가들에 의해 광범위하게 수행되고 있다.

정신역동치료가 시도되기 전에 경험 있는 정신역동적 임상가가 환자를 평가하여야 한다. 반사회성 성격장애 환자들은 심리적 마음가짐, 자아 강도, 성숙한 방어 그리고 발달된 초자아와 같은 핵심적인 정신적 기능 영역에서 심각한 결손을 보인다. 치료에서 충분한 전문성과 치료에 대한 지원이 가능하다면, 정신역동치료를 받을 수 있는 일반적 역치는 낮아질 수 있다. 목표는 환자가 자신의 내적 세계에 대한 관심과 자신의 어려움을 소유하는 것에 대한 잠재력이 가능하고 발전할 수 있는지를 확신하는 것이다. 바람직한 선택 기준은 중등도의 정신병리, 불안 그리고/혹은 우울한 정서가 있어야 하고 타인과 애착을 형성할 수 있었던 과거 경험, 높은 수준의 혹은 신경증의 방어기제가 있어야 하고, 초자아 기능이 있어야 한다는 것이다. Meloy(1988)는 다음과 같은 특징을 보이는 분명한 정신병질적 환자들에게는 치료가 제공되지 말아야 하며 도움이 되지 않을 것이라고 했다. 이는 심각한 상해를 일으키는 가학적이고 공격적인 행동, 그러한 행동에 대해 애도하지 못하고 정당화하는 것, 매우 우수한 지능 혹은 경도 지적장애, 정서적 애착을 형성할 수 있는 능력의 역사적 부재 그리고 경험 있는 임상가가 환자의 존재에 대해 느끼는 예기치 않은 인간 본연의 두려움을 느끼는 경우이다(Meloy & Meloy, 2002). 반사회성 환자에 대해 정신역동치료의 유용함을 임상적으로 평가하는 데 있어 쉽게 기억할 수 있는 두문자어는 ABC—불안(anxiety), 유대(bonding) 그리고 양심(conscience)—이다.

P씨는 어린 시절 폭력적이고 학대적인 아버지에 의해 유년 시절부터 범죄를 저지르게 되었다. 미국의 한 도시에서 두렵고 강력한 약물 조직의 암살범으로 일하면서 청소년기를 보냈다. 그는 코카인을 했고 많은 돈으로 가능했던 흥분과 승리로 가득한 화려한 삶을 살았다. 이러한 생활은 그가 속해 있던 범죄 조직의 우두머리가 체포되고 유죄를 선고받았을 때 끝이 났다. P씨는 자신이 연루된 범죄의 유죄판결을 피하려고 애를 썼다. 하지만 이제 그는 조직이라는 범죄 가족의 지지 기반을 잃었고 점점 약물과 알코올 중독으로 빠져들었다. 결국 지지적인 여자친구에 의해 구조된 후 그는 범죄, 폭력 그리고 약물의 삶을 포기할 것을 설득당했다. 그는 계속해서 그가 이전에 희생자들에게 가한 행동에 대한 '자기질책'과 '죄책감'과 관련된 침입적인 사고로 수년간 점점 불안하고 고통을 당해 오고 있었다. 의사에게 자살 충동을 느끼는 것을 호소했는데 의

사는 그를 정신과 의사에게 연계했다. 첫 치료시간 동안 그는 매우 우울하다고 보고했고, 자살 사고로 치료자를 걱정시켰다. 인터뷰 동안 그는 결코 잡히지 않았던 과거 폭력적인 착취를 상세하게 드러냈다. 그리고 정신과 의사는 그러한 매우 흥미로운 환자를 본다는 것에 대해 특별한 기분을 느꼈고 흥분을 경험했다. 2주 후 다음 약속에서 P씨는 2년 동안 지속된 그의 우울이 이제 다 해결되고 더 이상 죄책감을 느끼지 않는다고 했고, '양심의 가책'에서 자유로움을 느끼고 있고 자신을 '고쳐 준' 것에 대해 너무 감사하다고 하면서 의사를 놀라게 했다.

우리는 P씨의 거대한 자기구조가 어떻게 그의 강력한 범죄로 연결된 친구들의 조직에 의존되어 있는지를 볼 수 있다. 이 조직은 P씨의 정신병질적 자아를 북돋우는 전능감과 흥분의 세계를 창조해 냈다. 조직원들의 투옥으로 그의 세계가 붕괴될 때 P씨 자신의 정신병질적 방어기제는 붕괴되기 시작했고 그의 여자친구에게 구조될 때까지 약물 남용으로 나선형의 하락이 시작되었다. 비록 우울한 증상이 있다고 해도, 면밀히 살펴보면 그것이 죄책감, 손상에 대한 진실한 느낌 그리고 그의 희생자들에 대한 염려를 경험하는 것이 아님을 알 수 있다. 하지만 그의 마음 안에서 가학피학적인 범죄 세계를 반복하고 있었는데 침입적인 자기처벌적인 사고를 가지고 가학적인 초자아에 의해 그 자신에게 피학적으로 고통을 주곤 했다. 정신과 의사와 접촉하면서 그에게 고백을 하는 것처럼 보였으나, P씨는 의사에게 자신의 악함을 '떠넘겼다'. 결과적으로 그의 방어기제와 이전 기능이 빠르게 회복되었다. 이것은 죄책감, 손실 그리고 거절에 대한 고통스러운 느낌을 진실로 인정하는 것이 아니라 조증적 해결을 보이는 것이다(Meloy, 1988).

P씨는 몇 주 후에 다시 정신과 의사에게 우울감과 자살 충동을 갖고 있으며 여자친구가 그를 떠났기에 코카인을 다시 하려고 했다고 보고했다. 정신과 의사는 더 신중한 접근을 취했고 그를 반사회성 성격장애의 심리치료적 개입에 경험이 많은 법의학 정신과 의사 동료에게 보냈다. 동료는 P씨에 대해 반사회성 성격장애의 진단 기준을 충족시키는 반면, 병질적임에도 불구하고 애착을 형성할 수 있는 능력(여자친구에 대해)이 있고 초자아가 있으며 우울을 호소하고 있다는 것을 언급했다. 그가 생각하기에 이 모든 요인은 치료의 긍정적인 지표였다.

환자를 담아낼 수 있는 구조화된 환경인 시설에 환자가 있을 때 심리치료는 이상적으로 시작될 수 있다. 그의 내적 세계가 열리고 불안과 공격적 충동이 증가하면서 행동화하는 유혹이 증가할 것이다. 만약 그러한 환경이 가용하지 않다면, 충분한 지역사회 지지가 형성되어 있어서 적절한 전문가들이 위기에 반응할 수 있어야 하고 환자들이 접근 가능하도록 마련되어야 한다. 기법의 수정이 시작부터 이루어져야 할 것인데, 수정된 기법은 환자를 치료에 참여시키는 데 필요한 전략의 연속체로 이루어져 있다. 더 불안하고 편집적인 환자들은 피해망상으로 인해 침묵을 하고 한 회기의 긴 시간을 견디기 어려워하기 때문에 더 짧은 만남이 필요하다. 치료 개입은 환자의 정서적 '온도'에 따라 신중하게 시간을 맞춰 적정하게 이루어져야 한다. Minne(2007)이 기술하듯이 법의학 심리치료자가 이뤄야 할 과업 중 하나는 환자 혹은 치료자가 급성 불안, 공격성 혹은 자살 충동적인 절망에 압도되지 않으면서 환자에게 마음의 무의식적인 내용을 어떻게 소개할 것인가이다. 폭력적인 그리고 반사회성 환자들과 작업하는 많은 치료자는 무의식적 갈등과 환상에 대한 이론적 해석을 피할 것을 권한다. 환자는 빈약한 표상 능력과 상징적 사고의 결핍으로 인해 그것을 이해하기 어려울 수도 있다. 대신 환자의 마음 상태를 간단하고 단순한 기술로 제공하는 것이 더욱 유용하다(Bateman, 1999; Fonagy & Target, 1999). 이것은 치료자가 상징적 사고를 소개하는 기본적인 비유를 사용하거나 구체적인 사고나 느낌을 말로 표현하는 것을 포함한다. 치료자는 환자가 마음의 내적 상태와 그의 행동을 연결하도록 돕는다(Gabbard, 2005). 그리고 점차적으로 폭력 행동 혹은 약물 오남용이 어떻게 더 고통스러운 사고나 느낌을 자극하지 못하도록 방어하는지를 이해하도록 한다.

앞서 소개한 P씨는 성격장애 치료에 전문인 정신건강 서비스 시설로 연계되었고 주 1회 정도로 경험 있는 법의학 심리치료자와 외래치료를 시작했다. P씨는 지역 사회 내 법의학 간호사에게 배정되었는데, 법의학 간호사는 자살 충동을 느낄 때 도움을 줄 수 있다. 뿐만 아니라 그가 거주나 직업과 같은 삶의 실제적인 문제를 도울 수 있도록 사회복지사가 배정되었다. P씨는 약물 남용자를 위한 심리교육 집단에 주 1회 참석하기 시작했다. 심리치료를 하는 첫 몇 달 동안 치료자는 P씨의 불안과 공격성을 다루는 데 집중했고, 공격적인 행동을 통해 공격적인 느낌을 배출하려고 했으며 그것을 술과 약물로 무디게 했던 과거를 인식하도록 도왔다. 이제 더 이상 이러한 배출이 유용하지 않기에 그는 자신에게 공격성을 돌리고 있었다. 이는 그의 자해 행동과 자살 충동적 사고를 통해 알 수 있다.

초기 양육자가 학대와 방임을 했던 환자들에게는 타인에 대해 생각을 한다는 것이 매우 이상한 경험이 된다. 또한 동시에 위협적인 경험이 될 수 있다. 치료의 과제 중 하나는 점진적으로 타인과의 차이가 두려운 것이 아니라 견딜 수 있는 것임을 알도록 환자의 마음 안에 공간을 열어 주는 것이다. 이것은 일관적이고 경계가 있는, 공감적이고 비판단적이지만 다른 관점을 가질 수 있는 신뢰할 만한 인물로 치료자를 점진적으로 내면화함으로써 얻어질 수 있다. 많은 반사회성 성격을 가진 환자들은 분리와 개별화에서 복잡한 어려움을 경험한 바 있다. 그들의 신체와 마음은 침범당해 왔고 부모의 자기애적 확장으로 다뤄졌다. 심리치료는 그들에게 Winnicott(1951/1991)이 처음 기술했듯이 마음 안에 이행기 공간을 제공하는 것인데, 그곳에서 관련이 있는 놀이와 실험이 일어날 수 있다.

그러나 이러한 환자들 대부분은 자유연상 과정을 견디기 어려울 것이고 치료 작업이 고전적 정신분석적 치료보다 더 직접적일 필요가 있을 것이다. 해석이 과거의 재구성보다는 지금-여기에 초점을 맞춰야 한다. 그리고 반사회적 행동에 대한 환자의 부정과 최소화가 반복적으로 직면되어야 한다(Gabbard, 2005). Gabbard는 치료자를 폄하하고 치료 과정을 경멸하며 저평가하는 것이 반복적으로 도전되어야 한다고 조언하였다. 그러나 세상을 위험하고 처벌적인 것으로 경험하는 불안정한 자기감을 가지고 있는 환자에게는 부정적 전이에 대한 이른 해석을 삼가야 한다. 환자는 그것을 평가적이고 보복하는 것으로 인식할 수 있을 것이고 세상이 치료자를 포함하여 단지 나쁜 대상들로 이루어져 있다는 것을 다시금 확인하게 될 수 있다. 이러한 갈등으로 인해 여러 연구자(예: Bateman, 1999; Cartwright, 2002; Davies, 1999)는 폭력적이고 반사회적인 환자들에게 분석자 중심의 해석(Steiner, 1994)을 추천한다. 분석자 중심의 해석은 치료자가 자신의 마음에서 무엇이 진행되고 있는지에 대해 환자의 인식을 명료화하는 시도이다. 예를 들어, 환자 자신의 갈등에 대해 환자 중심의 해석을 제공하는 것보다는 "내가 당신에게 화가 났을지도 몰라 두려워하는 것 같아요."와 같이 말하는 것이다. 분석자 중심의 해석은 치료자에 의해 이해된 것을 전달하는 것으로 환자 중심의 해석보다는 불안한 환자를 잘 담아낼 수 있다. 환자 중심의 해석은 환자가 비난받는다고 느낄 수 있다. 환자는 치료자의 적대적인 반응에 대한 자신의 예상을 말할 수 있는데, 이것이 이행되지 않을 때 치료자의 마음 안에 무엇이 일어나는지를 관찰하도록 초대하는 것은 예상과 경험 사이의 인지적 부조화를 드러내어 결국 환자의 인식을 변화하도록 돕는다.

몇 달 후, P씨가 약물 그리고 알코올 집단에 참여할 수 없게 되면서 심리치료 시간에 참여하는 것도 더욱 짜증스러워했다. 그는 회기에 늦게 오기도 했고 결석을 하기도 했다. 그가 치료를 공격하는 것을 해석하는 대신, 치료자는 분석자 중심의 해석을 제공했는데, 치료자는 그의 약물 그리고 알코올 집단이 종결된 것에 대해 불편한 것은 아닌지 의문이 들었다고 말했다. 그리고 치료자 또한 지금 치료를 종결하려는 것은 아닌가 하고 걱정하고 있는지 물었다. 이것은 그가 집단에서 다른 환자들의 유대감을 잃었다는 것을 인정하도록 촉진했다. 이 단계에서 의식적으로 치료자에 대한 그의 의존심을 인정할 수 없었지만 그는 회기에 더 규칙적으로 오기 시작했다.

비록 치료자가 항상 전이를 주목하더라도 환자에게 전이를 해석하는 것—치료자에 대한 환자의 경험이 초기 대상관계에 어떻게 영향을 받는지를 탐색하는 고전적 입장—은 그 치료의 마지막 단계까지 기다려야 할 것이다. 반사회성 성격장애 환자의 의사소통은 종종 구체적이고 일차원적이다. 그들은 전이가 가지고 있는 '마치 ~처럼'의 특성을 경험하는 것이 어렵고 불가능하다. 해석의 상징적 의미보다는 구체적 해석의 내용을 확인하고자 하는 경향이 있다. 그러나 치료자의 역전이에 대한 엄격한 지속적 관찰은 환자의 내적 세계에 대한 통찰을 얻는 데 중요하고 치료자 부분에서 재연을 막을 수 있다.

치료자는 반사회성 성격장애 환자들과 장기적이고 힘든 심리치료를 준비해야 한다. 치료자는 치료에서 허무주의와 열정 사이를 오갈 수 있다. 하지만 정신적으로 심각하게 비정상적인 혹은 손상된 환자와의 치료 목표는 현실적으로 그들의 내적 세계에서 작은 변화에 영향을 미치는 것 정도로 한계를 정해야 한다. 환자가 치료에서 직면해야 하는 고통스러운 역설은 그의 내적 세계를 더욱더 알아 간다는 것이 적어도 일시적으로는 더 정신적인 고통과 괴로움을 가져온다는 것이다. 만약 자기자각의 과정이 너무 빠르다면 환자는 견딜 수 없는 느낌에 압도되는 것을 피하기 위해 더 익숙하고 안전한 상태인 이전의 병리적 상태로 퇴행할 것이다. 실제 치료 과정 동안 환자와 치료자는 분명한 과정과 자기이해 이후에 부정적인 치료 반응과 철수하고 우울한 상태 혹은 더 열광적이고 충동적인 행동(둘 다 자기이해와 성찰을 없애는 역할을 한다.)으로 퇴행이 일어나는 많은 순환을 견딜 필요가 있다. 한 회기 내에서 얻어진 공감과 통찰은 다음 회기에서 전복되고 공격당한다. 이러한 순환은 편집-분열 그리고 우울 상태를 오가는 환자의 움직임으로 이해될 수 있다(Bion, 1961/1984; Klein, 1946). 편집-분열 상태는 환자의 익숙한 병리적 형태로, 원시적 방어기제가 대상을 분열된 상태로 두고 자기의 나쁜 측면을 투사하도록 작용한다. 만약 치료가 성공적이라면 환자는 점차 우울 자리로 이동할 것이다. 즉, 갈등하는 느낌이 통합되고 이것이 같은 대상을 향하며, 양가감정은 더 견딜 만해지고 손상이 인정된다. 그리고 염려와 죄책감이 불만보다 더 우세하게 나타나기 시작한다. 이 과정은 또한 환자의 시기심을 줄이도록 한다. 시기심은 환자가 치료에서 일어나는 어떤 선함을 무의식적으로 파괴하려는 전이에서의 은밀한 감정이다.

1년의 치료 후에 P씨는 반사회성 성격장애를 가진 남성들의 모임에 참여하였다. 그 모임은 정신역동적인 지향을 가지고 있었다. 또한 계속해서 개인치료를 진행했다. 스스로 덜 우울하고 대체로 더 자신감이 생겼다고 말했는데, 그는 다시 개인치료를 종종 건너뛰기 시작했다. 그가 참석했을 때 그는 치료자에 대해서 집단치료자에 비하면 '너무 부드럽다.'고 말하면서 치료자를 폄하했다. 집단치료자는 "우리에게 행동을 직면시키는 법을 잘 알고 있네요."라고 말했다. 이 단계에서 치료자는 P씨가 더 직접적인 전이 해석 단계를 견딜 수 있다고 느껴졌다. 치료자는 P씨가 집단 리더에게 이상적이고 강한 아버지의 상을 발견한 것처럼 보인다고 했다. 그의 아버지는 그렇게 하지 않았지만, 그는 자신에게 어떻게 행동해야 하는지를 보여 줄 수 있는 누군가를 원했을 것이다. 반면, P씨는 여성 치료자를 마치 그의 어머니와 같이 약한 여성으로 경험하고 있었다. 그의 어머니는 아버지가 어린 P씨를 난폭하게 다루는 것을 지켜볼 뿐 어떤 개입도 하지 않았다. 치료자는 P씨가 집단에서 희망과 진전을 확인한 것처럼 보인다고 말했다. 그가 어머니 혹은 여자친구의 거절로 인한 고통스러운 감정을 떠올리는 것은 더욱 어려웠다. 혹은 (개인)치료자가 집단에 참여할 것을 권고한 것은 이제 자신을 버리고 싶어서 그런 것이라고 생각했다. 그러한 느낌과 생각에 더욱 장악당하는 것을 피하기 위해 P씨는 치료에 오지 않음으로써 그녀(치료자)를 제거하려고 했다.

여러 연구자들은 더 정신병질성 환자들의 진전에 속아 넘어가는 치료자들에게 경고한다. 그 환자들은 의식적 · 무의식적으로 그들이 관찰하기에 치료자가 느끼기를 원하는 더 성숙한 감정 상태를 모방하는 것을 배울 수 있다고 한다(Meloy, 1988). Cartwright(2002)는 이것을 '가짜로 소화시키는' 능력이라고 기술했다. 이것은 2회 동안 공격에 대해 이야기하는 정신병질 환자에 의해 확인되었는데, 그는 분명한 뉘우침을 말로 표현했지만 다시 그것을 언급하지 않았다. Glasser(1996)는 이러한 환자들이 보이는 기만의 문제를 강조했는데 어떤 개인에게 발전되는, 자극에 대한 방어적 과정을 기술했다. 즉, 그 사람은 다른 사람이 그에게 부여하는 요구에 응하는 것처럼 보인다. 하지만 이러한 순응은 그것이 의식적으로 한 것이 아니라 하더라도 거짓이다. 이 과정은 생애 초기의 비정상적인 동일시에서 야기되는데, 이는 일생에 걸쳐 방어적인 구조의 부분이 되고 일반적으로 다른 사람들과 관계를 맺는 특징적인 방식으로 결정된다. 이것은 Winnicott(1960/1990)의 '거짓 자기' 성격의 개념 그리고 Gaddini(1992)가 언급한 방어로서의 모방 기술과 유사하다. Meloy(1988)는 그 과정에 대해 유사 동일시(psedoidentification)라는 용어를 만들었다. 이를 통해 정신병리적 개인은 희생자가 그를 동일시하게 하기 위해 희생자의 어떤 행동을 의식적으로 모방하거나 무의식적으로 자극한다. 그래서 착취에 대한 희생자의 취약성이 커지게 된다. Glasser(1996)는 그러한 자극적인 과정이 매우 미묘할 수 있으며, 행동에서 진전이 있는 것 같은 범법자가 어떤 면에서 진실이 아니라는 것을 아는 직관적인 감각을 통해서만이 종종 감지될 수 있다고 경고했다.

## 역전이

반사회성 성격장애 환자들과의 성공적 작업의 중요한 특징은 치료자가 경험하는 역전이를 이해하는 것이다. 역전이가 경험되는 동안 혹은 그 직후가 중요하다. 이 기술(skill)을 위해서는 대개 전문가를 위한 개인 정신분석 혹은 집중적 정신분석적 심리치료가 필요하다. 이것은 종종 훈련 중에는 안전감을 주고 전문가로서의 삶에서는 '조율(tune-up)'의 역할로 역시 무시될 수 없다. 이러한 역전이 반응에 관해 발전하는 문헌들은 치료적 허무주의—환자의 역사에서 반사회적 행동을 보이는 어떠한 환자도 치료될 수 없다는 신념—부터 홍분과 매료되는 성적인 감정들을 언급한다. 홍분과 매료시키는 감정은 특히 치료에 참여하는 관계가 반대 성으로 이루어진 경우이며 성적인 감정으로 가득하다(Meloy, 1988, 2001, 2007).

특히 심각하게 정신병질자에 대한 공통적인 역전이 반응은 종 내부에서 포식자에게 희생당할지도 모른다는 인간 본래의 두려움이다. 이것은 치료자의 자동적인 본능적 각성으로서 경험되는데, 대부분 공통적으로 감각기관에 영향을 미친다. 임상가들은

"그는 내 목덜미 털이 삐쭉 서게 만들어요." "그 사람은 왠지 꺼림칙해요." "그는 나를 소름 돋게 합니다." 혹은 "그가 쳐다보면 등줄기로 냉기가 느껴져요."라고 보고한다. 정신건강 임상가들에 대한 조사연구는 대다수—정확히는 77%—가 심각하게 정신병질자들 앞에서 그들이 분명한 위협적인 행동을 하지 않는데도 어떤 형태의 자동적인 각성을 경험한다고 했다(Meloy & Meloy, 2002). 어떤 형태로든 반사회성 환자들과 작업하는 치료자들은 자발적인 환상, 혼란스러운 정서 혹은 그것이 본능적 반응이더라도 이러한 반응을 면밀하게 관찰해야 한다. 더불어 환자의 정신병리를 더 객관적으로 탐색할 수 있는 기초로 이것들을 활용해야 한다.

한 법의학 임상가에게 아동의 잔혹한 성적 살해를 평가해야 하는 임무가 맡겨졌다. 법의학자는 4일 넘게 살인자와 16시간을 보냈다. 그 개인의 성격과 정신병리를 이해하고 그 결과를 살인자의 변호인단과 의사소통하는 것이 목표였다. 평가는 잘 진행되었고 모든 증거는 그가 심각한 정신병질자라는 것을 말해 주고 있었다. 그는 성폭행을 즐겼고, 12세의 피해자를 죽였다. 그 살인범은 아이를 집에서 유괴했고 아이는 전에 그와 알지 못하는 관계였다.

그러나 가장 심각한 것은 임상가의 역전이 반응이었다. 그는 평가 후에 자발적인 상세한 환상을 갖게 되었는데, 그것은 계속해서 침입적으로 수일 동안 지속되었다. 그 환상은 그의 서류가방에서 45구경 권총을 꺼내서 그 피고인의 머리와 가슴을 쏘는 것으로, 연기가 사라지고 나서 그는 교정요원들에게 포위되어 감옥에 갔고 기소되었다. 하지만 배심원은 그가 자신이 저지른 범죄에 대해 죄책감이 없다는 것을 발견한다. 두 번째 역전이 반응은 덜 고양되는 편인데 외상 후 스트레스 증상을 경험하는 것이다. 그는 교대로 무감각한 느낌을 느꼈고 강렬하게 화가 났다. 그는 자신이 저지른 살인에 대해 말하면서 기쁨의 웃음을 보였던 범법자에 대한 기억이 침입적으로 떠올랐으며 실제로 종종 불안했다. 이러한 느낌은 수주 후에 진정되었다.

그는 자신이 그 피고인의 살인을 동일시하고 피고인이 그랬듯이 살인하고자 하면서 충격적인 범죄에 대해 그 자신과 피고인을 벌주고—동해 형법(lex talionis)의 원시적인 규칙—젊은 소녀의 죽음에 대해 복수한 것임을 깨달았다.

# 새로운 성격장애 치료

구체적 치료들이 심각한 성격장애의 치료를 위해 발전되었는데, 대개 경계선 성격장애를 가진 환자들을 위한 치료가 발전되었으며 경험적으로 지지되었다. 매우 다른 이론적 모델에 근거하더라도 그러한 치료들은 기법에서 중복을 보인다. 최근에는 그것들이 반사회성 범법자들에게 적용되어 왔다. 인지행동모델부터 가장 넓게 사용된 치료들은 변증법적 행동치료(Linehan, 1993)와 도식초점치료(Young et al., 2003)이다. 반면, 정신분석 학파의 두 가지 가장 두드러진 치료는 정신화 기반 치료(MBT)와 전이초점치료(TFP)이다. 이 절에서는 반사회성 성격장애 환자들의 치료에 관련하여 이 두 가지 치료를 간략하게 기술할 것이다. 독자들은 이 책의 다른 장에서 이 치료들에 대한 더 풍부한 설명을 참고할 수 있다(특히 제6장 '정신화 기반 치료와 경계선 성격장애'와 제7장 '전이초점치료와 경계선 성격장애' 참조).

## 정신화 기반 치료

정신화 기반 치료(MBT)는 경계선 성격장애 환자를 위해 Bateman과 Fonagy(2004)가 영국에서 발전시켰다. Bateman과 Fonagy는 이러한 환자들은 정신화 능력이 불안정하고 부족하다고 믿었다. 정신화는 대인관계에 기반이 되는 인간의 중요한 능력으로 생애 첫 몇 년에 안전하고 안정된 아동-양육자 관계의 맥락에서 발전한다. 유아는 다른 사람의 마음에 표상된 것으로 자신의 마음을 알게 된다. 그러기에 사회적 존재로서 자기감을 발전시킨다. 그들은 감정 상태를 구별하고 표상하는 법을 배우고 충동을 조절하는 것을 배우는데, 이는 다른 사람의 마음을 발견하는 데 필수적인 요소이다. 대상관계 입장에서 그러한 정신 구조는 정상 혹은 신경증적 성격 구조로 정의된다(Tyson, 1996). 이러한 발달 과정은 아동기 동안 일어나는 방임, 정서적 학대 혹은 신체적 혹은 성적 학대로 인해 심각하게 혼란스럽게 된다. 부적절한 거울 반응과 와해된 애착은 정신화 능력을 손상시키고, 내적 상태가 혼란스럽고 상징화되지 못하게 하며, 조절하는 것을 어렵게 한다. 발달은 갈등뿐만 아니라 손상과 결핍에 의해서도 방해를 받을 수 있다(Pine, 1994). 즉, 발달은 정신역동, 심리생물학 그리고 양육환경의 결합의 결과이다. Allen 등(2008)은 정신화에 대해 다섯 가지 유용하고 편리한 정의를 제공한 바 있는 데, 그것은 마음에서 마음을 잡는 것, 자기와 타인의 정신 상태에 집중하는 것, 왜곡을 이해하는 것, 외부로부터 자신을 보고 내부로부터 타인을 보는 것 그리고 정신적 특성을 부여하거나 정신적으로 수행하는 것이다(p. 3).

MBT는 안정적으로 애착된 치료관계의 맥락에서 치료자가 타인의 마음에서 표상을 통해 환자 자신의 마음을 발견하는 것을 촉진하는 것이다. 치료자는 감정과 생각에 이름 짓고 암묵적인 신념을 설명하면서 환자의 마음속 이미지를 구성한다. MBT는 개인, 집단 혹은 가족 환경에서 적용할 수 있다. 또한 명료화와 부연설명을 사용하는 지지적 · 공감적 개입으로부터 기본 정신화, 해석 정신화 그리고 전이 정신화까지 개입의 스펙트럼을 가지고 있다(Allen et al., 2008).

최근 임상가들은 반사회성 성격장애 환자들의 치료에서 정신화 기법을 적용하기 시작했다. 하지만 이러한 표본을 대상으로 해서 기법의 효과성이 있는지를 평가하는 것은 이제 시작 단계에 불과하다. Bateman과 Fonagy(2006)는 반사회성 환자들이 정신화의 높은 기능을 보인다고 가정한다. 예로, 타인을 속이고 착취하기 위해서 그들은 상대방이 믿는 것과 믿지 않는 것을 예측하기 위해 타인의 마음을 이해하는 능력이 필요하다. 그러나 Bateman과 Fonagy는 정신화를 위해 높게 조율된 이 능력은 실제로 매우 제한적이고 복잡한 대인관계 상황에서 일반화되기가 어렵다고 경고한 바 있다. 정신병질자들은 정신화의 부분적인 근본적 손상을 보인다고 했다. Baron-Cohen(2005)은 이를 '공감 없는 마음 읽기'라고 불렀다. 심각하게 정신병질적인 환자는 신경생물학적인 차이로 인해 정신화 기법의 사용이 불가능한데, 이들은 약탈할 때 예민함이 커지기 때문에 타인을 향한 위험을 높일 수 있다. 예로, 정신병질자들이 보이는 사회화된 정서의 부재(Meoly, 1988; Patrick, 2006)로 인해 타인의 두려움과 고통을 정확하게 관찰하는 능력이 커지며 타인은 이들에게 희생당하는 취약함이 커지는 것을 정확하게 관찰할 수 있다(Book et al., 2007). Bateman과 Fonagy(2006)는 그러한 개인에서 치료는 정신화를 하지 않는 것에서 느끼는 만족을 제거하는 것에 초점을 두어야 한다고 설명했다.

## 전이초점치료

미국에서 Kernberg와 동료들이 발전시킨 전이초점치료(TFP)는 구체적이고 실증적으로 타당화되었고 매뉴얼이 갖춰진 치료로, 심각한 성격장애를 가진 환자들을 정신분석적 개인치료로 주 2~3회 진행된다. 이 치료는 정신분석적 대상관계이론에 기반을 두고 있다(Clarkin et al., 2006). 이 모델에서 환자들은 정체성 혼란으로 고통스러워하는데, 이것이 심리적 통합의 실패로 인해 일어난다. 심리적 통합에 실패하는 경우, 내면화된 공격적 대상관계가 우세하고 이상적인 대상관계로부터 분열된다. 환자의 자아는 원시적 수준(경계선 혹은 정신증)에 고착되어 있고, 투사적 동일시, 전능감, 평가절하 그리고 원시적 이상화와 같은 원시적 방어 작용은 경계선 환자의 성격과 행동에 퍼져 있다. 결과적으로 빈약한 충동 통제 문제, 불안정한 관계, 혼란스러운 삶으로 이어진다. 경계선 성격장애에 대한 이 모델과 정신화 모델 사이의 주된 차이는 전자가 갈등을 기반으로 경계선 성격장애를 보는 반면, 후자는 결핍에 기반을 두고 있다는 것이다.

경계선 성격장애를 위한 TFP에서 주된 전략은 치료 중 전이에서 관찰되고 해석되는 분열된 내적 대상관계의 재활성화를 촉진시키는 것이다. TFP에서 사용되는 기법은 역전이 분석을 추가하면서 정신분석의 근본적인 기법—즉, 해석, 전이 분석 그리고 기법의 중립성—을 수정한 버전이다(Gill, 1954). MBT와 달리 TFP는 치료의 초기 해석이 환자에게 손상을 준다고 보지 않으며 환자가 미처 의식적으로 경험하지 않은 정신적 내용을 부과하는 것이 이른 해석이라고 보지 않는다. 그러한 해석이 환자가 치료자와의 상호작용에서 해리적으로 경험하고 있는 정신 상태를 연결하도록 돕는다고 본다. 그러나 TFP는 초기 단계가 MBT와 매우 유사하다.

Kernberg 등(2008)은 TFP를 경계선 성격 조직을 가진 환자들을 위해 선택할 수 있는 치료라고 제안하는데, 대부분 경계선 수준에서 기능하는 성격장애 환자를 포함한다. 비록 반사회적 행동이 TFP로 치료 가능하다고 강조하더라도, 그들은 '반사회성 성격장애에 적합한 환자'뿐만 아니라 심각하게 반사회적 특성을 가진 자기애적인 환자 그리고 만성적으로 정직하지 못한 환자를 배제했다(p. 613). 그러나 '공격적이고 도발적이고 책임감이 없는 사회적 행동을 보이지만 여전히 어느 정도 우정과 직업에 충성을 보이고 자신을 투자할 수 있는 사람들'은 TFP에 적합한 후보자들이라고 추천한다(p. 614). '반사회적 성격장애에 적합한'이라는 Kernberg의 정의는 우리가 사용하는 '심각하게 정신병질적인'이라는 용어와 유사하다. 우리의 견해에서 보면 TFP로부터 도움을 받을 수 있는 반사회성 환자들에 대한 그의 기술은 경도와 중등도 사이의 정신병질을 가진 반사회성 성격장애 환자들을 포함한다.

## 결론

성격장애를 가진 환자들을 포함하는, 복잡한 정신장애에 대한 치료 효과 연구의 광범위한 메타분석은 장기 정신역동치료가 단기 형태의 치료와 비교했을 때 전반적인 효과성, 목표가 되는 문제들, 성격 기능에서 더 유의미한 개선을 보였다고 보고한다 (Leichsenring & Rabung, 2008). 경도와 중등도 정신병질적 범위에서 반사회성 성격장애는 정신역동적 연구자와 임상가 둘 다에게 합리적으로 목표로 삼을 수 있는 문제이다. 신중한 진단적 평가, 정신역동적 원칙의 고려, 정신역동적 기법의 적용 그리고 계속적인 역전이의 관찰이 있다면 치료적 희망에 대한 가능성이 있다.

### 핵심적 임상 개념

- 반사회성 환자의 정신병리의 심각성에 대한 평가는 성공적 치료와 위험 관리에 결정적이다.
- 치료 양식(집단, 가족, 개인, 환경)은 치료를 위한 이론적 접근 혹은 모델(CBT, MBT, TFP, 정신역동적 심리치료)과 다르다.
- 역전이 이해는 치료의 성공에 있어 중요하다.
- 법의학 심리치료는 경도와 중등도의 정신병리적 환자들이 치료가 가능하다고 생각한다. 이러한 견해는 그러한 환자들이 심각하게 정신병질자에 대한 부정적 치료 효과와 비교되는 긍정적 치료 효과 결과에 의해 지지되었다.
- 치료를 위한 환경은 항상 안전하게 환자의 정신병리를 담아낼 수 있어야 한다.

### 추천 도서

Meloy JR: Antisocial personality disorder, in Gabbard's Treatments of Psychiatric Disorders, 4th Edition. Edited by Gabbard GO. Washington, DC, American Psychiatric Publishing, 2007, pp 775-790

Meloy JR, Reavis J: Dangerous cases: when treatment is not an option, in Severe Personality Disorders: Everyday Issues in Clinical Practice. Edited by van Luyn B, Akhtar S, Livesley J. Cambridge, UK, Cambridge University Press, 2007, pp 137-195

## 참고문헌

Allen JG, Fonagy P, Bateman AW: Mentalizing in Clinical Practice. Washington, DC, American Psychiatric Publishing, 2008

Andrews DA, Bonta J, Hoge RD: Classification for effective rehabilitation: rediscovering psychology. Crim Justice Behav 17:19-52, 1990

Baron-Cohen S: The empathizing system: a revision of the 1994 model of the mindreading system, in Origins of the Social Mind: Evolutionary Psychology and Child Development. Edited by Ellis BJ, Bjorklund DF. New York, Guilford, 2005, pp 468-492

Bateman A: Narcissism and its relation to violence and suicide, in Psychoanalytic Understanding of Violence and Suicide. Edited by Perelberg R. London, Routledge, 1999, pp 109-124

Bateman A, Fonagy P: Psychotherapy for Borderline Personality Disorder: Mentalization-Based Treatment. Oxford, UK, Oxford University Press, 2004

Bateman A, Fonagy P: Mentalization-Based Treatment for Borderline Personality Disorder: A Practical Guide. Oxford, UK, Oxford University Press, 2006

Beech A, Fisher D, Beckett R: An Evaluation of the Prison Sex Offender Treatment Programme. London, HMSO, 1999

Beech A, Erikson M, Friendship C, et al: A Six-Year Follow-Up of Men Going Through Probation-Based Sex Offender Treatment Programmes. London, HMSO, 2001

Bion WR: Learning From Experience (1962). London, Karnac Books, 1984

Book A, Quinsey V, Langford D: Psychopathy and the perception of affect and vulnerability. Crim Justice Behav 34:531-544, 2007

Cartwright D: Psychoanalysis, Violence and Rage-Type Murder. New York, Brunner-Routledge, 2002

Clarkin JF, Yeomans FE, Kernberg OF: Psychotherapy for Borderline Personality: Focusing on Object Relations. Washington, DC, American Psychiatric Publishing, 2006

Cleckley H: The Mask of Sanity. St Louis, MO, Mosby, 1941

Cordess C, Cox M (eds): Forensic Psychotherapy: Crime, Psychodynamics and the Offender Patient. London, Jessica Kingsley, 1996

Cox M: Group psychotherapy in a secure setting. Proc R Soc Med 69:215-220, 1976

Davies R: Technique in the interpretation of the manifest attack on the analyst, in Psychoanalytic Understanding of Violence and Suicide. Edited by Perelberg R. London, Routledge, 1999, pp 125-144

Department of Health and Home Office: Managing Dangerous People With Severe Personality Disorder: Proposals for Policy Development. London, Home Office and Department of Health, 1999

Dolan B, Coid J (eds): Psychopathic and Antisocial Personality Disorders. London, Gaskell, 1993

Dowsett J, Craissati J: Managing Personality Disordered Offenders in the Community: A Psychological Approach. New York, Routledge, 2008

Fonagy P, Target M: Towards understanding violence: the use of the body and the role of the father, in Psychoanalytic Understanding of Violence and Suicide. Edited by Perelberg R. London, Routledge, 1999, pp 51-72

Foulkes S: Introduction to Group-Analytic Psychotherapy (1948). London, Karnac, 1983

Foulkes S: Therapeutic Group Analysis. London, George Allen & Unwin, 1964

Freud S: Some character types met with in psychoanalytic work, I: the exceptions (1916), in The Standard Edition of the Complete Psychological Works of Sigmund Freud, Vol 14. Translated and edited by Strachey J. London, Hogarth Press, 1957, pp 309-315

Friedman A, Lewak R, Nichols D, et al: Psychological Assessment With the MMPI-2. Mahwah, NJ, Erlbaum, 2001

Friendship C, Blud L, Erikson M, et al: An Evaluation of Cognitive Behavioural Treatment for Prisoners (Home Office Research Findings, No 161). London, Home Office, 2002

Gabbard GO: Psychodynamic Psychiatry in Clinical Practice, 4th Edition. Washington, DC, American Psychiatric Publishing, 2005

Gacono C, Meloy JR: Rorschach Assessment of Aggressive and Psychopathic Personalities. Hillsdale, NJ, Erlbaum, 1994

Gaddini E: A Psychoanalytic Theory of Infantile Experience. London, Routledge, 1992

Gendreau P, Ross R: Revivification of rehabilitation: evidence from the 1980s. Justice Quarterly 4:349-407, 1987

Gill M: Psychoanalysis and exploratory psychotherapy. J Am Psychoanal Assoc 2:771-797, 1954

Glasser M: Aggression and sadism in the perversions, in Sexual Deviation, 3rd Edition. Edited by Rosen I. Oxford, UK, Oxford University Press, 1996, pp 279-299

Gunn J: Introduction: what is forensic psychiatry? Crim Behav Ment Health 14 (suppl 1): S1-S5, 2004

Hare RD: Manual for the Psychopathy Checklist-Revised, 2nd Edition. Toronto, Ontario, Canada, Multi-Health Systems, 2003

Harris GT, Rice ME, Cormier CA: Psychopathy and violent recidivism. Law Hum Behav 5:625-637, 1991

Harris GT, Rice ME, Cormier CA: Psychopaths: is a therapeutic community therapeutic? Therapeutic Communities 15:283-299, 1994

Jones M: A Study of Therapeutic Communities. London, Tavistock, 1952

Kazdin AE: Conduct Disorders in Childhood and Adolescence. Thousand Oaks, CA, Sage, 1995

Kernberg OF: Severe Personality Disorders: Psychotherapeutic Strategies. New Haven, CT, Yale University Press, 1984

Kernberg OF, Yeomans FE, Clarkin JF, et al: Transference focused psychotherapy: overview and update. Int J Psychoanal 89:601-620, 2008

Klein M: Notes on some schizoid mechanisms, in Envy and Gratitude. London, Hogarth, 1946, pp 1-24

Leichsenring F, Rabung S: Effectiveness of long-term psychoanalytic psychotherapy: a meta-analysis. JAMA 300:1551-1565, 2008

Linehan MM: Cognitive-Behavioral Treatment of Borderline Personality Disorder. New York, Guilford, 1993

Livesley WJ: Practical Management of Personality Disorder. New York, Guilford, 2003

Livesley WJ: Introduction to the special feature on recent progress in the treatment of personality disorder. J Pers Disord 18:1-2, 2004

Main TF: The concept of the therapeutic community: its variations and vicissitudes, in The Evolution of Group Analysis. Edited by Pines M. London, Routledge & Kegan Paul, 1983

McGauley G, Adshead G, Sarkar S: Psychotherapy of psychopathic disorders, in The International Handbook of Psychopathic Disorders and the Law: Diagnosis and Treatment, Vol 1. Edited by Felthouse A, Sass H. New York, Wiley, 2007, pp 449-466

Meloy JR: The Psychopathic Mind: Origins, Dynamics and Treatment. Northvale, NJ, Jason Aronson, 1988

Meloy JR: Violent Attachments. Northvale, NJ, Jason Aronson, 1992

Meloy JR: Antisocial personality disorder, in Treatments of Psychiatric Disorders, 2nd Edition, Vol 2. Edited by Gabbard GO. Washington, DC, American Psychiatric Press, 1995, pp 2273-2290

Meloy JR (ed): The Mark of Cain: Psychoanalytic Insight and the Psychopath. Hillsdale, NJ, Analytic Press, 2001

Meloy JR: Pathologies of attachment, violence, and criminality, in Handbook of Psychology, Vol 11: Forensic Psychology. Edited by Goldstein A. New York, Wiley, 2002, pp 509-526

Meloy JR: Antisocial personality disorder, in Gabbard's Treatments of Psychiatric Disorders, 4th Edition. Edited by Gabbard GO. Washington, DC, American Psychiatric Publishing, 2007, pp 775-790

Meloy JR, Meloy MJ: Autonomic arousal in the presence of psychopathy: a survey of mental health and criminal justice professionals. Journal of Threat Assessment 2:21-33, 2002

Minne C: Psychoanalytic aspects to the risk of containment of dangerous patients treated in high security, in Lectures on Perversion and Delinquency: The Portman Papers. Edited by Morgan D, Ruszczynski S. London, Karnac, 2007

National Institute for Health and Clinical Excellence (NICE): Antisocial Personality Disorder: Treatment, Management, and Prevention. 2009. Available at: http://www.nice.org.uk/nicemedia/pdf/APSDFullVersionConsultation.pdf. Accessed October 6, 2009.

Norton K, McGauley GA: The counselling transaction, in Counselling Difficult Clients. Edited by Norton K, McGauley GA. London, Sage, 1998, pp 1-15

Ogloff JR, Wong S, Greenwood A: Treating criminal psychopaths in a therapeutic community program. Behav Sci Law 8:181-190, 1990

Parsons T: The Social System. Glencoe, IL, Free Press, 1951

Patrick C (ed): Handbook of Psychopathy. New York, Guilford, 2006

Pine F: Some impressions regarding conflict, defect, and deficit. Psychoanal Study Child 49:222-240, 1994

Salekin R: Psychopathy and therapeutic pessimism: clinical lore or clinical reality? Clin Psychol Rev 22:79-112, 2002

Saunders DG: Feminist-cognitive-behavioral and process-psychodynamic treatment for men who batter: interaction of abuser traits and treatment models. Violence Vict 11:393-414, 1996

Schlapobersky J: A group-analytic perspective: from the speech of hands to the language of words, in Forensic Psychotherapy: Crime, Psychodynamics and the Offender Patient. Edited by Cordess C, Cox M. Philadelphia, PA, Jessica Kingsley, 1996, pp 227-244

Skeem J, Monahan J, Mulvey E: Psychopathy, treatment involvement, and subsequent violence among civil psychiatric patients. Law Hum Behav 26:577-603, 2002

Steiner J: Patient-centered and analyst-centered interpretations: some implications of containment and countertransference. Psychoanalytic Inquiry 14:406-422, 1994

Sutker P, Bugg F, West J: Antisocial personality disorder, in Comprehensive Handbook of Psychopathology, 2nd Edition. Edited by Sutger P, Adams H. New York, Plenum,

1993, pp 337-369

Tyson P: Neurosis in childhood and in psychoanalysis: a developmental reformulation. J Am Psychoanal Assoc 44:143-165, 1996

Welldon E: Group-analytic psychotherapy in an out-patient setting, in Forensic Psychotherapy: Crime, Psychodynamics and the Offender Patient. Edited by Cordess C, Cox M. London and Philadelphia, Jessica Kingsley, 1996, pp 63-82

Winnicott DW: Ego distortion in terms of true or false self (1960), in The Maturational Processes and the Facilitating Environment. London, Karnac Books, 1990, pp 140-152

Winnicott DW: Transitional objects and transitional phenomena (1951), in Collected Papers: Through Paediatrics to Psycho-Analysis. London, Karnac Books, 1991, pp 229-242

Wong S, Gordon A: Violence Risk Scale. Saskatchewan, Canada, Department of Psychiatric Research, Regional Psychiatric Centre, Solicitor General of Canada, 2000

Wong S, Gordon A: Violence Risk Scale. Saskatchewan, Canada, Department of Psychiatric Research, Regional Psychiatric Centre, Solicitor General of Canada, 2004

Wong S, Hare R: Guidelines for a Psychopathy Treatment Program. Toronto, Ontario, Canada, Multi-Health Systems, 2005

Yakeley J: Psychoanalytic contributions to risk assessment and management, in Lectures on Perversion and Delinquency: The Portman Papers. Edited by Morgan D, Ruszczynski S. London, Karnac Books, 2007

Yang Y, Glenn A, Raine A: Brain abnormalities in antisocial individuals: implications for the law. Behav Sci Law 26:65-84, 2008

Young JE, Klosko JS, Weishaar ME: Schema Therapy: A Practitioner's Guide. New York, Guilford, 2003

# 제12장
# C군 성격장애의 치료

Martin Svartberg, M.D., Ph.D.
Leigh McCullough, Ph.D.

DSM-IV-TR(American Psychiatric Association, 2000)에서 정의했듯이 C군 성격장애는 회피성 성격장애(Avoidant Personality Disorder: AVPD), 의존성 성격장애(Dependent Personality Disorder: DPD) 그리고 강박성 성격장애(Obsessive-Compulsive Personality Disorder: OCPD)를 포함한다. 하나의 집단으로 이 성격장애군은 일반 표본이나 외래 임상 상황에서 가장 만연된 성격장애이다. 성격장애에 관한 가장 광범위하고 가장 최근에 이루어진 엄격한 지역사회 조사에 의하면, Torgersen 등(2001)은 전체집단의 9.4%(노르웨이 오슬로)가 C군 성격장애의 DSM-III-R(American Psychiatric Association, 1987) 진단기준을 만족시킨다는 것을 발견했다. 구체적 유병률은 AVPD는 5.0%, DPD는 1.5%, OCPD는 2.0%로 나타났다. AVPD를 제외하면 이러한 유병률은 10개의 이전 조사와 대체로 일관적이다. 이전 조사들은 평균 유병률을 각각 1.2%, 1.25% 그리고 2.15%로 보고하였다. Torgersen 등(2001)은 또한 OCPD가 여성보다는 남성 그리고 덜 교육받은 사람보다는 더 교육받은 사람에게 더 빈번하게 나타난다고 하였다.

외래 환자 임상 표본에서 조사자들은 DSM 성격장애를 진단하기 위해 3개의 임상 조사에서 반구조화된 인터뷰를 사용하였다. Alnaes와 Torgersen(1988)은 Oslo 일반적인 외래 환자 클리닉에서 298명의 환자 사이에 DSM-III(American Psychiatric Association, 1980) 유병률이 AVPD는 55%, DPD는 47%, OCPD는 20%였다고 보고하였다. 반면, 뉴욕에서 외래 환자의 정신분석을 위해 지원한 200명의 피험자 사이에서, Oldham 등(1995)은 DSM-III-R 기준에서 AVPD는 16%가 만족시켰고, DPD는 6%, OCPD는 10%가 만족시켰다는 것을 발견했다. 마지막으로, 뉴잉글랜드의 대규모 외래 환자 표본(*N*=859)에서 Zimmerman 등(2005)은 환자의 21.4%가 C군 성격장애에 대한 DSM-IV 기준을 충족시켰는데, 구체적으로 AVPD는 14.7%, DPD는 1.4%, OCPD는 8.7%였다고 보고했다.

C군 성격장애는 다른 장애와 함께 발생하는 경향이 있다. Stuart 등(1998)은 의존성 성격장애, 강박성 성격장애 혹은 수동-공격적 성격장애 중 어느 하나를 가지고 있는 입원 환자나 외래 환자 중 50%가 AVPD에 대한 DSM-III-R 기준을 충족시켰다고 보고했다. 그러나 Zimmerman 등(2005)은 AVPD와 OCPD가 분열성 성격장애와 강하게 관련이 있었던 반면, DPD는 다른 C군 성격장애보다도 경계선 성격장애와 관련이 있다고 관찰했다. 같은 연구에서 ① 범불안장애의 존재가 C군 성격장애 각각과 유의미하게 높은 상관이 있었다. ② 공황장애와 사회공포증은 AVPD 및 OCPD 발생에서 유의미한 상관이 있었다. 그리고 ③ 주요우울증이 AVPD 및 DPD와 유의미한 상관이 있었다. 불안장애 연구에서 Massion 등(2002)은 축 I 그리고 축 II 장애와의 높은 공병률을 관찰하였다. 범불안장애(AVPD: 20%, DPD: 10%, OCPD: 9%) 그리고 사회공포증(AVPD: 35%, DPD: 6%, OCPD: 7%)에서 공병률이 높았고, 공황장애(AVPD: 14%, DPD: 3%, OCPD: 3%)에서는 더 낮았다. AVPD와 사회공포증은 공병률이 높은 것으로 잘 알려져 있다. 이 두 장애가 정말로 구별될 수 있는지는 수년 동안 지속되어 온 논쟁거리이다. Hummelen 등(2007)은 AVPD가 없는 사회공포증을 가진 환자가 사회공포증을 가지지 않은 AVPD 환자보다 전반적인 기능 수준에서 높고 증상에 대한 고통이나 대인관계 문제가 적었다고 보고했다. 그러나 두 집단은 사회 불안과 내향성의 정도에서 유사했다. AVPD는 또한 섭식장애나 다른 성격장애의 기준 그리고 자살 충동과 강하게 관련이 있었다.

## 진단: 핵심 특징, 임상적 과정 그리고 정신역동적 개념화

DSM-IV-TR 성격장애 기준의 최근 요인분석 연구에서, Fossati 등(2006)은 AVPD,

DPD 그리고 OCPD가 두려움이라고 불릴 수 있는 공통된 차원을 함께 공유하고 있다고 하였다. 핵심적인 두려움은 AVPD 환자에서는 부정적인 평가에 대한 두려움, DPD 환자에서는 분리에 대한 두려움 그리고 OCPD 환자에서는 개인적 · 대인관계적 통제 불능에 대한 두려움으로 이루어져 있다.

## 회피성 성격장애(AVPD)

기원적으로 심리학 중 특질심리학(Trait Psychology)과 대인관계 원형의 전통에 기술되어 있고 개념화되어 있는(Millon et al., 1996) AVPD는 DSM-IV-TR에서 대인관계의 회피와 같은 구체적 진단 기준에 의해 명시되어 있다. 만연되어 있고 지속적인 사회적 억제 패턴, 부적절감 그리고 부정적 평가에 대한 과민함, 수치심 혹은 조롱에 대한 두려움, 비난, 거절 혹은 불승인에 대한 두려움, 그리고 부적절하고, 사회적 기술이 부족하고, 열등한 사람으로 혹은 타인에게 개인적으로 매력이 없는 사람으로 자신을 보는 것이 특징이다. 대부분의 성격장애와 같이 어떤 진단적 특징은 성격 특질로 이해될 수 있다. 반면, 다른 것들은 상대적으로 시간에 따라 불안정한 것으로 추정되는 부적응적 행동으로 볼 수 있다.

Shea 등(2002)은 82명의 AVPD 환자 중 56%가 지속적으로 초기 평가에서 그리고 다양한 치료 이후 1년 동안 모든 기준을 만족시켰다고 보고했다. Grilo 등(2004)은 같은 환자 표본을 가지고 다른 방법론을 사용하였는데 그중 변화율이 31%까지 확인되었다. 더 나아가 McGlashan 등(2005)은 같은 표본에서 가장 만연되어 있고 지속적인 특징으로 부적절하고 혹은 사회적으로 부적합하게 자신을 본다고 관찰했다. 반면, 가장 적게 만연되어 있는 지속적인 특징은 대인관계적 상황과 당황스러운 상황을 피하는 것이라고 했다. 첫 번째 특징이 특질 같은 것으로 간주될 수 있는데 성격과 연결되고 아마도 기질과 유전적 위험요인과 연관될 수 있다. 반면, 두 번째 특징은 더 행동적이고 반응적인 것으로 간주되고 Grilo 등의 연구에서 변화가 있었던 것들이다. 두 가지 특징 모두 AVPD를 정의하는 핵심으로 볼 수 있다. 성격장애 안정성과 그 과정에 대한 또 다른 연구에서 Lenzenweger 등(2004)은 평균적으로 하나의 AVPD 진단 기준을 줄이기 위해서는 약 11년이 소요된다고 평가했다(1년당 0.09개의 기준).

분리된 진단의 독립체로서 AVPD가 상대적으로 새롭고, 기원적으로는 학문적 심리학에서 발전되었으며, 우선적으로 DSM 체계 내에서 정의되어 왔기에, 정신역동적 전통에서 많이 개념화되지 못했다. 그러나 AVPD의 핵심적인 진단 특성과 회피적 애착 불안정 사이에는 상당한 중복이 있다(Bartholomew et al., 2001). 애착 인물과의 관계에서 형성된 자기에 대한 내면화된 표상(내적 작동모델로서 구조화된)에 기초하여, AVPD는 자기에 대한 부정적 견해(부적절하고, 열등하고, 사회적으로 부족하거나 매력적이지 않고, 암묵적으로 사랑받을 수 없는)와 타인에 대한 부정적 견해(평가적이고, 거질하거나 불승인하고, 암묵적으로 돌보지 않고, 가용할 수 없는)의 결합으로 개념화할 수 있다. 자기와 타인에 대한 부정적인 견해의 결합은 공통적으로 두려운 애착으로 정의된다(Bartholomew et al., 2001). 그리고 주관적으로 높은 애착 불안(조소, 거절 혹은 부정적 평가에 대한 두려움)과 행동적으로는 대인관계에서 친밀함의 회피와 안전한 거리의 유지(예: 자기 자신을 제한하고 억제하는 것)로 나타난다. 두려운 애착은 차가운 거절과 사랑을 주지 않는 양육자, 해결되지 않은 상실 그리고 아동기의 학대와 연관이 된다(Bartholomew et al., 2001). 이것은 일반적인 AVPD 환자에게 친밀한 관계에서 무조건적인 사랑과 수용에 대한 강렬한 갈망을 남긴다. 더 전통적인 정신역동적 갈등 모델의 관점에서 친밀하고 가까운 관계에서 사랑과 수용에 대한 이러한 갈망과 바람은 갈등을 일으키고 불안과 수치심의 근원이 된다. 왜냐하면 그것의 표현이 중요한 타인에 의한 비판, 조소, 거절 혹은 불승인과 반복적으로 관련되기 때문이다. 그때나 지금이나 불안 혹은 수치심은 둘 다 대인관계적 회피, 사회적 억제 그리고 정서의 억제, 더 친밀함에 대한 갈망을 줄이려고 하는 특징적인 방어 행동을 일으킨다.

## 의존성 성격장애(DPD)

DSM-IV-TR에서 전형적인 DPD 환자는 돌봄을 받는 것에 대한 과도하고 만연된 욕구로 특정지어진다. 이러한 욕구는 복종적이고 매달리는 행동 그리고 분리에 대한 두려움을 초래한다. 구체적 기준은 매일 일상에서 내리는 의사결정에 책임감과 주도성을 갖지 못하고 상대방에게 의존, 스스로 대처하고 자신을 스스로 돌보는 것에 대한 두려움, 순응적인, 유순한, 굴종적인, 무기력한 그리고 극단적인 경우 자기를 잃어버릴 정도의 매달리는 행동 그리고 착취하는 것을 특징으로 하는 전형적인 대인관계 성향을 포함한다. 비록 의존성의 대인관계 차원이 DSM에서 잘 표현되었다고 할지라도 충분하게 애착의 차원을 반영하지 못한 것에 대해 비판을 받아 왔다(Livesley et al., 1990). 진단 기준의 안정성과 과정에 관해 Lenzenweger 등(2004)은 평균적으로 하나의 DPD

진단 기준을 감소시키기 위해서 11년이 소요된다고 평가했다(1년당 0.09개의 기준). 이것은 AVPD와 같은 속도이다.

돌봄을 받고 싶은 과도하고 만연된 욕구에 대한 DSM-IV-TR의 전반적 진단 기준의 견지에서 보면 다른 장애보다 DPD를 애착장애로 개념화하는 것이 더 쉽다. 애착 인물과의 내면화된 자기표상에서 전형적인 DPD 환자들은 부정적 자기에 대한 견해(능력에서 무능하고, 자기확신감이 부족하고, 누군가의 도움이 필요하고, 무기력한 자기)로 개념화될 수 있다(Benjamin, 2003; PDM Task Force, 2006). 반면, 타인에 대한 견해는 기본적으로 양가적인데, 타인을 안정감과 양육, 지지를 제공하는 강력하고 효과적인 사람으로 인식하는 것(안전하게 애착될 때)에서 신뢰할 수 없는 애착 인물로 인식하는 것(애착이 위협이 될 때)까지의 범위를 가지고 있다. 자기와 타인에 대한 견해가 합쳐질 경우, DPD는 애착이 위협되지 않을 때는 몰두적인 애착 전략 혹은 범주(자기에 대한 부정적 견해, 타인에 대한 긍정적 견해)와 겹친다. 그리고 애착이 위협될 때는 두려운 전략(자기와 타인에 대한 부정적 견해)과 중복된다(Bartholomew et al., 2001). 애착 위협에 대한 반응에서 연극성 성격장애 및 경계선 성격장애의 전형적인 몰두적인 전략과 달리, DPD 환자는 그들의 애착 불안을 적극적이고 요구적이며 분명하게 접근하는 방식으로 다루지 않는다. 대신 그들은 무기력하고, 골이 나 있고, 매달리고, 우울한 감정을 드러내면서 매우 수동적인 방식으로 대처한다.

병리적 의존증에 관한 몇몇 경험적 연구 중 하나에서, Bornstein(2005)은 과보호적인 혹은 권위적인 양육과 성인기 의존증 간의 연관을 발견하였다. Benjamin(2003)은 DPD 환자의 부모들은 발달적으로 적절하게 젖을 떼지 않고 돌보는 것을 멈추지 않는다고 제안했다. 그것이 바로 대인관계적인 통제를 의미하기 때문에(Benjamin, 2003) 나이에 적절하지 않은 돌봄은 성장하는 아이에게 모멸감과 굴욕감으로 인식될 수 있으며, 굴복하는 행동을 키우고 유능함과 상호 의존을 어렵게 한다. 이것이 바로 DPD 환자의 전형적인 특징이다.

정신역동적 갈등모델로 설명하면, 돌봄과 보호에 대해 DPD 환자가 보이는 욕구와 바람은 필연적으로 지속되는 친밀한 관계에서 위협되며 애착 불안을 일으킨다. 이것은 매달리기나 무력감과 같은 부적응적인 애착 행동을 키운다. 심지어 처음에는 그러한 행동이 불안을 약화시킬 수 있다고 해도, 그것은 시간에 걸쳐 DPD 환자에게 심각한 애착 갈등을 일으키면서 부모로부터 소외되는 위험에 처하게 한다.

## 강박성 성격장애(OCPD)

Wilhelm Reich(1933)가 '살아 있는 기계'라고 부른 적이 있는 전형적인 OCPD 환자들에 대해 DSM-IV-TR은 규칙, 정신적 · 대인관계적 통제 그리고 완벽주의에 대해 몰두하는 만연된 패턴을 특징으로 제시하고 있다. 이 특징은 엄격함과 도덕성, 가치 그리고 규칙에 대한 집착, 일과 생산성, 돈을 쓰는 것, 가치 없는 물건을 버리는 것에 대한 과도한 걱정, 타인에게 일을 위임하는 것을 거부하는 것을 포함하는 구체적 기준으로 나타낼 수 있다.

Shea 등(2002)은 OCPD 환자들의 42%가 초기 평가 1년 이후에 모든 기준을 지속적으로 만족시켰다고 했다. 반면, 같은 환자들을 대상으로 다른 방법론을 사용한 Grilo 등(2004)은 24개월에 걸쳐 38%로 변화가 있었다고 보고했다. McGlashan 등(2005)은 같은 표본을 연구하였는데 보편적이고 안정적인 기준은 경직성, 위임하는 문제 그리고 완벽주의(특질과 유사한 기준으로 간주되는)인 반면, 덜 보편적이고 덜 안정적인 기준은 인색함과 엄격한 도덕성(증상적 행동으로 간주되는)이라고 했다. 연구자들은 특질과 유사한 기준으로 '억제, 변화를 거부하고 통제하려는 욕구'를 포함하며 이것이 '공격적 통제의 신경생물학'과 관련이 있다고 추측했다. Lenzenweger 등(2004)은 평균적으로 하나의 OCPD 진단 기준을 감소시키는 데 8년(1년당 0.12개 기준)이 걸린다고 평가했다. AVPD와 DPD보다 어쨌든 더 빠른 것이다. 마지막으로, 모든 성격장애 기준의 최근 요인분석 연구에서, Hummelen 등(2008)은 첫 번째 드러나는 차원으로 완벽주의를 발견했다. 이것은 '규칙에 대한 몰두' 그리고 '완벽주의'라는 OCPD의 기준으로 표현된다. 반면, 두 번째 차원은 공격성인데, 다른 성격장애들로부터 나온 기준뿐만 아니라 '위임하는 문제'와 '완고함과 경직성'이 여기에 해당된다. 보다시피, McGlashan 등(2005)이 발견한 특질과 유사한 세 가지 기준(경직성, 위임하는 문제 그리고 완벽주의)은 Hummelen 등(2008)이 언급한 처음 두 가지 차원의 OCPD 기준들이다. 이러한 결과는 OCPD 환자에서 완벽주의와 공격적 통제가 핵심임을 지적한다.

AVPD와 DPD와 달리 OCPD는 일반적으로 정신역동적 개념화, 특히 갈등 공식화의 대표적 주제였다. 전통적으로 공격적 충동과 기분에 대한 갈등이 가장 큰 핵심으로 설명되었다(PDM Task Force, 2006). 개인에게 적절하지 않다고 생각되는 느낌은 위협받게 되고 통제력을 잃고 실수를 하고 혹은 비난과 죄책감의 표적이 되는 것에 대해 두려움이 일어난다. 이러한 두려움은 친절하지 않고, 복종적이지 않고, 적절하지 않고 혹은 통제력이 부족한 느낌과 쉽게 연관시킬 수 있다. 그러한 두려움과 죄책감은 대인관계에서 거리감, 과도한 규율, 느낌의 억제, 가혹한 자기비난 그리고 취소와 같은 방어적 행동을 일으키는 경향이 있다. 많은 OCPD 환자는 결국 외롭고 고립되고 소외감을 느끼며, 빈약한 감정적 삶을 살게 된다. 그럼에도 그들이 중요한 타자와 거리감을 가지려고 하고 부정적인 대인관계 경험의 영향을 부정하려고 하기 때문에, 일반적으로 그들은 자기에 대한 긍정적인 느낌을 유지할 수 있다(Bartholomew et al., 2001). 애착 유형에서 보면, 많은 OCPD 환자는 긍정적인 자기감(자기를 신뢰하고, 유능하고, 주장하고, 적절한)과 부정적인 타인에 대한 견해(잠정적으로 비난하고, 질타하고, 지배적인)를 연결시키면서 무시하는(dismissing) 특성을 보인다. Bartholomew 등(2001)이 지적했듯이 그들은 과도하게 독립적인 인상을 주는데, 그들이 스트레스하에 있을 때 타인의 지지보다는 자신에게 의지한다. 무시형 애착은 '성공적인 적응의 형태'로 간주될 수 있다. 왜냐하면 연구에서는 이것이 비록 '대인관계의 낮은 만족'이라는 대가에도 불구하고 '높은 자존감과 낮은 고통 그리고 낮은 우울'과 연관된다고 제시하기 때문이다(Bartholomew et al., 2001).

## 정신역동치료의 효과

C군 성격장애와 정신역동적 개인치료의 효과는 소수의 연구에서 경험적으로 확인되어 왔다. C군 환자만으로 구성된 두 개의 무선할당 통제 실험(Emmelkamp et al., 2006; Svartberg et al., 2004), 대부분 C군 환자로 이루어진 두 개의 무선할당 통제 실험(Vinnars et al., 2005; Winston et al., 1994), AVPD와 OCPD 환자들의 자연적 상황 연구(Barber et al., 2007) 그리고 따로 분석되었던 C군 환자들의 하위 표본 중 우울한 환자의 효과를 연구하기 위해 처음 수행된 무선할당 통제 실험(Hardy et al., 1995)이 있다.

Svartberg 등(2004)은 주 1회, 40회의 치료를 받은 경우에 하나 혹은 그 이상의 C군 성격장애(다른 성격장애가 아닌)에 대한 진단 기준을 만족시키는 외래 환자 50명에 대해 단기역동 심리치료(Short-Term Dynamic Psychotherapy: STDP)와 인지치료를 비교하였다. 가장 공통적인 축 I 진단은 주요우울증, 범불안장애, 사회공포증이었다. 가장 빈번하게 진단된 성격장애는 AVPD(62%)였고, 그다음은 OCPD(34%), DPD(20%) 순이었다. 대략 환자의 1/4이 하나의 성격장애 이상의 진단을 충족시켰다. 뒤에 상세하게 논의하겠지만, McCullough-Vaillant(1997)의 STDP 모델이 사용되었다. 인지치료 모델은 Beck과 Freeman(1990)의 책에 근거하였고 공존하는 축 I 문제에 대한 초기 작업 실시, 핵심적인 부정적 자동적 사고의 확인 및 평가, 안내된 심상 그리고 과제 제시 그리고 핵심적인 부적응적 신념을 논박하고 재구성하기 위해 구체적인 정서 초점적 기법을 강조하였다. 연구에는 매뉴얼로 교육받은 경력 있는 전일제 치료자들이 참여하였다. 두 조건 모두에서 환자들은 치료 기간은 물론 2년 추후 기간 동안 증상에 대한 고통, 대인관계 문제 그리고 C군 성격 기능의 측정에서 유의미한 개선을 보였다. 어느 기간 동안, 어떤 측정에 대해서도 STDP와 인지치료에서 통계적으로 유의미한 차이가 없었다. 그러나 STDP를 받은 환자에서만 치료 후에 증상들이 유의미하게 개선되었고 치료 직후보다 2년 뒤의 추후 측정에서 성격 기능의 개선이 유의미하게 더 높았다. 이러한 결과는 인지치료를 받은 환자들의 사례에서는 나타나지 않았다. 임상적으로 중요한 변화에 의하면 STDP를 받은 환자들의 54%와 인지치료를 받은 환자의 42%가 증상이 회복되었고 2년 뒤의 추후 조사에서 정상적인 기능으로 나타났다. 반면, 두 조건 모두에서 환자들의 40%가 대인관계 문제와 성격 기능에서 회복되었다. 이러한 결과에서 보면 McCullough-Vaillant의 모델을 따른 STDP와 Beck과 Freeman의 모델을 따른 인지치료는 모두 C군 성격장애의 치료에서 효과가 있음을 알 수 있다.

Emmelkamp 등(2006)은 62명의 AVPD 환자를 20회의 인지행동치료(Cognitive-Behavioral Therapy: CBT), 20회의 단기역동치료(Brief Dynamic Therapy: BDT) 혹은 대기 통제 조건(Wait-List Control Condition: WLC)에 배정하였다. CBT는 Beck과 Freeman(1990), Emmelkamp 등(1992)의 모델을 따랐다. Malan의 정신역동 갈등모델과 Luborsky(1984)의 지지적-표현적 모델의 지지적 모듈에 영향을 받은 BDT 집단의 치료자들은 우선적으로 동맹을 강화하고 방어와 감정을 재구조화하는 것에 초점을 두었다. 모든 치료자는 적어도 대학원 졸업 후 임상에서 5년 이상의 경력을 가지고 있었다.

두 치료 조건 모두에서 환자들은 불안 증상, 회피 행동, 회피에 대한 핵심 신념, 의존성에서 개선을 보였고, CBT의 환자들만 강박성의 측정에서 통계적으로 유의미한 개선을 보였다. CBT에서 개선은 큰 효과 크기(6개 측정치 중 5개)를 보였고, BDT에서는 개선이 작은(2개 측정치), 중간(2개 측정치), 큰(2개 측정치) 효과 크기를 보였다. CBT의 효과는 회피 신념에서 WLC보다 더 높았고 모든 측정에서 BDT보다 더 높았다. 반면, BDT의 효과는 WLC보다 더 높지 않았다. 나(Martin Srartberg)는 집단 간 효과들 간에 중간 시기의 효과 크기를 계산하였는데, CBT 환자들의 평균 개선율이 BDT 환자들의 개선율의 두 배였다(Rosenthal, 1984). 6개월 후 추후조사에서도 성과가 일반적으로 유지되었다. CBT 효과가 핵심 신념의 모든 유형 그리고 AVPD의 변화율에서 BDT보다 더 우수했다. BDT 중 36%가 6개월 추후 시점에서 AVPD 기준을 만족시켰고 CBT 환자는 9%만이 충족시켰다. 각각 64%와 91%가 개선된 것은 매우 인상적이다. 이는 장애에 대한 자연적인 경과를 연구한 결과에서 발견된 수치를 크게 넘었다(Grilo et al., 2004; Shea et al., 2002). 그러나 진단을 하는 사람이 치료 집단을 이미 알고 있었다는 것에 주목할 필요가 있다. 마지막으로, BDT 환자만이 추후 기간 동안 강박적 신념에서 유의미한 변화를 보였다. 전반적인 결과를 통해 연구자들은 CBT가 WLC와 BDT보다 더 우수했고 BDT는 WLC보다 우수하지 않았다고 결론을 내렸다.

무선할당으로 통제된 실험에서, Winston 등(1994)은 단기 정신역동치료(*N*=25), 덜 직면적인 정신역동치료인 단기 적응적 심리치료(Brief Adaptive Psychotherapy: BAP; *N*=30) 그리고 대기자 집단 피험자들(*N*=26) 간에 효과성을 비교하였다. 참여한 환자들 중 77%가 C군 성격장애 혹은 주로 C군의 특성을 가지고 있지만 달리 명시되지 않는 성격장애(Personality Disorder Not Otherwise Specified: PD NOS)였다. 나머지 환자는 대개 연극성 성격장애 혹은 PD NOS였다. Davanloo(1980)가 발전시킨 원칙에 근거한 STDP는 고통스러운 정서를 일으킬 뿐만 아니라 방어, 불안 그리고 무의식적 충동에 대해 적극적으로 직면하는 것이 특징이다. BAP 치료자는 적극적이며 우선적으로 과거와 현재 관계에서 드러나는 환자의 핵심적인 부적응적 패턴의 인지적 측면에 우선적인 초점을 두었다. 두 조건 모두 환자들은 주 1회로 40회의 치료를 받았다. 치료자는 모두 경력이 있는 정신과 의사, 심리학자 그리고 사회복지사였다. 결과에서는 두 조건 모두 증상에 대한 고통, 사회적 기능 그리고 표적이 되는 호소 문제에서 유의미하고 동등한 개선을 보였고, 치료를 받은 환자들은 치료를 받지 않은 피험자들보다 더 유의미하게 개선되었다. 이러한 성과는 1.5년 뒤의 추후 조사에서도 유지되었다.

Vinnars 등(2005)은 156명의 외래 환자를 40회의 지지적-표현적 심리치료(Luborsky, 1984) 혹은 지역사회가 제공하는 21회의 정신역동치료(지지적 기법을 강조)에 무선 할당하였다. 표본의 1/4은 경계선 성격장애의 기준을 충족시켰고 어떤 환자들은 A군 성격장애 그리고 다른 환자들은 B군 성격장애의 진단을 충족시켰다. 하지만 대부분의 환자는 C군 성격장애 혹은 수동-공격적 성격장애 중 하나와 우울성 성격장애로 진단받았다. 지지적-표현적 심리치료에서 치료자는 초기에 환자의 주된 무의식적 바람, 타인에 대한 반응과 자기에 대한 반응(즉, 핵심적인 갈등적 관계 주제)을 다루었는데 이것이 핵심적 치료개입이었다. 그 결과, 치료 집단 모두 환자들이 치료 직후와 치료 후 1년 사이에 축 II 진단 기준의 수, 증상에 대한 고통 그리고 전반적 기능에서 유의미하고 동등한 개선을 보였다. 개선은 큰 그리고 중간 정도로 큰 효과 크기를 보였다. 전체적으로 표본에서 개선율은 종결 그리고 1년 추후 시점에서 각각 33.6%, 46.8%였다. 그리고 치료 집단 간에 유의미한 차이는 나타나지 않았다.

자연적인 상황에서 설계된 연구에서 52회의 지지적-표현적 심리치료(Luborsky, 1984)의 효과성이 24명의 AVPD 환자와 14명의 OCPD 환자를 대상으로 치료 직후에 확인되었다. 환자들은 모든 범주에서 불안, 우울증 성격 기능, 대인관계 문제 그리고 전반적 기능의 측정에서 유의미한 개선을 보였다. 종결 시점에서의 개선율이 AVPD는 61%였으며 OCPD는 85%였다. 마지막으로, 우울한 환자들을 위해 8회, 16회의 정신역동적-대인관계 심리치료 그리고 8회, 16회의 CBT로 설계된 무선할당 통제 실험에서 C군 성격장애를 가진 27명의 환자를 하위 표본으로 분리하여 분석하였다. 정신역동적-대인관계적 치료 접근은 'Hobson의 대화모델(Hobson, 1985, p. 999)에 근거한 관계 지향적인 치료'를 따랐다. 이 모델에서는 "치료관계가 관계 혼란을 이해하고 수정하는 데 도구로 사용된다."(p. 999)라고 보고했다. 연구 결과는 두 조건 모두에서 환자들의 우울, 일반적인 증상, 자존감 그리고 대인관계 문제에서 치료 전과 1년 추후 사이에 유의미한 그리고 큰 효과 크기를 제시하였다. 또한 성격장애를 가지고 있는 환자들은 가지지 않은 환자들보다 정신역동적-대인관계 치료에서 좋은 결과를 보이지 못했다. 반면, 성격장애를 가지고 있든 그렇지 않든 CBT에서는 동일한 효과가 있었다. 16회의 치료는 8회의 치료보다 더 효과적이지 않았다. 이러한 결과들을 통해 연구자들은 단기 정신역동-대인관계 치료는 상대적으로 성격장애의 치료에서 덜 효과적인 반면 CBT는 축 II 진단과 상관없이 효과가 있다는 결론을 내렸다(p. 1002).

결론적으로 Malan과 Luborsky에 의해 초기에 발전된 원칙에 근거한 단기(8~52회) 정신역동치료의 연구들은 다양한 효과 측정에서 C군 환자들에 대한 유의미한 통계적·임상적 개선을 제시하였다. 그리고 일반적으로 이러한 성과들은 치료 이후에 유지되거나 증가하였다. 한 연구에서 CBT는 AVPD의 치료에서 20회의 정신역동치료보다 더 우수했다. 다른 연구에서 8회 그리고 16회의 정신역동적-대인관계 치료는 성격장애를 가지지 않은 환자보다 가진 환자의 치료에서 더 효과적이지 않았다. 반면, CBT는 두 개의 환자 집단에서 모두 효과가 있었다. 두 연구의 발견은 치료 권고사항이 만들어지기 전에 반복 연구되어야 한다.

# C군 환자에 대한 정신역동치료의 원칙

이 장에서 제시된 치료모델은 감정 초점적이고 불안을 조절하는 단기역동 심리치료(STDP) 모델이다. 이 모델은 이 장의 두 번째 저자(Leigh McCullough)가 발전시켰고 첫 번째 저자(Martin Svartberg)는 C군 성격장애 환자들을 대상으로 연구하였다. 이 모델은 정신역동치료의 보편적인 원칙을 대표하는 Malan의 두 개의 삼각형의 개념 도식(즉, 방어와 불안이 실제 느낌의 표현을 차단한다.)에 근거하고 있다. McCullough의 치료모델은 기본적으로 정신역동적 갈등에 강조를 두는 접근이다. 하지만 심리치료적 변화는 감정 갈등 혹은 '감정 공포'의 둔감화처럼 학습이론의 용어로 개념화된다. 주된 치료 목표는 삶에서 문제를 해결하기 위해 환자의 '정서적 능력'을 개선하는 것이다.

STDP 모델 그리고 변화의 감정공포 개념화는 다른 자료들에 더 상세하게 기술되어 있다(예: McCullough & McGill, 2009; McCullough et al., 1991, 2003; McCullough-Vaillant, 1944, 1997). 그래서 우리는 이론이 어떻게 실제에서 드러나는지를 보여 주기 위해 해설이 달린 사례의 축어록을 통해 C군 성격장애에 구체적으로 적용된 감정초점모델의 개관을 제시할 것이다.

## 단기역동 심리치료에서 감정에 초점 맞추기

STDP 이론은 대부분 환자의 느낌 주변에서 갈등이나 두려움을 확인할 수 있다고 가정한다(Davanloo, 1980, 1988; Malan, 1963, 1979; McCullough, 1991, 1999; McCullough & Andrews, 2001; McCullough et al., 2003). 정신역동적 갈등은 ① 반응을 활성화하는 슬픔, 분노, 흥분 혹은 연민과 같은 느낌 그리고 ② 반응을 억제하고, 방해하고 혹은 못하게 하는 불안이나 죄책감과 같은 느낌 사이의 갈등에서 일어난다고 가정한다. 이러한 두 개의 감정 혹은 동기 시스템이 갈등 상태에 있을 때 '절충 반응'(정신역동적 언어) 혹은 '공포적인 회피 반응'(학습이론 용어)으로 방어가 나타난다.

감정 공포의 개념은 정신역동적 갈등의 개념을 학습이론과 행동이론의 언어로 전환한 것이다. 예를 들어, 해결되지 않은 손상의 기저에 있는 감정 갈등 혹은 감정 공포는 다음과 같이 표현될 수 있다. "만약 당신 앞에서 울어 버리면[활성화], 나는 약한 것이고 형편없는 사람이 될 것입니다[억제]!" 희생화 혹은 피학증의 기저에 있는 감정 공포는 다음과 같다. “나는 그럴 만한 가치가 없기 때문에[억제] 주장하지[활성화] 않을 겁니다.” 외로움 혹은 사회적 고립의 문제에 대한 감정 공포는 다음과 같다. “나는 오래전부터 마음의 문을 닫았어요[방어]. 나는 큰 고통을 견딜 수 없으니까요[억제].” 심지어 결핍 병리학은 수치심 때문에 일어나는 감정 갈등 혹은 감정 공포를 소개한다. 낮은 자존감 혹은 빈약한 자기가치감의 문제는 다음과 같은 형태를 보인다. “나 자신에 대해 좋게 느끼는 것[활성화]은 너무 무가치하고 부끄럽습니다[억제].”(감정 공포에서 갈등과 결핍의 병리에 대한 더 충분한 논의는 McCullough-Vaillant, 1997, pp. 40-45 참조).

둔감화(desensitization)라는 용어는 노출의 과정이며 ‘활성화’ 감정(슬픔/애통, 분노, 친밀함, 자기존중)의 조건화된 연합을 제거하는 것이다. 이러한 감정은 억제 감정(예: 불안, 죄책감, 수치심, 고통, 환멸)과 조건화된 연합으로 인해 ‘민감해져 왔다’. 분노는 불안에 의해 차단될 수 있다. 슬픔은 고통에 의해 차단되고, 흥분은 수치심에 의해 차단된다. STDP의 우선적인 목표는 환자의 감정 능력을 개선하는 것이다. 환자는 수치심, 죄책감 혹은 불안함 없이 상실을 애도하고, 주장하고 마음을 열고, 그럴 만한 가치가 있다고 느끼도록 활성화되고 동기화될 수 있을 것이다.

## C군 장애뿐만 아니라 모든 축 I 장애를 위한 단기역동 심리치료

이 STDP 모델은 넓은 범위의 축 I 그리고 축 II 장애를 위해 마련되었고 구체적인 적용을 위한 진단에 대해서는 여러 문헌에서 상세하게 다루고 있다(McCullough et al., 2003, 제3장과 제11장; McCullough-Vaillant, 1997, 제3장). 축 II의 C군 장애 환자들에 대한 구체적인 초점[Winston 등(1991, 1994)과 Svartberg 등(2004)은 모두 무선할당으로 통제된 실험]을 갖게 된 것은 다루기 힘든 사례를 치료하면서 상당한 도전을 받게 되면서 새롭고 강력한 치료를 제안하려는 바람으로 시작되었다. 견고한 방어를 다루는 STDP 방법이 축 I 장애에 유용하더라도 C군 환자들의 견고한 방어에도 적합하다는 것이 수년에 걸쳐 점점 분명해지고 있다. 실제로 우리 연구소에서 Svartberg 등(2004)의 시도를 사전 분석한 결과, 2년의 추후 시점에서 Millon 임상적 다축검사(Millon Clinical Multiaxial Inventory) 점수의 감소를 통해 감정적 능력에서 개선(즉, 활성화 감정 수준과 억제 감정 수준의 비율에서 증가)이 나타났고 이것은 변량의 11%를 설명하였다. 하지만 A군 혹은 B군 범주에서는 유의미하게 개선되지 않았다.

## C군 장애에 적합한 감정공포모델의 주된 목표

이 절에서 우리는 감정 공포를 해결하고 환자에게 최적의 감정 능력을 안내하는 STDP 모델의 세 가지 주된 목적을 기술하려고 한다(즉, 감정이 적응적으로 잘 표현될 뿐만 아니라 더 잘 안내되고, 통합되고 조절된다). 세 가지 영역 각각은 두 개의 세부 목표로 이루어져 있다.

① 방어 재구조화하기(restructuring defenses): a) 통찰과 변화에 대한 동기를 갖는다. b) 방어적, 부적응적 그리고 감정 공포가 담긴 행동을 확인하고 포기한다.
② 노출과 둔감화를 통해 감정 재구조화하기(restructuring affect through exposure and desensitization): a) 갈등적 감정을 경험하고 표현하는 것에 대한 두려움을 감소시킨다. b) 감정적 능력과 활성화된 그리고 억제적 감정 사이의 균형을 개선한다.
③ a) 자기와 b) 타인에 대한 적응적 느낌을 세우기

### 방어 재구조화

C군 장애에서의 도전. STDP 모델에서 첫 번째 목표—방어 재구조화—는 ① 느낌의 회피 혹은 감정 공포 주변에 있는 방어적인 혹은 부적응적인 행동 패턴을 확인하거나 그에 대한 통찰을 얻는 것이다. 그리고 ② 그것을 변화시키기 위해 동기화하는 것이다. C군 장애를 다루는 데 커다란 도전은 방어(전형적으로 무의식적인 그리고 자아동질적인)를 돌파하고 당면한 문제를 해결할 감정에 초점을 맞추는 것이다.

감정 공포를 변화시키기 위한 동기 촉진. 부적응적인 패턴을 포기한다는 것은 방어적인 패턴을 확인하는 것보다 심지어 더 큰 도전이다. 방어는 애초에 강력한 욕구가 없다면 일어나지 않으며, 그 욕구는 종종 미래로 이어진다. 인지적 개입이 방어를 포기하는 동기를 세우는 데 매우 유용하다. 환자의 논리를 논박하는 것("일어날 수 있는 최악은 무엇인가요?") 혹은 파국화를 지적하는 것("당신이 수동적인 철수를 멈춘다면 일어날 수 있는 가장 끔찍한 것이 있지 않습니까? 그것이 정말 그렇게 끔찍한 건가요?")이 그 예이다. 그러한 개입은 수치심, 죄책감 그리고 고통과 같은 불안이나 다른 억제 감정들을 감소시키는 데 도움이 된다. 억제 감정은 회피적 혹은 억제적 반응을 불러일으킨다. 하나의 사례에서 발췌한 예를 통해 이러한 원칙을 볼 수 있다.

### 정이 안 가는 여성

남성과 친밀한 관계를 맺지 못한다는 호소 문제를 가지고 있는 48세의 성공한 여성 기업 매니저가 치료에 왔다. 그녀는 남성과 2주 혹은 3주 이상 지속적인 관계를 맺어 본 적이 없다. 하지만 여성들과는 우정을 쌓을 수 있고 유능한 매니저이다. 의존 욕구를 충족시키기 위해 치료에 중독되었고 그녀는 치료 밖에서 관계를 수행할 수가 없다.

그녀의 무뚝뚝한 그리고 철수하는 스타일은 분명히 다룰 필요가 있는, 거리를 두는 기제임이 분명했다. 하지만 이 방어기제를 직면시키는 것은 치료관계에 균열을 가져온다. 많은 갈등과 탐색 후에 그녀는 파괴적인 방어적 입장을 볼 수 있었다.

| 친밀함을 방해하는 방어에 대한 직면 | 목표/개입 |
|---|---|
| 환: 나는 남자와 친밀한 관계를 맺기가 어려워요. 한 번도 그런 관계가 잘된 적이 없어요.<br>치: (매니저로서 능력 그리고 여자친구들과의 좋은 우정에 대한 충분한 이야기를 해 보니 그녀의 문제는 구체적으로 로맨틱한 친밀한 관계에서 더 어려운 것으로 보였다.) 혹시 남자들을 쫓아 버리는 상호작용에 당신이 기여하는 것은 아닌지 궁금해요. | 거리를 두는 방어를 직면 |
| 환: [짜증을 내며] 왜 그런 식으로 말하는 거죠? 나는 친구들과 잘 지내고 있어요. 심지어 나의 직원들하고도 잘 지낸단 말이에요. 왜 나를 분석하려고 하죠? | 방어반응 |
| 치: 좋아요. 아마 모두 당신만의 문제는 아닐 겁니다. 하지만 당신이 기여하는 부분에 대해 탐색하는 것이 필요해요. | 지지: 직면의 반복 |
| 환: [끼어들며] 공격받은 기분입니다! | 방어반응 |
| 치: 치료자로부터 공격당하는 기분은 썩 좋지 않지요. | 타당화, 지지 |
| 환: 맞아요! 내가 지금 당신을 믿을 수 있을지 의문이 들기 시작했어요. 나는 당신이 내 편이라고 생각했거든요. | |
| 치: 물론 당신 편이지요. 하지만 당신은 이 오래 지속된 문제를 해결하는 데 도움을 받고자 내게 왔어요. 당신이 당신 자신을 방해하고 있는 것 같아요. 내가 당신에게 말을 하지 않는다면 누가 말을 하죠? | 자기노출, 동기를 세우려는 노력 |
| 환: [끼어들며] 모르겠어요. 하지만 나는 이런 방식을 좋아하지 않아요. 이러면 내가 당신을 믿을 수 없습니다. 불편합니다. | 투사의 방어기제 |
| 치: 불신의 느낌을 좀 더 알아볼 필요가 있어요. 나의 피드백이 왜 그렇게 당신이 나를 못 믿게 했지요? (탐색한 후) | 투사를 탐색 |
| 환: 당신을 보면 아버지가 떠오릅니다. 아버지는 항상 나를 공격했어요. 내가 했던 모든 것에서, 내가 한 어떤 것도 아버지를 만족시키지 못했어요. | 과거와 아버지 전이를 연결 |

| | |
|---|---|
| 치: 내가 그와 같다고요? 만약 내가 당신이 한 어떤 것을 지적한다면 당신을 한 사람으로서 인정하지 않는 거군요. | 환자-치료자 관계의 현실을 확인 |
| 환: 그렇죠. 나의 아버지처럼요. | 전이가 지속 |
| 치: 안타깝네요. | 공감, 타당화 |
| 환: 맞아요. 그땐 그랬어요. 지금도 기분이 좋지 않아요. | |
| 치: 좀 더 이야기해 보세요. (우리는 여러 시간 동안 그녀의 아버지가 이성을 잃었던 고통스러운 시간으로 돌아가 탐색을 했다.)<br>(여러 시간 이후, 빈번하게 아버지가 폭발할 때마다 그녀가 얼마나 조마조마 했는지 그리고 그때마다 어떻게 했는지를 살펴본 후) | 고통스러운 기억을 탐색 |
| 치: 이제 당신과 나로 되돌아갈 수 있겠어요? 내가 정말 당신 아버지처럼 당신을 공격하는 건가요? 당신 아버지와는 다른 관점으로는 볼 수 없는 건가요? | 투사를 취소하기 |
| 환: 맞아요. 적어도 당신은 그것에 대해서 이야기를 해요. 당신은 완전히 폭발하지 않아요. | 신뢰를 재형성하기 |
| 치: 내가 당신의 퉁명스러움을 지적하지 않았다면 어떤 일이 일어났을까요? 만약 내가 입을 다물었다면…… 당신을 포기하는 거 아닌가요? | 동기를 세우려는 노력 |
| 환: [침묵] 아…… 내가 어떻게 행동하는지 잘 몰랐어요. [침묵] 나는 그런 말을 듣는 걸 좋아하지 않았어요. 하지만 들을 필요가 있네요. | |
| 치: 맞아요. 이런 것들을 듣는 것은 어려워요. | 타당화, 지지 |
| 환: 네…… 나는 사람들에게 종종 달려들어요. 아버지처럼요! 전에는 미처 몰랐어요. | 방어패턴 인식 |
| 치 : 반사적이었죠. 몸에 배어 있어요. 그런 행동은 당신을 보호하는 것이기도 하죠. | 타당화, 지지 |
| 환: 맞아요. 내가 강해진 느낌을 줘요. 하지만 아마도 많은 사람을 쫓아 버렸겠죠. 이제 나는 그렇게 행동하는 내 모습을 알아요. 멈출 수 있겠죠. | 이득과 방어의 대가를 이해 |

### 감정 재구조화

노출, 활성화, 억제 그리고 표현의 균형. 감정 재구조화에서 주된 목표는 억제 감정(철수 혹은 회피하려는)이 줄어들 때까지 기저에 있는, 갈등이 있는 '활성화' 감정의 내적 경험을 환자에게 노출하는 것이다. 감정은 견디어질 수 있으며 잘 조절되고 적응적인 방식으로 타인에게 표현될 수 있다. 근본적인 변화기제는 다음과 같다. ① 활성화 감정에 노출하고 변환하는 것(분노, 애도, 친밀함, 연민, 흥분, 성적 갈망 등을 신체적으로 경험) 그리고 ② 연관되어 있는 억제 감정(불안, 죄책감, 수치심 혹은 고통을 신체로 경험)뿐만 아니라 관련된 회피적 방어가 감소될 때까지 반응 중지를 돕는 것이다. 노출이 활성화 감정의 적응적 형태의 생리적 각성에 초점을 두어야 한다는 것이 매우 중요하다. 철저한 둔감화가 일어나기 위해 노출은 느낌에 대한 생각뿐만 아니라 느낌에 대한 단어 혹은 느낌에 대한 환상 혹은 이미지를 통해 이루어진다.

둔감화가 일어나기 위해서는 감정이 신체적으로 경험되는 것이 중요하다. 정서의 생리적인 각성은 매우 위협적이고 압도적인 경험이기 때문이다. 치료 비디오에서 감정을 코딩해 보면 치료자들이 종종 강렬한 감정적 경험을 노출하지 않는다는 것을 알 수 있다(느낌에 대해 이야기를 하지만 느끼지 않는다). 그래서 갈등이 있는 느낌을 충분히 둔감화하지 않는다. 뒤에 소개하는 사례 예시는 이러한 과정을 보여 준다.

감정 조절과 감정 능력 사이의 중요한 구별. 오늘날 감정 조절은 굉장히 보편적인 개념이지만 감정 조절에 과도하게 집중하는 것은 감정 공포, 방어적 회피 그리고 중요한 감정의 억제를 높일 수 있다는 점에서 위험할 수 있다. 적절한 감정적 능력이라는 것은 감정이 온전히 경험되고 그 순간—단지 그 순간—에 적절하게 조절되는 것이다. 많은 치료모델은 미숙한 감정조절을 가르치고 있으며 충분히 미묘한 상황을 고려하지 않는 것 같다. 이러한 치료모델들은 적응적인 감정이라는 것이 확인되고, 충분히 경험되고 잘 조절될 필요가 있는 '잃어버린 능력'이라는 것을 분명히 하지 않고 있다.

### 자기 및 타인에 대한 재구조화

자기와 타인에 대한 부적응적 내적 이미지는 타인에 대한 적절한 느낌뿐만 아니라 자기이미지에 붙어 있는 수치심과 죄책감의 감소 그리고 긍정적인 자기에 대한 느낌(돌봄과 연민과 같은)을 (노출을 통해) 높이면서 변화한다. 자기에 대한 적응적이 연민 어린 느낌을 세우는 예는 뒤에 나오는 사례에 포함되어 있다. 계속해서 오래 지속되어 온 성격 문제들을 작업하기 위한 수단으로서 체내 노출을 사용하고 자기연민을 위해 치료자-내담자 관계를 사용한다.

## 회피성 성격장애에서 감정공포모델

회피성 성격장애를 해결하는 활성화된 느낌은 타인에 대한 부드러움, 돌봄 그리고 연민을 위한 능력 그리고 자기연민과 자기존중감이다. 회피성 성격장애를 지속시키는 감정은 친밀함에 대한 불안, 자기감에 대한 수치심 그리고 아마도 이전 관계에서 경험한 상실과 상처에 대한 고통이다.

### 종교적인 화학자

환자는 회피성 성격장애 기준을 충분히 충족시킨다. 그녀는 거리가 있는 한 명의 남자친구가 있지만 여성 친구는 없다. 동료들과의 부정적인 관계로 인해 실험실 연구원에서 해고되었다. 이혼을 했고 아들은 아버지와 살기를 원했다. 타인을 믿을 수 없고 자신을 세상의 한 부분으로 느끼지 못했다. 그녀는 아동기에 극단적인 방임을 경험했고 지속적인 비난을 받아 왔다.

우리가 기술한 치료시간에서 치료자와 그녀의 관계가 탐색되었다. 가장 먼저 방어에 초점을 맞추었고 불안의 감소 혹은 조절에 초점을 맞췄다. 그러고 나서 친밀함에 대한 느낌 그리고 치료자와의 관계에서 자기에 대한 느낌에 노출했다. 이 세 번째 시간은 중심이 되는 회기였다. 치료(35회)는 상당히 성공적이었고 오랜 성격적 병리에서 두드러진 변화가 일어났다. 그녀는 서비스 제공자로서 직업에서 성공을 했고, 사랑하는 남자와 결혼을 했고, 아이를 입양해서 키웠다. 면접자(치료자가 아닌)와 10년 뒤의 추후 면접에서 그녀는 행복하고 꽤 잘 기능하고 있다는 것이 나타났다.

| 종교적인 화학자(3회기) | 목표/개입 |
|---|---|
| (누군가에게 사랑받는 느낌에 대한 불편함에 대해 이야기한 후)<br>치: 당신에 대한 나의 느낌은 어떤 거 같아요? | |
| 환: [잠시 멈춤] 그 점에 대해서 생각해 본 적이 없어요. 하지만 당신은 나를 한 인간으로 그저 돌보는 것 같아요. 그것이 당신 일이잖아요. | 방어: 거리두기 |
| 치: 그렇군요. 그것이 어떻게 다른가요? 누군가를 돌보는 것이 나의 직업이란 말이죠? 대단히 어려운 일이군요! | 방어를 직면 |
| 환: 맞아요. [웃음] 근데 당신은 누군가를 항상 돌볼 수는 없어요. | 핵심을 언급 |
| 치: 요청이 있을 때마다…… 돌보는 것이 내 직업이란 말이죠? | 더 깊은 직면 |
| 환: 많은 면에서 일방적인 관계잖아요. 딱히 판단하는 것이 어렵네요. 주고받는 것이 없잖아요. | 더 방어적 |
| 치: 일방적인 관계라는 건 어떤 거죠? | 이해를 시도 |
| 환: 돌본다는 건 아마도 당신 자신을 나누는 게 아닐까요? | 질문하기 |
| 치: 그렇군요. 내가 당신 말에 집중하는 데 얼마나 나를 공유하는 것 같은가요? (치료자가 많이 관여되어 있으면서 환자에게 반응하고 있다고 느꼈다). | 거리를 두는 방어를 직면하기 |
| 환: [잠시 멈춤] 모르겠어요. 나는 이러한 대화가 불편해요. [웃음] | 불안이 일어남 |

| | |
|---|---|
| 치: 방금 물어보려고 했어요. 당신은 [불편해] 보이고 다른 곳을 보고 있군요. 나를 보고 싶어 하지 않는 것 같아요. 지금 뭐가 가장 불편하지요? | 방어를 지적하면서 불안을 탐색함 |
| 환: [길게 멈춤] 판단을 하는 게 너무 어려워요. 당신이 나한테 지금 어떤 결정을 요구하는 것 같아요. | 방어: 친밀함에 대한 거리두기 |
| 치: 흠…… 나는 당신에세 하라고 요구하고 있고 당신은 그것을 어떻게 해야 하는지 모르겠는 거군요. | 명료화 |
| 환: 아마도요. | |
| 치: 심지어 여기에서조차 무언가 옳게 해야 하고 그걸 위해 뭔가 요구당하고 있군요. 당신 머릿 속에는 나를 위해 뭔가를 해야 하는 것이 계속 맴돌고 있고요. 하지만 나는 진심으로 "내가 당신에게 무엇을 했나요?" "당신이 나에게 무엇을 얻었나요?"라고 말하고 있어요. 여기에 당신이 초점을 맞출 수 있는 겁니다. | 명료화; 환자와 치료자 사이에 회피하는 느낌에 대해 다시 초점 맞추기 |
| 환: 당신이 말하는 건 그러니까 '당신이 내게 관심을 기울인다고 내가 생각하느냐'는 건가요? [오랜 멈춤] 내가 답하기에 어려운 질문이군요. [목소리가 흔들린다.] | 불안이 일어남 |
| 치: 아…… 그렇지만 굉장히 중요한 문제입니다. | 초점을 맞추기 |
| 환: 음…… 돌봄과 호감 사이의 차이이기 때문이죠. | 주지화 |
| 치: 흠…… 지적인 이해같이 들리네요. 그 이야기를 할 때 당신은 곁눈질을 하네요. | 방어지적하기 |
| 환: [웃음] | 높아진 불안? |
| 치: 이 점을 나와 이야기하는 것이 어려운가요? | 불안을 탐색하기 |
| 환: 아…… 네. | 불안을 탐색하기 |
| 치: 지금 가장 어려운 부분은 무엇인가요? | |
| 환: 모르겠어요. 지금 말하는 것이 어려워요. 혹은 나를 돌보는 누군가에 대해 말하는 것이 어려워요. [거의 눈물이 난다.] | 노출#1: 충족되지 않은 갈망에 관한 슬픔에 짧은 노출 |
| 치: 아…… 슬프군요.<br>환: 음음.<br>치: 지금 무엇이 슬픈가요? | 회피에 관한 슬픔에 초점을 맞추기(동기를 세우기) |
| 환: [오랜 멈춤, 한숨] 내가 말하기 어려워하고 다루기 힘들어하는 부분이 있다는 것이 슬퍼요. | 자기노출/감정을 공유 |
| 치: 당신이 그렇게 말하니 나도 슬프네요. [회상하며] 어머니에 대해 당신이 했던 말이 생각나네요. 당신을 가장 돌봐야 할 사람, 하지만 당신이 그 느낌을 받지 못하는 사람……. | 과거와 연결<br>슬픔에 대한 타당화 |
| 환: 아……. | |

| | |
|---|---|
| 치: 당신이 달리 어떻게 할 수 있었을까요? | 타당화를 반복 |
| 환: 누군가가 나를 돌보는 것에 대한 생각이죠? '어머니로부터 받지 않았는데 어떻게 어렵지 않을 수 있는가?'라고 당신이 말하는 거죠. | |
| 치: 맞아요. 물론 어려울 겁니다. …… 그리고 슬픈 일이죠. 하지만 당신과 나 사이에 머물러 봐요. …… 여기 우리 사이의 친밀함의 문제에 대해서요. 당신은 나에게 얼마나 많은 공감을 느낄 수 있나요? | 공감적 반응<br>재초점: 치료자와의 친밀함에 대한 노출 |
| 환: [한숨] 맞아요. 내가 당신과 편안하게 나눌 수 없는 걸 보니 우리 관계에 어떤 것이 있는 것 같아요. | 노출#2: 친밀함 |
| 치: 맞아요. 지금은 생각보다 더 편안한가요? | 불안을 평가 |
| 환: 네네. 다시 말하지만 적어도 최근에는 느낌을 공유한다는 것을 내가 생각했던 것보다 더 쉽게, 더 많이 할 수 있다고 생각해요. | 치료 초기보다는 더 개선된 감정적 능력 |
| 치: 바로 표면 아래에 있어 왔던 것들이죠. | 느낌의 타당화 |
| 환: 네. | |
| 치: 그건 정말 엄청난 크기일 수 있어요. 분명히 거기 있지만…… 밀어 놓았던 것들이죠. | 느낌과 방어에 재초점 |
| 환: 네. 나는 너무 신경을 많이 써서 느낄 수 없었어요. [눈물을 닦는다.] | 노출#3: 느낌 |
| 치: 여기 나와의 관계에서도 예상했던 대로 당신은 우리 사이에 경험을 밀쳐 둘 수 있다고 생각합니다. | 회피에 대한 타당화 |
| 환: [의문을 품으며] 그런가요? | |
| 치: 그 점에 대해 질문이 있나요? | |
| 환: 글쎄요. 오늘은 이야기가 거의 끝나가네요. 나는…… [목이 메며] 두려움에 대한 두려움이 있어요. 왜 그런지 이해하려고 하고 있어요. 그 이유에 대해서…… 불편한 어떤 것들을 보려 하고 있어요. [큰 한숨] 하지만 [한숨] 내가 당신과 나에 대해 나누는 것…… 그렇게 되면 당신이 나를 좋지 않게 생각할 수 있다는 것이 두려워요. [목이 멘다.] 신경 쓰지 않는다면 힘들지 않을 겁니다. | 불안 증가;<br>노출#4: 친밀감 |

## 의존성 성격 구성에서 감정 공포

의존성 성격장애에서 기저에 있는 느낌은 자기효능감, 자기숙달감 그리고 독립을 위한 능력과 관계가 있다. 의존성 성격장애(DPD) 범주는 애착의 차원들을 충분히 강하게 지지하지 않는 점에 대해 비난을 받아 왔다. 감정 공포 접근은 타인에 대한 애착의 느낌에 관한 문제를 탐색할 뿐만 아니라 타인과의 관계에서 자기감에 대한 문제를 탐색한다.

의존성 환자의 기저에 있는 '핵심적 감정 공포'를 찾는 데 하나 이상의 원인이 영향을 미친다. 의존성 장애는 지나친 방종에서 생길 수 있는데, 이것은 아동에게 매우 중요한 숙달의 경험을 빼앗는다. 반면, 연속선의 다른 끝에는 생애 초기에 너무 많은 독립 혹은 고립이 있다. 이 두 가지 애착 패턴 모두 불안정한 혹은 지나치게 짐이 부과된 자기감뿐만 아니라 의존에 대한 갈망 그리고 매달림을 초래할 수 있다. 뒤에 나오는 사례는 거리를 두는 방어를 사용했던 '정이 안 가는 여성'에 관한 것이다.

이어서 제시된 환자는 전형적인 '의존성' 성격장애는 아니다. 그러나 그녀는 의존적 특질이 있고 오랫동안 환자로 남아 있고 친밀한 관계를 피하고 싶은 바람에서 의존성의 문제가 있음을 알 수 있다. 그녀는 아이로서의 건강한 의존을 부정당했다. 비록 일에서는 독립적인 능력이 있을지라도 그녀는 재정적 어려움에도 불구하고 치료자와 의존적인 관계를 갈망한다. 남자와 관계를 유지할 능력이 없기에 20년 넘게 치료에 왔다.

## 정이 안 가는 여성(앞서 논의된): 치료자에 대한 오랜 의존

그녀의 정이 안 가는 자신의 스타일을 이해하고 개선하려고 작업을 하였다. 이후 우리는 친밀해지는 것에 대한 두려움에 초점을 맞추기 시작했고 애착을 바라는 마음의 외현화로서 치료에 방어적으로 의존하고 관계에서 건강한 의존을 피하려는 방식에 대해 초점을 맞추기 시작했다. 다음의 예는 친밀함에 대한 만족되지 못한 갈망에 대해 작업을 한 내용이다.

### 정이 안 가는 여성 그리고 감정 공포: '사랑은 온통 고통일 뿐이다.'

이 환자는 그녀의 전체 삶을 치료와 함께해 왔다. 하지만 결코 정서적으로 자신을 드러내지 않았고 그녀의 의존에 대한 욕구가 자세히 다루어지지 않았다. 치료자와 그녀의 부모에 대한 건강한 의존을 편안하게 여기도록 돕는 데 거의 60회 이상의 치료시간이 필요했다. 중요한 그리고 정서적인 회기에서 그녀는 마침내 그녀의 어머니와 아버지와 관련된 따뜻하고 돌보는 순간을 기억할 수 있었다. 그 회기에서 그녀는 철수 그리고 무뚝뚝함 이면의 것을 볼 수 있었다. 그녀의 부모는 진실로 그녀를 사랑했다. 기억에 대한 노출은 그녀가 스스로를 사랑하고 사랑받을 수 있도록 하는 능력에 영향을 미치는 강력한 둔감화 효과가 있었다. 마침내 그녀는 "이전에 나에게 사랑은 온통 고통일 뿐이었어요. 한 번도 사랑을 느끼려고 하지 않았던 것 같아요."라고 이해했다. 50세가 되어서 그녀의 어머니와 아버지뿐만 아니라 치료자에 대한 친밀감과 의존심에 대한 그녀의 감정 공포의 둔감화(혹은 훈습)를 시도한 후에 그녀는 그녀 생애 처음으로 한 남자와 따뜻하고 사랑하는 관계를 가질 수 있었다. 관계 초기에는 거리를 두려는 경향, 취약해지는 것에 대한 두려움을 다루기 위해 치료가 필요했고 몇 회기에는 그들 모두 서로를 어떻게 잘 이해하고 반응할 수 있는지를 배울 수 있었다. 하지만 많은 작업이 이미 그녀의 치료에서 이전에 이 문제들을 다루어 왔기에 그녀는 이 문제를 다루는 데 충분히 준비가 되어 있었다. 2년 후 그들은 함께 살기 시작했고, 지난 5년 동안 그들의 관계는 매우 성공적으로 지속하고 있다.

| 감정 공포에 초점 맞추기 | 목표/개입 |
|---|---|
| 환: 나는 이런 이미지를 갖고 있어요. …… 내가 부모의 관심을 원할 때마다 그들은 말해요. "그만해. 가서 놀아. 우리를 좀 내버려 두렴." | |
| 치: 하지만 아이들이 우는 건 너무 자연스러운 모습 아닌가요? "엄마! 엄마!" 하면서 어머니를 끌어당기고 무릎에 올라가고…… 그렇죠! | 친밀함을 갈망하는 것에 대한 타당화 |
| 환: 그죠. 나도 그렇게 했어요. …… 물론 어머니는 나를 밀어냈죠. | |
| 치: 그 작은 아이로 자신을 좀 생각해 봐요. 그 나이에 아이들은 솔직하게 표현하죠. 그렇지만 당신의 작은 마음은 상처를 받았겠죠. 너무 어릴 때 그리고 너무 솔직했을 때 그러한 갈망이 있죠. 부모가 보였던 거리감은 충격적이었을 겁니다. | 친밀함에 대한 갈망을 심화시키기 |
| 환: [끄덕이며, 고통 속에 있는 것으로 보인다.] | |
| 치: 네. 그것이 당신의 몸속 어디에서 느껴지나요? | 느낌을 탐색함 |
| 환: 여기요. …… [목구멍 부분을 가리킨다.] 하지만 어디에도 없어요……. | 신체적으로 자각, 분명하지 않음 |
| 치: 좋아요. 거기에 머물러 봅시다. 떠오르는 기억이 있나요? 밀쳐지는 혹은 반응을 하지 않는? | 계속해서 초점, 느낌에 노출 |
| 환: 여기가 조여 옵니다. [다시 목을 가리킨다.] | 억제적인 반응 |
| 치: 음…… 여전히 조이는군요. 입을 닫아 말을 삼키고 있네요. 드러내고 싶은 어떤 힘이 없기 때문이라고요? 우리 모두에게 그것이 없다고요? 당신의 침묵이 어떻게 당신을 홀로 있게 하는지 생각하면 참 안타깝습니다. | 억제에 대한 탐색. 무엇이 억제되는 건가? 억제하는 것의 대가 |
| 환: [끄덕이며 멈춘다.] 생각하고 있어요. 부모님 앞에서 울지 않아요. | |
| 치: 그러니까 당신은 결코 우는 모습을 보여 주지 않는군요? | |
| 환: 맞아요. 부모님은 우는 것을 허용하지 않았어요. | 불승인을 기억함 |

| | |
|---|---|
| 치: 부모님이 그들에 대한 당신의 욕구를 수용하지 않았다면 항상 당신은 정이 고팠겠어요! …… 지속적인 박탈의 상태죠. | 방어와 갈망에 대한 타당화 |
| 환: 만약 내가 부모님한테 어떤 칭찬을 받았다면 그것은 성취에 대한 것이었어요. 내가 필요한 부분 혹은 무기력감에 대한 것은 아니었지요. | 과거에서 패턴을 연결하기 |
| 치: 의존하고픈 마음을 어떤 경우에도 수용해 주지 않았군요. [환: 맞아요.] 너무 슬프네요. | 타당화, 공감 |
| 환: [슬퍼 보인다.] 머리가 좀 아프네요. | 신체화 가능성? |
| 치: 드러내고 싶은 많은 것이 분명히 있었을 겁니다. 지금 나와 함께 여기서 일어나는 필요와 갈망의 느낌들을 드러내기 위해서는 어떤 것이 도움이 될까요? | 느낌 그리고 환자-치료자 관계에 초점 맞추기 |
| 환: 당신 그리고 누군가에게 기대는 것이 너무 힘듭니다. | 의존에 대한 두려움 |
| 치: 눈물을 보이는 것이 너무 어렵네요. [환: 네.] 하지만 당신이 수년 동안 치료에 오고 있고 종종 한 주에 한 번 이상 오기를 원했어요. 나는 당신이 치료자라는 물리적인 존재를 붙잡고 있는 것은 아닌가 싶어요. 그것은 정말로 충분히 가깝게 느끼도록 당신 자신을 드러내는 것은 아닙니다. | 친밀함에 대한 방어를 탐색하기 |
| 환: 힘들어요. | 불안 증가 |
| 치: 당신이 편안하게 느낄 때까지 그 느낌을 다루지 않을게요. 우선 가장 힘들고 두려운 지점을 봅시다. | 노출 전에 불안 조절 |

## 강박성 성격 구성에서 감정 공포

강박성 성격장애(OCPD)는 완벽주의, 공격적 통제, 그리고 자기통제를 잃는 것, 실수하는 것, 비난과 죄책감의 표적이 되는 것의 두려움을 포함한다. 이러한 두려움은 쉽게 바람직하지 않은, 복종하지 않는, 부적절한 혹은 완벽하지 않은 느낌과 관련이 있다.

다음은 사례는 극적으로 진행되었고(12회), 공부를 과하게 하는 완벽한 의과 대학생을 도울 수 있었다.

#### 운동에 광적인 상태 : 사로잡혀 있는 방어를 다루기

그녀는 비참하고 지친 상태로, 하지만 완전히 완벽해야 한다는 것에 사로잡힌 채로 치료에 왔다. 완벽한 자기통제, 날씬하기 위해 굶는 행동(44kg까지 체중이 내려갔다), 유명한 대학에서의 완벽한 성적과 같은 극단적인 수준에 있었다. 그녀는 훨씬 못 미치는 의학도와 결혼을 했다. 삶을 사는 데 있어 그의 편안함을 질투했지만 완벽한 아내가 되려고 노력했고 매일이 너무 지쳐서 성행위에서도 오르가슴을 꾸며 대야 했다.

| 자기파괴적인 방어를 탐색하고 내려놓는 작업(4회기) | 목표/개입 |
|---|---|
| 치: 당신을 슈퍼우먼으로 만들어 주는 어떤 것을 잃을 수도 있다고 생각하고 있군요. 만약 당신이 수준이 낮은 사람이 된다면 Jeremy가 당신을 사랑할까요? | 완벽주의적인 방어를 포기하는 대가를 직면하기 |
| 환: 모르겠어요. 어떻게 해야 수준이 낮아지는 건지……. | |
| 치: 그렇군요. 나는 체중에 대해 그렇게 느껴요. 왠지 당신은 일찍부터…… 다른 사람들이 당신에게 원하는 것에 맞춰 프로그래밍되어 온 것 같아요. 당신은 멈추는 법을 알지 못하는 것 같아요. | 방어의 짐을 이해하도록 치료자의 자기노출을 사용 |
| 환: 만약 나 자신을 돌보는 용기를 가지기만 한다면……. | 변화의 동기 |
| 치: 당신 자신을 돌본다는 것에 대해 뭐가 두려운가요? 사람들이 당신을 있는 그대로 받아들이지 않을까 봐 두려운가요? | 변화에 대한 불안을 탐색 |
| 환: 네! Jeremy는 이런 스타일을 가지고 있는 나와 결혼을 한 겁니다. 다른 방식으로 사는 나를 받아들일 수 없을 거예요. | 자아동질적인 방어 |
| 치: 당신의 아이들에게도 이런 것을 요구할 건가요? | 자신으로부터 방어기제를 돌리려고 노력 |
| 환: 아니요! 아니었으면 좋겠어요. 내가 이해해서 그들에게만큼은 그렇게 하게 하고 싶지 않아요. 하지만 난 나를 멈출 수 없어요. | |
| 치: 지켜보기에 참으로 안타깝게 당신 자신을 몰아세우고 있어요. 스스로에게 이렇게 하는 것을 멈추기 전에 당신이 바닥을 칠 필요가 있다고 누군가 말한 적은 없나요? | 파괴적인 방어와 씨름하기 |
| 환: [소리 내 운다.] 더 많이 내려가야 할 바닥이 있다고요?!! 나는 정말 6개월 동안 바닥에 있었다고요. 삶이 지긋지긋해요. | 방어가 자아이질적이 되기 시작함 |
| 치: 당신이 활기를 찾기 위해 부모님은 어떻게 했는지 궁금해요. | 방어의 기원을 탐색함 |
| 환: 부모님을 비난하기는 어려워요. 아버지는 매우 조용한 사람이었어요. | |

그녀의 아버지는 성공한 의사였지만 매우 느긋하고 많은 시간을 카우치에서 보냈다. 그는 딸을 매우 사랑했다. 어머니는 아버지의 과체중에 대해 그리고 더는 야망을 펼치지 않는 모습에 대해 늘 비난을 했다. 환자가 13세가 되었을 즈음 아버지는 심장마비로 사망했다. 그녀는 매우 비탄에 빠져 있었고 그 당시 운동 코치에게 애착을 보였다. 운동 코치는 인간이 수행할 수 없는 수준까지 팀을 끌어올리는 사람이었다. 그녀는 아버지의 상실에 대한 슬픔을 회피할 수 있도록 의욕적이고 완벽한 세상으로 도피했다는 것 그리고 아버지가 살았던 게으르고 보기에도 건강하지 못한 삶의 방식으로부터 도피를 해 왔다는 것을 이해하기 시작했다.

다음 7회는 아버지의 상실에 대한 애도와 운동 코치와 어머니에 대한 분노를 다루었다. 그녀는 어머니에게 매우 솔직하게 표현할 수 있었고 오랫동안 형성되어 온 이 패턴에 대해 깊이 안타까워했다. 이 젊은 여성은 매우 빠른 변화를 보였고 치료자는 그녀의 새로운 자기감에 변화된 점을 적용하도록 도와야 했다.

| 빠른 변화에 동화하는 것을 돕기 | 목표/개입 |
|---|---|
| 치: 만약 그 코치를 당신 인생에서 만나지 않았다면 지금 어떻게 됐을까요? | 자기를 돌보는 능력에서 변화가 충분히 동화되고 수용되지 않음 |
| 환: 아마 더 많이 웃었을 겁니다. …… 실제로 요즈음 더 행복감을 느껴요. 나는 너무 피곤해서 운동 센터에 갈 수가 없어요. 그래도 기분이 더 좋고 Jeremy와 같이 카우치에 누워 TV를 보는 걸 즐겨요. 이것이 더 좋은 삶이라는 걸 알아요. 하지만 자부심을 느끼지는 못해요. 정말로 내가 어렵고 힘든 일을 해낼 때 내 자신을 존경할 수 있어요. 참! 그리고 최근에 13kg이나 쪘어요. Jeramy는 내가 더 섹시하다고 말하지만 나는 이 몸무게에 적응할 수 없어요. 물론 이것이 더 건강하다는 걸 알아요. 하지만……. | 새로운 자기 이미지에 대한 갈등 |
| 치: 편안하게 있고 좀 더 먹게 되면 당신이 잃는 것이 무엇인지 좀 찾아볼까요? | 자기돌봄과 취약함 주변에 대한 불안을 탐색하기 |
| 환: 나는 초자연적인 힘을 갖곤 했어요. 아무도 나를 건드릴 수 없지요. 내가 너무 취약하다는 느낌을 느끼고 싶지 않아요. | |
| 치: 완벽주의적인 노력이 당신을 보호했다는 느낌이 듭니다. | 방어의 탐색 그리고 타당화와 공감 |
| 환: 맞아요! 지금 나는 벌거벗은 것 같아요. | |
| 치: 그것이 무엇으로부터 당신을 보호해 준 건가요? | 방어를 탐색 |
| 환: 글쎄요…… 카우치에 누워 있는 것이 아버지를 어떻게 만들었는지 직접 봤어요. | 아버지의 죽음에 대한 불안 |
| 치: 당신이 느끼기에 누가 당신에게 더 많은 것을 준 것 같아요? 따뜻하게 당신을 사랑하는 아버지 혹은 몰아치는 코치……. | 새로운 관점 |
| 환: 당신 말이 맞아요. 비교할 수 없어요. 나는 코치에게 많은 걸 배웠어요. 하지만 그는 내게 너무 많은 상처를 줬어요. | 불안 조절과 자기돌봄에 대한 더 많은 수용 |

일 년 후 치료자는 이 환자와 다시 만났고 그녀가 건강하게 잘 기능하고 있다는 걸 확인했다. "결코 당신이 원하는 만큼 느긋하지는 못해요. 하지만 나는 예전에 그랬던 것처럼 나 자신을 파괴하지 않아요. 나는 나 자신에게 더 연민을 많이 갖게 되었고 스스로를 돌보고 있어요. 그리고 놀랍게도 이것이 다른 사람들을 덜 비난하고 덜 판단하게 하는 것 같아요."

## 초점을 둘 감정을 발견하는 도전으로 돌아가기

이상의 사례들은 C군 성격장애의 문제들로 이어지는 많은 가능한 발달적 패턴(혹은 성격장애)의 몇몇 예에 불과하다. 치료자가 그것을 이해하는 것은 도전이다. 그러나 우리는 경험을 통해 Malan의 두 개의 삼각형으로부터 나온 감정 공포 초점(방어를 확인하고 느낌을 활성화하고 억제적인 느낌을 활성화하는 것)이 그 과정을 간소화할 수 있다는 것을 이해했다. 하나의 감정 공포 초점이 몇 주 내에 행동 개선에 이르게 할 수 없다면 환자와 치료자는 다른 가능한 감정적 원인 혹은 이차 이득을 탐색할 수 있다. 이차 이득은 감정 공포를 크게 보상하게 하고 포기하기 어렵게 한다. 하지만 왜 감정에 초점을 둔 치료가 다른 형태의 것보다 더 좋지 않은가?

초기 연구는 모든 이론적 접근에서 감정 갈등의 해결이 개선과 관련이 있기 때문에 모든 치료 접근이 어느 정도 감정 기능에 영향을 미친다고 제안한다('모두가 이겼고 모두가 상을 받을 수 있다'). 감정 공포라는 것은 매우 보편적이고 높은 안면 타당도를 가지고 있다. 환자들 대부분은 주장하는 것을 두려워하고 슬퍼하는 것도 두려워하고 너무 부끄러워서 그럴 만한 것이라고 느끼지 못한다. 대부분의 치료는 이러한 문제 해결에 초점을 둔다. 그리고 그것이 개선될 때 삶의 기능이 개선된다. 인지치료는 구체적으로 회기에서 정서에 초점을 두지 않을 수 있다. 하지만 인지치료자들은 환자가 새로운 정서적 반응에 노출하도록 하는 과제를 제시한다. 정신역동치료는 정서에 더 크게 초점을 맞춘다. 하지만 강렬하게 회기에서 충분히 작업을 하지 않을 수 있고 노출을 제공하는 과제를 제시하지 않는다. 이러한 것들은 검증 가능한 가설이며 유용한 방법으로 그것을 검증할 수 있다.

C군 성격장애 환자는 관계에서 황폐해져 있고 삶의 여유를 잃었고 생애 동안 고통을 경험한다. 만약 감정 공포 접근이 수십 년보다는 몇 주 혹은 몇 달 내에 이러한 고통을 감소시키는 데 가능성을 제공한다면, 우리는 그 방법에 주목할 만하다고 본다.

## 핵심적 임상 개념

- C군 성격장애는 일반적 표본에서 그리고 외래 임상 현장에서 가장 보편적인 성격장애이다.
- C군 성격장애는 종종 두려움이라고 불리는 공통적인 차원을 공유하며 함께 묶인다. 즉, 회피성 성격장애에서는 부정적 평가에 대한 두려움, 의존성 성격장애에서는 분리에 대한 두려움, 강박성 성격장애에서는 개인적 그리고 대인관계적인 통제를 잃는 것에 대한 두려움이다.
- 단기 정신역동치료가 효과적이고 환자들이 시간에 걸쳐 치료 성과를 유지할 수 있다는 경험적 증거가 많아지고 있다.
- 각 성격장애 기저의 감정 갈등이 그 갈등을 둔감화하기 위해 치료에서 확인되고 초점이 맞춰져야 한다. 감정을 활성화하는 것은 강화되어야 하고 억제 감정은 조절되어야 한다.
- 핵심 감정에 대한 노출은 둔감화를 위해 신체에서 경험되어야 한다. 감정의 생리적인 각성이 감정 공포에 가장 크게 기여하기 때문이다. 하지만 비디오 자료를 통해 감정을 코딩해 보면 치료자들이 종종 신체적 경험에서 노출을 빠뜨린다는 것을 있다는 것을 알 수 있다(즉, 느낌을 말하지만 느껴지지 않는다). 그래서 환자가 갈등이 되는 느낌을 충분히 둔감하지 못한다.

## 추천 도서


Benjamin LS: Interpersonal Diagnosis and Treatment of Personality Disorders, 2nd Edition. New York, Guilford, 2003. [성격장애의 깊은 이해를 전달한다. 정신내적 영향뿐만 아니라 자기와 타인 간에 이루어지는 행동의 상호작용 특성에 기반을 두고 있다.]

McCullough L, Kaplan A, Kuhn N, et al: Treating Affect Phobias: A Manual for Short Term Dynamic Psychotherapy. New York, Guilford, 2003. [단기 역동치료의 감정공포모델을 위한 치료 매뉴얼이다. 12장으로 구성되어 있으며 기초가 되는 이론과 치료 개입을 기술하고 있다. 각 장의 마지막 부분에는 기술습득을 위해 연습문제를 실었다.]

McCullough Vaillant L: Changing Character: Short-Term Anxiety-Regulating Psychotherapy for Restructuring Defenses, Affects and Attachments. New York, Basic Books, 1997. [단기역동치료의 이론과 배경에 대한 깊은 논의를 실었다. 정신역동이론과 Tomkins의 감정이론 그리고 학습이론에서 말하는 변화의 원칙을 통합하고 있다. 치료의 세 가지 목표에 관한 기술로 구성되어 있는데, 개입의 예를 담은 축어록이 실려 있다.]

# 참고문헌

Alnaes R, Torgersen S: DSM-III symptom disorders (Axis I) and personality disorders (Axis II) in an outpatient population. Acta Psychiatr Scand 78:348-355, 1988

American Psychiatric Association: Diagnostic and Statistical Manual of Mental Disorders, 3rd Edition. Washington, DC, American Psychiatric Association, 1980

American Psychiatric Association: Diagnostic and Statistical Manual of Mental Disorders, 3rd Edition, Revised. Washington, DC, American Psychiatric Association, 1987

American Psychiatric Association: Diagnostic and Statistical Manual of Mental Disorders, 4th Edition. Washington, DC, American Psychiatric Association, 1994

American Psychiatric Association: Diagnostic and Statistical Manual of Mental Disorders, 4th Edition, Text Revision. Washington, DC, American Psychiatric Association, 2000

Barber JP, Morse JQ, Krakauer ID, et al: Change in obsessive-compulsive and avoidant personality disorders following time-limited supportive-expressive therapy. Psychotherapy 34:133-143, 1997

Bartholomew K, Kwong MJ, Hart SD: Attachment, in Handbook of Personality Disorders: Theory, Research, and Treatment. Edited by Livesley WJ. New York, Guilford, 2001, pp 196-230

Beck AT, Freeman A: Cognitive Therapy for Personality Disorders. New York, Guilford, 1990

Benjamin LS: Interpersonal Diagnosis and Treatment of Personality Disorders, 2nd Edition. New York, Guilford, 2003

Bornstein RF: The Dependent Patient: A Practitioner's Guide. Washington, DC, American Psychological Association, 2005

Davanloo H (ed): Short-Term Dynamic Psychotherapy. New York, Jason Aronson, 1980

Davanloo H: The technique of unlocking of the unconscious. Part I. International Journal of Short-Term Psychotherapy 3:99-121, 1988

Emmelkamp P, Bourman T, Scholing A: Anxiety Disorders. Chichester, UK, Wiley, 1992

Emmelkamp PM, Benner A, Kuipers A, et al: Comparison of brief dynamic and cognitive-behavioural therapies in avoidant personality disorder. Br J Psychiatry 189:60-64, 2006

Fossati A, Beauchaine TP, Grazioli F, et al: Confirmatory factor analyses of DSMIV Cluster C personality disorder criteria. J Pers Disord 20:186-203, 2006

Grilo CM, Shea MT, Sanislow CA, et al: Two-year stability and change of schizotypal, borderline, avoidant, and obsessive-compulsive personality disorders. J Consult Clin Psychol 72:767-775, 2004

Hardy GE, Barkham M, Shapiro DA, et al: Impact of Cluster C personality disorders on outcomes of contrasting brief psychotherapies for depression. J Consult Clin Psychol 63:997-1004, 1995

Hobson RF: Forms of Feelings: The Heart of Psychotherapy. London, Tavistock, 1985

Hummelen B, Wilberg T, Pedersen G, et al: The relationship between avoidant personality disorder and social phobia. Compr Psychiatry 48:348-356, 2007

Hummelen B, Wilberg T, Pedersen G, et al: The quality of the DSM-IV obsessive-compulsive personality disorder construct as a prototype category. J Nerv Ment Dis 196:446-455, 2008

Lenzenweger MF, Johnson MD, Willett JB: Individual growth curve analysis illuminates stability and change in personality disorder features: the longitudinal study of personality disorders. Arch Gen Psychiatry 61:1015-1024, 2004

Livesley WJ, Schroeder ML, Jackson DN: Dependent personality disorder and attachment problems. J Pers Disord 4:131-140, 1990

Luborsky L: Principles of Psychoanalytic Psychotherapy: A Manual for Supportive-Expressive Treatment. New York, Basic Books, 1984

Malan DM: A Study of Brief Psychotherapy. New York, Plenum, 1963

Malan DM: Individual Psychotherapy and the Science of Psychodynamics. London, Heinemann-Butterworth Press, 1979

Massion AO, Dyck IR, Shea MT, et al: Personality disorders and time to remission in generalized anxiety disorder, social phobia, and panic disorder. Arch Gen Psychiatry 59:434-440, 2002

McCullough L: Davanloo's short-term dynamic psychotherapy: a cross-theoretical analysis of change mechanisms, in How People Change: Inside and Outside of Therapy. Edited by Curtis RC, Stricker G. New York, Plenum, 1991, pp 59-79

McCullough L: Short-term psychodynamic therapy as a form of desensitization: treating affect phobias. In Session: Psychotherapy in Practice 4:35-53, 1999

McCullough L, Andrews S: Assimilative integration: short-term dynamic psychotherapy for treating affect phobias. Clinical Psychology: Research and Practice 8:82-91, 2001

McCullough L, McGill M: Affect-focused short-term dynamic therapy: empirically-supported strategies for resolving affect phobias, in Evidence-based Psychodynamic Psychotherapy. Edited by Levy R, Ablon S (Clinical Currents in Psychiatry; Rosenbaum J, series ed.). New York, Humana, 2009, pp 249-277

McCullough L, Kuhn N, Andrews S, et al: Treating Affect Phobia: A Manual for Short-Term Dynamic Psychotherapy. New York, Guilford, 2003

McCullough-Vaillant L: The next step in short-term dynamic psychotherapy: a clarification of objectives and techniques in an anxiety-regulating model. Psychotherapy 31:642-

654, 1994

McCullough-Vaillant LM: Changing Character. New York, Basic Books, 1997

McGlashan TH, Grilo CM, Sanislow CA, et al: Two-year prevalence and stability of individual DSM-IV criteria for schizotypal, borderline, avoidant, and obsessive-compulsive personality disorders: toward a hybrid model of Axis II disorders. Am J Psychiatry 162:883-889, 2005

Millon T, Davis RD, Millon CM: Disorders of Personality: DSM-IV and Beyond. New York, Wiley, 1996

Oldham JM, Skodol AE, Kellman HD, et al: Comorbidity of Axis I and Axis II disorders. Am J Psychiatry 152:571-578, 1995

PDM Task Force: Psychodynamic Diagnostic Manual (PDM). Silver Spring, MD, Alliance of Psychoanalytic Organizations, 2006

Reich W: Character Analysis. New York, Farrar, Straus & Giroux, 1933

Rosenthal R: Meta-Analytic Procedures for Social Research. Beverly Hills, CA, Sage, 1984

Shea MT, Stout R, Gunderson J, et al: Short-term diagnostic stability of schizotypal, borderline, avoidant, and obsessive-compulsive personality disorders. Am J Psychiatry 159:2036-2041, 2002

Stuart S, Pfohl B, Battaglia M, et al: The cooccurrence of DSM-III-R personality disorders. J Pers Disord 12:302-315, 1998

Svartberg M, Stiles TC, Seltzer MH: Randomized, controlled trial of the effectiveness of short-term dynamic psychotherapy and cognitive therapy for Cluster C personality disorders. Am J Psychiatry 161:810-817, 2004

Torgersen S, Kringlen E, Cramer V: The prevalence of personality disorders in a community sample. Arch Gen Psychiatry 58:590-596, 2001

Vinnars B, Barber JP, Noren K, et al: Manualized supportive-expressive psychotherapy versus nonmanualized community-delivered psychodynamic therapy for patients with personality disorders: bridging efficacy and effectiveness. Am J Psychiatry 162:1933-1940, 2005

Winston A, McCullough L, Trujillo M, et al: Brief psychotherapy of personality disorders. J Nerv Ment Dis 179:188-193, 1991

Winston A, Laikin M, Pollack J, et al: Short-term dynamic psychotherapy of personality disorders. Am J Psychiatry 151:190-194, 1994

Zimmerman M, Rothschild L, Chelminski I: The prevalence of DSM-IV personality disorders in psychiatric outpatients. Am J Psychiatry 162:1911-1918, 2005

# 제13장
# 주간치료와 입원환경을 통합한 정신역동 접근

William E. Piper, Ph.D.
Paul L. Steinberg, M.D., F.R.C.P.C

이 장에서는 성격장애 환자를 위한 정신역동적 주간치료에 주로 초점을 둔다. 주간치료의 전 단계로서 또는 주간치료 동안 심각하게 퇴행한 환자를 위한 치료적 출구로서 정신역동적 입원치료는 이제까지 고려가 부족했다. 정신병리를 보이는 사람들 사이에서 성격장애는 장기간 손상을 보이는 가장 중요한 장애로 수많은 문헌(이 책에서 충분히 인용된)에 기록되어 있다(Merikangas & Weissman, 1986). 성격장애를 돌보는 데 드는 비용은 무직 상태, 물질 남용, 입원, 자살, 부부 갈등, 가족 불화의 정도와 관계가 있다(Pilkonis et al., 1999). 성격장애를 가진 개인은 건강 서비스와 사회적 서비스의 소비자이다(Bender et al., 2001). 성격장애와 관련된 문제가 본질적으로 대인관계와 연관되기 때문에, 환자 자신뿐만 아니라 많은 사람(예: 가족, 친구, 직장 동료)이 대가를 치르게 된다. 의미 있는 타인들은 종종 성격장애 개인을 돕는 데 상당한 시간과 자원을 쏟아붓는다. 불행히도, 의미 있는 타인의 이러한 노력은 좌절로 돌아오고, 오직 관계에서 또 다른 갈등만 야기한다.

성격장애로 진단받은 환자 자신과 그들과 상호작용하는 타인들은 성격장애의 특성으로 인해 모두 힘들어한다. 이러한 성격장애의 특성은 고정적이고 유연성이 결여되어 있으며 변화하기 어렵기 때문에 치료하기도 어렵다. 성격장애의 개입에 있어 그리고 문제가 되는 다양한 특성을 교정하는 데 있어 어떠한 하나의 치료법이 강조될 수 없다. 한 성격장애의 진단 기준에 부합하는 다수의 환자는 또한 다른 성격장애의 진단 기준을 충족할 수 있다(Dolan et al., 1995). 성격장애 환자들은 종종 한 가지 이상의 축 I 장애의 기준을 충족시킨다. 따라서 임상가는 공존장애를 치료할 수 있어야 하며, 어떤 장애부터 우선적으로 다룰 것인지를 결정해야 하는 중대한 과업을 자수 마주하게 된다.

## 용어

성격장애 환자는 광범위한 공존장애를 가지고 있기 때문에, 다양하고 집중적인 개입이 필요하다. Gunderson 등(2005)은 성격장애 환자를 위한 돌봄의 강도를 네 가지 수준으로 구별했다. 여기서 돌봄의 강도는 주로 환자가 받는 치료시간으로 정의된다. 최소한의 집중치료인 외래 환자 돌봄은 일주일에 1~5시간 이루어진다. 다음으로, 집중적 외래환자 돌봄은 통합치료로 일주일에 3~6시간 동안 이루어진다. 그다음으로 주간치료를 들 수 있는데, 하루에 2~8시간, 일주일에 3~5일로 거의 집단치료로 진행된다. 마지막으로, 입원(하루에 24시간)은 가장 집중적인 돌봄의 형태이다.

Gunderson 등(2005)은 환자를 위한 최선의 돌봄은 '효과가 있으나 가장 덜 집중적인 치료'라고 보았다. 이러한 원칙에 따르면 환자는 자신의 자원에 의지하고, 구체적 문제의 도전에 대해 (치료에서 얻은 것을) 일반화하고, 퇴행 행동을 하지 않도록 격려받는다. 누군가는 외래 환자 돌봄(정기적 또는 집중적)이 주간치료나 입원 돌봄에 대한 대안치료의 역할을 할 것이라고 예상할 수 있다. 이 견해는 옳다. 하지만 주간치료에 참여한 대부분의 환자는 이전에 한 번 혹은 그 이상의 성공하지 못한 외래 치료 경험을 가지고 있는 것 또한 사실이다. 불행히도, 많은 환자는 몇 개월 또는 몇 년 동안 지속되는 외래 환자 돌봄에서 의미 있고 지속적인 긍정적 변화에 이르지 못했다. 따라서 주간치료 과정이 제안된다.

문헌을 살펴보면, 주간치료 프로그램에 의뢰된 환자가 느끼는 어려움은 주간치료 프로그램이 너무 다양하다는 점이다. 즉, 하루당, 주당 할당되는 프로그램 시간, 환자들이 경험하는 활동 유형(치료와 비치료), 제공되는 지지와 직면 정도, 프로그램이 지향하는 이론 등이 다양하다는 의미이다. 환자를 주간치료에 의뢰하는 사람은 어떤 환자에게는 아주 위협이 될 수 있는 프로그램의 특징(예: 집단에 매일 참여)을 잘 모를 수 있다. 프로그램마다 다양한 특성이 있기 때문에, 의뢰한 환자가 참여하게 될 프로그램의 특징에 관해 의뢰하는 기관이나 치료자에게 신중하게 알리는 것이 필요하다. 이렇게 의뢰 시 환자가 참여하게 될 프로그램에 대해서 잘 알고 있으면 환자가 기대할 수 있는 것을 준비시키는 데 도움을 줄 수 있다.

주간치료 프로그램의 특성을 이해하는 데 방해가 되는 또 다른 부분은 **주간치료**(day treatment)와 유사하지만 다른 환자들을 대상으로 하는 프로그램을 언급하는 다른 용어들이다. 이 추가적인 용어가 문헌에서 언급되는데, 예를 들어 **주간 입원**(day hospital), **주간 돌봄**(day care), **부분 입원**(partial hospitalization)이 있다. 혼동을 피하기 위해 우리는 다음과 같이 구별하고자 한다. **주간 입원**(day hospital)은 주간치료 프로그램과 달리 주로 급성 질환에 초점을 맞춘다. 이런 경우, 주간 입원이 아니라면 입원을 해서 치료를 받아야 하는 개인(예: 보상받지 못하는 경계선 성격장애자)에게 적절하며, 입원 환자에서 외래 환자 돌봄으로 이행하는 환자들을 도울 수 있다. **주간 돌봄**(day care) 프로그램은 정신증 같은 만성 정신장애를 가진 환자의 안정성을 유지하는 데 주로 초점을 두고 있다. 이런 프로그램에서 치료는 비교적 작은 역할을 담당한다. **부분 입원**(partial hospitalization)이라는 용어는 현재 고려 중인 이러한 집중적 프로그램(주간치료, 주간 입원, 주간 돌봄) 중 어떤 것을 언급하기 위해 사용된다. 하지만 그것은 24시간 입원의 형태가 아니기 때문에 유용한 개념이라고 볼 수 없다. 더구나 주간치료 프로그램은 환자의 성공적인 치료와 재활을 위해 노력하면서 목표부터 다르다. 주간치료 프로그램은 성격장애를 치료하는 데 유일한 장점을 가지고 있는 것으로 보인다. 주간치료 프로그램은 안정된 치료환경 내에서 집중 서비스를 제공할 수 있다.

## 정신역동적 토대

이 장에 기술되어 있는 모든 프로그램은 정신역동이론을 치료 접근의 개념적 토대로 사용한다. 정신역동이론은 기본 개념과 과정에 관한 체계(한 개념이 다른 개념과 어떻게 연관되는지를 보여 줌)를 가지고 있다. 정신역동이론은 Sigmund Freud로부터 시작해서 그의 동료들이나 초기 인물들을 따르며 이론의 다양한 측면을 계속해서 정제하고 발달시킨 사람들에게 기원을 갖고 있다. 정신역동적 개념의 예로는 마음 구조(예:

원초아, 자아, 초자아), 목표 지향적 행동, 무의식을 들 수 있다. 정신역동적 과정의 예로는 마음의 기능(예: 소망 성취, 전이, 저항)과 갈등 해결을 들 수 있다. 일반적인 정신역동 이론 내에는 성장하고 있는 많은 정신역동 학파가 있으며, 이러한 학파 간의 구별이 가능하다. 정신역동 학파들은 어떤 기본 개념과 과정을 얼마나 강조하느냐에 따라서 다르다. 또한 정신역동 학파들은 기본 개념과 과정에서 강조하는 부분이 다를 뿐만 아니라 그들이 소개했던 추가적인 개념과 과정 측면에서도 다르다. 정신역동 학파들은 추동심리학, 자아심리학, 대상관계심리학, 자기심리학, 관계심리학, 애착심리학의 개념을 사용한다. 따라서 주간치료 접근은 이러한 기본적인 정신역동적 개념과 과정 그리고 각 정신역동 학파들의 고유한 개념과 과정에 근원을 두고 있다. 또한 주간치료 접근은 집단치료, 환경치료, 체계이론, 생물학적 정신의학과 연관된 개념과 과정에도 토대를 두고 있다. 정신역동의 개념과 여러 정신역동 학파에 관한 내용은 Piper 등(2002)과 Yeomans 등(2005)이 명료하게 기술하고 있다.

주간치료 프로그램은 치료의 일부로서 개인심리치료를 포함시킬 수도 있고 포함시키지 않을 수도 있다. 환자의 관점에서 보면 주간치료가 시간 제한적일 수도 있고 아닐 수도 있다. 만약 시간 제한 프로그램이라면 환자는 프로그램을 시작하고 일정 기간 후(예: 18개월)에 종결하게 된다. 어떤 시간 제한적 프로그램은 환자가 거쳐야 하는 구체적 단계에 대해서 자세히 기술한다(Piper et al., 1996). 환자에게 제공되는 특정집단치료가 치료의 각 단계에서 적절한 문제를 다루기 위해 선택된다(예: 주간치료 종결 직전에 퇴원 준비 집단치료).

## 집단치료의 힘

주간치료 프로그램에서 개인치료는 선택이지만 집단치료는 그렇지 않다. 대부분의 환자는 언제나 다양한 치료 집단에 참여한다. 집단치료는 또래 압력처럼 강렬한 변화의 힘을 동원할 수 있다. 집단치료는 종종 사회의 축소판이라고 불린다(Yalom & Leszcz, 2005). 집단치료는 치료에 참여하도록 환자에게 사회적 압력을 상당히 가할 수 있다. 집단치료는 종종 각 환자의 전형적인 부적응 행동을 불러일으킬 수 있다. 집단치료 상황에서 환자는 다른 환자들을 관찰하고, 피드백을 제공하며, 변화를 위한 제안을 줄 수 있다. 또한 환자는 적응적 행동을 연습할 수 있다. 이러한 전 과정을 대인관계적 학습(Interpersonal Learning)이라고 명명한다. 어떤 환자들은 관찰과 모방을 통해서 그리고 단순히 그들과 유사한 어려움을 가진 환자를 보면서(보편성), 타인의 문제를 도와주면서(이타주의) 배울 수 있다. 이런 과정은 강렬한 치료요인으로 간주된다(Yalom & Leszcz, 2005). 집단치료를 강력한 치료로 만드는 데 기여하는 여러 요인이 있다. 첫째, 환자는 매일 여러 다양한 집단치료에 참여한다. 둘째, 집단치료는 크기, 구조, 목표, 절차 면에서 다양하다. 즉, 집단치료는 포괄적인 접근이다. 셋째, 다양한 집단치료는 통합되며 상승 효과가 있다. 넷째, 환자는 다양한 치료진과 다른 환자들로부터 이득을 얻는다.

## 치료 공동체의 특성

주간치료가 잘 운영된다면(즉, 환자들이 작업에서 성과를 얻는다면), 프로그램은 전형적인 치료 공동체 또는 환경치료의 특성을 띠게 된다. Rapoport(1980)는 전형적인 치료 공동체의 특성을 조명했는데, 민주주의, 관대함, 공동체주의, 현실 직면이 포함된다. 이러한 특성은 집단 응집력을 강화시키고 환자가 회기를 빠지거나 중도 탈락 없이 어려운 치료 기간을 견딜 수 있도록 돕는다. 민주주의란 각 환자가 프로그램에 관한 의사결정을 하는 데 있어서 동등하게 권력을 공유한다는 의미이다. 관대함이란 환자가 프로그램에 있는 다른 환자들의 행동에 대해서 폭넓게 인내해야 한다는 뜻이다. 공동체주의란 프로그램을 통해 환자들 간 유대가 긴밀하고 친밀한 관계가 특징적이어야 한다는 것을 뜻한다. 현실 직면은 환자가 프로그램에서 타인에게 어떻게 보이는지를 감안하여 그들의 행동에 대해 계속해서 해석을 해야 한다는 의미이다.

체계이론(System Theory)은 프로그램을 하나의 전체 유기체적 실체로 간주하는 일련의 가정과 개념으로, 집단치료가 위계적 수준의 집단으로 구성되어 있다고 본다(E. J. Miller & Rice, 1967; J. G. Miller, 1978). 생물학적 정신의학 측면은 프로그램에서 환자의 신체 상태에 관심을 가지는 것으로 주로 약물치료가 해당된다. 주간치료 프로그램에 참여하고 있는 대부분의 환자는 일반적으로 약물치료(예: 항우울제)를 병행한다.

정신역동적 주간치료 프로그램이 임상적으로 강한 지지를 받더라도, 이러한 프로그램의 효율성과 효과성을 입증해 줄 연구 증거는 부족하다. 우리는 무선 임상 실험 설계와 방법론을 사용한 두 가지 연구만을 발견할 수 있었다.

## 성과 연구

Bateman과 Fonagy(1999)는 경계선 성격장애 환자를 위한 주간치료 프로그램을 대상으로 무선 임상 실험 결과를 보고했다. 그들은 정신분석적인 주간치료 프로그램(후에 정신화 기반 치료로 개념화되었다; Bateman & Fonagy, 2006)과 전형적인 정신과적 돌봄 프로그램 간의 치료 효과를 비교했다. 주간치료 프로그램은 정신분석적 개인심리치료(주 1회), 집단 분석심리치료(주 3회), 표현심리치료인 사이코드라마(주 1회), 공동체 모임(주 1회)으로 구성된다. 치료 구성 그리고 환자와 치료진의 비공식적인 접촉은 경계선 성격장애에 대한 정신역동적 모델에 따라 구성되었다. 여기서 경계선 성격장애는 애착, 분리에 대한 감내, 타인의 입장에서 고려할 수 있는 능력에서 장애가 있는 것이 특징이다. 환자에 따라서 하루에 5시간에서 최대 18개월까지 주간치료에 참여한다. 주간치료 프로그램은 30명의 환자까지 참여할 수 있다. 전형적인 정신과 돌봄 프로그램의 경우 약물치료, 필요시 정신과 의사와의 면담(평균적으로 한 달에 두 번), 필요시 입원 승인(승인율 90%, 평균 체류 기간 11.6일), 문제 해결에 초점을 둔 정신과 부분 입원(표본의 72%가 부분 입원, 평균 체류 기간 6개월) 그리고 퇴원 후 공동체 추수 작업(2주마다)으로 구성된다.

경계선 성격장애 44명은 주간치료 또는 전형적인 정신과 돌봄 프로그램에 무작위로 배정되었다. 치료 성과는 우울, 불안, 일반적 증상의 고통, 대인관계 기능, 사회적 적응에 관한 자기보고뿐만 아니라 자살 시도 및 자해 행동의 빈도, 입원 승인의 횟수와 지속 기간 그리고 정신과적 약물 복용(즉, 약물 필요성)을 측정하였다.

주간치료 프로그램에 참여한 환자들은 모든 측정 항목에서 의미 있는 향상을 보였다. 반면, 전형적인 정신과 돌봄 프로그램에서는 똑같은 기간에 제한된 변화를 보였고 심지어 똑같은 기간에 악화되기도 했다. 주간치료 프로그램에서의 향상은 치료를 시작한 지 6개월 후부터 보였으며 18개월인 치료 종결 시점까지 유지되었다. Bateman과 Fonagy(1999)는 경계선 성격장애 환자의 경우 정신분석적 주간치료가 전형적인 정신과 돌봄 프로그램보다 더 적절하고, 입원 환자에게 비용 대비 더 효율적인 대안이 될 수 있으며, 이들을 위한 일반적인 정신의학적 치료가 될 수 있다고 결론 내렸다.

Bateman과 Fonagy(2008)는 1999년에 수행된 연구에 참여한 환자를 대상으로 추후 연구를 진행했다. 초기 사정이 이루어진 8년 후에 사정이 이루어졌고, 치료도 재개되었다. 그들은 부분 입원치료에서 실시되는 정신화 기반 치료를 통해 자살, 진단 상태, 서비스 이용, 약물 복용, 전반적 기능, 직업 상태에서 지속적으로 호전되었음을 발견했다. 즉, 8년 후 다시 정신화 기반 치료를 실시한 결과 통상적 치료보다 더 향상을 보여 주었다.

우리는 또한 주간치료 프로그램의 효과를 살펴보기 위해 통제된 실험방법을 사용하여 연구를 진행하였다(Piper et al., 1993). Bateman과 Fonagy의 연구처럼, 이전 연구의 문제점(예: 작은 표본, 무선 할당 결여, 표준화된 성과 측정 결여, 빈약하게 정의된 프로그램)을 해결하기 위해 노력했다. 우리는 기분장애와 성격장애를 가진 정신과 퇴원 환자를 대상으로 주간치료 프로그램의 효과를 검토하기 위해서 무선 처치 집단과 통제(지연된 처치) 집단을 사용한 실험 설계법을 사용했다.

참여한 환자들은 60명씩 처치 조건과 통제 조건에 무작위로 할당되었다. 120명의 환자 중 60%는 성격장애 환자였고 DSM-Ⅲ-R(American Psychiatric Association, 1987)에서 가장 빈번하게 진단되는 축 II 진단인 의존성 성격장애와 경계선 성격장애가 대부분이었다. 프로그램은 시간 제한적이며(18주), 정신역동적인 집단치료를 진행했다. 프로그램에 참여할 것을 허락한 환자들은 하루에 7시간씩, 일주일에 4.5일 치료에 참여했다. 프로그램은 대단위 집단으로 운영되며, 심리치료, 역할극, 텔레비전 피드백, 기술 훈련, 동료 리더가 포함된다. 게다가 모든 환자는 매주 사회적 여가활동에 참여하며 일부는 학업 또는 직업 훈련 집단에 참여하기도 한다. 어떠한 개인치료도 제공되지 않는다. 프로그램은 한 번에 40명의 환자가 참여하도록 고안되었다. 여러 영역에서 치료 성과가 측정되는데, 대인관계 기능, 정신병리적 증상, 자기존중감, 삶의 만족도, 방어적인 기능, 성격 목표 등이 포함된다. 평가는 치료 전과 후에 실시되며, 평균적으로 치료 8개월 후 추후 평가가 진행된다.

치료를 받았던 환자들은 통제 집단보다 7개의 성과변인(사회적 역기능, 가족 역기능, 대인관계적 행동, 기분 수준, 삶의 만족도, 자기존중감, 성격 목표와 관련된 문제의 심각성)에서 의미 있는 긍정적 성과를 보여 주었다. 이러한 성과는 약물 복용으로 설명될 수 없다. 각 진단에 속하는 환자들의 수가 적었기 때문에 성격장애 범주별로 분석이 진행되지는 않았다. 치료 성과는 치료 종결 8개월 후에도 유지되었다. 전반적으로 이 연구는 성격장애와 관련된 심각한 어려움을 나타내는 환자들에게 집중적인 주간치료 프로그램의 효과성을 지지해 주었다.

Wilberg 등(1998)은 성격장애 환자를 위한 주간치료 프로그램에 대한 포괄적인 연구를 진행했다. 이 연구는 자연적 상태로 이루어졌고 무선 임상 실험방법으로 행해지지 않았다. 연구 참여자는 183명으로 주간치료 프로그램에 참여한다고 동의를 받은 참여자들이다. 이러한 환자의 80%는 성격장애로 진단을 받았고 가장 빈도 높은 성격장애는 경계선 성격장애와 회피형 성격장애이다. 18주 프로그램은 24명까지 참여 가능했으며 정신분석 집단치료와 인지행동 집단치료가 진행되었다. 환자들은 하루에 5시간씩 일주일에 5회 참석했다. 총 138명의 환자가 프로그램을 완수했다. 성과변인은 건강 또는 질병 상태, 일반적인 정신과 증상, 무직, 사회적 고립, 자살 시도가 포함되었다. 일부 성과변인의 향상은 치료 기간이 마무리된 이후에도 나타났다. 1년 후 추수 연구를 보면(Wilberg et al., 1999), 환자들이 추수 기간 동안에도 개선이 유지되었다. 연구자들은 또한 주간치료를 마친 후에 외래 환자 집단치료에 참여한 환자들이 그렇지 않은 환자보다 더 좋은 성과를 보인 점을 발견했다(Wilberg et al., 2003).

## 사례 연구

Edmonton 주간치료 프로그램에 참여했던 두 환자의 사례를 소개하려고 한다. 한 환자는 성공적인 성과를 보여 주었고, 또 다른 환자는 치료를 통해서 호전을 보이지 못했다.

### M씨 사례

이 사례는 Edmonton 주간치료 프로그램(Edmonton Day Treatment Program)에 참여했던, 전형적인 치료하기에 '어려운' 환자의 사례이다. 환자의 익명성을 보장하였으며 사례에 대한 특정 정보는 여러 환자로부터 취합하여 구성하였다.

#### 배경

M씨는 41세 남성으로 무직 상태이다. 약물을 남용하며 사실혼 동거인과 살고 있다. 그는 스스로에게 총을 쏠 거라고 말해서 지역 응급실에 오게 되었다. 그는 만성적인 문제들이 있으며 최근에 문제를 촉발하는 사건에 직면하게 되었다. 약물 남용과 금융 부채는 심각했다. 음주 운전으로 운전면허증이 취소되었으며 파트너도 떠날 거라

고 위협을 하고 있는 상황에 처해 있다. 이런 문제로 그가 불안해 하고 우울한 것은 놀라울 일이 아니다. M씨는 과거에도 이러한 문제 때문에 여러 번 상담을 받았다. 하지만 그때마다 그는 치료적 관계를 유지할 수 없었으며 현재도 치료를 받지 않고 있다. 이러한 상황에서 그는 정신과적 평가에 의해서 비자발적으로 성인 정신과 돌봄 프로그램에 참여하게 되었다.

### 입원환경에서 M씨의 행동

입원 환자의 경우 공식적 정신역동치료를 받지 않는다. 그러나 주간치료 프로그램에서는 정신역동이론이 개개인의 환자와 집단치료에 대한 이해와 방향을 정립하는 데 토대가 된다(Shur, 1994; Stanton & Schwartz, 1954).

치료를 시작한 지 며칠 동안, M씨는 그의 증상을 위해 약물을 처방해 달라고 매우 요구적이었다. 어떤 때는 위협적인 행동을 하거나 어떤 때는 약물 카트에서 약을 훔쳐서 자신만 아는 곳에 약을 숨겨 두기도 했다. 그는 끊임없이 특별한 요구를 했으며, 치료진이 자신의 요구를 해결해 주는지를 시험했다. 치료진은 그가 여성 환자에게 특히 음탕하게 굴며, 시비를 걸고, 적대적으로 대하는 것을 주목했다. 그러나 M씨는 정작 여성 환자들이 그를 보면 뒤로 물러서거나 그가 가까이 가면 불편해 한다는 것을 전혀 인식하지 못했다. 이러한 공격성에도 불구하고, 그는 치료진으로부터 동정을 얻는 데는 성공했다. 치료진은 그를 상처 입은 아픈 사람으로 보았다. 치료진은 그의 행동에 대해 엇갈린 평가를 내놓았는데 이것이 이러한 환자들의 공통된 특징이기도 하다.

입원환자실은 정신역동적인 지지적 집단치료를 운영한다. M씨가 약물을 숨겨 둔 그다음 날에 집단 리더팀(M씨에게 관심을 가진 환자들과 치료진으로 구성)은 그에게 이 사실을 알렸다. 일부 환자는 M씨의 행동에 대해 부정적인 언급을 했고, 일부 환자는 M씨가 두렵다고 덧붙였다. 그는 환자들의 이러한 피드백에 순간적으로 영향을 받는 것처럼 보였으나 이내 묵살했다. 하지만 그는 Q부인의 말에는 예외적으로 반응했다. 즉, Q부인은 그보다 스무 살 많았으며, 아들이 약물 남용자라고 말했다. 그녀는 아들에게 좋은 엄마가 아니었다고 말했다. 그녀는 눈물을 흘리면서 M씨에게 그가 사회의 밑바닥이 되기를 원하지 않으며, 결국 아들은 약물 복용으로 죽었다고 말했다. 결국 M씨는 Q부인 말에 감동을 받았다.

M씨는 6일 후에 강제 입원에서 해제되었다. 그는 총 13일을 입원해 있었다. 퇴원 후 그는 건강해 보였고, 2주 이상 불법 약물을 남용하지 않았다. 정신과 의사는 주간치

료 프로그램에 M씨를 의뢰했다. 그는 마지못해 수용했지만 프로그램의 효과에 대해서는 회의적이었다. 주간치료 프로그램에 의뢰한 정신과 의사는 집중적인 치료를 받지 않으면 M씨의 자기파괴적 행동이 재발될 것으로 믿었다. M씨의 퇴원 진단명은 성격장애였으며, 자기애적, 경계선, 반사회적 특질을 보인다고 기록되어 있다.

### 주간치료 환경에서 M씨의 행동

주간치료 치료진이 M씨에게 설명하듯이, 주간치료 프로그램에 참여한다는 것은 그가 음주 및 알코올을 금하며, 불법 약물 사용과 위협적이거나 폭력적인 행동을 하지 않는다는 것을 의미한다. 이러한 기본 규칙을 어겼을 때는 프로그램에서 퇴출된다. M씨는 이러한 기본 규칙에 대해 동의했지만, 이런 조건에 대해서는 별로 주의를 기울이지 않았다. 주간치료 프로그램의 전체 치료진은 환자의 이러한 승인 과정에 참여하게 되는데, 이는 치료진이 환자의 행동 문제에 적응하고 역전이 반응을 다루도록 돕기 위해서이다.

첫 주에 M씨는 집단치료에서 한바탕 분노를 터뜨려 화를 조절하기 위한 쿼티아핀 약물을 처방받았다. 셋째 주에 그는 아침에 지각을 했으며, 얼굴은 면도도 안 하고, 부스스해 보였으며, 멍이 들어 있고 상처가 나 있었다. 전날 밤 술을 먹고 누군가와 싸운 흔적이었다. 치료진은 왜 이런 일이 일어났는지 물었다. M씨는 치료진에게 자기 일이니 상관하지 말라는 투로 대답했다. 이 프로그램에 16주 참여하고 있는 28세의 P씨는 M씨와 마주했다. P씨는 다른 환자들에게 자신이 음주와 폭행에 관한 과거력이 있고, 이제까지 이런 문제의 심각성을 회피하고 있었다고 했다. P씨는 주간치료 프로그램을 통해 이러한 행동이 왜 촉발되었는지 이해했고 그것을 어떻게 조절하는지를 배웠다고 말했다. 해결책 중 하나는 화를 나게 한 사람과 직접적으로 직면하여 차분한 방식으로 이 문제를 논의하는 것을 배우는 것이라고 했다. P씨는 M씨처럼 그런 일탈 행동으로 인해 퇴출되는 환자를 봤다고 말했다. M씨는 치료진에게 자신이 퇴출될 것인지 물었다. 치료진과의 자문 후에, 프로그램 담당 정신과 의사는 M씨에게 그의 행동의 심각성과 파괴성을 인지하고 진심으로 그런 행동을 그만둔다면 주간치료 프로그램에 남는 것을 허락한다고 알렸다. M씨는 이에 동의했다.

소집단치료 회기를 하는 동안, M씨는 음주와 폭행이 왜 촉발되는지에 관해 다시 질문을 받았다. 그는 모른다는 식으로 역시 질문을 회피했다. S양은 25세 환자로 M씨에게 이전에 있었던 소집단 회기를 상기시켜 주었다. 즉, S양을 포함해서 여러 환자는 그에게 타인에 대한 관심이 결여되어 있다고 직면시켰다. 그녀는 M씨의 타인에 대한 무관심한 태도가 타인을 어떻게 밀어내는지 언급했고, 청소년기에 그녀 자신이 엄마에게 보인 냉담한 태도와 유사하며, 이런 태도로 인해 그토록 갈망했던 관계를 맺지 못했다고 자기개방을 했다. 그녀는 자신과 M씨가 비슷하며, 그가 내면이 부드러운 거친 사나이라고 농담을 했다. M씨는 자신이 그가 냉담한 사람으로 비춰지는 것이 놀랍다고 했으며 다른 환자들이 보여 준 관심에 감사하다고 말했다.

Edmonton 주간치료 프로그램의 주목할 만한 특성은 주 단위로 치료진을 위한 관계 집단을 가진다는 것이다(O'Kelly & Azim, 1993). 이 집단에서 치료진은 M씨와 같은 어려운 환자에게 느껴지는 감정과 반응에 대해 검토할 수 있다. 종종 치료진은 그들의 부정적 반응에 대해 죄책감을 느끼며 그들이 환자에게 한 행동이 비전문적이라고 생각한다. 성격장애 환자의 사례는 치료진의 반응에서 분열을 일으키는데, 이런 특성으로 인해 치료진은 환자에 대해 현실적으로 예상할 수 있는 부분에 대해 합의를 끌어내기가 어렵게 된다. 치료진은 알코올과 불법 약물 남용에 대해 거의 책임을 못 느끼는 M씨에 대한 역전이 반응을 다루어야 한다. 어떤 치료진은 M씨가 경험했던 어려움에 대해서 인내하고 동정을 보였다. 예를 들면, 한 치료진(T씨)은 여러 집단치료에서 M씨가 주도하도록 허용했다. T씨와 가까운 또 다른 치료진은 T씨가 다소 지배적인 성격이어서 M씨가 보이는 행동의 부정적 영향에 대해 인식하기 어려울 수 있다고 부드럽게 언급했다. 문제를 건설적으로 해결하기 전에, 이 관계 집단을 통해 직면이 이루어진다. T씨는 M씨에게 '느슨하게 대한 것'에 동의하며, 다른 치료진의 접근과 좀 더 유사해졌다. 또 다른 치료진인 U씨는 치료 작업에 대한 기대가 사라지는 지점에서 M씨에게 겁을 먹고 있다는 사실을 발견했다. 동료들과 어느 정도 논의한 후에, U씨는 현재의 어려움과 과거 어릴 때의 상황을 연결 지을 수 있었다. 어린 시절, 그의 형제는 그를 위협하여 겁을 주었고 그를 따돌리기도 했다. U씨는 다른 동료들로부터 지지를 받고 있음을 인지했다. 다른 동료들은 U씨가 관계 모임에서 M씨와의 어려움을 계속해서 이야기하도록 격려해 주었다. U씨는 이러한 격려로 많은 도움을 받았다.

M씨는 18주 주간 프로그램을 마쳤다. 그는 상당히 많은 도움을 받았고, 특히 타인과의 관계에서 많은 도움을 받았다. 프로그램이 끝날 때쯤, 그는 집단치료에서 다른 환자를 직면하는 데 있어서 치료진을 도왔으며, 환자들에게 주간치료 프로그램에서 겪은 실제 경험에 대해서 얘기해 주었다. M씨가 정신역동 집단치료에 잘 반응할 수 있도

록 한 강렬한 기반은 치료진과 환자들이 제공하는 지지와 직면의 결합이었다. M씨는 대부분의 치료진 및 다른 환자들과 화기애애하게 관계를 잘 마무리했다. 지난 4주 동안, 치료에서 그의 특징은 화를 전혀 분출하지 않았으며 집단치료에서 건설적인 방식으로 적극적으로 참여했다는 것이다.

M씨는 주간치료 프로그램을 종결한 후, 일주일에 한 번 참여하는 추수 집단에 의뢰되었다. 이 집단은 프로그램을 종결하고 최소 일 년 동안 치료에 계속 전념하기를 원하는 환자들로 구성되었다. 치료진은 M씨가 적극적이고 긍정적인 타인과의 상호작용을 촉진하는 데 추수 집단이 도움이 될 거라고 믿었다. 치료진은 M씨가 주간치료 프로그램에서 겪은 경험으로 후에 참여하는 추수 집단에서 이득을 얻을 수 있다고 믿었다. 만약 M씨가 주간치료 프로그램이 아닌 다른 비슷한 집단에 참여했다면, 추수 집단에서 이득을 얻을 수 있을지는 의문이다. 아마도 중도 탈락했을 것이다.

주간치료 환자들은 종종 응급실을 통해 정신과로 입원하게 된다. 임상가들은 환자의 자살 위험을 감지할 때 환자를 입원하게 한다. 또한 환자가 정신증적 증상을 지속적으로 보이며 타인에게 해를 끼칠 때 입원하게 한다(Steinberg & Duggal, 2004; Steinberg et al., 2008).

## R부인 사례

R부인은 자살 문제로 입원하게 되었다. 앞의 사례처럼 익명을 보장하기 위해 여러 환자로부터 자료가 혼합되었다.

### 배경

R부인은 57세로 이혼한 여성이다. 그녀는 시골에서 자랐으며 7명의 형제자매 중 막내였다. 그녀는 어머니로부터 방임되었으며, 종종 신체적 학대도 당했다. 어머니는 집 밖에 나가지 않았다. 어머니는 알코올을 남용했으며, 집에서의 위생 관리를 유지하지 못했고, 심지어 아이들에게 규칙적으로 식사를 챙겨 주지 않았다. R부인의 언니들이 학교를 마치고 집에 돌아왔을 때 엄마가 술을 많이 마시거나 침대에 누워 있다면 대충 서둘러서 식사를 챙겨 먹어야 했다. 정서적 관점에서 볼 때, R부인은 열 살 위인 큰오빠에게 양육되었다. 큰오빠는 친절하고 때때로 지지적이었지만 자신의 일로 매우 바빴다. 그녀의 아버지는 육체 노동자로, 아내와 마주하기 싫어서 초과근무를 했다. R

부인은 어릴 때부터 큰오빠나 아버지에게 교태를 부리면 관심을 얻어 낼 수 있다는 것을 배웠다. 그녀는 종종 큰오빠에게 언니들의 잘못된 행동을 고자질했다.

#### 주간치료 환경에서 R부인의 행동

R부인은 극적인 방법으로 남자들을 유혹했다. 주간치료 프로그램에서 그녀는 곧 W씨와 친해졌다. 그녀는 W씨를 유혹하는 듯했고, 그는 아주 예의 바른 행동으로 그녀를 대했다. 하지만 W씨는 그녀에게 홀딱 반해서 그녀하고만 시간을 보내기를 원했다. R부인은 주간치료 프로그램에 참여하는 것을 힘들어했다. 다른 환자들은 타인에게 관심을 끌려는 그녀의 행동과 남을 무시하는 행동에 대해 화가 나 있었다. 치료진들은 그녀의 피상적인 정서 스타일을 알아차렸다.

프로그램 14주째, 다른 환자늘은 R부인을 직면했다. 아마도 환자들은 R부인의 모순적인 친밀한 관계를 직면했을 것이다. 이후에 그녀는 악의적인 헛소문을 퍼뜨려서 다른 환자들로부터 비난을 받았다. 집단 리더는 환자들이 R부인에게 하는 직면의 강도를 조정하려고 노력했지만 그녀에 대한 역전이로 인해서 중재하기가 어려웠다. 그녀는 다른 환자들의 주장을 부인하며 다른 방으로 달아났다. W씨는 치료진에게 그녀의 자살 언급에 대한 우려를 표현하면서 그녀를 도와주었다. W씨는 그녀의 편을 들며, 이 사건을 악화시킨 치료진을 비난했다. 이런 상황에서는 정례적으로 정신과 의사와 여러 치료진이 그녀를 만나서 자살 위기의 정도를 진단한다.

치료진은 그녀가 자살하려는 의도에 대해 확신할 수 없었기 때문에 위기 정신과 자문팀에게 평가를 의뢰했다. 이 일로 그녀는 정신병동에서 하룻밤을 지냈다. 정신과에 입원해야 한다는 것은 주간치료 프로그램에서 퇴출되는 것을 의미한다. 되돌아보면, 치료진은 그녀가 주간치료 프로그램의 심리치료 작업에 결코 전념하지 않았으며 그녀가 어느 정도는 이 프로그램에서 퇴출되기를 원했을 거라고 믿었다. 불행히도, 그녀의 퇴출로 인해 그녀를 직면한 일부 환자가 죄책감을 느끼고 그녀의 퇴출에 책임을 느끼게 되었다. 퇴출 시 그녀의 진단명은 의존적 특징을 가진 연극성 성격장애였다.

이 사례에서 알 수 있듯이, 이러한 자살 위기에는 입원치료가 신속하게 결정된다. 주된 치료 목표는 환자가 퇴원해서 다른 프로그램에 다시 참여할 때까지 안정화를 위한 지원과 관찰을 하는 것이다. 집단치료는 일반적으로 병실치료의 정규적인 부분이지만 치료에서 단지 부분에 불과하며, 오래 지속해 온 성격 특성을 수정하는 데 목표를 두지 않는다. 북미 국가의 경우, 치료 비용이 상승하여 입원 또는 거주 센터에 환자가 머물러 있는 기간이 점점 감소하는 추세이다. 많은 경우, 입원치료는 1주 이내의 단기 치료로 이루어진다. 예외적인 경우는 반사회성 장애 또는 반사회적 특질을 가진 정신병원 입원 환자를 위한 강력한 재활 목표를 갖는 수감 체계이다. Kibel(2003)은 거주치료 센터에 있는 환자들을 대상으로 한 정신역동적 접근에 대해 기술했다. 만약 입원환경과 주간치료 환경이 공통적인 이론적 토대를 공유한다면, 각 환경 내에서의 작업 그리고 적절할 때 서로 간 환자의 이동이 촉진될 수 있을 것이다.

## 주간치료에 대한 환자의 적합성

M씨는 주간치료 과정에 성공적인 데 반해, R부인은 성공적이지 못했다. 따라서 주간치료를 진행하기 이전에 이 프로그램에 환자가 적합한지를 정확히 평가해야 하는 문제가 제기된다. 일반적으로 치료 성공에 관한 수많은 예측요인은 이전에 이루어진 성과 연구로부터 정보를 얻을 수 있다. 전형적인 예측요인으로는 인구통계학적 변인, 개인의 과거사 변인, 진단적 변인, 방해변인 그리고 성격변인을 들 수 있다. 과거 25년 이상(1968~1993년)의 성과 연구로부터 의미 있는 예측요인을 확인하기 위해, 16편의 대규모 연구의 성과를 검토했다(Piper et al., 1994). 우리는 성과를 일관성 있게 예측해 주는 요인을 발견하기를 희망했지만 실제로는 발견하지 못했다. 다음과 같은 이유로 일관성 있는 성과 예측요인을 발견할 수 없었다.

- 프로그램 유형 면에서 많은 차이가 존재했다.
- 성과에 대한 예측이 연구의 이차적 관심 주제였다.
- 통제 조건과 치료 조건 간의 비교에서 긍정적 효과를 확인하는 것이 가장 주된 관심사였다.
- 예측변인들은 이론 또는 이전의 연구 결과에 의해 선택되었다.
- 많은 변인이 연구되었다.
- 연구된 전체 변인 수에 비해 소수의 예측변인만이 사용되었다는 점은 통계 오류의 가능성을 높인다.

# 예측요인 연구

임상적 성과(주간치료에 남아 있고, 참여하고, 혜택을 얻는 것)의 예측요인을 확인하기 위해서 여러 전망 있는 연구가 진행되었다. 이러한 연구의 실제적 가치는 임상가에게 주간치료 프로그램에 가장 적절한 환자를 배치하도록 돕는 정보를 제공할 수 있다.

주간치료의 성공에 대한 가장 포괄적인 연구 중의 하나는 Edmonton 주간치료 프로그램을 대상으로 우리 연구팀이 실시한 연구이다(Piper et al., 1994). 우리는 치료 전부터 이미 가지고 있는 환자의 특성이 프로그램의 지속적 참여를 유지하고 유리한 성과를 이루는 데 기여하는지에 관심이 있었다. 다섯 가지 예측변인(연령, 결혼 유무, 이전의 정신과 입원 내력, 성격장애의 유무, 초기 문제의 수준)이 이전의 연구 결과를 토대로 선택되었다. 이외에 두 가지 예측변인인 대상관계의 질(Quality Of Object Relations: QOR)과 심리적 마음가짐(Psychological Mindedness)은 선행 연구(McCallum & Piper, 1990a; Piper et al., 1990)와 이론을 기반으로 선택되었다.

대상관계의 질(QOR)은 타인과 관계를 수립하는 데 나타나는 개인의 지속적인 경향이다(Azim et al., 1991). 대상관계의 질은 평생 지속되는 패턴이다. 대상관계의 질은 명백한 채점 기준을 가지고 반구조화된 면담으로 측정된다. 채점은 미성숙에서 성숙 차원까지 9점 척도로 이루어진다. 가장 미숙한 차원인 9점의 경우, 개인은 대상으로부터의 분리나 대상 상실 또는 대상으로부터의 불승인 또는 거부에 대해서 강렬한 불안과 감정으로 반응하는 경향이 있다. 이들은 대상에게 지나치게 의존함으로써 정체감을 경험한다. 척도의 다른 극단인 성숙 차원에서 개인은 사랑, 온화함 그리고 모든 성에 대한 관심이 특징이며 동등한 관계를 즐긴다. 이들은 참을 수 없는 관계를 안타까워하지만 감내할 능력이 있다.

심리적 마음가짐은 역동적(심리내적) 구성요소를 확인하고 그것을 개인적 어려움과 연결 짓는 능력이다. 역동적 구성요소(바람, 두려움, 방어)는 종종 서로 충돌한다. 또한 심리적 마음가짐은 정신역동이론과 연관된 기본 가정들을 이해하는 것이다. 심리적 마음가짐은 15분의 반구조화된 면담으로 평가된다. 즉, 환자가 비디오 시나리오를 보고 이에 관해 얘기하는 것을 통해서 반구조화된 면담이 이루어진다. 평가는 1~9점 척도로 한다. 척도에서 가장 낮은 점수의 경우, 환자는 단순히 내적 상태의 존재와 그들의 동기적 특질에 대해 인식하는 정도이다. 가장 높은 점수의 경우, 환자는 방어기제를 인식하고, 방어기제가 오직 부분적으로 성공적이라는 점을 인식한다. 심리적 마음가짐은 또한 훌륭한 심리측정적 특성이다(McCallum & Piper, 1997).

전반적으로 연구에서 발견된 치료 성과에 가장 강렬한 예측요인은 성격적 특성인 심리적 마음가짐과 대상관계의 질이었다. 심리적 마음가짐은 네 가지 성과요인 중 세 요인(일반적 증상, 사회적 부적응 그리고 병리적 의존성)에 직접적인 정적 상관이 있었다. 환자가 갈등적 구성요소를 확인하고 개인적 어려움에 갈등요소를 연결하는 능력은 역동적 주간치료 프로그램에서 요구되는 중요한 기술이다. 연구에서는 환자가 작업하는 정도 또한 평가되었다. 연구 결과, 심리적 마음가짐은 환자의 치료 작업과 직접적인 상관이 있었다. 대상관계의 질은 환자가 프로그램에 지속적으로 참여하는 것과 두 가지 성과요인(일반적 증상, 사회적 부적응)에서 좋은 성과와 관련이 있었다. 성숙도가 낮을수록 환자는 일상적인 대인관계 요구 및 프로그램에서 주는 스트레스 관계를 감내할 수 없었다. 세 가지 예측요인(연령, 결혼 유무, 이전의 정신과 입원 내력)은 환자의 성공에 각각 기여한다. 나이 든 환자의 경우, 더 좋은 삶의 경험을 가지고 일에 대한 동기를 가질 가능성이 높으며, 치료에 지속적으로 참여하는 경향이 있다. 기혼 환자의 경우, 중요한 친밀한 관계에 대해서 기꺼이 다루며, 치료에 지속적으로 참여하는 경향이 있다. 마지막으로, 이전에 정신과 입원을 한 환자의 경우, 대인관계 기능 면에서 더 향상을 보였다. 이러한 결과가 나온 이유에 대해서는 명확하지 않다.

Wilberg 등(1998)은 주간치료 프로그램의 치료 과정에서 성격 예측요인을 탐색했다. 연구는 128명의 환자를 대상으로 두 집단으로 나누어서 3.5년 동안 진행되었다. 집단은 A군 성격장애 또는 B군 성격장애, 그리고 C군 성격장애 또는 성격장애가 없는 집단으로 나누었다. 연구 결과, C군 성격장애 또는 성격장애가 없는 집단이 전반적 기능과 장애에서 더 좋은 성과를 보였다. 임상적 경험을 통해 어떤 진단과 행동 문제를 가진 환자들은 치료에 참여하는 것을 제한해야 한다는 점을 제안할 수 있다. 예를 들면, 반사회적 행동, 기질적 역기능, 정신증적 증상, 심각한 약물 남용, 형사상 범죄 또는 치료에서의 반복된 실패 내력 등을 보이는 환자들의 경우 치료에 제한을 두어야 한다. 대부분의 주간치료 프로그램은 이러한 제외된 범주의 일부 환자를 감내할 수 있다. 하지만 주간치료 프로그램에서 최적의 환자 조합은 아직 발견되지 못했다.

## 연구 결과 요약

성격장애 환자를 위한 정신역동적 주간치료의 성과에 대한 연구를 진행한 결과, 일관성 있게 긍정적인 성과가 보고되었다. 그러나 아직까지 많은 연구가 이루어지지 않았다. 진행된 연구들은 주간치료가 환자의 정신병적 증상의 감소와 사회적 대인관계 기능의 향상에 기여한다는 점을 발견했다. 추후 평가를 실시한 결과, 주간치료 프로그램이 종결된 이후 몇 달, 몇 년 동안 효과가 지속되었다. 특히 경계선 성격장애 환자에서 의미 있는 향상이 보고되었다. 경계선 성격장애 집단은 치료가 어렵다. 따라서 주간치료는 경계선 성격장애를 포함해서 성격장애 환자들을 위한 효율적인 대안이 될 수 있음을 고려할 수 있다.

주간치료 프로그램에 계속 참여하는 환자와 조기에 치료를 중단하는 환자를 비교하여 의미 있는 예측변인에 대한 연구를 진행했다. 연구 결과, 치료에 계속 참여하는 환자의 경우 성숙한 관계 경험이 있을 뿐 아니라 나이가 좀 더 있고 기혼 상태였다. 이전의 정신과 입원을 했던 환자가 대인관계 기능에서 더 향상되었다.

이러한 연구 결과에 덧붙여, 임상 경험은 어떤 특질을 가진 환자들(반사회적 특질, 정신병적 증상, 기질적 역기능, 최근의 약물 남용, 범죄 행동)이 주간치료 프로그램에 적합하지 않다고 제안한다. 이런 기준은 언제나 심각한 성격장애와 연관된다.

## 주간치료 실행에서 고려할 점

주간치료의 성공적 실행은 역사적으로 많은 프로그램을 곤경에 빠지게 했던 함정을 피하는 것과 관련된다. 이러한 함정은, ① 주간치료에 부적절한 환자(예: 급성이나 만성장애로 치료 과업에 참여할 수 없는 환자)를 다루는 시도, ② 한 프로그램에 서로 갈등하는 욕구를 가진 환자들이 혼재되어 있는 경우를 다루는 시도(예: 집중치료로부터 이득을 얻고자 하는 환자와 지지와 관리를 요구하는 환자) 그리고 ③ 권위의 포기와 권력 남용이 특징인 리더십이 번갈아 나타나는 것이다.

어떠한 프로그램도 이상적 원칙을 계속해서 고수하기 어렵고 어려운 문제를 피할 수 없다. 치료진은 다양한 수준의 프로그램 과정에 대해 성찰해야 하며, 프로그램 원칙에 맞게 수정도 하고, 어려움을 극복하려고 해야 한다. 치료진은 환자와의 상호작용과 환자들 간의 상호작용에 대해 기꺼이 탐색해야 한다. 치료진을 위한 정규적인 관계 집단에서 서로의 상호작용을 탐색해야 한다. 치료진의 필수 자질에는 겸손, 자기애적 욕구 담아내기, 환자의 투사를 담아내는 능력, 기꺼이 배우려는 자세가 포함된다. 이러한 자질을 발달시키는 데는 시간이 필요한데, 이는 시간이 흐르면서 안정적인 자세를 유지하는 것이 중요함을 강조한다.

이러한 성공 예측요인에 대한 연구 결과가 잠정적으로 이해되어야 한다. 예측이라는 것은 결코 완벽할 수 없다. 선발 특성을 근거해서 고위험군으로 간주되는 일부 환자는 예기치 않게 우리를 놀라게 하며 잘 반응할 수도 있다. 선발 기준에 충족하지 못하는 모든 환자를 배제한다는 것은 그들에게 도움이 되는 치료를 받지 못하게 막는 것을 의미한다. 명백히, 비록 고위험군 환자들 중 일부는 치료의 혜택을 받지 못함을 알고 있지만, 우리는 모든 고위험 환자에게 치료의 혜택을 받을 권리를 박탈시키기를 원하지 않는다. 연구자는 임상가에게 선별요인과 위험요인에 대한 정보를 줄 수 있다. 그러고 나서 임상가는 얼마나 위험한지 또는 얼마나 많은 고위험군 환자가 그들의 프로그램에 참여할 수 있는지를 결정할 수 있다. 주간치료 프로그램에서 소수의 고위험군 환자를 수용하는 것과 다수의 고위험군을 수용하는 것은 상황이 달라질 수 있다.

## 결론

10년쯤 전에, 우리는 시간 제한적 주간치료의 아홉 가지 특정 주제를 조명하는 책을 완성했는데(Piper et al., 1996), 그 당시 그 영역의 특징이라고 믿었던 아홉 가지 주제를 조명했다. 우리는 이 장에서 몇몇 주제에 관해 다루었는데, 성격장애자들의 비협조적인 특성, 주간치료 프로그램의 강도와 효과, 치료 공동체의 긍정적 기여, 주간치료의 효율성, 주간치료의 시간 효율적 특성이라는 주제가 포함되었다. 주간치료의 긍정적 특성들은 실제로 유지되었지만 주간치료 프로그램의 확산으로 이어지지는 못했다. 불행히도, 불공평한 자금 지원과 편견은 주간치료 프로그램을 충분히 이용하지 못하게 하는 데 영향을 미친 것 같다.

역사적으로 주간치료에 대한 제3자 지불인의 자금 패턴은 불공평해 보인다. 주간치료에 대한 재정적 지원은 입원 환자보다 낮은 수준이다. 게다가 환자에 대한 고용인의 부담이 높을수록 정신과 의사의 진료비는 더 낮아진다. 주간치료를 충분히 이용하지 못하게 하는 또 다른 요인으로는 주간치료 프로그램이 어떤 것인지에 대한 명확성 결여, 환자 관리의 통제 소홀, 의료 과실에 대한 우려, 치료진의 수련 부족을 들 수 있다.

그러나 공정하게 말해 주간치료 프로그램에 대한 개인적 비용은 상당하다. 예를 들면, Edmonton 주간치료 프로그램은 동시에 40~45명을 치료할 수 있다. 따라서 시간제 정신과 의사, 전일제 코디네이터, 비서, 전일제 치료자들이 필요하다. 현재 대부분의 지역이 불확실하고 불경기의 재정 분위기에 직면하고 있어서 이러한 재정 투자 유형이 위축되어 있는 상태이다. 그럼에도 불구하고 우리가 주간치료의 활성화를 원한다면 우리가 확인한 불공평한 재정 문제를 극복하는 것이 필요하다. 그렇지 않으면 치료자와 성격장애 환자들은 효율적인 치료의 기회를 박탈당할 것이다. 우리는 다음 세대에서 주간치료 분야가 개선되기를 희망한다.

## 핵심적 임상 개념

- 주간치료 프로그램의 발달과 연구는 일관성 없고 혼란스러운 용어로 인해 많은 진전을 이루지 못했다. 그래서 주간치료, 주간 입원, 주간 돌봄, 부분 입원이라는 용어들이 명확히 구별되어야 한다.
- 치료진을 위한 관계 집단은 주간치료 프로그램의 중요한 구성요소이다. 이 집단은 치료진이 일관성 있고 건설적인 관리를 유지할 수 있도록 한다.
- 임상가는 특히 그들의 역전이 반응을 알아차려야 한다. 역전이 반응은 주간치료 프로그램에서 매우 강렬히 나타난다. 임상가는 주간치료 프로그램에서 필수불가결하게 내담자와 함께 어떤 역할을 실행하게 된다. 임상가는 이러한 실행을 확인해야 하며 그 경험에 대해 내담자와 함께 성찰할 수 있는 방법을 찾아야 한다. 종종 입원 돌봄 프로그램 또는 주간치료 프로그램에 있는 환자들은 치료전보다 다른 환자들로부터의 피드백을 더 잘 받아들인다.
- 주간치료 프로그램에서의 집단치료는 성격장애 환자들을 위한 강렬한 치료 형태이다.
- 대규모 성과 연구가 소수 이루어졌지만, 주간치료가 성격장애 환자에게는 비용 대비 효율적인 치료임을 밝혀 주고 있다.
- 대상관계의 질과 심리적 마음가짐은 주간치료 프로그램 성공의 최상의 예측요인이다.
- 역사적으로 주간치료는 입원 돌봄 프로그램과 비교해서 적은 자원과 자금을 제공받았다. 이로 인해 주간치료가 활성화되지 못한 경향이 있다.

## 추천 도서

Bateman A, Fonagy P: 8-Year follow-up of patients treated for borderline personality disorder: mentalization-based treatment versus treatment as usual. Am J Psychiatry 165:631-638, 2008. [연구자들은 정신분석적으로 지향된 주간치료 프로그램과 통상적 조건을 비교한 무선 임상 실험에 참여한 적이 있는 경계선 성격장애 환자들의 추후 상태를 보고하였다. 추후 평가는 초기 평가가 실시된 8년 후에 이루어졌다.]

Gunderson JG, Gratz KL, Neuhaus EC, et al: Levels of care in treatment, in The American Psychiatric Publishing Textbook of Personality Disorders. Edited by Oldham J, Skodol AE, Bender DE. Washington, DC, American Psychiatric Publishing, 2005, pp 239-255. [저자는 성격장애 치료에서 강도의 차이를 구분하는 유용한 체계를 제안하였다. 치료 강도는 주로 전체 치료 시간으로 정의된다. 주간치료는 강도 면에서 세 번째이다.]

Piper WE, Rosie JS, Joyce AS, et al: Time-Limited Day Treatment for Personality Disorders: Integration of Research and Practice in a Group Program. Washington, DC, American Psychological Association, 1996. [이 책은 주간치료의 역사적 관점을 제시한다. Edmonton 주간치료 프로그램으로 구성된 무선 임상 실험과 관련된 연구 결과를 실었으며, 주간치료가 성격장애를 치료하는 분야에서 나아가야 할 향후 방향에 대한 생각을 제시하였다. 이런 면에서 연구와 실제를 통합하려고 시도했다.]

## 참고문헌


American Psychiatric Association: Diagnostic and Statistical Manual of Mental Disorders, 3rd Edition, Revised. Washington, DC, American Psychiatric Association, 1987

Azim HFA, Piper WE, Segal PM, et al: The Quality of Object Relations Scale. Bull Menninger Clin 55:323-343, 1991

Bateman A, Fonagy P: Effectiveness of partial hospitalization in the treatment of borderline personality disorder: a randomized controlled trial. Am J Psychiatry 156:1563-1569, 1999

Bateman A, Fonagy P: Mentalization-Based Treatment for Borderline Personality Disorder: A Practical Guide. Oxford, UK, Oxford University Press, 2006

Bateman A, Fonagy P: 8-Year follow-up of patients treated for borderline personality disorder: mentalization-based treatment versus treatment as usual. Am J Psychiatry 165:631-638, 2008

Bender DS, Dolan RT, Skodol AE, et al: Treatment utilization by patients with personality disorders. Am J Psychiatry 158:295–302, 2001

Dolan B, Evans C, Norton K: Multiple Axis–II diagnoses of personality disorder. Br J Psychiatry 166:107–112, 1995

Gunderson JG, Gratz KL, Neuhaus EC, et al: Levels of care in treatment, in The American Psychiatric Publishing Textbook of Personality Disorders. Edited by Oldham J, Skodol AE, Bender DE. Washington, DC, American Psychiatric Publishing, 2005, pp 239–255

Kibel HD: Interpretive work in milieu groups. Int J Group Psychother 53:303–329, 2003

McCallum M, Piper WE: A controlled study of effectiveness and patient suitability for short-term group psychotherapy. J Consult Clin Psychol 40:431–452, 1990a

McCallum M, Piper WE: The Psychological Mindedness Assessment Procedure. Psychol Assess 2:412–418, 1990b

McCallum M, Piper WE: The Psychological Mindedness Assessment Procedure, in Psychological Mindedness: A Contemporary Understanding. Edited by McCallum M, Piper WE. Mahwah, NJ, Erlbaum, 1997, pp 27–58

Merikangas KR, Weissman MM: Epidemiology of DSM–III Axis II personality disorders, in Psychiatry Update: The American Psychiatric Association Annual Review, Vol 5. Edited by Frances AJ, Hales RE. Washington, DC, American Psychiatric Press, 1986, pp 258–278

Miller EJ, Rice AK: Systems of Organization: The Control of Task and Sentient Boundaries. New York, Tavistock, 1967

Miller JG: Living Systems. New York, McGraw–Hill, 1978

O'Kelly JG, Azim HF: Staff–staff relations group. Int J Group Psychother 43:469–483, 1993

Pilkonis PA, Neighbors BD, Corbitt EM: Personality disorders, in Cost–Effectiveness of Psychotherapy. Edited by Miller NE, Magruder KM. New York, Oxford University Press, 1999, pp 279–290

Piper WE, Duncan SC: Object relations theory and short–term dynamic psychotherapy: Findings from the Quality of Object Relations Scale. Clin Psychol Rev 19:669–685, 1999

Piper WE, Azim HF, McCallum M, et al: Patient suitability and outcome in short–term individual psychotherapy. J Consult Clin Psychol 58:475–481, 1990

Piper WE, Rosie JS, Azim HF, et al: A randomized trial of psychiatric day treatment for patients with affective and personality disorders. Hosp Community Psychiatry 44:757–763, 1993

Piper WE, Joyce AS, Azim HF, et al: Patient characteristics and success in day treatment. J Nerv Ment Dis 182:381–386, 1994

Piper WE, Rosie JS, Joyce AS, et al: Time-Limited Day Treatment for Personality Disorders: Integration of Research and Practice in a Group Program. Washington, DC, American Psychological Association, 1996

Piper WE, Ogrodniczuk JS, Duncan SC: Psychodynamically oriented group therapy, in Comprehensive Handbook of Psychotherapy, Vol 1: Psychodynamic/Object Relations. Edited by Kaslow FW, Magnavita JJ. New York, Wiley, 2002, pp 457–479

Rapoport RN: Community as Doctor. New York, Arno, 1980

Shur R: Counter-transference Enactment: How Institutions and Therapists Actualize Primitive Internal Worlds. Northvale, NJ, Jason Aronson, 1994

Stanton AH, Schwartz MS: The Mental Hospital: A Study of Institutional Participation in Psychiatric Illness and Treatment. New York, Basic Books, 1954

Steinberg PI, Duggal S: Threats of violence in group-oriented day treatment. Int J Group Psychother 54:5–22, 2004

Steinberg PI, Duggal S, Ogrodniczuk J: Threats of violence to third parties in group psychotherapy. Bull Menninger Clin 72:1–18, 2008

Wilberg T, Friis S, Karterud S, et al: Outpatient group psychotherapy: a valuable continuation treatment for patients with borderline personality disorder treated in a day hospital? A 3-year follow-up study. Nord J Psychiatry 52:213–221, 1998

Wilberg T, Urnes O, Friis S, et al: One-year follow-up of day treatment for poorly functioning patients with personality disorders. Psychiatr Serv 50:1326–1330, 1999

Wilberg T, Karterud S, Pedersen G, et al: Outpatient group psychotherapy following day treatment for patients with personality disorders. J Pers Disord 17:510–521, 2003

Yalom IE, Leszcz M: The Theory and Practice of Group Psychotherapy, 5th Edition. New York, Basic Books, 2005

Yeomans FE, Clarkin JF, Levy KN: Psychodynamic psychotherapies, in The American Psychiatric Publishing Textbook of Personality Disorders. Edited by Oldham J, Skodol AE, Bender DE. Washington, DC, American Psychiatric Publishing, 2005, pp 275–287

## 제14장
# 성격장애의 치료 가능성과 제한점

Michael H. Stone, M.D.

분석적 심리치료에서 지속되는 역설 중 하나는 역동적 관점에서 성격장애를 이해하기는 쉬우나 교정하기는 굉장히 어렵다는 것이다. 식별 가능한 '장애'에는 미치지 못하나 교정하기 어려운 지속적인 성격 특성에 대해서도 마찬가지의 견해를 적용할 수 있다.

1세기 전에 Freud와 동료들이 정신분석을 발달시키고 있을 때, 환자 대다수는 특성장애(character disorder)를 가지고 있었다[성격(personality)이라는 단어는 그 시기에는 많이 사용되지 않았다]. 다양한 장애는 유아의 생애 처음 몇 개월의 구강기에서부터 후기 항문기 그리고 마침내 생식기(가장 건강한 단계 표상)로 자연스럽게 발달해 간다는 가정에 의거해 발달 궤도에 따라 배열되었다. 후기 발달 단계까지 잘 도달한 개인의 경우, 말하자면 결국 더 초기의 신경증에서 벗어나 상대적으로 노이로제가 없는 혹은 심리적으로 손상되지 않은 개인으로 끝나게 된다. 대략적으로 말하자면, 개척 세대의 정신분석자들은 특정 성격장애를 연속적인 발달 단계와 동일시하는 경향이 있다[우울(구강기), 강박(항문기), 히스테리(생식기)]. 여기서 우리는 일반화를 할 수 있다. 즉, 이러한 장애를 보이는 환자들은 억제(inhibitions), 특히 성적 영역에서의 억제를 보였다는 것이다. 가장 건강한 신경증인 히스테리 환자는 유혹적이고, 정서적으로 표현적이었지만 성적으로 두렵고 억제된 사람이다. 이들은 대부분 여성이었는데, 성적 욕망의 충족에 대한 갈망과 성적 친밀감에 대한 두려움 사이의 갈등으로 치료를 찾게 된다고 묘사되어 있다. 한 세대 후에, 어떤 정신분석가는 원래의 발달 단계를 좀 더 세분화하였다. Wilhelm Reich(1929/1994)는 예를 들어 생식기에 가까운 남근적-자기애(phallic-narcissistic) 단계를 제안하였는데, 이것은 현재 자기애성 성격장애와 어떤 점에서 유사하다. 하지만 Reich가 '귀족적' 성격으로 불렀던 환자들조차 주로 억제로 어려움을 겪었다.

억제된 환자를 치료하는 데 있어서 정신역동치료가 종종 좋은 성과를 낸다. 특히 성적 영역에서의 억압의 경우, 부모 또는 문화적 승인에 반하는 바람을 갖게 될 때 갈등이 일어난다. 이러한 환자는 점차적으로 그들의 바람이 부적절하다는 것을 자각하면서 홀로 자신을 '죄 많은 사람'으로 여기게 되고 금지 영역을 만들기 시작한다. 억압하는 많은 환자는 정신역동치료를 통해서 도움을 받는다. 그들의 문제적 특질은 자아이질적이고 그들은 괴로워한다. 그래서 그들은 치료의 어려움에 대해 견디고 치료 과정을 살필 수 있는 동기가 향상된다.

성격장애가 주로 억압되지 않은 영역에 있는 환자들은 다른 문제를 보인다. 억압하는 개인은 불안해 하거나 자기를 드러내지 않는 데 반해, 억압하지 않는 개인은 무시형 애착과 함께 특권의식, 과장된 특성을 보인다. 특권의식과 오만함은 자기애성 성격장애의 특성이다. 이러한 자기애적 특성은 종종 자아동질적이기 때문에 치료에 대한 환자의 동기 결여가 동반될 수 있으며, 결과적으로 정신역동치료에 훨씬 확고하게 맞선다. 이러한 환자의 특성은 치료 동맹을 확립하는 데 장해물이 되며, 치료에서 중도 탈락이 흔히 발생한다. 그들의 정신역동은 억압하는 환자의 정신역동만큼 이해하기는 쉽다. 하지만 성공적인 치료는 어렵다는 역설이 적용된다. 강한 자기애성 특질을 가진 성격장애는 실제로 스펙트럼상에서 배열될 수 있다. 각 요소는 더 심각하고 깊게 박혀 있는 자기애적 특질과 치료 순응성에서 더 강력한 방해 정도를 의미한다. 이 스펙트럼은 자기애성 성격장애로 시작해서 악의적 자기애(Kernberg, 1992에서 기술), 반사회성 성격 그리고 결국 정신병질과 가학적 성격을 가진 정신병질까지 포함한다. Robert Hare(Hare et al., 1990) 또는 David Cooke(Cooke & Michie, 2001)의 준거에 의거해 기술된 것처럼, 정신병질은 흔히 심리치료에 잘 반응하지 않는다(Stone, 2006).

폭넓은 관점에서 정신역동치료에 대한 순응성에 관해서 살펴보면, 가장 순응성이 높은 쪽이 소위 말하는 불안군 장애(강박성, 의존성, 그리고 회피성)이며, 그 반대 극단으로 순응성이 낮은 쪽은 심각한 자기애성 장애이다. 이전의 정신분석 문헌에서 기술했던 것처럼, 좀 더 순응적인 유형에 '연극성 특성'도 덧붙여야 한다. 두 극단 사이에 경계선 장애와 연극성 장애(그 외 극적 성격군), 괴짜군 장애(분열성, 분열형, 편집성)가 있다. DSM에서 기술했던 연극성 성격장애는 고전적인 히스테리 특성(경미한)과 경계선 성격장애와 유사한 특징이 혼합되어 있다. 연극성 환자는 '고전적인' 히스테리 환자보다 더 혼란스럽고 더 화를 잘 내며 적대적이다(Stone, 2005). 연극성 환자를 대상으로 정신역동치료를 하는 데 있어서 어려움은 그들의 특권의식 때문이라기보다는 약속을 지키지 않고, 변덕스럽고, 전이 행동화(언어로 드러내기보다는 행동화)를 보이기 때문이다. DSM-IV-TR(American Psychiatric Association, 2000)의 연극성 성격장애를 만족시키는 환자와 유아적 성격이라는 이름으로 Kernberg(1967)가 언급한 연극성 환자 간에 개념적 중복이 있다. 이러한 환자는 순수한 치료 동맹을 맺을 능력과 자기성찰 능력이 잘 발달되어 있지 못하다.

이와 마찬가지로, 괴짜군 환자의 문제도 특권의식 보다는 다른 특성이 핵심이다. 편집성 환자는 타인에 대한 불신(회피형 애착 유형 동반), 분열성 환자는 동기 결여 그리고 분열형 환자는 독특한 의사소통을 보인다.

어떤 분열형 환자는 미친 것처럼 구체적 사고를 한다. 따라서 사고나 행동의 한 영역과 유사한 다른 영역을 연결시키는 이들의 유추를 이해하는 데 치료자가 어려움을 겪는다. 나는 환자에게 대기실 테이블에 사과 꼭지를 두지 말라고 요청했다(다음 환자에게 실례이기 때문). 환자는 며칠 후 대기실 테이블에 바나나 껍질을 남겨 두었다. 환자는 "당신은 바나나에 대해서 어떠한 말도 하지 않았어요!"라는 글과 함께 나의 경고에 도전했다. 다른 분열형 환자는 유아적으로 말하지는 않지만 독특한 언어 패턴을 보인다. 즉, 환자에게는 의미가 있겠지만 치료자는 환자의 말을 이해하는 데 좌절감을 느낀다. 예를 들면, 한 환자가 나에게 "Stone 박사님, 저는 오늘 아침 상담실로 걸어오는데 'Ray Milland'처럼 걸었어요. 모든것이 자비의 문제입니다."라고 말했다. 나는 환자가 배우의 걸음걸이를 따라 하는 것이 어떤 의미를 전달하는지도 몰랐고 영화 배우의 '걷는 방식'도 몰랐다. 아힘사(ahimsa, 자비)는 힌두교파에서 '살아 있는 생물에게 해를 주지 않는' 관행을 말한다. 그러나 환자는 이러한 모호한 은유로 나와 소통하기를 원했다. 정신역동치료에서는 이러한 종류의 언어 패턴이 치료에 방해가 되지 않도록 접근해야 한다.

## 치료에 유리한 특성과 불리한 특성

정신역동치료를 받은 환자들의 치료 성공 경험과 실패 경험을 검토해 보는 것은 환자의 예후에 영향을 미치는 특성(주로 인지 및 행동 요인) 목록을 만드는 데 도움이 된다. 예후로 본다면 특히 역동적 접근이 치료에 성공할 가능성이 있다고 본다. 궁극적 결과라는 더 넓은 의미에서 역동적 접근의 예후가 효과적이라고 하더라도 다른 치료 접근법들도 호의적이다. 환자의 예후는 이전의 Menninger 클리닉의 연구를 기반으로 한 Wallerstein의 『치료에서 만난 42명의 삶(Forty-Two Lives in Treatment)』(1986)에서 살펴볼 수 있다. 순수한 정신역동치료를 받은 일부 환자는 좋은 성과(5~10년 후 결과로 결정)를 보였고, 또 일부 환자는 지지적 접근으로 전환했을 때 좋은 치료 성과가 나타났다. 입원 내력이 있는 심각한 성격장애(주로 경계선, 자기애성, 분열형 등)를 가진 환자를 대상으로 McGlashan(1986)과 Stone(1990a)은 같은 방식으로 장기 추후 연구(10~25년)를 한 결과, 환자 일부는 순수한 정신역동치료를 통해서 치료 성과를 보였고, 또 일부는 지지적 접근으로 치료 성과를 보였다.

정신역동치료에 대한 순응성에 영향을 주는 성격 특성은 치료에 유리한 특성과 불리한 특성을 포함한 일련의 스펙트럼으로 배열될 수 있다. 〈표 14-1〉은 정신역동치료에 유리한 특성과 불리한 특성의 목록이다(완전한 것은 아니지만 주된 특성에 초점을 둠).

〈표 14-1〉 정신역동치료에 유리한 특성과 불리한 특성

| 유리한 특성 | 불리한 특성 |
|---|---|
| 좋은 성찰 능력, 심리적 마음가짐 | 성찰 능력의 결여, 구체적 사고 |
| 좋은 공감 능력 | 공감 능력의 결여 |
| 협력함, 치료 동맹을 맺을 수 있는 능력 | 협력적이지 않음 |
| 차분함 | 행동화하기 쉬움, 혼란스러운 충동성 |
| 심리적 강점, 평정심 | 깨지기 쉬운 연약함, 극도의 공포감 |
| 개방성, 통찰 능력 | 오만함, 무례함 |
| 정직, 진실성 | 기만 |
| 주로 사랑을 받는 환경에서 성장함, 최소한의 외상을 겪음 | 압도적인 외상적 과거사가 있음, 특히 부모(특히 엄마)의 애정과 같은 인간다워지는 영향력에서 심각한 결여를 보임 |

다양한 성격장애를 위한 정신역동치료에 대한 순응성에 대해 언급할 때, 범주를 기반으로 한 성격장애 정의에 의존하는 것은 특정 어려움에 봉착하게 한다. 즉, 이전에도 언급했듯이, '불안군' 장애는 억압적인 성격 유형으로 표상되기 때문에 심지어 DSM-IV-TR의 다른 성격장애보다 정신역동치료에 더 잘 반응한다고 가정한다. 그러나 이러한 가정이 맞는지는 확실치 않다. 임상적 경험을 통해서 다음의 두 가지 현상을 자각하게 되면서 이러한 단순한 가정은 적합하지 않음을 알 수 있다. 첫째, 다른 성격장애 범주의 특질을 포함하지 않는 '순수한' 하나의 범주로서의 성격장애(DSM의 그것과 같은)는 없다. 둘째, 성격장애는 거의 늘 두 가지 이상의 성격장애 특질이 혼재되어 있기 때문에, 관련 특질들은 순응성과 궁극적 예후에 중요한 부분이다. 따라서 치료에 대한 반응과 궁극적인 치료 성공을 예측하는 데 성격장애의 범주적 접근보다는 차원적 접근이 더 도움이 된다. 예를 들어, 강박성 성격 형태가 지배적이면서 부수적으로 회피적 특질이 수반되면 정신역동치료에 대한 순응성과 예후가 좋으나, 편집적 특질이나 조현병의 특질을 수반할 경우에는 순응성과 예후가 나쁘다. 강박성에 자기애적 특질이 혼재될 경우는 중간 정도의 순응성과 예후를 보인다. 그러나 여기서 어떤 자기애적 특질과 혼재되었는지에 주의를 기울여야 한다. 즉, '지나치게 숭배를 요구하는 것' 또는 '찬란하고 아름다운 환상에 몰두하는 것'과 같은 자기애적 특질을 보이는 경우는 비교적 순응성과 예후가 덜 심각하지만 악의적인 자기애 특질인 '착취적' '공감 결여'(정신병질적 성격과 중복)는 순응성과 예후가 더 나쁘다.

지배적인 성격 유형과 관련된 다른 성격 유형의 조합은 일반적이지만, 관련성이 낮은 성격 유형과의 조합은 드물다. [그림 14-1]는 임상적으로 치료자가 경험하게 되는 성격장애 조합을 제시하고 있다. 그림에서 보면, 행렬은 다섯 가지 성격 유형(연극성, 수동-공격성, 우울, 경조증, 정신병질; 현재 DSM에서 사용하지 않음)을 포함한 DSM 범주에 따라 배열되어 있다. 일차적으로 지배적 성격 유형은 세로축에 배열되어 있고 이차적으로 동반되는 성격 유형은 가로축에 배열되어 있다. 숫자는 다양한 조합의 빈도 또는 비율을 나타낸다. 실제 일어나는 225가지 공존장애에 초점을 맞춘 역학 연구는 이제까지 거의 이루어지지 않았다. 만약 세 번째로 중요한 성격 특질이 이러한 정렬에 포함된다면 우리를 어리둥절하게 만드는 3,375가지 조합이 만들어질 것이다. 통계분석 측면에서는 반하는 일이지만, 임상가들은 환자들에게 익숙해지면서 자동적으로 평가하게 된다.

그림에서 본다면, 히스테리성 특질(Hysteric Traits)을 가진 강박형을 만나기는 비

| | sz | pr | st | hi | na | bp | as | oc | dn | av | hy | pg | dp | hm | pp |
|---|---|---|---|---|---|---|---|---|---|---|---|---|---|---|---|
| SZ | – | 3 | 3 | 1 | 2 | 1 | 2 | 4 | 1 | 1 | 1 | 2 | 1 | 1 | 2 |
| PR | 2 | – | 2 | 1 | 4 | 3 | 3 | 3 | 2 | 3 | 1 | 4 | 1 | 3 | 2 |
| ST | 3 | 4 | – | 1 | 3 | 3 | 2 | 3 | 3 | 3 | 2 | 3 | 3 | 1 | 1 |
| HI | 1 | 3 | 2 | – | 4 | 4 | 4 | 1 | 4 | 1 | 3 | 3 | 3 | 3 | 3 |
| NA | 2 | 4 | 2 | 2 | – | 4 | 3 | 3 | 3 | 3 | 3 | 3 | 2 | 3 | 3 |
| BP | 1 | 4 | 2 | 4 | 4 | – | 3 | 2 | 4 | 3 | 2 | 3 | 4 | 4 | 2 |
| AS | 2 | 4 | 1 | 3 | 5 | 3 | – | 1 | 1 | 2 | 1 | 4 | 1 | 2 | 4 |
| OC | 2 | 4 | 1 | 1 | 3 | 2 | 1 | – | 2 | 3 | 1 | 4 | 3 | 2 | 1 |
| DN | 2 | 1 | 2 | 3 | 2 | 3 | 1 | 3 | – | 4 | 3 | 2 | 4 | 1 | 1 |
| AV | 2 | 4 | 3 | 2 | 2 | 3 | 1 | 3 | 3 | – | 3 | 2 | 4 | 1 | 1 |
| HY | 1 | 1 | 1 | 1 | 4 | 1 | 1 | 1 | 4 | 4 | – | 1 | 4 | 3 | 1 |
| PG | 2 | 4 | 1 | 1 | 4 | 3 | 3 | 3 | 3 | 3 | 1 | – | 4 | 2 | 3 |
| DP | 2 | 2 | 1 | 2 | 2 | 3 | 1 | 3 | 4 | 4 | 2 | 2 | – | 1 | 1 |
| HM | 1 | 3 | 1 | 3 | 5 | 3 | 3 | 2 | 1 | 1 | 2 | 2 | 2 | – | 2 |
| PP | 2 | 3 | 1 | 3 | 5 | 2 | 5 | 2 | 1 | 1 | 1 | 3 | 1 | 2 | – |

**[그림 14-1] 성격 유형 조합의 빈도 추정치의 행렬**

* 세로축: 지배적인 성격 유형
* 가로축: 이차적인(수반되는) 성격 유형
* SZ=분열형(schizoid); PR=편집성(paranoid); ST=분열성(schizotypal); HI=연극성(histrionic); NA=자기애성(narcissistic); BP=경계선(borderline); AS=반사회성(antisocial); OC=강박성(obsessive-compulsive); DN=의존성(denpendent); AV=회피성(avoidant); HY=히스테리성(hysteric); PG=수동-공격성(passive-aggressive); DP=우울(depressive); HM=경조증(hypomanic); PP=정신병질(psychopathic)
* **다양한 조합의 빈도**: 1=드문; 2=가끔; 3=종종; 4=빈번하게; 5=아주 빈번하게
  이 도표에서 제시한 숫자는 저자 자신의 경험을 반영한다. 즉, 저자의 임상 경험과 경계선 성격장애 연구 집단에 참여한 경험을 토대로 도표에 숫자를 부여하였다.

교적 드물다. 왜냐하면 개념적으로 히스테리성과 강박은 정반대이기 때문이다. MaCann(2009)은 Pfohl과 Blum(1995)의 이전 연구를 언급하면서, 수많은 공존장애가 강박성 성격장애와 다른 성격장애(예: 편집성, 연극성, 경계선, 자기애성, 회피성) 사이에서 발견된다고 언급했다(p. 673). 그러나 MaCann은 '강박성 성격장애를 가진 개인은 정서적으로 드러내는 연극성 성격장애나 경계선 성격장애와 달리 정서 표현 면에서 억제적'이라고 덧붙였다(p. 673). 이는 강박성 성격장애와 연극성 성격장애의 공존장애가 강박성 성격장애와 자기애성 성격장애(또는 편집성 성격장애)의 공존장애만큼 일

반적이지 않다는 나의 관점을 지지해 준다.

자기애성 성격장애를 지배적으로 가진 소수의 사람은 정신병질을 가질 수 있다. 반면에, 지배적으로 정신병질을 가진 개인은 늘 자기애적이다[[그림 14-1]에서 보면 정신병질(PP)×자기애(na)= 숫자 5가 나옴]. 경계선 성격장애는 이차적으로 거의 모든 다른 장애의 특성을 보인다(단, 분열성 성격장애의 특성은 제외함). 경계선 성격장애의 경우, 이차적으로 나타나는 특질이 역동치료에 반응적인지 여부가 중요하다. 따라서 경계선 성격장애와 연극성 또는 우울 특질이 조합되었을 경우 경계선 성격장애와 편집성 또는 반사회성 특질이 조합되었을 경우보다 순응성이 더 높고 예후도 좋다. Clarkin 등(1999)이 제시한 포괄적인 경계선 영역에서도 이와 비슷한 것을 제안한다. 그들의 책에서 제시한 도표(p. 6)는 경계선 성격 조직의 범위를 보여 준다. 적절하게 악의적 자기애와 반사회성 성격장애가 도표의 바닥에 있고, 위쪽에 연극성 성격장애가 있다.

## 성찰 기능

성격장애 환자, 특히 경계선 성격장애 환자를 위한 정신역동치료에서는 환자의 성찰 기능이 좋은 예후요인이다(Diamond et al., 2003; Levy et al., 2006). 성찰 기능과 정신화 그리고 마음챙김, 심리적 마음가짐, 공감, 감정의 자각 같은 개념들은 의미상 중복된다(Choi-Kain & Gunderson, 2008). Fonagy와 Bateman(2008)은 초기 엄마와 유아 간의 애착 손상, 이후의 외상 경험은 경계선 성격장애의 발달과 관련이 있다고 제안했다. 엄마와의 애착 손상이나 외상 경험이 있을 때, 개인은 정신화 능력을 발달시키기 어렵다. 그럼에도 불구하고 많은 경계선 환자는 전이초점치료를 1년 받은 후 성찰 기능에서 향상을 보였다(Levy et al., 2006). 이러한 고무적인 결과는 많은 환자에서 나타나고 있다. Kernberg와 동료들은 90명의 경계선 성격장애 환자를 대상으로 한 무선 통제 실험으로 세 가지 치료 양식(전이초점치료, 변증법적 행동치료, 지지치료)의 효과를 연구했다. 즉, 90명의 경계선 성격장애 환자들은 무작위로 30명씩 각 치료 양식에 배정되었다(Clarkin et al., 2007). 하지만 많은 경계선 성격장애 환자와 오랫동안 작업한 치료자들은 좋은 성찰 기능을 보인(치료 시작 시 또는 치료 과정 동안) 환자들 중 일부는 많은 개선을 보이지 못한다는 것을 알고 있다. 다른 경우, 치료 초기에 성찰 능력의 결여는 치료가 얼마나 길게 지속되는지에 상관없이 빈약한 채로 유지된다. 또한 경계선 성격장애 환자들 중 일부는 성찰 기능이 결여되어 있었지만 궁극적으로 치료를 통해서 놀라운 성찰 기능의 발전을 보이는 경우도 있다.

뚜렷한 편집성 경향을 가진 경계선 환자들은 오랜 기간 치료를 받아도 성찰 기능의 향상을 보이기 어렵고, 치료 초기부터 성찰 기능을 나타내지 못한다. 예를 들면, 29세의 남자 환자는 격주로 치료받은 지 4년째에 접어들지만 타인의 입장에 서는 것이 상당히 어렵다. 즉, '정신화' 능력이 결여되어 있다. 이 환자는 지하철에서 신문을 읽고 있는 동안에 발생한 사건에 대해서 나에게 이야기했다.

> 젊은 여성이 환자 옆에 앉아 있었다. 환자는 신문의 한 면을 다 읽었다. 그 여성은 신문의 그 면을 빌려줄 수 있는지 물었다. 환자는 이러한 여성의 행동에 대해 침해받는 느낌을 받았으며 화가 나서 그녀를 노려보면서 날카롭게 "싫어!"라고 말했다고 한다. 여성은 다음 출구로 떠나면서 환자에게 아주 모욕적인 욕설을 했다.

나는 환자에게 그 여성의 요청이 악의가 없었고, 환자가 진심으로 신문을 공유하기 싫어서 "오, 미안해요, 전 신문의 두 면이 다 필요하고 곧 내려야 하거든요. 저도 곧 내리지만 않는다면 빌려주었을 텐데요."라고 말했다면, 그 여성이 환자에게 욕설을 퍼붓지 않았을 거라고 설명하고자 노력했다. 이에 그 환자는 "개 같은 년, 그런 년은 그런 대우를 받을 자격이 없어요."라고 말했다. 환자는 그 여성의 '성마름(아마도 그녀의 성격 특성이 아닐 수 있음)'을 자극한 자신의 무례함에 대해서 이해할 수 없었다.

성찰 기능이 두드러지게 결여된 또 다른 환자의 예를 들어 보자면, 이 환자는 대기업의 성공한 재정 책임자이다. 그는 영국의 귀족 집안의 아들이며 6세 때 기숙학교로 보내져서 그 이후 부모를 거의 보지 못하고 자라 왔다. 그는 자신의 문제를 부부 문제로 정의한다. 그의 현재 아내(세 번째 아내)는 원래 생물학적으로 남성으로 태어났지만 인공적인 외과 수술을 통해서 여성의 질을 가진 트랜스젠더이다. 나는 환자가 무엇 때문에 현재 아내에게 끌렸는지가 궁금했다. 환자가 어린 시절에 동성애 관계에 관심을 가졌는가? 해부학적으로 불임인 사람과 결혼하는 '안전 장치'를 통해서 부모가 되는 것을 피하려고 하는가? 환자의 독특한 배우자 선택에 내재된 심리적 의미를 생각해 보자. 환자가 아내에 대해서 호소하는 문제는 아내가 '금광을 캐는 광부'라는 것이다. 환자는 아기를 갖는 것에 대해 반대하지 않았다고 고백했다. 환자가 현재 40대이지만 첫 번째, 두 번째 아내와는 아이가 없었고 현재 아내와도 아이가 없다. 심지어 치료 1년 후에도 환자는 트랜스젠더 아내와 결혼한 무의식적 의미의 발견에 가까이 가지 못했고 트랜스젠더 아내를 선택한 것을 중요한 문제로 여기지 않고, 단지 당첨운같이 어쩌다 생긴 일로 여겼다. 결국 환자는 이혼을 했다. 이혼한 지 몇 달 후 이전 아내들보다 더 따듯하고 헌신적이라고 여기는 여인과 데이트해서 결혼했다. 새 아내에 대해 만족감을 느끼면서 치료를 끝냈다. 역동의 발견이나 통찰의 부재에도 불구하고 치료가 어쨌든 도움이 되었는지, 또는 환자의 좀 더 조화로운 지금의 선택이 단지 당첨된 운인지는 불명확하다.

스펙트럼의 반대 극단에는 성찰 기능은 우수하지만 역동치료에서 긍정적 이득을 얻을 수 있는 능력이 매우 제한되어 있는 심각한 성격장애를 가진 환자들이 있다. 이러한 환자는 역동치료에서 혜택을 보기 어려울 수 있다. 이렇게 역설적인 상황을 이끄는 요인 중의 하나는 확고하게 깊이 뿌리박힌 증상이다. 예를 들면, 나는 우연히 통조림 음식을 저장하던 정신건강 전문가와 함께 작업한 적이 있다. 그는 들어가 살 수 없을 정도로 작은 아파트에 통조림 음식을 쌓아 두었다. 표면상으로 통조림 음식을 저장해 두는 것은 자연재해나 외부의 침입(음식 조달을 받지 못하는 경우)으로부터 자신을 보호하는 것이다. 그러나 현실적으로 가능성이 희박한 이러한 시나리오에는 내면의 역동이 존재했다. 즉, 어릴 때 잔인한 엄마가 저녁밥도 주지 않고 침실에 그를 가두는 벌을 자주 줬음을 그는 명확히 기억하고 있다. 심지어 벌받지 않은 좋은 날에도 적은 양의 음식을 줘서 그는 언제나 배가 고팠다. 결과적으로 강박장애로 발달되어 갔는데, 강박장애는 주로 불안장애의 유전적 경향에 의해 형성된다. 그러나 그 자신은 강박장애가 어린 시절 굶주림에 의해 형성되었음을 알고 있다. 이러한 그의 증상에는 플루옥세틴의 최대 복용량까지 필요하지 않았다. 또한 그는 상당히 불가능해 보이는 대안적 과제를 발견했는데 '식료품점에 들어가지 않고 어떠한 물품도 사지 않을 거라고 스스로 다짐하며, 불안한 사고를 적으면서 식료품점을 그냥 지나쳐 버리는 것'이다. 이미 명백하게 나타난 것 이상으로 그의 상황의 정신역동에 관해 배울 수 있는 것은 어떤 것도 없었다.

## 개별 특질의 중요성

나는 정신역동치료에 대한 순응성을 평가할 때 엄격하게 범주에 기반을 둔 접근의 부적절성에 관해 논의했다. 따라서 차원적 모델(예: 미네소타 다면적 인성검사)을 기반으로 하여 다양한 유형을 고려하는 접근을 제안하고자 한다. 차원적 모델을 통해 미세한 구별도 가능하기 때문이다. 그러나 이 단계를 추가하는 것만으로 임상 작업에서 볼 수 있는 환자의 모든 특성을 언급하는 것이 사실상 충분하지 않을 것이다. 내가 늘 주장하듯이(Stone, 1993, 2006), 우리는 사전적 수준에 주의를 기울여야 한다. 하나의 성격 특질의 수준에 주의를 기울여야 한다. DSM-IV-TR에 포함된 성격장애는 다수의 특질('자살 시도' 또는 '버려짐을 피하기 위한 광기의 시도'와 같이 특질이라기보다는 행동에 관한 기술을 포함)로 기술되어 있다. 이러한 목록은 일상 언어에서 의미 있는 특질 목록과 비교해서 몇 배 더 간단하다. 누군가에게 더 중요한 언어인지 여부와는 상관없이, 500개의 부정적 특질과 100개의 긍정적 특질을 사용하여 나열하고 조합한다. 이 개수는 더 이상 축소할 수 없는 최소치이다. 이러한 특질들의 조합은 상상할 수 없을 정도로 큰데, 이러한 특질들의 조합으로 손의 지문이 갖고 있는 독특성과 유사한 각 인간 존재의 성격의 독특성을 나타낼 수 있다.

다행히도, 치료자는 60억 개개인의 특질들의 조합 또는 심지어 600개의 특질을 이해할 필요는 없다. 어떤 특질은 다른 특질보다 더 중요하기도 하고 치료에 방해되는 특질 또는 치료를 촉진시키는 특질이 있다. Freud(1904/1953)는 오래전에 성공적인 정신분석치료의 선결요인으로 환자가 가진 좋은 특성(good character)을 언급했다. 좋은 특성은 앞서 언급했던 100개의 긍정적 특질로 구성된다. '좋은 특성'을 가진 각 개인이 똑같은 특질의 조합을 갖지는 않을 것이다. 하지만 좋은 특성을 가진 개인은 다정하고, 배려하고, 평온하고, 자기확신적이며, 친절하고(연민과 용서 포함), 예의 바르고, 주장적이고, 양심적이고, 개방적이고, 우호적인 요인들(하위 범주들)을 가진다. 좋은 특성을 가진 개인의 경우, 이러한 좋은 요인들로부터 특질의 조합이 이루어진다(Stone, 1993, p. 111). 사실 방해하는 장해물이 더 많다. 사회적 창조물로서, 우리는 상호작용하는 사람들에게 존재한다고 추측하는(다르게 증명될 때까지는) '기대되고' 호의적인 특성보다는 혐오감을 주고 위협하는 특성에 더 주의를 기울인다. 부정적 특질에 대한 나의 분석에 의하면, 대부분의 부정적 특질은 타인을 성가시게 하며, 특히 의심이 있는(우울하거나 부끄러움을 타는) 사람을 힘들게 한다. 나는 교육적 목적으로 부정적인 특질을 36개 요인(예: 공격적, 화난/성마른, 부당한, 동정심 없는 등)으로 나누었다(Stone, 1993, p. 108). 이후에 나는 "부정적 특질이 강하면 심리치료에 심각한 문제를 만들 수 있으며 심지어 성격장애(DSM 범주)로 정의 내릴 수 없더라도 문제를 초래한다."라고 제안했다(Stone, 2006, p. 195). 우리가 타인을 힘들게 하는 특질로 보는 부정적 특질에는 신경질 내는, 편협한, 억울해 하는, 굴욕적인, 시기하는, 넋두리하는, 고상한 체하는, 싸우기 좋아하는, 악의적인, 복수심이 강한, 잔인한 등과 같은 특성이 포함된다.

자기에게 주로 고질적인 문제가 되는 특질은 앞서 언급했던 타인을 괴롭히는 나쁜 특질보다 정신역동치료에 장해물이 덜 된다. 예를 들면, 과민하거나 지나치게 세심하거나 소심한 이들은 타인의 기분을 덜 상하게 하고, 언쟁이 오가는 대인관계를 덜 가지며, 성찰 능력도 있다. 따라서 이들은 정신역동치료나 정신분석적 치료에 좀 더 반응한다. 하지만 자기에게 문제가 되는 특질 중 아주 일부는 정신역동치료를 시도하는 데 위협적인 장애물로 기능한다. 예를 들면, Kernberg(1967)가 기술했던 유아기 성격(Infantile Personality)을 들 수 있다. 유아기 성격은 최근 성격장애 설명에는 포함되어 있지 않지만(Livesley, 2001; Oldham et al., 2005), Millon과 Davis에 의해 연극성 성격장애의 변형으로 언급되었다. 또한 유아기 성격은 경계선 성격장애와 연관성이 있으며 이와 관련된 특질로 불안정성, 유치한 히스테리가 있고, 삐치고, 요구하고, 매달리는 경향이 포함된다. 유아기적 개인은 주로 고집 부리고 심술 부리는 방식으로 타인(치료자 포함)으로부터 위안을 추구한다. 수동성이 두드러지는데, 유아기성 환자의 수동적인 측면은 치료자가 모든 것을 해 주기를 바란다는 것이다.

억압하는 혹은 불안한 유형에 속하는 사람들의 치료 장해물은 기존의 문헌에서 거의 언급되지 않았는데 바로 종교적 원칙주의이다. 그들은 성적 탐색이나 친밀감의 회피를 정당화하기 위해 종교적 의식에 매달린다. 어떤 종교적 원칙주의자들은 문화적 승인에 의존하며, 그들의 사고방식에서는 신이 명령한 금기를 자신의 성적 억압에 대한 굳건한 방어책으로 사용한다.

## 경계선 영역의 다양성으로 야기되는 문제

경계선 환자와 정신역동치료를 하는 치료자는 어떠한 치료 형태를 취해야 하는지에 관해 함정에 빠지기 쉽다. 즉, 치료자는 경계선 성격 조직을 가진 환자를 위한 특정 치료 형태가 있다고 가정하거나(Kernberg, 1967), 심지어 경계선 성격장애에 대한 협소한 개념을 기반으로 한 치료를 모든 환자(이들의 임상적 지표가 이 정의에 적합한)에게 적용할 수 있다고 가정하는 오류에 빠질 수 있다. 성격장애 영역에서 '하나의 진단/하나의 치료'라는 오류가 타당한 곳은 어디에도 없다. 이와 관련해서 두 가지 이유가 있다. 첫째, 이러한 넓은 범주들 내에 존재하는 임상적 변이의 다양성이 다른 성격장애와 함께 발견되는 그것보다 더 크다. 나는 앞서 경계선 성격장애가 어떻게 거의 모든 다른 장애와 혼합되는지에 주목했다. 즉, 경계선 성격장애와 우울(또는 우울성-피학증)의 조합(정신역동치료에 비교적 좋은 치료 가능성 있음)에서부터 경계선 성격장애와 반사회성 성격장애의 조합(정신역동치료에 대한 순응성이 낮거나 절망적인 진단임)에 이르기까지 다양한 이질성을 보여 준다. 둘째, 경계선 영역 내에서 초기 진단 시기에 이르기까지 삶의 과정과 관련해 다양성이 존재한다. 다행히도, 어떤 경계선 환자들은 삶의 초기에 외상(언어적 · 신체적 · 성적 외상, 방임 등)으로 인해 거의 고통을 받지 않는다. 이에 반해 여성 경계선 환자들 중 상당수는 가족 또는 가족 이외의 남자에게 성적으로 학대를 당한 경험이 있다(Stone, 1990b; Zanarni et al., 2002). 근친상간의 경우, 학대가 심각할수록 정신역동치료를 통한 경계선 성격장애의 호전 가능성은 더 낮아진다(Zanarini et al., 2005). 이와 비슷하게, 학대가 일찍 시작될수록 삶의 과정은 더 심각해지며(그리고 외상 후 스트레스 진단과 중복될 경우 삶의 과정은 더 심각해짐) 치료 예후도 좋지 않다(McLean & Gallop, 2003). 하지만 모든 경계선 환자가 이와 같다고 말할 수는 없다. 그리고 10세 이전에 근친상간을 당했던 경계선 성격장애 환자들은 늘 취약한 집단이며, 정신역동치료에 언제나 잘 반응하는 것은 아니다. 이러한 환자들의 하위 집단(거의 여성 환자)에서 외상 정도가 아주 심하고 외상을 겪은 이후의 행동이 아주 파괴적이라면, 역동치료를 하는 데 있어서 그것이 극복할 수 없는 장해물이 될 수 있다.

일부 치료자는 경계선 성격장애 환자의 경우, 전이초점치료 또는 Fonagy와 Bateman(2004)이 지지한 정신화 기반 치료가 적절할 것이라고 믿는다. 나는 유럽의 정신역동치료 전문 클리닉을 방문하는 동안 극도로 외상이 깊은 경계선 성격장애 환자를 만났다. 40세의 독신인 이 여성은 자라면서 오랫동안 근친상간을 당해 왔다. 치료실에서 잠깐 사이에 그녀는 할복(자신의 배를 세로로 죽 그어 버리는 심각한 자기절단)을 하고 자신의 장을 만지작거렸다. 그 클리닉의 치료진들은 고도로 수련받은 전문가이며 이 여성을 '경계선'으로 진단했다. 치료진들은 치료를 통해 도움을 줄 수 없게 만드는 그녀의 한계점도 알고 있었지만 그녀가 역동치료의 도움을 받을 수 있도록 지속적으로 노력했다. 어린 시절에 대한 끊임없는 공포에 빈곤, 고독, 일을 통한 자기지원 능력의 결여 그리고 나이 듦의 고충이 더해졌는데, 이러한 점이 그녀가 호전되는 데 심각한 한계로 작용했다. 이러한 한계에 적개심까지 더해졌다. 그녀의 적개심은 처음에는 근친상간 가해자에게 향하고, 그 이후에는 자기 자신에게 향하게 된다(전례 없는 자기 파괴적 속성을 띠며 붕괴해 간다. 그것은 일본인의 할복 자살과는 다르다). 그녀의 이러한 특이한 증상의 경우, 그 이면에 정신증적 핵심이 있다. 이는 지지적인 심리치료와 달리, 역동적 심리치료의 효능성에 절박한 한계를 가한다.

경계선 환자들이 보이는 정신증적 핵심은 언뜻 보기에 기이하고 독특한 증상들이다.

> 나는 고등학교 3학년 흑인 여학생을 상담했다. 이 여학생은 태어나자마자 백인 전문직 가정(이미 자녀가 둘 있음)에 입양되어 자라 왔다. 양부모는 그녀에게 흑인 공동체에서는 누릴 수 없는 기회들을 주기를 원했다. 그녀는 친한 흑인 친구와 소원해짐을 느꼈다. 이 친구는 그녀가 좋은 백인가정에서 자랐기 때문에 그녀를 거부했다. 하지만 그녀는 자신이 흑인이기 때문에 백인에게는 소외감을 느꼈다. 그녀는 취약한 자아 강도를 지녔다. 그녀는 흑인이기 때문에 심한 수치심을 느꼈고, 욕실 바닥에 변을 보는 증상을 보였다. 가족들이 사용하는 변기 시트에 앉아서 자신이 볼일을 본다면 변기 시트가 더럽혀질 거라고 여겼기 때문이다.

이 여학생은 경계선 성격장애 환자로 나에게 의뢰되었다. 그러나 나는 그녀의 증상과 더불어 좀 더 심각한 질병의 단서인 조현병이 나타나고 있음을 알아차렸다. 조현병은 정신분석치료에 적절하지 않다.

〈표 14-1〉에 언급되어 있듯이, 일반적으로 압도적인 외상적 과거사는 정신역동치료의 효능성 면에서 주의를 요하는 부분이다. 즉, 압도적인 외상 내력을 가진 환자의 회복탄력성은 환자마다 다르다. 외상적 과거사가 있음에도 불구하고 강한 체질과 조절(보호적인) 유전인자의 최상의 조합을 가진 이들은 좋은 성찰 기능이 있어서 역동적 접근이 효과적일 수 있다. Mitton 등(1997)이 제안했듯이, 성적으로 학대당한 많은 경계선 환자는 궁극적으로 오랜 기간 후에는 회복하며, 회복 과정은 성적 학대를 당하지 않은 경계선 환자들보다 5~10년 정도 더 소요된다(p. 200). 한편, 개인적으로 덜 강인하고 아주 심각한 외상을 겪은 경계선 환자들의 경우, 좀 더 지지적이고 교육적인 접근이 요구될 것이다.

## 자기애성 특질의 영향

많은 문헌은 자기애성 환자들을 대상으로 한 역동적 치료의 어려움을 보여 주고 있다. Kernberg의 성격조직모델에서 경계선 수준으로 기능하는 이들을 위한 치료는 치료자에게 강렬한 도전이 된다. 경계선 성격장애와 자기애성 성격장애(DSM-IV-TR)를 모두 충족하는 환자를 다룰 때 치료자가 마주하는 도전은 더 크다. 여러 연구자는 공통적인 역전이 문제에 주의를 기울였다. Arnold Cooper(1986)는 치료자는 "지루하고 화가 나거나 일반적으로 치료에서 활기가 없으며 불편감을 경험한다."라고 언급했다. 그는 환자의 냉정한 거대성은 치료자에게 보복적인 분노를 불러일으키며, 환자는 치료자의 개입을 무시하거나 험담하여 치료자와 환자 간의 유대를 발견하기 어렵게 만든다고 덧붙여 말했다(pp. 140-141). 이와 비슷하게, Glen Gabbard(1998)는 치료자는 자기애성 환자를 치료하면서 지루함과 거부당한다는 느낌을 가지게 된다고 설명했다. 치료자는 환자의 경멸 어린 태도에 부정적으로 반응하는 경향이 있는데, 이는 환자에게 새롭거나 유용한 것을 더 이상 주지 않겠다는 것을 전달하는 것이다(p. 136). 치료자를 폄하하는 환자의 말들은 "치료자의 자신감과 효능감을 약화시킨다"(p. 137). 경계선 성격장애와 자기애성 성격장애 환자를 치료하다 보면, 그들의 얕게 널리 퍼져 있는 거대성과 깊은 부적절감과 시기심(7대 죄악 중에 속함; Schimmel, 1997)을 종종 마주하게 된다.

정신역동치료 맥락에서 보면, 자기애성-경계선 환자들이 보이는 태도상의 갈등은 양극단을 왔다 갔다 하는 데서 나타난다. 한 극단에서 환자는 치료자보다 우월감(지능, 사회적 지위, 부)을 느낄 것이다. 따라서 치료자가 그들에게 어떠한 것도 제공해 주지 못한다고 여기기 때문에 크게 실망해서 치료를 그만둘 것이다. 반대 극단에서 환자는 치료자가 어떠한 방식으로도 그들보다 우월하다고 느끼기 때문에 치료에 희망을 건다. 그러나 환자는 이러한 고통스러운 환자와 치료자 간의 불평등한 차이에 시기심을 느껴 소진하게 되며 결국 치료를 그만두게 된다. 이러한 모순적인 상황을 통하여 자기애성 환자가 느끼는 경멸을 이해할 수 있다. 그리고 이러한 환자의 양극단적 태도의 부작용은 성숙한 치료관계를 맺지 못하게 한다.

경계선 성격장애 환자는 다른 유형의 성격장애(회피적인 반사회성 제외)를 가진 환자에 비해 중도 탈락률이 높다. Waldinger와 Gunderson(1984)은 경계선 환자의 표본을 가지고 분석한 결과에서 중도 탈락률이 40%에 달한다고 보고했다. 이는 나의 오랜 기간의 치료 경험과 일치한다. 경계선 성격장애의 다양한 하위 유형 간의 중도 탈락률을 비교하는 연구는 부족한 상황이다. 내 경험으로는 경계선-자기애성 성격장애가 다른 하위 영역보다 중도 탈락률이 더 높은 편이다. 그리고, 경계선 성격장애 하위 유형 중에 경계선-반사회성 성격장애 환자도 중도 탈락률이 높은 편이다.

지배적인 자기애성 환자(경계선 특징도 어느 정도 가짐)의 대부분은 남성이다. 그들의 가장 두드러진 특질은 오만무례함이다. 또 다른 주요 특질로는 공작새처럼 자기몰두와 거대성을 보인다는 것이다. 그들은 성공한 부유한 남자로 패션 모델과 데이트하는 것에 사로잡혀 있다. 하지만 여전히 '좋은 짝을 찾지 못했다.'고 한탄한다. 이런 남성들은 내가 마법을 부려서 신속하게 '좋은 짝'을 찾도록 도와주기를 희망한다. 그러나 그들은 나와 치료에 전념하지 않고 자신을 과시하기 위해 전시용으로 파티에 데려갈 예쁘고 섹시한 여자에게 환심을 얻으려고 한다. 파트너를 찾아도 곧 싫증을 느낀다. 주요 특질인 오만무례함을 지닌 자기애성 환자는 치료에 대한 동기를 가지고 있지만 지역사회에서 명성을 가지고 있는 치료자에 대해 양가감정을 가진다. 치료가 시작된 지 얼마 후, 환자의 경쟁심과 시기심은 표면으로 드러난다. 내가 마흔 살 더 많다는 점은 환자에게 어떤 위안도 주지 못했다. 전이 상황에서 나는 성공적인 '형제'에서 심지어 위협하는 아버지(오만하고 거부적인 아버지)로 옮겨 갔다. 치료자에 대한 무시는 시기심에 대한 해소 방안이 되었고 결국 그가 치료를 그만두게 했다. 이러한 자기애성 환자의 경우, 오만함으로 인해 치료자가 그들을 도울 수 없고, 어느 누구도 그들을 도울 수 없어서 결국 외로움에도 불구하고 그들 자신이 '우월하다'는 착각을 유지한다. 자기애성 사람들의 심리적 계산으로는 치료를 계속해야 하는 위험을 감수하거나 치료에서 필수불가결한 실망감을 정면으로 마주해야 하는 것보다 좌절을 주는 부모와 꼭 닮은 사람(거부적인 부모와 같은)과의 갈등적인 관계에 머물러 있는 것에 더 안정감을 느낀다.

자기애적 특질에 대한 전반적인 그림은 여기에서 언급한 것처럼 비관적이지 않다. 경계선 특징을 가진 자기애성 환자를 포함하여 많은 자기애성 환자의 경우, 그들의 자기애적 특질이 ① 내가 여기서 기술했던 것만큼 뚜렷하지 않으며, ② 낮은 수준의 공감, 착취, 오만의 악의적 특성이 덜 나타난다. Kernberg(1992)는 치료에 잘 반응하는 이러한 자기애성 환자에 대해서 기술했는데, 자기애성 환자가 보이는 도전에 어떻게 최선으로 접근할지에 관해 제안하고 있다.

## 반사회성 특질의 영향

축 II 성격장애 범주에서 제시하는 다양한 기준 덕분에 많은 다양성이 이미 체계적으로 구축되었다. 이것은 차원성의 측정을 제공하는데, 물론 각 범주에 제한되어 있다. 앞의 [그림 14-1]은 임상가에게 가장 중요한 성격장애와 그다음으로 중요한 성격장애를 기록하도록 요청하면서 더 광범위한 차원을 제시한다. 성격장애에 대한 공정한 평가를 내리기 위해서는 이상적으로 모든 주목할 만한 특질을 포함할 수 있다. 하지만 이러한 과제는 특질을 기술하는 추가적인 사전적 접근이 요구된다. 우리의 평가가 심지어 완전히 공정하더라도, 우리는 각 특질의 강도(스칼라 용어로 진폭)에 대해서도 주의를 기울이기를 원할 수 있다.

이 점을 염두에 두고 반사회성 성격장애에 대한 DSM-IV-TR의 7개 기준의 강도를 비교한 것이 [그림 14-2]의 그래프에 제시되어 있다. 강도는 DSM 기준의 각 항목에 × 표시를 해서 상대적인 높이를 반영한다. 반사회성 성격장애는 DSM-IV-TR의 7개 기준 항목들 중 3개 항목의 충족을 요구한다. 반사회적 특질은 210개의 조합—반사회성 성격장애 특질들 간의 조합이며 다른 성격장애 특질들과의 조합은 고려하지 않음—이 가능하다.

[그림 14-2]에서 두 명의 환자를 비교하였다. 두 환자는 지난 43년 동안 개인치료에서 내가 만난 23명의 반사회성 환자(남성 14명, 여성 9명) 중에서 선택되었다. 두 환자 모두 여성으로, 20대 후반에 분석치료로 나에게 의뢰되었다. 환자 1은 적절한 치료 기간을 유지했던 유일한 여성 환자였다. 그녀의 반사회적 특질은 환자 2에 비해 덜 뚜렷했다. 환자 2는 반사회성 성격장애의 7개 기준 항목 모두를 충족시키는 전형적인 반사회성 성격장애로 분류된다. 두 환자 모두 중상류층 출신이었다.

환자 1은 다양한 방식(다른 사람이 쓴 것처럼 해서 편지를 보내고, 다른 이메일이나 다른 필기도구를 사용하여 글씨체를 다르게 해서 편지를 씀)으로 이전 남자친구를 스토킹해서, 그의 여자친구에게 가한 그의 '엄청난 학대'에 대해 질책하는 문제를 가지고 있었다. 그녀는 어떠한 성찰 능력도 보이지 않으며 전적으로 남자친구의 탓으로 돌린다. 나는 진심으로 그녀가 스토킹 행동을 그만두도록 촉구했지만 헛수고였다. 그녀는 남자친구에게 접근하는 어떠한 시도도 하지 않겠다고 나에게 거짓말을 했지만 나는 그녀가 남

| 1 | 2 | 3 | 4 | 5 | 6 | 7 | << | >> | 1 | 2 | 3 | 4 | 5 | 6 | 7 |
|---|---|---|---|---|---|---|---|---|---|---|---|---|---|---|---|
| | | | | | | | J | J | | | | | | | X |
| | | | | | | | I | I | | × | | | | | |
| | X | | | | | | H | H | | | × | × | | × | |
| | | | | | | | G | G | × | | | | × | | |
| × | | | | | | | F | F | | | | | | | |
| | | × | | | | | E | E | | | | | | | |
| | | | | | | | D | D | | | | | | | |
| | | | | | X | | C | C | | | | | | | |
| | | | × | | | × | B | B | | | | | | | |
| | | | | × | | | A | A | | | | | | | |

**************환자1**************　　**************환자2**************

**[그림 14-2] 반사회성 특질을 가진 두 명의 경계선 환자 프로파일 비교**
**(반사회성 성격장애에 대한 DSM 준거에 따름)**

* 1=사회적 기준을 지키는 데 실패; 체포될 수 있는 범법 행동을 반복적으로 저지름
* 2=기만성(반복된 거짓말, 가명 사용, 타인에게 사기)
* 3=충동성 또는 미리 계획 세우기 실패
* 4=화와 공격성(즉, 싸움과 폭행)
* 5=타인의 안정에 대한 무모한 무시
* 6=일관적으로 무책임함(일에서의 무책임, 노름 빚)
* 7=후회를 하지 않음(타인에게 해를 주는 행동에 대해)
* A=나타나지 않거나 경미하게 나타남; C=적절하게 나타남; E=중간 정도로 나타남; G=주로 나타나는 특징임; J=아주 극단의 정도로 나타남
* X=환자의 준거에 해당되는 강도 수준; 작은 크기의 ×=약한 강도; 큰 X=강한 강도

자친구를 스토킹한다고 확신했다. 나는 그녀의 허락을 받고, 그녀의 예전 남자친구와 연락을 해서 그녀가 그에게 보냈던 이메일, 전화, 편지를 보내 달라고 했다. 그녀의 기만은 드러났으며 결국 스토킹은 그만두게 되었다. 그녀가 남자친구와 데이트하면서 했던 여러 번의 자살 시도도 그쳤다. 그녀는 또 다른 남자친구를 여전히 스토킹했지만 그는 그녀를 고발했고 그녀는 유치장에 하룻밤 구금되었다. 판사는 그녀가 내년까지 스토킹 범죄를 반복해서 하지 않는다면 범죄 기록을 말소해 주겠다고 했다. 이 사건이 전환점이 되어 결과적으로 그녀는 회복되었다. 그녀는 이후에 결혼을 했고 일에서도 좋은 성과를 냈다. 치료관계에서도 그녀는 과거 몇 년 동안 좀 더 개방적이고 정직하게 임했다. 그녀는 더 이상 반사회성 성격장애의 DSM-Ⅳ-TR 기준에 해당되지 않는다.

환자 2는 '기분장애'인 양극성 장애로 의뢰되었다. 이 환자는 조증인 상태에서는 화와 공격성, 거대성, 법 무시, 약물 남용(손상된 자기통제와 위험 행동을 초래함)에 취약하기 때문에 반사회성 고위험군이었다. 환자 2의 가장 두드러지는 특징은 악의적이라는 것이다. 그녀는 자신을 아주 미모가 뛰어난 여배우로 상상하며 유명해지기를 추구한다. 그녀의 특권의식은 부모가 그녀보다는 그녀의 여동생에게 더 관심을 보이면서 좌절되었다. 따라서 그녀는 현재 가족의 악랄한 무시로 인해 여동생에게 복수하는 데 온갖 노력을 기울이겠다고 했다. 그녀는 모든 가족원에게 각각 복수를 했다. 그녀는 엄마에게 아버지가 비서와 바람을 피우는 확실한 증거가 있다고 알려 주었다. 처음에는 이러한 일로 인해서 부모 간의 관계에 균열이 일어나기도 했지만, 결국은 그녀의 거짓말임이 밝혀지면서 부모는 재결합을 하였고 그녀를 집에서 쫓아냈다. 그녀의 여동생은 결혼해서 잘 살고 있다. 그녀는 여동생에 대한 병적인 시기심으로 인해서 제부에게 여동생이 그를 속이고 있다고 헛소문을 퍼뜨려서 여동생에게 악감정을 가지게 했다. 치료가 6회 진행된 후, 환자 2는 나에게 계획 1(악의적인 헛소문 퍼뜨리기)은 실패했으며, 자신이 곧 여동생과 제부가 사는 곳에 여행을 가서 살인 청부업자를 고용해서 동생을 죽이는 계획 2를 실행할 거라고 말했다. 이 시점에서 나는 가족원 모두에게 이 사실을 알리고 환자가 치료를 그만두도록 했다.

환자 2의 사례는 정신역동치료가 효과가 없음을 보여 주고 있다. 정신역동치료는 다양한 정신 주체 간의 갈등(강한 욕망과 양심 간의 갈등)에 대해 다루는 것인데, 이렇게 도덕적 관념이 없는 환자에게는 정신역동치료가 적절하지 않다. 그들은 양심도 없고 내적 갈등도 없다. 환자 2는 단순한 반사회성 그 이상이다. 그녀는 Robert Hare(1993)가 말한 '화이트칼라 정신병질자(엘리트 정신병질자)'에 해당되며, 내가 최근에 쓴 책에 인용된 예가 될 것이다(Stone, 2009). 전형적인 정신병질적 행동적 특성(초기 품행장애, 청소년 비행, 조건부 석방의 취소)을 보이는 빈곤한 사회적 환경에서 자란 정신병질자와 달리, 부유한 가정에서 자란 정신병질자의 경우 '범죄'의 특성이 덜 보일 수 있다. 대신에 그들의 성격적 일탈은 Hare의 정신병질 체크리스트 개정판의 요인 1 '극도의 자기애성' 항목에 주로 국한된다(Hare et al., 1990). 극도의 자기애성 항목에는 말뿐인 허풍, 거대성, 기만성, 타인에게 사기 치기, 타인 조종, 냉혹함, 후회감의 결여, 자신의 행동에 대한 무책임감이 포함된다. 이러한 항목은 보통 곁에서도 잘 보이는 행동(폭행, 체포 기록, 직업을 갖지 못하는 무능력)과 달리 오랫동안 드러나지 않을 수 있기 때문에, 심지어 분석적 훈련을 갖춘 치료자조차 종종 이 환자들과 역동에 초점을 맞추는 치료를 할 수 있다. 나는 개인치료실에서 23명의 반사회성 환자를 만났는데, 그중 4명의 여성과 7명의 남성은 화이트칼라 정신병질자의 기준에 잘 들어맞았다(극도의 자기애성 항목인 요인 1에서 높은 점수를 보이지만 행동 항목인 요인 2에서는 평균 점수를 보임). 23명의 환자 중 오직 2명만이 충분한 치료 기간을 통해 의미 있는 치료 목표가 성취되었다. 치료를 완수한 이 두 환자는 반사회적 특징들을 보였지만 정신병질자는 아니다. 한 명은 반사회적 특징만 보이고 다른 한 명은 부유한 부모와의 문제로 여러 차례 극적으로 적대적 행동을 보이는 20대의 남자 알코올 중독자였다. 그에게 익명의 알코올 중독자 모임(Alcoholics Anonymous)에 참여하도록 설득하였고, 그는 모임에 참여하여 빠른 호전을 나타냈다. 하지만 이 사례의 경우 정신역동치료라기보다는 지지적 치료에 가까웠다.

## 정신역동치료의 장해물에 대한 요약

지금까지 나는 성격장애의 주요한 특성과 성공적인 정신역동치료를 수행하거나 또는 정신역동치료를 어렵게 하거나 불가능하게 하는 일반적인 정신 상태에 대해 기술했다. 정신역동치료를 어렵게 하거나 불가능하게 하는 특성은 바로 이 방법에 의한 치료 가능성을 제한하는 것이다. 정신역동치료를 수행하는 데 영향을 주는 요인에 대해서는 〈표 14-1〉에서 이미 제시하였다. 여기에서는 이러한 목록에 이전에 조명되지 못한 특질이나 반사회성 장애와 정신병질 특질의 일부를 포함하고자 한다. 따라서 성격장애 치료에서의 제한요인을 좀 더 확장해서 〈표 14-2〉에 제시한다.

나는 아직까지 가학적 특질(Sadistic Traits)에 대해서는 주의를 기울이지 못했다. 가학적 특질은 DSM-Ⅲ-R의 부록 A에 요약되어 있다. 동료와 나는 뉴욕의 정신병원에서 DSM-Ⅲ-R에서 언급한 가학적 특질의 8개 항목을 세 가지 주요 요인으로 구분했는데, 이를 '신이 나서 저지르는 잔인성' '최고의 통제감' 그리고 '영혼의 살인'으로 명명했다(Stone et al., 2009). 첫 번째, 신이 나서 저지르는 잔인성은 가학적 특질의 원형으로 타인에게 괴로움을 가하는 데 즐거움을 느끼는 것이다. 두 번째, 최고의 통제감은 타인에게 절대적인 지배와 통제를 가하는 가학적인 요구가 초점이다. 타인의 의지를 예속하고자 하는 것이 바로 가해자의 의지이다. 세 번째, 영혼의 살인이라는 것은 가해자가 타인에게 모욕을 주는 경향성을 강조한 명명이다. 특히 피해자가 많은 사람(청중)에 둘러싸

**〈표 14-2〉 성격장애 치료에서의 제한요인**

1. 낮은 수준의 성찰 능력, 특히 정신역동치료에 대한 거부 반응, 두드러지는 구체적인 사고
2. 두드러지는 자아의 취약성(정신병적 분열 경향성 또는 압도하는 과거 외상 경험과 같은 요인 때문임)
3. 공감 능력의 결여(자기애성 성격장애, 반사회성 성격장애 그리고 정신병질, 또는 아스퍼거 유형의 자폐증 스펙트럼 장애에서 주목되는 것과 같은 현저한 자기애성 성격 구조 때문임)
4. 혼란된 상태에서의 충동성[행동화하는 경향, 특히 약물 남용(알코올, 메스암페타민 등)으로 상태 악화됨]
5. 자기애적 특질 또는 자기애성 성격장애의 특징을 모두 갖춘 경우(시기심, 오만, 거대성, 특권의식, 타인 모욕 및 착취가 지배적인 특징; 악의적 자기애적 증후군)
6. 반사회성 성격장애 또는 정신병질 내에 존재하는 자기애적 특질(거짓말, 기만, 타인 속이기, 냉혹함, 후회하지 않음)
7. 거부형 애착 유형이 지배적
8. 현재 축 II 장애 기준에 포함되지 않은 다른 성격 특질: 억울함, 무분별한 행동, 불쾌감, 피상성(확고한 가치의 결여), 악의성, 보복성, 두드러지는 감각 추구, 적의감
9. 가학적 특질: 타인 모욕 주기, 타인의 의지 굴복시키기, 타인의 고통 즐기기
10. 종교 맹신자에서 주목되는 것과 같은 성격의 현저한 경직성

여 있을 때 모욕을 주는데, 청중의 존재는 피해자를 더 당혹하게 만들기 때문이다. 신이 나서 잔인한 행동을 하는 가학적 유형은 주로 법정에서 만나기 쉽다. 특히 그들은 피해자에게 신체적으로 고통을 가한다. 드러나지 않는 가해자는 개인치료실이나 클리닉에서는 거의 만나기 어렵다. 그러나 그들은 지배적인 상호작용 방식과 극도의 부당한 행동을 일삼거나(최고의 통제 집단으로 직장 따돌림 가해자 포함), 모욕적인 언행, 폄하하는 행동(영혼 살인자 집단) 등을 하기 때문에, 그들의 성적 파트너나 배우자, 자녀 또는 직장 부하는 생지옥을 경험하게 된다.

안타깝게도, 가학적 성격은 다음 두 가지 이유로 더 이상 최근의 DSM에는 포함되지 않는다. 이는 ① 가학적 개인은 인상적인 숫자로 계속해서 존재하기 때문이며, ② 정의를 내리는 기준이 반사회성 성격장애 또는 정신병질과 구별되기 때문이다. 따라서 가학적 성격을 지닌 개인은 법정 정신의학에서 그들의 중요성이 고려될 때만 구별된 명칭으로 언급된다. 가학적 개인은 정신과적 도움을 거의 찾지 않으며, 치료가 되지도 않는다(경도나 예외적 사례 제외). 이는 가학적 개인도 정신병질적 개인과 마찬가지로 정신역동치료로 효과를 보지 못할 뿐만 아니라 모든 형태의 치료에도 적합하지 않다는 것을 의미한다. 심지어 아주 심각한 사례로 '가학적 정신병질'은 가학성과 정신병

질이 중복되는 집단이다. 상습적인 강간범, 연쇄살인범 등의 사례를 평가하기 위해 법정 정신과 의사가 호출된다(Stone, 2009). 또한 부패한 정치인, 부정직한 사업가, 다단계 금융사기꾼과 같이 겉으로 고상하게 보이고 덜 가학적인 정신병질자도 좋은 치료적 관계를 맺을 수 없다.

## 치료에 방해가 되는 종교적 원칙주의

서양에서 종교적 자유는 글자 그대로 또는 상징적으로도 신성불가침 영역으로 여겨진다. 모든 주요 종교의 신도는 하나의 스펙트럼 내에 존재한다. 스펙트럼의 한 극단에 있는 신도들은 종교적 윤리를 준수하는 데 많이 집착하지 않으며 매일의 삶에서 그들이 공언한 신념과 규칙의 어느 정도만 영향을 받으면서 살아간다. 스펙트럼의 반대 극단에 있는 신도들은 모순적으로 일상의 자유와 덜 독실한 상대방의 자유를 구속하기 위해 자신의 종교적 자유를 이용한다. 그들은 성서에서 말하는 금지령인 도둑질과 살인은 하지 않으며, 주로 성적인 부분을 스스로 제한한다. 자위는 누군가에게 문제가 될 수 있다. 그러나 이러한 구속은 오늘날 세대를 파괴할 수 있다. 혼전 성교는 독실한 신자에게는 주요한 갈등의 문제가 된다. 특히 종교적 원칙주의자라고 불릴 수 있는 도덕 강령을 철저하게 고수하는 사람들에게는 혼전 성교가 큰 갈등을 불러일으킨다. 내가 여기서 말하는 종교적 원칙주의자는 종교적 신념을 전도하는 데 열정을 다하는 사람들을 의미하는 것이 아니다. 개인적 삶에 제한을 가하는 종교적 규칙을 맹신하며 고수하는 사람들을 의미한다. 때로는 이러한 종교적 원칙주의가 심각하게 발현되는 것은 엄격한 종교적 가정이나 공동체에서 양육되었기 때문일 수 있다. 최근 10대 후반 또는 초기 성인기 환자들에게서 이러한 종교적 원칙주의의 심각성을 종종 접할 수 있는데, 이는 종교적 원칙주의자인 교사의 영향을 받거나 엄격한 종교적 집단 또는 광신적 종교에 끌리기 때문이다. 성행위나 지속적 관계에 전념하는 것을 두려워하는 남성들 그리고 일반적으로 성관계(특히 혼전 성교)와 임신 및 엄마 역할을 두려워하는 여성들의 경우, 종교적 금지령 이면으로 그들의 성적 갈등을 깊이 숨길 수 있다. 즉, '~을 하지 말지어다.'라는 금지령에 의해 '나는 정말 하고 싶다.'는 것을 미봉책으로 감추는 것이다.

성적 충동이 도덕적 엄격함을 능가하는 방식을 가지고 있기에 일부 종교적 원칙주의자는 결국 정신과 의사의 도움을 청하기도 한다. 성격적 관점에서 보면, 종교적 원칙주의자는 강박적 특질과 회피적 특질이 주로 두드러지게 나타난다. 이러한 특질들이 억압 영역에 속하기 때문에 주요한 갈등은 현대의 주요 치료 접근법(갈등 해결에 초점을 맞춘 정신역동치료, 인지행동치료, 지지치료)에 의해 해결되어야 한다. 그러나 경직된 성격 구조를 가진 환자일수록 이러한 성적 갈등에 대한 치료는 어려울 수 있다. 예를 들면, 마치 문제는 내 안에 있는 게 아니라 정말로 외부에 있는 것처럼 문제를 외현화하는 행동을 반복하는 환자가 있었다. 그녀는 심리적으로 또는 성적으로 자기이미지와 친밀한 관계에 대해서 강한 불안을 경험했다. 그녀는 부모와 같은 기독교 종파의 아주 엄격한 작은 종교 집단에 연결되기 시작했다. 그녀는 종교 집단에 연결됨으로써 키스나 애무 같은 혼전 성행위는 죄라고 하며 그녀의 문제를 합리화했다. 따라서 그녀의 회피 행동은 더 이상 그녀 내부의 억제를 뜻하는 것이 아니다. 치료 상황에서 그녀에게 회피 행동 이면에 있는 추동적 힘인 내적 갈등을 고려해 볼 것을 권유했을 때 그녀는 불안해 하며 탐색을 할 수 없었으며, 결국 갑작스럽게 치료를 중단했다. 이와 유사한 상황으로, 멀리서 동료를 숭배하는 어떤 젊은 남성이 있었다. 그는 데이트를 한 번도 한 적이 없었다. 1년 동안 외국에서 보냈는데, 그곳에서 혼전 성행위를 아주 엄격히 금지하는 광신적인 종교에 휩싸이게 되었다. 그는 종교적 원칙을 준수하고자 했지만 광신적인 부모님만큼은 아니었다. 성격의 주된 특성은 강박성과 열등감을 감추는 보상적 자기애 유형을 지녔다. 그는 감정 동요가 심하며 양극성 초기 단계의 조짐이 보였다. 자신을 치료하기 위해 적합한 의학 약물을 조합하는 데 많은 시간을 할애해서 인터넷 검색을 했다. 치료에서 그는 이러한 약물 조합에 대해서 끊임없이 말했다. 그는 개인적인 생활을 거의 다 회피했다. 데이트 문제에 관하여, 그는 또한 인터넷에 의지하며 새롭게 발견한 종교적 명령에 부합하는 데이트 웹 사이트를 찾았다. 그는 멀리 떨어져 있는 소수의 여성을 발견했다. 그러나 이렇게 인터넷 검색으로 찾아낸 만남으로는 자신의 지역 안에서의 만남만큼 상대를 결코 알 수 없기 때문에 처음부터 잘 될 수 없다는 것을 결코 받아들이지 못했다. 그의 종교는 그에게 이득을 줄지 몰라도, 그로 하여금 여성의 장점도 살펴보고 여성과 성행위를 하고 오랜 기간 데이트를 하면서 자신과 맞는지 알아보는 시도를 못하게 막는 것이다. 그에게 이러한 해석을 했을 때 바로 그는 치료를 중단했다. 이러한 예에서 알 수 있듯이, 종교는 자아동질적인 특질과 태도를 만들어 준다. 그러나 치료적 과업을 완수하는 데 필요한 자극과 동기를 위해서는 자아이질성을 유지하는 것이 필요하다.

# 결론

성격장애의 영역에서 치료 가능성에 대한 문헌은 방대하다. 하지만 성격장애 치료의 한계를 다루는 것은 드물다. 주로 문헌에서는 치료 가능성에 대해서 낙관적으로 조언한다. 하지만 우리는 성격장애의 치료 한계 또는 치료 불가능성에 대해서는 덜 경청하는 경향이 있다.

이 장의 처음에 언급한 바 있듯이, 억압된 성격 유형은 정신역동적 접근에 일반적으로 반응적이다. 왜냐하면 정신역동적 접근이 환자의 좋은 특성을 요구하고 적절한 동기와 인내에 의지하기 때문이다. 최근에는 다른 유용한 치료 접근들도 이러한 기본적인 좋은 특성을 지닌 환자와 성공적인 치료를 한다. 정신역동적 접근은 여전히 경미한 자기애성, 연극성, 경계선, 심지어 편집증적인 특질을 가진 사례에 유용하다.

반사회성 특질이 혼재된 환자와 직면할 때, 정신역동치료의 효과성은 급격히 떨어진다. 인지적 접근은 환자가 노골적인 정신병질을 드러내지 않는 한 어느 정도 효과적일 가능성이 있다. Beck과 Freeman(1990)은 다음과 같은 중요한 언급을 했다. "반사회성 성격장애를 위한 인지치료는 불안 또는 수치심 같은 감정의 안내를 통해 더 좋은 도덕 구조를 세우기보다는 인지 기능의 향상을 통해 도덕적 · 사회적 행동을 향상시키는 것으로 개념화할 수 있다."(p. 52)라고 했다. 이러한 관점은 내가 제시한 관점보다 낙관적이다. 심지어 그들은 "정신병질자들은 따라오는 결과가 즉각적이고, 세밀화되어 있고, 분명히 실재하고, 개인적으로 적절할 때 그 경험으로부터 배운다."(p. 151)라고 언급했다. Beck과 Freeman은 반사회적이고 정신병질적인 개인(가장 경미한 경향의 사람 제외)은 건강한 사람보다 불안과 수치심을 덜 느낀다는 것을 인식하면서 사회적 환경에서의 더 좋은 손익 분석이 되게 하는 방향으로 인지적 접근이 나아가야 함을 언급했다. 만약 금요일 늦은 오후에 막바지 업무를 해야 한다면 상사에게 지옥에나 가라고 말하고 해고되는 것보다는 작은 소리로 투덜대면서 일을 하도록 조언하는 것이 더 낫다. 그러나 이러한 조언은 범죄자의 정신병질을 다루는 데는 적절하지 않다. 범죄를 저지르는 정신병질자는 감옥 관계자나 병원 관계자를 속이는 데 능수능란하다. 감옥 관계자나 병원 관계자는 그들이 '새 사람이 되어서' 지역사회에 다시 돌아갈 준비가 진실로 되어 있는 것으로 속는다. 예를 들면, 조기 석방된 연쇄살인범은 더 심각한 범죄를 저지르며, 정신병질 사례의 25% 이상이 재범을 저지른다(Stone, 2009).

추후 연구를 포함하여 현재 이루어지는 연구는 경계선 성격장애를 치료하는 데 있어서 모든 치료 접근이 자기절단이나 다른 형태의 자해라는 공통적인 증상을 개선하는 데 동일한 효과가 있음을 제안한다(de Groot et al., 2008). 그러나 특정 치료 접근법의 대가는 그들의 치료방법의 탁월성을 언급한다(변증법적 행동치료에 관해서는 Linehan, 1993; 전이초점치료에 대해서는 Clarkin et al., 1007; 인지치료에 대해서는 Davidson et al., 2006 참조). John Livesley(2002)는 경계선 성격장애를 치료하는 데 통합적 접근을 채택할 것을 제안했다. 통합적 접근은 다양한 치료 접근으로부터 선택할 자유가 있으며, 치료자가 시간이 지나면서 그것에 능숙해지면서 각 환자의 특수성에 맞추어 접근하게 된다. 치료자는 수련받은 치료 접근에 대해서 능숙해야 하며 동시에 경계선 성격장애의 치료 과정 동안 다양한 시점에서 도움을 줄 수 있는 다른 치료 접근들에 대해서도 개방적이어야 한다. 이러한 유연한 치료철학은 또한 경계선 환자에 대한 Judd와 McGlashan(2003)의 논문의 제언에 구체적으로 기술되어 있다.

지지치료의 경우, 많은 치료요인(위로, 연민, 권고, 한계 설정, 조언)은 특화된 기법들을 사용하는 데 있어 든든한 토대가 되어 준다. 지지치료는 경미한 괴짜군 장애 사례에 특히 효과가 있다. 지지치료는 때때로 다른 성격장애 환자들을 위한 치료에 핵심이 된다. 왜냐하면 특화된 접근은 경제적 비용 문제, 지적 능력 결여 문제 또는 독특한 인지 스타일로 인해 환자가 접근하기 어려울 수 있기 때문이다.

인정하건대, 치료하는 데 가장 큰 한계가 있는 경우는 법정 정신의학과 관련된 환자들이다. 모든 치료자의 노트에는 거의 치료되지 않은 환자, 심지어 치료 불가능한 환자의 비율이 포함되어 있다. 법정 정신과 의사의 경우, 이러한 치료 불가능한 환자의 비율이 상당히 높을 것이다. 우리 분야에서 치료의 숨겨진 제한점에 대해서 자각하는 것은 언제나 이롭다. 우리의 에너지를 좀 더 지혜롭게 사용할 수 있기 때문이다. 특히 법정 정신의학 분야가 그러한데 커뮤니티를 통한 의사결정이 지혜로울 것이다.

## 핵심적 임상 개념

- 성격장애의 치료 가능성은 치료하기에 유리한 특질과 불리한 특질의 혼재 정도에 달려 있다.
- 경계선 성격장애의 경우, 동반되는 특질, 증상, 인지 패턴이 매우 다양하다. 심리치료에 대한 순응성은 이러한 요인의 본질과 이러한 요인들 간의 혼합에 영향을 받을 것이다.
- 환자의 애착 유형은 치료 가능성에 영향을 주는 주요 요인이다. 거부형이 지배적인 경우는 치료하기가 더 어렵다. 안정 애착, 두려움이 많은 몰입 애착 또는 다른 애착 유형은 좀 더 치료에 반응적이다(Levy et al., 2005).
- 특히 경계선 성격장애 환자를 치료하는 데 있어서 통합적 접근을 추구해야 한다. 널리 알려진 한 가지 치료법을 치료 처음부터 끝까지 사용하여 성공한 사례는 오직 소수에 불과하다.
- 모든 성격장애가 치료 가능성의 범위 안에 들어오는 것은 아니다. 즉, 심각한 반사회적 성격 또는 정신병질적 또는 가학적 성격은 주로 치료 가능성의 범위 밖에 존재한다.

## 추천 도서

Clarkin JF, Yeomans FE, Kernberg OF: Psychotherapy for Borderline Personality. New York, Wiley, 1999. [이 책은 독자가 경계선 성격장애에 대한 전이초점치료에 대한 탁월한 이해를 할 수 있도록 돕는다. 그리고 이러한 형태의 치료를 수행하는 데 지침을 제공한다.]

Gabbard GO: Gabbard's Treatments of Psychiatric Disorders, 4th Edition, Part 10: Personality Disorders. Gunderson JG, Section Editor. Washington, DC, American Psychiatric Publishing, 2007, pp 757-854. [이 DSM에서 제시된 모든 성격장애의 치료에 대한 유용한 지침을 제공하고 있다.]

Judd PH, McGlashan TH: A Developmental Model of Borderline Personality Disorder. Washington, DC, American Psychiatric Publishing, 2003. [경계선 환자들에 대한 치료에 대해 풍부한 정보를 담은 임상적 예와 생생한 제안을 제공하는 매우 재미있는 책이다.]

Millon T, Davis R (eds): Personality Disorders in Modern Life. New York, Wiley, 2000. [이 책은 DSM이 제시하는 장애뿐만 아니라 가학성 성격와 같은 다른 중요한 장애를 포함하고 있다. 진단과 치료 둘 다에 있어 풍부한 자료를 담고 있다.]

Stone MH: Personality-Disordered Patients: Treatable and Untreatable. Washington, DC, American Psychiatric Publishing, 2006. [어떤 형태의 성격장애가 정신치료에 순응적일 수 있는지에 대해 포괄적인 이해를 할수 있는 책이다.]

## 참고문헌

American Psychiatric Association: Diagnostic and Statistical Manual of Mental Disorders, 3rd Edition, Revised. Washington, DC, American Psychiatric Association, 1987

American Psychiatric Association: Diagnostic and Statistical Manual of Mental Disorders, 4th Edition, Text Revision. Washington, DC, American Psychiatric Association, 2000

Bateman A, Fonagy P: Psychotherapy for Borderline Personality Disorder: Mentalization-Based Treatment. Oxford, UK, Oxford University Press, 2004

Bateman A, Ryle A, Fonagy P, et al: Psychotherapy for borderline personality disorder: mentalization-based therapy and cognitive analytic therapy compared. Int Rev Psychiatry 19:51-62, 2007

Beck AT, Freeman A: Cognitive Therapy of Personality Disorders. New York, Guilford, 1990

Choi-Kain LW, Gunderson JG: Mentalization: ontogeny, assessment, and application in the treatment of borderline personality disorder. Am J Psychiatry 165:1127-1135, 2008

Clarkin JF, Yeomans FE, Kernberg OF: Psychotherapy for Borderline Personality. New York, Wiley, 1999

Clarkin JF, Levy KN, Lenzenweger MF, et al: Evaluating three treatments for borderline personality disorder: a multiwave study. Am J Psychiatry 164:922-928, 2007

Cooke DJ, Michie C: Refining the concept of psychopathy: toward a hierarchical model. Psychol Assess 13:171-188, 2001

Cooper AM: Narcissism, in Essential Papers on Narcissism. Edited by Morrison AP. New York, New York University Press, 1986, pp 112-143

Davidson K, Norrie J, Tyrer P, et al: The effectiveness of cognitive behavior therapy for borderline personality disorder: results from the Borderline Personality Disorder Study of Cognitive Therapy (BOSCOT) trial. J Pers Disord 20:450-465, 2006

de Groot ER, Verheul R, Trijsburg RW: An integrative perspective on psychotherapeutic treatments for borderline personality disorder. J Pers Disord 22:332-352, 2008

Diamond D, Stovall-McClough C, Clarkin JF, et al: Patient-therapist attachment in the treatment of borderline personality disorder. Bull Menninger Clin 67:227-259, 2003

Fonagy P, Bateman A: The development of borderline personality disorder: a mentalizing model. J Pers Disord 22:4-21, 2008

Freud S: On psychotherapy (1904), in The Standard Edition of the Complete Psychological Works of Sigmund Freud, Vol 7. Translated and edited by Strachey J. London, Hogarth Press, 1953, pp 257-268

Gabbard GO: Transference and counter-transference in the treatment of narcissistic patients, in Disorders of Narcissism. Edited by Ronningstam EF. Washington, DC, American Psychiatric Press, 1998, pp 125–135

Hare RD: Without Conscience: The Disturbing World of the Psychopaths Among Us. New York, Pocket Books, 1993

Hare RD, Harper TJ, Hakstian AR, et al: The revised Psychopathy Checklist: reliability and factor structure. Psychol Assess 2:238–241, 1990

Judd PH, McGlashan TH: A Developmental Model of Borderline Personality Disorder. Washington, DC, American Psychiatric Publishing, 2003

Kernberg OF: Borderline personality organization. J Am Psychoanal Assoc 15:641–685, 1967

Kernberg OF: Aggression in Personality Disorders and Perversions. New Haven, CT, Yale University Press, 1992

Levy KN, Meehan KB, Weber M, et al: Attachment and borderline personality disorder: implications for psychotherapy. Psychopathology 38:64–74, 2005

Levy KN, Meehan KB, Kelly KM, et al: Change in attachment patterns and reflective function in a randomized control trial of transference-focused psychotherapy for borderline personality disorder. J Consult Clin Psychol 74:1027–1040, 2006

Linehan MM: Cognitive-Behavioral Treatment of Borderline Personality Disorder. New York, Guilford, 1993

Livesley WJ (ed): Handbook of Personality Disorders. New York, Guilford, 2001

Livesley WJ: An integrated approach to the treatment of borderline personality disorder. Lecture presented at the Zon and Schild Hospital, Amersfoort, The Netherlands, September 17, 2007

McCann JT: Obsessive-compulsive and negativistic personality disorders, in Oxford Textbook of Psychopathology, 2nd Edition. Edited by Blaney PH, Millon T. New York, Oxford University Press, 2009, pp 671–691

McGlashan TH: The Chestnut Lodge Follow-Up Study, III: long-term outcome of borderline patients. Arch Gen Psychiatry 43:20–30, 1986

McLean LM, Gallop R: Implications of childhood sexual abuse for adult borderline personality disorder and complex posttraumatic stress disorder. Am J Psychiatry 160:369–371, 2003

Millon T, Davis R (eds): Personality Disorders in Modern Life. New York, Wiley, 2000

Mitton MJ, Links OS, Durocher G: A history of childhood sexual abuse and the course of borderline personality disorder, in Role of Sexual Abuse in the Etiology of Borderline Personality Disorder. Edited by Zanarini MC. Washington, DC, American Psychiatric Press, 1997, pp 181–202

Oldham J, Skodol AE, Bender DS (eds): Textbook of Personality Disorders. Washington, DC, American Psychiatric Publishing, 2005

Pfohl B, Blum N: Obsessive-compulsive personality disorder, in The DSM-IV Personality Disorders. Edited by Livesley WJ. New York, Guilford, 1995, pp 261-276

Reich W: Character Analysis (1929). New York, Farrar, Straus, and Giroux, 1994

Schimmel S: The Seven Deadly Sins: Jewish, Christian and Classical Reflections on Human Psychology. New York, Oxford University Press, 1997

Stone MH: The Fate of Borderlines. New York, Guilford, 1990a

Stone MH: Incest in the borderline patient, in Incest-Related Syndromes of Adult Psychopathology. Edited by Kluft RP. Washington, DC, American Psychiatric Press, 1990b, pp 183-204

Stone MH: Abnormalities of Personality: Within and Beyond the Realm of Treatment. New York, WW Norton, 1993

Stone MH: Borderline and histrionic personality disorders: a review, in Personality Disorders (WPA Series: Evidence and Experience in Psychiatry, Vol 8). Edited by Maj M, Akiskal HS, Mezzich JE, et al. Chichester, UK, Wiley, 2005, pp 201-276

Stone MH: Personality-Disordered Patients: Treatable and Untreatable. Washington, DC, American Psychiatric Publishing, 2006

Stone MH: The Anatomy of Evil. Amherst, NY, Prometheus Books, 2009

Stone MH, Butler JR, Young K: Sadistic personality disorder, in Oxford Textbook of Psychopathology, 2nd Edition. Edited by Blaney PH, Millon T. New York, Oxford University Press, 2009, pp 651-670

Waldinger RJ, Gunderson JG: Completed psychotherapies with borderline patients. Am J Psychother 38:190-202, 1984

Wallerstein RS: Forty-Two Lives in Treatment: A Study of Psychoanalysis and Psychotherapy. New York, Guilford, 1986

Zanarini MC, Yong L, Frankenburg FR, et al: Severity of reported childhood sexual abuse and its relationship to severity of borderline psychopathology and psychosocial impairment among borderline inpatients. J Nerv Ment Dis 190:381-387, 2002

Zanarini MC, Frankenburg FR, Reich DB, et al: Adult experiences of abuse reported by borderline patients and Axis II comparison subjects over six years of prospective follow-up. J Nerv Ment Dis 193:412-416, 2005

# 제3부

# 연구와 향후 방향

# 제15장
# 성격장애에 대한 정신역동치료의 연구 결과

Falk Leichsenring, D.Sc.

제15장에서는 우선 증거(연구 결과)기반치료 및 경험적으로 지지된 치료 절차에 대해 간략하게 논의할 것이다. 다음으로, 성격장애에 대한 정신역동치료의 연구 결과를 검토하고자 한다. 연구 결과는 주로 무선 통제 실험(Randomized Controlled Trial: RCT)에 초점을 맞추며, 유사 실험 연구 결과에 대해서도 보고할 것이다. 마지막으로, 성격장애에 대한 정신역동치료의 현 연구 상황(성격장애 치료를 위해 필요한 치료 기간 및 연구에 대한 열린 질문 등)에 대해 논의하고자 한다.

## 증거기반치료와 경험적으로 지지된 치료

전문가들은 어떤 연구 설계(무선 통제 실험, 효과 연구, 관찰 연구)를 사용하면 치료 효과에 대해 가장 좋은 증거를 도출해 내는지에 관해 꾸준히 논의 중이다(Benson & Hartz, 2000; Chambless & Hollon, 1998; Chambless & Ollendick, 2001; Concato et al., 2000; Pocock & Elbourne, 2000; Rothwell, 2005; Seligman, 1995; Westen et al., 2004). 무선 통제 실험(RCT)은 통제된 실험 조건에서 진행되기 때문에 치료의 결과에 영향을 미치는 외

적 요인을 통제하여 높은 내적 타당성를 보장한다. 그러나 엄격한 실험적 통제로 인해 임상에서의 대표성이 제한된다(낮은 외적 타당성; Rothwell, 2005). 이에 반해 효과 연구는 임상 현장에서 진행되기 때문에 임상적으로 대표적인 결과가 보장된다(높은 외적 타당성; Shadish et al., 2002). 하지만 효과 연구는 무선 통제 실험만큼 치료결과에 영향을 미치는 외적 요인을 통제하지 못하기 때문에 내적 타당성이 위협된다.

과학철학 관점에서 보면, 효과성(efficacy)과 효과(effectiveness) 연구는 각기 다른 연구 의도를 가진다(Leichsenring, 2004). 무선 통제 실험이 통제된 실험에서 치료의 효과성을 살펴본다면, 효과 연구는 임상 현장에서의 치료 효과를 살펴본다(Leichsenring, 2004). 즉, 이 둘은 서로 다른 연구 문제를 다루고 있다. 결과적으로 효과성 연구의 결과는 임상 현장에 적용할 수 없고, 효과 연구 결과는 통제된 실험 상황에 적용할 수 없다(Leichsenring, 2004). 이러한 관점을 고려한다면, 경험적으로 지지된 치료의 연구 방법론과 무선 통제 실험의 연구방법론 간에는 구별이 필요하다(Leichsenring, 2004; Westen et al., 2004). 그러나 무선 통제 실험 연구(효과성 연구)와 효과 연구 사이의 관계는 경쟁적이기보다 보완적인 것으로 간주되어야 할 것이다.

## 성격장애에 대한 정신역동치료의 연구 결과

정신장애에 대한 정신역동치료의 효과성에 대한 증거는 Fonagy 등(2005)과 Leichsenring(2005, 2009)에 의해 검토되었다. 성격장애에 대한 심리치료의 리뷰는 Bateman과 Fonagy(2000)에 의해 이루어졌다. 이 장에서는 성격장애에 대한 정신역동치료의 입증된 연구 결과들을 검토하고자 한다. 이 장에서 검토하는 연구들은 미국심리학회의 심리학적 절차의 촉진과 보급에 관한 대책위원회(1995)에서 제안하고, Chambless와 Hollon(1993)이 수정한 효과적인 치료에 대해 정의한 기준을 적용하였다. 이 기준은 주로 무선 통제 실험에 중점을 둔다. 추가로 이 장에서는 무선 통제 실험 외에도 유사 실험 연구의 결과를 보고한다.

유사 실험 연구는 통제 집단을 포함할 수도 있고 그렇지 않을 수도 있지만 무작위로 환자를 치료 조건에 할당하지 않는다(Shadish et al., 2002).

## 정신역동치료

정신역동치료는 지속적으로 해석적 개입과 지지적 개입이 이루어진다. 치료자의 해석 개입 또는 지지적 개입은 환자의 필요에 따라 사용된다(Gabbard, 2004; Wallerstein, 1989). Gabbard(2004)는 24회기 또는 6개월 이상 지속하는 치료를 장기치료로 간주한다. 이 장에서는 Gabbard가 정의한 단기 정신역동치료(Short-Term Psychodynamic Psychotherapy: STTP)와 장기 정신역동치료(Long-Term Psychodynamic Psychotherapy: LTPP)의 정의를 적용한다. Messer와 Warren(1995)은 단기 정신역동치료(STPP)와 관련하여 개발된 여러 모델을 검토하였다. Gabbard(2004, p. 2)의 장기 정신역동치료에 대한 정의가 이 장의 작업모델이 되는데, 그는 장기 정신역동치료(LTPP)를 '치료자와 환자의 상호작용에 주의를 기울여야 하며, 치료자와 환자라는 두 사람의 장(field)에서 치료자가 기여하는 부분을 섬세하게 고려하여 적절한 시기에 전이 및 저항에 대한 해석이 이루어지는 치료'라고 정의했다. 장기 정신역동치료에서 일반적으로 인정되는 '표준' 치료 기간은 없다. Lamb(2005)는 여러 전문가가 제공한 20개 이상의 정의를 정리한 결과, 장기치료는 최소 3개월에서 최대 20년까지의 치료 기간 범위를 가진다고 보고하였다. 최근 진행된 우리의 메타분석에서는 1년 혹은 50회 이상 지속하는 정신역동치료를 장기적인 치료로 정의하였다(Leichsenring & Rabung, 2008). 이는 Crits-Christoph와 Barber(2000, p. 456) 및 이 분야의 다른 전문가가 주장하는 정의와도 일치하는 기준이다.

정신역동치료는 환자의 증상보다 갈등이나 성격 조직에 초점을 맞춘다. 이러한 이유로 정신역동치료는 성격 및 성격장애를 치료한 첫 번째 치료 형태가 되었다. 정신역동치료에 중요한 공헌을 한 선구자로는 Karl Abraham(1924, 1969), Wilhelm Reich(1933, 1970), Otto Fenichel(1945), Heinz Kohut(1971), Otto Kernberg(1967)가 있다.

성격장애의 정신역동치료에 대한 두 편의 메타분석 연구가 진행되었다(Leichsenring & Leibing, 2003; Leichsenring & Rabung, 2008). 두 편의 메타분석 모두 무선 통제 실험 연구와 관찰 연구를 포함한다. 첫 번째 메타분석은 성격장애에 대한 정신역동치료 및 인지행동치료의 효과를 포함했다. 이 연구에서 정신역동치료와 인지행동치료 모두 큰 효과 크기를 보고했다. 성격장애에 대한 정신역동치료의 큰 효과 크기는 공존장애 증상뿐만 아니라 주요 성격병리에서도 발견되었다(Leichsenring & Leibing, 2003). 성격장애에 대한 정신역동치료의 전체 치료 전후의 효과 크기는 1.46이었는데, Cohen(1988)에 따르면 이는 큰 효과 크기라고 할 수 있다. 주요 성격병리의 경우, 정신역동치료가 1.56의 효과 크기를 나타냈다. 특정 유형의 성격장애와 관련하여, 정신역동치료는 경계선 성격장애 환자에게서 전체 효과 크기 1.31이 보고되었다. 이 메타분석에 포함되었던 연구의 평균 회기 수는 23.17이었고 평균 치료 기간은 37.18주였다. 따라서 이 메타분석은 단기, 중기의 정신역동치료 형태를 포함한다.

2008년에 진행된 또 다른 메타분석의 경우, 복합 정신장애를 대상으로 한 장기 정신역동치료의 성과를 다루었다. 복합 정신장애는 성격장애, 다중 정신장애 또는 만성 정신장애로 정의된다(Leichsenring & Rabung, 2008). 이 메타분석의 경우, 전반적인 효과(치료 종결 시=1.65; 추후=1.21), 핵심 문제(치료 종결 시=1.58; 추후=1.65), 일반적인 증상(치료 종결 시=0.98; 추후=0.92), 성격 기능(치료 종결 시=0.95; 추후=1.04) 및 사회적 기능(치료 종결 시=0.82; 추후=1.13) 측면에서 크고 안정된 효과 크기가 보고되었다(Leichsenring & Rabung, 2008). 성격장애 및 기타 정신장애를 포함한 전체 표본에서 장기 정신역동치료의 치료 효과는 치료 종결 시 평가와 추후 평가 사이에서 유의미하게 증가함을 알 수 있다(Leichsenring & Rabung, 2008). 이 메타분석의 경우, 무선 통제 실험과 관찰연구에서, 치료 전과 후의 효과 크기에서는 유의미한 차이를 발견하지 못했다(Leichsenring & Rabung, 2008). 이는 심리치료뿐만 아니라 의료적 개입에 대한 다른 메타분석과도 일치하는 결과이다(Benson & Hartz, 2000; Concato et al., 2000; Shadish et al., 2000).

현재 성격장애에 대한 정신역동치료의 효능을 살펴보는 무선 통제 실험 연구가 11편 진행되었다. 특정 성격장애와 관련해서, 즉 경계선 및 회피성 성격장애를 대상으로 정신역동치료의 효능을 알아보기 위해서 무선 통제 실험 연구가 유용하다. 여러 연구에서 C군 성격장애에 대한 정신역동치료의 효과성을 검토하였다. 경계선 성격장애, 회피성 성격장애, C군 성격장애에 대한 정신역동치료의 효과성 연구는 인지행동치료(CBT)의 효과성 연구와 필적할 만하다(Leichsenring et al., 2006; Nathan & Gorman, 2002).

## 경계선 성격장애

이 글을 쓸 당시 경계선 성격장애에 대한 정신역동치료의 효과성을 살펴보는 7편의 무선 통제 실험 연구가 진행되었다. 한 연구를 제외하고(Munroe-Blum & Marziali,

1995) 나머지 연구는 모두 장기 정신역동치료를 연구했다. 결과를 요약하면 다음과 같다. Munroe-Blum과 Marziali(1995)가 실시한 무선 통제 실험의 경우, 단기 정신역동치료가 경계선 관련 증상, 일반적인 정신병리 증상 및 우울증을 호전시키는 데 기여하며, 대인관계 집단치료만큼 효과적이었다(〈표 15-1〉 참조). Bateman과 Fonagy(1999, 2001, 2003)는 경계선 성격장애 환자를 대상으로 정신화 기반 치료를 하는 부분 입원치료를 연구하였다. 치료 집단에서는 개인 및 집단 치료를 제공했다. 치료는 최대 18개월까지 진행되었다. 연구 결과, 장기 정신역동치료는 치료 종결 시와 18개월 후의 추후 평가에서 표준 정신과 치료보다 유의미하게 더 우수했다(Bateman & Fonagy, 1999, 2001). (정신화 기반) 부분 입원 치료로부터 퇴원한 지 5년이 지난 후에도 마찬가지였다(Bateman & Fonagy, 2008). 입원 환자 치료와 응급실 치료의 감소로 인해 부분 입원 환자에 대한 치료 비용이 줄어들었다. 추수 기간 동안 통상적 치료 집단에서 치료 비용 절감 추세가 나타나는지는 명확히 확인되지 않았다(Bateman & Fonagy, 2003). 부분 입원 치료 집단을 위한 의료 서비스의 연간 평균 비용은 통상적 치료 집단의 1/5이었다. 따라서 경계선 성격장애에 대한 전문적인 부분 입원 치료는 통상적 치료보다 비용이 들지 않으며 치료 후 상당한 비용 절감 효과를 나타낸다. Bateman와 Fonagy(2009)가 실시한 무선 통제 실험에서 정신화 기반 치료가 경계선 외래 환자에 대한 체계적인 임상 관리 치료보다 효과적이었다. 정신화 기반 치료는 경계선 환자의 자살 시도 및 입원을 포함한 여러 결과 측정에서 탁월함을 보여 주었다.

Giesen-Bloo 등(2006)은 경계선 성격장애 환자를 대상으로 Kernberg 등(Clarkin et al., 1999)의 모델을 기반으로 한 전이초점치료와 도식초첨치료를 비교하였다. 치료 기간은 일주일에 2회씩, 3년이었다. 연구자는 두 치료 모두에 대해 통계적으로나 임상적으로 유의미한 호전이 있음을 보고하였다. 그러나 도식초첨치료의 경우 몇 가지 결과 측정에서 전이초점치료보다 더 탁월한 것으로 나타났으며, 전이초점치료의 경우 유의미하게 더 높은 중도 탈락률이 보고되었다. 하지만 이 연구는 심각한 연구방법론적 결함을 가지고 있다. 연구자는 두 접근법의 치료자 모두에서 접근을 고수하는 정도(adherence) 및 유능성 척도를 사용하였는데, 적절한 적용을 위해 똑같이 60점의 준거 점수를 채택하였다. 연구자가 발표한 자료에 따르면(p. 651), 도식초첨치료를 적용할 때 유능성 수준의 중앙값은 85.67이고, 전이초점치료의 경우는 65.6이다. 도식초첨치료의 유능성 수준은 준거 점수를 분명히 초과하였지만 전이초점치료의 유능성 수준은 준거 점수를 겨우 웃돌았다. 또한 도식초첨치료의 유능성 수준은 전이초점치료의

〈표 15-1〉 성격장애 환자를 대상으로 한 정신역동치료의 무선 통제 실험(RCT)

| 실험 | 장애 | $N$ (정신역동치료) | 비교 집단 | 사용한 정신역동치료 개념 | 치료 기간 |
|---|---|---|---|---|---|
| Abbass et al., 2008 | 다양한 성격장애 | 14 | 최소한의 접촉($n$=13) | Davanloo | 평균 27.7회 |
| Bateman & Fonagy, 1999, 2001, 2003, 2008 | 경계선 성격장애 | 19 | 통상적 치료($n$=19) | Bateman & Fonagy | 18개월 |
| Bateman & Fonagy, 2009 | 경계선 성격장애 | 71 | 체계적인 임상 관리 치료($n$=63) | Bateman & Fonagy | 18개월 |
| Clarkin et al., 2007 | 경계선 성격장애 | 30 | 변증법적 행동치료($n$=30); 정신역동적 지지치료($n$=30) | Kernberg & Clarkin | 12개월 |
| Doering et al.(출판 중) | 경계선 성격장애 | 52 | 경험이 풍부한 공동체 심리치료자가 진행하는 치료 | Kernberg & Clarkin | 12개월 |
| Emmelkamp et al., 2006 | 회피성 성격장애 | 23 | 인지행동치료($n$=21); 치료 대기 명단($n$=18) | Malan; Luborsky; Luborsky & Mark; Pinsker et al. | 20회 |
| Giesen-Bloo et al., 2006 | 경계선 성격장애 | 42 | 인지행동치료($n$=44) | Kernberg & Clarkin | 3년; 일주일 2회 |
| Gregory et al., 2008 | 경계선 성격장애 | 15 | 통상적 치료($n$=15) | Gregory et al. | 12~18개월 |
| Hellerstein et al., 1998 | 다양한 성격장애 | 25 | 단기지지치료($n$=24) | Davanloo | 40회 |
| Munroe-Blum & Marziali, 1995 | 경계선 성격장애 | 31 | 대인관계 집단치료($n$=25) | Kernberg | 17회 |
| Muran et al., 2005 | C군 성격장애 | 22 | 단기관계치료($n$=33); 인지행동치료($n$=29) | Pollack et al. | 30회 |
| Svartberg et al., 2004 | C군 성격장애 | 25 | 인지행동치료($n$=25) | Malan; McCullough-Vaillant | 40회 |
| Vinnars et al., 2005 | 다양한 성격장애 | 80 | 공동체 기반으로 제공된 정신역동치료($n$=76) | Luborsky | 40회 |
| Winston et al., 1994 | 다양한 성격장애 | 25 | 단기적응치료($n$=30), 치료 대기 명단($n$=26) | Davanloo | 평균 40주 |

유능성 수준보다 명확히 높았다. 즉, 치료자의 유능성 측면에서 두 치료가 똑같이 적용되지 않았기 때문에 연구 결과가 의심스럽다. 치료자의 유능성 수준의 차이는 연구자에 의해 통계분석이나 결과 논의에서 고려되지 않았으므로 연구자 충성 효과에 대한 심각한 우려가 제기된다(Luborsky et al., 1999b). 또한 치료 결과 사정이 이루어질 때 대부분의 환자는 치료를 종결한 상태가 아니라 치료를 받는 중이었다(Leichsenring & Rabung, 2008).

다른 연구(Clarkin et al., 2007)에서는 경계선 성격장애 환자를 대상으로 무선 통제 실험을 사용하여, 전이초점치료, 변증법적 행동치료 그리고 정신역동적 지지치료를 비교하였다. 세 가지 치료를 모두 받은 환자는 전반적인 호전을 보였다. 그러나 전이초점치료를 받은 참여자가 보이는 호전이 변증법적 행동치료나 지지치료를 받은 환자에게는 나타나지 않았다. 전이초점치료를 받은 참여자는 불안정 애착에서 안정 애착으로 이동하는 가능성이 더 높았고, 다른 두 집단과 비교할 때 정신화 능력과 이야기의 응집성 면에서 유의미하게 큰 변화를 나타냈다. 전이초점치료는 6개의 증상 영역에 걸친 12개의 변인 중 10개의 변인에서 유의미한 호전과 관련이 있었고, 지지치료의 경우 6개, 변증법적 행동치료의 경우 5개의 변인과 관련이 있었다. 또한 전이초점치료만이 충동성, 과민성, 언어적 직접적 공격성에서 유의미한 변화를 나타냈다. 전이초점치료와 변증법적 행동치료는 똑같이 자살률을 감소시켰다. 최근의 또 다른 무선 통제 실험에서는 경계선 외래 환자를 대상으로 전이초점치료와 치료 경험이 풍부한 공동체 심리치료자가 진행하는 치료가 비교되었다(Doering et al., 출판 중). 전이초점치료는 경계선 정신병리, 심리·사회적 기능, 성격 조직, 입원 환자의 입원 및 중도 탈락률 면에서 치료의 우수성이 입증되었다.

또 다른 연구에서는 알코올 남용을 하는 경계선 성격장애 환자를 대상으로 정신역동치료(역동적 탈구조치료)와 통상적 치료를 비교하였다(Gregory et al., 2008). 이 연구에서 정신역동치료는 통상적 치료와 달리 자살 시도, 알코올 남용 및 제도적 서비스에 대한 결과 측정에서 유의미한 호전을 나타냈다(Gregory et al., 2008). 또한 정신역동치료를 받은 참여자들의 경우, 경계선 정신병리, 우울증 및 사회적 지지 면에서 탁월한 호전을 보여 주었다. 해리와 관련해서는 두 집단에서 차이가 발견되지 않았다. 통상적 치료를 받는 참가자가 더 높은 강도의 치료를 받았을 때도 이와 같은 결과가 도출된다.

유사 실험 연구에서 경계선 성격장애 환자는 유의미하게 큰 호전을 보여 주었다. 호전사항은 1년간 정신역동치료를 받은 후의 경계선 성격장애 기준의 충족 수, 정신병리 증상 및 다른 결과 측정을 토대로 이루어졌다(Stevenson & Meares, 1992). Korner 등(2006)은 이러한 결과를 입증하였고, 유사 실험의 비교 집단(통상적 치료)보다 정신역동치료가 더 탁월하다고 보고하였다.

## 회피성 성격장애

회피성 성격장애는 C군 성격장애이다. Emmelkamp 등(2006)은 무선 통제 실험을 사용하여 회피성 성격장애 환자를 대상으로 인지행동치료, 단기 정신역동치료 그리고 치료 대기 명단 통제 집단과 비교하였다. 연구자는 인지행동치료를 받은 참여자들이 단기 정신역동치료나 통제 조건의 참여자보다 더 호전을 보인다고 보고하였다. 그러나 이 연구는 연구 설계, 통계분석 및 결과 보고에서 방법론적인 결함이 있기 때문에(Leichsenring & Leibing, 2006) 연구자 충성 효과에 대한 심각한 우려가 제기된다(Luborsky et al., 1999b).

Barbet 등(1997)은 유사 실험 연구로 회피성 성격장애 환자와 강박성 성격장애 환자를 대상으로 정신역동치료(지지적 표현치료; Luborsky, 1984, 1999a)를 평가하였다. 치료 1년 후 회피성 성격장애 환자 중 61%가 회피성 성격장애 준거를 충족하지 않았고, 강박성 성격장애 환자의 경우 85%가 강박성 성격장애의 준거를 충족하지 않았다.

## C군 성격장애

연구 결과에 따르면, C군 성격장애의 치료에 있어서 정신역동치료가 효능이 있음이 입증되었다. Svartberg 등(2004)은 C군 성격장애 환자(회피성, 강박성, 의존성 성격장애)를 대상으로 무선 통제 실험을 하여 40회의 정신역동치료와 인지행동치료를 비교하였다(〈표 15-1〉 참조). 연구 결과, 참여자들의 증상, 대인관계 문제 및 핵심 성격병리에서 유의미한 호전이 관찰되었다. 이러한 결과는 24개월 후에도 안정적으로 유지되었다. 치료 효과성 면에서 정신역동치료와 인지행동치료 간에는 유의미한 차이가 발견되지 않았다.

Muran 등(2005)은 C군 성격장애 환자와 달리 분류되지 않는 성격장애 환자를 대상으로 정신역동치료, 단기관계치료 그리고 인지행동치료의 효능을 비교하였다. 치료는 30회 동안 진행되었다. 결과 측정의 평균 변화와 관련해서, 치료 종결 시점과 추후 기간에 치료 조건들 간에 유의미한 차이가 발견되지 않았다. 또한 증상 변화, 대인관계 문제, 성격장애 특징 혹은 치료자의 목표 문제에 대한 평가에서 치료 조건들 간에 임상적으로 유의미한 차이가 관찰되지 않았다. 종결 당시 인지행동치료와 단기관계치료는 목표 문제에 대한 성과 평가(환자가 호소 문제를 중심으로 평가) 면에서 정신역동치료보다 더 우수했다. 그러나 이러한 차이는 추후 평가 시점에서는 유지되지 않았다. 변화를 보인 환자의 비율과 관련해서, 하나의 비교를 제외하고는 종결 시점 또는 추후 시점에서 치료 조건들 간에 유의미한 차이가 발견되지 않았다. 종결 당시 인지행동치료는 대인관계 문제의 호전에 있어서 단기 정신역동치료보다 더 탁월함이 보고되었다. 마찬가지로 이는 추후 평가에서는 치료 효과성이 유지되지 않았다. 결론적으로 치료 간 유의미한 차이가 다소 발견되었지만 이것이 추후 평가까지 유지되지 않았다.

## 이질적인 표본의 성격장애 환자

Winston 등(1994)은 이질적인 표본의 성격장애 환자들을 대상으로 단기적응치료(단기 정신역동치료)와 치료 대기 명단 조건을 비교하였다. 대부분의 연구 참여자는 C군 성격장애 환자들이다. 편집성, 분열성, 경계선 혹은 자기애성 성격장애 환자는 제외되었다. 치료의 평균 지속 기간은 40주였다. 두 치료 집단에 있는 환자는 치료 대기 명단 조건에 있는 환자보다 유의미한 호전을 보였다. 두 치료 집단 간 결과의 차이는 발견되지 않았다. Hellerstein 등(1998)은 이질적 표본의 성격장애 환자들을 대상으로 단기역동치료와 단기지지치료를 비교하였다. 이 연구에서도 환자의 대부분은 C군 성격장애 환자였다. 연구자는 치료 종결 시점과 6개월 후의 추후 평가 시점에서 비슷한 정도의 호전을 보고하였다.

Vinnars 등(2005)은 다양한 성격장애를 대상으로 1년간 매뉴얼화된 정신역동치료(지지적 표현치료; Luborsky, 1984, 1999a)를 진행하여 공동체 기반 정신역동치료만큼 효과가 있음을 보고하였다.

Abbass 등(2008)은 이질적인 집단의 성격장애 환자들을 대상으로 정신역동치료(집중적 단기역동치료)와 최소한의 접촉만 하는 집단치료를 비교하였다. 이 연구 참여자들은 경계선(44%), 강박성(37%) 그리고 회피성(33%) 성격장애 환자들이었고, 평균 치료 기간은 27.7회였다. 정신역동치료는 모든 주요 결과 측정에서 통제 조건보다 유의미하게 탁월함이 입증되었다. 통제 집단 환자가 치료를 받은 경우, 초기 치료 집단과 비슷한 호전을 경험하였다. 치료 종결 2년 후, 장기적 추후 시점에서 전체 집단은 호전을 유지하였고 성격장애에 대한 진단이 83% 감소하였다. 또한 치료 비용 면에서 약물 및 장애 지급액이 절감되어 3배나 줄었다. 이 예비 연구는 집중적인 단기 정신역동치료가 성격장애의 치료에 효과성이 있고 비용 절감을 할 수 있다는 것을 시사한다.

## 논의

정신역동치료가 성격장애 치료에 효능이 있음은 무선 통제 실험, 유사 실험 연구 그리고 메타분석을 통해서 입증되었다. 경계선 성격장애 및 C군 성격장애에 대한 정신역동치료의 효과성 연구는 무선 통제 실험을 통해 입증되었다. 하지만 자기애성 혹은 강박성 성격장애의 경우 무선 통제 실험을 통한 정신역동치료의 효과성이 아직 입증되지 못했다. 유용한 연구들에서 다양한 정신역동치료가 적용되었다. Chambless와 Hollon(1998)이 제안한 경험적으로 지지되는 치료 준거에 따르면, 같은 치료방법을 사용하는 다른 참여 집단을 대상으로 적어도 두 편의 무선 통제 실험 연구가 필요하다. 현재는 전이초점치료와 정신화 기반 치료를 제외하면 정신역동적 특정 치료 방법이 한 편의 연구에서만 적용되는 상태이다. 따라서 향후에는 성격장애에 대한 정신역동치료에 대한 더 많은 연구가 필요하다.

연구 결과에 따르면, 단기치료는 급성 스트레스를 가진 대부분의 연구 참여자에게 충분한 효과가 있다(Kopta et al., 1994). 그러나 만성적인 정신질환이나 성격장애를 가진 대부분의 환자는 단기치료로는 충분하지 않다. Kopta 등(1994, p. 1014, [그림 2])에 의하면, 급성 스트레스 환자의 약 70%는 치료 25회 이후에 임상적으로 유의미하게 호전되었다. 이에 반해 만성 스트레스 환자의 경우 약 60%가 치료 25회 이후에 임상적으로 유의미하게 호전되었다(Kopta et al., 1994). 그러나 성격장애 환자의 경우는 Kopta 등(1994)의 자료에서 치료 25회 이후에 환자의 40%만이 임상적으로 유의미하게 호전되었다고 보고한다. 이는 약 50%의 환자가 임상적으로 유의미한 호전을 나타내기 위해서는 52회 이상의 치료가 필요하다는 것을 의미한다. 그러나 Kopta 등(1994, p. 1014, [그림 2])의 자료는 응답률이 50%를 초과하는 데 필요한 회기 수를 정확히 예측하지 못했다. Perry 등(1999)은 환자가 성격장애의 준거에서 벗어날 수 있는 정도의 회복에 필요한 치료 기간을 추정하였다. 추정에 따르면 성격장애 환자의 50%는

1.3년 또는 92회 내에 회복하였고, 75%는 2.2년 또는 약 216회 내에 회복하였다(Perry et al., 1999, p. 1318). 이러한 자료는 급성 스트레스 환자의 대부분은 단기치료로 상당한 도움을 받을 수 있지만 만성 스트레스 혹은 성격장애 환자는 단기치료가 충분하지 않음을 의미한다. 즉, 성격장애 환자 대부분에게는 장기치료가 필요한 것으로 보인다. 이러한 사실은 정신역동치료에서뿐만 아니라 인지행동치료에서도 마찬가지이다(Giesen-Bloo et al., 2006; Linehan et al., 1994, 2006).

## 결론

성격장애를 포함한 복합 정신장애 환자를 대상으로 대규모 메타분석을 한 결과, 장기 정신역동치료가 단기 형태의 치료보다 환자의 전반적인 치료 효과, 핵심 문제 및 성격 기능 면에서 유의미한 호전을 보였다(Leichsenring & Rabung, 2008). 경도에서 중등도 정신병리 범위 내에 있는 반사회성 성격장애는 정신역동 연구자와 임상가에게 고려해 볼 만한 치료 대상이 될 수 있다. 즉, 그들을 위한 신중한 진단적 평가, 정신역동 원리의 고려, 정신역동 기법의 적용 그리고 역전이에 대한 지속적인 관찰이 이루어진다면 성공적인 치료에 대한 희망의 여지가 있다.

### 핵심적 임상 개념

- 연구 결과에 따르면 급성 스트레스 환자에게는 단기치료가 상당한 도움이 된다. 반면에, 만성 스트레스 혹은 성격장애 환자의 경우에는 단기치료로 충분하지 않을 수 있다. 대부분의 성격장애 환자에게는 장기치료가 필요하다.
- 성격장애에 대한 장기치료의 필요성은 정신역동치료에만 해당하는 것이 아니라 인지행동치료와 같은 단기치료 접근에도 해당된다.
- 연구 결과에 따르면 정신역동치료가 성격장애를 다루는 데 효과적임이 입증되었다. 즉, 경계선 성격장애의 치료에서 전이초점치료나 정신화 기반 치료의 효과가 입증되었다.
- 특정 유형의 성격장애를 대상으로 특정 유형의 정신역동치료의 효과를 살펴보는 후속 연구가 필요하다.

## 추천 도서

Allen JG, Fonagy PF, Bateman AW: Mentalizing in Clinical Practice. Washington, DC, American Psychiatric Publishing, 2008

Bateman A, Fonagy P: Effectiveness of psychotherapeutic treatment of personality disorder. Br J Psychiatry 177:138-143, 2000

Benson K, Hartz AJ: A comparison of observational studies and randomized, controlled trials. N Engl J Med 342:1878-1886, 2000

Clarkin J, Kernberg OF, Yeomans F: Transference-Focused Psychotherapy for Borderline Personality Disorder Patients. New York, Guilford, 1999

Concato J, Shah N, Horwitz RI: Randomized, controlled trials, observational studies, and the hierarchy of research designs. N Engl J Med 342:1887-1892, 2000

Gabbard GO: Psychodynamic Psychiatry in Clinical Practice, 3rd Edition. Washington, DC, American Psychiatric Press, 2000

Gabbard GO: Long-Term Psychodynamic Psychotherapy: A Basic Text. Washington, DC, American Psychiatric Publishing, 2004

Gabbard GO, Gunderson JG, Fonagy P: The place of psychoanalytic treatments within psychiatry. Arch Gen Psychiatry 59:505-510, 2002

Gunderson JG, Gabbard GO: Making the case for psychoanalytic therapies in the current psychiatric environment. J Am Psychoanal Assoc 47:679-704, 1999

Leichsenring F: Randomized controlled vs. naturalistic studies: a new research agenda. Bull Menninger Clin 68:137-151, 2004

Leichsenring F, Rabung S: The effectiveness of long-term psychodynamic psychotherapy: a meta-analysis. JAMA 300:1551-1564, 2008

Leichsenring F, Rabung S, Leibing E: The efficacy of short-term psychodynamic therapy in specific psychiatric disorders: a meta-analysis. Arch Gen Psychiatry 61:1208-1216, 2004

PDM Task Force: Psychodynamic Diagnostic Manual. Silver Spring, MD, Alliance of Psychodynamic Organizations, 2006

Roth A, Fonagy P: What Works for Whom? A Critical Review of Psychotherapy Research, 2nd Edition. New York, Guilford, 2005

Westen D, Novotny CM, Thompson-Brenner H: The empirical status of empirically supported psychotherapies: assumptions, findings, and reporting in controlled clinical trials. Psychol Bull 130:631-663, 2004

# 참고문헌

Abbass A, Sheldon A, Gyra J, et al: Intensive short-term dynamic psychotherapy for DSM-IV personality disorders: a randomized controlled trial. J Nerv Ment Dis 196:211-216, 2008

Abraham K: The influence of oral erotism on character-formation (1924), in Handbook of Character Studies: Psychoanalytic Explorations. Edited by Perzow SM, Kets de Vries MFR. Madison, CT, International Universities Press, 1991

American Psychiatric Association: Diagnostic and Statistical Manual of Mental Disorders, 4th Edition. Washington, DC, American Psychiatric Association, 1994

Barber J, Morse JO, Krakauer ID, et al: Change in obsessive-compulsive and avoidant personality disorders following time-limited supportive expressive therapy. Psychotherapy 34:133-143, 1997

Bateman A, Fonagy P: The effectiveness of partial hospitalization in the treatment of borderline personality disorder: a randomized controlled trial. Am J Psychiatry 156:1563-1569, 1999

Bateman A, Fonagy P: Effectiveness of psychotherapeutic treatment of personality disorder. Br J Psychiatry 177:138-143, 2000

Bateman A, Fonagy P: Treatment of borderline personality disorder with psychoanalytically oriented partial hospitalization: an 18-month follow-up. Am J Psychiatry 158:36-42, 2001

Bateman A, Fonagy P: Health service utilization costs for borderline personality disorder patients treated with psychoanalytically oriented partial hospitalization versus general psychiatric care. Am J Psychiatry 160:169-171, 2003

Bateman A, Fonagy P: 8-year follow-up of patients treated for borderline personality disorder: mentalization-based treatment versus treatment as usual. Am J Psychiatry 165:631-638, 2008

Bateman A, Fonagy P: Randomized controlled trial of outpatient mentalization-based treatment versus structured clinical management for borderline personality disorder. Am J Psychiatry 166:1355-1364, 2009

Benson K, Hartz AJ: A comparison of observational studies and randomized, controlled trials. N Engl J Med 342:1878-1886, 2000

Chambless DL, Hollon SD: Defining empirically supported treatments. J Consult Clin Psychol 66:7-18, 1998

Chambless DL, Ollendick TH: Empirically supported psychological interventions:

controversies and evidence. Annu Rev Psychol 52:685–716, 2001

Clarkin J, Kernberg OF, Yeomans F: Transference–Focused Psychotherapy for Borderline Personality Disorder Patients. New York, Guilford, 1999

Clarkin JF, Levy KN, Lenzenweger MF, et al: The Personality Disorders Institute/Borderline Personality Disorder Research Foundation randomized control trial for borderline personality disorder. Am J Psychiatry 164:52–72, 2007

Cohen J: Statistical Power Analysis for the Behavioral Sciences. Hillsdale, NJ, Erlbaum, 1988

Concato J, Shah N, Horwitz RI: Randomized, controlled trials, observational studies, and the hierarchy of research designs. N Engl J Med 342:1887–1892, 2000

Crits–Christoph P, Barber JP: Long–term psychotherapy, in Handbook of Psychological Change: Psychotherapy Processes and Practices for the 21st Century. Edited by Ingram RE, Snyder CR. Hoboken, NJ, Wiley, 2000, pp 455–473

Doering S, Hörz S, Rentrop M, et al: A randomized–controlled trial of Transference–Focused Psychotherapy vs. treatment by experienced community psychotherapists for borderline personality disorder. Br J Psychiatry (in press)

Emmelkamp PM, Benner A, Kuipers A, et al: Comparison of brief dynamic and cognitive–behavioural therapies in avoidant personality disorder. Br J Psychiatry 189:60–64, 2006

Fenichel O: The Psychoanalytic Theory of Neurosis. New York, WW Norton, 1945

Fonagy P, Roth A, Higgitt A: Psychodynamic psychotherapies: evidence–based practice and clinical wisdom. Bull Menninger Clin 69:1–58, 2005

Gabbard GO: Long–Term Psychodynamic Psychotherapy: A Basic Text. Washington, DC, American Psychiatric Publishing, 2004

Giesen–Bloo J, van Dyck R, Spinhoven P, et al: Outpatient psychotherapy for borderline personality disorder: randomized trial of schema–focused therapy vs transference–focused psychotherapy. Arch Gen Psychiatry 63:649–658, 2006

Gregory R, Chlebowski S, Kang D, et al: A controlled trial of psychodynamic psychotherapy for co–occurring borderline personality disorder and alcohol use disorder. Psychotherapy 45:28–41, 2008

Hellerstein DJ, Rosenthal RN, Pinsker H, et al: A randomized prospective study comparing supportive and dynamic therapies, outcome and alliance. J Psychother Pract Res 7:261–271, 1998

Kernberg OF: Borderline personality organization. J Am Psychoanal Assoc 15:641–685, 1967

Kohut H: The Analysis of the Self: A Systematic Approach to the Psychoanalytic Treatment of Narcissistic Personality Disorders. New York, International Universities Press, 1971

Kopta S, Howard K, Lowry J, et al: Patterns of symptomatic recovery in psychotherapy. J Consult Clin Psychol 62:1009–1016, 1994

Korner A, Gerull F, Meares R, et al: Borderline personality disorder treated with the conversational model: a replication study. Compr Psychiatry 47:406-411, 2006

Lamb WK: A meta-analysis of outcome studies in long-term psychodynamic psychotherapy and psychoanalysis. Unpublished doctoral dissertation. University of California, Berkeley, 2005

Leichsenring F: Randomized controlled vs naturalistic studies: a new research agenda. Bull Menninger Clin 68:137-151, 2004

Leichsenring F: Are psychoanalytic and psychodynamic psychotherapies effective? A review. Int J Psychoanal 86:841-868, 2005

Leichsenring F: Applications of psychodynamic psychotherapy to specific disorders: efficacy and indications, in Textbook of Psychotherapeutic Treatments. Edited by Gabbard GO. Washington, DC, American Psychiatric Publishing, 2009, pp 97-132

Leichsenring F, Leibing E: The effectiveness of psychodynamic psychotherapy and cognitive-behavioral therapy in personality disorders: a meta-analysis. Am J Psychiatry 160:1223-1232, 2003

Leichsenring F, Leibing E: Fair play, please! (letter). Br J Psychiatry 190:80, 2006

Leichsenring F, Rabung S: Effectiveness of long-term psychodynamic psychotherapy: a meta-analysis. JAMA 300:1551-1565, 2008

Leichsenring F, Hiller W, Weissberg M, et al: Cognitive-behavioral therapy and psychodynamic psychotherapy: techniques, efficacy, and indications. Am J Psychother 60:233-259, 2006

Linehan MM, Tutek DA, Heard HL, et al: Interpersonal outcome of cognitive behavioral treatment for chronically suicidal borderline patients. Am J Psychiatry 151:1771-1776, 1994

Linehan MM, Comtois KA, Murray AM, et al: Two-year randomized trial and follow-up of dialectical behavior therapy vs therapy by experts for suicidal behaviors and borderline personality disorder. Arch Gen Psychiatry 63:757-766, 2006

Luborsky L: Principles of Psychoanalytic Psychotherapy: A Manual for Supportive Expressive Treatments. New York, Basic Books, 1984

Luborsky L, Diguer L, Kächele H, et al: A guide to the CCRT's methods, discoveries, and future. 1999a. Available at: http://sip.medizin.uni-ulm.de/abteilung/buecher/PDF/ccrt_guide.pdf Accessed March 17, 2010.

Luborsky L, Diguer L, Seligman DA, et al: The researcher's own therapy allegiances: a "wild card" in comparisons of treatment efficacy. Clinical Psychology: Science and Practice 6:95-106, 1999b

Messer SB, Warren CS: Models of Brief Psychodynamic Therapy: A Comparative Approach.

New York, Guilford, 1995

Munroe-Blum H, Marziali E: A controlled trial of short-term group treatment for borderline personality disorder. J Pers Disord 9:190-198, 1995

Muran JC, Safran JD, Samstag LW, et al: Evaluating an alliance-focused treatment for personality disorders. J Psychother Pract Res 42:532-545, 2005

Nathan PE, Gorman JM (eds): A Guide to Treatments That Work, 2nd Edition. New York, Oxford University Press, 2002

Perry J, Banon E, Floriana I: Effectiveness of psychotherapy for personality disorders. Am J Psychiatry 156:1312-1321, 1999

Pocock SJ, Elbourne DR: Randomized trials or observational tribulations? N Engl J Med 342:1907-1909, 2000

Reich W: Character Analysis (1933). Translated by Carfagno VR. Köln, Germany, Kiepenheuer & Witsch, 1970

Rothwell PM: External validity of randomised controlled trials: "to whom do the results of this trial apply?" Lancet 365:82-92, 2005

Seligman M: The effectiveness of psychotherapy: the Consumer Reports study. Am Psychol 50:965-974, 1995

Shadish WR, Matt G, Navarro A, et al: The effects of psychological therapies under clinically representative conditions: a meta-analysis. J Consult Clin Psychol 126:512-529, 2000

Shadish WR, Cook TD, Campbell DT: Experimental and Quasi-Experimental Designs for Generalized Causal Inference. Boston, MA, Houghton Mifflin, 2002

Stevenson J, Meares R: An outcome study of psychotherapy for patients with borderline personality disorder. Am J Psychiatry 149:358-362, 1992

Svartberg M, Stiles T, Seltzer MH: Randomized, controlled trial of the effectiveness of short-term dynamic psychotherapy and cognitive therapy for Cluster C personality disorders. Am J Psychiatry 161:810-817, 2004

Task Force on Promotion and Dissemination of Psychological Procedures: Training and dissemination of empirically validated psychological treatments: report and recommendations. Clin Psychol 48:3-23, 1995

Vinnars B, Barber JP, Norén K, et al: Manualized supportive-expressive psychotherapy versus nonmanualized community-delivered psychodynamic therapy for patients with personality disorders: bridging efficacy and effectiveness. Am J Psychiatry 162:1933-1940, 2005

Wallerstein R: The psychotherapy research project of the Menninger Foundation: an overview. J Consult Clin Psychol 57:195-205, 1989

Westen D, Novotny CM, Thompson-Brenner H: The empirical status of empirically supported psychotherapies: assumptions, findings, and reporting in controlled clinical trials. Psychol Bull 130:631–663, 2004

Winston A, Laikin M, Pollack J, et al: Short-term psychotherapy of personality disorders. Am J Psychiatry 151:190–194, 1994

# 제16장

# 정신역동치료계획 및 공식 진단 체계: DSM-5를 향해

John M. Oldham, M.D., M.S.

치료계획에 있어 정신역동적 접근은 임상 분야 내에서 전통이 깊다. 20세기 후반 동안 임상적 정신의학은 정신분석적 이론 및 치료법과 강한 연관이 있었으며, 정신역동적 사례 개념화는 환자의 병리적인 인지, 감정, 행동을 설명하기 위한 필수적인 설계도로 여겨졌다. 정신역동적 사례 개념화는 생애 초기의 발달 및 애착의 형성 과정을 강조했다. 정신과 전문의 자격증을 얻으려는 지원자들은 치료자 자신이 면담한 환자에 대해 수행한 사례 개념화의 질에 따라 합격 여부가 결정되었다. 그러나 오늘날 정신의학 자격증 시험에서 (주로 선임 심사원이) 지원자에게 환자에 대한 사례 개념화를 요구하면, 지원자들은 놀란 토끼 같은 표정을 지으며 DSM-IV-TR(American Psychiatric Association, 2000)의 진단 기준과 연관시켜 감별진단에 대한 이야기를 하는 것을 흔히 볼 수 있다. 이 분야에서 어떤 변화가 일어난 것인가? 만약 그렇다면 그 이유는 무엇인가? 또한 이를 긍정적인 변화로 보아야 할 것인가, 아니면 부정적인 변화로 보아야 할 것인가?

변화는 필수불가결하다. 모든 의학 분야가 그렇듯이 정신의학도 새로운 연구 결과와 임상 경험을 토대로 진화해 나간다. 대부분의 측면에서 경험 기반의 치료가 이론 기반의 치료를 대체했으며, 신경과학으로의 변화 과정은 우리의 사고방식에 강력한 영향을 끼치고 있다. <표 16-1>은 정신의학 분야의 발전 과정이 어떻게 이루어졌는지를 간단한 도식으로 보여 주고 있다. 시기 간 경계는 뚜렷하지 않지만, 이 분야에서 중대한 시대적 영향을 보여 주는 것에서 의의가 있다. 병리적 행동을 설명하기 위해 역동적 무의식을 강조했던 기존의 이론 기반 접근에서부터 현재 정신의학 분야는 뇌신경생물학과 신경전달물질 불균형에 집중하고 있다. 그 후 생물심리학적 관점의 중요성이 인정되어 현재까지 유용한 틀로 남아 있다(Gabbard, 2005). 최신 신경과학 연구는 유전자-환경 상호작용의 양방향성을 강조하며, 뇌의 가소성(plasticity)과 뇌를 변화시키기 위해 심리치료를 포함한 다양한 치료 개입의 가능성을 인정하고 있다.

<표 16-1> 정신의학의 변화 단계

| 시기 | 중대한 영향 |
|---|---|
| 1940~1970년대 | 정신분석(심인성) |
| 1960년대~현재 | 정신약물(화학적 불균형) |
| 1980년대~현재 | 생물심리사회적 |
| 1990~2000년 | 뇌의 10년(유전자-환경 간 양방향성 상호작용) |
| 2000~2010년 | 발견의 10년(게놈, 단백질 유전 정보학, 분자신경생물학, 신경심리치료) |

## DSM 성격장애 분류 체계에 대한 개관

일반적으로 생각하는 것과 달리, 성격장애는 미국정신의학회의 『정신질환의 진단 및 통계편람(Diagnostic and Statistical Manual of Mental Disorders)』의 모든 판에 포함되어 있다. 물론 DSM-I에서 명확하게 명시되지는 않았지만 당시 성격장애에 대한 전반적인 관점을 반영하였으며(American Psychiatric Association, 1952), 그중 현재까지 남아 있는 부분이 있다. 일반적으로 성격장애는 영속적인 행동과 대인관계 패턴으로 성인 초기에 형성되어 일생 동안 변하기 어려운 장애로 여겨져 왔다. 성격장애가 성격 유형 및 성격 특질과 어떻게 다른지와 같은 난처한 질문들은 아직도 활발하게 논의되고 있는데, 그 당시에도 분명히 이러한 논의가 있었다.

DSM-II(American Psychiatric Association, 1968)의 경우, 이론적 진단과 거리를 두며 관찰 및 측정이 가능하고, 지속적이며 일관적인 주요 성격 형태에 대한 합의가 있었다. 성격장애 환자가 정서적 고통을 경험하지 않는다는 기존의 관점은 사라지게 되었으며 DSM-I의 성격 패턴, 성격 특질의 하위 범주 그리고 사회병질적 성격 혼란도 역시 제외되었다. 그 후로 신경쇠약성 성격장애가 새롭게 추가되었지만 DSM의 다음 판에서 제외되었다.

DSM-Ⅲ는 1980년에 발간되었으며 다축 체계를 도입했다(American Psychiatric Association, 1980). 축 I에 명시된 정신장애는 주로 삽화적으로 간주되며, 악화와 완화의 반복이 특징적인 정신증, 기분장애 그리고 불안장애 등이 포함된다. 축 II는 성격장애와 지적장애를 포함한다. 이 두 집단 모두 조기에 발병하며 그 이후 증상이 지속된다. 지적장애의 경우, 원인이 '생물학적'인 것으로 이해되는 반면, 성격장애는 주로 '심인적' 원인으로 발병되는 것으로 여겨진다. 성격장애를 축 II에 포함시킨 이유는 '축 I의 눈에 띄는 병리에 관심이 집중되는 동안 간과될 수 있는 잠재적인 병리의 존재를 고려'하기 위함이다(American Psychiatric Association, 1980, p. 23). DSM-Ⅲ에서는 세 가지 새로운 성격장애 진단이 추가되었는데, 분열형 성격장애, 경계선 성격장애 그리고 자기애성 성격장애가 그것이다. 기존에 경계선 환자라고 하면 정신증과 신경증 사이에 있다고 여겨지는 것과 달리, DSM-Ⅲ의 경계선 성격장애의 정의에서는 정서적 조절 불능, 불안정한 대인관계 그리고 충동 조절의 손상을 강조한다(Spitzer et al., 1979). 경계선 성격장애를 널리 알린 학자들 중에는 Kernberg(1975)와 Gunderson(2008)이 있다. 자기애 개념 자체는 Freud, Reich 등에 의해 알려지게 되었으나 자기애성 성격장애에 대한 현재의 시각은 Millon(1969), Kohut(1971) 그리고 Kernberg(1975)로부터 형성되었다.

DSM-Ⅲ-R는 1987년에 발간되었다(American Psychiatric Association, 1987). 이는 DSM-Ⅲ에 대한 연구자 및 임상가의 의견을 수렴하고 DSM-Ⅲ의 원칙을 고수하면서 대규모 수정 과정을 거친 결과물이다. 즉, 수정 과정에서는 임상 실제에 유용한 신뢰성 있는 진단 범주를 보장하면서 연구 결과와도 일치하는지 검토했다. 그러나 수정 과정에서 이론에는 최소한으로 의지했다. 따라서 진단은 '기술적(descriptive)'이며 추론은 최소화할 것을 요구했다. 그럼에도 불구하고 DSM-Ⅲ-R의 서론에는 "특히 성격장애의 경우 관찰자의 추론이 요구된다."는 점을 인정했다(American Psychiatric Association, 1987, p. xxiii). DSM-Ⅲ-R에서는 성격장애 진단 분류 체계에서 수정이 없었다.

DSM-Ⅳ는 1994년에 발간되었으며(American Psychiatric Association, 1994), 문헌 고찰, 자료 분석, 현장 연구 그리고 전문가의 피드백이 반영되었다. DSM-Ⅳ는 처음으로 모든 성격장애에 대한 일반적인 진단 기준 체계를 도입했는데, 이는 〈표 16-2〉에 제시되어 있다. DSM-IV-TR(American Psychiatric Association, 2000)에서는 성격장애의 진단 용어와 분류 체계를 수정하지 않았다.

〈표 16-2〉 DSM-IV-TR에서 제시한 성격장애의 일반적인 진단 기준

| | |
|---|---|
| A | 내적 경험의 지속적인 패턴 및 명백하게 개인의 문화적 기준에서 벗어나는 행동. 이와 같은 패턴은 다음의 영역들 중 두 개 (이상)에서 나타난다.<br>1. 인지(예: 자기, 타인 그리고 사건을 지각하고 해석하는 방식)<br>2. 정서(예: 정서적 반응의 범위, 강도, 불안정성 그리고 적절성)<br>3. 대인관계 기능<br>4. 충동 조절 |
| B | 지속적인 패턴이 경직되어 있고 다양한 개인적 · 사회적 상황에 걸쳐 전반적으로 나타남 |
| C | 지속적인 패턴이 임상적으로 중요한 고통으로 이어지거나 다양한 사회적 · 직업적 상황 등 기능적으로 중요한 영역에 손상을 보임 |
| D | 패턴이 안정적이고 장기간 지속되었으며, 최소 청소년기나 성인 초기에 시작됨 |
| E | 지속적인 패턴이 다른 정신장애의 발현이나 결과로 인한 것이 아님 |
| F | 지속적인 패턴이 물질(예: 물질 남용, 약물)이나 일반 질환(예: 머리 외상)의 직접적인 생리적 원인으로 나타나는 것이 아님 |

## DSM-5의 문제점, 논의점 그리고 새로운 방향성

성격장애를 DSM-III에서 축 II에 포함시키면서 연구뿐만 아니라 성격장애에 대한 초점화된 임상적 · 교육적 관심이 커졌다. 또한 DSM-III 발간 후 30년 사이에 새로운 연구 결과들이 성격장애에 대한 이해를 보다 더 증진시켰으며, 이는 변화를 향한 적절한 지침을 제시했다(Clark, 2007). 이 시기에는 다음과 같은 세 가지의 연구 경향이 특징이다. 즉, ① 세밀하게 설계된 성격장애에 관한 종단 연구, ② DSM의 성격장애 개념에 대한 구인 타당도 검증, ③ DSM-IV-TR의 범주적 진단 분류 체계와 비교한 차원적 체계의 상대적인 유용성 검증이다. 나는 이러한 부분을 순차적으로 다룬 후, DSM-5의 성격 및 성격장애에 대한 작업 집단에서 이루어지고 있는 논의(2009년대 중반)를 요약할 것이다.

## 종단 연구

앞의 〈표 16-2〉에서 볼 수 있듯이, DSM-IV-TR에서의 성격장애의 일반적인 진단 기준은 '내적 경험과 행동의 지속적인 패턴'을 강조한다. 즉, 이러한 지속적인 패턴은 경직되어 있고 개인적 · 사회적 상황에 걸쳐 전반적으로 나타난다. 여기서 '지속적'이라는 의미가 정확히 무엇인지 명시되어 있지 않다. 하지만 성격장애에 대한 전통적인 관점에서 성격장애는 생애 전반적인 것은 아니지만 몇 십 년간 지속되며, 이는 주로 삽화적으로 여겨지는 축 I의 병리 상황과는 차별적으로 여겨진다. 하지만 새로운 연구 결과들은 이에 대한 반박을 제시한다. 종단 연구만을 다루는 『성격장애 학술지(Journal of Personality Disorders)』는 2005년에 특별판을 발간했는데, 중요한 종단 연구 세 편의 요약본과 이 연구들에 대한 전문가 논평을 실었다. 세 편의 종단 연구는 지역사회에서의 아동 연구[Children in the Community(CIC) Study; Cohen et al., 2005], 성인 발달에 대한 McLean 연구(McLean Study of Adult Development: MSAD; Zanarini et al., 2005) 그리고 협력적 종단 성격장애 연구(Collaborative Longitudinal Personality Disorders Study: CLPS; Skodol et al., 2005)이다. Clark(2005)가 언급했듯이, 이 세 편의 연구에서는 DSM-IV-TR에서 정의한 것처럼 성격장애가 기저의 성격 특질로서 그렇게 안정적이지 않다고 보며, 진단 기준의 측면에서도 '축 I과 같이 빨리 해결될 수 있는 급성의 증상들'과 '장기적으로 지속되는 정서, 인지 그리고 행동적 면에서의 성격적 역기능'의 혼합체라는 것에 합의했다(p. 524). 성인 발달에 대한 McLean 연구(MSAD)는 경계선 성격장애를 대상으로 한 연구로, 환자의 74%가 연구 기간 6년을 넘어서까지 개선을 유지했으며 6%만이 재발했다. 협력적 종단 성격장애 연구에서는 분열형, 경계선, 회피성 그리고 강박성 성격장애 환자들이 치료 2년 후에 놀라운 개선을 보고했으며, 4년 후에는 더 긍정적으로 개선된 수치를 보고했다. 12개월 동안 연속으로 두 가지 기준을 충족시키는 정도로 개선을 재정의한 후에도 결과는 마찬가지였다. 두 연구 모두 성격 특질이 범주적 진단보다 시간에 따라 더 안정적으로 나타나며, 손상된 기능은 범주적 진단에서 개선이 일어난 후에도 지속되었다.

## 성격장애 범주에 대한 구인 타당도

DSM-IV-TR의 구인 타당도를 검증하는 연구는 분열형 성격장애, 경계선 성격장애 그리고 반사회성 성격장애에 초점을 두고 있다. 이러한 성격장애들은 높은 수준의 내적 일관성과 진단적 타당성을 보인다. 분열형 성격장애는 일반적으로 조현병 스펙트럼상에 있는 것으로 고려되지만(Webb & Levinson, 1993) 그것이 조현병의 선행요인은 아니다. DSM-III의 경우, 분열형 성격장애를 분열형(schizotypal), 분열성(schizoid) 그리고 회피성(avoidant)의 세 가지 진단명으로 나누었다. 이는 이론적 기반보다는 임상적 실제에 근거한 것이었다. 분열형 성격장애는 조현병과 유전적 연관성이 있다는 연구 결과가 보고되었다. 이들은 기이한 특징을 보이는데, 사회적 규범으로부터의 고립 및 탈선이 특징이다. 분열성 환자는 '외톨이'로 보이는데, 이 진단이 타당한 것인지 그리고 과연 조현병의 전구 증상인지는 명확하지 않다. 편집성 성격장애는 망상장애, 편집증과 연관되어 있다고 여겨지지만(Webb & Levinson, 1993) 그 자체로 편집성 성격장애로 진단 내리는 데 한계가 있으며 불분명하다.

B군 성격장애의 경우, 연극성 성격장애와 자기애성 성격장애에 대한 연구 근거는 부족하다. DSM-5가 기반으로 하는 연구 근거들은 두 성격장애의 증상 유지를 진단적 범주로 보는 것보다는 다양한 환자에게서 보일 수 있는 주요한 특질 혹은 차원으로 보고자 한다(이전의 수동-공격성 성격장애와 마찬가지로). C군의 강박성 성격장애는 축 I의 강박장애와 차이가 있다는 것은 문헌 간 일치되는 보고가 부족한 상황이다. 하지만 강박성 성격장애의 구인 타당도에 대한 연구 근거가 제시되어 있다(Skodol & Gunderson, 2008). 회피성 성격장애는 사회적으로 회피하는 성향으로 개념화되어 있다. 일부에서는 회피성 성격장애가 축 I의 일반 사회공포증과 구별하기 어렵다고 주장하고 있으나, 회피성 성격장애와 사회공포증은 기본적으로 다르다(Skodol & Gunderson, 2008). 의존성 성격장애의 경우 타당성이나 유용성을 지지하는 연구 근거가 부족하여 이 역시 특질 차원으로서 더 유용하다.

현재 축 II에 포함되어 있는 일부 장애(편집성, 분열성 및 회피성 성격장애)의 특징이 대인관계를 회피하는 것이기에 연구기반 자료가 부족할 수 있다. 왜냐하면 해당 환자들이 치료나 연구에 선뜻 참여하지 않기 때문이다.

## 차원적 접근 대 범주적 접근

차원적 구조는 연속성을 내포하는 데 반해, 범주적 구조는 비연속성을 내포한다. 예를 들어, 임신 상태는 범주적 개념인 반면(사람은 임신한 상태이거나 임신하지 않은 상태

둘 중 하나임), 키가 크거나 작은 것은 양쪽에 대한 정확한 정의가 없기에 차원적으로 개념화하는 것이 적절할 수 있다(키가 크고 작은 것은 문화에 따라 다를 수 있으며, 키의 모든 수치는 연속선상에 위치함).

우리가 알다시피, DSM은 범주적으로 체계화되어 있다. 이는 대인관계 원형모델(Wiggins, 1982), 3요인 모델(Eysenck & Eysenck, 1975), 4요인 모델(Livesley, 2008), 성격의 5요인(Big Five; Costa & McCrae, 1992) 그리고 7요인 모델(Cloninger et al., 1993)과 같은 차원적 체계와 다르다. 불연속성의 개념은 범주적 체계를 의미하긴 하지만, 임상가는 그러한 이분법적인 사고방식을 가지고 있지 않다. 고혈압과 같은 질병의 경우 기준점을 잡고 범주적으로 진단을 내리는 것은 다소 임의적이라고 여겨질 수 있으며, 당연히 성격장애의 경우도 마찬가지이다. DSM-IV-TR 성격장애는 다양한 기준을 가지고 있다. 어떤 환자는 진단을 위한 최소한의 역치만 만족시킬 수 있고, 어떤 환자는 더 심각한 수준으로 모든 기준을 충족시킬 수 있다. 즉, 차원적인 속성을 띤다고 할 수 있다. Widiger와 Sanderson(1995)은 기존 체계에 내재된 차원성은 각 성격장애를 충족하는 기준의 수에 따라 '부재(absent), 특질(traits), 준역치(subthreshold), 역치(threshold), 적절함(moderate), 극단적(extreme)'의 하위 수준으로 나눔으로써 유용하게 사용할 수 있다고 주장했다. 물론 성격장애로 진단하기 위해 한 항목의 기준이 부족할 경우, 임상가는 그 환자에게 해당 성격장애의 요소가 아예 없다고 보지 않는다. 신중한 임상가라면 이 장애의 특징을 알아차리고 다뤄야 할지도 모른다는 것을 잘 이해하고 있을 것이다(Oldham & Morris, 1995; Oldham & Skodol, 2000).

성격장애의 범주적 체계에 관한 두드러진 논의는 많은 범주적 진단이 완전히 서로 다른가에 관한 것이다. 또한 정상 기능과 병리 간에 명확한 구별을 지어 주지 못하고, 여러 진단 간에 특정 기준들의 중복이 광범위하다는 것이다. 따라서 환자 한 명에 대한 성격장애의 체계적인 평가에서는 축 II의 여러 진단이 동시적으로 내려질 수 있다.

'인간 중심'의 차원적 체계의 예로는 제4장에서 다룬 Shedler와 Westen의 원형모델이 있다. 이 체계의 경우, 환자는 각 장애의 원형적인 환자의 특징과 비교해서 '매우 조화롭다'에서 '매우 조화롭지 않다'까지의 5점 척도로 평가된다.

## DSM-5의 새로운 방향성

2007년, 미국정신의학회에서 DSM-5을 위한 성격 및 성격장애 작업 그룹이 운영되

**〈표 16-3〉 DSM-5 성격 및 성격장애 작업 집단 명단**

| |
|---|
| Andrew E. Skodol II, M.D., 위원장 |
| Renato D. Alarcmn, M.D., M.P.H. |
| Carl C. Bell, M.D. |
| Donna S. Bender, Ph.D. |
| Lee Anna Clark, Ph.D. |
| Robert Krueger, Ph.D. |
| W. John Livesley, M.D., Ph.D. |
| Leslie Morey, Ph.D. |
| John N. Oldham, M.D., M.S. |
| Larry J. Siever, M.D. |
| Roel Verheul, Ph.D. |

었다. 작업 그룹의 구성원의 명단은 〈표 16-3〉에 제시되어 있다. 작업 그룹의 명칭에서 알 수 있듯이, 이는 성격 특질과 유형 그리고 성격장애까지 포함해서 다루고 있다. 이런 접근은 작업 그룹 내에서뿐만 아니라 DSM-5 전담반에서도 강한 지지를 얻었다. 이들은 심각한 우울장애, 양극성 장애, 불안장애 등과 같은 축 I의 증상을 가진 개인의 기질이나 성격에 대한 평가와 기술이 이후의 치료 참여와 치료 반응에 영향을 미친다는 점에서 공유된 인식을 가지고 있다.

DSM-5 성격장애의 수정에 대한 논의는 아직 진행되고 있으나 변화가 필요한 것은 확실하다(Krueger et al., 2007; Skodol & Bender, 2009; Widiger & Trull, 2007). 이 글을 쓰는 시점(2009년대 중반)에서는 차원적인 접근이 병리적이지 않은 특질 및 유형(그럼에도 행동을 결정하는 중요한 요인)에서부터 기능에 심각한 손상을 미치는 중대한 병리까지 포함하는 더 포괄적인 성격 평가가 가능할 것이라는 의견이 수렴되기 시작했다. 여기서 제안된 수정사항은 나중에 다시 언급되는데, '변인 중심'의 차원적 접근(개인에게 적용될 수 있는 다양한 특질의 정도를 평가함)과 '인간 중심'의 차원적 접근(개인이 성격장애 원형과 비교해서 '조화'의 정도를 평가함)이 모두 포함된다. DSM-5에 대한 다음과 같은 질문이 고려되고 있다.

① 개인의 기능 수준을 평가할 수 있는 체계적인 방법이 도입되어야 하는가? 협력적 종단 성격장애 연구(Skodol et al., 2005)와 다른 연구들에서는 성격장애 환자의 경우 기능 손상이 상당하며 지속적으로 나타난다고 보고했다. 따라서 환자의 자기개념

과 대인관계 기능 수준을 평가할 수 있는 체계적인 방법이 필요하다.

② 성격장애에 대한 전반적인 재정의가 필요한가? DSM-IV-TR에서 성격장애는 사고, 정서 그리고 행동의 이탈을 보이며 그것이 시간과 장소에 상관없이 안정적이고 지속적인 특성으로 나타난다고 정의한다. 이러한 성격장애를 정의하는 특성은 실제로 축 I의 많은 상태와 유사하다. 앞서 언급한 종단 연구들은 DSM-IV-TR에서 정의된 성격장애자들이 축 I 장애의 특성에서 완화된 패턴을 보인다는 것을 밝혀냈다. 따라서 앞으로 성격장애의 개정에서는 모든 성격장애의 핵심 구성요인으로 적응 실패(자기와 대인관계적 측면에서의 기능 손상을 초래함)를 강조할 수 있다. 성격장애에 대한 새로운 정의에서는 문화적 기대에서 개인이 크게 벗어나는 적응 실패를 반영해야 한다. 성격장애 환자는 통합된 정체감 및 자기감을 가지지 못하거나 낮은 자기주도성을 가지며, 만성적인 역기능적 대인관계 문제(타인에 대한 통합된 이미지 결여, 손상된 공감 능력, 친밀한 관계 유지 능력 및 친사회적 행동을 발전시키지 못함)를 가진다. 그리고 성격장애의 정의에 '시간에 걸친 안정성'이 포함될지는 아직 확실치 않다.

③ 성격병리의 원형이나 주요 범주는 확실한 증거를 기반으로 하여 정의가 내려져야 하는가? 환자는 각 성격장애 원형에 얼마나 해당되는지를 척도로 평가될 수 있다. 현재 성격장애 원형에 대한 논의는 다음과 같은 성격장애를 포함한다.

A. 분열형 성격장애
B. 경계선 성격장애
C. 정신병질/반사회성 성격장애
D. 회피성 성격장애
E. 강박성 성격장애

④ 모든 환자의 성격을 평가하는 데 있어서 성격 특질 목록을 사용해야 하는가? 기본 성격 및 기질을 명료화하고 적합한 치료계획을 세우기 위해서 환자의 성격 특질에 관한 사정은 이루어져야 한다. 특질요소(예: 정서적 조절 불능, 불안정성, 자기손상)는 근거 기반의 주요한 성격 특질들(Clark, 1996)과 함께 더 높은 차원의 영역(예: 정서성)으로 조직화될 수 있다. 이렇게 되면 각 영역의 특질이 짧은 기술과 함께 정교화될 수 있고, 임상가는 각 특질에 관해 환자를 다음과 같이 평가할 수 있다.

0: 해당되지 않음(특질에 대한 기술은 환자에게 해당되지 않거나 매우 조금 해당됨)

1: 다소 해당됨(특질에 대한 기술 중 일부 측면만 환자에게 해당되거나 환자의 행동에 한정적으로 해당됨)

2: 상당히 해당됨(특질에 대한 기술이 환자의 전형적 행동에 해당됨)

3: 매우 해당됨(특질에 대한 기술은 환자의 핵심 특성임)

⑤ 축 II 성격장애는 재배치되어야 하는가? DSM-5에서 다축 체계를 유지시킬지는 아직 결정되지 않았다. 현재 축 II 장애 진단 이외 다른 진단 영역에 성격장애를 두어야 할 강력한 이유도 없다(Oldham & Skodol, 2000). 그러나 연구의 친숙성과 연속성을 위해 실용적 요인을 고려할 필요는 있다.

제안된 수정사항에 대한 예비 현장 연구가 고안되었고 2009~2010년에 시행하기 위한 현장 후보들도 정해졌다. 작업 집단의 최우선적인 목표는 새로운 성격장애모델에 대한 임상적 유용성(First, 2005; Rottman et al., 2009)과 수정사항에 대한 평가이다. 이는 이러한 수정된 측면이 임상 현장에서 중요한 요소가 될지를 평가하는 것이다. 최근 조사(Spitzer et al., 2008)에서 임상가들은 원형과의 조화를 평가하는 체계에 대해 긍정적인 평가를 내렸다. 그러나 작업 집단에서 이루어진 문헌 검토의 경우, 타당한 서로 독립적인 장애로서 여러 성격장애(편집성, 분열성, 자기애성, 연극성 그리고 의존성 성격장애)에 대한 근거를 제시하지 못했다. 따라서 현장 연구의 또 다른 목표는 특질 사정 체계에 의해 이러한 영역을 적절하게 확인할 수 있는지를 결정하는 것이다.

## 정신역동치료계획과 DSM-5

성격장애 환자들이 여러 종류의 심리사회적 · 정신약리학적 치료를 받아 온 것은 잘 알려진 사실이다(Bender et al., 2001). 성격장애 환자의 치료 내력을 살펴보면 불안정한 다양한 치료법들(즉, 증상이 심각한 환자에게 근거 기반의 로드맵 없이 다양한 치료적 개입을 과도하게 시도하는 것)을 받았다는 것을 알게 된다. 그러나 성격장애에 대한 이해가 높아지면서 신중한 치료 전략들이 대두되고 있다. 예를 들면, 경계선 성격장애를 위한 근거기반 실제 치료 지침이 개발되었다(American Psychiatric Association, 2001). 이

지침에서는 성격장애 치료에 있어서 심리치료가 핵심이고, 이와 더불어 증상에 집중하는 정신과 약물을 보조적으로 사용할 것을 제안하고 있다. 무선 통제 실험을 한 결과, 경계선 성격장애에서는 변증법적 행동치료(Linehan, 1993; Linehan et al., 2006)나 정신화 기반 치료(Bateman & Fonagy, 1999, 2001, 2008)와 같은 심리치료가 효과적임이 밝혀졌다. 뿐만 아니라 전이초점치료(Clarkin et al., 2007)나 정서 예측 및 문제해결을 위한 체계훈련(Systems Training for Emotional Predictability and Problem Solving; Blum et al., 2008) 등 새롭고 유망한 치료법들이 연구되고 있다. 또 다른 유망한 치료법으로는 인지행동치료(Beck et al., 2003), 대인관계 심리치료(Markowitz, 2005) 그리고 도식초첨치료(Yong & Klosko, 2005) 등이 있다. 또한 심리치료를 정신과 약물과 결합하는 방법이 여전히 중요하게 고려되고 있다(Soloff, 2009). 다양한 심리치료에 대한 신중하고 체계적인 적용이 효과적일 수 있다는 사실은 계속해서 명백해지고 있다(Leichsenring & Leibing, 2003; Leichsenring & Rabung, 2008). 어떤 치료법을 선택할지는 치료자가 받은 수련 및 선호도, 환자의 선호도 및 동기 수준 그리고 해당 성격장애의 본질에 따라 달라질 수 있다.

앞에서 언급했듯이 DSM-5는 정신병리, 특히 성격장애의 차원적 본질을 강조한다. 즉, 성격장애의 차원은 적응적이고 병리적이지 않은 상태부터 적응 실패와 기능 손상을 초래하는 극심하게 병리가 발현된 상태까지를 포함한다. 이러한 성격장애의 차원으로 인해 '개인 맞춤형 약물'에 대한 관심이 증가하고 있다. 이 개념은 2000년부터 2010년 사이인 '발견의 10년'이라는 상황에서 등장했고, 게놈학과 단백질 유전정보학에서의 기하급수적인 진보를 반영한다. 가까운 미래에는 누구나 개인 게놈 스캔을 통해 개인의 유전적인 위험/보호 요인을 알 수 있을지도 모른다.

그러나 개인 간 차이는 DNA로 다 설명할 수 없다. 스트레스 취약성 모델의 유용성은 모든 의학 분야에서 입증되었으며 뇌장애 및 다른 의학적 질환에도 똑같이 적용된다. 이는 유전과 환경의 양방향적 본질을 시사한다. 즉, 유전자는 한 개인의 기질과 행동을 부분적으로 결정하고, 환경은 잠재된 유전자를 '작동하게 한다'. 일부 잠재된 유전자는 질환에 대한 유전적인 위험요인을 안고 있다가 높은 수준의 스트레스로 인해 '촉발'되며 질환으로 향하는 여러 사건을 일으킬 수 있다.

정신역동치료계획은 유전적인 위험요인에 대한 중요성 및 예상되는 신경생물학적·신경내분비적 불균형을 인식하는 것도 포함한다. 예로, 경계선 성격장애 환자의 경우 정서 조절 불능과 충동적인 공격성에 대한 유전적인 내적 표현형(endophenotypes)을 가지고 있다고 본다(Oldham, 2009; Siever et al., 2002). 발달적으로 이러한 취약성은 신뢰할 만한 양육자와의 건강한 애착 형성을 방해할 수 있다. 그리하여 불완전하고 통합되지 못한 자기감을 가지게 되며, 더불어 타인에 대한 불신을 강화하는 대인관계적 과민증(Gunderson & Lyons-Ruth, 2008)과 사회적 · 직업적 기능 손상을 가지게 될 수도 있다. 따라서 정신역동치료계획은 환자의 이러한 취약성에 대한 인식을 토대로 각 환자의 특정 요구에 적합한 타당화, 공감적 조율, 정신화, 성찰 기능 그리고 인지행동적인 재구성을 고려해야 한다.

그렇다면 앞으로 다가오는 DSM-5의 성격 및 성격장애 개정은 정신역동치료의 계획에 어떤 영향을 미칠까? DSM-5의 최종판이 현대적인 사고방식에 접근할 수 있다면, 새로운 체계는 다음과 같은 상당한 실제적 효과를 가져올 수 있을 것이다.

- 임상가는 환자가 성격장애를 가지고 있는지 여부를 결정해야 한다. 이러한 요구가 새로운 것은 아닐지라도, DSM-IV-TR의 다축적인 특징은 축 II의 성격장애에 대한 검토를 요구하고 있다. 따라서 성격장애에 대한 재정의는 환자의 정체감과 타인과의 관계 양상에 대해 고려할 필요가 있다. 나의 동료인 John Allen은 치료계획을 세울 때 '정신화'의 개념을 강조하는데, 입원한 환자(대부분 성격장애 환자)의 치료계획을 다음과 같이 수립한다.

> 치료에 있어 중점적으로 초점을 맞출 부분이 결정되면, 개인심리치료는 상대적으로 단기치료 틀로 완수될 수 있다고 본다. 즉, 우리가 다루는 주요 문제에 대한 사례 개념화가 서면으로 필요하다. 주요 문제에 대한 집중과 사례 개념화는 쉬운 일이 아니다. 자신의 생각과 감정을 자각할 뿐만 아니라 타인의 생각과 감정까지 자각하는 '정신화' 과정이 필요한 경우, 그 치료 과업은 쉽지 않다. 사람들을 치료 장면에 불러들이는 대부분의 문제는 개인 내적인 어려움뿐만 아니라 주요 관계에서 겪는 어려움을 포함하는데, 자기와 타인에 대한 문제를 명확히 하고 문제를 해결하기 위해 우리는 정신화에 의지할 수 있다(Allen et al., 출판 중).

여기에서 볼 수 있듯이 성격장애의 새로운 정의는 손상된 자기통합과 대인관계적 기능에 집중되기 때문에, 위와 같은 치료계획 접근과 자연스럽게 조화를 이루게 된다. 이렇듯 치료에서 자기와 타인에게 초점을 맞추는 것은 환자와 임상가가 단순명료하게 접근할 수 있도록 하여 성격장애에 대한 기존의 다양한 증거기반치료와 양립할 수 있게 한다.

- 성격장애가 있다고 결정되는지와 상관없이, 임상가는 선택된 행동 영역 내의 특질 목록에 관해 환자를 평가하는 것이 지지될 만한 이런 정보는 환자의 성격에 대한 프로파일 작성으로 이어질 것이며, 이러한 환자 개별 프로파일은 치료 참여, 충실함 그리고 치료 성과와 관련된다.
- 성격장애로 판단되면, 환자는 성격장애 원형과의 비교를 통한 평가가 이루어진다. 이러한 평가는 주요 병리 패턴의 기술에 도움이 된다. 단일한 원형과 아주 강한 일치도를 보일 수도 있고, 여러 원형이 혼합되어 있거나 어느 원형에도 맞지 않아 다른 영역의 특질과 혼재할 수도 있다. 예로, 경계선 원형은 어떤 환자에게는 '강하게 적용 가능'하면서 다른 추가적인 특질도 가지지만 다른 성격장애 원형과는 해당 사항이 없을 수 있다. 두 번째 환자는 회피성 원형에 있어 '명백히 적용 가능'하면서 강박성 원형에도 '다소 적용 가능'하며 다른 추가적인 특질도 있을 수 있다. 세 번째 환자는 성격장애가 있을 것으로 판단되지만 원형들 중 해당되는 것이 없으며 자기애적이고 냉담한 특질이 있을 수 있다. 성격장애로 판단되지 않는 환자라도 성격 특질 정보는 유용할 수 있다. 예를 들어, 자기애적 특질을 가지고 있으면서 심각한 우울장애를 가진 환자의 경우 우울장애 치료 과정의 완수를 강조하는 것이 좋은 치료가 될 수 있다. 반면, 성격장애는 아니지만 의존적인 특질이 있는 심각한 우울장애 환자의 경우 치료 권고를 절대적으로 고수하지만, 추가적인 접촉과 안심시키는 것이 필요할 수 있다.

## 결론

나는 이론적 지향과 임상 경험에 상관없이 모든 정신의학적 치료계획이 정신역동적으로 영향을 받은 치료계획이어야 한다고 강하게 믿고 있다. 정신역동치료계획은 생물심리사회학적 모델에서 유래되었으며, 다음의 세 가지 요인을 고려할 것을 강조한다. 그것은 ① 유전적 위험요인과 신경생물학적 불규칙성, ② 스트레스가 강력한 환경에서 중요한 발달 시기(지속된 외상 등) 및 성인기(사랑하는 이의 상실 등)를 보냈을 때 지속될 수 있는 잠재적 영향 그리고 ③ 개인의 사회적 네트워크(폭력과 약물 남용으로 특징지어진 도시 속 빈곤한 생활 등)의 영향이다. DSM-5 성격장애의 수정이 초심 치료자에게 치료계획을 세우는 데 있어서 사례 개념화의 중요성을 다시금 상기시켜 주는 데 도움이 될까? 진심으로 그랬으면 좋겠다. 최소한 각 환자의 정체감을 이해하고, 타인을 신뢰하고 보람 있고 안정적인 관계를 형성할 수 있는 능력의 본질(혹은 능력의 부족)을 이해하는 데 초점을 둬야 한다.

## 핵심적 임상 개념

- 성격장애의 치료계획에 대한 정신역동적 접근방식이 권장되며 DSM-5 성격장애 치료에 대한 권장사항과 일관적이다.
- DSM-5에서 성격장애에 대한 전반적인 정의는 통합된 자기감 형성의 실패와 성숙하고 서로 만족하는 대인관계를 형성할 능력에 초점을 맞출 것이다.
- DSM-5에서는 성격 특질 구조와 선택된 특정 성격장애 원형에 대한 기술도 강조될 것이다.
- 성격장애는 유전적인 위험요인과 환경적 스트레스 요인의 결과로 이해되어야 한다. 이는 의학에서 다양한 질환과 장애에도 적용된다.

## 추천 도서


Allen JG, Fonagy P, Bateman A: Mentalizing in Clinical Practice. Washington, DC, American Psychiatric Publishing, 2008

Gabbard GO: Mind, brain, and personality disorders. Am J Psychiatry 162:648-655, 2005

Oldham JM: Personality disorders: recent history and the DSM system, in Essentials of Personality Disorders. Edited by Oldham JM, Skodol AE, Bender DS. Washington, DC, American Psychiatric Publishing, 2009, pp 3-11

Oldham JM, Skodol AE: Charting the future of Axis II. J Pers Disord 14:17-29, 2000

Skodol AE, Bender DS: The future of personality disorders in DSM-V? Am J Psychiatry 166:388-391, 2009

# 참고문헌

Allen JG, O'Malley F, Freeman C, et al: Promoting mentalization in brief treatment, in Handbook of Mentalizing in Mental Health Practice. Edited by Bateman AW, Fonagy P. Washington, DC, American Psychiatric Publishing (in press)

American Psychiatric Association: Diagnostic and Statistical Manual: Mental Disorders. Washington, DC, American Psychiatric Association, 1952

American Psychiatric Association: Diagnostic and Statistical Manual of Mental Disorders, 2nd Edition. Washington, DC, American Psychiatric Association, 1968

American Psychiatric Association: Diagnostic and Statistical Manual of Mental Disorders, 3rd Edition. Washington, DC, American Psychiatric Association, 1980

American Psychiatric Association: Diagnostic and Statistical Manual of Mental Disorders, 3rd Edition, Revised. Washington, DC, American Psychiatric Association, 1987

American Psychiatric Association: Diagnostic and Statistical Manual of Mental Disorders, 4th Edition. Washington, DC, American Psychiatric Association, 1994

American Psychiatric Association: Diagnostic and Statistical Manual of Mental Disorders, 4th Edition, Text Revision. Washington, DC, American Psychiatric Association, 2000

American Psychiatric Association: Practice guideline for the treatment of patients with borderline personality disorder. Am J Psychiatry 158 (Oct suppl), 2001

Bateman A, Fonagy P: Effectiveness of partial hospitalization in the treatment of borderline personality disorder: a randomized controlled trial. Am J Psychiatry 156:1563-1569, 1999

Bateman A, Fonagy P: Treatment of borderline personality disorder with psychoanalytically oriented partial hospitalization: an 18-month follow-up. Am J Psychiatry 158:36-42, 2001

Bateman A, Fonagy P: 8-Year follow-up of patients treated for borderline personality disorder: mentalization-based treatment versus treatment as usual. Am J Psychiatry 165:631-638, 2008

Beck A, Freeman A, Davis D: Cognitive Therapy of Personality Disorders, 2nd Edition. New York, Guilford, 2003

Bender DS, Dolan RT, Skodol AE, et al: Treatment utilization by patients with personality disorders. Am J Psychiatry 158:295-302, 2001

Blum N, St. John D, Pfohl B, et al: Systems Training for Emotional Predictability and Problem Solving (STEPPS) for outpatients with borderline personality disorder: a randomized controlled trial and 1-year follow-up. Am J Psychiatry 165:468-478, 2008

Clark LA: Convergence of two systems for assessing specific traits of personality disorders. Psychol Assess 8:294–303, 1996

Clark LA: Stability and change in personality pathology: revelations of three longitudinal studies. J Pers Disord 19:524–532, 2005

Clark LA: Assessment and diagnosis of personality disorder: perennial issues and an emerging reconceptualization. Annu Rev Psychol 58:227–257, 2007

Clarkin JF, Levy KN, Lenzenweger MF, et al: Evaluating three treatments of borderline personality disorder: a multiwave study. Am J Psychiatry 164:922–928, 2007

Cloninger CR, Svrakic DM, Przybeck TR: A psychobiological model of temperament and character. Arch Gen Psychiatry 50:975–990, 1993

Cohen P, Crawford TN, Johnson JG, et al: The Children in the Community Study of developmental course of personality disorder. J Pers Disord 19:466–486, 2005

Costa PT, McCrae RR: The five-factor model of personality and its relevance to personality disorders. J Pers Disord 6:343–359, 1992

Eysenck HJ, Eysenck SBG: Manual of the Eysenck Personality Questionnaire. San Diego, CA, Educational and Industrial Testing Service, 1975

First MB: Clinical utility: a prerequisite for the adoption of a dimensional approach in DSM. J Abnorm Psychol 114:560–564, 2005

Gabbard GO: Mind, brain, and personality disorders. Am J Psychiatry 162:648–655, 2005

Gunderson JG: Borderline Personality Disorder: A Clinical Guide, 2nd Edition. Washington, DC, American Psychiatric Publishing, 2008

Gunderson JG, Lyons-Ruth K: BPD's interpersonal hypersensitivity phenotype: a gene-environment developmental model. J Pers Disord 22:22–41, 2008

Kernberg O: Borderline Conditions and Pathological Narcissism. New York, Jason Aronson, 1975

Kohut H: The Analysis of the Self. New York, International Universities Press, 1971

Krueger RF, Skodol AE, Livesley WJ, et al: Synthesizing dimensional and categorical approaches to personality disorders: refining the research agenda for DSM-V Axis II. Int J Methods Psychiatr Res 16 (suppl 1):S65–S73, 2007

Leichsenring F, Leibing E: The effectiveness of psychodynamic therapy and cognitive behavior therapy in the treatment of personality disorders: a metaanalysis. Am J Psychiatry 160:1223–1232, 2003

Leichsenring F, Rabung S: Effectiveness of long-term psychodynamic psychotherapy: a meta-analysis. JAMA 300:1551–1565, 2008

Linehan MM: Cognitive-Behavioral Treatment of Borderline Personality Disorder. New York, Guilford, 1993

Linehan MM, Comtois KA, Murray AM, et al: Two year randomized controlled trial and follow-up of dialectical behavior therapy vs therapy by experts for suicidal behaviors and borderline personality disorder. Arch Gen Psychiatry 63:757-766, 2006

Livesley J: Toward a genetically informed model of borderline personality disorder. J Pers Disord 22:42-71, 2008

Markowitz JC: Interpersonal therapy, in The American Psychiatric Publishing Textbook of Personality Disorders. Edited by Oldham JM, Skodol AE, Bender DS. Washington, DC, American Psychiatric Publishing, 2005, pp 321-334

Millon T: Modern Psychopathology. Philadelphia, PA, WB Saunders, 1969

Oldham JM: Borderline personality disorder comes of age. Am J Psychiatry 166:1-3, 2009

Oldham JM, Morris LB: The New Personality Self-Portrait. New York, Bantam, 1995

Oldham JM, Skodol AE: Charting the future of Axis II. J Pers Disord 14:17-29, 2000

Rottman BM, Ahn WK, Sanislow CA, et al: Can clinicians recognize DSM-IV personality disorders from five-factor model descriptions of patient cases? Am J Psychiatry 166:427-433, 2009

Siever LJ, Torgersen S, Gunderson JG, et al: The borderline diagnosis, III: identifying endophenotypes for genetic studies. Biol Psychiatry 51:964-968, 2002

Skodol AE, Bender DS: The future of personality disorders in DSM-V? Am J Psychiatry 166:1-4, 2009

Skodol AE, Gunderson JG: Personality disorders, in The American Psychiatric Publishing Textbook of Clinical Psychiatry, 5th Edition. Edited by Hales RE, Yudofsky SC. Washington, DC, American Psychiatric Publishing, 2008, pp 821-860

Skodol AE, Gunderson JG, Shea MT, et al: The Collaborative Longitudinal Personality Disorders Study (CLPS): overview and implications. J Pers Disord 19:487-504, 2005

Soloff PH: Somatic treatments, in Essentials of Personality Disorders. Edited by Oldham JM, Skodol AE, Bender DS. Washington, DC, American Psychiatric Publishing, 2009, pp 267-288

Spitzer RL, Endicott J, Gibbon M: Crossing the border into borderline personality and borderline schizophrenia. Arch Gen Psychiatry 36:17-24, 1979

Spitzer RL, First MB, Schedler J, et al: Clinical utility of five dimensional systems for personality diagnosis: a "consumer preference" study. J Nerv Ment Dis 196:356-374, 2008

Webb CT, Levinson DF: Schizotypal and paranoid personality disorder in the relatives of patients with schizophrenia and affective disorders: a review. Schizophr Res 11:81-92, 1993

Widiger TA, Sanderson CJ: Toward a dimensional model of personality disorder, in The

DSM-IV Personality Disorders. Edited by Livesley WJ. New York, Guilford, 1995, pp 433-458

Widiger TA, Trull TJ: Plate tectonics in the classification of personality disorder: shifting to a dimensional model. Am Psychol 62:71-83, 2007

Wiggins J: Circumplex models of interpersonal behavior in clinical psychology, in Handbook of Research Methods in Clinical Psychology. Edited by Kendall P, Butcher J. New York, Wiley, 1982, pp 183-221

Young J, Klosko J: Schema therapy, in The American Psychiatric Publishing Textbook of Personality Disorders. Edited by Oldham JM, Skodol AE, Bender DS. Washington, DC, American Psychiatric Publishing, 2005, pp 289-306

Zanarini MC, Frankenburg FR, Hennen J, et al: The McLean Study of Adult Development (MSAD): overview and implications of the first six years of prospective follow-up. J Pers Disord 19:505-523, 2005

# 찾아보기

## 인명

## 내용

## 편저자 소개

**John F. Clarkin, Ph.D.**
미국 뉴욕 Cornell 대학교 Weil 의과대학 정신의학과 심리학 임상교수

**Peter Fonagy, Ph.D., F.B.A.**
영국 London 대학교 임상 건강심리학 세부 분과, 정신분석 Freud 메모리얼 교수와 국장, 런던 Anna Freud 센터 최고 책임자, 미국 텍사스 휴스턴 Baylor 의과대학 정신의학 및 행동과학 Menninger 부서의 아동 및 가족 프로그램 고문

**Glen O. Gabbard, M.D.**
미국 텍사스 휴스턴 Baylor 의과대학 정신의학 교수, Brown 재단의 정신분석학장

## 함께한 저자

**Elizabeth Allison, D. Phil.**
영국 London 대학교 교육 및 건강 심리학, 임상 연구 분과, 정신분석부, 출판 편집장

**Anthony Bateman, M.A., F.R.C.Psych.**
영국 London, Barnet, Enfield와 Haringey 정신건강신탁, St. Ann 병원 Halliwick 분과의 심리치료 자문 정신과 의사, 영국 London 대학교 방문 교수, 미국 텍사스 휴스턴 Baylor 의과대학의 Menninger 클리닉과 정신의학 및 행동과학 Menninger 분과의 방문 자문가

**Anna Buchheim, Ph.D.**
오스트리아 Innsbruck 대학교 심리학 연구소, 임상심리학 교수

**Eve Caligor, M.D.**
미국 뉴욕 New York 의과대학 정신의학 레지던트 수련팀 정신의학과 임상교수 및 부국장

**Diana Diamond, Ph.D.**
미국 뉴욕 New York City 대학교와 Cornell 대학교 Weil 의과대학, 심리학과 교수

**György Gergely, Ph.D.**
헝가리 Budapest Central European 대학교 인지발달센터 심리학 교수

**Mardi J. Horowitz, M.D.**
미국 캘리포니아 샌프란시스코 California 대학교 정신의학과 교수

**Otto F. Kernberg, M.D.**
미국 뉴욕 Cornell 대학교 Weil 의과대학 정신의학과 교수

**Falk Leichsenring, D.Sc.**
독일 Giessen 대학교 심리측정 및 심리치료학과 심리치료연구 교수

**Uma Lerner, M.D.**
미국 캘리포니아 샌프란시스코 California 대학교 정신의학과 임상교수

**Patrick Luyten, Ph.D.**
벨기에 Leuven 가톨릭대학교 심리학과, 정신분석과 정신역동적 심리학 센터 조교수

**Leigh McCullough, Ph.D.**
노르웨이 Vikersund, Modum Bad 연구소 연구 책임자, 미국 매사추세츠 보스턴 Harvard 의과대학 임상 부교수

**J. Reid Meloy, Ph.D., A.B.P.P.**
미국 캘리포니아 샌디에이고 California 대학교 정신의학과 임상교수, San diego 정신분석 연구소 교수, San Diego 법과대학 겸임교수

**John M. Oldham, M.D., M.S.**
미국 Menninger 클리닉 수석 부국장 및 최고 책임자, 텍사스 휴스턴 Baylor 의과대학 Menninger 정신의학 및 행동과학 부서 임상 업무 및 발달 부국장

**William E. Piper, Ph.D.**
캐나다 밴쿠버 British Columbia 대학교 정신의학과 교수

**Gerhard Roth, Ph.D.(철학), Ph.D.(동물학)**
독일 브레멘 Bremen 대학교, 뇌연구소 행동생리학과 발달생물학 교수

**Jonathan Shedler, Ph.D.**
미국 콜로라도 덴버 Colorado Denver 의과대학교 정신의학과 부교수

**Paul I. Steinberg, M.D., F.R.C.P.C.**
캐나다 밴쿠버 British Columbia 대학교 정신의학과 정신과 의사, 임상교수

**Michael H. Stone, M.D.**
미국 뉴욕 Columbia 대학교 의사(Physicians) 및 외과의(Surgeons) 대학 임상정신의학 교수

**Lane Strathearn, M.B.B.S., F.R.A.C.P., Ph.D.**
미국 텍사스 휴스턴 Baylor 의과대학/Texas 아동병원 소아과 부교수

**Martin Svartberg, M.D., Ph.D.**
노르웨이 오슬로에서 개인 클리닉 운영

**Mary Target, Ph.D.**
영국 London 대학교 임상, 교육 및 건강심리학의 연구부서, 정신분석 파트, 정신분석 교수

**Drew Westen, Ph.D.**
미국 조지아 애틀랜타 Emory 대학교 심리학, 정신의학, 행동과학 교수

**Paul Williams, Ph.D.**
영국 영국 정신분석적 사회 연구소 훈련 및 지도감독 분석가

**Jessica Yakeley, M.B.B.Chir., M.R.C.Psych.**
영국 런던 Tavistok과 Portman NHS 신탁재단 부 의료 책임자 및 의료교육 책임자, London 대학교, 정신건강 그리고 행동과학부서 명예 수석 강의자, 영국 정신분석적 사회 선임연구원

**Frank E. Yeomans, M.D., Ph.D.**
미국 뉴욕 Cornell 대학교 Weill 의과대학 정신의학과 임상 부교수, 뉴욕 Columbia 정신분석 훈련 및 연구센터 강의자

**❒ 연구자금 지원에 대한 소개**

이 책의 모든 저술은 경합으로 인한 재정적 이득을 얻지 않았으며 상업 후원자, 상업 성과를 위한 조직, 상업적 서비스의 제공자, 민간 조직 그리고/혹은 정부 단체와의 연결이 없었음을 저자들을 통해 확인하였다(다음에 언급된 2개의 장은 제외).

Jonathan Shedler, Ph.D.와 Drew Westen, Ph.D.: 제4장에서 기술된 연구는 일부 국립정신건강원의 보조금 MH62377, MH62378의 후원을 받았다. 저자들은 Shedler-Westen 평가 과정(SWAP)의 저작권을 가지고 있다.

Frank E. Yeomans, M.D., Ph.D.와 Diana Diamond, Ph.D.: 제7장은 Cornell 심리치료 연구 프로젝트의 결과물이다. 국립정신건강원, 국제정신분석협회 그리고 독일 뮌헨의 Kohler 기금 그리고 경계선 성격장애 연구재단으로부터 보조금을 지원받았다.

## 역자 소개

**유성경**(Yoo Sung Kyung)
서울대학교 사범대학 교육학과를 졸업하고, 동 대학원에서 교육심리로 석사학위, 미국 미네소타대학교(University of Minnesota)에서 교육 및 상담심리 전공으로 박사학위를 취득하였다. 2001년부터 현재까지 이화여자대학교 심리학과 교수로 재직 중이며, 미국 매케나칼리지(McKenna College)와 하버드 대학교(Harvard University) 심리학과에서 Fulbright 방문 교수를 지냈다. 한국상담심리학회 상담심리전문가, 한국상담학회 전문상담자로 활동 중이다. 역서로는 『심리치료의 세 가지 접근』(공역, 학지사, 2015), 『상담의 디딤돌』(공역, 학지사, 2015), 『건강한 상담자만이 남을 도울 수 있다』(공역, 학지사, 2003), 『감정공포치료』(공역, 학지사, 2015) 등이 있으며 저서로는 『상담 및 심리치료의 핵심원리』(학지사, 2018) 등이 있다.

**이문희**(Lee Mun Hee)
이화여자대학교 심리학과에서 상담심리학으로 석사 및 박사학위를 취득하였다. 한국청소년상담원, 이화여자대학교, 경기대학교에서 상담 연구원으로 일한 경험이 있다. 현재는 용문상담심리대학원대학교에서 상담심리학과 중독전공 교수로 재직 중이다. 역서로는 『심리치료의 거장』(공역, 학지사, 2008), 『감정공포치료』(공역, 학지사, 2015), 『심리상담 이론과 실제』(4판, 공역, 시그마프레스, 2019), 『아동 · 청소년 성격장애 치료』(공역, 학지사, 2018)가 있다.

**이은진**(Lee Eun Jin)
이화여자대학교 심리학과에서 상담심리학으로 석사 및 박사학위를 취득하였다. 국민대학교 교육대학원 초빙교수, 고려대학교 대학교육개발원 연구교수를 역임했다. 현재는 명지대학교 객원교수로 활동 중이다. 역서로는 『정신역동이론』(공역, 학지사, 2009), 『감정공포치료』(공역, 학지사, 2015), 『심리상담 이론과 실제』(4판, 공역, 시그마프레스, 2019), 『아동 · 청소년 성격장애 치료』(공역, 학지사, 2018) 등이 있다.

# 성격장애의 정신역동치료

**Psychodynamic Psychotherapy for Personality Disorders: A Clinical Handbook**

2020년 3월 10일 1판 1쇄 발행
2024년 1월 25일 1판 2쇄 발행

엮은이 • John F. Clarkin · Peter Fonagy · Glen O. Gabbard

옮긴이 • 유성경 · 이문희 · 이은진

펴낸이 • 김 진 환

펴낸곳 • (주) 학지사

04031 서울특별시 마포구 양화로 15길 20 마인드월드빌딩 5층

대표전화 • 02) 330-5114 팩스 • 02) 324-2345

등록번호 • 제313-2006-000265호

홈페이지 • http://www.hakjisa.co.kr
인스타그램 • https://www.instagram.com/hakjisabook

ISBN 978-89-997-2045-1 93180

**정가 23,000원**

역자와의 협약으로 인지는 생략합니다.
파본은 구입처에서 교환하여 드립니다.